# MARTIN LUTHER HAUSBUCH

# Martin Luther Hausbuch

## Der Mensch – Reformator und Familienvater – in seinen Liedern, Sprüchen, Tischreden, Schriften und Briefen

Mit über 230 Illustrationen von
Jost Amman, Hans Baldung genannt Grien,
Hans Sebald Beham, Hans Burkmaier,
Lukas Cranach der Ältere und seine Schule,
Lukas Cranach der Jüngere, Albrecht Dürer,
Der Hausbuchmeister, Israhel van Meckenem,
Mattheus Merian, Carl von Sichem
und anderen anonymen Meistern der Zeit

Gondrom

Herausgegeben von Marianne Bernhard

Das Bild auf dem Schutzumschlag
zeigt das Gemälde »Luther im Kreise seiner Familie«
von Paul Poetsch.
Die Reproduktion erfolgt mit freundlicher
Genehmigung des Archivs für Kunst und Geschichte, Berlin

1. Auflage

ISBN 3-8112-0319-3
Schutzumschlag: Grafik-Design-Studio Lothar Mielau, Wiesbaden
Satz und Umbruch: Meister-Satz, Hof
Druck und Verarbeitung: Richterdruck, Würzburg
Printed in Germany

# Ich bin eines Bauern Sohn

# Luther über sich selbst

IOANNES
FROBENI
VS·SVIS
TYPIS
EXCV
DE-
BAT

*Diese knappe Auswahl von Bekenntnissen Luthers über sich selbst muß in jedem Fall subjektiv und willkürlich wirken, denn sein gesamtes Werk, alle seine Briefe, Predigten und Manifeste, sind Konfession. Wir haben in einer Art Montage versucht, vor allem Eigenzitate über Elternhaus, früheste Jugend, erste Studienjahre und die Mönchszeit zusammenzustellen und dann, in Briefen und längeren programmatischen Passagen, vom »Privatmann« Luther zum Reformator und zur Persönlichkeit des öffentlichen Interesses überzuleiten.*

*Die Zeugnisse aus Luthers frühen Jahren sind in der Mehrzahl später dokumentiert, in den Tischgesprächen, durch Niederschrift von Augenzeugen oder Zuhörern, aber auch durch eigenhändig lateinisch verfaßte Briefe, die hier in Übersetzung gegeben sind.*

*Der Inhalt dieses Kapitels steht in enger Korrespondenz mit Luthers Aussagen über Ehe, Kinder und Familie, siehe Seite 225 ff.*

*Mansfeld. Kupferstich von Matthäus Merian*

Ich bin eines Bauern Sohn. Mein Urgroßvater, Großvater und Vater sein rechte Bauern gewesen; wiewohl der Vater sagte, er wolle mich zu etwas Größerem machen, ein Schultheiß und was sie mehr im Dorf haben; würde irgend ein oberster Knecht über die andern sein. Danach ist mein Vater (von Möhra und Eisleben) gegen Mansfeld gezogen und daselbst ein Berghäuer[1] worden. Daher bin ich. Daß ich aber ein Baccalaureus[2] und Magister[3] worden und das braune (Magister-)Barett abgelegt und andern Pracht und ein Mönch worden: habe ich nicht große Schande aufgetan, dieweil es meinem Vater je übel gefiel, und bin danach dem Papst in die Haare gefallen und er mir auch wahrlich wieder, hab eine ausgelaufene Nonne zum Weibe genommen, – wer hat das in den Sternen gelesen? Wer hätte mir das vorausgesagt?

Meine Mutter pflegte die Weiber zu schelten, die da klagten, sie hätten keine Kinder: Ich wollt' noch eins so gesund sein, wenn ich kein Kind hätte!

Meine Eltern waren zuerst arme Leute. Mein Vater ist ein armer Häuer gewesen. Die Mutter hat alle ihr Holz auf dem Rücken eingetragen, damit sie uns erzogen hat. Haben harte Arbeit ausgestanden, dergleichen die Welt jetzt nicht mehr ertrüge.

Übrigens bin ich geboren zu Eisleben und ebendort zu Sankt Peter getauft. Meine Eltern waren aus der Gegend von Eisenach dorthin verzogen. Dort wohnt fast meine ganze Verwandtschaft, und ich bin ihnen wohlbekannt bis auf den heutigen Tag. Zudem bin ich zu Eisenach vier Jahre zur Schule gewesen . . . Meine Studienjahre habe ich in dem Erfurter Kloster verbracht, bis ich nach Wittenberg kam. In Magdeburg war ich auch ein Jahr, da ich vierzehn Jahre zählte.

Meine Mutter stäupte mich einmal um einer einzigen Nuß willen, daß das Blut hernach floß. Und ihr ernst und gestreng Leben, das sie mit mir führten, das verursachte mich, daß ich zuletzt in ein Kloster lief; wiewohl sie es herzlich gut gemeint haben, wurde ich doch allzu erschrokkenen Gemüts. Sie wußten nicht zu unterscheiden, wie meine Art und Sinn war. Man muß also strafen, daß der Apfel bei der Rute sei. Es ist ein bös Ding, wenn Kinder ihren Eltern gram werden oder Schüler ihren Praeceptoren[4] feind sind. Denn viele ungeschickte Schulmeister feine ingenia[5] mit ihrem Poltern, Stürmen, Streichen und Schlagen verderbt haben.

Mein Vater stäupt' mich einmal also sehr, daß ich ihn floh, und daß ihm bang war, bis er mich wieder zu sich gewöhnt. Ich wollt' auch nicht gern meinen Hansen sehr schlagen, sonst würd' er blöde und mir feind, so wüßt' ich kein größer Leid . . . Unser Herrgott wollt' auch nicht gern, daß wir ihm feind würden.

Es hat der glorreiche Gott, der da heilig ist in allen seinen Werken, mich elenden und in allen Stücken unwürdigen Sünder für wert befunden, mich so herrlich zu erhöhen, daß er mich aus lauter überreicher Erbarmung zu seinem hohen Dienste berufen hat. Soweit es in den kleinen Kräften des Staubgebornen liegt, muß ich nun der Fülle solcher göttlicher Güte danken und das mir anvertraute Amt nach besten Kräften ausfüllen. So soll ich es denn nach Beschluß meiner Patres am bevorstehenden Kantate mit Gottes Gnade zum ersten Male ausüben. Dieser Tag ist für meine Primiz bestimmt worden, weil er meinem Vater günstig liegt.

*An Johannes Braun,*
*Erfurt, 22. April 1507*

Da ich meine erste Messe sollte halten, da schickte mein Vater 20 Gulden in die Küche und kamen selbst 20 Personen, die er verzehrt' (frei hielt). Da hatte ihm einer gesagt: Ihr müßt einen guten Freund haben, daß Ihr ihm so stark kommt! – Da ich nun über den Altar kam und sollt konsekrieren über die Worte: Aeterno vivo vero Deo, da dacht' ich von dem Altar zu laufen und sagt zu meinem Prior[6]: Herr Prior, ich fürcht', ich muß vom Altar laufen! Da schalt er mich: Immer hinan! Fort, fort! Also

entsetzte ich mich vor diesen Worten. Es ahnte mir wohl, es wär nicht recht. Aber Gott hat die Erkenntnis dazu geben zuletzt.
Mit zwanzig Jahren hatte ich noch keine Bibel gesehen. Ich meinte, es gäbe keine Evangelien und Episteln außer den sonntäglichen, alljährlich wiederkehrenden der Postillen. Endlich fand ich in der (Universitäts-) Bibliothek eine vollständige Bibel, und als ich ins Kloster gegangen war, begann ich Bibel zu lesen, nochmals zu lesen zur großen Verwunderung des Doktors Staupitz.
Wenn ich diese Bibel hätte behalten dürfen, so wollt' ich ein desto besserer Stellenkenner geworden sein. Damals gefiel mir schon gleich kein Studium so sehr wie das der Heiligen Schrift. Des Aristoteles Physik las ich mit großem Widerwillen, und das Herz brannte mir, als ich endlich zur Bibel zurückkehren durfte.
Es geht mir gottlob gut, nur das Studium tut mir Gewalt, zumeist das der Philosophie, das ich schon von Anfang an gar zu gern mit der Theologie vertauscht hätte, mit der Theologie meine ich, die den Kern der Nuß, das Mark des Weizens und das Mark der Knochen erforscht (die biblische nämlich).

Heute, sagte er, ist Alexistag den 16. Juli 1539, die jährige Zeit, da ich in das Kloster zu Erfurt gezogen. – Und begann die Geschichte zu erzählen, wie er zu seinem Gelübde gekommen sei. Er sei nämlich vierzehn Tage zuvor auf einer Wanderung bei Stotternheim nicht weit von Erfurt in ein Gewitter geraten und von einem (nahebei einschlagenden) Blitz derart erschreckt worden, daß er in seiner Angst gerufen habe: Hilf du, Sankt Anna, ich will ein Mönch werden! Aber Gott verstand damals mein Gelübde auf Hebräisch: Anna, das ist unter der Gnade, nicht unter dem Gesetz. Dann reute mich das Gelübde, und viele widerrieten mir's. Ich blieb aber dabei, und am Tag vor Alexii lud ich einige gute Freunde zu einem Abschiedsschmaus ein, daß sie mich in der Frühe zum Kloster geleiten sollten. Da sie mich noch immer zurückhalten wollten, sagte ich: Heut seht ihr mich, und nimmermehr! Da geleiteten sie mich mit Tränen. Und auch mein Vater war sehr zornig wegen des Gelübdes, aber ich blieb standhaft bei meinem Vorsatz und dachte, das Kloster nie zu verlassen. Ich war der Welt rein abgestorben, bis es Gott Zeit deuchte und mich Junker Tetztel trieb und Doktor Staupitz mich gegen den Papst anstiftete.

Man spricht, und es ist die Wahrheit: ›Der Papst ist auch ein Schüler gewesen.‹ Darum verachte mir nicht die Gesellen, die für der Tür panem

# Biblia cū pleno apparatu summariorum/cōcordantiarū et quadruplici repertorij siue indicij numeriqꝫ foliorum distinctiōe Basilee nuper impressa.

Matthie Sambucelli pro libri cōmendatione hexastichon.

Emendata magis scaturit nunc biblia tota:
Que fuit in nullo tempore visa prius.
Qua loca canonici concordant singula iuris:
In summa casus que tenet et capitum.
Qua legum veterisqꝫ noui argumenta vident:
Omine felici quam Basilea premit.

propter Deum sagen und den Brotreihen singen: du hörst, wie dieser Psalm sagt, große Fürsten und Herren singen! Ich bin auch ein solcher Partekenhengst[7] gewesen und hab das Brot für den Häusern genommen, sonderlich zu Eisenach in meiner lieben Stadt, wiewohl mich hernach mein lieber Vater mit aller Lieb und Treu in der hohen Schule zu Erfurt hielt und durch seinen sauren Schweiß und Arbeit dahin geholfen hat, daß ich hinkommen bin. Aber dennoch bin ich ein Partekenhengst gewesen, und nach diesem Psalm durch die Schreibfeder so fern kommen, daß ich jetzt nicht wollt mit dem Türkischen Kaiser beuten (tauschen), daß ich sein Gut sollt haben und meiner Kunst entbehren; ja Gut, vielmal gehäuft, nicht dafür nehmen. Und wäre doch ohn Zweifel nicht dahin kommen, wo ich nicht in die Schule und Schreiberhandwerk geraten.

Cochläus heißt mich einen Wechselbalg[8] und Badmagdsohn[9], die doch nicht können an einem Menschen zugleich sein; denn jener, ein Wechselbalg, ist vertauscht, für ein echtes Kind ein ander Wesen, dieser hingegen ist ein natürlich Kind.

Sus heißt ein Saue, Grobianus ein Schwein:
Es wundert mich, daß du so grob magst sein!

Da ich ein Mönch wurde, wollte mein Vater toll und töricht werden, schrieb mir einen bösen Brief und hieß mich »Du« – vordem hatte er mich (seit der Magisterpromotion), »Ihr« genannt – und sagt' mir väterliche Treue ab. Dann ließ er sich von Freunden und Anverwandten gut zureden (besonders nachdem ihm einer der jüngeren Söhne an der Pest gestorben war). Zu meiner Primiz kam er selbst mit zwanzig Reitern. Ich sagt' zu ihm: Warum seid Ihr noch immer zornig? Er: Hast du nicht gelesen: Ehre Vater und Mutter? Und vor aller Ohren: Wollte Gott, daß es nur kein Teufelsgespenst war (der Schrecken durch den Blitzschlag nämlich). So ließ er sich hinterher den Diebstahl an seinem Vaterrecht gefallen: Ich muß es geschehen lassen, aber dein Vater will nicht.

Die Dominikaner waren trefflich gelehrte Leute, aber eitel und aufgeblasen, die Franziskaner hingegen abergläubisch und ungelehrt, sollten und wollten nicht gelehrt sein, verachteten die Gelehrten. So haßten mich (im Anfang des Noviziats) auch die meisten meiner Ordensbrüder wegen meines gelehrten Ehrgeizes und sagten: Warum sollst du es besser haben, als wir es gehabt haben! Immer den Sack auf den Buckel!

*Luther als siebenköpfiges Ungeheuer. Holzschnitt aus dem »Lutherus septiceps« von Johann Cochläus, 1529*

Ich müßte mir eigentlich zwei Schreiber oder Kanzlisten halten; denn den ganzen Tag tue ich nichts als Briefe schreiben. Drum werde ich wohl immer dasselbe wiederholen. Ihr werdet es bemerkt haben. Ich bin Klosterprediger und Tischprediger, und auch für den Predigtdienst in der Pfarrkirche begehrt man mich täglich; außerdem bin ich noch Leiter der Studienanstalt unseres Ordens; ich bin Ordensvikar und verrichte damit die Geschäfte von elf Prioren; in Leitzkau muß ich die Fischpacht vereinnahmen und in Torgau die Sache der Herzberger Mönche vertreten; ich halte Vorlesungen über Paulus, und außerdem stopple ich mir ein Kolleg über die Psalmen zusammen. Zu alledem kommt als zeitraubende Beschäftigung mein Briefwechsel. Selten habe ich Zeit, die Feier der Horen ordentlich zu halten; und wie oft bin ich Anfechtungen des Fleisches, der Welt und des Teufels ausgesetzt. Ihr seht, ich bin alles andre als faul!

Ich muß fürchten, daß die gegenwärtige Pest den Fortgang der Vorlesungen unterbricht. Diese hat bei uns zwei bis drei Menschen – alles in allem, nicht täglich – hinweggerafft; unserm Nachbar gegenüber, dem Schmied, ist heute der erste Sohn begraben worden, der gestern noch gesund war, und der andere liegt von der Krankheit angesteckt danieder. Kurz, die Pest ist da und beginnt unerwartet genug ihr rohes Handwerk, zumal gegen die Jugend. Ihr ratet mir und dem Magister Bartholomäus, mit Euch vor ihr zu fliehen. Aber wozu. Ich hoffe, daß die Welt nicht zusammenstürzt, wenn auch Frater Martinus dahinsinkt. Die Brüder werde ich freilich rings im Land verteilen, wenn die Pest zunimmt. Mich aber hat das Geheiß des Gehorsams hierher gestellt; und nur wenn der Gehorsam es heischt, darf ich weichen. Ich sehe dem Tode nicht furchtlos ins Antlitz; denn ich bin kein Apostel Paulus, sondern bloß ein Ausleger seiner Schriften; aber der Herr wird mich, das hoffe ich, aus meiner Furcht herausreißen.

*An Johannes Lang,*
*Wittenberg, 26. Oktober 1516*

Unter diesem Baum (im Hof des Klosters) hat mich Staupitz angesprochen, ich müsse Doktor werden, aber ich hatte fünfzehn Gründe dagegen. Sagt Staupitz: Wollt Ihr klüger sein als der ganze Konvent[10]? Drauf ich: Mir ist's gewiß, daß ich nicht lange leben werde; wozu alsdann solch großer Aufwand! Antwortet Staupitz: Es ist gleich recht. Unser Herrgott hat jetzt viel zu schaffen; wenn Ihr sterbt, so kommt Ihr in seinen Rat, denn er muß auch einige Doktores haben! So widerlegte er mich scherzweise.

»Da ich ein Mönch war, schrieb ich Doktor Staupitz oft, und einmal schrieb ich ihm: O meine Sünde, Sünde, Sünde! Darauf gab er mir diese Antwort: ›Du willst ohne Sünde sein und hast doch keine rechte Sünde; Christus ist die Vergebung rechtschaffener Sünden, als die Eltern ermorden, öffentlich lästern, Gott verachten, die Ehe brechen, das sind die rechten Sünden. Du mußt ein Register haben, darin rechtschaffene Sünden stehen, soll Christus dir helfen; mußt nicht mit solchem Humpelwerk und Puppensünden umgehen und aus einem jeglichen Bombart[11] eine Sünde machen!«

»Doktor Staupitz habe ich oft gebeichtet, nicht von Weibern, sondern die rechten Knoten. Da sagte er: Ich verstehe es nicht! Das heißt recht getröstet! Kam ich danach zu einem andern, so ging mir's auch also. In Summa, es wollt es kein Beichtvater nichts drum wissen. Da gedacht ich: die Tentatio[12] und Anfechtung hat niemand denn du. Da ward ich als eine tote Leiche. Zuletzt hub D. Staupitz an zu mir über Tisch, da ich so traurig und erschlagen war, und sprach: Wie seid Ihr so traurig, Frater Martine? Da sagte ich: Ah, wo soll ich hin? Sprach er: Ah, Ihr wißt nicht, daß Euch solche Tentatio gut und not ist, sonst würde nichts Gutes aus Euch! Das verstand er selbst nicht, denn er dachte, ich wäre gelehrt, und wenn ich nicht Anfechtung hätte, so würde ich stolz und hoffärtig werden.

Es sagte einmal mein Beichtvater zu mir, da ich immer närrische Sünde vor ihn brachte: Du bist ein Narr! Gott zürnt nicht mit dir, sondern du zürnst mit ihm; Gott ist nicht zornig auf dich, sondern du bist auf ihn zornig! Ein teuer, groß und herrlich Wort, das er doch vor diesem Licht des Evangelii sagte!

Darum, wer mit dem Geist der Traurigkeit geplagt wird, der soll aufs Höchste sich hüten und vorsehen, daß er nicht allein sei. Denn Gott hat die Gesellschaft in der Kirche geschaffen und die Brüderschaft gebeten, daß sich ihre Glieder sollen zusammenhalten, wie die Schrift sagt: Weh dem Menschen, der allein ist; denn wenn er fällt, so hat er nicht, der ihm aufhilft. Auch gefällt Gott die Traurigkeit des Herzens nicht, ob er wohl weltliche Traurigkeit zuläßt; er will aber nicht, daß ich gegen ihn betrübt sei, wie er spricht: Ich habe nicht Lust am Tode des Sünders. Item: Freut euch im Herrn. Er will nicht einen solchen Diener haben, der sich nichts Gutes zu ihm versieht. Wiewohl ich aber das weiß, doch werd ich einen Tag wohl hundert Mal anders gesinnt, widerstehe aber dem Teufel.

Da ich ein junger Mensch war, begab sich's zu Eisleben am Tage Corporis Christi in der Prozession, da ich auch mit ging und ein Priesterkleid anhatte, daß ich vor dem Sakrament, das Doktor Staupitz trug, so hart erschrak, daß mir der Schweiß ausbrach und nicht anders zu Sinn war, ich würde vergehen vor großer Angst. Da nun die Prozession aus war, beichtet und klagt ich mein Anliegen Doktor Staupitz; der sagt: ›Ei, Eure Gedanken sind nicht Christus‹. Dies Wort nahm ich mit Freuden an und war mir sehr tröstlich.

*Luther mit dem Doktorhut. Kupferstich von Lukas Cranach d. Ä., 1521*

Es gemahnt mich gleich, wie mir's einmal in der Jugend ging, da ich und sonst ein Knabe daheim in der Fastnacht, wie Gewohnheit ist, vor den Türen sangen, Würste zu sammeln. Da scherzte ein Bürger mit uns und schrie laut: ›Was macht ihr bösen Buben? Daß euch dies und das bestehe!‹ Kommt zu uns gelaufen mit zweien Würsten und will sie uns geben. Ich und mein Gesell aber erschraken vor dem Geschrei, flohen vor dem frommen Mann, der uns kein Leid, sondern Gutes gedachte zu tun. Und daß es je an ihm nicht fehlte, rief er uns nach, gab uns gute Worte, daß wir wieder zurückkehrten und die Würste von ihm nahmen.

Ebenso stellen wir uns gegen unsern lieben Gott, ›welcher seines eingebornen Sohnes nicht verschont hat, sondern ihn für uns dahingegeben und uns alles mit ihm geschenkt‹; noch fliehen wir vor ihm und denken, er sei nicht unser gnädiger Gott, sondern unser strenger Richter!«

»Als ich noch im Kloster ein Mönch war, hatte ich so viel zu schaffen mit Lesen, Schreiben, Predigen und Singen in der Kirche, daß ich dafür meine horas canonicas nicht beten konnte. Darum, wenn ich sie die sechs Tage über in der Woche nicht beten konnte, so nahm ich den Sonnabend für mich und blieb ungegessen den Mittag und auf den Abend und betete den ganzen Tag über. Also waren wir arme geplagte Leute mit den Dekretis und Satzungen des Papstes. Davon wissen jetzt die jungen Leute nichts!«

Und ich, D. Martinus Luther, habe nicht damals gedacht, daß ich derselbe Eremit sein sollte; denn Augustinermönche werden auch Eremiten genannt.

Rom ist jetzt nur ein totes Aas und Haufen Schutt. Anno 1527 ist mit Sturm vom Herzog von Bourbon, mit einem geringen Haufen Kriegsvolk, am allerfestesten Ort erobert und eingenommen, da die Römer und der Papst selbst sicher waren in der Kirche. Der Papst entrann kaum und floh davon in die Engelsburg. Es war ein solcher großer, dicker Nebel, daß die Feinde die Mauern erstiegen, ehe man's gewahr und inne wurde; plünderten die Kardinäle; den Papst nahmen sie gefangen, der löste sich mit dreihunderttausend Dukaten, die er dem Kriegsvolk gab; da gaben sie ihn los und ließen ihn ziehen. Die besten Bücher wurden in den Libereien[13] zerrissen und kamen um. Die Kopisterei[14] wurde zum Pferdestall gemacht. Viele Römer kamen jämmerlich um, ausgenommen die da kaiserlich waren, und die Kolumneser. Es war eine sonderliche Strafe von Gott über die Stadt.

Zu Rom ist ein trefflich hart Regiment. Denn der Parasel[15], der Hauptmann und Richter, reitet alle Nacht mit dreihundert Dienern in der Stadt umher, hält die Scharwache stark. Wen er auf der Gasse erwischt, der muß herhalten; hat er eine Wehr bei sich, so wird er entweder gehängt oder ertränkt und in den Tiber geworfen oder ein Strapechorde[16] gegeben. Noch ist ein wüstes Leben und Morden allda. Wo aber Gottes Wort lauter und rein gelehrt wird, da ist auch Einigkeit ohne Gesetz und Ordnung.

Rom wie es jetzund ist und gesehen wird, ist wie ein totes Aas gegen die vorigen Gebäude. Denn da jetzt Häuser stehen, sind zuvor die Dächer gewesen, so tief liegt der Schutt; wie man bei dem Tiber wohl sieht, da sie zwei Landknechtsspieß hoch Schutt hat. Jetzund hat es sein Gepräng. Der Papst triumphiert mit hübschen geschmückten Hengsten, die vor ihm herziehen, und er führt das Sakrament (ja, das Brot) auf einem hübschen,

*Martin Luther mit der Taube des Heiligen Geistes. Holzschnitt zu Luthers »Acta et res gestae« von Hans Baldung, gen. Grien, 1521*

weißen Hengst. Nichts ist da zu loben, denn das Konsistorium[17] und Curia Rotä, da die Händel und Gerichtssachen fein rechtmäßig gehört, erkannt, verrichtet und erörtert werden.«

Da ich zum ersten Mal den Ablaß angriff und alle Welt die Augen aufsperrte und sich ließ dünken, es wäre zu hoch angehoben, kamen zu mir mein Prior und Subprior[18], aus dem Zetergeschrei bewegt, und fürchteten sich sehr, baten mich, ich sollt den Orden nicht in Schande führen. Denn die anderen Orden hüpften schon vor Freuden, sonderlich die Prediger, daß sie nicht allein in Schanden steckten, die Augustiner müßten nun auch brennen und Schandträger sein. Da antwortet' ich: »Lieben Väter, ist's nicht in Gottes Namen angefangen, so ist's bald gefallen; ist's aber in Gottes Namen angefangen, so laßt denselbigen machen.« – Da schwiegen sie, und geht noch so bisher, wird auch, ob Gott will, noch so gehen bis ans Ende. Amen.

Ich war allein und aus Unvorsichtigkeit in diesen Handel (den Anschlag der Thesen) geraten, und weil ich nicht konnte zurückweichen, räumte ich dem Papst in vielen und hohen Artikeln nicht allein viel ein, sondern betete ihn auch mit rechtem Ernst williglich an. Denn wer war ich elender, verachteter Bruder, der dazumal mehr einer Leiche denn einem Menschen ähnlich, der sich sollte wider des Papstes Majestät setzen, vor welchem nicht allein die Könige auf Erden und der ganze Erdboden, sondern auch Himmel und Hölle (daß ich so rede) sich entsetzten, und allein nach seinen Winken sich alle richten mußten. Was, und auf welche Weise mein Herz dasselbe erste und andere Jahr erlitten und ausgestanden hat, und in welcherlei Demut, die nicht falscher und erdichteter, sondern rechter Art war, wollte schier sagen Verzweiflung ich da schwebte, ach! da wissen die sichern Geister wenig von, die hernach des Papstes Majestät mit großem Stolz und Vermessenheit angegriffen. Ich aber, der ich allein in der Fahr steckte, war nicht so fröhlich, getrost und der Sache so gewiß. Denn ich wußte viel nicht, welches ich, gottlob, nun weiß. Ich disputierte nur und war begierig, mich belehren zu lassen.

Wie gar schwerlich ging es erstlich an, da wir Anno Siebzehn nach Allerheiligen gegen Kemberg fuhren, da ich eben begonnen hatte, wider die handgreiflichen Irrtümer der Ablässe zu schreiben. Doktor Hieronymus Schurff widerriet mir's: Ihr wollt wider den Papst schreiben? Was wollt Ihr machen? Man wird's nicht leiden! Ich sagte darauf nur: Wie, wenn man's müßte leiden?

Warum des Papsts und seiner Jünger Bücher von Doktor Martino Luther verbrannt seien. – Laß auch anzeigen, wer da will, warum sie D. Luthers Bücher verbrannt haben.

Jesus.
Allen Liebhabern Christlicher Wahrheit sei gewünscht
Gnade und Friede von Gott.

Ich Martinus Luther, genannt Doktor der Heiligen Schrift, Augustiner zu Wittenberg, füg männiglich zu wissen, daß durch meinen Willen, Rat und Zutat auf Montag nach Sankt Nicolai im 1520. Jahr verbrannt seien die Bücher des Papstes von Rom und etlichen seiner Jünger. So jemand sich des verwundern (und), wie ich mich wohl versehe, fragen würde, aus was Ursach und Befehl ich das getan habe, der laß ihm hiermit geantwortet sein.

Zum ersten ist's ein alt herkommener Brauch, vergiftige, böse Bücher zu verbrennen, wie wir lesen in Actis Apostolorum (19, 19), da sie für 5 000 Pfennig Bücher verbrannten, nach der Lehre Sankt Pauli.

Zum anderen so bin ich (je unwürdig) ein getaufter Christ, dazu ein geschworener Doktor der Heiligen Schrift, über das ein täglicher Prediger, dem seines Namens, Standes, Eides und Amts wegen gebührt, falsche, verführerische, unchristliche Lehre zu vertilgen oder je wehren. Und wiewohl viel mehr in gleicher Pflicht sind, die doch dasselbe nicht tun wollten oder möchten, vielleicht aus Unverstand oder gebrechlicher Furcht, wäre ich dennoch nicht damit entschuldigt, so mein Gewissen, genugsam verständigt, und mein Geist, mutig genug von Gottes Gnaden erweckt, jemandes Exempel ließe mich aufhalten.

Zum dritten hätte ich mich solches Werkes dennoch nicht unterwunden, wo ich nicht hätte erfahren und gesehen, daß der Papst und die päpstischen Verführer nicht allein irrten und verführten, sondern nach vielen vergebens von mir geschehenen Unterrichtungen in ihrem unchristlichen Irrtum und Seelverderben also gar verstockt und verhärtet seien, daß sie nicht allein nicht wollen sich weisen noch lehren lassen, sondern blindhin mit verstopften Ohren und Augen die Evangelische Lehre verdammen und verbrennen, ihre endchristische, teuflische Lehre zu bestätigen und erhalten.

Zum vierten. Ich glaub auch nicht, daß sie des Befehl haben von dem Papst Leo dem Zehnten, so viel es an seiner Person liegt, ich erfahr es dennoch anders, welchem ich auch hoffe solche von mir verbrannten, wiewohl seiner Vorfahrn Bücher selbst nicht gefallen, und ob sie ihm gefielen, mir darum nichts dran gelegen. Ich weiß auch, und hab des gewisse Kundschaft, daß die Kölner und Löwener, welche sich rühmen, sie haben Kaiserliche Majestät Urlaub und Befehl meine Büchle zu verbrennen, der Wahrheit sparen, denn sie solch Fürnehmen mit vielen tausend Gulden Wert Geschenk von etlichen Amtleuten erkauft haben.

Zum fünften. Dieweil denn durch solch ihr Bücherverbrennen der Wahrheit ein groß Nachteil und bei dem schlichten gemeinen Volk ein Wahn dadurch erfolgen möcht zu vieler Seelen Verderben, hab ich, durch Anregen (wie ich hoff) des Geistes, dieselben zu stärken und zu erhalten, der Widersacher Bücher wiederum verbrannt, angesehen ihre unhöffliche (= nicht zu hoffende) Besserung.

*Luthers Bücher werden verbrannt. Holzschnitt, 1524*

Darum wollt ein jeglicher sich nicht lassen bewegen die hohen Titel, Namen und Geschrei des päpstlichen Stands, des geistlichen Rechts, des langwährigen Brauchs dieser verbrannten Bücher, sonder höre zu und sehe zuvor an, was der Papst in seinen Büchern gelehrt, und was in dem heiligen geistlichen Recht vergifte und greuliche Lehren stehen, und was wir bisher haben angebetet statt der Wahrheit, und richte alsdann frei, ob ich rechtlich oder unrechtlich diese Bücher verbrannt habe.

Hätte ich am Anfang gewußt, da ich anfing zu schreiben, das ich jetzt erfahren und gesehen habe (nämlich, daß die Leute Gottes Wort so feind wären und setzten sich so heftig dawider), so hätte ich fürwahr stille geschwiegen; denn ich wäre nimmermehr so kühn gewesen, daß ich den Papst und schier alle Menschen hätte angegriffen und sie erzürnt. Ich meinte, sie sündigten nur aus Unwissenheit und menschlichen Gebrechen und unterstünden sich nicht, vorsetzlich Gottes Wort zu unterdrücken; aber Gott hat mich hinan geführt wie einen Gaul, dem die Augen geblendet sind, daß er die nicht sehe, so zu ihm zurennen.«

»Meine Einfalt und arme geringe Person, will nicht sagen, gerechte Sache hat dem Papst den Schaden getan. Denn da ich anfing zu predigen und zu schreiben, verachtete mich der Papst. Denn er gedachte: Es ist ein einzelner Mann, ein armer Mönch usw. Hab ich doch diese Lehre verteidigt vor vielen Königen und Kaisern, Fürsten und Herrn, was sollt denn nun ein einzelner Mann tun? Hätte er aber mein geachtet, so hätte er mich bald am Anfang konnt ausrotten und dämpfen.«

Auf nichts brennt mein Herz so wie darauf, jenem Gaukler die schöne griechische Maske vom Gesicht zu reißen, mit der er die Kirche angeführt hat – hätte ich nur Muße und Zeit dazu, seine Schande allen Menschen zu offenbaren. Es ist mein größtes Kreuz, daß ich es mit ansehn muß, wie meine Brüder treffliche Geistesgaben, zu nützlichen Studien bestimmt, nutzlos auf diese Gaukeleien verschwenden, wie die Universitäten unablässig gute Bücher verdammen und verbrennen und andrerseits schlechte wie in einem ewigen Traume weiter diktieren.

*An Johannes Lang,*
*Wittenberg, 8. Februar 1517*

Eck hat also »Obelisken« verfaßt, in denen er mich als giftigen Böhmen, Ketzer, Aufrührer, als dreist und leichtfertig verschreit; leichtere Schmähungen will ich gar nicht erwähnen, wie wenn er mich verschlafen, unfähig, unwissend, schließlich auch Verächter des Papstes betitelt. Kurz und gut, nichts als die schmutzigsten Schimpfereien, mit ausdrücklicher Nennung meines Namens und Anführung meiner Thesen. Und so ist das ganze Buch voll blassen, gelben, wütenden Neides und Hasses.

Was mich anbetrifft, so gehe ich um so viel weiter, je mehr die Feinde toben; ich lasse das eine hinter mir, und sie mögen es anbellen; ich verfolge neue Fragen, damit sie dann auch diese anschreien! Fahrt mit Erfolg fort und betet nur zum Herrn, daß er selber seines Namens Ehre wirkt und daß sein Wille geschehe.

*An Sylvius Egranus,*
*Wittenberg, 24. März 1518*

Daher habe ich zu einer Disputation eingeladen; aber das hieß die ganze Welt mir auf den Hals gehetzt, soweit das durch diese Eiferer für das liebe Geld (leider nicht Eiferer für die Seelen) gemacht werden konnte. Denn da diese liebevollen Menschen nicht widerlegen konnten, was ich geäußert habe, behaupteten sie mit faustdicker Schlauheit: durch mein Disputieren[19] werde die Gewalt des Papstes angegriffen.

Das ist der Handel, verehrungswürdigster Vater, um dessentwillen ich zu meinem Unglück jetzt an die Öffentlichkeit trete; ich, der ich immer glücklich in meinem Winkel gewesen bin; der ich es vorziehe, Zuschauer zu sein bei dem Spiel, das die feinsten Geister in unserem Jahrhundert üben, als daß mir zugeschaut wird – und ich ausgelacht werde . . .

Darum bitte ich Euch, diesen meinen ungenügenden Versuch anzunehmen und, auf welchem Wege es immer möglich ist, dem Papst Leo X. zu übermitteln, damit er mir da ein Fürsprecher sei wider die Bestrebungen meiner Widersacher.

*An Johann von Staupitz,*
*Wittenberg, 30. Mai 1518*

Ich will mit meinen Büchern und Flugschriften nicht Ruhm und Ehre einheimsen. Fast jedermann verurteilt an mir meine Heftigkeit, aber ich meine wie Ihr, daß Gott vielleicht eben damit die Lügen der Menschen aufdecken will. Denn was in unsrer Zeit mit Ruhe behandelt wird, das sehe ich bald in Vergessenheit geraten, ohne daß jemand sein achtet . . . Unsre Zeit urteilt freilich schlimm davon; das Urteil der Zukunft wird besser sein. Wer kann sagen, ob mich nicht der Geist mit seinem Ungestüm vorwärts treibt, da ich doch gewißlich nicht aus Gier nach Ehre oder Gut noch nach Beifall so handle. Aber ich suche Rache? Vielleicht; der Herr verzeihe mirs; denn auch damit gehe ich nicht darauf aus, einen Aufruhr zu erregen, sondern einem allgemeinen Konzil seine Freiheit zu erfechten.

*An Wenzeslaus Link,*
*Wittenberg, 19. August 1520*

*Luther und Huss als gute Hirten. Zeitgenössischer Holzschnitt*

Endlich ist die Bulle, die Eck aus Rom mitgebracht hat, auch hier eingetroffen; die Wittenberger Freunde werden an den Fürsten ausführlicher darüber schreiben. Ich verachte diese Bulle und befehde sie schon als gottlos und lügnerisch und ganz und gar Eckisch. Ihr werdet sehen, daß es erstens Christus selbst ist, den sie verdammt, daß sie zweitens kein Wort der Begründung beibringt und daß sie mich endlich nicht zum Verhör, sondern zum Widerruf vorladet. So könnt Ihr erkennen, wie sie in Rom voll Wut, Blindheit und Torheit sind, unfähig zum Sehen und unfähig zum Denken. Doch will ich vorläufig den Namen des Papstes ungenannt lassen und die Bulle als unecht und erlogen angreifen, obwohl ich sie für echt halte. O, wäre Kaiser Karl ein Mann und schritte zum Kampfe für Christi Sache wider diese Teufel!

Für meine Person bin ich ohne Furcht; des Herrn Wille geschehe. Wie sich der Kurfürst verhalten soll, weiß ich nicht zu sagen, doch scheint es mir das beste, die Sache mit Schweigen zu übergehen.

Von ganzem Herzen aber freue ich mich, daß ich für eine so herrliche Sache leiden darf, und ich fühle mich unwert einer so heiligen Prüfung. Ich fühle mich jetzt viel freier, da ich nun gesehen habe, daß der Papst der Antichrist ist und der Satan in seinem Herzen wohnt. Nun bewahre nur Gott die Seinen, daß sie sich nicht durch sein teuflisches Gebaren vom Glauben abwenden lassen. Erasmus schreibt mir, der kaiserliche Hof wimmle so von den herrschsüchtigen Bettelmönchen, daß von Karl nichts zu hoffen sei; und das ist in der Ordnung; denn es heißt: »Verlasset Euch nicht auf Fürsten, sie sind Menschen, die können ja nicht helfen.«

*An Spalatin,*
*Wittenberg, 11. Oktober 1520*

Betet, betet für mich, das allein tut mir not, alles andere habe ich im Überfluß. Was draußen in der Welt über mich verfügt wird, ist mir gleichgültig; ich darf ja hier endlich einmal in Ruhe wohnen. Lebt wohl im Herrn und grüßt alle, denen Ihr es sagen dürft.

*An Spalatin,*
*Wartburg, 10. Juni 1521*

Darum nützen alle ihre Bücher nichts, wenn sie es so ängstlich vermeiden, zu schelten, zu beißen, zu beleidigen. Auch mir läßt mein Gewissen noch jetzt keine Ruhe, daß ich zu Worms auf Euren und der Freunde Rat meinen Geist zurückgedrängt und nicht jenen Götzen ein neuer Elias geworden bin. Meine Worte sollten anders lauten, wenn ich zum zweiten Mal vor ihnen stände. Doch genug davon.

Ich befinde mich hier wohl, nur bin ich träg und schlaff, und so erkalte ich geistig und fühle mich unglücklich. Heute habe ich endlich seit fünf Tagen wieder Stuhlgang gehabt, doch so hart, daß ich fast den Geist dabei ausgehaucht habe. Nun sitze ich wie ein Weib, das geboren hat, voller Schmerzen, Blut und Wunden, mit der traurigen Gewißheit, diese Nacht keinen oder bestenfalls für kurze Zeit Schlaf zu finden.

Doch ich danke Christus, der mir ein Restchen des heiligen Kreuzes zugeteilt hat. Ich könnte von allen Wunden genesen, wenn nur mein Leib offen wäre. Die Verletzungen, die in vier Tagen zuheilen, reißt der neue Stuhlgang wieder auf. Deshalb will ich aber von Euch nicht bedauert, sondern vielmehr beglückwünscht sein, und Ihr sollt beten, daß ich würdig werde, brünstig im Geist zu sein. Denn es ist Zeit, mit aller Kraft gegen den Satan zu beten, mit solch furchtbarem Leid bedroht er Deutschland, und ich fürchte, der Herr möchte ihm dazu Gewalt geben.

Immer noch bin ich schläfrig und faul zu Gebet und Widerstand. So bin ich mit mir selbst unzufrieden und mir selber zur Last, vielleicht weil ich so allein bin und keiner von Euch mir helfen will. Ach, laßt uns beten und wachen, daß wir nicht in Anfechtung fallen.

*An Spalatin,*
*Wartburg, 9. September 1521*

Ihr fragt besorgt und freundschaftlich nach meinem Ergehen. Darüber werdet Ihr inzwischen von andern unterrichtet sein. Ich bin abgetreten von der öffentlichen Bühne, nach dem Rat der Freunde, gegen meinen Willen, ungewiß, ob ich's Gott zu Dank täte. Ich meinte, meinen Hals darbieten zu müssen öffentlich dem Haß, aber anders dachten, die mich durch Ritter auf der Reise in einem verstellten Überfall fangen und an einen sichern Ort setzen ließen, wo ich jetzt liebreich gehalten werde.

Aber glaubt mir: tausend Teufeln bin ich ausgesetzt in diesem meinem einsamen Nichtstun. So viel leichter ist es, wider den leibhaftigen Teufel, d. i. gegen Menschen, zu kämpfen, als mit den bösen Geistern unter dem Himmel. Des öftern falle ich, aber es richtet mich auf die Rechte des Erhabenen; in seinem Namen sehne ich mich auch wieder in die Öffentlichkeit, aber ich will es nicht, es rufe mich denn der Herr.

(Angaben über neue Schriften:) . . . alles deutsch. Für meine Deutschen bin ich geboren, ihnen möchte ich auch dienen. Mich juckts, gegen die Akademien öffentlich vorzugehen, aber ich habe es noch nicht in Angriff genommen . . .

*An Nikolaus Grebel,*
*Wartburg, 1. November 1521*

Es ist mir schon beschlossene Sache, die Mönchsgelübde anzugreifen und die jungen Leute aus der Hölle des Zölibats zu befreien, der durch Brunst und Befleckungen so unrein und verrucht ist. Einerseits veranlassen mich meine eigenen Versuchungen, andererseits die gerechte Entrüstung zu einer solchen Schrift. Ihr werdet zufrieden sein. Denn nicht bloß e i n Satan ist mit mir oder gegen mich, der ich allein und so oft nicht allein bin.

*An Spalatin,*
*Wartburg, 11. November 1521*

Ich bin jetzt an die sechzehn Jahre Mönch und bin's damals wider deinen Willen und ohne dein Wissen geworden. In deiner väterlichen Liebe fürchtetst du für meine Schwachheit, weil ich ein junger Mensch war, kaum einundzwanzig Jahre alt, das ist ›in hitziger Jugend‹ (daß ich Augustins Wort brauche), und du hattest mancherlei Exempel[20], daß es mehr denn einem mit dieser Lebensart übel geraten war. Hingegen hattest du mir eine ehrenvolle und reiche Heirat zugedacht. Dieser Furcht wegen hattest du Sorge, ja eine Weile unversöhnlichen Groll wider mich, und vergebens redeten dir die Freunde zu: wenn du Gott etwas opfern wollest, dann sollte es das Liebste und Beste sein. Derweil ließ der Herr in deine Gedanken des Psalmisten Wort hineinklingen, aber du warst taub: ›Gott kennt der Menschen Gedanken, daß sie eitel sind.‹

Endlich gabst du nach und unterwarfst dich dem Willen Gottes, ließest aber keineswegs von der Sorge meinetwegen. Es gedenkt mir allzu wohl: du warst (grundsätzlich) versöhnt und sprachst mit mir (über Tafel), ich aber bestand darauf, ich sei durch einen Schrecken vom Himmel berufen.

Das All
te Teſta
ment
deutſch.
M. Luther.
Vuittemberg.

Denn ich bin nicht gern und nicht aus Eifer ein Mönch worden, viel weniger des Bauchs wegen, sondern da mich eine Angst und Todesschreck unversehens überfiel, tat ich ein erzwungen und erdrungen Gelübde. Da sagtest du: Gott gebe nur, daß es kein Teufelsgespenst gewesen sei! Das Wort durchdrang mich bis ins innerste Herz, gleich als hätte Gott durch deinen Mund geredet; aber ich verstockte mein Herz, so gut ich konnte, wider dich und dein Wort. Da ich dir aber mit kindischer Kühnheit deinen Groll vorrückte, gabst du mir noch eine zweite Antwort, und die traf mich so, daß mich dünkt, ich habe all meiner Lebtage aus keines Menschen Mund ein Wort vernommen, das mir mächtiger geklungen und fester gehaftet habe: Hast du nicht gehört das Gebot ›Ehre Vater und Mutter‹? Dennoch macht' ich mich sicher in meiner Gerechtigkeit, hielt's nur für Menschenwort und wollt' es kühnlich verachten: denn es von Herzen verachten, das konnt' ich nicht.

*An den Vater Hans Luther,*
*Wartburg, 21. November 1521*

Denn ich wünsche gedruckt, was ich geschrieben habe, und ist es nicht in Wittenberg, so ist es anderswo. Sind also die Stücke verloren gegangen oder denkt Ihr sie fürder zurückzuhalten, so werdet Ihr mich so erbittern, daß ich zum Trotz noch viel heftiger gegen jene Mißstände und Widersacher vorgehe. Denn meinen Geist könnt Ihr nicht vertilgen, wie Ihr's mit leblosem Papier tun könnt.

Ich bin nach Wittenberg gereist und habe bei aller Freude des Wiedersehens die teuren Freunde bekümmert gefunden, daß niemand von ihnen weder meine Schriften noch meine Briefe zu Gesicht bekommen noch irgend eine Nachricht von mir erhalten hatte. Urteilt selbst, was ich zu ihrem Schmerz sagen, ob er mir nicht berechtigt erscheinen mußte. Sonst steht mir alles wohl an, was ich hier sehe und höre. Der Herr stärke den Geist derer, die guten Willen haben. Freilich haben mich auf der Reise mancherlei Gerüchte von dem ungestümen Auftreten einiger Genossen gepeinigt, und so habe ich mir vorgenommen, eine öffentliche Ermahnung ausgehen zu lassen, sobald ich in meine Einsamkeit zurückgekehrt bin. Das Weitere ein andermal.

*An Spalatin*
*Wittenberg, 4. Dezember 1521*

*Titelbordüre. Holzschnitt von Lukas Cranach d. Ä., 1521*

Also ich auch habe nun, wie Ihr wißt, manches feine Büchlein ohne alle Schärfe, freundlich und sanft geschrieben, dazu mich aufs allerdemütigste erboten, ihnen nachgezogen, erschienen mit vieler Kost und Mühe, und ihre Lügen und Lästerung über die Maßen viel ertragen. Aber je mehr ich mich gedemütigt habe, je mehr sie toben, mich und meine Lehre lästern, bis daß sie verstockt sind, weder hören noch sehen können. Wer nun des Sinnes ist, daß er solche meine viele Geduld und Erbieten nicht auch ansieht und verachtet, was soll's mich bewegen, ob er sich ärgert an meinem Schelten? Sintemal er selbst damit anzeigt, daß er kein Gutes an mir kenne, sondern nur Ursache sucht zu verachten. Dieselben müssen ihm denn auch begegnen, auf daß sein falsch Herz offenbar werde. Denn wer meine Lehre mit rechtem Herzen aufnimmt, würde sich an meinem Schelten nicht ärgern.

*An einen Unbekannten,*
*Wittenberg, 28. August 1522*

Ich weiß auch wohl, daß meine Schriften allesamt der Art gewesen sind, daß sie zuerst angesehen gewesen, als seien sie aus dem Teufel, und man besorgte, der Himmel würde bald fallen; aber hernach ist's bald anders worden. Es ist jetzt eine andere Zeit, daß man die großen Häupter, vorhin ungewohnt, antastet; und was Gott im Sinn hat, wird man sehen zu seiner Zeit. Nicht daß ich mich damit entschuldige, als sei nichts Menschliches an mir; sondern daß ich mich des rühmen kann mit Sankt Paulo, ob ich gleich zu hart bin, daß ich dennoch je die Wahrheit gesagt habe, und mir niemand kann schuld geben, daß ich geheuchelt habe. Soll ich je einen Fehl haben, so ist mir's lieber, daß ich zu hart rede, und die Wahrheit zu unvernünftig herausstoße, denn daß ich irgend einmal heuchelte und die Wahrheit inne behielt. Verdrießt es aber die großen Herrn, mein frei hartes Schreiben, so (sollen sie) lassen sie mein Lehre unverworren und warten des Ihren; ich tue ihnen kein Unrecht. Sündige ich was daran, das sollen nicht sie, denen ich nur recht tue, sondern Gott allein, vergeben.

*An Hans von der Planiz,*
*Wittenberg, 4. Februar 1523*

Das eyn Christliche
versamlūg odder ge=
meyne: recht/ vñ ma=
cht habe: alle lere tzu
vrteylen: vnd lerer zu
beruffen: eyn vnd ab=
zusetzen: Grund vnd
vrsach aus der schrifft/ Mar. Luther
Wittemberg.
M.D. XXiij.

*Titelbordüre. Holzschnitt von Lukas Cranach d. Ä., 1523*

Ich selbst bekenne für meine Person jedenfalls: sollte es irgendwie möglich sein – ich möchte den freien Willen nicht geschenkt bekommen! (Ich möchte nicht,) daß irgendetwas mir überlassen bliebe, was ich für mein Heil tun könnte. Und das nicht allein deshalb, weil ich nicht imstande sein würde, gegen alle Widerstände und Gefahren, im Kampf mit all den Teufeln mich zu behaupten und es festzuhalten – ein Teufel ist ja stärker als alle Menschen –, und weil so kein Mensch selig werden würde; nein, auch dann, wenn es keine Gefahren, keine Widerstände, kene Teufel gäbe, würde ich so doch gezwungen sein, mich ständig aufs Ungewisse zu mühen und in die Luft zu stoßen. Denn wenn ich auch ewig lebte und arbeitete, mein Gewissen würde doch niemals sicher und gewiß werden können und wissen, wieviel es zu tun habe, um Gott zu genügen. Bei jedem noch so guten Werk, das ich vollbringen würde, bliebe doch der Stachel zurück, ob es Gott auch wohlgefiele, oder ob er vielleicht noch mehr verlange, wie die Erfahrung aller Werkheiligen beweist, und wie ich's selbst zu meinem großen Schaden jahrelang habe erfahren müssen. Nun aber, wo Gott mein Heil über den Bereich meines Wollens hinausgehoben und ganz zu seiner Sache gemacht hat, wo er verheißen hat, mich nicht durch mein Tun oder Laufen, sondern durch seine

*Luthers Schutzzeichen im Alten Testament von 1524*

Gnade und Barmherzigkeit zu retten, nun bin ich dessen gewiß und sicher, daß er treu ist und mir nicht lügen wird, dazu mächtig und groß genug ist, daß ihn kein Teufel und kein Widerstand stürzen noch mich ihm entreißen wird.

Weiter fragt Ihr, warum ich nicht heirate. Darüber dürft Ihr Euch nicht wundern, da ich doch ein so berüchtigter Liebhaber bin. Da ich so viel von der Ehe schreibe und so viel mich mit Weibern bemenge, ist es eigentlich vielmehr wunderbar, daß ich nicht selbst eins geworden bin. Warum also davon reden, daß ich keine gefreit! Fordert jedoch Ihr, daß ich Euch ein Beispiel geben soll, so könnt Ihr sogleich ein sehr durchschlagendes vernehmen. Habe ich doch gleich drei Weiber auf einmal gehabt und so tapfer geliebt, daß ich zwei davon wieder eingebüßt habe, die andere Freier zu nehmen gedenken. Die dritte hält auch nur ein schwaches Band, und auch sie wird mir vielleicht bald entrissen. Ihr dagegen seid mir ein träger Liebhaber, der nicht einmal eine einzige zu nehmen wagt. Immerhin hütet Euch, daß ich Euch nicht zuvorkomme, so nahe Euch und so fern mir jetzt der Wunsch zur Ehe liegt. Pflegt doch Gott zu wirken, was wir am wenigsten erwarten. Dies, um Euch ohne Scherz an Euer Vorhaben zu gemahnen. Lebt wohl.

*An Spalatin,*
*Wittenberg, 16. April 1525*

Ich bitte Euch, laßt nicht ab, mich zu trösten und für mich zu beten, denn ich bin arm und elend. Nicht daß mich die Sakramentierer[21] bewegen, deren Wütereien ich bisher weder gesehen noch gelesen habe; ich hoffe auch durch Christus, ich werde diesen Satan verachten und so sein Herr werden können. Der Satan wütet auf eigene Faust mit aller seiner Kraft in meinem Innern, und der Herr hat mich ihm wie einst Hiob zum Ziel aufgerichtet, und er versucht mich mit ungewohnter Kraftlosigkeit des Geistes. Aber die Gebete der Heiligen werden mich nicht in seinen Händen lassen, wie schwer auch die Wunden des Herzens sich heilen lassen, die ich empfangen habe. Ich tröste mich mit der Hoffnung, daß mein Kampf zugleich ein Kampf ist für viele. Freilich gibt es kein Übel, das meine Sünden nicht verdient hätten. Das ist aber mein Leben, daß ich weiß und rühmen darf, ich habe das Wort Christi rein und lauter vielen zum Heil gelehrt. Doch eben dies peinigt den Satan, und er möchte mich zugleich mit dem Worte gestürzt und verdorben sehen. Das ist auch der Grund, daß ich von den Tyrannen der Welt nichts leide, während andere gemordet und verbrannt werden und umkommen für Christus; desto mehr leide ich aber vom Fürsten dieser Welt selber in meiner Seele.

*An Johann Agricola,*
*Wittenberg, 21. August 1527*

## »Auf des Königs zu Engelland Lästerschrift Titel, M. Luthers Antwort.«

1527

. . . Welcher König oder Fürst meint, daß sich der Luther vor ihm demütige der Meinung, als reue ihn seine Lehre und habe unrecht gelehrt und suche Gnade, der betrügt sich selbst weidlich und macht ihm selbst einen goldnen Traum.

Meine Lehre ist das Hauptstück, darauf ich trotze, nicht allein wider Fürsten und Könige, sondern auch wider alle Teufel, und habe sonst nichts mehr, das mein Herz erhält, stärkt, fröhlich und je länger je mehr trotziger macht. Das andere Stück, mein Leben und persönlich Wesen, weiß ich zu guter Maßen selbst wohl, daß es sündlich und keines Trotzens ist: ich bin ein armer Sünder und lasse meine Feinde eitel Heilige und Engel sein. – Meiner Lehre halber bin ich dem Kaiser, König, Fürsten und aller Welt viel zu stolz, steif und hoffärtig; aber meines Lebens halber bin ich einem jeden Kinde demütig und unterworfen. Wer das nicht gewußt hat, der höre es hier.

Wohlan allzusammen, nur frisch an den Luther, ihr Papisten von vorn, ihr Schwärmer von hinten. Hetzt, jagt, treibt getrost, ihr habt das rechte Wild vor euch. Wenn der Luther liegt, so seid ihr genesen und habt gewonnen. Wen es gereut hat, der lasse ab; wer sich fürchtet, der fliehe; mein Rückhalter ist mir stark und gewiß genug, das weiß ich.

Ich kann desto fröhlicher leben und sterben, weil ich mit solchem Gewissen lebe und sterbe, daß ich ja mit allem Fleiß der Welt zu ihrem Besten gedient habe, und die heilige Schrift also an den Tag gebracht, als in tausend Jahren nicht gewesen ist. Ich bitte aber um Gottes willen noch ein einziges Mal, ist's euch möglich, so seid mit dem Luther unverworren, es ist wahrlich der Luther nicht, den ihr jagt; ihr sollt und müßt und werdet des Luthers Lehre stehen und bleiben lassen. Mein Leib ist bald aufgerieben, aber meine Lehre wird euch aufreiben. Man sollte es ja schier spüren, wessen meine Lehre sei, weil sie sich bisher so gewehrt hat, daß noch keiner ihr hat mögen abbrechen, und vor manchem Sturme unverzagt und unüberwunden geblieben ist.

## Bekenntnis

*1528*

Ich sehe, daß es mit dem Spalten und Irren je länger, desto mehr wird und kein Aufhören gibt mit dem Toben und Wüten des Satans. Damit drum nicht zu meinen Lebzeiten oder nach meinem Tode solche Leute sich künftig auf mich berufen und meine Schriften fälschlich anführen, um ihren Irrtum damit zu decken, wie die Sakraments- und Taufschwärmer schon anfingen, so will ich mit dieser Schrift vor Gott und aller Welt meinen Glauben Punkt für Punkt bekennen, worauf ich zu bleiben gedenke bis in den Tod, um in diesem Glauben – wozu mir Gott helfe! – von dieser Welt zu scheiden und vor den Richterstuhl unsers Herrn Jesus Christus zu kommen. Und sollte jemand nach meinem Tode sagen: wenn der Luther jetzt lebte, würde er diesen oder jenen Artikel anders lehren und halten; denn er hat ihn nicht genügend bedacht usw., so sage ich dagegen jetzt wie für künftig und künftig wie für jetzt, daß ich mit Gottes Gnade alle diese Artikel auf das sorgfältigste bedacht und wieder und wieder mit der Schrift hin und her verglichen habe und sie so gewiß verfechten will, wie ich jetzt das Sakrament des Altars verfochten habe. Ich bin jetzt nicht betrunken oder gedankenlos, ich weiß, was ich rede, und fühle auch sehr wohl, was es für mich bei der Wiederkunft Jesu Christi am jüngsten Tage bedeuten wird. Es ist mir ernst; denn ich kenne den Satan mit Gottes Gnaden ziemlich genau. Kann er Gottes Wort und Schrift verkehren und verwirren, was sollte er nicht mit meinen oder eines anderen Worten tun?

Erstens glaube ich von Herzen den hohen Artikel der göttlichen Majestät: daß Vater, Sohn und heiliger Geist drei verschiedene Personen und ein rechter, alleiniger, wesenhafter, wahrhaftiger Gott ist, Schöpfer Himmels und der Erden und aller Dinge, gegen die Arianer, Macedonier, Sabelliner und ähnliche Ketzereien, wie das alles bis jetzt sowohl in der römischen Kirche wie in aller Welt bei den christlichen Kirchen gehalten worden ist.

Zweitens glaub und weiß ich, daß die Schrift uns lehrt, daß die mittlere Person in Gott, nämlich der Sohn, allein wahrhaftiger Mensch geworden ist, von dem heiligen Geist ohne Zutun eines Mannes empfangen und von der reinen, heiligen Jungfrau Maria als rechter, natürlicher Mutter geboren, wie das alles Sankt Lukas klar beschreibt und die Propheten verkündigt haben in der Weise, daß nicht der Vater oder der heilige Geist Mensch geworden ist (wie einige Ketzer gelehrt haben), daß auch Gott der Sohn nicht nur den Leib ohne die Seele (wie einige Ketzer gelehrt haben), sondern auch die Seele, d. h. eine ganze, volle Menschheit angenommen hat und als rechter, Abraham und David verheißener Samen oder Kind und natürlicher Sohn Mariens geboren, in jeder Weise und Gestalt ein richtiger Mensch, wie ich selbst es bin und alle andern, nur ohne Sünde, allein von der Jungfrau durch den heiligen Geist gekommen ist; und daß dieser Mensch wahrhaftig Gott ist, der aus Gott und Mensch eine ewige, unzertrennbare Person geworden ist, so daß Maria, die heilige Gottesmutter eine richtige, wahrhaftige Mutter nicht nur des Menschen Christus, wie die Nestorianer lehren, sondern des Sohnes Gottes ist, wie Lukas sagt: »Das in dir geboren wird, soll Gottes Sohn heißen.« Das ist mein und aller Herr, Jesus Christus, Gottes und Mariens einziger, richtiger, natürlicher Sohn, wahrhaftiger Gott und Mensch.

Auch glaub ich, daß dieser Sohn Gottes und Marias, unser Herr Jesus Christus, für uns arme Sünder gelitten hat, gekreuzigt ist, gestorben und begraben, damit er uns von der Sünde, dem Tod und dem ewigen Zorn Gottes durch sein unschuldiges Blut erlöste, und daß er am dritten Tage auferstanden ist vom Tode und aufgefahren gen Himmel und sitzet zur rechten Hand Gottes, des allmächtigen Vaters, ein Herr über alle Herren, ein König über alle Könige und über alle Kreaturen im Himmel, auf Erden und unter der Erde, über Tod und Leben, über Sünde und Gerechtigkeit. Denn ich bekenne und weiß es aus der Schrift zu beweisen, daß alle Menschen von einem Menschen, Adam, herkommen und von diesem durch die Geburt mit sich bringen und erben den Fall, die Schuld und die Sünde, die dieser Adam im Paradies durch die Bosheit des Teufels begangen hat und so mit ihm alle miteinander in Sünden geboren sind, leben und sterben und des ewigen Todes schuldig sein müßten, wenn nicht Jesus Christus uns zur Hilfe gekommen wäre und diese Schuld und Sünde als ein unschuldiges Lämmlein auf sich genommen, für uns durch sein

Leiden bezahlt hätte und noch täglich für uns einstände und -träte als ein treuer, barmherziger Mittler, Heiland und einziger Priester und Bischof unserer Seelen.

Hiermit verwerfe und verdamme ich als lauter Irrtum jede Lehre, die unsern freien Willen preisen will, weil sie unmittelbar gegen diese Hilfe und Gnade unseres Heilands Jesus Christus gerichtet ist. Denn weil außer Christus der Tod und die Sünde unsere Herrn sind, und der Teufel unser Gott und Fürst ist, kann es da keine Kraft oder Macht, keinen Scharfsinn oder Verstand geben, mit dem wir uns auf die Gerechtigkeit und das Leben bereiten oder sie ersehnen könnten, sondern wir müssen verblendet und gefangen, die Sklaven des Teufels und der Sünde sein, zu tun und zu denken, was ihnen gefällt und Gott mit seinen Geboten zuwider ist. Ebenso verdamme ich auch die neuen wie die alten Pelagianer, die die Erbsünde keine Sünde sein lassen wollen, sondern sie solle nur ein Gebrechen oder Mangel sein. Aber weil der Tod über alle Menschen geht, muß die Erbsünde nicht ein Gebrechen, sondern eine übergroße Sünde sein, wie Sankt Paulus sagt: »Der Sünde Sold ist der Tod« und wieder: »Die Sünde ist des Todes Stachel.« Ebenso sagt auch David: »Siehe, ich bin in Sünden empfangen und meine Mutter hat mich in Sünden getragen.« Er sagt nicht: »Meine Mutter hat mit Sünden mich empfangen«, sondern: »Ich, Ich, Ich bin in Sünden empfangen, und meine Mutter hat mich in Sünden getragen«, d. h. daß ich im Mutterleib aus sündigem Samen gewachsen bin, wie das der hebräische Text ausdrückt.

Demnach verwerfe und verdamme ich auch als lauter Teufelsspaltung und -irrtum alle Orden, Regeln, Klöster, Stifter und was von Menschen über die Schrift hinaus und ohne sie erfunden und eingerichtet und mit Gelübden und Verpflichtungen festgelegt worden ist, obgleich viele große Heilige so gelebt haben und als die Auserwählten Gottes zu dieser Zeit dadurch verführt und doch schließlich durch den Glauben an Jesus Christus erlöst und entronnen sind. Denn weil diese Orden, Stifter und Absonderungen in der Meinung ergriffen und gehalten werden, als wollte und könnte man durch diese Wege und Werke selig werden und der Sünde und dem Tod entlaufen, so ist es eine öffentliche, grauenhafte Lästerung und Verleugnung der einzigen Hilfe und Gnade unsers einzigen Heilands und Mittlers Jesus Christus. Denn »es ist uns sonst kein Name gegeben, durch welchen wir sollen selig werden«, als dieser, welcher heißt Jesus Christus, und es ist unmöglich, daß es noch mehr Heilande, Wege oder Weisen geben könnte, selig zu werden neben der einzigen Gerechtigkeit, die unser Heiland Jesus Christus ist und uns geschenkt und für uns vor Gott gestellt hat als unser einziger Gnadenstuhl.

Freilich wäre es schön, wenn man Klöster oder Stifter in der Absicht bestehen ließe, jungen Leuten dort Gottes Wort, die Schrift und christliche Zucht zu lehren, wodurch man sich rechte, geeignete Männer zu Bischöfen, Pfarrern und sonstigen Dienern der Kirche wie auch für die weltliche Verwaltung tüchtige, kenntnisreiche Leute heranbilden und vorbereiten würde und rechte, züchtige, gebildete Frauen, die später in christlicher Weise einen Haushalt führen und Kinder aufziehen könnten. Aber einen Weg zur Seligkeit da suchen, das ist des Teufels Lehre und Glauben.

Dies aber sind die drei heiligen Orden und rechten Stifter, die von Gott eingesetzt sind: das Priesteramt, der Ehestand, die weltliche Obrigkeit. Alle, die man im Pfarramt oder Dienst des Wortes findet, sind in einem heiligen, rechten, guten, Gott wohlgefälligen Stand, also die, welche predigen, das Sakrament reichen, die Gemeindekasse verwalten, die Küster und Boten oder Knechte, die diesen Personen dienen usw. Dies sind lauter heilige Werke vor Gott. So auch, wenn einer Vater und Mutter ist, das Haus gut führt und Kinder zu Gottes Dienst erzieht, das ist auch lauter Heiligtum und heiliges Werk und ein heiliger Orden. Ebenso, wo Kinder oder Gesinde den Eltern und Herren gehorsam sind, da ist auch lauter Heiligkeit, und wen man darin findet, der ist ein lebendiger Heiliger auf Erden. So auch ein Fürst oder Oberherr, Richter, Beamter, Kanzler, Schreiber, Knechte, Mägde und alle, die diesen dienen, dazu alle, die untertänigen Gehorsam leisten – alles lauter Heiligtum und heiliges Leben vor Gott; darum, weil diese drei Stifter oder Orden in Gottes Wort und Gebot gegründet sind. Was aber in Gottes Wort gegründet ist, das muß heilig sein; denn Gottes Wort ist heilig und heiligt alles, was an ihm und in ihm ist.

Über diesen drei Stiftern und Orden steht nun der allgemeine Orden der christlichen Liebe, in dem man nicht nur den drei Orden, sondern überhaupt jedem Bedürftigen mit allerlei Wohltaten dient, wie die Hungrigen speisen, die Durstigen tränken usw., den Feinden vergeben, für alle Menschen auf Erden bitten, alles Böse auf Erden ertragen usw. Sieh, das alles heißt ein ganz gutes, heiliges Werk! Dennoch ist keiner von diesen Orden ein Weg zur Seligkeit, sondern über sie alle hinaus bleibt der einzige Weg bestehen, der Glaube an Jesus Christus. Denn es ist durchaus zweierlei: heilig und selig sein. Selig werden wir allein durch Christus; heilig aber sowohl durch diesen Glauben wie auch durch diese göttlichen Stifter und Orden. Es können auch Gottlose wohl viele heilige Dinge vorweisen; sie sind aber mit ihnen darum nicht selig. Denn Gott will von uns diese Werke zu seinem Lob und Ehren haben, und alle die, die in dem Glauben an Christus selig sind, die tun diese Werke und halten diese Orden. Was aber über den Ehestand gesagt wurde, ist auch von dem Witwen- und Jungfrauenstand zu verstehen; denn diese gehören ja auch zum Haus und zum Haushalten usw. mit hinzu. Wenn nun diese Orden und göttlichen Stifter nicht selig machen, was sollten da die Teufelsstifter und Klöster tun, die bloß so, ohne Gottes Wort aufgekommen sind und sich dazu gegen den einzigen Weg des Glaubens richten und toben!

Drittens glaube ich an den heiligen Geist, der mit Vater und Sohn ein wahrhaftiger Gott ist und vom Vater und Sohn ewiglich ausgeht, doch in dem einen göttlichen Wesen und Sein eine unterschiedliche Person (ist). Durch diesen als eine lebendige, ewige, göttliche Gabe und Geschenk werden alle Gläubigen mit dem Glauben und anderen geistlichen Gaben geschmückt, vom Tod auferweckt, von Sünden befreit und fröhlich und getrost, frei und sicher im Gewissen gemacht. Denn das ist unser Trost: wenn wir dieses Geistes Zeugnis in unserm Herzen fühlen, will Gott unser Vater sein, Sünde vergeben und ewiges Leben geschenkt haben.

Das sind die drei Personen und ein Gott, der sich uns allen selbst ganz und gar gegeben hat mit allem, was er ist und hat. Der Vater gibt sich uns mit Himmel und Erde samt allen Kreaturen, daß sie (uns) dienen und nützlich sein müssen. Aber diese Gabe ist durch Adams Fall verfinstert und nützt nichts mehr. Darum hat sich danach auch der Sohn selbst uns gegeben, alle seine Taten, Leiden, Weisheit und Gerechtigkeit uns geschenkt und uns dem Vater versöhnt, damit wir, wieder lebendig und gerecht, auch den Vater mit seinen Gaben erkennen und haben möchten. Weil aber diese Gnade niemand etwas nützen würde, wenn sie so heimlich verborgen bliebe und nicht zu uns kommen könnte, so kommt der heilige Geist und gibt sich uns auch ganz und gar. Der lehrt uns diese Wohltat Christi, die uns erwiesen ist, erkennen, hilft sie empfangen und behalten, nützlich gebrauchen und austeilen, mehren und fördern und tut das sowohl innerlich wie äußerlich; innerlich durch den Glauben und andere geistliche Gaben, äußerlich aber durchs Evangelium, durch die Taufe und das Sakrament des Altars, durch die er wie durch drei Mittel oder Weisen zu uns kommt und das Leiden Christi in uns lebendig und zur Seligkeit fruchtbar macht.

Darum halt und weiß ich, daß, so wie es nicht mehr als ein Evangelium und einen Christus gibt, es auch nicht mehr als eine Taufe gibt, und daß die Taufe als solche eine göttliche Ordnung ist, wie sein Evangelium auch. Und so wie das Evangelium darum nicht falsch oder unrecht ist, weil es einige etwa falsch gebrauchen oder lehren oder nicht glauben, so ist auch die Taufe nicht falsch oder unrecht, mögen sie auch einige ohne Glauben empfangen oder geben oder sonst mißbrauchen. Die Lehre der Wiedertäufer und Donatisten, und wer sie sein mögen, die wiedertaufen, verwerfe und verdamme ich daher gänzlich. Ebenso sage ich auch und bekenne von dem Sakrament des Altars, daß dort wahrhaftig Leib und Blut im Brot und Wein mit dem Munde gegessen und getrunken werden, mögen auch die Priester, die es reichen, oder die, die es empfangen, nicht glauben oder es sonst mißbrauchen. Denn es steht nicht auf Menschenglauben oder -unglauben, sondern auf Gottes Wort und Ordnung; oder sie müßten schon vorher Gottes Wort und Ordnung ändern und umdeuten, wie es die jetzigen Sakramentsfeinde tun, die allerdings nichts als Brot und Wein haben. Denn sie haben auch die Worte und die eingesetzte Ordnung Gottes nicht, sondern verkehren und verändern sie nach ihrem eigenen Gutdünken.

Sodann glaube ich, daß eine, heilige, christliche Kirche auf Erden besteht, das ist: die Gemeinde und Zahl oder Versammlung aller Christen in aller Welt, die einzige Braut Christi und sein geistlicher Leib, dessen einziges Haupt er auch ist. Und die Bischöfe oder Pfarrer sind nicht Häupter oder Herrn noch die Bräutigame der Kirche, sondern Diener, Freunde und, wie schon das Wort »Bischof« zeigt, Aufseher, Pfleger oder Beschützer. Und diese Christenheit ist nicht nur unter der römischen Kirche oder dem Papst, sondern in aller Welt, wie die Propheten verkündigt haben, daß Christus Evangelium in alle Welt kommen sollte, so daß also die Christenheit unter Papst, Türken, Persern, Tataren und überall leiblich zerstreut, aber geistlich versammelt ist in einem Evangelium und Glauben unter einem Haupt, das Jesus Christus ist. Denn das Papsttum ist gewiß die rechte antichristliche Herrschaft oder die rechte widerchristliche Tyrannei, die im Tempel Gottes sitzt und mit Menschengeboten regiert, wie Matth. Christus und Thess. Paulus verkündigen; obschon daneben auch der Türke und alle Ketzereien, wo sie auch sind, mit zu diesem Greuel gehören, von dem geweissagt ist, er werde an der heiligen Stätte stehen, aber nicht in dem Maß wie das Papsttum.

In dieser Christenheit, und wo sie ist, da ist Vergebung der Sünden, d. h. ein Königreich der Gnaden und des rechten Ablasses. Denn da ist das Evangelium, die Taufe, das Sakrament des Altars, in denen Vergebung der Sünden angeboten, geholt und empfangen wird, und es ist auch Christus und sein Geist und Gott da. Und außerhalb dieser Christenheit ist weder Heil noch Vergebung der Sünden, sondern ewiger Tod und Verdammnis. Mögen auch der Schein großer Heiligkeit da sein und viel gute Werke, so ist doch alles verloren. Diese Vergebung der Sünden ist aber nicht bloß einmal, nämlich in der Taufe zu erwarten, wie die Novater lehren, sondern so oft und sovielmal, als man ihrer bedarf, bis in den Tod.

Aus diesem Grunde halt ich viel von der heimlichen Beichte, weil dort Gottes Wort und Absolution zur Vergebung der Sünden heimlich und einem jeden besonders zugesprochen wird und er, so oft er will, in ihr diese Vergebung oder auch Trost, Rat und Auskunft haben kann, so daß sie für die Seele etwas sehr Kostbares und Nützliches ist, vorausgesetzt, daß man sie niemand mit Gesetzen und Geboten aufdrängt, sondern sie freiwillig sein läßt, so daß sie jedermann für seine Nöte gebrauchen mag, wann und wo er will, so wie es frei steht, Rat und Trost, Auskunft oder Lehre einzuholen, wann und wo es die Not oder der Wille fordern. Und (ich will auch) nicht, daß man zwingt, alle Sünden aufzuzählen und zu beschreiben, sondern die, welche am meisten drükken, oder welche jemand nennen möchte, ganz so, wie ichs im Betbüchlein geschrieben habe.

Für die Toten, meine ich, weil die Schrift nichts hierüber sagt, ist es nicht Sünde, in freiwilligem Gedenken so oder ähnlich zu beten: Lieber Gott, steht es so um die Seele, daß ihr zu helfen ist, so sei ihr gnädig usw. Und wenn dies ein- oder zweimal geschehen ist, so laß es genug sein. Denn die Vigilien[22] und Seelenmessen und jährlichen Begängnisse sind nichts nütze und sind des Teufels Jahrmarkt. Wir haben auch nichts in der Schrift über das Fegefeuer, und das ist sicher von den Poltergeistern aufgebracht. Darum mein ich, daß es nicht nötig ist, daran zu glauben, wiewohl Gott alle Dinge möglich sind und er die Seelen nach dem Abscheiden vom Leibe auch wohl peinigen lassen könnte. Aber er hat es weder sagen noch schreiben lassen; drum will ers auch nicht geglaubt haben. Ich weiß aber allerdings ein anderes Fegefeuer, aber über dies ist in der Gemeinde nichts zu lehren, noch ist mit Stiftungen oder Vigilien dagegen etwas auszurichten.

Die Anrufung der Heiligen haben andere früher angegriffen als ich, und mir gefällt das, und ich glaubs auch, daß allein Christus als unser Mittler anzurufen ist. Das gibt die Schrift und ist gewiß. Von Heiligenanrufung steht nichts in der Schrift. Darum muß es ungewiß und nicht zu glauben sein.

Wenn man die Ölung nach dem Evangelium hielte, so ließe ich sie hingehen; aber daß ein Sakrament draus zu machen sei, ist nichts. Denn so, wie man anstatt der Vigilien und Seelenmessen gut eine Predigt vom Tod und ewigen Leben halten und auf diese Weise bei dem Begräbnis beten und unser Ende bedenken könnte, wie es – anscheinend – die Alten getan haben, so wäre es wohl auch schön, wenn man zu den Kranken ginge, betete und sie ermahnte, und wenn man sie dabei mit Öl bestreichen wollte, sollte das in Gottes Namen frei stehen.

Ebenso darf man auch aus der Ehe und dem Priesteramt kein Sakrament machen. Sie sind ohnedies schon als ein heiliger Orden heilig genug. So ist auch die Buße nichts anderes als eine Einübung und Auswirkung der Taufe. Es bleiben somit die zwei Sakramente, Taufe und Abendmahl des Herrn, neben dem Evangelium, in denen uns der heilige Geist Vergebung der Sünden reichlich darbietet, gibt und einübt.

Über alle andern Greuel stell ich aber den Greuel der Messe, die als ein Opfer oder gutes Werk gepredigt und verkauft wird, worauf jetzt alle Stifter und Klöster stehen, aber, so Gott will, bald liegen sollen. Denn obwohl ich ein großer, schwerer, schändlicher Sünder gewesen bin und meine Jugend auch verdammlich zugebracht und verloren habe, so sind doch das meine größten Sünden, daß ich so ein heiliger Mönch gewesen bin und mit so viel Messen über fünfzehn Jahre lang meinen lieben Herrn so grauenhaft erzürnt, gemartert und geplagt habe. Aber Lob und Dank sei seiner unaussprechlichen Gnade gesagt in Ewigkeit, daß er mich aus diesem Greuel geführt hat und mich noch täglich trotz meiner großen Undankbarkeit erhält und bestärkt im rechten Glauben.

Demnach habe ich geraten und rat es noch, die Stifter und Klöster mit ihren Gelübden fahren zu lassen und sich herauszubegeben in die rechten, christlichen Orden, damit man diesen Greueln der Messe und der lästerlichen Heiligkeit, nämlich der Keuschheit, der Armut und des Gehorsams, durch die man selig zu werden meint, entlaufe. Denn so schön es im Anfang der Christenheit war, den jungfräulichen Stand zu bewahren, so grauenhaft ist es jetzt, wo man damit Christus Hilfe und Gnade verleugnet. Denn man kann wohl als Jungfrau, Witwe und keusch leben ohne diese lästerlichen Greuel.

Bilder, Glocken, Meßgewand, Kirchenschmuck, Altarlichter u. ä. seh ich für frei an. Wer es will, der kanns lassen, obschon ich Bilder nach der Schrift und guten Berichten für recht nützlich, aber immerhin für frei und beliebig halte. Denn mit den Bilderstürmern halte ichs nicht.

Zuletzt glaube ich an die Auferstehung aller Toten am jüngsten Tage, der Rechtschaffenen wie der Bösen, damit da jeder an seinem Leibe empfange, was er verdient hat und so die Rechtschaffenen ewig mit Christus leben und die Bösen ewig sterben mit dem Teufel und seinen Engeln. Denn ich halte es nicht mit denen, welche lehren, daß die Teufel schließlich auch zur Seligkeit kommen werden.

Das ist mein Glaube; denn so glauben alle rechten Christen und so lehrt

Biblia: das ist:
Die gantze Heilige
Schrifft: Deudsch
Auffs new zugericht.
D. Mart. Luth.
Begnadet mit Kur-
fürstlicher zu Sachsen Freiheit.
Gedruckt zu Wittem-
berg/ Durch Hans Lufft.
M.D.XLV.

*Titelbordüre zur ersten Gesamtausgabe der Lutherbibel. Holzschnitt von Lukas Cranach d. J., 1535* uns die heilige Schrift. Für das, was ich hier zu wenig gesagt habe, werden mir aber meine Büchlein Zeugen genug stellen können, besonders die, die zuletzt erschienen sind seit vier oder fünf Jahren. Dafür bitte ich alle rechtschaffenen Herzen, sie möchten mir Zeugen sein und für mich beten, daß ich in diesem Glauben fest bestehen und mein Leben beschließen möge. Denn falls ich, was Gott verhüten möge, in Anfechtung und Todesnöten etwas anderes sagen sollte, so soll es doch nicht gelten, und ich will hiermit öffentlich bekannt haben, daß es unrecht und vom Teufel eingegeben sei. Dazu helfe mir mein Herr und Heiland Jesus Christus, gebenedeit in Ewigkeit. Amen.

# Aus dem Katechismus, 1529

## Das erste Gebot.

Du sollst keine anderen Götter haben.

Das heißt: Du sollst mich allein für deinen Gott halten. Was sagt das, und wie versteht man's? Was heißt »einen Gott haben«, und was ist Gott? Antwort: Ein Gott ist das, dazu man sich alles Guten versehen und woran man eine Zuflucht in allen Nöten haben soll; also, daß einen Gott haben, nichts anderes ist als ihm von Herzen trauen und glauben, wie ich oft gesagt habe: allein das Trauen und Glauben des Herzens macht beides, Gott und Abgott. Ist der Glaube und das Vertrauen richtig, so ist auch dein Gott richtig, und wiederum, wo das Vertrauen falsch und unrecht ist, da ist auch der rechte Gott nicht, denn die zwei gehören zueinander, Glaube und Gott. Worauf du nun dein Herz hängst und dich verläßt, das ist in Wahrheit dein Gott.

HGB

## Das zweite Gebot.

### Du sollst Gottes Namen nicht leichtfertig gebrauchen.

Gleichwie das erste Gebot das Herz unterwiesen und den Glauben gelehrt hat, so führt uns dies Gebot heraus und richtet den Mund und die Zunge gegen Gott. Denn das erste, das aus dem Herzen bricht und sich zeigt, sind die Worte. Wie ich nun oben Antwort darauf gelehrt habe, was einen Gott haben heißt, so mußt du auch den einfachen Sinn dieses und aller Gebote begreifen und beschreiben lernen.

Wenn man nun fragt: Wie verstehst du das zweite Gebot und was heißt Gottes Namen leichtfertig brauchen oder mißbrauchen? Dann antworte kurz so: Das heißt Gottes Namen mißbrauchen, wenn man Gott, den Herrn, zu einer Lüge oder zu allerhand Untugend nennt. Darum ist so ernst geboten, daß man Gottes Namen nicht betrügerisch dazusetzt oder in den Mund nimmt, wenn's das Herz gut anders weiß oder doch wissen sollte, wie bei denen, die vor Gericht schwören und einander betrügen. Gottes Namen kann man nicht ärger mißbrauchen als durch Lug und Trug damit. Das laß das Deutsch und den verständlichsten Sinn dieses Gebots bleiben.

## Das dritte Gebot.

Du sollst den Feiertag heiligen.

Feiertag haben wir gesagt, nach dem hebräischen Wort Sabbat, das eigentlich feiern heißt, das ist: von der Arbeit müßig stehn. Daher pflegen wir zu sagen: Feierabend machen, oder: heiligen Abend geben. Nun hat Gott im Alten Bund den siebenten Tag ausgesondert, zu feiern bestimmt und ihn vor allen andern heilig zu halten geboten. Dieser äußerlichen Feier nach ist dies Gebot nur den Juden gegeben, damit sie von grober Arbeit abstehn und ruhen, daß sich beide, Menschen und Vieh, wieder erholten und nicht von steter Arbeit geschwächt würden. Freilich haben sie es hernach allzu eng gespannt und grob mißbraucht, daß sie es auch an Christus lästerten und solche Werke nicht leiden konnten, die sie doch selbst daran taten, wie man im Evangelium liest. Gerade als sei das Gebot damit erfüllt, daß man kein äußerliches Werk tut; was doch nicht die Meinung war, sondern daß man den Feier- oder Ruhetag heilige, wie wir hören werden.

## Das vierte Gebot.

Du sollst deinen Vater und deine Mutter ehren.

Diesem Vater- und Mutterstand hat Gott vor allen Ständen den Preis gegeben, die unter ihm sind, so daß er nicht bloß gebietet, die Eltern lieb zu haben, sondern sie zu ehren. Denn gegen Brüder, Schwestern und den Nächsten im allgemeinen befiehlt er nichts Höheres, als sie zu lieben. So nimmt er Vater und Mutter besonders vor allen anderen Personen auf Erden und setzt sie neben sich. Denn ehren ist ein viel höheres Ding als lieben, schließt es doch nicht nur die Liebe ein, sondern auch eine Bescheidenheit, Demut und Scheu wie vor einer hier verborgenen Majestät, fordert auch nicht nur, daß man sie freundlich und mit Ehrerbietung anspricht, sondern vor allem, daß man sich mit Herz und Hand so stellt und zeigt, daß man viel von ihnen hält, und sie als die Höchsten nach Gott ansieht. Denn wen man von Herzen ehren will, den muß man wahrlich für hoch und groß halten.

So präge man dem jungen Volk ein, ihre Eltern an Gottes Statt vor Augen zu haben, und also zu denken: Ob sie gleich gering, arm, gebrechlich und wunderlich sind, sind sie dennoch Vater und Mutter, von Gott

gegeben. Des Lebenswandels oder eines Fehlers wegen sind sie der Ehre nicht beraubt. Darum ist die Person nicht anzusehen, wie sie ist, sondern Gottes Wille, der es so schafft und ordnet. Sonst sind wird zwar vor Gottes Augen alle gleich, aber unter uns kann es ohne solche Ungleichheit und Unterschiede nicht sein. Darum hat auch Gott sie zu halten geboten, daß du mir als deinem Vater gehorsam seiest und ich die Oberhand habe.

## Das fünfte Gebot.

Du sollst nicht töten.

Bisher haben wir ausgeführt, was geistliches und weltliches Regiment, das heißt, was göttliche und väterliche Obrigkeit und der Gehorsam gegen sie bedeutet. Hier aber gehen wir aus unserem Haus unter die Nachbarn, um zu lernen, wie wir untereinander leben sollen, ein jeder gegenüber seinem Nächsten. Darum ist in dies Gebot Gott und die Obrigkeit nicht einbegriffen; es ist ihnen auch nicht die Macht zu töten genommen, die sie haben.

Denn Gott hat sein Recht, Übeltäter zu strafen, der Obrigkeit an der Eltern Statt befohlen, welche vorzeiten, wie man in Mose liest, ihre Kinder selbst vor Gericht stellen und sie zum Tode verurteilen mußten. Deshalb: was hier verboten ist, ist einem gegen den andern verboten, nicht der Obrigkeit.

Dies Gebot ist nun leicht genug, und ist oft behandelt, weil man's jährlich im Evangelium hört, wo es Jesus selbst auslegt und zusammenfaßt, nämlich so: man soll töten weder mit Hand, Herz, Mund, Zeichen, Mienen, noch durch Beihilfe und Rat. Darum ist darinnen jedermann verboten zu zürnen, ausgenommen (wie gesagt) denen, die an Gottes Statt stehen, den Eltern und der Obrigkeit. Denn Gott und denen, die in göttlichem Stande sind, gebührt zu zürnen, zu schelten und zu strafen; eben um derer willen, die dies und andere Gebote übertreten.

## Das sechste Gebot.

Du sollst nicht ehebrechen.

Diese Gebote an sich sind nun leicht aus dem letzten zu verstehen, denn sie gehen alle darauf, daß man sich vor jeder Schädigung des Nächsten hüten soll. Sie sind aber nach feiner Ordnung gestellt. Zum ersten handelt's sich um seine eigne Person. Danach wird fortgefahren und von dem geredet, was ihm nach seinem eignen Leib die nächste Person und das nächste Gut ist, von seinem ehelichen Gemahl, das mit ihm ein Fleisch und Blut ist, weshalb man ihm an keinem andern Gut höheren Schaden tun kann. Darum wird hier auch deutlich ausgedrückt, daß man ihm an seinem Eheweib keine Schande zufügen soll. Das Verbot lautet gerade auf Ehebruch, weil es im jüdischen Volk so geordnet und geboten war, daß jedermann verehelicht sein mußte. Darum wurde auch die Jugend sehr zeitig beraten, so daß Jungfrauenstand nichts galt, auch kein öffentliches Huren- und Bubenleben, wie jetzt gestattet wurde. Darum ist Ehebruch die gewöhnlichste Unkeuschheit bei ihnen gewesen.

Weil sich aber bei uns ein so schändliches Gemenge und die Hefe aller Untugend und Büberei findet, so ist dies Gebot auch gegen alle Art von Unkeuschheit gerichtet, wie sie auch heißen mag. Nicht allein ist äußerlich die Tat verboten, sondern auch jedwede Veranlassung, Anreizung und Gelegenheit dazu, so daß Herz, Mund und der ganze Leib keusch sei, keinen Platz, Hilfe oder Rat für Unkeuschheit gebe, und nicht allein das, sondern daß jeder auch wehrt, schützt und rettet, wo Gefahr und

Not ist, und auf der andern Seite hilft und Rat gibt, damit sein Nächster bei Ehren bleibt. Denn wenn du das vernachlässigst, wo du dafür eintreten könntest, oder durch die Finger siehst, als ging's dich nichts an, so bist du ebenso schuldig als der Täter selbst. Aufs kürzeste gesagt ist also gefordert, daß ein jeder einmal selbst keusch lebt und dann dem Nächsten auch dazu hilft. So will Gott durch dies Gebot eines jeden ehelich Gemahl mit Schranken umgeben und bewahrt haben, daß sich niemand dran vergreift.

## Das siebente Gebot.

Du sollst nicht stehlen.

Nach deiner Person und Ehgemahl ist das zeitliche Gut das nächste. Das will Gott auch gesichert wissen und hat geboten, daß niemand dem Nächsten das Seine abbricht oder verkürzt. Denn stehlen heißt nichts anderes, als eines anderen Gut mit Unrecht an sich bringen. Hierunter ist kurz zusammengefaßt jeder Vorteil mit Nachteil des Nächsten, in jedem Handel. Dies ist nun ein sehr weitverbreitetes, gewöhnliches Laster, aber es wird so wenig beachtet und wahrgenommen, daß es alle Grenzen überschreitet, so daß, wo man sie alle am Galgen aufhängen wollte, die Diebe sind und doch nicht heißen wollen, die Welt bald wüst werden und es an beiden, Henkern und Galgen, fehlen müßte. Denn, wie eben gesagt, soll nicht das allein stehlen heißen, daß man Kassen und Taschen ausräumt, sondern es soll seine Geltung haben auf dem Markt, in allen Kram- und Fleischerläden, Wein- und Bierkellern, Werkstätten, und kurz, wo man hantiert, Geld für Ware oder Arbeit nimmt und gibt.

## Das achte Gebot.

Du sollst nicht falsch Zeugnis reden wider deinen Nächsten

Noch einen Schatz haben wir mehr als unseren eignen Leib, Ehgemahl und zeitliches Gut, nämlich Ehre und guten Namen. Das können wir auch nicht entbehren. Denn es geht nicht, unter den Leuten in öffentlicher Schande, von jedermann verachtet zu leben. Darum will Gott des Nächsten Leumund, Ehre und Recht ebensowenig genommen oder geschmälert sehn wie sein Geld und Gut, damit ein jeder vor seinem Weib, Kind, Gesinde und Nachbar in Ehren bestehen kann. Und zum ersten ist der gröbste Sinn dieses Gebots, wie die Worte lauten: Du sollst nicht falsches Zeugnis reden, auf öffentliche Rechtsprechung bezogen, wo man einen armen unschuldigen Mann verklagt und durch falsche Zeugen unterdrückt, damit er an Leib, Gut und Ehre gestraft wird.

## Das neunte und zehnte Gebot.

Du sollst nicht begehren deines Nächsten Haus.
Du solltst nicht begehren sein Weib, Knecht,
Magd, Vieh oder alles was sein ist.

So haben wir nun die Zehn Gebote, einen schönsten Strauß göttlicher Lehre von dem, was wir tun sollen, daß unser ganzes Leben Gott gefällt; den rechten Born und Zufluß, aus dem und in dem alles quellen

und laufen muß, was gute Werke sein sollen, so daß außer den Zehn Geboten kein Werk noch Wesen gut und Gott gefällig sein kann, es sei vor der Welt so groß und kostbar, wie es will.

Das rede und treibe ich darum, daß man doch den leidigen Mißbrauch los wird, der so tief eingewurzelt ist und noch jedermann anhängt, und daß man sich gewöhnt, in allen Ständen allein hierauf zu sehn und sich darum zu bekümmern. Denn man wird noch lange keine Lehre und Stände aufbringen, die den Zehn Geboten gleich sind, weil sie so hoch sind, daß sie niemand durch Menschenkraft erlangen kann; und wer sie erlangt, ist ein himmlischer, engelgleicher Mensch, weit über alle Heiligkeit der Welt. Nimm sie nur vor und versuch' dich recht dran, so wirst du wohl so viel zu schaffen bekommen, daß du keine anderen Werke und Heiligkeiten suchen noch achten wirst.

Das sei genug vom ersten Teil der christlichen Lehre, so viel nötig ist zu beidem, Lehren und Vermahnen. Doch zum Beschluß müssen wir den Text wiederholen, der dazu gehört, von dem wir auch droben im ersten Gebot gehandelt haben, damit man lernt, was Gott darauf gewandt wissen will, daß man die Zehn Gebote gut treiben und üben lernt.

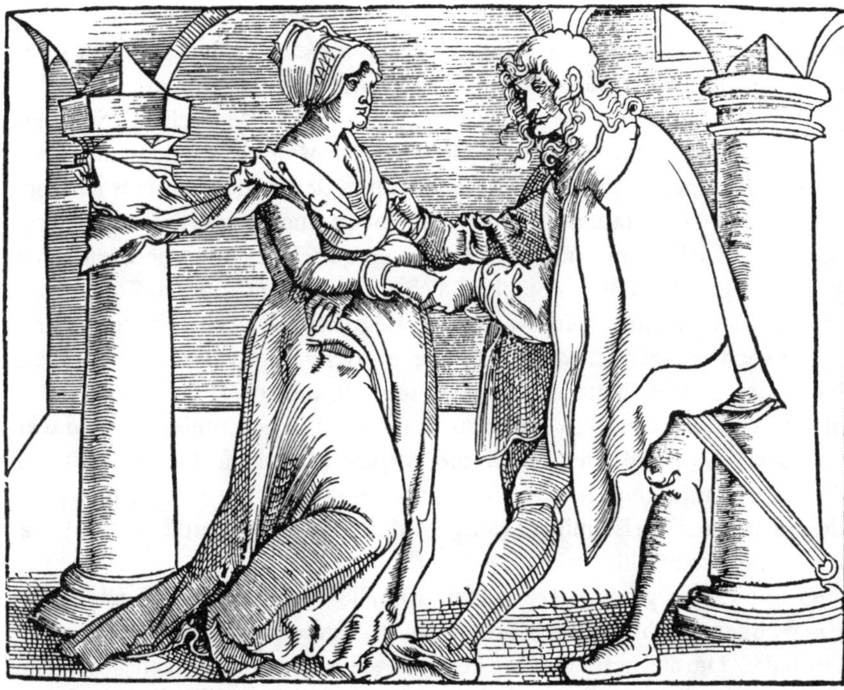

*Holzschnitte zu Markus von Lindaus »Die zehn Gebote« von Hans Baldung genannt Grien, 1516*

Darauf bin ich mit großem Eifer an die Propheten gegangen und berechnete, die Übersetzung vor Pfingsten fertig haben zu können. Dann sollte es an Äsop und anderes gehen. Und ich hätte es wahrhaftig ausgeführt, so ging die Arbeit vonstatten. Aber der alte, äußere Mensch litt Schaden, so daß er das Ungestüm des neuen, innern Menschen weder aushalten noch ihm folgen konnte. Es ist daher schon der dritte Tag, daß ich auch nicht einen Buchstaben ansehen mag, noch auch könnte. Es will nicht mehr, sehe ich wohl, die Jahre treten herzu. Drum ruhe und feiere ich jetzt völlig. Allmählich aber legt sich nun der Aufruhr im Kopf, wenn er mit seinen Mitteln und Pulvern gepflegt wird. Das ist also der Grund, warum ich so spät antworte. Gerade an dem Tage, als Euer Brief aus Nürnberg eintraf, hatte der Satan seine Gesandtschaft bei mir. Ich war allein, Veit und Cyriakus waren nicht da. Und so gewann er denn so weit die Oberhand, daß ich das Zimmer verlassen und die Gesellschaft von Menschen aufsuchen mußte. Ich kann kaum den Tag erwarten, wo ich diesen meinen Geist mit gewaltiger Macht und mit göttlicher Majestät umkleidet sehen soll.

Grüßt Euren ganzen Kreis. Und vor allen Dingen: gebt Euch Mühe, Euch zu schonen und nicht Euren Kopf zugrunde zu richten, wie ich es getan habe. Darum befehle ich Euch und allen Freunden, Euch unter Androhung des Bannes Gesundheitsmaßregeln für Euer Körperchen aufzuzwingen; denn Ihr sollt nicht Euer eigner Mörder werden und dann tun, als hättet Ihr Euch im Dienste Gottes zugrunde gerichtet.

*An Philipp Melanchthon,*
*Veste Coburg, 12. Mai 1530*

Um meine Gesundheit sorgt Euch nicht. Es ist noch ungewiß damit, allein da ich weiß, daß es nicht eine Krankheit der Natur ist, so ertrage ich sie desto standhafter und verachte die Fäuste, damit mich des Satans Engel in meinem Fleisch schlägt. Wenn ich nicht lesen und schreiben kann, so kann ich doch denken, beten und auch so wider ihn eifern und darauf schlafen, ruhen, spielen und singen.

*An Philipp Melanchthon,*
*Veste Coburg, 31. Juli 1530*

Sooft Euch der Teufel mit solchen Gedanken plagt, sucht die Unterhaltung mit Menschen, trinkt mehr, scherzt, treibt Kurzweil und heitere Dinge. Man muß jeweils reichlicher trinken, spielen, scherzen und also eine Sünde tun wider des Teufels Haß und Hohn, auf daß wir ihm nirgends Raum geben, daß er uns ob solch geringer Dinge das Gewissen beschweren mag. Wo nicht, so werden wir überwunden, wenn wir uns allzu ängstlich darum sorgen, daß wir nur nicht sündigen. Derhalben, wenn der Teufel sagt: Trink nicht, so gib ihm zur Antwort: Gerade darum will ich stark trinken, weil du mich hinderst, und deshalb trinke ich noch mehr. So

müssen wir immer das Gegenteil dessen tun, was uns der Teufel verbietet. Aus welcher andern Ursache meint Ihr, daß ich mehr trinke, freier plaudere, öfter esse, als nur darum, daß ich mit dem Teufel Spiel treiben und ihn quälen will, der mit mir solches treiben wollte. Ach, könnte ich doch eine besondere Sünde aufweisen, den Teufel damit zu reizen, auf daß er erkenne, ich wisse von keiner Sünde und sei mir keiner Missetat bewußt.

*An Hieronymus Weller,*
*Veste Coburg, Ende Juli 1530*

Ich hab neulich zwei Wunder gesehen: Das erste, da ich zum Fenster hinaussah, die Sterne am Himmel und das ganze schöne Gewölbe Gottes und sah doch nirgends Pfeiler, darauf der Meister solch Gewölb gesetzt hatte; dennoch fiel der Himmel nicht ein und steht auch solch Gewölb noch fest. Nun sind etliche, die suchen solche Pfeiler und wollten sie gern greifen und fühlen. Weil sie denn das nicht vermögen, zappeln und zittern sie, als werde der Himmel gewißlich einfallen aus keiner andern Ursache, denn daß sie die Pfeiler nicht greifen noch sehen. Wenn sie dieselbigen greifen könnten, so stünde der Himmel fest.

Das andere: ich sah auch große, dicke Wolken über uns schweben mit solcher Last daß sie möchten einem großen Meer zu vergleichen sein, und sah doch keinen Boden, darauf sie ruhten oder fußten, noch Kufen, darin sie gefaßt wären. Dennoch fielen sie nicht auf uns, sondern grüßten uns mit einem sauren Angesicht und flohen davon. Da sie vorüber waren, leuchtete herfür beides, der Boden und unser Dach, der sie gehalten hatte, der Regenbogen. Das war doch ein schwacher, dünner, geringer Boden und Dach, daß er auch in den Wolken verschwand und mehr ein Schemen wie durch ein gemaltes Glas zu scheinen pflegt, denn als ein solcher gewaltiger Boden anzusehen war, daß einer auch des Bodens halber wohl so sehr verzweifeln sollte, als der großen Wasserlast. Dennoch fand sich's in der Tat, daß solcher scheinbar ohnmächtiger Schemen die Wasserlast trug und uns beschützte. Dennoch sind etliche, die des Wassers und der Wolken Dicke und schwere Last mehr ansehen, achten und fürchten, denn diesen dünnen, schmalen und leichten Schemen. Denn sie wollten gern fühlen die Kraft solches Schemens, weil sie das nicht können, fürchten sie, die Wolken werden eine ewige Sintflut anrichten.

*An Gregor Brück,*
*Veste Coburg, 5. August 1530*

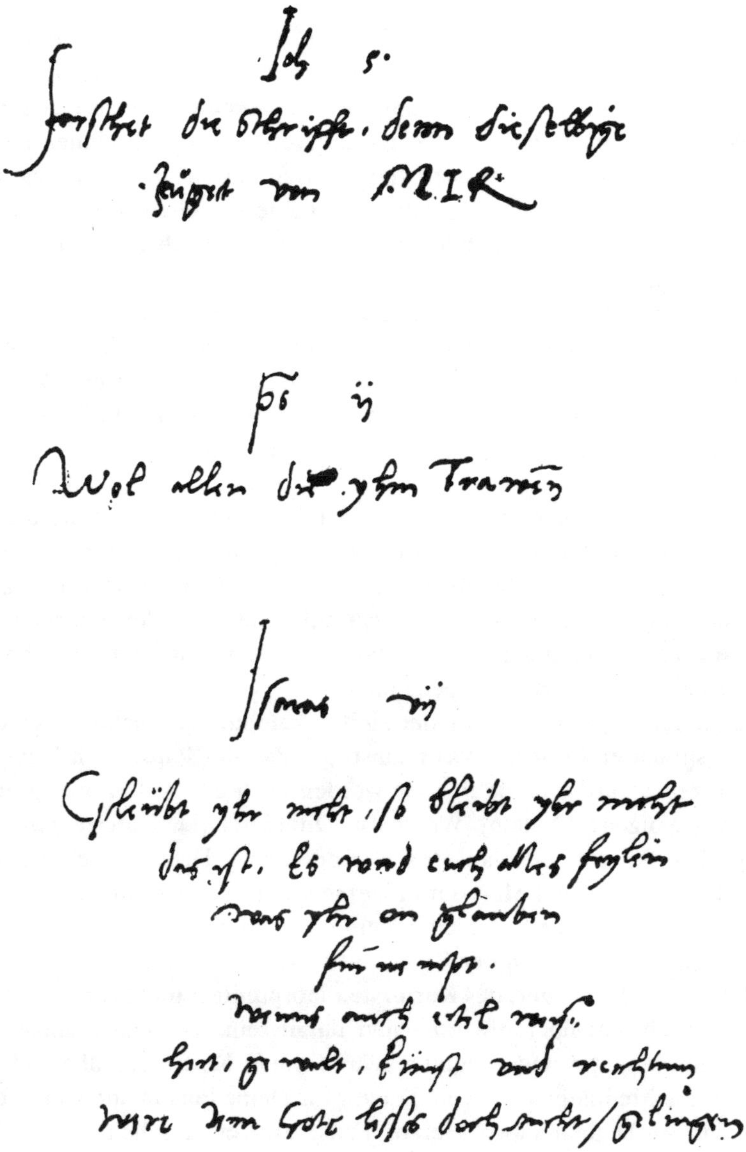

*Handschriftliche Eintragung Luthers in die Bibel der Marienkirche in Halle*

# Auf das Konzil von Augsburg, 1530

Da ich zitiert und gefordert wurde, erschien und kam ich, aber mit einer großen Kustodien und Verwahrung des Kurfürsten zu Sachsen Herzog Friedrichs, der mich an die von Augsburg verschrieben und ihnen befohlen hatte. Dieselben hatten sehr fleißig Achtung auf mich und warnten mich, daß ich je nicht mit den Italianern wollte umgehen, keine Gemeinschaft mit ihnen haben, noch ihnen vertrauen; denn ich wüßte nicht, was ein Wal[23] wäre.

Drei ganze Tage war ich zu Augsburg ohne des Kaisers Geleit. Indes kam ein Wal oft zu mir, foderte mich zum Kardinal und hielt fleißig bei mir an, ich sollte revozieren und widerrufen, ich sollte nur ein Wort sagen, Revoco; »so wird Dich«, sprach er, »der Kardinal dem Papst kommendieren und befehlen, und also wirst Du mit Ehren wieder zu Deinem Fürsten kommen.«

Nach drei Tagen kam der Bischof von Trient und zeigte von des Kaisers wegen dem Kardinal an mein Geleit. Da ging ich in aller Demut zu ihm, fiel erstens nieder auf die Knie; zum andern auf die Erde, so lang ich war, liegend; zum dritten, da ich also lag, hieß mich der Kardinal drei Mal aufstehen. Da stand ich auf, das gefiel ihm sehr wohl, und hoffte, ich würde mich eines Bessern bedenken.

Da ich des andern Tages wieder zu ihm kam und gar nichts widerrufen wollte, sprach er zu mir: »Was meinst Du, daß der Papst nach Deutschland frage? Meinst Du, die Fürsten werden Dich mit Waffen und Kriegsvolk verteidigen? O nein! Wo willst Du bleiben?« Unterm Himmel, sprach ich. So stolz und hoffärtig war der Papst. Drum ist seine Dignität[24], Herrlichkeit und Majestät in Verachtung kommen, welche ihm viel schwerer tut, denn der Tod. Sie könnens nun nicht wehren.

Danach demütigte sich der Papst und schrieb der Kirchen, ja, Magistro Spalatino und Pfeffinger, des Kurfürsten Hofprediger und Kammerrat, sie wollten mich ihm überantworten und daran sein, daß sein Mandat und Befehl ausgerichtet und exequiert würde. Dem Kurfürsten aber schrieb er auf diese Meinung: »Wiewohl Du mir für Deine Person unbekannt bist, doch hab ich Deinen Vater, Herzog Ernst, zu Rom gesehen, der war ein gar gehorsamer Sohn der Kirche, visitierte und besuchte aufs Andächtigste unsere Religion, die hielt er in großen Ehren, wünschte und wollte, daß auch Deine Serenität[25] und Durchlauchtigkeit in seine Fußstapfen treten etc.«

Der Kurfürst aber merkte des Papsts ungewöhnliche Demut und sein bös Gewissen, sah auch die Kraft und Wirkung der heiligen Schrift wohl; drum ließ ers bleiben. Meine Resolutiones und Büchlein gingen, ja flogen in wenig Tagen durch ganz Europa, den dritten Teil der Welt; drum ward der Kurfürst konfirmiert und gestärkt, wollte die Mandata und Befehl des Papsts nicht exequieren und vollstrecken und unterwarf sich dem Erkenntnis der Schrift.

Wenn der Kardinal vernünftiger und mit besserer Bescheidenheit mit mir zu Augsburg wäre umgangen und gehandelt hätte, und da ich ihm zu Fuße fiel, mich angenommen hätte; so wäre es nimmermehr dahin kommen. Denn zur selben Zeit sah ich noch sehr wenige Irrtümer des Papsts. Hätte er still geschwiegen, so hätte ich auch leicht geschwiegen.

Das war der Stil und Brauch des römischen Hofs in dunklen und verwirrten Sachen, daß der Papst sagte: »Wir nehmen aus päpstlicher Gewalt diese Sache zu uns, vertilgen und löschen sie ganz und gar aus.« Alsdenn mußten beide Teil weinen. Ich halte, der Papst gäbe drei Kardinäle drum, daß es in dem Faß wäre, darinnen es dazumal war.«

*Luthers Verhör durch Kardinal Cajetan. Späterer anonymer Holzschnitt zu Ludwig Rabus' »Der Heyligen Außerwölten Gottes Zeugen . . .«, 1556*

Hierbei sende ich Euch den Sermon von den Schulen, ein ganz Lutherisches Buch, das auch durch seinen Wortschwall seinen Verfasser nicht verleugnen kann, sondern voll und ganz von ihm zeugt. So bin ich. Ebenso wird auch das Büchlein von den Schlüsseln werden. Alsdann will ich, so Christus will, von der Rechtfertigung handeln.

*An Philipp Melanchthon,*
*Veste Coburg, 24. August 1530*

Ich bin vom Saufen im Kopf noch immer nicht frei, und das Kratzen im Hals mehrt sich. Aber ich habe genug gelebt und getan. Mein Stündlein mag kommen, wenn es dem wohlgefällig ist, den ich von Herzen begehre zu sehen, der sein Leben und sein Blut dahingegeben hat für den armen Sünder Luther. Lebt wohl.

*An Justus Jonas,*
*Veste Coburg, 28. August 1530*

## Das »Zeugnis« von 1537

Ich, D. Martinus, bekenne mit dieser meiner Handschrift, daß ich mit dem Teufel, Papst und allen meinen Feinden eines Sinnes bin, denn sie wollten gerne fröhlich sein, daß ich gestorben wäre, und ich gönne ihnen von Herzen gerne solche Freude und wäre wohl gern gestorben zu Schmalkalden, aber Gott hat es nicht haben wollen, daß ich solche Freude bestätigen sollte. Er wird es aber tun, ehe sie es meinen, mir zu großem Glück und werden einmal singen: Ach, daß der Luther noch lebte!

Ihr wißt, Doktor Martinus ist nicht Theologus und Verfechter des Glaubens allein, sondern auch Beistand des Rechts armer Leute, die von allen Orten und Enden zu ihn fliehen, Hülfe und Vorschrift (Fürbitte) an Obrigkeiten von ihm zu erlangen, daß er genug damit zu tun hätte, wenn ihm sonst keine Arbeit mehr auf der Schulter drückte. Aber Doktor Martinus dient den Armen gern, wie Ihr es auch gewohnt seid; denn ihr fürchtet Gott den Herrn, liebt Jesum Christum, forscht in der Schrift und Gottes Wort, und lernt noch täglich euren Katechismus sowohl, wie die Kinder in eurer Schule. Des wird der Herr Christus euch wieder eingedenk sein. Aber, lieber Richter Antoni, war es denn nicht genug, daß Ihr mein Bitten und Vorsprach hörtet und mir von Eurer Liebe und Willfährigkeit tröstliche Zeitung tatet? Mußtet Ihr auch meiner Person noch mit Geschenk eingedenk leben? und gar mit einer ganzen Kufen Torgschen Biers eures Gebräues. Ich bin der Guttat nicht wert, und ob ich schon weiß, daß Ihr nicht arm seid, sondern daß euch Gott mit Gütern und Fülle gesegnet hat; so hätte lieber gesehen, ihr hättet das Bier Euern Armen verschenkt, die Euch mit ihrem Gebet mehr Segen gebracht zusammen als der arme Martinus allein. Dank sei Euch aber doch vor Euern günstigen Willen, und Gott vergelte es Euch, dem Ihr hiemit befohlen seid.

*An Anton Unruhe,*
*Wittenberg, nach Pfingsten 1538*

Ich von Mühe und Arbeit erschöpfter und entkräfteter Greis muß mich immer wieder von Tag zu Tag neu verjüngen; mit andern Worten: fort und fort erheben sich mir neue Sekten, deren Bekämpfung eine neue Jugend erfordert.

*An Jakob Probst,*
*Wittenberg, 15. September 1538*

Daß ich Euch habe reisen lassen (nach Schmalkalden) und hier geblieben bin, war gut. Diese Nacht hatte ich im rechten Armmuskel zwischen Achsel und Ellbogen heftige Schmerzen, so daß ich keinen Schlaf finden konnte. Was das wohl sein mag? Ich kann die Stelle fest mit der Hand zusammendrücken oder schlagen, ohne Schmerz zu verspüren; auch sind die Gelenke in schönster Ordnung. Ich vermute einen Schlangenbiß, um dessentwillen der Arm sich nicht zurückbiegen kann. Und dann muß ich wieder an Hans Reinecke denken, der vor seinem Tode über schwere Arme klagte. Aber das soll kein Hindernis sein, mich zu berufen, worum ich ausdrücklich bitte – und ich werde erscheinen. Sonst bin ich ja so ziemlich wohl, und auch meine Käthe hat wieder Appetit zum Essen und Trinken bekommen und kriecht mit den Händen an Tischen und Stühlen entlang. Das schreibe ich, damit Euch nicht das Gerücht verwirrt, das der schlimmste Bote zu sein pflegt. Und auch das bißchen Übel, was noch da ist, wird mit Gottes Gnade bald aufhören.

*An Jonas, Bugenhagen und Melanchthon,*
*Wittenberg, 26. Februar 1540*

## Luthers Hausrechnung, 1542

Die Leute sind grob, die Welt ist undankbar:

Darum sollen nach meinem Tod meine Käthe oder meine Kinder dem Rat und Stadt (wo ein Pharao aufkäme, der von Joseph nichts wissen wollte) vorhalten:

Erstens, daß sie von mir haben einen großen Raum auf der Gasse vor meiner Tür, der dem Kloster gewesen ist, so weit als des Riemers Häuslein an dem Tor herausreicht und herauf bis zu Ende Braunens Haus.

Zum andern, daß sie den ganzen Raum dieses Hauses nach meinem Tod und Braunens Haus zuvor unter das Bürgerrecht kriegt haben, welches alles vorhin ganz frei gewesen ist.

Zum dritten, daß ich nun bei dreißig Jahren Prediger gewesen, nichts von ihnen genommen zu Lohn und wenig geschenkt als etliche tausend Ziegel oder Kalk, und also von dem Meinen ihnen gedient, oft in der Pestilenz bei ihnen blieben.

Darum sie sich hüten mögen vor Undankbarkeit oder sie werden wenig Glück haben.

Ob nach meinem Tode gefragt würde, wo des Klosters Hausgeräte hin kommen sei? Soll man also antworten:

Erstens, das zinnene Gefäß und Küchengerät mit anderem Hausrat haben mir die Visitatores[26] geschenkt. Aber es ist im Anfang des Evangelii also verwüstet, daß ich für das übrige, mir geschenkt, nicht hätte

*Luther vor einer Landschaft stehend. Holzschnitt von Lukas Cranach d. J.*

20 fl. geben wollen. Wollts auch dafür wohl besser gezeugt (angeschafft) haben. Ist auch bis auf diesen Tag nicht aufgehört wegzuschleifen Kannen, Schüsseln, Bratspieß, Groppen (Töpfe) und was jedermann hat ergrappen können, das Meine mit zu.

Dafür mir jährlich abgebrochen und in den gemeinen Kasten geschlagen sind neun alte Schilling und was mehr einem Prediger gebührt. Hab also bis daher wohl bei fünfzehn Jahren um Gottes willen und umsonst gedient der Kirche, Stadt und Universität mit Predigen, Lesen, Schreiben, das Meine auch wohl zugesetzt, mir lassen genügen, das mir mein gtl. Herr auch umsonst aus Gnaden, ja um Gottes willen hat gegeben. Denn seine Kurfürstlichen Gnaden nicht ist schuldig gewesen, der Kirche und Stadt solche Kosten auf ihren Prediger zu wenden.

Das muß ich also rühmen um böser undankbarer Leute willen. Denn wie man mir danken wird nach meinem Tode, sehe ich bei meinem Leben wohl, da Etlichen leid ist, daß sie nicht haben, das mir Gott gegeben, und sie nichts dazu gegeben haben. Damit man solchen bösen undankbaren Leuten das Maul stopfe und sie schamrot machen könne. Sonst haben mir der größere Teil Bürger und der Universität alle Tugend und Ehre erzeiget, das ich ihnen herzlich danke und Gott sie belohnen wird.

Zum andern. Der Kirchen Schmuck und Geräte, wie wohl auch viel und das Beste davon kommen war, hab ich zuletzt die besten Caseln (Ornat), so vorhanden gewesen, verkauft, nicht viel über fünfzig Gulden dafür kriegt, damit ich die Nonnen und Mönche (Diebe und Schälke mitunter) gekleidet, gespeist und versorgt, mit solchem großen Nutz, daß ich das Meine und 100 fl., so mir mein gnädiger Herr, Herzog Hans, zur Haushaltung schenkt, gar weidlich habe zugesetzt. Darum soll man hierin niemand nichts zu oder nach rechnen, sonderlich meiner Käthen nicht. Sie hat nichts davon, denn den größten Schaden. Was sie aber jetzt hat, das hat sie selbst gezeugt neben mir. Wird darüber jemand einen Zank gegen sie vornehmen, der wirds nicht tun als ein frommer Mann, sondern als ein Heinz von Wolfenbüttel, und Gott wird wohl ihn zu finden wissen. Amen!

Meine Hand.

Ach, ich bin träge, müde, kalt – ich bin ein Greis und zu nichts mehr nütze. Ich habe meinen Lauf vollendet; so bleibt noch, daß mich der Herr versammelt zu meinen Vätern und der Verwesung und den Würmern ihr Teil wird. Ich habe mich satt gelebt, wenn man hienieden von einem Leben reden darf. Ihr aber betet für mich, daß die Stunde meines Hingangs Gott angenehm und mir heilsam sei. Um den Kaiser und das ganze große Reich habe ich keine Sorge, nur daß ich sie Gott im Gebet empfehle. Ich habe das Gefühl, auch für die Welt ist die Stunde ihres Hingangs gekommen und, wie der Psalmist sagt: sie ist ganz alt wie ein Gewand und wird verwandelt wie ein Kleid. In den Fürsten ist kein Funke mehr von heldenhafter Tugend, sondern unheilbarer Haß, Zwietracht, Geiz, selbstisches Begehren. So besitzt das Gemeinwesen keine Männer, und in fliegender Eile naht sich die Erfüllung des dritten Kapitels Jesaiä. Das einzig Gute, das wir hoffen können, ist darum, daß jener Tag des Ruhmes unsers großen Gottes und unsrer Erlösung offenbart werde.

Mein Töchterchen Margareta dankt Euch für Eure hübsche Gabe. Sie war zusammen mit allen ihren Brüdern leicht erkrankt; aber während diese schon längst wieder gesund sind, hat sie nun schon seit zehn Wochen ein sehr hartes, böses Fieber gepackt, das noch jetzt mit Leben und Gesundheit im unentschiedenen Kampf liegt. Und ich will dem Herrn nicht grollen, wenn er sie aus dieser satanischen Zeitlichkeit und Welt hinwegnimmt, aus der auch ich mit all den Meinen herausgerissen sein möchte; denn ich sehne mich nach jenem Tag und nach dem Ende des rasenden Satans und der Seinen.

*An Jakob Probst,*
*Wittenberg, 5. Dezember 1544*

Auf der Reise packte mich meine Ohnmacht und dazu die Krankheit, die Ihr als »tremor ventriculi«[27] zu bezeichnen pflegt. Ich ging über meine Kräfte zu Fuß und schwitzte, und als dann im Wagen das durchschwitzte Hemd verkühlte, griff die Kälte einen Muskel am linken Arm an. Daher kam die besprochene Herzbeklemmung und Atemnot, an denen eben mein Alter schuld ist. Jetzt geht es mir ganz leidlich; wie lange freilich, weiß ich nicht, da man dem Alter nicht trauen darf, wo sich schon die Jugend nicht ganz sicher befindet.

*An Melanchthon,*
*Eisleben, 1. Februar 1546*

Ich bin, stehe und liege hier in Gottes Willen, demselbigen habe ich mich ganz ergeben, er wird's wohl machen! Denn das weiß ich gewiß, daß ich sterben werde, denn Er ist das Leben und die Auferstehung, und wer da lebt und glaubt an Ihn, der wird nicht sterben, und wenn er gleich stürbe, so wird er leben. Darum befehle ich's Seinem Willen und lasse Ihn walten!

In meinem Herzen herrscht allein und soll auch herrschen dieser einzige Artikel, nämlich der Glaube an meinen lieben Herrn Christum, welcher aller meiner geistlichen und göttlichen Gedanken, so ich immerdar Tag und Nacht haben mag, der einzige Anfang, Mittel und Ende ist. Aber gleichwohl empfinde ich, daß ich von der Höhe, Tiefe und Breite dieser unmäßigen, unbegreiflichen und unendlichen Weisheit kaum und gar ein

*Martin Luther. Holzschnitt der Cranachschule zum »Epitahphium«, 1546*

geringes schwaches Anheben erreiche, und kaum etliche kleine Stöfflein und Bröcklein aus der aller köstlichsten und reichsten Fundgrube habe erlangen und ans Licht bringen mögen.

Laßt uns ja auf Christum Jesum in aller Zuversicht unser Vertrauen setzen! Gott nehme mich diese Stunde oder morgen aus dem Leben, so will ich das hinter mir lassen, daß ich Jesum Christum erkennen und bekennen will für meinen Gott und Herrn. Solches habe ich nicht allein aus der Schrift, sondern auch durch viele große und mancherlei Erfahrung; denn der Name Jesus hat mir oft geholfen, da mir sonst keine Kreatur hat helfen können. Also habe ich beides für mich, Wort und Tat, Schrift und Erfahrung; der liebe Gott hat mir's beides reichlich gegeben.

Das ist eine Frucht der Traurigkeit, die ist eine Ursache. Denn wenn das Herz bekümmert und traurig ist, da folgt auch des Leibes Schwachheit. Des Herzens Krankheiten sind die rechten Krankheiten, als da sind Traurigkeit, Anfechtungen etc. Ich bin ein rechter Lazarus, in der Krankheit wohl versucht!

Virgilium in Bucolicis et Georgicis kann niemand verstehen, er sei denn fünf Jahre Hirt oder Bauer gewesen.

Ciceronem in seinen Briefen versteht niemand, er sei denn zwanzig Jahre in Geschäften eines großen Staats umgetrieben.

Die Heilige Schrift soll niemand meinen, genugsam geschmeckt zu haben, er habe denn hundert Jahre mit den Propheten die Kirche regiert.

Darum ist's ein überschwenglich Wunder um Johannes den Täufer, Christus und die Apostel.

Hanc tu ne divinam Aeneida tenta, Sed vestigia pronus adora (Wage dich nicht an diese heilige Aeneis, sondern zu Boden geneigt verehre ihre Spuren. Nach Statius' Thebais, 22, 816 f.)

Wir sind Bettler, das ist wahr.

*Luthers letzter Handzettel, den Jonas am Morgen nach dessen Tod auf dem Schreibtisch fand und an sich nahm.*

# Wider den Ablaß

# Wittenberg und die Thesen

*Dichter und bildende Künstler aller Jahrhunderte haben immer wieder jene hinreißende Szene dargestellt und verherrlicht – ein Augustinermönch in Klostertracht nagelt vor den Augen der staunenden Menge ein Papier mit 95 Thesen an die Tür der Schloßkirche in Wittenberg, die dem Papst in Rom den Kampf ansagen, und gibt so das »Startsignal« zur Reformation. Nur – so ist es in Wirklichkeit nicht gewesen. Der 31. Oktober 1517, der Tag vor dem hohen katholischen Kirchenfest Allerheiligen, wird von den Protestanten dennoch zu Recht als Reformationstag gefeiert, denn unter diesem Datum versandte Luther seine Thesen als Disputationsgrundlage an geistliche und weltliche Machthaber des Reiches. Gegenstand seines Zorns war dabei in erster Linie der schwungvolle Handel und Mißbrauch, den der Ablaßkrämer Johannes Tetzel auf den Märkten trieb. »Sobald das Geld im Kasten klingt, die Seele aus dem Fegefeuer springt«, spotteten die Gläubigen hinter vorgehaltener Hand, erst Luther erhob seine Stimme laut gegen das Geschäft mit den armen Seelen, aber er wollte es nicht unbedingt ganz abschaffen, nur die ärgsten Auswüchse beschneiden. Er wußte genau, daß es dem Volk tröstlich war, sich aus der Vorhölle freikaufen zu können. Keinesfalls plante Luther – zumindest zu diesem Zeitpunkt – das Schisma, die Kirchenspaltung. Auf seine Bitte im Schreiben an den Erzbischof Albrecht von Mainz, »das schamlose Treiben und die lästerlichen Reden der Ablaßprediger zu unterbinden«, auf ähnliche Vorstellungen bei Papst Leo X. und Kurfürst Friedrich dem Weisen, mußte er resigniert feststellen: »Aber mir ward keine Antwort . . .« Erst daraufhin wurde er militant, publizierte die Reden als Druck und setzte 1541, mehr als zwei Jahrzehnte später, nach mit der Programmschrift gegen den Ablaß »Wider Hans Worst«.*

# Die 95 Thesen über die Kraft des Ablasses (1517) und Stücke aus den Resolutionen (1518)

Aus Liebe zur Wahrheit und im Bestreben, sie an den Tag zu bringen, soll in Wittenberg über folgende Sätze disputiert werden unter Vorsitz des ehrwürdigen Vaters Martinus Luther, der freien Künste und der Theologie Magister, auch ordentlichen Lehrer der Theologie daselbst. Hierzu richtet er an diejenigen, die sich hier nicht selbst mündlich mit uns auseinandersetzen können, die Bitte, es brieflich aus der Ferne zu tun. Im Namen unseres Herrn Jesu Christi, Amen.

I. Da unser Herr und Meister Jesus Christus spricht: »Tut Buße« usw., wollte er, daß das ganze Leben der Gläubigen ein Bußetun sein sollte.

II. Dies Wort kann nicht von der sakramentalen Buße verstanden werden, d. h. nicht von der Beichte und der Genugtuung, die durch das priesterliche Amt vollzogen wird.

III. Aber es meint auch nicht nur das innerliche Bußetun; vielmehr gibt es gar keine innerliche Buße, die nicht auch äußerlich mancherlei Werke zur Abtötung des Fleisches hervorruft.

. . . Die äußerliche guten Werke sind ohne Zweifel die Frucht der Buße und des Geistes. Denn der Geist ruft ja nur die »Stimme der Taube«, d. h. das Seufzen des Herzens, hervor, die Wurzel der guten Werke . . . Gewiß, man kann unter »Buße« auch die Judasreue verstehen, die »Reue« Gottes oder eine bloß erdachte und, wie die Logiker tun »ihrem Wesen« und dann »ihrer Absicht nach« verstandene Buße und folglich auch das Bußsakrament, d. h. die Genugtuung. Ja, wer will's leugnen, daß es gewissen Theologen bisher freigestanden hat, fast die ganze Schrift mit ihren kühnen Unterscheidungen und neu erfundenen Doppeldeutigkeiten zu verderben, so daß wir an Stelle von Paulus und Christus in Wirklichkeit neue Autoren zu lesen bekommen, die bloß Worte von Paulus und Christus zusammenstoppeln?! Ich aber rede von der ursprünglichen und eigentlichen Bedeutung des Wortes, von dem, was Christus damit sagen wollte oder auch Johannes der Täufer, der doch noch gar keine Vollmacht hatte, ein Sakrament zu stiften. Und doch trat er mit der Predigt einer »Bußtaufe« auf und sprach: »Tut Buße!« Dieses Wort nahm Christus wieder auf, und man hat ihn, meine ich, nicht richtig verstanden, solange man seine Rede nur auf das Sakrament bezieht.

IV. Daher bleibt auch die Strafe so lange, wie der Haß des Menschen gegen sich selbst, d. h. die wahre, innerliche Buße, bestehen bleibt, also bis zum Eintritt ins Himmelreich.

*Die Stiftskirche in Wittenberg. Holzschnitt von Lukas Cranach d. Ä., 1509*

. . . Zum mindesten die Strafe des Todes steht für jedermann noch bevor, und für die meisten bleibt auch noch die Todesangst bestehen, die doch sicherlich eine Strafe schwerer als alle andern Strafen ist und schwerer als der Tod selbst, ganz zu schweigen von der Angst vor dem Gericht und vor der Hölle, von den Schrecken des Gewissens usw.

V. Der Papst will und kann nur solche Strafen erlassen, die er nach seinem eigenen Urteil oder nach den kirchlichen Satzungen auferlegt hat.

VI. Der Papst kann anderen keine Schuld anders erlassen als so, daß er erklärt und bestätigt, daß sie von Gott erlassen sei. Außerdem kann er sie in den ihm vorbehaltenen Fällen erlassen; wenn man ihn hier verachten würde, bliebe die Schuld durchaus bestehen.

VII. Gott vergibt überhaupt niemand seine Schuld, ohne ihn gleichzeitig ganz und gar demütig zu machen und dem Priester als seinem Stellvertreter zu unterwerfen.

Diesen Satz bekräftige ich, und er bedarf auch keiner Diskussion oder Begründung; er ist ja allgemein anerkannt. Aber ich schlage mich eben noch mit der Frage herum, wie er eigentlich zu verstehen sei. Ich will zunächst meine eigene, einfältige Meinung aussprechen.

Diese und die vorige These stellen die Behauptung auf, Gott vergebe die Schuld nur dann, wenn die Vergebung durch den Priester vorher erfolgt, zum mindesten vom Sünder gewünscht worden ist, wie der Text eindeutig sagt: »Was du auf Erden bindest« usw. und: »Geh zuvor hin und versöhne dich mit deinem Bruder, und alsdann komm und opfere deine Gabe« und »Gebt dem Kaiser, was des Kaisers ist, und Gott, was Gottes ist«, und im Vaterunser: »Vergib uns unsere Schuld, wie wir vergeben unsern Schuldigern.« In diesen Sprüchen ist jedesmal vor der Vergebung im Himmel erst von einer Vergebung auf Erden die Rede. Es entsteht also die berechtigte Frage, wie das vor der Einflößung der Gnade, d. h. vor Gottes Vergebung, der Fall sein kann. Denn der Mensch kann ja nicht einmal den Wunsch nach einer Vergebung hegen, ehe ihm Gottes Gnade die Schuld vergeben hat. Dies verstehe und erkläre ich nun so: Wenn Gott damit beginnt, einen Menschen zu rechtfertigen, dann verdammt er ihn erst, und wen er bauen will, den reißt er ein, wen er heilen will, den schlägt er, wen er lebendig machen will, den tötet er, wie er sagt: »Ich werde töten und lebendig machen« usw. . . . Dies tut er, indem er den Menschen niederdrückt und demütig macht in der Erkenntnis seiner selbst und seiner Sünden und ihn mit Angst erfüllt, so daß der arme Sünder spricht: Es ist kein Friede in meinen Gebeinen vor meinen Sünden, es ist nichts Gesundes in meinem Fleisch vor deinem Zorn. Da

*Der protestantische Gottesdienst. Holzschnitt von Lukas Cranach d. J.*

schmelzen die Berge vor dem Herrn, da schießt er seine Pfeile und beschämt die (Sünder) – Herr, durch dein Schelten und durch das Schnauben deines Zorns. Da werden die Sünder zur Hölle gebeugt und ihr Angesicht ist voll Schmach. David hat das oft erfahren, wenn er geängstet und zerschlagen war und bekennt das in verschiedenen Psalmen mit Seufzen. Aber in diesem geängsteten Zustand beginnt das Heil; denn »die

*Der katholische Gottesdienst. Holzschnitt von Lukas Cranach d. J.*

Furcht des Herrn ist der Weisheit Anfang«. Da reinigt uns der Herr, wie Nahum sagt, und läßt niemand ohne Schuld. Sein Weg ist in Sturm und Wetter, und Gewölk ist der Staub unter seinen Füßen. Da zucken seine Blitze auf, und die Erde sieht es und erzittert. Da fliegen seine Pfeile und treffen, und die Stimme seines Donners »weht«, d. h. rollt, und die Wasser sehens und erschrecken. Kurz, da wirkt Gott sein fremdes Werk, damit er sein eigenes wirke. Dies ist die wahre Reue des Herzens und die Demütigung des Geistes, das Opfer, das Gott wohlgefällt. Dies ist ein Opfertier geschlachtet, zerstückt und mit abgezogenem Fell auf den brennenden Altar gelegt. Und hier wird die Gnade, wie der Ausdruck heißt, »eingegossen«, wie Jesajas sagt: »Er wird sie verfolgen und im Frieden vorübergehen« und: Auf wem soll mein Geist ruhen als auf dem, »der still und demütig ist, und der sich fürchtet vor meiner Rede?« und: »Herr, davon lebt man, und darin steht das Leben meines Geistes: du wirst mich strafen und wieder lebendig machen.«

Aber gerade dann weiß der Mensch nichts von seiner Rechtfertigung, so daß er vielmehr meint, ihm stände die Verdammung unmittelbar bevor. Er glaubt nicht, daß dies die Eingießung der Gnade ist, sondern die Ausgießung von Gottes Zorn über seinem Haupt. Selig aber ist, wer diese Anfechtung erträgt! Denn während er glaubt, daß es mit ihm aus sei, wird er aufgehen wie der Morgenstern. Solange aber diese jammervolle Verwirrung seines Gewissens anhält, kann er weder Frieden noch Trost finden, wenn er sich nicht zu der Gewalt der Kirche flüchtet, seine Sünden und sein Elend offenbart und hier um Heilung und Trost fleht. Denn er kann sich nicht selbst zum Frieden raten und helfen, sondern die verzehrende Traurigkeit würde ihn schließlich zur Verzweiflung treiben. Hier soll ein Priester, der diese Demut und Reue sieht, hoch von der Gewalt denken, die ihm übergeben ist, um Barmherzigkeit zu üben. Er soll den Menschen von seiner Schuld lösen und soll ihm sagen, daß er los sei, und ihm so den Frieden des Gewissens schenken.

Der Beichtende soll sich aber mit allem Fleiß davor hüten, daß er ja nicht daran zweifelt, daß ihm bei Gott seine Sünden vergeben sind, und soll in seinem Herzen getrost bleiben. Denn wenn er sich auch in der Verwirrung seines Gewissens ungewiß fühlt (wie es für gewöhnlich der Fall sein muß, wenn die Reue echt ist), so ist er doch verpflichtet, in der Kraft eines fremden Urteils aufrecht zu stehen, aber nicht um des Geistlichen willen oder irgendwie dessen Macht zuliebe, sondern um des Wortes Christi willen, der nicht lügen kann, wenn er spricht: »Was du auf Erden lösen wirst«. Der Glaube an dieses Wort gibt dem Gewissen Frieden; der Priester aber löst die Sünde nur nach dem Befehl dieses Worts. Wer aber auf einem anderen Weg zum Frieden gelangen will, das wäre: auf dem Weg der innerlichen Erfahrung, der ist ganz gewiß ein Mann, der Gott versucht und den Frieden unmittelbar und nicht im Glauben besitzen will. Du sollst aber so viel Frieden haben, wie du dem Wort der Verheißung glaubst: »Was du auf Erden lösen wirst« usw. . . . Denn Christus ist unser Friede, aber nur im Glauben. Wer darum diesem

Wort nicht glauben will, der kann vieltausendmal vom Papste selber freigesprochen werden und aller Welt beichten und wird doch niemals Ruhe finden. Dies ist die süßeste Gewalt, die es gibt, und wir müssen Gott von Herzensgrund unsern tiefsten Dank dafür sagen, daß er den Menschen so eine Gewalt gegeben hat. Damit ist nun auch die Antwort auf die oben gestellte Frage gefunden: die Vergebung der Sünden erfolgt durch Eingießung der Gnade tatsächlich vor der Vergebung des Priesters. Aber diese Eingießung der Gnade verbirgt sich unter dem Zorn (denn »seine Fußstapfen sind nicht zu sehen«, und »man kennt nicht den Pfad seiner Füße«. Darum ist der Mensch der Gnade jetzt, wo sie da ist, weniger gewiß als damals, wo sie ihm noch fehlte. Es gibt also im allgemeinen für uns nur durch die Absolution des Priesters eine sichere Vergebung der Schuld, und die Absolution nützt auch nur dann etwas, wenn du an die Verheißung Christi glaubst: »Was du auf Erden lösen wirst« usw. . . . Eine Vergebung, die uns ungewiß ist, ist aber überhaupt keine Vergebung; denn sie ist noch keine Vergebung für uns. Der Mensch würde erst recht jämmerlich zugrunde gehen, wenn sie ihm nicht zur Gewißheit würde; denn er würde ja nicht glauben, daß ihm vergeben ist.

So sagt euch Christus von Maria Magdalena zu Simon dem Aussätzigen: »Ihr sind die Sünden vergeben.« Zweifellos zeigte er damit an, daß ihr die Gnade eingegossen war. Aber sie selbst merkte von dieser Eingießung nichts, es war in ihren Gebeinen noch kein Friede vor ihren Sünden, bis daß er sich an sie wandte und sie anredete: »Dir sind deine Sünden vergeben. Dein Glaube hat dir geholfen«, weil sie nämlich dem Vergebungswort Christi glaubte.

Und so folgt jetzt: »Gehe hin in Frieden.« Auch der Ehebrecherin waren die Sünden schon vergeben, noch ehe Christus sie aufrichtete. Aber sie merkte es nicht – denn um sie stand die Schar ihrer Verkläger –, bis daß sie die Stimme des Bräutigams hörte, der zu ihr sprach: »Weib, hat dich niemand verdammt? So verdamme ich dich auch nicht.« Ebenso war es mit David. Als er gesündigt, und der Prophet Nathan ihn nach Gottes Geheiß getadelt hatte, brach er in der Kraft der rechtfertigenden Gnade in den Ruf aus: »Ich habe gesündigt« (das ist nämlich die Stimme der Gerechten, die klagen zuerst sich selber an). Er wäre damals gewiß auf der Stelle gestorben, wenn nicht Nathan – wie ein absolvierender Priester – sofort erwidert hätte: »So hat auch der Herr deine Sünde fortgenommen; du wirst nicht sterben.« Warum setzt er hinzu: du wirst nicht sterben? Er sah offenbar, daß David unter der Sündenangst zusammenbrach und von Kräften kam. Auch Hiskia hatte vernommen, daß er sterben sollte, und wäre wirklich gestorben, wenn ihm Jesajas damals nicht eine tröstliche Botschaft gebracht und ein Zeichen dafür gegeben hätte, daß er wieder den Tempel besuchen sollte. Dem glaubte er und empfing dafür Frieden und Vergebung der Sünden, wie er spricht: »Alle meine Sünden warfst du hinter dich.«

Wie hätte im alten Bund überhaupt das Vertrauen zu Gottes Barmherzigkeit und zur Vergebung der Sünden Bestand haben können, hätte Gott nicht Erscheinungen und Erleuchtungen hervorgebracht, Opfer in Brand gesteckt, Wolkensäulen gezeigt und durch andere Zeichen mehr immer wieder kundgetan, daß er das freundlich ansah, was geschah? Und das will er jetzt durch Wort und Spruch des Priesters tun. – So gibt die Vergebung Gottes Gnade, die Vergebung des Priesters aber Frieden, und dieser ist selbst wieder Gottes Gnade und Geschenk, weil er der Glaube an die Vergebung und Gnade ist.

Wenn ich recht sehe, ist es dann aber gar nicht falsch oder, wie die Theologen wollen, im »uneigentlichen« Sinne gesagt, daß der Papst die Schuld vergibt. In Wirklichkeit ist ja die Vergebung der Schuld unvergleichlich viel mehr wert als die Vergebung jeder beliebigen Strafe. Allerdings predigen sie nur hiervon und erreichen so, daß die Vergebung der Schuld in der Kirche gar nichts mehr bedeutet. Es ist aber gerade umgekehrt. Kein Mensch darf sich selbst die Sünden vergeben, weil kein Mensch sich selber glauben darf, wenn er nicht Wert darauf legt aus einer Ungewißheit zwei zu machen. Sobald er aber einmal den Glauben an die Absolution gewonnen und dadurch den Frieden gefunden hat, sind für ihn alle denkbaren Strafen gar keine Strafen mehr. Denn ein verwirrtes Gewissen kann keine Strafe leiden, ein frohes Gewissen aber hat die Strafe lieb.

Wir sehen auch, daß überall, wo im Volk die Sündenvergebung in einfältigem Glauben begehrt und empfangen wird, diese Auffassung der Schlüsselgewalt herrschend ist. Gerade die Gebildeten sind jedoch darauf aus, sich selbst mit ihren Reuegefühlen, ihren Werken und Sündenbekenntnissen zu beruhigen. Damit erreichen sie aber nichts weiter, als daß sie von einer Unruhe in die andere kommen; denn sie vertrauen sich und dem, was sie zu Wege bringen. Wenn sie die Not des Gewissens kennen würden, so würden sie Christus glauben, welcher spricht: »Was du auf Erden lösest« usw. Die neueren Theologen unterstützen indessen diese Gewissensnot noch mit nur zu gutem Erfolg. Denn sie reden und lehren über das Bußsakrament so, daß das Volk daraus die Lehre ziehen muß, es sei gut, sich auf Reuegefühle und Bußleistungen zu verlassen, wenn man seine Sündenlast los werden will. Mit diesem unseligen Wahn kann es einem aber nicht besser ergehen als der Blutflüssigen im Evangelium, die ihr ganzes Vermögen für Ärzte aufgewandt hatte, und mit der es doch nur ärger wurde. Das Richtige wäre, vor allem den Glauben an Christus zu lehren, der umsonst die Vergebung schenkt, und zu zeigen, wie alle Reue und alle Leistungen, die man selber aufbringt, gar nichts helfen können. So würde das Herz durch die Gnade Christi zuversichtlich, fröhlich und fest werden, und man würde ungezwungen die Sünde hassen, verachten und für sie genugtun...

Hier sollst du aber nicht etwa denken: wie, wenn sich der Priester irrte? Denn die Vergebung, um die es geht, hat nicht vom Priester, sondern vom Wort Christi ihre Kraft. Laß den Priester um des Gewinnes oder eitler Ehre willen sein Werk tun, wenn nur du die Vergebung ohne Heuchelei verlangst und an die Verheißung Christi glaubst. Ja, wenn er dich auch leichtfertig losspräche, du würdest dennoch die Vergebung um deines Glaubens willen empfangen. Es ist wie bei der Spendung der Taufe oder der Eucharistie: mag der Priester bloß den Gewinn suchen, mag er leichtfertig sein und die Sache gar nicht ernst nehmen, dein Glaube empfängt doch alles unverkürzt. Ein so großes Ding ist es um das Wort Christi und um den Glauben daran.

VIII. Die kirchlichen Satzungen über die Buße sind nur den Lebenden auferlegt; den Sterbenden darf nach ihnen nichts auferlegt werden.

... Wer eine größere Strafe ertragen muß, als die ihm auferlegte, dem werden nach Billigkeit und natürlichem Recht die geringeren Strafen erlassen. Wer aber sterben soll, der muß die letzte, höchste und allergrößte Strafe ertragen, den Tod. Kommt der Tod, so muß daher jede andere Strafe fortfallen. Denn es gibt kaum einen Menschen, der diese eine Strafe ertragen kann...

Hier könnte man einwenden: wer so spricht, entwertet den Ablaß allzusehr, wenn dadurch nur noch die festgesetzten kirchlichen Strafen, auch die nur mit Auswahl und lediglich für diese Welt erlassen werden. Antwort: Es ist besser, der Ablaß wird gering geachtet, als man bringt das Kreuz Christi um seine Kraft; es ist besser, der Ablaß wird gering geachtet, als man lehrt in der Kirche irgendeine Lehre, der sich vorwerfen läßt, sie sei gar nicht ernsthaft gemeint, wodurch die Kirche verwirrt wird. Ich für meine Person bekenne offen und sage es frei heraus, daß ich wenig nach dem Ablaß frage, soweit er Strafen nachlassen soll, obgleich die Gegner damit allein prahlen; aber ich achte ihn hoch und halte mich an ihn mit Freuden, soweit er, wie ich früher dargetan habe, die Schuld erläßt, die sie für nichts ansehen.

IX. Daher tut uns der heilige Geist im Papst darin wohl, daß in dessen Erlassen stets der Fall des Todes und der äußersten Not ausgenommen wird.

X. Priester, die noch den Sterbenden kirchliche Bußen für das Fegefeuer vorbehalten, handeln unwissend und schlecht.

XI. Die Lehre, daß man die kirchlichen Bußstrafen in Strafen des Fegefeuers umwandeln könne, ist ein Unkraut, das augenscheinlich gesät wurde, da die Bischöfe schliefen.

. . . Hier habe man wohl acht auf die verlogene und nichtsnutzige Ausrede, die man vorbringt, als wollte man kleine Mädchen mit dem schwarzen Mann bange machen: der Priester, heißt es, kennt nicht das Maß der Reue dessen, den er lossprechen soll. Die Bußleistung, die er auferlegt, ist also vielleicht geringer als das, was Gottes Gerechtigkeit verlangt. Es besteht somit die Notwendigkeit, auch dieser durch eigne Werke oder durch Ablaß genug zu tun.

Da sieh nun zuerst, wie sie ihre leeren Behauptungen als göttliche Orakel vorbringen, ohne einen Beweis dafür auch nur zu versuchen. Und doch spricht der Prophet: »Gott läßt kein Wort geschehen, er offenbare denn sein Geheimnis seinen Knechten, den Propheten.« Es ist auch nicht zu glauben, daß unser Gott, der uns lehrt, was nützlich und gut ist, wie er durch den Propheten sagt, nirgends angezeigt haben sollte, was seine Gerechtigkeit verlangt.

Zweitens: Wer so spricht, der will Gott wohl zu einem Wucherer und Kaufmann machen, der niemand etwas umsonst nachlassen kann, sondern die Genugtuung stets wie eine Bezahlung für sich in Anspruch nimmt. Oder wünscht man vielleicht bezüglich unsrer Sünden mit Gottes Gerechtigkeit in Verhandlung zu treten, in der kein Mensch gerecht besteht? . . .

Diese Einbildung kommt wieder daher, daß man die Vergebung nicht auf den Glauben und das Wort Christi baut, der barmherzig ist, sondern auf das Werk des Menschen, der sich selber müht. Darum bilden sie sich ein, man könne einen völligen Straferlaß nur denen zuteil werden lassen, die vorher eine vollkommene Reue aufgebracht hätten; und doch gibt es in diesem Leben keinen Menschen, der das vermag. Gleichzeitig gestehen sie aber dem Papst das Recht zu, damit auch Menschen zu beschenken, die noch nicht vollkommen bereut haben.

Wenn Gottes Gerechtigkeit noch irgend etwas verlangt, so hat die Kirche das nicht mehr in ihrer Gewalt; sie hat keine Macht, etwas umzuwandeln, was Gott wünscht oder auferlegt. Denn dies Wort steht fest: »Mein Plan wird bleiben, und mein Wille wird geschehen.«

XII. Ehedem verhängte man die kirchlichen Strafen nicht nach, sondern vor der Lossprechung, um den Ernst der Reue daran zu prüfen.

XIII. Die Sterbenden werden durch den Tod von allen anderen Strafen frei und sind den kirchlichen Satzungen bereits gestorben; denn deren Forderungen sind ihnen von Rechts wegen erlassen.

XIV. Ist die (seelische) Gesundheit, d. h. die Liebe eines Sterbenden noch unvollkommen, so muß das in ihm eine gewaltige Angst hervorrufen, und das um so mehr, je geringer die Liebe ist.

XV. Diese Furcht und dieser Schrecken sind schon an sich – um von anderen Dingen zu schweigen – genug, um die Pein des Fegefeuers zu bereiten, denn sie kommen ganz nahe heran an die Schrecken der Verzweiflung.

. . . Es gilt als zugestanden, daß der Schrecken in der Seele seinen Sitz hat. Ich werde jetzt den Beweis führen, daß er auch eine Pein des Fegefeuers ist, und zwar die denkbar größte . . .

Wie viele Menschen gibt es, die auch heute noch diese Pein zu schmekken bekommen! Johannes Tauler will ja in seinen deutschen Predigten gerade dies lehren, wie furchtbar diese Pein ist, und führt dafür auch einige Beispiele an. Aber ich weiß, diesen Lehrer kennen unsere Schultheologen nicht; darum muß man ihn vielleicht verachten. Ich habe aber bei ihm mehr ernsthafte und lautere Theologie gefunden – obschon er nur deutsch geschrieben hat – als bei den scholastischen Lehrern aller Universitäten zusammen, als in all ihren theologischen Werken überhaupt gefunden werden kann.

Aber ich kenne auch selbst einen Menschen, der erklärt, er habe öfters diese Pein erlitten. Sie dauerte zwar nur einen ganz kurzen Augenblick; aber sie war so höllisch, daß keine Zunge sie aussprechen, keine Feder sie beschreiben und kein Mensch sie glauben kann, der sie nicht selbst erfahren hat. Hätte sie sich ganz auswirken können oder eine halbe Stunde, nein, nur das Zehntel einer Stunde lang angehalten, der Mensch wäre gänzlich vergangen und all seine Gebeine wären zu Asche geworden. Da scheint ihm Gott und mit ihm alle Welt furchtbar erzürnt zu sein. Er hat keine Möglichkeit zu fliehen und hat keinen Trost weder in sich noch außer sich, sondern alles klagt ihn nur an. Da schluchzt er den Psalmenvers: »Du hast mich verworfen vor deinem Angesicht«, aber er wagt nicht fortzufahren: »Herr, strafe mich nicht in deinem Zorn!« Es ist seltsam genug, aber in einem solchen Augenblick ist die Seele außerstande zu glauben, sie könnte jemals erlöst werden; sie fühlt nur, daß das Maß ihrer Pein noch nicht erfüllt ist. Aber die Pein ist ewig und eine zeitliche Grenze läßt sich für sie gar nicht denken. So bleibt es bei der bloßen Sehnsucht, einem fürchterlichen Seufzen nach Erlösung, während die Seele nicht weiß, wo sie Hilfe suchen soll. Da hängt sie mit Christus am Kreuz, und alle ihre Gebeine kann man zählen. Sie ist bis an den Rand und bis in den letzten Winkel voll bitterer Bitternis, Schrecken, Angst und Traurigkeit und weiß, daß das alles ewig währen muß. Ich will es mit einem Bild versuchen: wenn eine Kugel über eine Gerade hingeht, so trägt jeder Punkt der Geraden, den sie berührt, die ganze Kugel, obschon er nicht imstande ist, diese ganze zu fassen. So kommt die Seele – wie das Pünktchen – eine kurze Zeit lang mit dem Meer der Ewigkeit in Berührung und ertrinkt so lange im Gefühl der ewigen Pein. Aber das bleibt nicht so, es geht vorüber. Man kann also schon zu Lebzeiten in der Form dieser unerträglichen und untröstlichen Angst die künftige Pein erleben. Dann leiden die Seelen im Fegefeuer erst recht diese Pein, nur auch noch andauernd. Dieser innere Brand ist viel grauenhafter, als der äußerliche jemals sein kann. Ich will mit niemand streiten, der das nicht glauben will. Aber ich habe wenigstens gezeigt, daß unsere Ablaßprediger von vielen Dingen reden, die sie selbst gar nicht kennen oder – leichtfertig genug – bezweifeln. Und es ist besser, auf diesem Gebiet den Leuten zu glauben, die darin Erfahrung besitzen, als denen, die ahnungslos geblieben sind.

XVI. Zwischen der Hölle, dem Fegefeuer und dem Himmel besteht offenbar derselbe Unterschied wie zwischen verzweifeln, fast verzweifeln und seines Heils gewiß sein.

XVII. Man muß offenbar bestrebt sein, den Seelen im Fegefeuer einerseits das Grauen zu mindern und andrerseits die Liebe zu mehren.

XVIII. Es ist offenbar auch weder durch Vernunft noch durch Schriftgründe erwiesen, daß sie sich außerhalb des Zustands befinden, wo man sich Verdienste erwerben und die Liebe mehren kann.

XIX. Es ist gleichfalls nicht oder zum mindesten nicht für alle Seelen erwiesen, daß sie ihrer Seligkeit sicher und gewiß sind, obschon w i r daran keinen Zweifel hegen.

XX. Wenn der Papst »vollkommenen Erlaß aller Strafen« erteilt, darf das darum nicht buchstäblich auf »alle« Strafen bezogen werden, sondern nur auf diejenigen, die er selbst auferlegt hat.

XXI. Daher irren alle die Ablaßprediger, welche erklären, daß der Mensch durch den Ablaß des Papstes von jeder Strafe los und selig werde.

XXII. Vielmehr erläßt er den Seelen im Fegefeuer keine einzige Strafe, die sie zu Lebzeiten nach den kirchlichen Satzungen hätten büßen müssen.

*Fußfall des Kaisers vor dem Papst. Holzschnitt zu Luthers »Passional Christi und Antichristi« von Hans Baldung, gen. Grien, 1521*

XXIII. Wenn es möglich ist, irgend jemand überhaupt alle Strafen zu erlassen, so gilt das doch nur für die vollkommensten Menschen, d. h. für die allerwenigsten.

Ich beziehe diese These auf jede Art von Strafe und verstehe sie nur in diesem Sinn. Es wurde schon oft genug betont, daß die kirchlichen Bußleistungen selbstverständlich jedermann erlassen werden können. Doch muß ich diese These jetzt folgendermaßen richtigstellen: alle Strafen können schlechterdings niemand erlassen werden, er sei noch so vollkommen oder unvollkommen. Dies beweise ich so: Mag Gott die Vollkommensten wenigstens z. T. und zeitenweise mit seiner Geißel, d. h. mit der vierten Art seiner Strafen, verschonen, so bliebt doch immer noch die dritte, evangelische Strafe und vor allem die vierte, nämlich der Tod und die Pein, die er mit sich bringt. Denn zugegeben, daß Gott alles vielleicht auch ohne Strafen in lauter Gnade vollenden könnte, so war es doch nicht sein Wille, dies zu tun, sondern alle dem Ebenbild seines Sohnes, d. h. dem Kreuze anzugleichen. Bedarf das eines langen Beweises? Mag man den Erlaß der Strafen noch so stolz rühmen, was, möchte ich fragen, nutzt das alles dem Menschen, der dem Tod und dem Schrekken von Tod und Gericht ins Auge schauen muß? Ich bezweifle, daß es ihm irgendeinen Trost bedeuten würde, wenn man ihm erklären wollte, alles sei erlassen, dies eine ausgenommen. Darum denk an den Schrecken des Todes und der Hölle: du wirst dann, ob du willst oder nicht, den Erlaß der Strafen für nichts achten, und so wird der Ablaß von selbst wertlos, nicht, weil wir es so wollen, sondern weil es so ist. Denn die Todesangst kann er nicht beseitigen.

XXIV. Folglich wird der größte Teil des Volkes betrogen, weil man ihm schlankweg mit hohen Worten verspricht, es solle die Strafen los werden.

XXV. Dieselbe Gewalt, die der Papst über das Fegefeuer allgemein hat, hat jeder Bischof und Geistliche für seinen Sprengel[28] oder Pfarrbezirk im besonderen.

XXVI. Der Papst tut sehr wohl daran, daß er nicht kraft seiner Schlüsselgewalt, die ihm hierfür gar nicht zusteht, sondern nur fürbittend den Seelen (im Fegefeuer) Nachlaß gewährt.

. . . Unter anderen Ungeheuerlichkeiten, die sich ein gewisser liebenswerter Theologe ausdenkt, wagt er uns auch einzureden, es sei dem Papst überlassen, auch unerkannte und vergessene Sünden zu vergeben oder nicht zu vergeben. Und doch weiß die ganze Kirche, daß nach allen päpstlichen Lossprechungen sämtliche Gläubigen noch immer sprechen müssen: »Wer kennt seinen Fehl? Herr, reinige mich von dem verborgenen Fehl!« und daß wir uns mit Hiob ängstlich fragen sollen, ob nicht selbst unsere guten Taten vor Gott als furchtbare Verbrechen gelten. Das Schlüsselamt der Kirche weiß gar nichts darüber, ob die guten Taten vor Gott böse sind oder nicht, maßt sich darüber kein Urteil an und erteilt hierfür erst recht keine Vergebung. Zweitens, dieser Wahn kommt von der bekannten mühseligen und zwecklosen Kunst zu beichten, d. h. in Wirklichkeit, die Verzweiflung herbeizuführen und die Seelen zu verderben. Man hat uns gelehrt, den Sand zu zählen, d. h. lang und breit über die einzelnen Sünden zu reden, sie zusammenzurechnen und zu wägen,

*Der Papst lebt in Wollust und Üppigkeit. Holzschnitt zu Luthers »Passional Christi und Antichristi« von Lukas Cranach d. Ä., 1521*

um so die Reue hervorzurufen. Indem wir das tun, wecken wir aber nur die alten Begierden oder Abneigungen wieder auf, und während wir das Vergangene bereuen, sündigen wir von neuem. Oder bestenfalls wird die Reue, die so zustande kommt, ein erzwungenes, trübseliges, bloß eingebildetes Gefühl sein, das man sich nur aus Angst vor Strafe eingeredet hat. Ja, dies ist der Weg, auf dem man uns lehrt, die Sünden zu bereuen, ein hoffnungsloser Versuch, mit dem die Sache nur noch schlimmer werden kann. Die wahre Reue muß dagegen bei der Freundlichkeit und den Wohltaten Gottes beginnen und vorzüglich bei den Wunden Christi, damit der Mensch im Anschauen von Gottes Güte zuerst seine eigene Undankbarkeit erkennt und daraus lernt, sich selbst zu hassen und Gottes Freundlichkeit liebzuhaben. Dann werden Tränen fließen, und der Mensch beginnt, sich selbst ehrlich zu hassen, ohne darum zu verzweifeln. Dann wird er die Sünde hassen, nicht der Strafe wegen, sondern weil er die Güte Gottes geschaut hat, und nachdem er sie gesehen hat, kann er nicht mehr verzweifeln und muß sich selber glühend hassen, ja, tut das mit Freuden. Wer so über eine einzige Sünde wirkliche Reue empfindet, hat alle Sünden auf einmal bereut.

. . . Man hebt gern hervor, daß ein Magister in Paris bei einer Diskussion die These vertreten habe, der höchste Priester habe auch über das Fegefeuer Gewalt, und als der Papst dies erfahren habe, habe er ihm, als er gestorben war, den von ihm verfochtenen Nachlaß auch gewährt und diese Lehre so gewissermaßen empfohlen. Antwort: Es ist mir völlig gleichgültig, was dem höchsten Priester gefällt oder nicht gefällt, er ist ein Mensch wie wir alle. Es gab höchste Priester genug, denen nicht nur Irrtümer und Laster, sondern wahre Abscheulichkeiten gefallen haben. Ich höre auf den Papst als Papst, d. h. wenn er in den kirchlichen Satzungen und in Übereinstimmung mit ihnen oder gemeinsam mit einem Konzil etwas festsetzt; ich höre aber nicht auf ihn, wenn er aus seinem eigenen Kopf heraus redet, denn ich möchte nicht in die Lage geraten, mit einigen Leuten, die Christus schlecht kennen, erklären zu müssen, daß das mörderische Wüten Julius II. gegen die ganze Christenheit die Wohltat eines frommen Hirten gegenüber den Schafen Christi gewesen sei.

XXVII. Man predigt Menschenlehre, wenn man sagt: Sobald das Geld im Kasten klingt, springt die Seele aus dem Fegefeuer heraus.

XXVIII. Das ist gewiß, daß, wenn das Geld im Kasten klingt, Gewinn und Habgier zunehmen können; ob die Kirche mit ihrer Fürbitte Erfolg hat, steht dagegen bei Gott.

XXIX. Wer weiß denn, ob alle Seelen, die im Fegefeuer sind, den Wunsch haben, daraus losgekauft zu werden? Man erzählt ja, daß dies beim heiligen Severin und Paschalis nicht der Fall gewesen sei.

Allerdings habe ich über diese zwei keinerlei glaubwürdige Aufzeichnungen gelesen. Aber ich hörte erzählen, daß die beiden durch ihr Verdienst hätten befreit werden können, wenn sie mit einer geringeren Herrlichkeit zufrieden gewesen wären. Darum zogen sie es vor, noch länger auszuhalten, statt die Herrlichkeit der künftigen Schau zu verringern. Aber daran mag jeder glauben, so viel er will; das tut jetzt nichts zur Sache. Denn ich leugne ja nicht, daß die Seelen auch andere Strafen im Fegefeuer ertragen mögen als die, von der ich oben sprach. Aber ich wünschte, sie flögen auch nach Erlaß dieser Strafen nicht aus dem Fegefeuer heraus, ehe sie auch in ihrem Gnadenstand vollkommen gesundet wären. Die Möglichkeit, daß manche Seelen aus überschwenglicher Gottesliebe nicht losgekauft werden wollen, ist indessen auch dadurch nahegelegt, daß Paulus und Moses wünschen konnten, auf ewig verflucht und von Gott geschieden zu sein.

XXX. Niemand ist sicher, daß seine Reue wahrhaftig ist; wieviel weniger, ob er vollkommenen Nachlaß bekommen hat.

. . . Dies sage ich im Sinn derjenigen, welche meinen, die Reue sei für den Nachlaß der Strafen unentbehrlich, und dabei nicht merken, wie sie damit alles, was sie behaupten, wieder völlig ungewiß machen. Und doch ist die These klar genug: denn ihr erster Teil wird allgemein behauptet, der zweite Teil folgt daraus mit Notwendigkeit . . . Denn ein Ablaß, der unsicher ist, ist überhaupt kein Ablaß mehr; er ist aber ungewiß, wenn er sich auf das gute Gewissen des Menschen stützen muß, der losgesprochen werden soll, statt auf die Gewalt der Schlüssel . . .

XXXI. Ein Mensch, der den Ablaß in rechter Weise erwirbt, ist ebenso selten wie einer, der in rechter Weise bereut, d. h. er ist über die Maßen selten.

Dies sage ich wieder im Sinne meiner Gegner, damit sie merken, daß sie ihre freche Predigt ohne Überlegung vorgebracht haben, ja, sich selbst damit widersprechen. . .

*Früheste bildliche Darstellung Luthers (noch ohne Gesichtsähnlichkeit). Titelholzschnitt zu »Ein Sermon gepredigt zu Leipzig . . .«, 1520*

XXXII. Wer glaubt, durch Ablaßbriefe seines Heils sicher zu sein, wird auf ewig mit seinen Lehrmeistern verdammt werden.

Ich bekräftige diese These und beweise sie folgendermaßen: »Verflucht sei der Mann, der sich auf Menschen verläßt und hält Fleisch für seinen Arm«. Denn wir haben keine andere Hoffnung auf das Heil als allein Jesus Christus, und es ist kein andrer Name unter dem Himmel gegeben, darin wir sollten selig werden. Darum fort mit dem Trauen auf tote Buchstaben, auf Ablaß und kirchliche Fürbitten! – Zweitens habe ich schon gesagt, daß die Ablaßbriefe und Nachlässe durchaus nicht die Seligkeit beschaffen können, sondern nur die Strafen, und zwar nur die kirchlichen Strafen beseitigen und nicht einmal die ohne Ausnahme. Ja, hier sollte die Erde, und was darinnen ist, mit mir seufzen und weinen, daß das Volk Christi so verführt wird; denn sie verstehens ja weit und breit nicht anders, als daß der Ablaß das Heil und die Früchte des Geistes hervorbringen könnte. O du unselige Christenheit! Deine Verdienste und dein gutes Gewissen konnten dich des Heils nicht gewiß machen; nun lehrt man dich zu trauen auf einen geschriebenen und gesiegelten Fetzen Papier! Warum soll ich das nicht sagen dürfen? Was, frage ich, bekommt man denn sonst damit geschenkt? Es geht nicht um Reue, nicht um Glauben, nicht um Gnade, sondern einzig und allein um die äußeren Strafen, die die kirchlichen Satzungen verhängt haben.

Hier möchte ich noch eine kleine Abschweifung machen. Ich habe selbst zahlreiche Leute gesprochen, die ihr Geld hergegeben und ihren Ablaßbrief gekauft hatten und nun ihre ganze Zuversicht darauf setzten. So hatten sie's, wie sie sagten, von den Ablaßpredigern gehört oder doch (wie ich anstandshalber annehmen will) sie jedenfalls so verstanden. Ich will diese hier nicht beurteilen; denn da ich die Ablaßprediger nicht gehört habe, stände mir das nicht zu. Mögen sie sich weißer waschen als den Schnee, meinetwegen dürfen sie's. Sicherlich ist es das Richtige, dem Volke mit seinen ungewaschenen Ohren die Schuld zu geben, weil es immer nur abscheuliche Dinge zu hören vermag, während doch die Prediger die heilsamsten Wahrheiten vortragen. Also sie haben gesagt: »Vor allen Dingen glaubt an Christus, vertrauet ihm und tut Buße, nehmt euer Kreuz auf euch, folgt Christus nach, tötet eure Glieder ab und lernt es, die Strafe zu leiden und den Tod nicht zu fürchten! Vor allen Dingen liebt einander und dient einander; wenn auch der Ablaß darüber zu kurz kommt, die Hauptsache ist, daß ihr den Armen und Bedürftigen helft.« So etwa, mein ich, fromm, gottesfürchtig und heilig, lautet ihre Rede; aber das unverständige Volk hört ganz andere Dinge und stellt wie durch ein Wunder alles folgendermaßen auf den Kopf: »O, ihr wahnsinnigen, hartherzigen Leute, ihr seid ja wie die Tiere, daß ihr diesen Strom der Gnade nicht fassen wollt! Sieh, der Himmel ist nun völlig aufgetan: wann willst du eintreten, wenn du's jetzt nicht tust? Sieh, wieviel arme Seelen könntet ihr loskaufen! Ach, ihr groben und faulen Leute! Mit 12 Pfennigen kannst du deinen Vater aus dem Fegefeuer reißen – und du willst so undankbar sein, daß du ihm in seiner großen Pein nicht hilfst? Nun, ich bin beim jüngsten Gericht ohne Schuld, um so härter aber wird man euch verklagen, daß ihr eine solche Gelegenheit, die Seligkeit zu erwerben, nicht genutzt habt! Ich sage dir, wenn du nur einen einzigen Rock besäßest, so solltest du ihn meines Erachtens ausziehn und in zwei Teile reißen, damit dir diese großen Gnaden nicht entgehen!« Kommt nun die Rede auf diejenigen, die der (Ablaß)gnade widersprechen, so steht das Volk, während die (die Redner) doch von Heil und Segen nur so überfließen, zitternd vor Schrecken da. Es glaubt, gleich werde der Himmel einstürzen und die Erde sich auftun, und hört, daß man ihm (bei Verachtung des Ablasses) Schlimmeres androht als alle Strafen der Hölle. So trifft vielleicht zu, daß, wo sie fluchen, Gott ihre Flüche segnet, und wo sie segnen, Gott flucht. Wie wäre es sonst möglich, etwas ganz und gar anderes zu hören, als geredet wird?

XXXIII. Man hüte sich vor den Lehrern, die den Ablaß des Papstes für die unschätzbare Gottesgnade erklären, die den Menschen mit Gott versöhne.

Ich hätte diese Leute pestilenzialische Ketzer heißen sollen!

XXXIV. Die Ablaßgnaden betreffen nämlich lediglich die von Menschen festgesetzten Strafen der sakramentalen Genugtuung.

XXXV. Das ist keine christliche Predigt, wenn man sagt, daß zum Loskauf der Seelen (aus dem Fegefeuer) und zum Erwerb von Beichtprivilegien die Reue nicht erforderlich sei.

XXXVI. Jeder Christ, der wahrhaft Reue empfindet, hat einen Anspruch auf vollkommenen Erlaß von Strafe und Schuld, auch ohne Ablaßbrief.

XXXVII. Jeder Christ, gleichviel ob lebendig oder tot, hat an allen Gütern Christi und der Kirche teil; Gott hat sie ihm auch ohne Ablaßbrief gegeben.

. . . Es ist unmöglich, Christ zu sein und Christus nicht zu haben; hat man aber Christus, so hat man auch alles, was Christi ist . . . Christi Geist lebt in den Christen und macht sie mit Christus zu Brüdern, Erben, Bürgern und einem Leib; wie sollten sie da nicht an allen Gütern Christi teilgewinnen? Denn auch Christus hat alles, was er ist und besitzt, ebenso aus dem Geist. So erwirkt der unermeßliche Reichtum der Barmherzigkeit bei Gott dem Vater, daß ein Christ sich in Christus rühmen und sich alles Gute vertrauensvoll zuschreiben darf. Denn die Gerechtigkeit und Tugend und Geduld und Demut und alle Verdienste Christi sind zugleich auch sein durch die Einheit des Geistes im Glauben an ihn. Umgekehrt sind alle Sünden nicht mehr sein, sondern Christi durch dieselbe Einheit; alles ist in Christus versunken. Und darin besteht die christliche Zuversicht und die Fröhlichkeit unseres Gewissens, daß unsere Sünden durch den Glauben nicht mehr unsere, sondern Christi Sünden sind, auf den Gott unser aller Sünden gelegt hat. Er trug unsere Sünden, er ist das Lamm Gottes, das der Welt Sünde trägt, und umgekehrt wird alle Gerechtigkeit Christi unsere Gerechtigkeit. Er hat seine Hand auf uns gelegt, und wir haben es gut; er hat seinen Mantel über uns gebreitet und uns zugedeckt; gepriesen sei der Heiland in Ewigkeit, Amen.

Aber diese liebliche Gemeinschaft, dieser fröhliche Wandel vollzieht sich nur im Glauben, und den Glauben kann sich der Mensch nicht geben oder nehmen; darum halte ich es für völlig klar, daß diese Gemeinschaft nicht durch die Kraft der Schlüssel, noch durch das Gewähren von Ablaßbriefen erteilt werden kann; vielmehr wird sie vorher ohne sie durch Gott selber erteilt, gleichsam ein Erlaß vor dem Erlaß, eine Lossprechung vor der Lossprechung, eine Gemeinschaft vor der Gemeinschaft.

XXXVIII. Trotzdem darf man den Erlaß und die Gemeinschaft, die der Papst erteilt, keinesfalls verachten; denn sie sind, wie gesagt, die Bekanntgabe des Erlasses Gottes.

Hüte dich also, daß du dich nie und nimmer auf deine eigene Reue verläßt, sondern allein auf das nackte Wort deines guten und getreuen Heilands Jesus Christus. Dein Herz betrügt dich, er betrügt dich nicht, wenn du ihn hast oder auch nur begehrst. Gebe Gott, daß ich, wie Micha sagt, ein Mann wäre ohne Verstand oder Lügen erzählte! Aber weil es wahr ist, was ich gesagt habe, ist sehr zu fürchten, daß diese unwissenden Leute mit ihrem Geschrei von Werken und Reue viele Seelen zugrunde richten. Denn erstens lehren sie nicht den Glauben ans Wort, sondern höchstens die Reue, und auch die noch in der bescheidensten Form; und zweitens machen sie sichs so bequem wie möglich, als wäre der rechte Glaube überall zu Hause, und fragen nicht einmal, wen sie lossprechen, und warum sie es tun. Es kommt nun gar nicht so sehr darauf an, das Beichtkind zu fragen: »Tut es dir auch leid?« als vielmehr: »Glaubst du auch, daß ich dich lossprechen kann?« so wie Christus zu den Blinden sprach: »Glaubt ihr, daß ich euch solches tun kann?« Alle Dinge sind dem möglich, der glaubt. Gerade wer Gewissensängste fühlt und weiß, daß er sich mißtrauen muß, zeigt damit am allerbesten, daß der Glaube in ihm ist.

Ich weiß dagegen nicht, ob das tröstliche Amt der Schlüssel für die bestimmt ist, die dies Elend gar nicht empfinden. Es sollen nur die getröstet werden, die da Leid tragen, und man soll nur den zum Glauben an die Vergebung ermuntern, der unter Zittern und Zagen meint, daß ihm noch nicht vergeben sei.

*Der Papst verkauft Ablaß. Holzschnitt zum »Passional Christi und Antichristi« von Lukas Cranach d. Ä., 1521*

Doch ich will nun endlich Schluß machen. Was ich gelehrt habe, ist, wie ich meinen möchte, nicht dazu angetan, die Gewalt der Schlüssel zu mindern, wie meine Gegner behaupten; ich kehre nur von einer falschen Verehrung und tyrannischen Übersteigerung zur rechten, fröhlichen Ehrung des Schlüsselamtes zurück. Es ist ja kein Wunder, wenn man die Schlüssel verachtet, wenn sie einem mit falschen Ehren, d. h. mit lauter Schrecken zum Gebrauch angeboten werden. Kennt man aber erst ihren Segen und Wert, so müßte man ja von Stein oder Holz sein, wollte man sie nicht unter Tränen küssen und ergreifen! Warum also sollten wir den Papst um der Schlüssel willen rühmen und so tun, als müßte man ihn fürchten? Ihm gehören die Schlüssel ja gar nicht; sie gehören viel eher mir, und mir sind sie geschenkt, mir zur Seligkeit, mir zum Trost, Frieden und Ruhe. Der Papst aber ist mit seinen Schlüsseln mein Knecht und mein Diener; er hat sie als Papst gar nicht nötig, aber ich bedarf ihrer...

XXXIX. Es dürfte auch den gelehrtesten Theologen äußerst schwerfallen, vor dem Volk gleichzeitig den reichen Wert des Ablasses und die wahre Reue zu preisen.

XL. Die wahrhafte Reue sucht und liebt die Strafen; die Fülle der Ablässe aber lehrt sie zu hassen oder legt das zum mindesten nahe.

... Das Evangelium lehrt, die Strafen nicht zu fliehen und zu erleichtern, sondern zu suchen und zu lieben, denn es lehrt uns den Geist der Freiheit und der Furcht Gottes, der imstande ist, alle Strafen für nichts zu achten.

XLI. Man soll nur mit äußerster Vorsicht über den päpstlichen Ablaß predigen, damit das Volk nicht fälschlich meint, er sei mehr wert als die guten Werke der Liebe.

XLII. Man soll die Christen lehren, daß die Meinung des Papstes nicht ist, daß der Erwerb von Ablaß den Werken der Barmherzigkeit irgendwie gleich zu achten sei.

*Westlicher Stadtteil Wittenbergs mit Schloß und Schloßkirche. Holzschnitt, 1611*

XLIII. Man soll die Christen lehren, daß es besser sei, den Armen etwas zu schenken und den Bedürftigen zu leihen, als Ablässe zu kaufen.

XLIV. Denn durch ein Werk der Liebe wächst die Liebe im Menschen, und er wird besser; aber durch Ablaß wird er nicht besser, sondern hat bloß weniger Strafe zu verbüßen.

XLV. Man soll die Christen lehren: wer einen Bedürftigen sieht und ihm nicht hilft und anstatt dessen sein Geld für Ablaß hergibt, der hat sich nicht des Papstes Ablaß, sondern Gottes Zorn erworben.

XLVI. Man soll die Christen lehren, daß der Kauf von Ablaß erlaubt, aber nicht geboten ist.

XLVII. Man soll die Christen lehren, daß, wer keinen Überfluß besitzt, verpflichtet sei, das Notwendige für sein Haus zu behalten und keinesfalls für Ablaß zu verschwenden.

XLVIII. Man soll die Christen lehren, daß der Papst die Gebete, die für ihn frommen Sinnes dargebracht werden, mehr nötig hat und folglich auch mehr begehrt als das Geld, das man zu zahlen bereit ist.

XLIX. Man soll die Christen lehren, daß des Papstes Ablaß gut sei, wenn man auf ihn nicht sein Vertrauen setzt, daß er aber nur schädlich sei, wenn man seinetwegen aufhört, Gott zu fürchten.

L. Man soll die Christen lehren: wenn der Papst wüßte, wie die Ablaßprediger das Geld erpressen, er würde die Peterskirche lieber in Flammen aufgehn lassen, statt sie mit Haut, Fleisch und Knochen seiner Schafe aufzubauen.

LI. Man soll die Christen lehren, daß der Papst gegebenenfalls, wie er muß, auch bereit wäre, die Peterskirche sogar zu verkaufen, um das Geld vielen von denen zu geben, denen es manche Ablaßprediger ablocken.

LII. Die Hoffnung ist eitel, durch Ablaßbriefe selig zu werden, und wenn der Kommissar, ja, wenn der Papst selbst dafür keine Seele zum Pfande setzen wollte.

. . . Verflucht auf ewig sei jede Predigt, die den Rat gibt, auf irgend etwas anderes seine Zuversicht und sein Vertrauen zu setzen als einzig und allein auf die reine Barmherzigkeit Gottes, die Christus heißt. Alle Heiligen empfinden nicht allein Furcht, sondern Verzweiflung, und sprechen: »Herr, gehe nicht ins Gericht mit deinem Knecht.« Und da willst du sie mit einem Brief beruhigen und so Gottes Gericht entgegenführen! . . .

LIII. Das sind Feinde Christi und des Papstes, die um der Ablaßpredigt willen in anderen Kirchen das Wort Gottes gänzlich verstummen heißen.

LIV. Man beleidigt das Wort Gottes, wenn in einer Predigt dem Ablaß viel oder noch mehr Zeit eingeräumt wird als ihm.

LV. Die Meinung des Papstes muß unbedingt die sein, daß, wenn der Ablaß, der ein denkbar geringes Gut ist, mit einer Glocke und ein einziges Mal mit Gepränge und Zeremonien gefeiert wird, das Evangelium, welches das höchste Gut ist, mit hundert Glocken und mit hundertfachem Gepränge und Zeremonien gepredigt werden soll.

LVI. Von dem Schatz der Kirche, aus dem uns der Papst den Ablaß austeilt, hört und weiß das Volk Christi lange nicht genug.

LVII. Es handelt sich offenbar nicht um einen zeitlichen Schatz; denn so etwas pflegen viele Prediger nicht so leichthin auszuschütten, sondern nur anzusammeln.

Das beweist die Erfahrung zur Genüge.

LVIII. Er besteht aber auch nicht in dem Verdienst Christi und seiner Heiligen; denn dieses wirkt beständig, auch ohne den Papst, Gnade für den innerlichen Menschen und Kreuz, Tod und Hölle für den äußerlichen.

. . . Zunächst von den Verdiensten der Heiligen:

. . . Kein Heiliger hat in seinem Leben Gottes Gebote ausreichend erfüllt; demnach haben die Heiligen auch keinerlei Überschuß geleistet. Also haben sie auch kein Verdienst übrig gelassen, das im Ablaß auszuteilen wäre . . .

Zu Punkt zwei, dem Verdienst Christi:

Ich verfechte den Satz, daß dies nicht der Schatz ist, aus dem der Ablaß kommt, und daß dies der Schatz der Kirche ist, mag ein Ketzer bestrei-

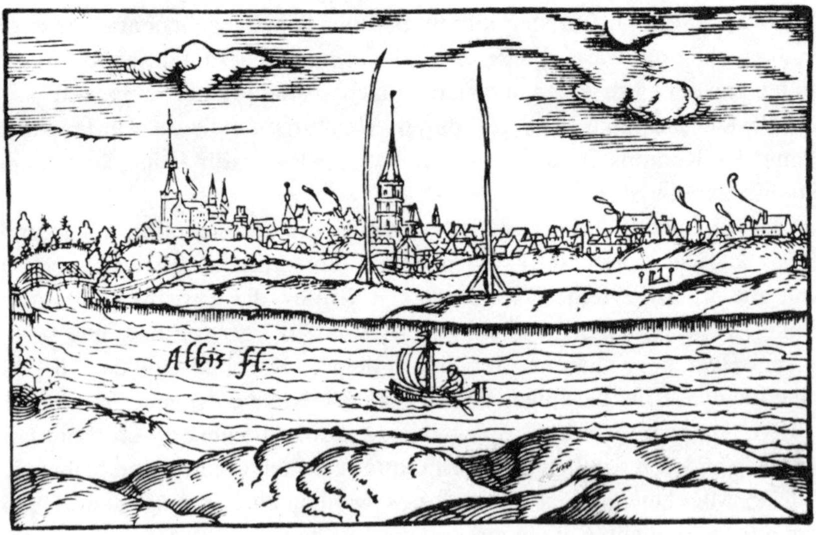


*Wittenberg. Anonymer Holzschnitt, 1550*

ten; denn Christus hat die Welt losgekauft und ist der Erlöser und darum ohne Zweifel und allein der einzige Schatz der Kirche. Ich bestreite aber, daß er der Schatz sei, aus dem der Ablaß kommt . . . Aber, wendest du ein, sollte denn der heilige Thomas mit den übrigen Theologen so völlig geirrt haben? Irrt etwa auch der Papst und die ganze Kirche, die dies wissen? Weißt du also allein, was richtig ist, und niemand vor dir hat das gewußt? Antwort: Erstens: Ich stehe nicht allein, sondern die Wahrheit ist mit mir und viele andere, nämlich alle die, die an der Kraft des Ablasses gezweifelt haben und heute noch zweifeln. Dieser Zweifel ist keine Sünde; denn es handelt sich ja nur um den Erlaß der Strafen, und mag man an die glauben oder nicht, man kann trotzdem selig werden.

. . . Die Verdienste Christi und seiner Heiligen wirken ohne Papst ihr doppeltes Werk, nämlich das eigene Werk, d. h. Gnade, Gerechtigkeit, Wahrheit, Geduld und Sanftmut im Geist der Auserwählten (denn Christi Gerechtigkeit und Verdienst rechtfertigt und vergibt die Sünde . . .), und das fremde Werk – so nennt es nämlich Jesajas, d. h. Kreuz, Mühsal, mancherlei Pein und endlich den Tod und die Hölle im Fleisch, damit der Sündenleib vernichtet, unsere Glieder auf Erden abgetötet und die Sünder zur Hölle gestoßen werden. Denn jeder, der in Christus getauft und erneuert wird, wird zu lauter Pein, Kreuz und Tod bereitet; er wird geachtet wie ein Schlachtschaf und wird getötet den ganzen Tag, wie der Psalm sagt: »Ich aber bin zu Schlägen bereitet und gesetzt, und mein Schmerz ist immer vor mir.« So, und nur so müssen wir alle der Gestalt des Sohnes Gottes angeglichen werden; wer das Kreuz nicht so auf sich nimmt und ihm nachfolgt, ist darum sein nicht wert, mag er auch allen Ablaß auf sich gehäuft haben.

Merk nun wohl auf: seitdem die scholastische, d. h. die spielerische Theologie aufgekommen ist (denn dies ist die Bedeutung des griechischen Wortes), hat man die Theologie des Kreuzes beiseite geschoben und alles auf den Kopf gestellt. Ein Kreuzestheologe, d. h. ein Theologe, der vom gekreuzigten und verborgenen Gott spricht, lehrt, daß Pein, Kreuz und Tod der höchste und kostbarste Schatz und die heiligsten Reliquien der Kirche seien. Denn der Herr dieser Theologie selbst hat sie geweiht und gesegnet, nicht allein durch die Berührung mit seinem hochheiligen Fleisch, sondern er hat sie auch in seinen überheiligen und göttlichen Willen aufgenommen und uns hier zurückgelassen, daß wir sie küssen, verlangen und umfangen. Denn selig und gesegnet ist der Mann, den Gott würdig geachtet hat, ihm solchen Schatz, solche Reliquien Christi zu schenken, selig dann, wenn er das Geschenk als solches auch erkennt; denn angeboten wird es ja jedermann . . . Andere Schätze können wohl in der Erde oder in kostbaren Gefäßen aus Gold, Silber, Edelstein oder Seide aufbewahrt werden; aber diese Reliquien sind so heilig und ein so kostbarer Schatz, daß man sie nur in himmlischen, lebendigen, vernünftigen, unsterblichen, reinen, heiligen Behältern bewahren kann, nämlich in den Herzen der Gläubigen, die unendlich viel kostbarer sind als alles Gold und alle Edelsteine . . . Aber ein Theologe der Herrlichkeit, d. h. ein Theologe, der nicht mit dem Apostel nur den gekreuzigten und verborgenen Gott kennen möchte, sondern einen, der unter den Völkern herrlich dasteht, der aus dem Sichtbaren sein unsichtbares Wesen erkennt, ihn überall gegenwärtig und allmächtig sieht und davon redet, der lernt aus Aristoteles, daß der Wille sich nur auf ein Gut, und zwar auf ein erstrebenswertes Gut richten müsse, während er das Übel haßt, und erklärt Gott darum für das höchste Gut und das Ziel allen Strebens. Im Gegensatz zum Kreuzestheologen stellt er weiter fest, der Schatz Christi sei Nachlaß und Lösung von Strafen, die doch unbedingt schlecht und hassenswert seien, während der Kreuzestheologe umgekehrt den Schatz Christi im Verhängen und Auferlegen von Strafen sieht, die er für unbedingt gut und liebenswert hält. Gleichwohl empfängt der Theologe der Herrlichkeit für seinen Schatz bis auf diesen Tag Geld; den Schatz des Kreuzestheologen, den man den Leuten umsonst anbietet, würdigen sie dagegen keines Blickes, sondern fangen zuletzt sogar an, ihn zu verfolgen.

LIX. Der heilige Laurentius erklärte die Armen der Gemeinde für den Schatz der Kirche; aber er brauchte das Wort so, wie es damals üblich war.

LX. Wir erklären die Schlüssel der Kirche, die uns Christi Verdienst geschenkt hat, mit gutem Grunde für diesen Schatz.

LXI. Es ist klar, daß zum Erlaß von Strafen und in vorbehaltenen Fällen des Papstes Gewalt an sich ausreichend ist.

LXII. Der wahre Schatz der Kirche ist das allerheiligste Evangelium der Herrlichkeit und Gnade Gottes.

Dies Evangelium ist in weiten Kreisen der Kirche schlecht genug bekannt; darum soll von ihm etwas ausführlicher die Rede sein. Außer dem Evangelium hat Christus nämlich gar nichts in der Welt zurückgelassen. Darum übergab er seinen berufenen Christen auch nichts als »Minen«, »Talente«, »Geld« und »Denare«, um schon mit diesen Bezeichnungen für Schätze auf das Evangelium als den einzigen Schatz hinzuweisen. Auch Paulus sagt, daß er für seine Kinder Schätze sammle, und Christus spricht von dem Schatz, der im Acker verborgen ist; weil er eben verborgen ist, kümmert man sich auch nicht um ihn. Das Evangelium ist aber, wie Paulus sagt, die Predigt von Gottes Sohn, der ins Fleisch ge-

*Martin Luther vor der Schloßkirche zu Wittenberg stößt mit großer Feder dem Papst die Tiara vom Haupt. Nach einem Holzschnitt aus dem Jahre 1617*

kommen und uns ohne unser Verdienst geschenkt worden ist, damit wir Heil und Frieden hätten. Es ist ein Wort des Heils, ein Wort der Gnade, ein Wort des Trostes und der Freude, die Stimme des Bräutigams und der Braut, ein gutes Wort und ein Wort des Friedens, wie Jesajas sagt: »Wie lieblich sind die Füße derer, die das Evangelium bringen und Gutes verkündigen«. Das Gesetz aber ist ein Wort des Verderbens, ein Wort des Zornes, ein Wort der Friedlosigkeit und ein Wort des Fluchs. Denn nach dem Zeugnis des Apostels ist das Gesetz die Kraft der Sünde, wirkt das Gesetz den Zorn und ist ein Gesetz des Todes. Denn wir haben von dem Gesetz nichts als ein böses Gewissen, ein friedloses Herz und ein ängstliches Gemüt im Blick auf unsere Sünden, die uns das Gesetz zeigt, aber nicht beseitigt, und die wir auch selbst nicht beseitigen können. Wenn wir darum gefangen und betrübt und gänzlich verzweifelt sind, dann geht das Licht des Evangeliums auf und spricht: »Fürchtet euch nicht, tröstet, tröstet mein Volk, tröstet die Verzagten! Siehe, hier ist euer Gott, hier ist das Lamm Gottes, siehe, das der Welt Sünde trägt, das allein für euch das Gesetz erfüllt, das euch von Gott zur Gerechtigkeit gemacht ist, zur Heiligung, zur Weisheit, zur Erlösung für alle, die daran glauben!« Wenn das sündige Gewissen diesen lieblichen, süßen Boten hört, kommt es wieder zum Leben und jauchzt und springt voll fröhlicher Zuversicht; es fürchtet nicht mehr den Tod noch all die Pein, die den Tod umgibt, noch die Hölle selbst. Wer darum noch vor Strafen Angst hat, der hat Christus und die Stimme des Evangeliums noch nicht vernommen, sondern nur die Stimme Moses. – In diesem Evangelium also entspringt die wahre Herrlichkeit Gottes, wenn wir gelehrt werden, daß das Gesetz nicht durch unsere Werke, sondern durch Gottes Barmherzigkeit in Christus erfüllt ist und immer noch erfüllt wird, nicht durch ein Tun, sondern durch den Glauben, nicht so, daß wir Gott etwas anbieten, sondern so, daß wir alles in Christus empfangen und an allem teilgewinnen, an dessen Fülle wir alle teilhaben, aus der wir alle empfangen. Doch hierüber an anderer Stelle mehr.

LXIII. Dieser Schatz ist aber mit Recht allgemein verhaßt; denn er macht aus den Ersten die Letzten.

LXIV. Dagegen ist der Schatz des Ablasses mit Recht allgemein beliebt; denn er macht aus den Letzten die Ersten.

LXV. Darum sind die evangelischen Schätze das Netz, mit dem man einst Menschen fing, die Reichtümer besaßen.

LXVI. Die Schätze des Ablasses aber sind das Netz, mit dem man heute die Reichtümer der Menschen fängt.

LXVII. Der Ablaß, den die Ablaßprediger als »größte Gnaden« ausschreien, kann man insofern tatsächlich dafür ansehen, als er ein großes Geschäft bedeutet.

LXVIII. Verglichen mit Gottes Gnade und der Kreuzesfrömmigkeit ist es aber in Wirklichkeit die allergeringste Gnade.

LXIX. Die Bischöfe und Pfarrer sind verpflichtet, die Kommissare des päpstlichen Ablasses mit aller Ehrerbietung zuzulassen.

Denn man soll vor der Autorität des Papstes in jedem Fall mit Ehrerbietung zurücktreten. Wer nämlich der Obrigkeit widersteht, der widersteht Gottes Ordnung; wer aber Gott widersteht, der stürzt sich selbst ins Verderben. Auch hat der Herr selbst gesagt: »Wer euch verachtet, der verachtet mich«. Mag es sich darum auch nur um kleine Dinge handeln, man muß gleichwohl genau so vor dem Recht der hohen Stellung zurücktreten wie bei großen Dingen. Daher kommt es auch, daß man die Entscheidungen des Papstes respektieren muß, auch wenn sie nicht gerecht waren, wie Kaiser Karl sagt: »Was er auferlegt, muß getragen werden, auch wenn es hart sein mag.« Wir sehen ja auch selbst, wie sich die Kirche danach verhält, und alles mit frommer Geduld erträgt, obgleich

*Wittenberger Stadtwappen. 16. Jahrhundert*

sie heute zweifellos mit unzähligen Lasten bedrückt wird. – Aber man muß doch darauf achten, daß die Gewissen nicht verwirrt werden, daß man nicht etwa meint, die ungerechten Entscheidungen müßten so geachtet werden, daß, wer sie achten soll, sie auch für gerecht nehmen muß. Denn der Papst selbst läßt in der Kirche manche Personen die Sünden behalten, denen sie vor Gott nicht behalten sind, und nötigt sie, diesen Bann auszuhalten. Und doch kann ihnen dieser Bann nicht schaden; denn er ist nur eine (äußere) Strafe; man muß ihn achten, sich jedoch darum keine Gewissensnöte machen, so wie wir Gott immer achten müssen, wenn wir Gewalt leiden, auch in irdischen Dingen, und nicht in hochmütiger Verachtung dagegen angehen sollen. So soll man auch die Lasten tragen, nicht etwa weil sie gerecht und lobenswert wären; sondern weil man sie als eine von Gott verhängte Züchtigung demütig tragen soll. Die ungerechten Entscheidungen und Lasten sind also nicht deshalb zu achten, weil es heißt: »Was du auf Erden binden wirst«, sondern um des allgemeinen Grundsatzes willen, der uns mahnt: »Sei willfährig deinem Widersacher, so lange du noch auf dem Weg bist«, und: »Wer dich schlägt auf den rechten Backen, dem biete den linken auch dar« usw., und: »Suchet euch nicht selbst zu verteidigen« usw. Denn wenn man jenes tun wollte (was auch irrigerweise viele Theologen für möglich halten), dann könnte man sich gegen die Lasten und ungerechten Entscheidungen des Papstes genau so gut wehren wie gegen den Türken und andere Feinde. Aber man soll sich überhaupt nicht wehren; nur soll man das ungerechte Tun nicht billigen, um die Gewissen nicht zu verwirren. Das sind äußerst wichtige Fragen, die ein andres Mal in einem besonderen Werk behandelt werden müßten.

LXX. Aber noch mehr sind sie verpflichtet, alle Augen und Ohren darauf zu richten, daß sie nicht statt des päpstlichen Auftrags ihre eignen Träume predigen.

LXXI. Wer gegen den wahren Sinn des päpstlichen Ablasses etwas redet, der sei verworfen und verflucht.

LXXII. Wer aber gegen die frechen und mutwilligen Reden der Ablaßprediger auf der Wacht steht, der sei gesegnet.

LXXIII. Wie der Papst mit Recht gegen die seinen Bannstrahl schleudert, die das Ablaßunternehmen mit irgendwelchen Kniffen wirtschaftlich zu schädigen suchen,

LXXIV. so will er noch viel mehr die mit dem Bannstrahl treffen, die den Ablaß vorschützen, um die heilige Liebe und Wahrhaftigkeit zu schädigen.

LXXV. Die Meinung, daß der päpstliche Ablaß stark genug sei, einen Menschen zu absolvieren, falls er sogar, wenns möglich wäre, die Mutter Gottes geschändet hätte, ist heller Wahnsinn.

LXXVI. Dagegen behaupte ich, daß der päpstliche Ablaß nicht die kleinste läßliche Sünde aufheben kann, soweit deren Schuld in Frage steht.

Ich hätte diese Herabsetzung (des päpstlichen Ansehens) nicht vorgenommen, wenn ich nicht hätte zeigen wollen, wie abscheulich die in der vorigen These vorgeführte Meinung ist.

LXXVII. Es wird gesagt, Sankt Petrus selbst könnte, wenn er noch Papst wäre, keine größeren Gnaden vergeben; das ist eine Lästerung gegen Sankt Petrus und gegen den Papst.

LXXVIII. Ich behaupte dagegen, daß dieser und überhaupt jeder Papst größere Gnaden zu vergeben hat, nämlich das Evangelium, die Wirkungen des Geistes, die Gabe der Krankenheilung usw., wie zu lesen ist.

LXXIX. Wenn man sagt, das Ablaßkreuz mit dem Wappen des Papstes, das prächtig (in den Kirchen) aufgerichtet wird, habe den gleichen Wert wie das Kreuz Christi, so ist das eine Gotteslästerung.

LXXX. Die Bischöfe, Pfarrer und Theologen, die es zulassen, daß man vor dem Volke solche Reden führt, werden einst dafür zur Rechenschaft gezogen werden.

*Reformatorisches Siegel der Wittenberger Stadtkirche, seit 1521*

LXXXI. Diese freche Ablaßpredigt macht es auch gelehrten Männern nicht leicht, das Ansehen des Papstes gegen Schmähungen und noch mehr gegen die spitzen Fragen der Laien in Schutz zu nehmen.

LXXXII. (Zum Beispiel:) Warum räumt der Papst nicht um der heiligen Liebe willen und um der Not der armen Seelen willen das Fegefeuer aus? Das wäre doch der allerzwingendste Grund. Und gleichzeitig erlöst er ungezählte Seelen dem elenden Geld zuliebe, um eine Kirche zu bauen, also aus einem sehr wenig dringenden Grunde!

LXXXIII. (Oder:) Warum werden Exequien[29] und Jahrestage der Verstorbenen weiter gefeiert, und warum gibt der Papst die Stiftungen, die man zu ihren Gunsten gemacht hat, nicht zurück und stellt ihre Rückerstattung nicht frei, wenn es doch sogar Sünde ist, für die Erlösten weiter zu beten?

LXXXIV. (Oder:) Seit wann gilt es bei Gott und dem Papst für fromm, einem mit Gott nicht versöhnten Ketzer die Erlösung einer frommen und von Gott geliebten Seele um des Geldes willen zu gestatten, aber um ihrer Not willen geben sie dieselbe fromme und geliebte Seele aus Liebe nicht los?

LXXXV. (Oder:) Die alten kirchlichen Bußbestimmungen sind tatsächlich und durch Nichtgebrauch an sich längst tot und abgeschafft. Warum hat sie dann der Ablaß gewissermaßen wieder zum lebendigsten Leben erweckt, so daß sie heute noch für Geld abgelöst werden müssen?

AMORE ET STVDIO ELVCIDANDAE ueritatis hæc ſubſcripta diſputabunt Vuittenbergæ, Præſidēte R. P. Martino Luther, Artiū & S. Theologiæ Magiſtro, eiuſdemq; ibidem lectore Ordinario. Quare petit ut qui non poſſunt uerbis præſentes nobiſcum diſceptare, agant id literis abſentes. In nomine domini noſtri Ieſu Chriſti. Amen.

j Dominus & Magiſter noſter Ieſus Chriſtus, dicendo pœnitentiā agite &c. omnem uitam fidelium, pœnitentiam eſſe uoluit.

ij Quod uerbū pœnitentia de pœnitentia ſacramentali (.i. confeſſionis & ſatiſfactionis quæ ſacerdotum miniſterio celebratur) non poteſt intelligi.

iij Non tamen ſolā intēdit interiorē: immo interior nulla eſt, niſi foris operetur uarias carnis mortificationes.

iiij Manet itaq; pœna donec manet odium ſui (.i. pœnitentia uera intus) ſcilicet uſq; ad introitum regni cælorum.

v Papa non uult nec poteſt, ullas pœnas remittere: præter eas, quas arbitrio uel ſuo uel canonum impoſuit.

vj Papa nō poteſt remittere ullam culpā, niſi declarādo & approbando remiſſam a deo. Aut certe remittēdo caſus reſeruatos ſibi, quibus contēptis culpa prorſus remaneret.

vij Nulli prorſus remittit deus culpam, quin ſimul eum ſubijciat humiliatum in omnibus ſacerdoti ſuo uicario.

viij Canones pœnitentiales ſolū uiuentibus ſunt impoſiti: nihilq; morituris, ſecundū eoſdem debet imponi.

ix Inde bene nobis facit ſpiritusſanctus in Papa: excipiēdo in ſuis decretis ſemper articulum mortis & neceſſitatis.

x Indocte & male faciūt ſacerdotes ij, qui morituris pœnitētias canonicas in purgatorium reſeruant.

xj Zizania illa de mutanda pœna Canonica in pœnā purgatorij, uidentur certe dormientibus Epiſcopis ſeminata.

xij Olim pœnæ canonicæ nō poſt, ſed ante abſolutionem imponebantur, tanq; tentamenta uera contritionis.

*Anfang der Thesen. Buchausgabe*

LXXXVI. (Oder:) Der Papst ist heute vermögender als der reichste Crassus; warum baut er da nicht wenigstens diese eine Peterskirche lieber mit seinem eigenen Geld als mit dem Geld seiner armen Gläubigen?

LXXXVII. (Oder:) Was mag der Papst denen erlassen und mitteilen, die durch ihre vollkommene Reue schon ein Anrecht auf völligen Erlaß und geistliche Gemeinschaft haben?

LXXXVIII. (Oder:) Wäre es nicht das Beste für die Kirche, wenn der Papst nicht bloß einmal, sondern täglich hundertmal jedem Gläubigen diesen Erlaß und Anteil zukommen ließe?

LXXXIX. (Oder:) Wenn dem Papst doch mehr am Heil der Seelen als am Gelde gelegen ist, warum suspendiert er jetzt die früher gewährten Briefe und Ablässe, die doch ebenso wirksam sind?

Dieser Punkt erbittert und mißfällt am allermeisten, und ich gestehe, daß der Einwand einen starken Eindruck machen muß. Denn diese Suspension ist der einzige Grund, daß der Ablaß sein Ansehen verliert. Ich kann also zwar nicht leugnen, daß alles ertragen werden muß, was der Papst tut; aber es tut mir leid, daß ich durchaus nicht alles billigen kann. Immerhin, wenn nur von der persönlichen Meinung des Papstes zu reden wäre und nicht von den Zwischenstellen, die das Geschäft machen sollen, so würde ich kurz und zuversichtlich erklären, daß man alles Gute voraussetzen müsse. – Die Kirche bedarf einer Erneuerung, und das geht nicht bloß den Papst oder die vielen Kardinäle an, wie die beiden letzten Konzilien gezeigt haben, sondern alle Welt oder vielmehr: Gott allein. Aber die Zeit dieser Erneuerung kennt der allein, der alle Zeit geschaffen hat. Bis dahin sind wir nicht in der Lage, die offenkundigen Mißstände zu leugnen. Die Schlüssel werden mißbraucht und sind dem Geiz und der Willkür preisgegeben. Die Flut steigt schnell: es ist nicht unsere Sache, ihr Einhalt zu gebieten. Unsere Übertretungen antworten wider uns und »jedem fällt seine Predigt zur Last«.

XC. Wenn man diese höchst bedenklichen Einwände der Laien mit roher Gewalt zum Schweigen bringen wollte, statt sie mit vernünftigen Gegengründen zu zerstreuen, so würde man die Kirche und den Papst damit nur zum Gespött ihrer Feinde machen und die Christenheit in der traurigsten Weise schädigen.

XCI. Wenn man also den Ablaß im Geist und Sinn des Papstes predigen wollte, ließen sich alle diese Einwände leicht beseitigen, oder vielmehr: sie würden gar nicht entstehen.

XCII. Weg darum mit all den Propheten, die dem Volk Christi zurufen: Friede, Friede und ist doch kein Friede.

XCIII. Wohl all den Propheten, die dem Volke Christi zurufen: Kreuz, Kreuz und ist doch kein Kreuz!

XCIV. Man soll die Christen ermahnen, daß sie ihrem Haupte Christus durch Strafe, Tod und Hölle mit Freuden nachfolgen,

XCV. und so ihr Vertrauen eher darauf setzen, durch viel Leiden als durch sicheren Frieden in den Himmel einzugehen.

Ich habe mich in Vorstehendem über Kreuz und Strafen genug geäußert; aber heutzutage ist davon wenig die Rede.

*Albrecht von Brandenburg, Erzbischof von Mainz. Kupferstich von Albrecht Dürer, 1519*

Gottes Gnade und Barmherzigkeit zuvor! Hochwürdigster Vater in Christo, durchlauchtigster Kurfürst! Eure Kurfürstliche Gnaden halten mir gnädiglich zugut, daß ich, der geringste und unwerteste unter allen Menschen, vermessen daran zu denken wage, einen Brief an Ew. Hochwürden zu schreiben. Der Herr Jesus ist mein Zeuge, daß ich, meiner Armseligkeit und Jämmerlichkeit mir wohl bewußt, lange aufgeschoben habe, was ich jetzt mit unverschämter Stirn tue; denn es zwang und verpflichtete mich dazu mit aller Gewalt meine treue Ergebenheit, die ich, hochwürdigster Vater in Christo, Ew. Kurfürstlichen Gnaden zu leisten mich schuldig erkenne. Darum haltet Euch nicht zu gut, ein gnädig Auge auf mich zu haben, der ich Erde und Asche bin, und mein Begehr nach Eurer bischöflichen Gnade zu deuten.

Es wird im Land umhergeführt der päpstliche Ablaß unter Ew. Kurfürstlichen Gnaden Namen zum Bau von Sankt Peter. Ich will dabei gar nicht über der Ablaßprediger großes Geschrei Klage führen, das ich nicht gehört habe. Aber ich beklage die falsche Auffassung, die das arme, einfältige, grobe Volk daraus entnimmt und die jene Prediger allenthalben marktschreierisch rühmen. Denn die unglücklichen Seelen glauben infolgedessen, wenn sie nur Ablaßbriefe lösen, seien sie ihrer Seligkeit sicher; weiter glauben sie, daß die Seelen ohne Verzug aus dem Fegefeuer fahren, sobald man für sie in den Kasten einlege; diese Ablaßgnade sei ferner so kräftig, daß keine Sünde so groß sein könne, daß sie nicht erlassen und vergeben werden könnte, und hätte einer selbst (das sind ihre Worte) die Mutter Gottes geschändet; endlich soll der Mensch durch diesen Ablaß frei und los werden von aller Pein und Schuld.

Ach lieber Gott, so werden die Eurer Sorge anvertrauten Seelen, teurer Vater, zum Tode unterwiesen, und so wächst immer die schwere Verantwortung, die Ihr über sie alle werdet ablegen müssen. Darum habe ich nicht länger davon schweigen können. Denn der Mensch wird durch keines Bischofs Geschenk seiner Seligkeit gewiß, da er ihrer ja nicht einmal durch das Geschenk der göttlichen Gnade versichert wird; vielmehr befiehlt uns der Apostel, allezeit mit Furcht und Zittern an unserm Heile zu arbeiten, und auch der Gerechte wird kaum gerettet werden. Endlich ist der Weg, der zum Leben führt, so enge und schmal, daß der Herr durch die Propheten Amos und Zacharias die, so da selig werden, nennt einen Brand, der aus dem Feuer gerissen wird, und daß der Herr überall die Schwierigkeit der Erlösung betont.

Warum machen sie also durch falsche Fabeln und Verheißungen vom Ablaß das Volk sicher und ohne Furcht, wo doch der Ablaß den Seelen nichts nützt zu ihrem Heil oder ihrer Heiligkeit, sondern nur die äußerliche Pein wegnimmt, die ehemals nach den Canones auferlegt zu werden pflegte.

Endlich sind die Werke der Gottseligkeit und Liebe unendlich viel besser denn der Ablaß, und doch predigt man sie weder mit solcher Pracht, noch mit so großem Fleiß, ja der Ablaßpredigt zuliebe wird von ihnen geschwiegen, und doch ist es aller Bischöfe vornehmliches und alleiniges Amt, zu sorgen, daß das Volk das Evangelium und die Liebe Christi lerne. Nirgends hat Christus befohlen, den Ablaß zu predigen:

aber das Evangelium zu predigen, hat er nachdrücklich befohlen. Welche Schande für einen Bischof, und überdies, wie gefährlich ist es für ihn, wenn er für das Evangelium kein Wort übrig hat und bloß den Ablaßlärm in sein Volk ausgehen läßt und sich darum mehr bekümmert als um das Evangelium! Wird nicht Christus zu ihnen sagen: »Ihr seihet Mücken und verschlucket Kamele«.

Ja noch mehr, hochwürdigster Vater in dem Herrn. In der Instruktion der Kommissare, die unter Eurem Namen ausgegangen ist, heißt es – ohne Zweifel, hochwürdigster Vater, ohne Euer Wissen und Euren Willen – »eine der vornehmsten Gnaden sei dieses unschätzbare Geschenk Gotts, dadurch der Mensch mit Gott versöhnt und alle Strafen des Fegefeuers ausgetilgt werden«; auch Reue hätten die nicht nötig, die Ablaß oder Beichtprivilegien erwürben.

Hochwürdigster Bischof und durchlauchtigster Kurfürst! So bitte ich denn Euer Hochwürden durch den Herrn Jesum Christum, doch die Sache Eurer väterlichen Sorge und Aufmerksamkeit zu würdigen, das genannte Büchlein völlig zu beseitigen und den Ablaßpredigern eine andere Predigtweise zu befehlen. Sonst könnte schließlich jemand aufstehen und etwas veröffentlichen, was jene Leute und jenes Büchlein widerlegte, zur höchsten Schmach Eurer durchlauchtigsten Hoheit. Davor aber bange ich gar sehr, und doch muß ich es besorgen, wo der Sache nicht eilend Rat wird.

Diesen treuen Dienst meiner Armseligkeit wollen Ew. durchlauchtigste Gnaden würdigen, ebenso fürstlich und bischöflich, das heißt huldvoll, anzunehmen, wie ich ihn in Treue und ganzer Ergebenheit gegen Ew. Hochwürden erzeige. Denn auch ich bin ein Schäflein Eurer Herde. Der Herr behüte und bewahre Ew. Hochwürden in Ewigkeit. Amen. Wittenberg am Abend vor Allerheiligen im Jahre 1517.

So es Ew. Hochwürden gefällig ist, könnt Ihr meine beiliegenden Streitsätze ansehen und daraus ersehen, wie ungewiß die Auffassung des Ablasses ist, obwohl die Ablaßprediger sich einbilden, sie wäre ganz ausgemacht.

Euer unwürdiger Sohn
Martinus Luther, Augustiner, berufener Doktor der h. Theologie.

*An Albrecht von Mainz,*
*31. Oktober 1517*

Heil! Ich hatte mir vorgenommen, mein lieber Spalatin, niemandem jemals den Dialog mitzuteilen. Dafür habe ich keine andere Ursache, als weil er so lieblich, so gelehrt, ja auch so witzig (das heißt, ganz erasmisch) verfaßt ist, daß er zum Lachen nötigt und zum Scherzen über die Gebrechen und das Elend der Kirche Christi, die doch ein jeder Christ Gott mit dem höchsten Seufzen klagen sollte. Aber, weil du es forderst, sieh, da hast du es, lies und gebrauche es, und dann gib es mir wieder.

Ich wollte nicht, daß unsere Thesen eher in die Hände unseres erlauchten Kurfürsten oder eines seines Hofes gelangten, als bis die sie gesehen hätten, die sich durch sie angegriffen fühlten. Sie sollten nicht etwa

*Friedrich der Weise, Kurfürst von Sachsen, Kupferstich von Albrecht Dürer, 1524*

glauben, die Thesen wären auf Anordnung oder mit Zustimmung des Kurfürsten von mir gegen den Bischof von Magdeburg veröffentlicht worden; so etwas faseln – wie ich höre – schon viele von ihnen. Aber unbedenklich kann ich jetzt auch beschwören, daß die Thesen ohne Wissen Kurfürst Friedrichs herausgegangen sind. Ein anderes Mal mehr, denn ich bin sehr in Anspruch genommen. Gehab dich wohl. Aus unserem Kloster.

Bruder Martin Eleutherius, Augustiner zu Wittenberg. Du hast geschrieben, daß mir vom Fürsten ein Kleid versprochen worden sei. Ich möchte gern wissen, wem er denn über diese Sache Auftrag gegeben hat.

*An Spalatin,*
*Anfang November 1517*

Hier schicke ich Euch abermals neue Paradoxen (die Ablaß-Thesen). vielleicht ärgern sich Eure Theologen auch an diesen und sagen, wie es alle ohne Unterschied von mir tun, daß ich unbedacht und stolz mit meinem Urteil herausfahre und die Meinungen anderer verwerfe. Darauf antworte ich ihnen durch diesen Brief und Euren Mund: Bewiesen nur auch sie ihre gereifte Zurückhaltung und ihren vorsichtigen Ernst in ihrem Tun, so fände ich daran ebenso großen Gefallen, als sie Mißfallen an meiner Leichtfertigkeit und vorschnellen Unbedachtsamkeit finden. Sehe ich sie doch leicht bereit, an mir dieses Laster zu strafen.

Aber mich nimmt wunder, warum sie nicht mit denselben Augen ihren Aristoteles ansehen. Was meine Kühnheit und Bescheidenheit angeht, so weiß ich gewißlich, daß die Wahrheit weder an Wert gewinnt, wenn ich bescheiden bin, noch entwürdigt wird, wenn ich allzu kühn bin. Meine große Bitte an Euch und die Erfurter Theologen ist darum, die Mängel des Verfassers einmal zu vergessen, lediglich über meine Schriften und Sätze Euer Urteil zu fällen und vor allem die etwa darin enthaltenen Irrtümer zu bezeichnen. Ist es doch bekannt, daß nichts Neues ohne Hoffart oder wenigstens ohne einen Schein von Hoffart und Zanksucht hervorgebracht werden kann. Gesetzt, die Demut selbst wollte eine Neuerung ins Werk zu setzen versuchen, bald würde es ihr von denen, die andrer Meinung sind, als Hoffart ausgelegt werden. Warum hat man Christus und alle Märtyrer getötet? Weshalb sind die Kirchenlehrer auf Mißgunst gestoßen? Weil man in ihnen stolze Verächter der alten geachteten Weisheit und Wissenschaft sah; weil sie solche neue Gedanken ohne den Rat der alten Schule zu äußern unternommen haben.

Darum sollen meine Feinde nicht jene heuchlerische Demut von mir erwarten, die ihren Rat und Schluß einholte, ehe sie etwas veröffentlicht. Durch Gottes, nicht durch Menschenfleiß und Rat soll getan sein, was ich tue. Denn wenn das Wort aus Gott ist, wer wirds hindern? Ists aber nicht aus Gott, wer wirds fördern? Es geschieht nicht mein, noch ihr, noch unser, sondern Dein Wille, heiliger Vater, der Du bist im Himmel, Amen.

Bruder Martinus Eleutherius
(doch mehr Dulos der Sklave, der in zu festen Banden ist)
Augustinermönch zu Wittenberg.

*An Johannes Lang,*
*11. November 1517*

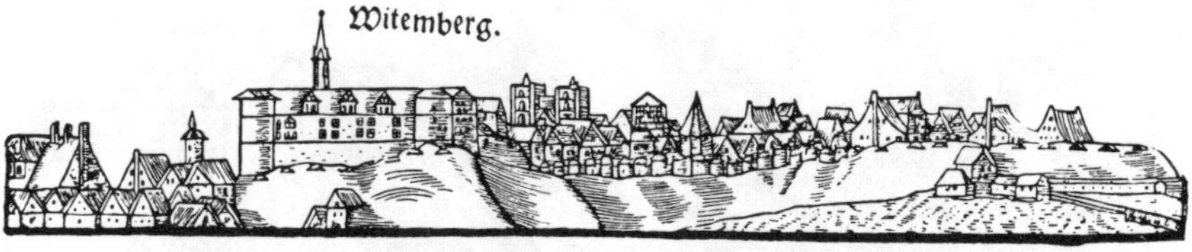


# Ein Sermon von Ablaß und Gnade, 1518

Zum ersten sollt Ihr wissen, daß etliche neue Lehrer, wie Thomas von Aquin und seine Nachfolger, die Buße in drei Teile teilen, nämlich: die Reue, die Beichte, die Genugtuung. Und wiewohl dieser Unterschied nach ihrer Meinung schwerlich oder auch gar nicht als in der Heiligen Schrift gegründet erfunden wird noch in den alten heiligen christlichen Lehrern, wollen wir das doch jetzt so bleiben lassen und nach ihrer Weise reden.

Zum andern sagen sie: der Ablaß nimmt nicht den ersten oder andern Teil weg, das ist: die Reue oder die Beichte, sondern den dritten, nämlich die Genugtuung.

Zum dritten: die Genugtuung wird weiter in drei Teile geteilt, das ist: Beten, Fasten, Almosengeben, und zwar so: das »Beten« bedeutet alle Werke, der Seelen eigen, wie Lesen, Denken, Gottes Wort hören, Predigen, Lehren und dergleichen; »Fasten« bedeutet alle Werke der Kasteiung seines Fleisches, wie Wachen, Arbeiten, hartes Lager, rauhe Kleider usw.; »Almosengeben« bedeutet alle Werke der Liebe und Barmherzigkeit gegen den Nächsten.

Zum vierten ist bei ihnen allen unbezweifelt, daß der Ablaß die Werke der Genugtuung wegnimmt, die für die Sünde zu tun als notwendig festgesetzt ist. Denn so er dieselben Werke alle wegnehmen sollte, bliebe nichts Gutes mehr, was wir tun könnten.

Zum fünften ist es bei vielen eine große und noch nicht entschiedene Streitfrage gewesen, ob der Ablaß auch etwas mehr wegnehme als solche auferlegten Werke, nämlich, ob er auch die Strafe, die die göttliche Gerechtigkeit für die Sünden fordert, wegnehme.

Zum sechsten laß ich für diesmal ihre Meinungen unverworfen. Das sage ich, daß man aus der Schrift nicht beweisen kann, daß göttliche Gerechtigkeit von dem Sünder etwas an Strafen oder Genugtuung begehre oder fordere als allein seine herzliche und wahre Reue oder Bekehrung mit dem Vorsatz, das Kreuz Christi zu tragen und die oben genannten Werke (auch wenn sie von niemand vorgeschrieben sind) zu üben. Denn so sagt Gott durch Hesekiel: Wenn sich der Sünder bekehrt und recht tut, so will ich seiner Sünde nicht mehr gedenken. Ebenso hat er selbst alle die absolviert: Maria Magdalena, den Gichtbrüchigen, die Ehebrecherin usw. Ich möchte wohl gerne hören, wer da etwas anderes beweisen soll, abgesehen davon, daß es etlichen Doktoren so geschienen hat.

Zum siebenten: Das findet man wohl, daß Gott etliche nach seiner Gerechtigkeit straft oder durch Strafen zu der Reue drängt, wie im Psalm: »Wenn seine Kinder sündigen werden, will ich mit der Rute ihre Sünde heimsuchen, aber doch meine Barmherzigkeit nicht von ihnen wenden.« Aber diese Strafe zu erlassen, steht in niemandes Gewalt außer in der Gottes, ja, er will sie nicht erlassen, sondern verspricht, er wolle sie auferlegen.

Zum achten: Deshalb kann man der erdachten Strafe keinen Namen geben, weiß auch niemand, was sie ist, so sie diese Strafe nicht ist, auch die oben genannten guten Werke nicht sind.

Zum neunten sage ich: Wenn die christliche Kirche noch heute beschlösse und erklärte, daß der Ablaß mehr als die Werke der Genugtuung wegnehme, so wäre es doch tausendmal besser, daß kein Christenmensch den Ablaß löste oder begehrte, sondern daß sie lieber die Werke täten und die Strafe litten. Denn der Ablaß ist nichts anderes, noch kann er es werden als eine Erlassung guter Werke und heilsamer Strafen, die man billiger erwählen als verlassen sollte (obwohl etliche der neuen Prediger zweierlei Strafen erfunden haben: die einen zur Genugtuung, die anderen zur Besserung). Aber wir haben mehr Freiheit, solche und dergleichen Plauderei zu verachten, als sie zu erdichten haben; denn alle Strafe, ja alles, was Gott auflegt, ist den Christen zur Besserung nützlich und zuträglich.

Zum zehnten: Das ist nichts gesagt, daß der Strafen und Werke zuviel seien, so daß der Mensch sie, wegen der Kürze seines Lebens, nicht vollbringen kann, weshalb ihm der Ablaß nötig sei. Darauf antwortete ich, das keinen Grund habe und eine bloße Erdichtung sei. Denn Gott und die heilige Kirche legen niemandem mehr auf, als ihm zu tragen möglich ist, wie auch Paulus sagt, daß Gott nicht jemand mehr versucht werden läßt, als er tragen kann. Und es gereicht der Christenheit nicht wenig zur Schmach, daß man ihr die Schuld gibt, sie lege mehr auf, als wir tragen können.

Zum elften: Wenn gleich die im geistlichen Recht festgesetzten Bußen noch gelten, daß für eine jegliche Todsünde sieben Jahre Buße auferlegt wären, so müßte die Christenheit dieselben doch festgesetzt sein lassen und nicht weiter auferlegen, als sie einem jeglichen zu tragen wären. Um soviel weniger soll man darauf achten, daß mehr auferlegt werde, als jedermann gut tragen kann, da sie jetzt nicht (mehr) gelten.

Zum zwölften: Man sagt wohl, daß der Sünder mit der übrigen Strafe ins Fegefeuer oder zum Ablaß gewiesen werden soll, aber es werden wohl mehr Dinge ohne Begründung und Beweis gesagt.

Zum dreizehnten: Es ist ein großer Irrtum, daß jemand meint, er wolle für seine Sünden genugtun, so doch Gott dieselben allezeit umsonst, aus unschätzbarer Gnade verzeiht und nichts dafür begehrt, als daß man weiterhin ein gutes Leben führt. Die Christenheit fordert wohl etwas; also kann und soll sie das auch erlassen und nichts Schweres oder Unerträgliches auferlegen.

Zum vierzehnten: Ablaß wird um der unvollkommenen und faulen Christen willen zugelassen, die sich nicht unverzagt in guten Werken üben wollen oder unleidlich sind. Denn Ablaß fördert niemand zum Bessern, sondern duldet ihre Unvollkommenheit und läßt sie zu. Darum soll man nicht wider den Ablaß reden; man soll aber auch niemand ihm zureden.

Zum fünfzehnten: Viel sicherer und besser täte der, der bloß um Gottes willen etwas für die Peterskirche, oder was sonst genannt wird, gäbe, als daß er den Ablaß dafür nähme. Denn es ist gefährlich, daß er solche Gabe um des Ablasses und nicht um Gottes willen gibt.

Zum sechzehnten: Viel besser ist das gute Werk einem Bedürftigen erwiesen, als daß zum Gebäude gegeben wird, auch viel besser als der Ablaß, dafür gegeben. Denn wie gesagt: es ist besser ein gutes Werk getan als viel erlassen. Ablaß aber ist Erlassung vieler guter Werke, oder es ist nichts nachgelassen.

Ja, daß ich auch recht unterweise, so merkt auf: Du sollst vor allen Dingen Deinem nächsten Armen geben, willst Du etwas geben. Wenn es aber dahin kommt, daß niemand in Deiner Stadt mehr ist, der Hilfe

*Ablaßhandel. Zeitgenössischer Holzschnitt*

bedarf, dann sollst Du geben, so Du willst, zu den Kirchen, Altären, Schmuck, Kelch, die in deiner Stadt sind. Und wenn das dann auch nicht mehr nötig ist, dann – so Du willst – kannst Du zur Peterskirche oder anderswofür geben. Auch das sollst Du dennoch nicht um des Ablasses willen tun. Denn Paulus sagt: »Wer seinen Hausgenossen nicht wohltut, ist kein Christ und ärger als ein Heide.« Und sei ganz der Meinung: wer Dir anderes sagt, der verführt Dich oder sucht Deine Seele in Deinem Beutel, und fände er Pfennige darin, das wäre ihm lieber als alle Seelen.
Wenn Du fragst: »So würde ich nimmermehr Ablaß lösen?« antworte ich: Das habe ich oben schon gesagt, daß mein Wille, Begierde, Bitte und Rat ist, daß niemand Ablaß löse. Laß die faulen und schläfrigen Christen Ablaß lösen, geh Du für Dich!

Zum siebzehnten: Der Ablaß ist nicht geboten, auch nicht geraten, sondern von der Dinge Zahl, die zugelassen und erlaubt werden. Darum ist es nicht ein Werk des Gehorsams, auch nicht verdienstlich, sondern eine Ausrede des Gehorsams. Wiewohl man niemandem wehren soll, den zu lösen, so sollte man deshalb doch alle Christen davon abziehen und zu den Werken und Strafen, die da erlassen werden, anreizen und stärken.

Zum achtzehnten: Ob die Seelen durch Ablaß aus dem Fegefeuer gezogen werden, weiß ich nicht und glaube es auch noch nicht, obwohl das etliche neue Doktoren sagen. Aber es ist ihnen unmöglich, das zu beweisen, auch hat es die Kirche noch nicht beschlossen. Darum ist es zu größerer Sicherheit viel besser, daß Du selbst für sie bittest und wirkest; denn dies ist bewährter und ist gewiß.

Zum neunzehnten: In diesen Punkten habe ich keinen Zweifel, sie sind genugsam in der Schrift gegründet. Darum sollt Ihr auch keinen Zweifel haben, und laßt scholastische Doktoren Scholastiker sein; sie sind allesamt nicht genug mit ihren Schulmeinungen, daß sie eine Predigt bestätigen sollten.

Zum zwanzigsten: Ob etliche mich nun wohl einen Ketzer schelten, denen solche Wahrheit in der Kasse sehr schädlich ist, so achte ich doch solch Geplärre nicht groß, das niemand tut als etliche finstere Gehirne, die nie in die Bibel gerochen, die christlichen Lehrer nie gelesen, ihre eigenen Lehrer nie verstanden, sondern in ihren durchlöcherten und zerrissenen Schulmeinungen beinahe verwesen. Denn hätten sie die verstanden, so wüßten sie, daß sie niemand ungehört und unüberwunden lästern sollten. Doch Gott gebe ihnen und uns rechten Sinn! Amen.

Als jüngst in unserer Gegend neue und unerhörte Lehren vom päpstlichen Ablaß laut wurden und viele Gelehrte und Laien allenthalben in Verwunderung und Aufregung gerieten, da wurde ich von vielen, Bekannten und Unbekannten, schriftlich und mündlich befragt, was ich von diesen überraschenden, um nicht zu sagen ungebührlichen Äußerungen hielte. Eine Weile suchte ich auszuweichen, bis es zu heftigen Aussprachen kam, bei denen sogar das Ansehen des Heiligen Vaters Gefahr zu laufen drohte.

Was konnte ich tun? Etwas Bindendes zu äußern, lag außer meiner Gewalt, und ich empfand Scheu, den Ablaßhändlern entgegenzutreten, denen ich von Herzen wünschen mußte, daß ihre Predigt jedermann als lautere Wahrheit erscheinen möchte. Doch die andern erwiesen deren Lehre so beharrlich mit den klarsten Gründen als falsch und hohl, daß sie mich, das ist ungelogen, endlich völlig einschlossen und festlegten.

Um also beiden Teilen zu genügen, hielt ich es für den besten Ausweg, keinem zuzustimmen und keinem zu widersprechen, sondern über einen so wichtigen Gegenstand zu disputieren, bis die heilige Kirche festsetze, was zu glauben wäre. So ließ ich denn meine Thesen ausgeben, lud jedermann öffentlich zur Disputation ein und richtete dem Herkommen gemäß an alle Gelehrten die besondere Bitte, wenigstens brieflich ihre Ansicht kundzutun. Denn es schien mir, als ob weder die Bibel und die

*Luther als Hercules Germanicus. Holzschnitt von Hans Holbein(?)*

Kirchenlehrer, noch auch die Kanones selbst bis auf einzelne Verfasser, die sich dazu ohne Schriftbeleg äußerten, und bis auf ein paar Scholastiker, die gleichfalls ohne Beweis die gleiche Meinung verfochten, gegen meine Sätze sprächen.

Mir wenigstens erscheint es so unbegreiflich wie nur etwas, daß in der Kirche Dinge gepredigt und gelehrt werden sollen, die nur geeignet sind, sie ihren Feinden zu Hohn und Spott preiszugeben. Das muß aber geschehen, wenn sie über etwas Beschwerde führen, ohne daß wir Rechenschaft davon geben können.

Obwohl daher über diese Fragen die Ungewißheit so groß und ihre Bejahung unter Umständen so gefährlich war, erschien es mir doch als meine Aufgabe und meine Pflicht, sie zur Disputation zu stellen. Hatte doch von den scholastischen Disputationen noch niemand selbst die heiligsten und ehrwürdigsten Glaubenssätze auszuschließen gedacht, an denen jahrhundertelang kein Christ Zweifel erhoben hat.

Wie tief verworfen muß Gottesfurcht und Gottesdienst von Menschen sein, die keine Disputation über die Macht von Kirche und Papst dulden und die in diesen Fragen bloß stumme Treue und Dankbarkeit gelten lassen wollen! Schon das Stammeln des Kindes findet hier Ausdrücke der Entrüstung. Warum hüllen sie sich nicht in dankbares Schweigen und warum stellen sie nicht ihre albernen Disputationen ein, wenn es sich um Macht und Weisheit und Güte dessen handelt, der der Kirche erst jene ihre Macht verliehen hat? Nichts ist so verborgen in Gottes höchster Majestät und heiligster Menschlichkeit, das sie nicht mit ihren läppischen Tändeleien besudelt haben. Kein Herz kann man finden, aus dem sie nicht durch ihr ewiges Possenspiel mit Gott Liebe und Ehrfurcht getilgt haben. Doch davon ein andermal.

So forderte ich denn alle zu diesem Kampf heraus, doch niemand erschien. Dann bemerkte ich, daß meine Sätze in weitere Kreise drangen, als ich gewollt hatte, und allenthalben nicht als Thesen, sondern als Glaubenslehren aufgenommen wurden. So wurde ich denn gegen meine Erwartung und meinen Wunsch genötigt, mit meiner kindischen Unerfahrenheit an die Öffentlichkeit zu treten. Ich mußte den Thesen Erklärungen und Auslegungen folgen lassen; denn ich wollte lieber in die Schande der Unwissenheit fallen, als Menschen irregeleitet haben, die leicht alles für bare Münze nehmen. Einiges ist mir noch zweifelhaft, vieles weiß ich nicht, etliches leugne ich jetzt; aber nichts wage ich davon bindend zu behaupten, und alles unterwerfe ich dem Richterspruch unserer heiligen Kirche.

Gnädigster Herr Bischof! Nehmt diesen meinen schwächlichen Versuch gütig auf, und damit alle sehen, wie fern mir dreiste Behauptungen liegen, erlaube ich Euch, ja bitte ich Euch auf den Knien, verehrungswürdiger Vater, nehmt die Feder und tilgt aus, wovon es Euch nötig scheint, oder werft das Ganze ins Feuer, es soll mir nichts daran gelegen sein. Ich weiß, Christus bedarf meiner nicht und wird ohne mich kundtun, was seiner Kirche dient. Wenn das Werk nicht sein ist, soll es auch nicht mein sein; nichts und niemandes soll es sein, zumal da nach Gregor von Nazianz auch die Äußerung der Wahrheit, vor allem durch den Mund schwerer Sünder, für das Heil der Kirche bedenklich sein kann.

So erkläre ich denn hierdurch zu meiner Sicherheit, daß ich disputieren, nicht normieren wollte. Ja: disputieren und nicht normieren; und disputieren voller Furcht, aber nicht vor den Bullen und Drohungen von Menschen, die selbst ohne Furcht für ihre Hirngespinste Glauben fordern, als wären sie ein Evangelium. Nein, eben ihre Frechheit und ihr Unwissen hat mich gezwungen, meiner Furcht nicht nachzugeben. Wäre jene nicht so gewaltig gewesen, hätte nur mein Engel mich hören sollen. Nur das eine mußte mein Streben sein, niemandem der Anlaß zu Irrglauben zu werden. Den Ruhm soll der haben, des er allein ist, der gepriesen ist in alle Ewigkeit, der uns, lieber Herr Bischof, bewahre und uns regiere lange Zeit und zum Segen. Amen.

*An Hieronymus Schulz, Bischof von Brandenburg,*
*13. Februar 1518*

Es nimmt Euch wunder, warum ich meine Thesen nicht an Euch geschickt hatte. Darauf diene zur Antwort, daß ihre Verbreitung weder in meiner Absicht noch auch nur in meinem Wunsche lag. Ich dachte nur mit einigen Gelehrten unserer Stadt und deren Nachbarschaft über sie zu disputieren, um sie darauf nach dem Urteil vieler Männer entweder zu vernichten oder zu veröffentlichen. Jetzt aber werden sie gegen und über mein Erwarten wieder und wieder gedruckt und übersetzt, so daß mich mein Werk reut. Nicht als ob ich die Wahrheit dem Volke vorzuenthalten geneigt wäre; vielmehr wünschte ich nichts so sehnlich, als sie auszubreiten; aber meine Thesen sind nicht das rechte Mittel, das Volk zu unterrichten. Denn einige Punkte sind mir selber noch zweifelhaft, und manche würde ich ganz anders und genauer gefaßt oder weggelassen haben, wenn ich diese Verbreitung vorausgesehen hätte. Freilich habe ich aus ihr die allgemeine Meinung vom Ablaß kennen gelernt, wenn sie sich auch

»aus Furcht vor den Juden« nicht ans Licht wagt. So ward ich genötigt, auch »Resolutionen« zu den Thesen zu verfertigen, die jedoch noch nicht veröffentlich werden konnten, weil der verehrungswürdige und gnädige Herr Bischof von Brandenburg, dessen Urteil ich einholen wollte, zu viel in Anspruch genommen ist und mich so lange aufhält. Ja wenn mir Gott der Herr Muße gibt, will ich ein deutsches Büchlein von der Kraft des Ablasses ausgehen lassen, um damit die gegen meinen Willen verbreiteten Thesen zu unterdrücken. Mir steht außer Zweifel, daß das Volk betrogen wird, nicht durch den Ablaß selbst, wohl aber durch seine Ausnutzung. Sobald meine Schrift fertig ist, werde ich sie Euch zusenden.

Indessen bitte ich Euch, mich dem trefflichen Albrecht Dürer zu empfehlen und ihn meines dankbaren Gedenkens zu versichern. Doch muß ich ihn und Euch ersuchen, Eure übertriebene Meinung von mir fahren zu lassen und nicht mehr von mir zu erwarten, als ich zu leisten vermag. Ich bin nichts und vermag nichts und werde täglich geringer.

*An Christoph Scheurl,*
*Wittenberg, 5. März 1518*

Ihr mißbilligt meine Thesen; das habe ich vorausgesehn. Was nun aber die über Gnade und Werke betrifft, so bin ich weder ihr erster noch ihr einziger Verfechter. Ihr kennt ja die tüchtigen Gelehrten, die bei uns in Wittenberg sind. Und die stehen alle unentwegt auf meiner Seite; ja eigentlich die ganze Universität, bis auf den Lizentiat Sebastianus, und auch der Fürst und unser ordentlicher Bischof. Sodann erklären auch viele andre Prälaten und alle verständigen Bürger einstimmig, vorher weder Christus noch das Evangelium gekannt oder gehört zu haben.

Wenn solche Köpfe auftreten, ist es billig, daß ich meine eigene Ansicht nicht vordränge; und da sie ferner, wie Ihr wißt, in der scholastischen Theologie durchaus bewandert und geübt sind, so müßt Ihr mich schon mit ihnen richtig oder irre gehen lassen, bis die Frage durch die Kirche entschieden wird. Und um auch mich selber zu erklären, so stehe ich schlechthin auf dem Standpunkte: es ist ausgeschlossen, die Kirche zu reformieren, ohne Kanones, Dekretalen und die scholastische Theologie, Philosophie und Logik, wie sie jetzt getrieben wird, von Grund auszurotten und andre Studien einzuführen. Und in dieser Überzeugung gehe ich so weit, daß ich täglich zu Gott bete, er möge so rasch als nur irgend möglich wiederum die reine, lautere Wissenschaft der Bibel und der heiligen

Väter herstellen. Euch scheine ich keine Logikus zu sein und bins vielleicht auch nicht; so viel aber weiß ich, daß ich mich vor niemandes Logik zu fürchten brauche, wo es jene Ansicht zu verteidigen gilt.

Weiter zu andern Thesen, über den Ablaß: da habe ich Euch bereits früher geschrieben, daß mir ihre unheimliche Verbreitung nicht recht ist. Denn man hat nie von einer ähnlichen Aufnahme gehört, und so konnte ich auch nicht voraussehen, was mit ihnen hier geschehen ist; sonst hätte ich sie klarer gefaßt, wie ich es in dem deutschen Sermon getan habe, der freilich Euer Mißfallen mehr als alle Thesen zusammen erregt hat.

Lieber Herr, lieber Vater in Christo, ich beschwöre Euch, ist es denn Euch nicht auch anstößig, daß das arme Volk Christi so lange Zeit her durch den Ablaß Schaden und Spott leidet? Ist es denn etwas so Großes um den Nachlaß einer zeitlichen, willkürlichen Genugtuung, daß darob das Volk durchaus in Gefahr des Glaubens kommen muß? Denn es gibt doch fast keinen einzigen unter all den Menschen, der nicht des Glaubens lebt, durch den Ablaß etwas Großes, wie die Gnade Gottes, zu erlangen! Es wäre gut, wenn wir selber zuerst die Sache aufdecken; denn sonst, wenn wir sie zu verhüllen suchen, möchten die Leute allein hinter diesen sogenannten frommen, in Wahrheit ganz schändlichen Betrug der Ablaßkrämer kommen und uns entgelten, was wir verdient haben. Ich wenigstens bekenne, ich möchte, in der ganzen Kirche gäbe es überhaupt keinen Ablaß, nach dem die Welschen auch kein Haar fragen: nur daß er einen so großen Gewinn bringt, sonst aber auch nichts.

*An Jodocus Trutfetter,*
*Erfurt, 9. Mai 1518*

Dem Allerheiligsten Vater, Leo X., Papst, wünscht Bruder Martin Luther, Augustiner, ewiges Heil.

Allerheiligster Vater! Ich habe ein sehr böses Gerücht über mich gehört, daraus ich entnehme, daß einige Freunde meinen Namen vor Dir und den Deinen sehr übel verleumdet haben: ich hätte mich unterstanden, das Ansehen und die Gewalt der Schlüssel und des Papstes herabzusetzen. Aus diesem Grunde werde ich als Ketzer, Abtrünniger und Verräter angeklagt und mit unzähligen Namen, ja mit Schmach belegt. Es gellt mir in den Ohren, es flimmert mir vor Augen. Aber der einzige Hort meiner guten Zuversicht steht unbeirrbar: mein unschuldiges und ruhiges Gewissen. Auch höre ich nichts Neues. Denn mit solchem Schmuck haben mich auch in unserem Land diese sehr ehrbaren und wahrheitsliebenden Leute geziert, das heißt diejenigen, die ein überaus schlechtes Gewissen haben und sich bemühen, mir ihre Greuel aufzuhalsen und ihre Schandtaten dadurch zu vertuschen, daß sie mich in Schande bringen. Aber Du wollest geruhen, allerheiligster Vater, die Sache von mir selbst zu hören, wenn ich auch ohne Redegabe und ungebildet bin.

In jüngstvergangener Zeit fing man an, bei uns das Jubeljahr des apostolischen Ablasses zu predigen. Das nahm so überhand, daß die Ablaßprediger meinten, ihnen stehe wegen der Furcht vor Deinem Namen alles frei. Sie erdreisteten sich, öffentlich ganz gottlose und ketzerische Dinge zu lehren, zu überaus großem Ärgernis und der kirchlichen Gewalt zum Hohn, als ob sie die Dekretalen[30] wegen der Mißbräuche der Ablaßprediger gar nichts angingen. Und nicht damit zufrieden, daß sie mit den frechsten Worten ihr Gift ausbreiteten, sie gaben auch überdies Bücher heraus und verteilten sie unter das Volk. In ihnen – um von der unersättlichen und unerhörten Habsucht zu schweigen, die sich fast an jedem einzelnen Pünktchen verrät – haben sie diese gottlosen und ketzerischen Dinge vorgebracht, und zwar so, daß sie die Beichtväter mit einem Eide dazu verpflichteten, eben diese Dinge auf das treulichste und dringendste dem Volke einzuschärfen. Ich sage die Wahrheit, und es gibt nichts, wodurch sie sich vor dieser heftigen Anklage verbergen könnten. Die Schriften sind da, das können sie nicht leugnen. Damals glückte ihnen alles, und die Leute wurden durch falsche Hoffnungen ausgesogen, so daß sie, wie der Prophet sagt, ihnen das Fleisch von ihren Beinen schunden. Sie selbst aber weideten sich unterdessen auf das reichlichste und lieblichste.

Etwas gab es, womit sie Ärgernisse aus dem Weg räumten: die Furcht vor Deinem Namen, das Drohen mit dem Feuertod und die Schmach des ketzerischen Namens. Denn es ist unglaublich, wie gern sie damit drohen, auch wenn sie nur in ganz nebensächlichen Dingen, die völlig ohne Bedeutung sind, einen Widerspruch merken. Das heißt doch wohl nicht: Ärgernisse aus dem Wege räumen, sondern vielmehr mit Gewalt Spaltungen und endlich Aufruhr anstiften.

Aber nichtsdestoweniger nahmen in den Wirtshäusern die Redereien über die Geldgier der Priester und die geringe Meinung von der Gewalt der Schlüssel und vom Papst überhand, dessen ist das Gerede dieses ganzen Landes Zeuge. Ich aber entbrannte aus Eifer für Christus, so schien es mir, oder wenn man so lieber will, aus jugendlicher Hitze; doch sah ich, daß es mir nicht zustände, in diesen Dingen etwas zu bestimmen oder zu tun.

Deshalb ermahnte ich privatim einige hohe Würdenträger der Kirche. Hier wurde ich von einigen angehört, anderen erschien ich lächerlich, anderen noch anders, denn die Furcht vor Deinem Namen und die Androhung von Kirchenstrafen behielt die Oberhand. Endlich, als ich nichts anderes tun konnte, hielt ich es für das beste, ihnen wenigsten ganz vorsichtig entgegenzuarbeiten, das heißt ihre Lehren in Zweifel zu ziehen und zu einer Disputation darüber aufzurufen. So gab ich einen Disputationszettel heraus und lud nur Gelehrte dazu ein, etwa darüber mit mir zu disputieren, das wird auch den Widersachern aus der Vorrede zu eben dieser Disputation deutlich sein.

Siehe, das ist die Feuersbrunst, von der sie klagen, daß dadurch die ganze Welt in Brand geraten sei. Vielleicht sind sie unwillig darüber, daß ich als einziger, aus Deiner apostolischen Macht ein Lehrer der Gottesgelehrtheit, mir das Recht genommen habe, öffentlich an einer Universität nach Gewohnheit aller Universitäten und der ganzen Kirche nicht allein über den Ablaß, sondern auch über die göttliche Gewalt, die göttliche Vergebung und den göttlichen Ablaß zu disputieren, was unvergleichlich höhere Dinge sind. Doch stört mich das nicht sehr, daß sie mir dieses Recht mißgönnen, welches mir von der Gewalt Deiner Heiligkeit verliehen worden ist; ich bin ja gezwungen, ihnen gegen meinen Willen viel größere Dinge zuzugestehen, nämlich, daß sie die Träumereien des Aristoteles mit der Theologie vermischen und über die göttliche Majestät in ganz nichtiger Weise disputieren, gegen und über die Erlaubnis hinaus, die ihnen gegeben ist.

Ferner, was für ein Geschick allein diese meine Disputationsreihe vor allen anderen, nicht allein meinen, sondern auch aller Lehren, getrieben hat, daß sie fast in alle Lande ausgegangen ist, das ist mir selbst ein Wunder. Denn sie sind bei den Unseren und nur um der Unseren willen herausgegeben worden, und zwar so, daß es mir kaum glaublich erscheint, daß sie von allen verstanden werden. Denn es sind Disputationssätze – nicht Lehren, nicht Dogmen –, die gewöhnlich dunkel und rätselhaft sind. Sonst, wenn ich das hätte voraussehen können, so würde ich, soviel an mir liegt, dafür Sorge getragen haben, daß sie leichter zu verstehen wären.

*An Papst Leo X.,*
*Mai 1518*

Eins bedauere ich von ganzem Herzen, daß der hochwürdige Herr Legat mit seinem Brief Eure Kurfürstliche Gnaden auf heimtückische Art in diese Angelegenheit verwickelt, gleichsam als ob ich im Vertrauen auf die Macht Eurer Hoheit das alles ins Werk setzte. Denn so haben selbst

Der Dritte Teil

der bücher des Ehrnwirdigen

herrn doctoris Martini Lutheri / darin zusamen gebracht sind christliche vnd tröstliche Erklerung vnd auslegung der furnemesten Psalmen / die durch jn selb / durch Gottes gnad / deudsch geschrieben / vnd etliche durch andere aus dem Latin in deudsche sprach gebracht sind / seer nützlich zu rechtem vnd klarem verstand Christlicher Lere / vnd zu trost aller Gottfurchtigen.

Die Titel sind nach der Vorrede verzeichnet.

Witteberg.

Psalm 71.

Verwirff mich nicht in meinem Alter / Verlas mich nicht / wenn ich graw vnd schwach werde / Bis ich deinen Arm verkündige kinds Kindern / Vnd deine Krafft allen die noch komen sollen. Esaie. 46.

Ja / Ich wil euch tragẽ auch im Alter / vnd wenn jr graw werdet / Ich wil es thun / Ich wil euch heben vnd tragen.

Gedruckt durch Hans Lufft

1550.

*Luther und Friedrich der Weise im Gebet vor dem Kruzifix. Titelholzschnitt zu Luthers Werken, 1550* bei uns einige in verleumderischer Absicht verbreitet, ich hätte diese Sätze nach Aufforderung und auf Anraten Eurer Hoheit hin zu disputieren gebeten. Dabei hat von dieser Disputation niemand daselbst von den engsten Freunden gewußt außer der ehrwürdige Herr Erzbischof von Magdeburg und der Herr Hieronymus, Bischof von Brandenburg. Denn bevor ich die Thesen veröffentlichte, habe ich sie, denen es ja daran gelegen sein mußte, den abscheulichen Mißbrauch mit dem Ablaß zu unterbinden, in aller Demut ermahnt, die Herde Christi vor diesen Wölfen zu behüten. Ich wußte sehr wohl, daß ich diese Angelegenheit nicht vor die weltliche Obrigkeit, sondern zuerst vor die Bischöfe zu bringen hätte. Mein Brief existiert immer noch; er ist durch vieler Menschen Hände gegangen und bezeugt das alles. Nur das habe ich getan.

*An Kurfürst Friedrich den Weisen,*
*21.(?) November 1518*

*Papst Leo X. nach einem zeitgenössischen Holzschnitt*

# Schriften zur Reformation

*Die beiden hier abgedruckten Schriften zur Reformation erschienen im selben Jahr, dienen aber verschiedenen Zwecken. Die »Guten Werke« (in unserem Text gekürzt) sind ein Sermon über den rechten Glauben, der allem Tun erst Sinn und Bestätigung gibt. Luther meint damit den nichtkatholischen Glauben, der nach seinem Verständnis reformiert, also unbestechlich ist, durch kein Verdienst gekauft und mit keiner noch so noblen Tat, die nicht aus wahrer Gläubigkeit geschieht, erworben werden kann. Mit dieser Schrift wendet er sich an jeden einzelnen in der Menge der Christenheit.*

*Die »Freiheit eines Chrsitenmenschen« dagegen ist ein direktes Schreiben an Papst Leo X. Es spricht den Oberhirten, in dem Luther seinen unmittelbaren gegnerischen Gesprächspartner sieht, persönlich an, ohne in einen wirklichen Dialog einzutreten.*

*»Es ist ein klein Büchle, so das Papier wird angesehen, aber doch die ganze Summa eines christlichen Lebens darinnen begriffen«, urteilt der Verfasser sophistisch über sein Werk.*

*Beide Schriften, nach ihrer Art Thesenpapiere und theoretischer Natur, sollen deshalb unillustriert bleiben.*

*»Von den guten Wercken: D[octor]. M[artin]. L.[uthers].« erschien 1520 bei Melchior Lotter d.J. Die Holzschnitt-Titelbordüre (siehe S. 131) ist eine Arbeit Lukas Cranachs d.Ä. – »Von der freyheyt eynes Christenmenschen« mit der Holzschnitt-Titelbordüre vermutlich von Hans Cranach (siehe S. 157) verlegte Melchior Lotter d.J. ebenfalls 1520.*

# Von den guten Werken (1520)

## Von dem ersten guten Werk

Erstens muß man wissen, daß es keine guten Werke gibt außer denen, die Gott geboten hat. Wer darum gute Werke wissen und tun will, der braucht nichts anderes zu kennen als Gottes Gebot. So spricht Christus: »Willst du selig werden, so halt die Gebote«; und als der Jüngling fragte, was er tun sollte, um selig zu werden, hielt ihm Christus nichts anderes vor als die Zehn Gebote. Demnach müssen wir lernen, die guten Werke nach den Geboten Gottes zu unterscheiden und nicht nach dem guten Eindruck, der Größe und Menge der Werke als solcher, auch nicht nach dem Gutdünken der Menschen oder menschlicher Gesetze und Weisen, wie wir sehen, daß es geschehen ist und infolge unserer Blindheit unter grober Mißachtung Gottes noch immer geschieht.

Zweitens. Das erste und höchste, alleredelste gute Werk ist der Glaube an Christus, wie er sagt, als ihn die Juden fragten: »Was sollen wir tun, daß wir gute, göttliche Werke tun?« Er antwortete: »Das ist das göttliche, gute Werk, daß ihr an den glaubt, den er gesandt hat.« Wenn wir das nun hören oder predigen, so gehen wir schnell darüber hin und halten die Ausführung für eine Kleinigkeit, während wir hier doch lange stillhalten und dem wohl nachdenken sollten, Denn dieses Werk muß alle Werke umschließen, und sie müssen ihr Gutsein wie ein Lehen von ihm empfangen. Das müssen wir dick unterstreichen, damit man es versteht. Wir finden häufig Menschen, welche beten, fasten, stiften, dies und das tun und vor den Menschen ein gutes Leben führen; wenn du sie aber fragst, ob sie dessen auch gewiß seien, daß, was sie tun, Gott wohlgefällt, so sagen sie nein, sie wüßten es nicht oder zweifelten dran. Dazu gibt es auch einige große Gelehrte, die sie verführen und sagen, es sei nicht nötig, dessen gewiß zu sein, und sie trotzdem nichts weiter tun als gute Werke lehren. Sieh, all diese Taten geschehen nicht im Glauben; darum sind sie nichts und ganz tot. Denn wie das Gewissen zu Gott steht und glaubt, so sind auch die Werke, die daraus hervorgehen. Nun ist da kein Glaube und kein gutes Gewissen vor Gott; darum ist auch den guten Werken der Kopf ab, und ihr ganzes Leben und ihre Güte ist nichts wert. Daher kommt es, daß sie mich beschuldigen, ich verböte gute Werke, wenn ich den Glauben so hoch stelle und diese ungläubigen Werke verwerfe, während ich doch die wirklich guten Werke des Glaubens gerade lehren möchte.

Drittens. Fragst du sie weiter, ob sie auch das für ein gutes Werk ansehen, wenn sie ihr Handwerk treiben, gehen, stehen, essen, trinken und die mancherlei Arbeiten für den Lebensunterhalt oder das allgemeine Beste tun, ob sie glauben, daß Gott dabei Wohlgefallen an ihnen habe, so wirst du finden, daß sie nein sagen und den Begriff der guten Werke so eng fassen, daß nur noch Beten in der Kirche, Fasten und Almosengeben dafür übrig bleiben. Die andern Werke halten sie für verloren, als wäre Gott nichts daran gelegen, und so verkürzen und verringern sie durch ihren verdammten Unglauben Gott seinen Dienst, dem doch alles dient, was im Glauben geschehen, geredet, gedacht werden kann . . .

Viertens. So kann nun jedermann selbst merken und fühlen, wann er Gutes tu und wann nicht. Denn findet er sein Herz in der Zuversicht, daß es Gott gefällt, so ist das Werk gut, wenn es auch so gering wäre wie das Aufheben eines Strohhalms. Ist diese Zuversicht nicht da oder zweifelt er daran, so ist das Werk nicht gut, ob es auch alle Toten auferweckte und der Mensch sich verbrennen ließe. Das lehrt Sankt Paulus: »Alles, was nicht aus« oder »im Glauben geschieht, das ist Sünde.« Von dem Glauben als dem Hauptwerk und von keinem andern Werk tragen wir den Namen »Christgläubiger«. Denn alle andern Werke kann ein Heide, Jude, Türke oder Sünder auch tun; aber fest vertrauen, daß er Gott wohlgefällt, das ist nur einem Christen möglich, der durch die Gnade erleuchtet und fest geworden ist. – Daß diese Ausführungen seltsam erscheinen und mich einige deswegen einen Ketzer schelten, geschieht darum, weil sie der blinden Vernunft und der heidnischen Wissenschaft gefolgt sind und den Glauben nicht über, sondern neben andere Tugenden gestellt haben und ihm, abgelöst von den Werken der andern Tugenden, ein eigentümliches Werk zugewiesen haben, – wo doch er allein alle andern Werke gut, angenehm und würdig macht, indem er Gott traut und nicht zweifelt, daß vor ihm alles wohlgetan ist, was der Mensch tut. Ja, sie haben den Glauben nicht einmal ein Werk bleiben lassen, sondern, wie sie sagen, einen habitus daraus gemacht, während die ganze Schrift doch keinem anderen Ding den Namen eines göttlichen, guten Werkes gibt als nur dem Glauben (darum ist es nicht erstaunlich, daß sie blinde Blindenleiter geworden sind); und dieser Glaube bringt alsbald die Liebe, den Frieden, die Freude und die Hoffnung mit. Denn wer Gott traut, dem gibt er sogleich seinen heiligen Geist, wie Sankt Paul zu den Galatern sagt: »Ihr habt den Geist empfangen nicht aus euern guten Werken, sondern da ihr dem Wort Gottes geglaubt habt.«

Fünftens. In diesem Glauben werden alle Werke gleich, und es ist eines wie das andere; aller Unterschied zwischen den Werken fällt fort, sie

# Von den guten Wercken: D. M. L.

Vuittenberg.

mögen groß, klein, kurz, lang, viel oder wenig sein. Denn die Werke sind nicht um ihretwillen, sondern um des Glaubens willen angenehm, der ohne Unterschied in allen und jeden Werken derselbe ist, wirkt und lebt, wieviel und verschieden sie sein mögen, so wie alle Glieder von dem Haupt leben, wirken und den Namen haben und ohne das Haupt kein Glied leben, wirken oder einen Namen haben kann. Daraus folgt dann weiter, daß ein Christ, der in diesem Glauben lebt, keinen Lehrer guter Werke nötig hat, sondern was ihm vor die Hand kommt, das tut er, und alles ist wohlgetan.

Sechstens. Das können wir einem groben fleischlichen Beispiel entnehmen: Wenn ein Mann (oder Weib) annimmt, daß der andere Liebe und Wohlgefallen an ihm empfindet, und fest daran glaubt, wer lehrt ihn dann, wie er sich benehmen soll, was er tun, lassen, sagen, schweigen und denken soll? Die Zuversicht allein lehrt ihn das alles und mehr als nötig ist. Da gibt es für ihn keinen Unterschied in den Werken: er tut das Große, Lange, Viele so gerne wie das Kleine, Kurze, Wenige und umgekehrt, und das mit fröhlichem, friedlichem, sicherem Herzen und ist ein ganz freier Geselle. Wenn aber ein Zweifel da ist, dann sucht man, was am besten sei, da fängt man an, sich verschiedene Werke auszumalen, mit denen man Gunst erwerben will, und geht doch mit schwerem Herzen und großer Unlust daran, und ist gleich gefangen, mehr als halb verzweifelt und wird oft zum Narren darüber. So weiß auch ein Christ, der Gott gegenüber in dieser Zuversicht lebt, alle Dinge, vermag alle Dinge, traut sich alle Dinge zu, die zu tun sind, und tut alles fröhlich und frei, nicht um viel gute Verdienste und Werke zu sammeln, sondern weil es ihm eine Lust ist, Gott auf diese Weise zu gefallen, und dient Gott ganz umsonst, damit zufrieden, daß es Gott gefällt. Umgekehrt, wer mit Gott nicht eins ist oder daran zweifelt, der fängt an, sucht und sorgt, wie er Gott doch genug tun und mit vielen Werken gewinnen könnte. Er läuft zu Sankt Jakob, nach Rom und Jerusalem, hierhin und dorthin, betet Gebete hier, beichtet da, fragt diesen und jenen und findet doch keine Ruhe und tut das alles mit sehr bedrücktem, verzweifeltem und unlustigem Herzen, so daß auch die Schrift solche gute Werke hebräisch aven amal ama nennt, auf deutsch: »Mühe und Arbeit«; dazu sind es keine guten Werke, und alles ist verloren. Es sind viele darüber verrückt geworden und vor Angst in allen Jammer geraten. Darüber steht: »Wir sind müde geworden auf dem unrechten Wege und sind schwere saure Wege gewandelt; aber Gottes Weg haben wir nicht erkannt, und die Sonne der Gerechtigkeit ist uns nicht aufgegangen.«

Siebentes. In den Werken ist der Glaube noch gering und schwach. Laß uns weiter fragen, ob sie dann, wenn es ihnen mit Leib, Gut, Ehre, Freunden oder was sie haben, schlecht geht, auch glauben, daß sie Gott noch wohlgefallen und er ihre Leiden und Widerwärtigkeiten, sie seien klein oder groß, gnädig für sie ordne. Hier ist die Kunst, zu Gott, der sich nach all unserm Sinn und Verstand zornig stellt, gute Zuversicht zu haben und ihm etwas Besseres zuzutrauen, als man empfindet. Hier ist er verborgen wie die Braut, sagt das Hohelied: »Sieh, er steht hinter der Wand und sieht durch die Fenster«, das heißt so viel wie: unter den Leiden, die uns von ihm scheiden wollen wie eine Wand, ja eine Mauer, steht er doch verborgen und sieht auf mich und läßt mich nicht. Denn er steht und ist bereit in Gnaden zu helfen, und durch die Fenster des dunklen Glaubens läßt er sich sehen. Und Jeremias [sagt]: »Er verwirft die Menschen, aber er tuts nicht aus herzlicher Meinung.« Diesen Glauben kennen sie gar nicht, ergeben sich darein und denken, Gott habe sie verlassen und sei ihnen feind. Ja, sie geben den Menschen und dem Teufel an ihrem Unglück schuld, und da ist durchaus keine Zuversicht zu Gott. Darum ist ihnen ihr Leiden auch allezeit ärgerlich und schädlich, und sie gehn doch hin und tun einige, wie sie meinen, gute Werke, ohne ihren Unglauben im geringsten zu bemerken. Aber die Gott in solchem Leiden trauen und ihm gegenüber die feste Zuversicht behalten, daß er an ihnen ein Wohlgefallen habe, für die sind die Leiden und Widerwärtigkeiten lauter köstliche Verdienste und die edelsten Güter, die niemand schätzen kann. Denn der Glaube und die Zuversicht machen vor Gott das alles köstlich, was den andern denkbar schädlich ist, wie auch vom Tod geschrieben steht: »Der Tod der Heiligen ist köstlich geachtet vor Gottes Augen.« Und soviel die Zuversicht und der Glaube auf dieser Stufe besser, höher und stärker sind als auf der ersten Stufe, um so viel übertreffen die Leiden in diesem Glauben alle Werke im Glauben, und es ist also zwischen den Werken und dem Leiden ein großer Unterschied in der Besserung.

Achtens. Die höchste Stufe des Glaubens über das alles hinaus ist, wenn Gott nicht mit zeitlichen Leiden, sondern mit dem Tod, der Hölle und Sünde das Gewissen straft und Gnade und Barmherzigkeit so in Abrede stellt, als wollte er auf ewig verdammen und zürnen, was wenig Menschen erfahren, wie David im 6. Psalm klagt: »Herr, strafe mich nicht in deinem Grimm!« Hier glauben, daß Gott an uns ein gnädiges Wohlgefallen habe, ist das höchste Werk, das von einer und in einer Kreatur getan werden kann. Davon wissen die Werkheiligen und Guttäter gar nichts. Denn wie sollten sie hier Gutes und Gnade von Gott erwarten, während sie in ihren Werken keine Gewißheit haben und schon auf der geringsten Stufe des Glaubens zweifeln? . . .

Neuntes. Sieh, das ist das Werk des ersten Gebots, in dem geboten ist: »Du sollst nicht andere Götter haben!« Das heißt soviel wie: weil ich allein Gott bin, sollst du auf mich allein deine ganze Zuversicht, dein Trauen und Glauben setzen und auf niemand anderes. Denn das heißt nicht einen Gott haben, wenn du Gott äußerlich mit dem Munde nennst und mit den Knien und Gebärden anbetest, sondern wenn du ihm herzlich vertraust und alles Gute, alle Gnade und Wohlgefallen von ihm erwartest, es sei im Tun oder Leiden, im Leben oder Sterben, in Lieb oder Leid, so wie der Herr Christus zu dem heidnischen Weiblein sagte: »Ich sage dir, wer Gott anbeten will, der muß ihn im Geist und in der Wahrheit anbeten.« Und dieser Glaube, diese Treue und Zuversicht des Herzens von Grund auf ist die wahrhaftige Erfüllung dieses ersten Gebots, und davon abgesehen gibt es kein Werk mehr, das diesem Gebot genugtun könnte. Und dieses Gebot ist das allererste, höchste, beste, aus welchem die andern alle fließen, in dem sie erfüllt werden und nach dem sie gerichtet und gemessen werden. So ist auch sein Werk, d. h. der Glaube oder die Zuversicht zu Gottes Gunst, zu jeder Zeit, das allererste, höchste, beste Werk, aus welchem alle andern fließen, gehen, bleiben, gerichtet und gemessen werden müssen. Und andere Werke sind, an diesem gemessen, gerade so, wie wenn die andern Gebote ohne das erste wären und kein Gott wäre. Deshalb sagt Augustin richtig, daß die Werke des ersten Gebotes Glauben, Hoffen und Lieben seien. Nun ist oben gesagt, daß diese Zuversicht und dieser Glaube Liebe und Hoffnung mitbringen, ja, wenn wir's recht betrachten, so ist die Liebe das erste oder doch gleichzeitig mit dem Glauben da. Denn ich könnte Gott nicht vertrauen, wenn ich nicht dächte, er wolle mir günstig und hold gesinnt sein. Dadurch werde ich gegen ihn wieder hold gesinnt und dazu angetrieben, ihm von Herzen zu vertrauen und alles Gute von ihm zu erwarten.

Zehntens. Nun siehst du selbst, daß alle die, die nicht allezeit auf Gott vertrauen und nicht in allen ihrem Tun oder Leiden, im Leben oder Sterben seine Gunst, seine Huld und sein Wohlgefallen erwarten, sondern dies bei andern Dingen oder bei sich selbst suchen, dieses Gebot nicht halten und wahrhaftig Abgötterei treiben, mögen sie die Werke aller anderen Gebote auch tun und dazu aller Heiligen Gebete, Fasten, Gehorsam, Geduld, Keuschheit und Unschuld bei sich aufgehäuft haben. Denn das Hauptwerk ist nicht da, ohne das die andern alle nichts sind als lauter Gleißen, Scheinen, Schminken und nichts dahinter, wovor uns Christus warnt: »Hütet euch vor den falschen Propheten, die zu euch kommen in Schafskleidern.« Das sind all die, die durch viele, wie sie sagen, gute Werke Gott sich wohlgefällig machen wollen und Gott seine Huld gleichsam abkaufen, als wäre er ein Trödler oder Zahlmeister, der seine Gnade und Huld nicht umsonst geben wollte. Das sind die verkehrtesten Menschen auf der Erde, die schwerlich oder niemals zum rechten Wege bekehrt werden. Ebenso all die, die in Nöten hierhin und dahin laufen und überall Rat, Hilfe und Trost suchen, nur nicht bei Gott, wo es ihnen am dringendsten geboten ist, ihn zu suchen. Die tadelt der Prophet Jesajas so: »Das unsinnige Volk bekehrt sich nicht zu dem, der es schlägt.« Das heißt: Gott schlug sie und schafft ihnen Leiden und mancherlei Nöte, damit sie zu ihm liefen und ihm vertrauten; sie laufen aber von ihm weg zu den Menschen, jetzt nach Ägypten, jetzt nach Assyrien, auch wohl zum Teufel; eine Abgötterei, über die bei demselben Propheten und in den Königsbüchern geschrieben ist. Ebenso machen es jetzt noch alle heiligen Gleißner: wenn ihnen etwas Schlimmes widerfährt, so laufen sie nicht zu Gott, sondern fliehen von und vor ihm weg und denken nur daran, wie sie durch sich selbst oder menschliche Hilfe ihr Anliegen los werden, und halten sich für fromme Leute und lassen sich dafür halten.

Elftens. Das ist die Meinung Sankt Pauls an vielen Stellen, wo er dem Glauben so viel zuschreibt, daß er sagt: Justus ex fide sua vivit, »der gerechte Mensch hat sein Leben aus seinem Glauben«, und der Glaube ist das, um dessentwillen er für gerecht geachtet wird. Besteht also die Gerechtigkeit im Glauben, so ist's klar, daß er allein alle Gebote erfüllt und alle ihre Werke gerechtfertigt macht; denn niemand ist gerechtfertigt, wenn er nicht alle Gebote Gottes tut. Umgekehrt können die Werke niemand vor Gott rechtfertigen ohne den Glauben. Und der heilige Apostel verwirft die Werke und preist den Glauben mit so entschiedenen, starken Worten, daß einige sich an seinen Worten geärgert hatten und sprachen: »Ei, so wollen wir kein gutes Werk mehr tun«, die er indessen als irrende und unverständige Leute verdammt. So geht es noch heute. Wenn wir heutzutage die großen, äußerlich glänzenden Werke, die ohne allen Glauben getan werden, verwerfen, so sagen sie: sie sollten nur glauben und nichts Gutes tun. Die Werke des ersten Gebotes nennt man heute nämlich Singen, Lesen, Orgeln, Messehalten, Metten, Vesper und andere Gebetsstunden halten, Kirchen, Altäre und Klöster stiften und schmücken, Glocken, Kleinodien, Kleider, Geschmeide sowie Schätze ansammeln und in Rom zu den Heiligen laufen. Wenn wir uns demnach in der richtigen Kleidung bücken, die Knie beugen, den Rosenkranz und Psalter beten und das alles nicht vor einem Götzen, sondern vor dem heiligen Kreuz Gottes oder dem Bild eines seiner Heiligen tun, das nennen wir Gott ehren, anbeten und laut des ersten Gebotes keinen anderen Gott haben, was doch auch Wucherer, Ehebrecher und beliebige Sünder tun können und täglich tun. Nun gut, geschehen diese Dinge mit solchem Glauben, daß wir überzeugt sind, daß das alles Gott wohl gefällt, so sind sie löblich, nicht ihrer Tugend, sondern eben dieses Glaubens wegen, dem alle Werke, wie gesagt, gleich viel gelten. Zweifeln wir aber dran oder sind davon nicht überzeugt, daß Gott uns hold sei und an uns Gefallen habe, oder maßen wir uns an, ihm allererst durch und nach den Werken zu gefallen, so ists lauter Betrügerei: äußerlich Gott geehrt, innerlich sich selbst als Abgott eingesetzt! Dies ist der Grund, warum ich so oft gegen den Pomp, die Pracht und Menge dieser Werke geredet und sie verworfen habe: es ist am hellen Tag, wie sie nicht nur mit Zweifeln oder ohne diesen Glauben getan werden, sondern wie unter tausend nicht einer ist, der nicht auf sie sein Vertrauen setzt und vermeint einen Jahrmarkt daraus zu machen. Und das kann Gott nicht dulden, der seine Huld umsonst versprochen hat und will, daß man bei ihr in Zuversicht anfange und in ihr alle Werke vollbringe, wie sie auch heißen mögen.

Zwölftens. Entnimm daraus selbst, wie verschiedene Dinge das sind, das erste Gebot nur mit äußerlichen Werken und mit innerlichem Vertrauen erfüllen. Denn dieses macht rechte, lebendige Gotteskinder, jenes macht nur ärgere Abgötterei und die schädlichsten Gleißner, die es auf der Erde gibt, die unzählig viele Menschen mit ihrer scheinbar so großen Frömmigkeit für ihre Art gewinnen und sie doch ohne Glauben und somit jämmerlich verführt in dem äußerlichen Geplärre und Getue stecken lassen. Von denen sagt Christus: »Hütet euch, wenn sie euch sagen werden, sieh, hier oder da ist Christus«; ebenso: »Ich sage dir, daß die Zeit kommen wird, daß ihr weder auf diesem Berge noch zu Jerusalem Gott anbeten werdet; denn geistliche Anbeter sucht der Vater.« Diese und ähnliche Sprüche haben mich bewogen und sollen jedermann dazu bewegen, das große Gepränge mit Bullen, Siegeln, Fahnen, Ablässen zu verwerfen, mit dem das arme Volk dazu gebracht wird, Kirchen zu bauen, zu geben, zu stiften und zu beten, während der Glaube ganz verschwiegen, ja unterdrückt wird. Denn weil er unter den Werken keinen Unterschied kennt, kann das Großtun und die Bevorzugung eines Werks vor dem andern neben ihm nicht bestehn. Denn er will allein Gottesdienst sein und den Namen und die Ehre keinem andern Werk lassen, soweit er sie ihm nicht mitteilt, und das tut er, wenn das Werk in und aus ihm heraus geschieht. Dieser Unfug ist im alten Testament vorgebildet, wo die Juden den Tempel verließen und an andern Orten opferten, in den grünen Lustgärten und auf den Bergen. So tun es diese Leute auch: alle Werke sind sie emsig bereit zu tun, aber das Hauptwerk des Glaubens achten sie nie und nimmer.

Dreizehntens. Wo sind nun die, welche fragen, welche Werke gut seien, was sie tun sollten, wie sie rechtschaffen werden sollten? Ja, und wo sind die, welche sagen, daß wir, wenn wir von dem Glauben predigten, kein Werk lehren oder tun sollten? Gibt nicht das eine erste Gebot mehr zu schaffen, als jemand erfüllen kann? Wenn ein Mensch tausend oder alle Menschen oder alle Geschöpfe wäre, so wäre ihm hier dennoch genug auferlegt und mehr als genug mit dem Gebot, er solle jederzeit im Glauben und in der Zuversicht zu Gott leben und wandeln und ja auf keinen andern diesen Glauben gründen und so nur einen, den rechten, und keinen andern Gott haben. Weil denn das menschliche Wesen und die Natur keinen Augenblick sein kann, ohne etwas zu tun oder zu lassen, zu leiden oder zu fliehen – denn das Leben ruht niemals, wie wir sehen –, nun wohl, so mag der, der rechtschaffen sein und voll guter Werke werden will, anfangen und übe sich selbst im ganzen Leben und in allen Werken zu allen Zeiten an diesem Glauben und lerne ständig alles in dieser Zuversicht zu tun und zu lassen. Dann wird er finden, wieviel er zu schaffen hat, und wie völlig alle Dinge im Glauben liegen und er niemals müßig werden kann. Denn auch der Müßiggang muß im Üben und Tun des Glaubens geschehen, und kurzum nichts kann in und an uns sein oder uns zufallen, es muß, wenn wir, wie wir sollen, glauben, es gefalle alles Gott, gut und verdienstlich sein ... Darum ist die Behauptung, die einige vorbringen, die guten Werke seien verboten, wenn wir den Glauben allein predigen, so, als ob ich zu einem Kranken sagen wollte: Hättest du die Gesundheit, so könntest du die Werke aller Glieder ausüben, die ohne sie nichts sind, und er entnähme daraus, ich hätte verboten, die Werke der Glieder auszuüben, während ich doch nur meinte, die Gesundheit müsse zuerst da sein und das Werk aller Glieder hervorrufen. So muß auch der Glaube bei allen Werken der Meister der Werke und Hauptmann sein, oder sie sind gar nichts. –

Vierzehntens. Nun könntest du sagen: Warum hat man dann so viel geistliche und weltliche Gesetze und die vielen Zeremonien der Kirchen, Klöster und heiligen Stätten, die die Menschen zu den guten Werken drängen und locken sollen, wenn der Glaube durch das erste Gebot alle Dinge tut? Antwort: Eben darum, weil wir den Glauben nicht alle haben oder achten. Wenn den jedermann hätte, so bedürften wir nie mehr eines Gesetzes, sondern ein jeder täte von selbst gute Werke zu jeder Zeit, wie ihn jene Zuversicht wohl lehrt. Nun gibt es aber viererlei Menschen. Die ersten sind die eben genannten, die keines Gesetzes bedürfen. Darüber sagt Paulus: »Dem Gerechten«, d. h. dem Gläubigen, »ist kein Gesetz auferlegt«, sondern diese tun freiwillig, was sie wissen und können, einzig in dem festen, zuversichtlichen Bewußtsein, daß Gottes Wohlgefallen und Huld in allen Dingen über ihnen schwebt. Die zweiten wollen diese Freiheit mißbrauchen, sich fälschlich darauf verlassen und faul werden. Von diesen sagt Sankt Petrus: »Ihr sollt leben als die Freien und doch nicht diese Freiheit zu einem Deckel der Sünde machen«, als spräche er: die Freiheit des Glaubens gibt nicht Erlaubnis zur Sünde, wird sie auch nicht decken, sondern gibt Erlaubnis, alle Werke zu tun und alles zu erleiden, wie sie vor die Hand kommen, damit einer nicht nur an ein oder zwei Werke gebunden ist. So auch Sankt Paul: »Seht zu, daß ihr diese Freiheit nicht eine Ursache zu fleischlichem Leben sein laßt.« Diese muß man durch Gesetze antreiben und durch Lehren und Ermahnen bewahren.

Die dritten sind böse Menschen, jederzeit zu Sünden frech bereit. Die muß man mit geistlichen und weltlichen Gesetzen zwingen wie die wilden Pferde und Hunde, und wenn das nicht helfen will, sie durch das weltliche Schwert aus dem Leben entfernen, wie Sankt Paulus sagt: »Die weltliche Gewalt trägt das Schwert und dient Gott damit, nicht zur Furcht den Rechtschaffenen, sondern den Bösen.« – Die vierten, die noch willkürlich und kindisch im Verständnis dieses Glaubens und geistlichen Lebens sind, muß man wie die kleinen Kinder mit dem äußerlichen und vorgeschriebenen Gepränge, Lesen, Beten, Fasten, Singen, Kirchen, Zierden, Orgeln und all dem, was in Klöstern und Kirchen bestimmt und gehalten wird, locken und anreizen, so lange, bis sie auch den Glauben erkennen lernen, – obwohl hier eine große Gefahr besteht, wenn die leitenden Persönlichkeiten, wie es jetzt leider der Fall ist, sich mit diesen Zeremonien und sinnlichen Werken abmühen und herumschlagen, als wären das die rechten Werke, und den Glauben darüber beiseite lassen, den sie immer nebenher lehren sollten, so wie eine Mutter dem Kind neben der Milch auch andere Speise gibt, so lange bis das Kind selbst die feste Speise essen kann.

Fünfzehntens. Weil wir also nicht alle gleich sind, müssen wir diese Menschen dulden und mit ihnen halten und tragen, was sie halten und tragen, und sie nicht verachten, sondern sie den rechten Weg des Glaubens lehren . . . Das tut der Christ aber aus Freiheit; denn er ist gewiß, daß es so Gott wohlgefällt, und er tut es gerne und nimmt es wie ein anderes freies Werk, das ihm ohne sein Erwählen vor die Hand kommt, weil er nicht mehr sucht und begehrt, als nur wie er Gott in seinem Glauben zu Gefallen wirken kann. Weil wir aber in diesem Sermon uns vorgenommen haben zu lehren, welches die rechtschaffenen, guten Werke seien und jetzt von dem höchsten Werk reden, so ist es klar, daß wir nicht von den zweiten, dritten oder vierten Menschen reden, sondern von den ersten, denen die andern alle gleich werden sollen, während sie von den ersten so lange geduldet und unterwiesen werden. Darum soll man die Schwachgläubigen, die gerne Gutes tun und Besseres lernen würden und es doch nicht fassen können, nicht in ihren Zeremonien verachten, wenn sie daran kleben, als wäre es mit ihnen gänzlich verloren, sondern soll ihren unwissenden, blinden Meistern die Schuld geben, die sie den Glauben nie gelehrt und so tief in die Werke hineingeführt haben, und soll sie sanft, schonend und allmählich wieder heraus in den Glauben führen, wie man mit einem Kranken umgeht, und zulassen, daß sie eine Zeitlang um ihres Gewissens willen an einigen, vermeintlich zur Seligkeit nötigen Werken noch festhalten und sie ausüben, bis daß sie den Glauben richtig erfassen, damit ihr schwaches Gewissen, wenn wir die Werke geschwind ausreißen wollen, nicht ganz verstört und verwirrt wird und sie weder Glauben noch Werke behalten. Aber die Dickköpfigen, die in den Werken verstockt sind, was man vom Glauben sagt, nicht anerkennen und sogar dagegen fechten, soll man fahren lassen, daß ein Blinder den andern führe, wie Christus tat und lehrte.

Sechzehntens. Sagst du aber: Wie kann ich mit Gewißheit annehmen, daß alle meine Werke Gott wohlgefällig sind, wo ich doch zuweilen falle, zuviel rede, esse, trinke, schlafe oder doch sonst über die Schnur schlage, was mir zu vermeiden unmöglich ist. – Antwort: Diese Frage zeigt, daß du den Glauben noch wie ein anderes Werk ansiehst und nicht über alle Werke stellst. Denn eben darum ist er das höchste Werk, weil er auch angesichts dieser täglichen Sünden bleibt und sie dadurch tilgt, daß er nicht zweifelt, Gott sei dir so günstig, daß er solchem täglichen Fall und der Gebrechlichkeit durch die Finger sieht. Ja, wenn ein tödlicher Fall geschähe, was doch denen, die im Glauben und Gottvertrauen leben, nie oder selten passiert, steht der Glaube doch wieder auf und zweifelt nicht, seine Sünde sei schon dahin. . . Ja, diese Zuversicht und dieser Glauben muß so hoch und stark sein, daß der Mensch weiß, daß all sein Leben und Wirken vor Gottes Gericht ganz und gar verdammlich seien: (wie geschrieben steht: »Es wird vor dir kein lebendiger Mensch gerechtfertigt erfunden«), und er muß an seinen Werken so verzweifeln, daß (er weiß), sie können nicht anders gut sein als durch diesen Glauben, der kein Gericht, sondern lauter Gnade, Gunst, Huld und Barmherzigkeit erwartet. . . Sieh also, aus Gottes Barmherzigkeit und Gnade, nicht aus ihrer Natur sind die Werke ohne Schuld vergeben und gut um des Glaubens willen, der sich auf eben diese Barmherzigkeit verläßt. Wir müssen uns also um der Werke willen fürchten, aber um der Gnade Gottes willen uns trösten, wie geschrieben steht: »Gott hat ein gnädiges Wohlgefallen an denen, die sich vor ihm fürchten und doch auf seine Barmherzigkeit trauen.« So beten wir auch mit ganzer Zuversicht »Vater unser« und bitten doch: »Vergib uns unsere Schuld«, sind Kinder und doch Sünder, sind angenehm und tun doch nicht genug. Das macht alles der Glaube, der an Gottes Huld festhält.

Siebzehntens. Fragst du aber, wo der Glaube und die Zuversicht gefunden werden oder herkommen können, so ist das freilich am meisten nötig zu wissen. – Erstens kommt er ohne Zweifel nicht aus deinen Werken oder Verdiensten, sondern allein aus Jesus Christus, umsonst versprochen und gegeben, wie Sankt Paul sagt: »Gott macht uns seine Liebe sehr süß und freundlich in dem, daß Christus für uns gestorben ist, da wir noch Sünder waren«, als wollte er sagen: Sollte uns das nicht eine starke, unüberwindliche Zuversicht machen, daß Christus, ehe wir darum gebeten oder gesorgt haben, ja als wir noch in Sünden für und für wandelten, für unsere Sünde stirbt? Und es folgt: »Wenn denn Christus für uns eine Zeitlang gestorben ist, da wir noch Sünder waren«, wie vielmehr werden wir, wo wir nun durch sein Blut gerechtfertigt sind, selig werden durch ihn? »Und wenn wir Gott versühnt sind durch seines Sohnes Tod, da wir noch seine Feinde waren, wieviel mehr werden wir, wenn wir nun versöhnt sind, behalten werden durch sein Leben«. Sieh, so mußt du Christus dir einprägen und sehen, wie in ihm dir Gott seine Barmherzigkeit vorhält und anbietet, ohne all dein zuvorkommendes Verdienst, und aus diesem Bild seiner Gnade den Glauben und die Zuversicht der Vergebung aller deiner Sünden schöpfen. Darum fängt der Glaube nicht bei den Werken an, sie machen ihn auch nicht, sondern er muß aus dem Blut, den Wunden und dem Sterben Christi quellen und fließen. Und wenn du in dem siehst, daß dir Gott so hold ist, daß er auch seinen Sohn für dich gibt, muß dein Herz süß und Gott wieder hold werden und muß die Zuversicht so aus lauter Gunst und Liebe herauswachsen – Gottes gegen dich und deiner gegen Gott. So lesen wir auch nirgends, daß jemand der heilige Geist gegeben sei, wenn er Werke getan hat, aber stets, wenn sie das Evangelium von Christus und die Barmherzigkeit Gottes gehört haben. Aus diesem Wort muß auch noch heute und allezeit der Glaube herkommen und sonst nirgendwoher. Denn Christus ist der Fels, aus dem man Butter und Honig saugt, wie Moses sagt.

## Von dem zweiten guten Werk.

Achtzehntens. Sieh, bisher haben wir das erste Werk und das erste Gebot behandelt, aber nur sehr kurz, in rohen Umrissen und obenhin; denn es wäre davon sehr viel zu sagen. Nun wollen wir die Werke durch die nächsten Gebote weiter verfolgen. Das zweite und nächste Werk nach dem Glauben ist das Werk des zweiten Gebots, daß wir Gottes Namen ehren und nicht unnütz gebrauchen sollen, was wie alle andern Werke nicht ohne den Glauben geschehen kann. Geschieht es aber ohne ihn, so ists ein bloßer äußerer Glanz und Schein.

Nach dem Glauben können wir nichts Größeres tun als Gottes Lob, Ehre und Namen preisen, predigen, singen und auf alle Weise erheben und groß machen. Und wiewohl ich oben gesagt habe und es auch wahr ist, daß kein Unterschied zwischen den Werken besteht, wenn der Glaube da ist und wirkt, so ist das doch nur insoweit zu verstehen, als sie gegen den Glauben und seine Werke gehalten werden; aber aneinander gemessen ist ein Unterschied da, und eins ist höher als das andere. So wie im Körper zwischen den Gliedern, an der Gesundheit gemessen, kein Unterschied besteht und die Gesundheit in einem ebenso wirkt wie in dem andern, die Werke der Glieder aber doch verschieden sind und eins höher, edler, nützlicher als das andere ist, ebenso ist auch hier Gottes Ehre und Namen preisen besser als die folgenden Werke der anderen Gebote, und es muß doch im selben Glauben geschehen wie alle andern. – Ich weiß aber wohl, daß dies Werk mißachtet und sogar unbekannt geworden ist. Darum wollen wirs näher ansehen und darüber, daß es im Glauben und in der Zuversicht, daß es Gott wohlgefalle, geschehen soll, lassen wir's nun genug gesagt sein. Ja, es gibt kein Werk, in dem man die Zuversicht und den Glauben so sehr empfindet und fühlt wie Gottes Namen ehren, und es hilft sehr den Glauben zu stärken und zu mehren, wie Sankt Petrus sagt: »Liebe Brüder, habt Fleiß, daß ihr durch gute Werke eure Berufung und Erwählung gewiß macht« . . .

Zwanzigstens. Daher kommt das wunderliche und richtige Urteil Gottes, daß zuweilen ein armer Mensch, dem niemand viele und große Werke ansehen kann, bei sich selbst in seinem Hause Gott fröhlich lobt, wenn es ihm wohl geht, oder mit ganzer Zuversicht anruft, wenn ihm etwas Schlimmes widerfährt, und damit größere und Gott angenehmere Werke tut als einer, der viel fastet, betet, Kirchen stiftet, wallfahrtet und sich hier und dort mit großen Taten abmüht. Hier passiert es diesem Narren, daß er den Mund aufsperrt und nach großen Werken so völlig verblendet ausschaut, daß er dieses großen Werks auch niemals gewahr wird und Gott loben in seinen Augen ein recht kleines Ding ist neben den großen Bildern seiner eigenen, erdachten Werke, in denen er vielleicht sich mehr als Gott lobt oder doch an sich selbst dabei ein größeres Wohlgefallen hat als an Gott und so mit guten Werken gegen das zweite Gebot und seine Werke anstürmt, so wie der Pharisäer im Evangelium und der offenbare Sünder dies alles genau abbilden. Denn der Sünder ruft Gott an in seinen Sünden, lobt ihn und traf die zwei höchsten Gebote, den Glauben und Gottes Ehre. Der Gleißner verfehlt sie beide und tritt stolz mit andern guten Werken auf, durch die er sich selbst und nicht Gott rühmt, mehr auf sich als auf Gott sein Vertrauen setzt. Darum ist er mit Recht verworfen und jener auserwählt. Das alles bewirkt, daß die Werke um so höher und besser sind, je weniger sie glänzen; dazu, daß jeder meint, solche Werke leicht tun zu können. Man hat es ja vor Augen, daß niemand sich so deutlich den Anschein gibt, Gottes Namen und Ehre zu preisen wie die, die es niemals tun und mit diesem falschen Glanz, weil ihr Herz ohne Glauben ist, das köstliche Werk verächtlich machen, so daß auch der Apostel Sankt Paul offen zu sagen wagt, daß die Gottes Namen am meisten lästern, die sich des Gesetzes Gottes rühmen...

Einundzwanzigstens. Es ist also das erste Werk dieses Gebotes, Gott in allen seinen Wohltaten zu loben, deren es unermeßlich viele gibt, so daß es in diesem Loben und Danken eigentlich kein Aussetzen und kein Ende geben sollte. Denn wer kann ihn für das natürliche Leben genug loben, geschweige denn für alle zeitlichen und ewigen Güter? Und so ist der Mensch durch das eine Stück dieses Gebots überschüttet mit guten, köstlichen Werken: wenn er die im rechten Glauben übt, ist er fürwahr nicht unnütz hier gewesen. Und in diesem Stück sündigt niemand so schwer als die allerheuchlerischsten Heiligen, die sich selbst wohlgefallen, sich selbst gerne rühmen oder doch gerne ihr Lob, Ehre und Preis vor der Welt hören.

Darum ist das zweite Werk dieses Gebots, sich vor aller zeitlichen Ehre und Lob zu hüten, sie zu fliehen und zu meiden und ja nicht einen großen Namen, Ruf und Beachtung zu suchen, so daß jedermann von einem singt und sagt. Und das ist eine gefährliche und doch die allergewöhnlichste Sünde, die leider wenig beachtet wird. Es will ja jedermann etwas gesehen werden und nicht der geringste sein, wie gering er auch sein mag. So tief und böse ist die Natur in ihr eigenes Gutdünken und in ihr Selbstvertrauen gegen diese zwei ersten Gebote verstrickt. Nun hält man dieses grausige Laster in der Welt für die höchste Tugend, weshalb es für die, die nicht vorher in den Geboten Gottes und den Geschichten der heiligen Schrift wohl unterrichtet und erfahren sind, überaus gefährlich ist, heidnische Bücher und Geschichten zu lesen oder zu hören. Denn alle heidnischen Bücher sind mit diesem Gift des Ruhm und Ehre Suchens ganz durchtränkt. In ihnen lernt man, der blinden Vernunft folgend, als seien Menschen, die sich nicht durch Ruhm und Ehre bestimmen ließen, nicht tätig oder achtbar und könnten es auch nie werden; und die werden für die Besten gehalten, die Leib und Leben, Freund und Gut und alles hintansetzen, um Ruhm und Ehre zu erjagen. Es haben alle heiligen Väter über dies Laster geklagt und einmütig geurteilt, daß es dasjenige Laster sei, das sich zu allerletzt überwinden lasse. Sankt Augustinus sagt: »Alle andern Laster geschehen in bösen Werken; nur die Ehrsucht und Selbstgefälligkeit geschieht in und von den guten Werken.« – Wenn darum der Mensch wieder nicht mehr zu tun hätte als das zweite Werk des Gebotes, hätte er dennoch sein Leben lang übergenug damit zu tun, daß er dieses Laster bekämpft, das so allgemein, so listig, so geschickt und so schwer auszutreiben ist. Nun lassen wir diese guten Werke alle stehn und üben uns in vielen anderen, geringeren guten Werken, ja stoßen eben durch andere gute Werke dieses um und vergessen es ganz. So wird denn der heilige Namen Gottes, der allein geehrt werden sollte, durch unsern verfluchten Namen, unsere Selbstgefälligkeit und Ehrsucht unnütz in den Mund genommen und entehrt, und diese Sünde ist vor Gott schwerer als Totschlag und Ehebruch. Aber ihre Schlechtigkeit sieht man nicht so leicht wie die des Totschlags um seiner Feinheit willen; denn sie wird nicht im groben Fleisch, sondern im Geist vollbracht.

Zweiundzwanzigstens. Einige meinen, daß es für junge Leute gut sei, wenn sie mit Ruhm, Ehre und andererseits mit Schmach und Schande gelockt und bewogen werden, das Gute zu tun. Denn es gibt viele, die aus Furcht vor der Schande und Liebe zur Ehre Gutes tun und Böses lassen, was sie sonst keinesfalls tun oder lassen würden. Die laß ich's so halten. Aber wir fragen jetzt, wie man richtig gute Werke tun solle, und die dazu geneigt sind, haben es wahrhaftig nicht nötig, mit der Furcht vor Schande und Liebe zur Ehre angetrieben zu werden, sondern sie haben und sollen einen viel höheren und viel edleren Antrieb haben, das ist Gottes Gebot, Gottes-Furcht, Gottes Wohlgefallen und ihren Glauben und ihre Liebe zu Gott. Die diesen Antrieb nicht haben oder achten und sich von Schande oder Ehre treiben lassen, die nehmen damit auch ihren Lohn, wie der Herr sagt, und wie der Antrieb ist, so ist auch das Werk und der Lohn: beide sind gut nur in den Augen der Welt. – Nun meine ich, man könnte einen jungen Menschen mit Gottesfurcht und Gottes Geboten so leicht (zum Guten) gewöhnen und antreiben wie mit nichts anderem. Doch wenn das nicht helfen will, müssen wir es dulden, daß sie um der Schande und Ehre willen Gutes tun und Böses lassen, so wie wir auch böse Menschen oder die Unvollkommenen, von denen oben die Rede war, dulden müssen und auch nicht mehr dazu tun können als ihnen zu sagen, wie ihr Tun vor Gott nicht genügend und recht sei, und sie lassen, bis sie lernen, auch um Gottes willen recht zu tun, ebenso wie die kleinen Kinder mit Gaben und Versprechungen der Eltern zum Beten, Fasten, Lernen gelockt werden; und es wäre doch nicht gut, es so ihr Leben lang zu tun und gar nicht mehr zu lehren, das Gute in der Furcht Gottes zu tun, und noch viel ärger, wenn sie sich gewöhnten, um des Lobs und der Ehre willen Gutes zu tun...

Fünfundzwanzigstens. Das dritte Werk dieses Gebotes ist: Gottes Namen anrufen in jeder Art Not. Denn das hält Gott für Heiligung und große Ehrung seines Namens, wenn wir ihn nennen und anrufen in der Anfechtung und Not. Das ist schließlich auch der Grund, warum er uns viel Not, Leiden, Anfechtung und auch den Tod zufügt und uns überdies in vielen bösen, sündigen Neigungen lebten läßt. Er will dadurch den Menschen dazu drängen und ihm eine große Veranlassung geben, zu ihm zu laufen, zu schreien, seinen heiligen Namen anzurufen und so dies Werk des zweiten Gebots zu erfüllen, wie er sagt: »Ruf mich an in deiner Not, so will ich dir helfen, so sollst du mich ehren; denn ein Opfer des Lobs will ich haben.« Und das ist der Weg, auf dem du zur Seligkeit kommen kannst. Denn durch dieses Werk wird es der Mensch gewahr und erfährt, was Gottes Name sei, wie mächtig er ist, allen zu helfen, die ihn anrufen, und dadurch wächst sehr die Zuversicht und der Glaube, womit das erste und höchste Gebot erfüllt ist. Das hat David erfahren: »Du hast mich erlöset von aller Not; darum will ich deinen Namen nachsagen und bekennen, daß er lieblich und süß ist«; und Psalm 91, 14 spricht Gott: »Ich will ihn erlösen darum, daß er auf mich hoffet; ich will ihm helfen darum, daß er meinen Namen erkannt hat.« Nun sieh, welcher Mensch auf der Erde hätte nicht auch an diesem Werk sein Leben lang genug zu tun? Denn wer ist eine Stunde lang ohne Anfechtung? Ich will von der Anfechtung durch (äußere) Widerwärtigkeiten, deren es unzählige gibt, schweigen. Ist das doch auch die gefährlichste Anfechtung, wenn keine Anfechtung da ist und alles gut steht und zugeht. (Da kommt es darauf an), daß der Mensch Gott nicht vergißt, zu frei wird und die glückliche Zeit mißbraucht. Ja, hier hat er es zehnmal mehr nötig, Gottes Namen anzurufen als in den (äußeren) Widerwärtigkeiten. Denn es steht geschrieben: »Tausend fallen auf der linken Seite und zehntausend auf der rechten Seite.« Wir sehen es ja auch am hellen Tag, in der täglichen

Erfahrung aller Menschen, daß viel grausigere Sünden und Schlechtigkeiten geschehen, wenn Friede ist, alle Dinge billig sind und gute Zeit ist, als wenn Krieg, Seuche, Krankheit und alles mögliche Unglück über uns gekommen sind, so daß auch Moses für sein Volk fürchtet, es würde Gottes Gebot aus keinem andern Grunde verlassen, als weils ihm zu gut ginge, es zu satt wäre und zu viel Ruhe hätte, wie er sagt: »Mein liebes Volk ist reich, voll und fett geworden; darum hat es wider seinen Gott gestrebt.« Deshalb ließ ihm Gott auch viele seiner Feinde übrig bleiben und wollte sie nicht vertreiben, damit sie nicht Ruhe hätten und sich darin üben müßten, Gottes Gebote zu halten, wie geschrieben steht. Ebenso verfährt er auch mit uns, wenn er uns alles mögliche Unglück zufügt. So sorgfältig wacht er über uns, daß er uns lehre und antreibe, seinen Namen zu ehren und anzurufen, Zuversicht und Glauben zu ihm zu gewinnen und so die ersten zwei Gebote zu erfüllen...

Achtundzwanzigstens . . . Es ist nicht genug, daß ich für mich selbst und in mir selbst den göttlichen Namen lobe und anrufe in Glück und Unglück. Ich muß hervortreten und um Gottes Ehre und seines Namens willen die Feindschaft aller Menschen auf mich laden...

Neunundzwanzigstens. Hier müssen wir erstens allem Unrecht entgegentreten, wo die Wahrheit und Gerechtigkeit Gewalt und Not leidet, und müssen dabei keinen Unterschied zwischen den Personen machen, wie einige tun, die sehr fleißig und emsig gegen das Unrecht fechten, das den Reichen, Mächtigen und Freunden geschieht; aber wenn es den Armen oder Verachteten oder Feinden geschieht, sind sie schön still und geduldig...

Dreißigstens. Sprichst du aber: Warum tut es Gott nicht allein und selber, wo er doch einem jeden wohl zu helfen vermag und weiß, – ja, er kann es wohl, er will es aber nicht allein tun. Er will, daß wir mit ihm wirken, und tut uns die Ehre an, daß er mit uns und durch uns sein Werk wirken will. Und wenn wir die Ehre nicht gebrauchen wollen, so wird er es allein trotzdem fertig bringen, den Armen zu helfen, und die, die ihm nicht helfen wollten und die große Ehre seines Werks verschmäht haben, wird er mit den Ungerechten verdammen als solche, die es mit den Ungerechten gehalten haben; so wie er allein selig ist, aber er will uns die Ehre antun und nicht allein selig sein, sondern will uns mit sich selig haben. Und wenn er es allein täte, so wären seine Gebote uns vergebens gegeben, weil niemand Veranlassung hätte, sich in den großen Werken dieses Gebots zu üben. Es würde auch niemand versuchen, ob er Gott und seinen Namen für das höchste Gut hält und um dessentwillen alles drangibt.

Einunddreißigstens. Zu diesem Werk gehört es auch, allen falschen, verführerischen, irrigen, ketzerischen Lehren, allem Mißbrauch geistlicher Gewalt entgegenzutreten...

## Vom dritten Gebot

... Viertens soll man beim Beten nicht, wie die Gewohnheit ist, viele Blätter oder Perlen zählen, sondern einige am Herzen liegende Nöte vornehmen, für die mit ganzem Ernst Hilfe begehren und darin den Glauben und die Zuversicht zu Gott so üben, daß wir nicht daran zweifeln, wir werden erhört. So lehrt Sankt Bernhard seine Brüder und sagt: »Liebe Brüder, ihr sollt euer Gebet ja nicht verachten, als sei es umsonst; denn ich sage euch fürwahr, daß ehe ihr die Worte zu Ende gesprochen habt, das Gebet schon im Himmel angeschrieben ist. Und ihr sollt euch dessen zu Gott versehen, daß euer Gebet erfüllt werden wird oder, wenn es nicht erfüllt wird, daß euch die Erfüllung nicht gut und nützlich gewesen wäre.« So ist das Gebet eine besondere Übung des Glaubens, welcher das Gebet gewiß so angenehm macht, daß es entweder gewiß erfüllt wird oder etwas Besseres, als wir bitten, dafür gegeben wird. So sagt auch Sankt Jakob: »Wer da Gott bittet, der soll nicht zweifeln im Glauben, denn wenn er zweifelt, so erwarte dieser Mensch nicht, daß er etwas von Gott erlangen werde.« Das ist doch ein klarer Spruch, der geradewegs zu- und abspricht: wer nicht traut, der erlangt nichts, weder das, was er bittet, noch etwas Besseres. Um solchen Glauben zu wecken, hat Christus selbst gesagt: »Ich sage euch: alles, was ihr bittet, glaubt nur, daß ihrs empfangen werdet, so geschieht es gewiß.« – »Bittet, so wird euch gegeben; suchet, so findet ihr; klopfet an, so wird euch aufgetan. Denn wer da bittet, der empfängt; wer da sucht, der findet; wer da anklopft, dem wird aufgetan. Welcher Vater unter euch gibt seinem Sohn einen Stein, wenn er ihn um Brot bittet, oder eine Schlange, wenn er um einen Fisch bittet, oder einen Skorpion, wenn er um ein Ei bittet? Wenn ihr aber wißt, wie ihr euern Kindern gute Gaben geben sollt, und ihr selbst von Natur nicht gut seid, wie viel mehr wird euer himmlischer Vater einen guten Geist geben allen, die ihn bitten.«

Fünftens. Wer ist so hart und steinern, daß ihn so mächtige Worte nicht bewegen sollten, mit aller Zuversicht, fröhlich und gerne zu beten? Aber wie viele Gebete müßte man auch reformieren, wenn man diesen Worten nach richtig beten würde! Es sind jetzt wohl alle Kirchen und Klöster voll Beten und Singen; wie kommt es aber, daß wenig Besserung und Nutzen daraus entspringt und es täglich schlimmer wird? Es hat keine anderen Ursachen als die, die Sankt Jakobus anzeigt, wenn er sagt: »Ihr bittet viel und es wird euch nichts, darum daß ihr nicht recht bittet.« Denn wenn dieser Glaube und die Zuversicht im Gebet nicht da sind, dann ist das Gebet tot und weiter nichts als eine schwere Mühe und Arbeit ohne allen Gewinn und Hilfe für die Seelen, ja zum großen Schaden und zur Verblendung der Seelen, in der sie hingehen und viel mit dem Munde plappern, gleichgültig, ob sie es erlangen oder begehren oder trauen, und in diesem Unglauben bleiben sie verstockt als in der ärgsten Gewohnheit gegen die Übung des Glaubens und das Wesen des Gebets. Daraus folgt, daß ein rechter Beter nie und nimmer dran zweifelt, sein Gebet sei gewiß angenehm und erhört, wenn ihm auch nicht eben das gegeben wird, was er bittet. Denn man soll Gott die Not im Gebet vorlegen, aber nicht ihm das Maß, die Weise, das Ziel oder den Ort vorschreiben, sondern ihm anheimstellen, ob er es besser oder anders geben will, als wir denken. Denn wir wissen oft nicht, was wir bitten, wie Sankt Paulus sagt, »und Gott wirkt und gibt höher, als wir begreifen«, wie er sagt, daß also hinsichtlich des Gebetes kein Zweifel bestehen soll, es sei angenehm und erhört, und doch Gott die Zeit, der Ort, das Maß und Ziel frei gelassen wird (im Vertrauen), er werde es wohl machen, wie es sein soll. Das sind die richtigen Anbeter, die ihn im Geist und in der Wahrheit anbeten. Denn die nicht glauben, daß sie erhört werden, die sündigen auf der linken Seite gegen dies Gebot und treten mit dem Unglauben zu weit von ihm ab; die ihm aber ein Ziel setzen, die sündigen auf der rechten Seite und treten mit Gott versuchen zu nah heran. Er hat aber beides verboten: man soll von seinem Gebot nicht weichen, weder zur rechten noch zur linken Hand, d. h. weder mit Unglauben noch mit Versuchen, sondern mit schlichtem Glauben auf der richtigen Straße bleiben, ihm vertrauen und doch kein Ziel setzen.

Sechstens. So sehen wir, daß dies Gebot wie das zweite Gebot nichts anders sein soll als ein Üben und Treiben des ersten Gebots, d. h. des Glaubens, Vertrauens, der Zuversicht, Hoffnung und Liebe zu Gott, damit das erste Gebot in allen Geboten nur ja der Hauptmann und der Glaube das Hauptwerk und Leben aller anderen Werke sei, ohne den sie, wie gesagt, nicht gut sein können. Wenn du aber sagst: Wie, wenn ich nicht glauben kann, daß mein Gebet erhört und angenehm sei? – Antwort: Eben darum ist der Glaube, das Beten und alle anderen guten Werke geboten, damit du erkennst, was du kannst und nicht kannst, und, wenn du findest, daß du nicht so glauben und tun kannst, damit du dich demütig dessen vor Gott anklagst und so mit einem schwachen Fünklein des Glaubens anhebst, um ihn täglich mehr und mehr durch seine Übung in allem Leben und Wirken zu stärken. Denn es gibt niemand auf der Erde, der nicht von dem Mangel an Glauben, d. h. am ersten und höchsten Gebot, ein großes Stück in sich hat. Denn auch die heiligen Apostel im Evangelium und besonders Sankt Peter waren schwach im Glauben, so daß sie auch Christus baten und sagten: »Herr, vermehre uns den Glauben«, und er sie oft tadelte, weil sie einen geringen Glauben hätten. Darum sollst du nicht verzagen, nicht Hände und Füße sinken lassen, wenn du etwa bemerkst, daß du in deinem Gebet oder andern Werken nicht so stark glaubst, wie du wohl solltest und wolltest, ja, du solltest Gott aus Herzensgrund danken, daß er dir deine Schwachheit so offenbart, wodurch er dich ermahnt und lehrt, wie nötig es dir ist, dich im Glauben zu üben und täglich zu stärken. Denn wie viele siehst du dahin gehen, beten, singen, lesen, Werke tun und einen Eindruck machen, als wären sie große Heilige, die doch niemals dahin kommen, daß sie erkennen, wie es um das Hauptwerk, den Glauben, bei ihnen bestellt ist, wodurch sie, verblendet, sich und andere Leute verführen, meinen, sie seien gar wohl dran, und bauen so heimlich ohne allen Glauben auf den Sand ihrer Werke statt durch einen festen, reinen Glauben auf Gottes Gnade und Zusage. Darum haben wir, solange wir leben, es sei so lang, wie es wolle, alle Hände voll zu tun, daß wir mit allem Wirken und Leiden Schüler des ersten Gebots und des Glaubens bleiben und nicht aufhören zu lernen. Niemand weiß, wie groß es ist, Gott allein zu vertrauen, als der, der es anfängt und mit der Tat versucht.

Siebentens. Nun sieh wieder: wenn kein anderes gutes Werk geboten wäre, wäre nicht das Beten allein ausreichend, das ganze Leben des Menschen im Glauben zu üben? Zu welchem Werk denn auch die geistlichen Stände besonders bestimmt sind, wie denn auch vor Zeiten die Väter Tag und Nacht beteten. Ja, es gibt wirklich keinen Christen, der nicht ohn' Unterlaß zu beten Zeit hätte. Ich meine aber das geistliche Beten, d. h. niemand wird durch seine Arbeit, wenn er will, so hart belastet, er kann in seinem Herzen daneben doch mit Gott reden, ihm seine oder anderer Menschen Not vortragen, Hilfe begehren, bitten und in dem allen seinen Glauben üben und stärken. Das meint der Herr, wenn er sagt: »Man muß ohn' Unterlaß beten und nie aufhören«, während er Matth. 6,7 doch viele Worte und langes Gebet verbietet, womit er die Heuchler tadelt – nicht, weil das mündliche lange Gebet böse ist, sondern weil es nicht das richtige Gebet ist, das zu jeder Zeit geschehen kann, und weil es ohne das innerliche Bitten des Glaubens nichts ist. Denn das äußerliche Gebet müssen wir auch zu seiner Zeit üben, besonders im Gottesdienst, wie dies Gebot fordert, und wo es zu dem innerlichen Gebet und Glauben hilft, es sei im Haus, auf dem Feld, bei dieser oder jener Arbeit. Davon haben wir jetzt nicht mehr Zeit zu reden; denn das gehört in das Vaterunser, in dem alle Bitten und mündlichen Gebete mit kurzen Worten zusammengefaßt sind.

Achtens. Wo sind nun die, die gute Werke kennen und tun wollen? Laß sie sich nur das Beten vornehmen und im Glauben richtig üben, so werden sie finden, daß die heiligen Väter wahr gesagt haben, es gäbe keine schwerere Arbeit als das Beten. Murmeln mit dem Munde, das ist leicht oder wird doch für leicht angesehn; aber mit dem Herzen ernsthaft den Worten in gründlicher Andacht nachfolgen, d. h. mit Verlangen und Glauben, so daß das Herz im Ernst begehrt, was die Worte aussprechen, und nicht daran zweifeln, daß es erhört werde, das ist eine große Tat vor Gottes Augen, und hier wehrt der böse Geist mit allen Kräften. O wie oft wird er hier die Lust zum Beten verhindern, keine Zeit und Gelegenheit lassen, ja oftmals auch Zweifel erregen, ob der Mensch würdig sei, eine solche Majestät, wie Gott ist, zu bitten, und das Gebet auf diese Weise verwirren, so daß der Mensch selbst nicht weiß, ob es ernst sei, was er bittet, oder nicht, ob es möglich sei, daß sein Gebet angenehm sei, und noch viel solcher wunderlicher Gedanken. Denn er weiß wohl, wie mächtig, wie schmerzlich für ihn und wie nützlich für alle Menschen das rechte, gläubige Gebet eines Menschen ist; darum läßt er es nicht gern aufkommen. Hier muß der Mensch wirklich weise sein und nicht daran zweifeln, daß er und sein Gebet unwürdig sind vor so einer unermeßlichen Majestät, muß sich in keiner Weise auf seine Würdigkeit verlassen oder es seiner Unwürdigkeit wegen unterlassen, sondern er muß Gottes Gebot ins Auge fassen und es ihm vorhalten, dem Teufel entgegenstellen und so sprechen: Um meiner Würdigkeit willen nichts angefangen, um meiner Unwürdigkeit willen nichts unterlassen! Ich bitte und arbeite allein darum, weil Gott aus seiner bloßen Güte allen Unwürdigen Erhörung und Gnade zugesagt hat, ja nicht nur zugesagt, sondern auch aufs strengste bei seiner ewigen Ungnade und ewigem Zorn befohlen hat, zu vertrauen und zu nehmen. Ists der hohen Majestät nicht zu viel gewesen, sein unwürdiges Würmlein so hoch und teuer zum Bitten, Vertrauen und Annehmen zu verpflichten, wie sollte es mir zu viel sein, dieses Gebot mit aller Freude entgegenzunehmen, wie würdig oder unwürdig ich auch sei. So muß man die Eingebungen des Teufels mit Gottes Gebot hinausstoßen; dann hört er auf und sonst nimmermehr.

Neuntens. Welche Dinge und Nöte soll man aber dem allmächtigen Gott im Gebet vorlegen und klagen, um seinen Glauben damit zu üben? Antwort: Es ist erstens jedermanns besondere, ihn gerade drückende Not und Bedrängnis, wie David sagt: »Du bist meine Zuflucht in aller Angst, die mich umgibt, und bist mein Trost, zu erlösen aus allem Übel, das mich umringt«; ebenso: »Ich habe gerufen mit meiner Stimme zu Gott dem Herrn, ich habe mit meiner Stimme Gott gebeten. Ich will ausbreiten vor seinen Augen mein Gebet und will vor ihm ausschütten alles, was mich bedrückt.« So soll sich ein Christ in der Messe vornehmen, was er fühlt, daß ihm fehlt oder zu viel da ist, und das alles mit Weinen und Winseln so kläglich, wie er kann, vor Gott unbesorgt ausschütten wie vor seinem treuen Vater, der ihm zu helfen bereit ist. Und weißt du oder erkennst du deine Not nicht oder hast du keine Anfechtungen, so sollst du wissen, daß du am allerschlimmsten dran bist. Denn das ist die größte Anfechtung, daß du dich so verstockt hart und unempfindlich findest, daß dich keine Anfechtung bewegt. Es gibt aber keinen besseren Spiegel, in dem du deine Not entdecken kannst, als eben die zehn Gebote, in denen du findest, was dir fehlt und du suchen sollst. Wenn du daher an dir einen schwachen Glauben, wenig Hoffnung und geringe Liebe zu Gott findest, weiter, daß du Gott nicht lobst und ehrst, sondern Eigenehre und Eigenruhm liebst, die Gunst der Menschen hochschätzt, nicht gerne die Messe und Predigt hörst und zum Beten faul bist, worin niemand ohne Mangel ist, so sollst du diese Mängel ernster nehmen als allen leiblichen Schaden an Gut, Ehre und Leib, sie auch für ärger halten als den Tod und jede tödliche Krankheit und sie Gott mit Ernst vorlegen, klagen, Hilfe erbitten und mit aller Zuversicht darauf warten, bis du erhört bist und die Hilfe und Gnade erlangen wirst. Ebenso geh dann auch auf die zweite Tafel der Gebote über und sieh, wie ungehorsam du gegen Vater und Mutter und alle Obrigkeit gewesen bist und noch bist, wie du dich mit Zorn und Haß und Scheltwort gegen deinen Nächsten vergehst, wie dich Unkeuschheit, Geiz und Unrecht, Tat und Wort deinem Nächsten gegenüber anfechten, so wirst du ohne Zweifel finden, daß du voll aller Not und allen Elends bist und Grund genug hast, auch Blutstropfen zu weinen, wenn du könntest.

Zehntens. Ich weiß aber wohl, daß viele so töricht sind, daß sie solche Dinge nicht bitten wollen, es sei denn, daß sie schon vorher rein sind, und meinen, Gott höre niemand, der in Sünden liegt. Das machen alles falsche Prediger, die nicht beim Glauben und Vertrauen auf Gottes Huld, sondern bei den eigenen Werken anfangen lehren. Sieh, du armer Mensch, wenn dir ein Bein gebrochen ist oder du plötzlich in Todesgefahr kommst, so rufst du Gott und diesen und jenen Heiligen an, und wartest nicht solang, bis dir das Bein gesund wird oder die Gefahr vorüber ist, und bist nicht so närrisch, daß du denkst, Gott erhöre niemand, dem das Bein gebrochen ist, oder der sich in Todesgefahr befindet. Ja, du meinst, Gott sollte dann am meisten erhören, wenn du in der größten Not und Angst bist. Ei, warum bist du dann hier so närrisch, wo eine unvergleichlich viel größere Not und ewiger Schaden droht, und willst nicht eher um Glauben, Hoffnung, Liebe, Demut, Gehorsam, Keuschheit, Sanftmut, Frieden und Gerechtigkeit bitten, als bis du schon vorher ohne allen Unglauben, Zweifel, Hochmut, Ungehorsam, Unkeuschheit, Zorn, Geiz und Ungerechtigkeit bist, wo du doch um so mehr und eifriger beten und schreien solltest, je mangelhafter du in diesen Stücken erscheinst. So blind sind wir: mit einer leiblichen Krankheit und Not laufen wir zu Gott, mit der Seelenkrankheit laufen wir von ihm weg und wollen nicht wiederkommen, ehe wir vorher gesund sind, als gäbe es einen Gott, der den Leib, und irgend einen anderen, der dem Geist helfen könnte, oder als wollten wir in geistlicher Not, die doch größer ist als die leibliche, uns selber helfen. Das ist ein teuflischer Rat und Versuch. Nicht so, lieber Mensch! Willst du von den Sünden gesund werden, mußt du dich nicht Gott entziehen, sondern viel getroster zu ihm laufen und ihn bitten, als wenn dich eine leibliche Not befallen hätte. Gott ist nicht den Sündern, sondern nur den ungläubigen Sündern feind, d. h. denen, die ihre Sünde nicht erkennen, nicht klagen noch bei Gott dafür Hilfe suchen, sondern in ihrer eigenen Vermessenheit sich vorher selbst reinigen, seiner Gnade nicht bedürfen wollen und ihn nicht einen Gott sein lassen, der jedermann gibt und nichts dafür nimmt.

Elftens. Dies alles gilt von dem Gebet für eigene und allgemeine Nöte. Aber das Gebet, das eigentlich zu diesem Gebot gehört und ein Werk des Feiertags heißt, ist viel besser und größer; das soll für die Sammlung der ganzen Christenheit geschehen und für die Not aller Menschen, Freund und Feind, und besonders für die Nöte im eigenen Pfarrbezirk oder Bistum . . . Dies gemeinsame Gebet ist köstlich und am allerkräftigsten, und um seinetwillen kommen wir auch zusammen. Danach heißt die Kirche auch ein Bethaus, weil wir uns dort in Scharen einmütig unsere und aller Menschen Not vornehmen, sie Gott vortragen und ihn um Gnade anrufen sollen. Das muß aber mit herzlicher Bewegung und Ernst geschehen, daß uns diese Not aller Menschen zu Herzen geht und wir somit in echtem Mitleid mit ihnen, in rechtem Glauben und Vertrauen bitten. Und wenn so ein Gebet in der Messe nicht gebetet wird, so wäre es besser, die Messe ganz zu lassen. Denn wie gehts und reimt sichs, daß wir leiblich in einem Bethaus zusammenkommen und damit anzeigen, wir sollten für die ganze Gemeinde in Gemeinschaft rufen und bitten, wenn wir die Gebete so verstreuen und teilen, daß jeder Mann nur für sich selber bittet und niemand sich des anderen annimmt noch sich um seine Not kümmert. Wie kann das Gebet als nützlich, gut, angenehm und gemeinsam oder ein Werk des Feiertags und der Gemeinde gelten, (wenn es gerade so vor sich geht) wie bei denen, die ihr eigenes Gebetlein halten, der für dies, dieser für das, und nichts als eigennützige und selbstsüchtige Gebete haben, denen Gott feind ist.

Zwölftens. Von diesem allgemeinen Gebet ist aus alter Gewohnheit noch dort eine Spur geblieben, wo man am Ende der Predigt die Beichte ausspricht und für alle Christenheit auf der Kanzel bittet. Aber damit sollte es nicht gemacht sein, wie es jetzt üblich und Sitte ist, sondern man sollte es sich zur Mahnung dienen lassen, durch die ganze Messe hindurch für die Nöte zu bitten, zu denen der Prediger uns aufruft und, damit wir würdig bitten, uns vorher an unsere Sünde erinnert und dadurch demütigt. Dies sollte so kurz wie möglich geschehen, damit das Volk danach miteinander insgesamt Gott seine Sünde selber klagt und für jedermann mit Ernst und Glauben bittet. Oh, wenn Gott wollte, daß irgendeine Schar auf diese Weise noch Messe hörte und betete, daß ein ernstes Herzensgeschrei des ganzen Volkes gemeinsam zu Gott aufstiege, wie unermeßlich viel Tugend und Hilfe sollte aus dem Gebet hervorgehen! Was könnte allen bösen Geistern Schrecklicheres begegnen? Welch ein größeres Werk könnte auf der Erde geschehen, durch das so viel Fromme erhalten, so viel Sünder bekehrt würden? Denn wahrhaftig, die christliche Kirche besitzt auf der Erde keine größere Macht, tut keine größere Tat als so ein gemeinsames Gebet gegen alles, was ihr zustoßen kann. Das weiß der böse Geist wohl; darum tut er auch alles, was er kann, dieses Gebet zu verhindern. Da läßt er uns hübsch Kirchen bauen, viel stiften, pfeifen, lesen und singen, viel Messe halten und das Gepränge ohne alles Maß treiben. Darum ists ihm nicht leid, ja er hilft dazu, daß wir diesen Betrieb für das Beste halten und uns einbilden, wir hättens damit wohl ausgerichtet, aber daß dies gemeinsame, starke, fruchtbare Gebet daneben untergeht und durch diesen äußerlichen Glanz unmerklich zurückbleibt: da hat er, was er sucht. Denn wo das Gebet daniederliegt, wird ihm niemand etwas nehmen, niemand auch Widerstand leisten. Wo er aber gewahr würde, daß wir dieses Gebet üben wollten, und wäre es auch unter einem Strohdach oder in einem Schweinestall, so würde er es in der Tat nicht hingehen lassen, sondern sich vor diesem Schweinestall weit mehr fürchten als vor allen hohen, großen, schönen

Kirchen, Türmen und Glocken, die es irgend geben kann, falls kein solches Gebet in ihnen gebetet würde. Es liegt in der Tat nicht an den Stätten oder Gebäuden, wo wir zusammenkommen, sondern allein an diesem unüberwindlichen Gebet, daß wir dieses zusammen recht beten und vor Gott kommen lassen.

Dreizehntens . . . Es gibt so viele Sprüche und Beispiele in der Schrift, die zum Bitten treiben, aber so, daß es mit Ernst und Glauben geschehen soll . . . Was soll Gott tun, wenn du so mit deinem Mund, Buch oder Rosenkranz anrückst, daß du nur daran denkst, wie du mit den Worten fertig wirst und die Zahl voll machst, so daß du, wenn dich jemand fragte, was die Sache wäre, oder was du dir vorgenommen hättest zu bitten, es selbst nicht wissen würdest. Denn du hast dich nicht darauf bedacht, dies oder das Gott vorzulegen oder zu begehren. Der Grund, warum du betest ist, daß dir soundsoviel zu beten auferlegt ist; das willst du halten und fertigbringen. Was Wunder, daß Blitz und Donner oft Kirchen anzündet! Denn wir machen aus dem Bethaus ein Spotthaus und nennen das gebetet, wo wir nichts vorbringen noch begehren. Wir sollten aber so handeln wie die, die vor großen Fürsten etwas bitten wollen. Die nehmen sich nicht vor, nur eine Anzahl Worte zu schwatzen, der Fürst würde sonst meinen, sie spotteten seiner oder wären verrückt, sondern sie fassen es ganz einfach und legen ihm ihre Not mit Eifer dar, stellen es aber doch seiner Gnade anheim in guter Zuversicht, es werde erhört. Ebenso müssen wir mit Gott über bestimmte Dinge verhandeln, irgend eine drückende Not ausdrücklich nennen, seiner Gnade und seinem guten Willen anheimgeben und nicht zweifeln, es sei erhört; denn er hat solchen Bitten Erhörung zugesagt, was ein irdischer Herr nicht getan hat. . .

Siebzehntens hat dies (dritte) Gebot nach geistlichem Verständnis noch ein viel höheres Werk, das die ganze Natur des Menschen betrifft. Hier muß man wissen, daß Sabbat auf Hebräisch »Feier« oder »Ruhe« heißt, darum, weil Gott am siebenten Tage ruhte und aufhörte von allen seinen Werken, die er geschaffen hatte. Darum gebot er auch, daß man den siebenten Tag feiern und von den Werken ablassen sollte, die wir in den sechs Tagen tun. Und dieser Sabbat ist uns nun in den Sonntag verwandelt; und die andern Tage heißen Werktage, der Sonntag heißt Ruhetag oder Feiertag oder heiliger Tag. Und wollte Gott, daß es in der Christenheit keinen Feiertag gäbe als den Sonntag, daß man die Feste unserer Frau und der Heiligen alle auf den Sonntag legte! Viele böse Dinge würden dann infolge der Werktagsarbeit unterbleiben, und die Länder würden auch nicht so verarmen und vergeudet werden. Aber nun sind wir mit vielen Feiertagen geplagt zum Verderb der Seele, des Leibes und der Güter, worüber viel zu sagen wäre.

Diese Ruhe oder dieses Aufhören von den Werken ist von zweierlei Art, leiblich und geistlich; darum wird dies Gebot auch auf zweierlei Weise verstanden. Die leibliche Feier oder Ruhe betrifft das oben Gesagte: daß wir unser Handwerk und unsere Arbeit anstehen lassen, um uns zur Kirche zu versammeln, Messe zu sehen, Gottes Wort zu hören und miteinander einträchtig zu beten. Und obgleich diese Feier leiblich und in der Christenheit nicht mehr geboten ist . . ., ist sie doch notwendig und von der Christenheit um der unvollkommenen Laien und arbeitenden Leute willen angeordnet, damit die auch zum Wort Gottes kommen können. Denn die Priester und Geistlichen halten, wie wir sehen, aller Tage Messe, beten zu jeder Stunde und üben sich in dem Wort Gottes mit Studieren, Lesen und Hören. Darum sind sie auch vor andern von der Arbeit befreit, mit Renten versorgt und haben alle Tage Feiertag, tun auch alle Tage die Werke des Feiertags, und für sie gibt es keinen Werktag, sondern ein Tag ist wie der andere. Und wenn wir alle vollkommen wären und das Evangelium könnten, so dürften wir alle Tage arbeiten, wenn wir wollten, oder feiern, wenn wir könnten. Denn das Feiern ist jetzt aus keinem andern Grund notwendig oder geboten, als nur um das Wort Gottes zu lehren und zu beten.

Außerdem noch. Die geistliche Feier, die Gott in diesem Gebot besonders meint, ist, daß wir nicht nur die Arbeit und das Handwerk anstehen lassen, sondern vor allem, daß wir allein Gott in uns wirken lassen, und daß wir mit all unsern Kräften nichts Eigenes wirken. Wie geht das aber zu? Das geht so zu: der Mensch, durch die Sünde verderbt, hat viel böse Liebe und Neigung zu allen Sünden, wie die Schrift sagt: »Des Menschen Herz und Sinn stehn allezeit nach dem Bösen«, d. h. nach Hoffart, Ungehorsam, Zorn, Haß, Geiz, Unkeuschheit usw., und kurz und gut, in allem, was er tut und läßt, sucht er mehr seinen Nutzen, seinen Willen und seine Ehre als die Gottes und seines Nächsten. Darum sind all seine Werke, all seine Worte, all seine Gedanken, all sein Leben böse und nicht gottgefällig. Soll nun Gott in ihm wirken und leben, so müssen alle diese Laster und Bosheiten umgebracht und ausgerottet werden, daß hier in all unsern Werken, Worten, Gedanken und all unserem Leben eine Ruhe und ein Aufhören eintritt, daß hinfort, wie Paulus sagt, nicht wir, sondern Christus in uns lebe, wirke und rede. Das geschieht nun nicht mit süßen, guten Tagen, sondern hier muß man der Natur wehtun und wehtun lassen. Hier erhebt sich der Streit zwischen dem Geist und dem Fleisch, hier wehret der Geist dem Zorn, der Wollust, der Hoffart, während das Fleisch in Lust, Ehren und Gemächlichkeit sein will. Darüber sagt Sankt Paulus: »Welche unsers Herrn Christi sind, die haben ihr Fleisch gekreuzigt mit seinen Lastern und Lüsten.« Hieraus folgen nun die guten Werke, Fasten, Wachen, Arbeiten, worüber einige so viel sagen und schreiben, während sie doch weder deren Anfang noch deren Ende wissen...

Vierundzwanzigstens. Diese Werke und Leiden sollen aber im Glauben und in guter Zuversicht zur göttlichen Huld geschehen, damit alle Werke, wie gesagt, im ersten Gebot und Glauben bleiben und der Glaube sich in ihnen übt und stärkt, wozu alle andern Gebote und Werke gesetzt sind. Darum sieh, wie ein hübscher goldner Ring sich von selbst aus diesen drei Geboten und ihren Werken bildet, und wie aus dem ersten Gebot und dem Glauben das zweite fließt bis ins dritte hinein, und das dritte wieder durch das zweite bis in das erste zurückdrängt. Denn das erste gute Werk ist glauben, ein gutes Herz und Zuversicht zu Gott haben. Aus dem fließt das zweite gute Werk: Gottes Namen preisen, seine Gnade bekennen, ihm alle Ehre allein geben. Danach folgt das dritte: Gottesdienst üben mit Beten, Predigt-hören, Dichten und Trachten in Gottes Wohltaten, dazu sich in Zucht nehmen und sein Fleisch bezwingen.

Wenn nun der böse Geist diesen Glauben, Gottes Ehre und Gottes Dienst gewahr wird, so tobt er und fängt die Verfolgung an, greift Leib, Gut, Ehre und Leben an, treibt auf uns Krankheit, Armut, Schaden und Sterben, was Gott so verhängt und verordnet. Sieh, da fängt das zweite Werk oder die zweite Feier des dritten Gebots an! Dadurch wird der Glaube sehr schwer versucht, wie das Gold im Feuer erprobt wird. Denn es ist eine große Sache, eine gute Zuversicht zu Gott zu behalten, ob er schon den Tod, Schmach, Gebrechlichkeit und Armut zufügt, und in diesem grausamen Bild des Zorns ihn für den allergütigsten Vater zu halten, und das muß in diesem Werk des dritten Gebots geschehen. Da drängt dann das Leiden den Glauben, so daß er Gottes Namen anrufen und in solchem Leiden loben muß, und so kommt er durch das dritte Gebot wieder in das zweite. Und durch dieses Anrufen und Lob des göttlichen Namens wächst der Glaube und kommt zu sich selbst und stärkt sich so selbst durch die zwei Werke des dritten und zweiten Gebots, und so geht er aus in die Werke und kommt wieder durch die Werke zu sich selbst, gleich wie die Sonne aufgeht bis an den Niedergang und kommt wieder bis zu dem Aufgang. Darum wird in der Schrift der Tag für das friedliche Leben in den Werken bestimmt, die Nacht für das leidende Leben in den Widerwärtigkeiten, und der Glaube lebt und wirkt so in beiden und geht aus und ein, wie Christus...

# Von der Freiheit eines Christenmenschen (1520)

Erstens. Damit wir gründlich erkennen, was ein Christenmensch ist, und wie es um die Freiheit stehe, die ihm Christus erworben und gegeben hat, wovon Sankt Paulus viel schreibt, will ich diese zwei Sätze aufstellen:

Ein Christenmensch ist ein freier Herr über alle Dinge und niemand untertan.
Ein Christenmensch ist ein dienstbarer Knecht aller Dinge und jedermann untertan.

Diese zwei Sätze sind klar bei Sankt Paulus zu finden: »Ich bin frei in allen Dingen und habe mich zu jedermanns Knecht gemacht«; ebenso: »Ihr sollt niemand zu etwas verpflichtet sein, außer daß ihr euch untereinander liebet. Die Liebe aber, die ist dienstbar und untertan dem, das sie lieb hat«; so auch von Christus: »Gott hat uns seinen Sohn ausgesandt, von einem Weib geboren und dem Gesetz untertan gemacht.«

Zweitens. Um diese zwei sich widersprechenden Aussagen von der Freiheit und Dienstbarkeit zu verstehen, müssen wir bedenken, daß jeder Christenmensch zwiefacher Natur ist, einer geistlichen und einer leiblichen. Nach der Seele wird er ein geistlicher, neuer, innerlicher Mensch genannt; nach dem Fleisch und Blut wird er ein leiblicher, alter und äußerlicher Mensch genannt. Und um dieses Unterschieds willen werden von ihm in der Schrift Dinge gesagt, die sich vollständig widersprechen wie das, was ich jetzt von der Freiheit und Dienstbarkeit gesagt habe.

Drittens. Nehmen wir uns nun den inwendigen, geistlichen Menschen vor, um zu sehen, was dazu gehört, daß er ein rechter, freier Christenmensch sei und heiße. Es ist dann offenbar, daß keine äußerliche Sache ihn frei oder rechtschaffen machen kann, sie heiße, wie sie wolle; denn seine Rechtschaffenheit und Freiheit so wie andererseits sein Bösesein und seine Gefangenschaft sind nicht leiblich oder äußerlich. Was hilft es der Seele, wenn der Leib nicht gefangen, frisch und gesund ist, ißt, trinkt, lebt, wie er will? Andererseits, was schadet es der Seele, wenn der Leib gefangen, krank und matt ist, hungert, dürstet und leidet, wie er es nicht möchte? Keins von diesen Dingen reicht bis an die Seele, um sie zu befreien oder zu fangen, rechtschaffen oder böse zu machen.

Viertens. Ebenso hilft es der Seele nichts, wenn der Leib heilige Kleider anlegt, wie's die Priester und Geistlichen tun, auch nicht, wenn er sich in Kirchen und heiligen Stätten befindet; auch nicht, wenn er sich

Von der freyheyt eynes Christen menschen.

Martinus Luther.

Czu Vuittenbergk: Im XX iar.

mit heiligen Dingen befaßt; auch nicht, wenn er leiblich betet, fastet, wallfahrtet und alle guten Werke tut, die in alle Ewigkeit durch und in dem Leib geschehen können. Es muß allemal noch etwas anderes sein, was der Seele Rechtschaffenheit und Freiheit bringen und geben kann. Denn alle diese genannten Dinge, Werke und Weisen kann auch ein böser Mensch, ein Gleißner und Heuchler an sich haben und ausüben, und durch so etwas entsteht auch kein anderes Volk als lauter Gleißner. Umgekehrt schadet es der Seele nichts, wenn der Leib unheilige Kleider trägt, sich an unheiligen Orten befindet, wenn er ißt und trinkt, nicht wallfahrtet und betet und all die Werke unterläßt, die die genannten Gleißner tun.

Fünftens hat die Seele sonst nichts, weder im Himmel noch auf Erden, worin sie leben, rechtschaffen, frei und eine Christin ist, als das heilige Evangelium, das Wort Gottes, das Christus gepredigt hat, wie er selbst sagt: »Ich bin das Leben und die Auferstehung; wer an mich glaubt, der lebt ewig«; ebenso: »Ich bin der Weg, die Wahrheit und das Leben«; ebenso: »Der Mensch lebt nicht allein von dem Brot, sondern von allen Worten, die aus dem Mund Gottes gehen.« Wir müssen also gewiß sein, daß die Seele alle Dinge entbehren kann, außer dem Wort Gottes, und ohne das Wort Gottes ist ihr mit keinem Ding geholfen. Wenn sie aber das Wort Gottes hat, so bedarf sie auch keines anderen Dings mehr, sondern sie hat in dem Wort Genüge, Speise, Freude, Freide, Licht, Wissen, Gerechtigkeit, Wahrheit, Weisheit, Freiheit und alles Gute überschwenglich. So lesen wir auch im Psalter, daß der Prophet nach nichts so sehr schreit wie nach Gottes Wort; und in der Schrift gilt es als allerhöchste Plage und Zorn Gottes, wenn er sein Wort den Menschen nimmt, umgekehrt als denkbar größte Gnade, wenn er sein Wort zu ihnen sendet, wie steht: »Er hat sein Wort ausgesandt, womit er ihnen geholfen hat.« Und Christus ist um keines anderen Amtes willen gekommen, als um das Wort Gottes zu predigen. Auch alle Apostel, Bischöfe, Priester und der ganze geistliche Stand sind allein um des Wortes willen berufen und eingesetzt, wiewohl es nun leider anders hergeht.

Sechstens. Fragst du aber: Welches ist denn das Wort, das so eine große Gnade gibt, und wie soll ich es gebrauchen? Antwort: Es ist nichts anderes als die Predigt von Christus, wie sie das Evangelium enthält; und die soll so sein und hat diesen Inhalt, daß du deinen Gott zu dir reden hörst: wie all dein Leben und Werk vor Gott nichts seien und du vielmehr mit all dem, was in dir ist, auf ewig verderben müssest. Und wenn du das wirklich glaubst, wie du verpflichtet bist, so mußt du an dir selbst verzweifeln und bekennen, daß der Spruch Hoseas wahr sei: »O Israel, in dir ist nichts als dein Verderben, allein aber in mir steht deine Hilfe.« Damit du aber aus dir und von dir, d. h. aus deinem Verderben herauskommen kannst, stellt dir Gott seinen lieben Sohn Jesus Christus vor Augen und läßt dir durch sein lebendiges, tröstliches Wort sagen, du solltest dich ihm mit festem Glauben ergeben und frisch auf ihn vertrauen; so sollen dir um dieses Glaubens willen alle deine Sünden vergeben, all dein Verderben überwunden sein, und du sollst gerecht, wahrhaftig, befriedet und rechtschaffen, alle Gebote sollen erfüllt und du sollst von allen Dingen frei sein, wie Sankt Paulus sagt: »Ein gerechtfertigter Christ lebt nur von seinem Glauben«, und: »Christus ist das Ende und die Erfüllung aller Gebote für die, die an ihn glauben.«

Siebentens. Darum sollte das wohl für alle Christen das einzige Werk und die einzige Übung sein, daß sie sich das Wort und Christus gut einprägten und diesen Glauben ständig übten und stärkten. Denn kein anderes Werk kann einen Christen machen, wie Christus zu den Juden sagt, als sie ihn fragten, was sie für Werke tun sollten, um göttliche und christliche Werke zu tun; da sprach er: »Das ist das einzige göttliche Werk, daß ihr an den glaubt, den Gott gesandt hat.« Darum ist ein rechter Glaube an Christus ein überschwenglicher Reichtum; denn er bringt alle Seligkeit mit sich und nimmt alle Unseligkeit weg, wie es heißt: »Wer da glaubt und getauft ist, der wird selig. Wer nicht glaubt, der wird verdammt.« Darum sah der Prophet auf den Reichtum dieses Glaubens und sprach: »Gott wird auf der Erde ein kurzes Fazit ziehen, und dem kurzen Fazit wird wie eine Sintflut die Gerechtigkeit entströmen«, d. h. der Glaube, in dem kurz die Erfüllung aller Gebote besteht, wird alle im Überfluß rechtfertigen, die ihn haben, daß sie nichts mehr bedürfen, um gerecht und rechtschaffen zu sein. Ebenso sagt Sankt Paul: »Daß man von Herzen glaubt, das macht einen gerecht und rechtschaffen.«

Achtens. Wie ist das aber möglich, daß es der Glaube allein vermag, rechtschaffen zu machen und ohne alle Werke so überschwenglichen Reichtum zu geben, wo uns doch in der Schrift so viele Gesetze, Gebote, Werke, Ordnungen und Weisen vorgeschrieben sind? Hier ist sorgsam darauf zu achten und mit Ernst festzuhalten, daß allein der Glaube ohne alle Werke rechtschaffen, frei und selig macht, wie wir später näher hören werden; und man muß wissen, daß die ganze heilige Schrift in zweierlei Worte geteilt wird, nämlich Gottes Gebot oder Gesetz und Verheißung oder Zusagen. Die Gebote lehren und schreiben uns verschiedene gute Werke vor, aber damit sind sie noch nicht geschehen. Sie weisen wohl an, sie helfen aber nicht, lehren, was man tun soll, geben aber keine Kraft dazu. Darum sind sie nur dazu bestimmt, daß der Mensch daran sein Unvermögen zum Guten erkenne und lerne, an sich selbst zu verzweifeln. Und darum heißen sie auch das Alte Testament und gehören alle ins Alte Testament. So zeigt z. B. das Gebot »Du sollst nicht böse Begierden haben«, daß wir alle miteinander Sünder sind und kein Mensch es vermag, ohne böse Begierden zu sein, er mag tun, was er will. Dadurch lernt er an sich selbst zu verzagen und anderswo Hilfe zu suchen, um ohne böse Begierden zu sein, und so das Gebot durch einen andern zu erfüllen, was er aus sich selbst nicht vermag. So sind auch alle andern Gebote für uns unerfüllbar.

Neuntens. Wenn nun der Mensch aus den Geboten sein Unvermögen gelernt und empfunden hat, daß ihm nun Angst wird, wie er dem Gebot genug tun soll, denn das Gebot muß erfüllt sein, oder er muß verdammt sein, dann ist er recht gedemütigt und zunichte geworden in seinen Augen, findet nichts in sich, wodurch er rechtschaffen werden könnte. Jetzt kommt dann das andere Wort, die göttliche Verheißung und Zusage und spricht: Willst du alle Gebote erfüllen, deine böse Begierde und Sünde los werden, wie's die Gebote erzwingen und fordern, nun so, glaub an Christus, in dem ich dir alle Gnade, Gerechtigkeit, Frieden und Freiheit zusage! Glaubst du, so hast du; glaubst du nicht, so hast du nicht. Denn was dir unmöglich ist mit allen Werken der Gebote, die zahlreich und doch nutzlos sein müssen, das wird dir leicht und kurz durch den Glauben. Denn ich habe kurzweg alles auf den Glauben gestellt, daß, wer ihn hat, alles haben und selig sein soll; wer ihn nicht hat, soll nichts haben. So geben die Zusagen Gottes, was die Gebote fordern, und vollbringen, was die Gebote befehlen, damit es alles Gott gehöre, Gebot und Erfüllung: er befiehlt allein, er erfüllt auch allein. Darum sind die Zusagen Gottes Worte des Neuen Testaments und gehören auch ins Neue Testament. –

Zehntens. Nun sind diese und alle Worte Gottes heilig, wahrhaftig, gerecht, friedsam, frei und aller Güte voll. Wer ihnen darum mit einem rechten Glauben anhängt, dessen Seele wird mit ihm so ganz und gar vereinigt, daß alle Tugenden des Wortes auch der Seele zu eigen werden und die Seele so durch den Glauben von dem Gotteswort heilig, gerecht, wahrhaftig, friedsam, frei und aller Güte voll, ein wahrhaftiges Kind Gottes wird, wie es heißt: »Er hat ihnen gegeben, daß sie Kinder Gottes werden können, alle, die an seinen Namen glauben.«

Hieraus ist leicht zu erkennen, warum der Glaube so viel vermag, und daß keine guten Werke ihm gleich kommen können. Denn kein gutes Werk hängt an dem göttlichen Wort so wie der Glaube; es kann auch nicht in der Seele sein, sondern nur das Wort und der Glaube regieren in der Seele selbst. Wie das Wort ist, so wird auch die Seele von dem Wort, so wie das Eisen durch die Vereinigung mit dem Feuer glutrot wird wie das Feuer. So sehen wir, daß ein Christenmensch an dem Glauben genug hat: er bedarf keines Werkes, um rechtschaffen zu sein. Bedarf er keines Werkes mehr, so ist er gewiß von allen Geboten und Gesetzen entbunden; ist er entbunden, so ist er gewiß frei. Das ist die christliche Freiheit, allein der Glaube, der nicht bewirkt, daß wir müßig gehen oder Böses tun können, sondern daß wir kein Werk nötig haben, um das Gutsein und die Seligkeit zu erlangen. Darüber wollen wir nachher noch mehr sagen.

Elftens. Weiter verhält sichs mit dem Glauben so: Wer einem andern glaubt, der glaubt ihm darum, weil er ihn für einen rechtschaffenen, wahrhaftigen Mann hält, was die größte Ehre ist, die ein Mensch dem andern erweisen kann, so wie es umgekehrt die größte Beleidigung ist, wenn er ihn für einen lockeren, lügenhaften, leichtfertigen Mann hält. So hält auch die Seele, wenn sie Gottes Wort fest glaubt, Gott für wahrhaftig, rechtschaffen und gerecht, womit sie ihm die allergrößte Ehre erweist, die sie ihm erweisen kann. Da gibt sie ihm recht, da läßt sie ihm recht, da ehrt sie seinen Namen und läßt ihn mit sich handeln, wie er will; denn sie zweifelt nicht daran, daß er rechtschaffen und wahrhaftig sei in allen seinen Worten. Umgekehrt kann man Gott keine größere Schmach antun, als ihm nicht glauben, womit ihn die Seele für unvermögend, lügenhaft und leichtfertig hält und ihn, soviel an ihr liegt, mit diesem Unglauben verleugnet und im Herzen einen Abgott ihres eigenen Sinns gegen Gott aufrichtet, als wollte sie es besser wissen als er. Wenn Gott daher sieht, daß ihm die Seele Wahrhaftigkeit zugesteht und ihn so durch ihren Glauben ehrt, so ehrt er sie ebenfalls und hält sie auch für rechtschaffen und wahrhaftig, und durch so einen Glauben ist sie auch rechtschaffen und wahrhaftig. Denn daß man Gott die Wahrhaftigkeit und Rechtschaffenheit zugesteht, das ist Recht und Wahrhaftigkeit und macht rechtschaffen und wahrhaftig, weil es wahr und recht ist, Gott die Wahrhaftigkeit zuzugestehen, was die nicht tun, die nicht glauben und sich doch mit vielen guten Werken mühen und plagen.

Zwölftens. Der Glaube gibt nicht nur dies, daß die Seele dem göttlichen Wort gleich, aller Gnaden voll, frei und selig wird, sondern vereinigt auch die Seele mit Christus wie eine Braut mit ihrem Bräutigam. Aus dieser Ehe folgt, wie Sankt Paulus sagt, daß Christus und die Seele ein Leib werden; darum werden auch beiden die Güter, Glücks- und Unglücksfälle und alle Dinge gemeinsam. Das, was Christus hat, das ist Eigentum der gläubigen Seele; was die Seele hat, wird Eigentum Christi. So hat Christus alle Güter und Seligkeit, die sind Eigentum der Seele; so hat die Seele alle Untugenden und Sünden auf sich liegen – die werden

Eigentum Christi. Hier beginnt nun der fröhliche Tausch und Streit: weil Christus Gott und Mensch ist, der noch nie gesündigt hat, und seine Rechtschaffenheit unüberwindlich, ewig und allmächtig ist, so müssen die Sünden in ihm verschlungen und ersäuft werden, wenn er die Sünden der gläubigen Seele durch ihren Brautring, d. h. den Glauben, sich selbst zu eigen macht und so handelt, wie er gehandelt hat. Denn seine unüberwindliche Gerechtigkeit ist allen Sünden zu stark; so wird die Seele von all ihren Sünden einzig durch ihr Brautgeschenk, d. h. um des Glaubens willen, frei und los und mit der ewigen Gerechtigkeit ihres Bräutigams Christus beschenkt. Ist das nun nicht ein fröhlicher Hausstand, wo der reiche, edle, rechtschaffene Bräutigam Christus das arme, verachtete, böse Hürlein zur Ehe nimmt und sie von allem Übel befreit, mit allem Guten schmückt? So ist es nicht möglich, daß die Sünden sie verdammen; denn die liegen nun auf Christus und sind in ihm verschlungen. Sie hat auch eine so reiche Gerechtigkeit in ihrem Bräutigam, daß sie wieder gegen alle Sünden bestehen kann, mögen sie auch auf ihr liegen. Davon spricht Paulus: »Gott sei Lob und Dank, der uns eine solche Überwindung in Christus Jesus gegeben hat, in der der Tod mit der Sünde ist.«

Dreizehntens. Hier siehst du wieder, aus welchem Grunde dem Glauben mit Recht so viel zugeschrieben wird, daß er alle Gebote erfülle und ohne alle Werke rechtschaffen mache. Denn du siehst hier, daß er allein das erste Gebot erfüllt, in welchem geboten wird: »Du sollst einen Gott ehren.« Wenn du nun aus lauter guten Werken beständest bis auf die Fersen, so wärst du trotzdem nicht rechtschaffen und gäbest Gott darum noch keine Ehre und erfülltest also das allererste Gebot nicht. Denn Gott kann nicht geehrt werden, ihm werde denn Wahrhaftigkeit und alles Gute zugeschrieben, wie er denn auch in Wahrheit ist. Das tun aber keine guten Werke, sondern allein der Glaube des Herzens.

Darum ist er allein die Gerechtigkeit der Menschen und aller Gebote Erfüllung. Denn wer das erste Hauptgebot erfüllt, der erfüllt gewiß und mit Leichtigkeit auch alle andern Gebote. Die Werke aber sind tote Dinge, können Gott nicht ehren noch loben, obschon sie Gott zu Ehren und Lob geschehen können und sich tun lassen. Aber wir fragen hier nach dem, der nicht getan wird wie die Werke, sondern nach dem Selbsttäter und Herrn des Werks, der Gott ehrt und die Werke tut. Das ist niemand anders als der Glaube des Herzens: der ist das Haupt und der ganze Inhalt der Rechtschaffenheit. Darum ist es eine gefährliche, finstere Rede, wenn man lehrt, Gottes Gebote mit Werken zu erfüllen, wo doch die Erfüllung vor allen Werken durch den Glauben geschehen sein muß und die Werke erst nach der Erfüllung folgen, wie wir hören werden.

Vierzehntens. Um weiter zu sehen, was wir in Christus haben, und ein wie großes Gut ein rechter Glaube ist, muß man wissen, daß vor und in dem alten Bunde Gott sich alle erste männliche Geburt von Menschen und von Tieren aussonderte und vorbehielt. Und die Erstgeburt war köstlich und besaß zwei große Vorteile vor allen andern Kindern, nämlich die Herrschaft und Priesterschaft oder das Königreich und Priestertum, daß das erstgeborene Knäblein also auf Erden ein Herr über alle seine Brüder war und ein Geistlicher oder Papst vor Gott. Mit diesem Vorzeichen ist auf Jesus Christus hingewiesen, der diese Erstgeburt eigentlich ist, von Gott Vater und von der Jungfrau Maria. Darum ist er ein König und Priester, aber geistlich; denn sein Reich ist nicht irdisch und in irdischen, sondern in geistlichen Gütern wie Wahrheit, Friede, Freude, Seligkeit usw. Damit ist das zeitliche Gut aber nicht ausgenommen; denn es sind ihm alle Dinge unterworfen im Himmel, Erde und Hölle, obwohl man ihn nicht sieht, das kommt daher, daß er geistlich, unsichtbar regiert. So besteht auch sein Priestertum nicht in den äußerlichen Formen und Kleidern, wie wir bei den Menschen sehen, sondern es besteht im Geist unsichtbar darin, daß er vor Gottes Augen ohn' Unterlaß für die Seinen einsteht und sich selbst opfert, wie Sankt Paul sagt. So lehrt er uns auch innerlich im Herzen, und das sind zwei eigentliche, rechte Ämter eines Priesters. Denn ebenso bitten und lehren auch äußerliche, menschliche, zeitliche Priester.

Fünfzehntens. So wie nun Christus die Erstgeburt mit ihrer Ehre und Würde besitzt, teilt er sie auch mit all seinen Christen, daß sie durch den Glauben auch alle mit Christus Könige und Priester sein müssen, wie Sankt Petrus sagt: »Ihr seid ein priesterliches Königreich und ein königliches Priestertum.« Und das geht so zu, daß ein Christenmensch durch den Glauben über alle Dinge so hoch erhoben wird, daß er geistlich ein Herr über alle wird. Denn es kann ihm kein Ding zur Seligkeit schädlich sein, ja, es muß ihm alles untertan sein und zur Seligkeit helfen, wie Sankt Paulus lehrt: »Alle Dinge müssen den Auserwählten zu ihrem Besten helfen«, es sei Leben, Sterben, Sünde, Rechtschaffenheit, Gutes und Böses, wie es nur heißen mag; weiter: »Alle Dinge sind euer, es sei das Leben oder der Tod, Gegenwärtiges oder Zukünftiges« usw. Nicht, daß wir leiblich über alle Dinge Macht hätten, um sie wie die Menschen auf Erden zu besitzen oder zu gebrauchen. Denn wir müssen leiblich sterben, und niemand kann dem Tod entfliehen; ebenso müssen wir auch vielen andern Dingen unterliegen, wie wir an Christus und seinen Heiligen sehen. Denn dies ist eine geistliche Herrschaft, welche regiert, während der Leib unterdrückt wird, d. h. ich kann mich der Seele nach ohne alle

Dinge bessern, so daß auch der Tod und Leiden mir zur Seligkeit dienen und nützlich sein müssen. Das ist eine sehr hohe ehrenvolle Würde und eine wirklich allmächtige Herrschaft, ein geistliches Königreich, wo kein Ding zu gut oder zu böse ist, es muß mir zum Guten dienen, wenn ich glaube, und ich bedarf seiner doch nicht, sondern mein Glaube ist mir genug. Sieh, wie köstlich ist die Freiheit und Gewalt der Christen!

Sechzehntens. Darüber hinaus sind wir Priester. Das ist noch viel mehr als König sein, weil das Priestertum uns würdig macht, vor Gott zu treten und für andere zu bitten; denn vor Gottes Augen zu stehen und zu bitten gebührt niemand als den Priestern. Somit hat uns Christus (das Recht) erworben, daß wir geistlich füreinander eintreten und bitten können, wie ein Priester leiblich für das Volk eintritt und bittet. Wer aber nicht an Christus glaubt, dem dient kein Ding zum Guten. Er ist ein Knecht aller Dinge und muß sich an allen Dingen ärgern; dazu ist sein Gebet nicht angenehm und kommt nicht vor Gottes Augen. Wer kann nun die Ehre und Höhe eines Christenmenschen ausdenken? Durch sein Königtum ist er aller Dinge mächtig, durch sein Priestertum ist er Gottes mächtig; denn Gott tut, was er bittet und will, wie im Psalter geschrieben steht: »Gott tut den Willen derer, die ihn fürchten, und erhört ihr Gebet«, und zu dieser Ehre kommt er nur durch den Glauben und durch kein Werk. Daraus sieht man klar, wie ein Christenmensch frei von allen Dingen ist und über allen Dingen steht, so daß er keiner guten Werke bedarf, um rechtschaffen und selig zu sein, sondern der Glaube bringt ihm das alles im Überfluß. Und wenn er so töricht wäre und meinte, durch ein gutes Werk rechtschaffen, frei, selig oder ein Christ zu werden, so verlöre er den Glauben zugleich mit allen Dingen, so wie der Hund, der ein Stück Fleisch im Maul trug und nach dem Spiegelbild im Wasser schnappte, dadurch Fleisch und Spiegelbild verlor.

Siebzehntens. Du fragst: Was ist denn für ein Unterschied zwischen den Priestern und den Laien in der Christenheit, wenn sie alle Priester sind? Antwort: Es ist den Worten »Priester«, »Pfarrer«, »Geistlicher« usw. damit Unrecht geschehen, daß man ihren Gebrauch von der Allgemeinheit auf die kleine Schar eingeschränkt hat, die man jetzt »den geistlichen Stand« nennt. Die heilige Schrift macht keinen andern Unterschied, als daß sie die Gelehrten oder Geweihten ministri, servi, oeconomi nennt, d. h. »Diener«, »Knechte«, »Verwalter«, die den andern Christus, den Glauben und die christliche Freiheit predigen sollen. Denn obwohl wir alle gleichmäßig Priester sind, können wir doch nicht alle dienen oder verwalten und predigen. So sagt Paulus: »Wir wollen von den Leuten für nichts mehr gehalten sein als für Christi Diener und Verwalter des

Evangeliums.« Aber nun ist aus der Verwaltung so eine weltliche, äußerliche, prächtige, furchterregende Herrschaft und Gewalt geworden, daß ihr die rechte weltliche Macht in keiner Weise gleichkommen kann, gerade so als wären die Laien etwas anderes als Christenleute. Damit ist dann das ganze Verständnis der christlichen Gnade und Freiheit, des christlichen Glaubens und alles, was wir von Christus haben, und Christus selbst aufgehoben, und dafür haben wir viele Menschengesetze und -werke bekommen und sind ganz Knechte geworden der alleruntüchtigsten Menschen auf der Erde.

Achtzehntens. Aus dem allen lernen wir, daß es nicht genug ist, wenn man Christus Leben und Werk obenhin und nur als ein geschichtliches und überliefertes Ereignis predigt, geschweige denn, daß man von ihm ganz schweigt und das geistliche Recht oder andere Menschengesetze und -lehren predigt. Viele predigen und lesen Christus auch so, daß sie Mitleid mit ihm haben, mit den Juden zürnen oder sich auf andere kindische Weise damit befassen. Aber er soll und muß so gepredigt werden, daß mir und dir daraus der Glaube erwächst und erhalten wird. Und dann erwächst dieser Glaube und wird er erhalten, wenn mir gesagt wird, warum Christus gekommen ist, wie man ihn gebrauchen und genießen soll, was er mir gebracht und gegeben hat. Das geschieht, wenn man die christliche Freiheit, die wir von ihm haben, richtig auslegt, und (zeigt,) wie wir Könige und Priester seien, aller Dinge mächtig, und wie alles, was wir tun, vor Gottes Augen angenehm und erhört sei, wie ichs bisher gesagt habe. Denn wenn ein Herz so von Christus zu hören bekommt, muß es von Grund auf fröhlich werden, Trost empfangen und gegen Christus süß werden, ihn seinerseits lieb zu haben. (Dazu kann es mit Gesetzen und Werken niemals kommen.) Wer will dann einem solchen Herzen Schaden antun oder es erschrecken? Fällt die Sünde und der Tod darüber her, so glaubt es, Christi Rechtschaffenheit sei sein und seine Sünde sei nimmermehr sein, sondern Christus gehörig. So muß die Sünde vor der Rechtschaffenheit Christi im Glauben verschwinden, wie oben gesagt, und es lernt mit dem Apostel dem Tod und der Sünde Trotz zu bieten und zu sagen: »Wo ist nun, du Tod, dein Sieg? Wo ist nun, Tod, dein Spieß? Dein Spieß ist die Sünde. Aber Gott sei Lob und Dank, der uns den Sieg gegeben hat durch Jesus Christus unsern Herrn. Und der Tod ist ersäuft in seinem Sieg« usw.

Neunzehntens. Über den innerlichen Menschen mag das nun genug sein, über seine Freiheit und die Hauptgerechtigkeit, die keines Gesetzes oder guten Werkes bedarf, ja der es sogar schädlich ist, wenn jemand sichs anmaßen wollte, dadurch gerechtfertigt zu werden. Nun kommen wir zum zweiten Teil, zu dem äußerlichen Menschen. Hier wollen wir all denen antworten, die an den bisherigen Ausführungen Anstoß nehmen und zu sagen pflegen: Ei, wenn der Glaube alles ist und allein schon als genügend gilt, rechtschaffen zu machen, warum sind dann die guten Werke geboten? Wir wollen dann guter Dinge sein und nichts tun! Nein, lieber Mensch, so nicht. So wäre es wohl, wenn du nur ein innerlicher Mensch und ganz geistlich und innerlich geworden wärest; das aber geschieht nicht vor dem Jüngsten Tag. Es ist und bleibt auf der Erde nur ein Anfangen und Zunehmen, das in jener Welt vollendet wird. Daher nennt es der Apostel primitias spiritus, d. h. die ersten Früchte des Geistes. Darum gehört hierher, was oben gesagt wurde: Ein Christenmensch ist ein dienstbarer Knecht aller Dinge und jedermann untertan, d. h. soweit er frei ist, braucht er nichts zu tun; soweit er Knecht ist, muß er allerlei tun. Wie das zugeht, wollen wir sehen.

Zwanzigstens. Obwohl der Mensch innerlich der Seele nach durch den Glauben genügend gerechtfertigt ist und alles hat, was er haben soll, nur daß dieser Glaube und diese Genüge immer zunehmen müssen, bis in jenes Leben, bleibt er doch noch in diesem leiblichen Leben auf der Erde und muß seinen eigenen Leib regieren und mit Leuten umgehen. Da fangen nun die Werke an, hier darf er nicht müßig bleiben. Da muß der Leib in der Tat mit Fasten, Wachen, Arbeiten und mit jeder Art maßvoller Zucht angetrieben und geübt werden, damit er dem innerlichen Menschen und dem Glauben gehorsam und gleichförmig werde, statt ihn zu hindern und zu widerstreben, wie's seine Art ist, wenn er nicht gezwungen wird. Denn der innerliche Mensch ist mit Gott eins, fröhlich und lustig um Christus willen, der ihm so viel getan hat, und all seine Lust besteht darin, daß er seinerseits Gott auch umsonst in freier Liebe dienen möchte. Er findet aber in seinem Fleisch einen widerspenstigen Willen; der will der Welt dienen und suchen, wonach ihn gelüstet. Das kann der Glaube nicht dulden und packt ihn mit Lust an der Gurgel, um ihn in seine Schranken zu weisen und abzuwehren, wie Sankt Paul sagt: »Ich habe eine Lust an Gottes Willen nach meinem inneren Menschen; ich finde aber einen anderen Willen in meinem Fleisch, der will mich mit Sünden gefangen nehmen«; ebenso: »Ich züchtige meinen Leib und treibe ihn zum Gehorsam an, auf daß ich nicht selbst verwerflich werde, der ich die anderen lehren soll«; ebenso: »Alle, die Christus angehören, kreuzigen ihr Fleisch mit seinen bösen Lüsten.«

Einundzwanzigstens. Aber diese Werke müssen nicht in der Überzeugung geschehen, daß der Mensch dadurch vor Gott rechtschaffen werde, weil der Glaube, der die Rechtschaffenheit vor Gott allein ist und bleiben muß, diese falsche Überzeugung nicht dulden kann, sondern nur in der Absicht, den Leib gehorsam zu machen und von seinen bösen Lüsten zu reinigen, und das Auge nur auf die bösen Lüste zu richten, diese auszutreiben. Denn weil die Seele durch den Glauben rein ist und Gott liebt, sähe sie es gerne, daß alle Dinge, vor allem ihr eigener Leib rein wären und jedermann mit ihr Gott liebte und lobte. So kommt es, daß der Mensch um seines eigenen Leibes willen nicht müßig gehen kann und viel gute Werke darüber tun muß, um ihn zu zwingen, und dennoch die Werke nicht das rechte Gut sind, durch das er vor Gott rechtschaffen und gerecht ist; sondern er tue sie umsonst aus freier Liebe, um Gott zu gefallen, ohne etwas anderes darin zu suchen und anzusehen, als daß es Gott so gefällt, um dessentwillen er es gerne aufs allerbeste täte. Daraus kann dann jeder das Maß und die vernünftige Weise entnehmen, in der der Leib in Zucht zu nehmen ist. Denn er hat so viel zu fasten, zu wachen und zu arbeiten, wie erforderlich ist, um den Übermut des Leibes zu dämpfen. Die andern aber, die mit Werken glauben rechtschaffen zu werden, achten nicht auf die Zucht, sondern sehen nur auf die Werke, und meinen, wenn sie nur recht viele und große Werke tun, so sei es gut und sie würden rechtschaffen. Zuweilen verlieren sie darüber den Verstand und zerstören ihre Gesundheit. Das ist eine große Torheit und ein Nichtverstehen des christlichen Lebens und Glaubens, daß sie ohne Glauben durch Werke fromm und selig werden wollen.

Zweiundzwanzigstens. Um hierfür einige Gleichnisse zu geben: Man soll die Werke eines Christenmenschen, der durch seinen Glauben und aus lauter Gnade Gottes umsonst gerechtfertigt und selig geworden ist, nicht anders ansehen, als wie die Werke Adams und Evas im Paradies gewesen wären. Darüber steht geschrieben, daß Gott den geschaffenen Menschen ins Paradies setzte, damit er es bearbeiten und hüten sollte. Nun war Adam von Gott rechtschaffen und gut geschaffen, ohne Sünde, so daß er es nicht nötig hatte, durch sein Arbeiten und Hüten rechtschaffen und gerechtfertigt zu werden. Aber damit er nicht müßig ginge, gab ihm Gott etwas zu schaffen, das Paradies zu bepflanzen, zu bebauen und zu bewahren. Und dies wären lauter freie Werke gewesen, die sonst nichts zuliebe getan worden wären als nur Gott zu Gefallen und nicht, um die Rechtschaffenheit zu erlangen, die er schon vorher besaß, und die auch uns allen von Natur angeboren gewesen wäre. So bedarf auch das Werk eines gläubigen Menschen, der durch seinen Glauben wieder ins Paradies gesetzt und neu geschaffen ist, keiner Werke, um rechtschaffen zu werden; sondern ihm sind die freien Werke allein Gott zu Gefallen aufgetragen, damit er nicht müßig gehe.

Es ist weiter wie bei einem geweihten Bischof. Wenn der Kirchen weiht, firmelt oder andere Werke seines Amtes ausübt, so machen ihn diese Werke nicht zu einem Bischof. Ja, wenn er nicht vorher zum Bischof geweiht wäre, so hätte keins von diesen Werken einen Wert und sie wären lauter Narrenwerk. So wird auch ein Christ, der, durch den Glauben geweiht, gute Werke tut, durch sie nicht besser oder mehr zu einem Christen geweiht (das geschieht nur durch Mehrung des Glaubens). Ja, wenn er nicht vorher glaubte und ein Christ wäre, so gölten alle seine Werke nichts, sondern wären lauter närrische, sträfliche, verdammenswerte Sünden.

Dreiundzwanzigstes. Darum sind die zwei Sprüche wahr: Gute, rechtschaffene Werke machen niemals einen guten, rechtschaffenen Mann, sondern ein guter rechtschaffener Mann macht gute, rechtschaffene Werke. Böse Werke machen niemals einen bösen Mann, sondern ein böser Mann macht böse Werke, so daß allemal die Person zuerst gut und rechtschaffen sein muß vor allen guten Werken, und die guten Werke folgen aus der rechtschaffenen guten Person und gehen aus ihr hervor. So wie Christus sagt: »Ein böser Baum trägt keine gute Frucht. Ein guter Baum trägt keine böse Frucht!« Nun ist es klar, daß die Früchte nicht den Baum tragen und die Bäume auch nicht auf den Früchten wachsen, sondern umgekehrt, die Bäume tragen die Frucht, und die Früchte wachsen auf dem Baum. Wie nun die Bäume eher da sein müssen als die Früchte und die Früchte den Baum weder gut noch böse machen, sondern die Bäume machen die Früchte, so muß der Mensch als Person zuerst rechtschaffen oder böse sein, ehe er gute oder böse Werke tut, und seine Werke machen ihn nicht gut oder böse, sondern er macht gute oder böse Werke. – Dasselbe sehen wir bei jedem Handwerk. Ein gutes oder schlechtes Haus macht keinen guten oder schlechten Zimmermann, sondern ein guter oder schlechter Zimmermann macht ein gutes oder schlechtes Haus. Kein Werk macht einen Meister so, wie das Werk ist, sondern wie der Meister ist, so ist auch sein Werk.

So sind auch die Werke des Menschen: je nachdem es mit ihm im Glauben oder Unglauben steht, sind seine Werke gut oder böse, und nicht umgekehrt, daß er rechtschaffen oder gläubig wäre, je nachdem seine Werke stehen. Die Werke machen nicht gläubig und machen ebenso auch nicht rechtschaffen. Aber so wie der Glaube rechtschaffen macht, macht er auch gute Werke. Machen die Werke also niemand rechtschaffen und muß der Mensch zuerst rechtschaffen sein, ehe er wirkt, so ists klar, daß allein der Glaube aus lauter Gnade durch Christus und sein Wort die Person zur Genüge rechtschaffen und selig macht, und daß ein

Christ kein Werk und kein Gebot zu seiner Seligkeit nötig hat, sondern von allen Geboten frei ist und alles, was er tut, aus lauter Freiheit umsonst tut, nicht um damit seinen Nutzen oder seine Seligkeit zu suchen, denn er ist schon satt und selig durch seinen Glauben und Gottes Gnade, sondern nur um Gott zu gefallen.

Vierundzwanzigstens. Umgekehrt ist dem, der ohne Glauben ist, kein gutes Werk zur Rechtschaffenheit und Seligkeit förderlich; andererseits machen ihn keine bösen Werke böse und verdammt, sondern der Unglaube, der die Person und den Baum böse macht, der tut böse und verdammte Werke. Wenn man rechtschaffen oder böse wird, fängt es darum nicht bei den Werken an, sondern bei dem Glauben, wie der weise Mann sagt: »Anfang aller Sünde ist: von Gott weichen und ihm nicht trauen.« Ebenso lehrt auch Christus, wie man nicht bei den Werken anfangen muß, und sagt: »Entweder macht den Baum gut und seine Früchte gut, oder macht den Baum böse und seine Früchte böse«, als wollte er sagen: Wer gute Früchte haben will, muß zuerst bei dem Baum anfangen und den gut setzen. Ebenso muß, wer gute Werke tun will, nicht bei den Werken anfangn, sondern bei der Person, die die Werke tun soll. Die Person aber macht niemand gut als der Glaube, und niemand macht sie böse als allein der Unglaube. Das ist wohl wahr: die Werke machen einen vor den Menschen rechtschaffen oder böse, d. h. sie lassen äußerlich erkennen, wer rechtschaffen oder böse ist, wie Christus sagt: »Aus ihren Früchten sollt ihr sie erkennen.« Aber das gilt alles äußerlich, von der Erscheinung, und dieser Eindruck verwirrt die vielen Leute, welche schreiben und lehren, wie man gute Werke tun und rechtschaffen werden soll. Aber an den Glauben denken sie niemals, sie gehn dahin, und ein Blinder führt immer den andern, sie martern sich mit vielen Werken und kommen doch niemals zur richtigen Rechtschaffenheit. Von diesen sagt Sankt Paul: »Sie haben einen Schein der Rechtschaffenheit, aber der Grund ist nicht da; sie gehn hin und lernen immer und immer und kommen doch nimmer zur Erkenntnis der wahren Rechtschaffenheit.« – Wer nun nicht mit diesen Blinden in die Irre gehen will, muß auf mehr sehen als auf die Werke, Gebote oder Lehren von den Werken; er muß vor allen Dingen auf die Person sehen, wie die rechtschaffen werden kann. Die wird aber nicht durch Gebote und Werke, sondern durch Gottes Wort, d. h. durch seine Gnadenverheißung, und den Glauben rechtschaffen und selig, auf daß Gottes göttliche Ehre bestehen bleibe, daß er uns nicht durch unser Werk, sondern durch sein gnädiges Wort umsonst und aus lauter Barmherzigkeit selig macht.

Fünfundzwanzigstens. Nach dem allen ist es leicht zu verstehen, inwiefern gute Werke zu verwerfen und nicht zu verwerfen sind, und wie man alle Lehren zu verstehen hat, die gute Werke lehren. Denn wo der falsche Zusatz und die verkehrte Auffassung dabei sind, daß wir durch die Werke rechtschaffen und selig werden wollen, sind sie schon nicht mehr gut und ganz verdammenswert; denn sie sind nicht frei und schmähen die Gnade Gottes, die allein durch den Glauben rechtschaffen und selig macht, und das vermögen die Werke nicht, nehmen sich's aber trotzdem vor und greifen damit der Gnade in ihr Werk und ihre Ehre ein. Darum verwerfen wir die guten Werke nicht um ihrer selbst willen, sondern um dieses bösen Zusatzes und dieser falschen, verkehrten Auffassung willen, die bewirkt, daß sie nur gut erscheinen und doch nicht gut sind; sie betrügen sich und jedermann damit wie die reißenden Wölfe in Schafskleidern. Aber dieser böse Zusatz und diese verkehrte Auffassung sind in den Werken unüberwindlich, wenn der Glaube nicht da ist. Sie müssen in diesen Werkheiligen da sein, bis der Glaube kommt und sie zerstört. Die Natur vermag sie aus eigener Kraft nicht austreiben, ja nicht einmal zu erkennen, sondern sie hält sie für eine köstliche, selige Sache. Darum werden auch so viele dadurch verführt.

Obgleich es also wohl gut ist, über Reue, Beichte und Genugtun zu schreiben und zu predigen, ist es doch, wenn man nicht bis zum Glauben fortschreitet, gewiß eine völlig teuflische, verführerische Lehre. Man muß nicht nur das eine Wort Gottes predigen, sondern alle beide. Die Gebote soll man predigen, um die Sünder zu erschrecken und ihre Sünde offenbar zu machen, damit sie Reue empfinden und sich bekehren. Aber dabei soll es nicht bleiben; man muß das andere Wort, die Zusage der Gnade, auch predigen, um den Glauben zu lehren, ohne den die Gebote, die Reue und alles andere vergeblich ist. Es sind wohl noch Prediger übrig geblieben, die die Reue über die Sünde und die Gnade predigen; aber sie heben die Gebote und Zusage Gottes nicht hervor, daß man lernen könnte, woher und wie die Reue und Gnade kommen. Denn die Reue fließt aus den Geboten, der Glaube aus Gottes Zusage, und so wird der Mensch, der durch die Furcht vor Gott gedemütigt und zur Selbsterkenntnis gekommen ist, durch den Glauben an die göttlichen Worte gerechtfertigt und aufgerichtet.

Sechsundzwanzigstens. Das sei genug von den Werken im allgemeinen und von denen, die ein Christenmensch seinem eigenen Leib gegenüber üben soll. Nun wollen wir von den weiteren Werken reden, die er gegenüber andern Menschen tut. Denn der Mensch lebt nicht nur in seinem Leib, sondern auch unter andern Menschen auf der Erde. Darum kann er ihnen gegenüber nicht ohne Werke sein; er muß mit ihnen ja zu reden und zu tun haben, wiewohl ihm keins dieser Werke zur Rechtschaffenheit und Seligkeit notwendig ist. Darum soll seine Absicht in allen Werken frei und nur darauf gerichtet sein, daß er damit den andern Leuten diene und nützlich sei, und nichts anderes vor Augen habe, als was den andern notwendig ist. Das heißt dann ein wahrhaftiges Christenleben, und da geht der Glaube mit Lust und Liebe ans Werk, wie Sankt Paulus die Galater lehrt. So auch zu den Philippern; nachdem er sie gelehrt hat, wie sie alle Gnade und Genüge durch ihren Glauben an Christus hätten, lehrt er sie weiter und sagt: »Ich vermahne euch allen Trostes, den ihr in Christus habt, und allen Trostes, den ihr habt von unserer Liebe zu euch, und aller Gemeinschaft, die ihr habt mit allen geistlichen rechtschaffenen Christen, daß ihr mein Herz vollkommen erfreuen möget, und das damit, daß ihr hinfort eines Sinnes sein, einer dem andern gegenüber Liebe erzeigen, einer dem andern dienen und ein jeder nicht auf sich noch auf das Seine acht haben wollt, sondern auf den andern, und was dem nötig sei.« Sieh, da macht Paulus eindeutig dies zum Inhalt eines christlichen Lebens, daß alle Werke auf das Wohl des Nächsten gerichtet sein sollen, weil ein jeder für sich selbst an seinem Glauben genug hat, und alle andern Werke und das ganze Leben hat er dazu übrig, um seinem Nächsten aus freier Liebe zu dienen. Dazu führt Paulus Christus als ein Vorbild an und sagt: »Seid so gesinnt, wie ihrs an Christus seht, welcher, ob er wohl von göttlicher Form war« und für sich selbst genug hatte und sein Leben, Wirken und Leiden für sich nicht nötig hatte, um dadurch rechtschaffen oder selig zu werden, sich dennoch des alles entäußerte und wie ein Knecht auftrat und allerlei tat und litt, ohne auf etwas anderes zu sehen als auf unser Bestes, und so, obwohl er frei war, doch um unseretwillen ein Knecht wurde.

Siebenundzwanzigstens. So soll sich ein Christenmensch wie sein Haupt Christus auch voll und ganz an seinem Glauben genügen lassen und ihn immer mehren, der sein Leben, seine Rechtschaffenheit und Seligkeit ist, und der ihm alles gibt, was Christus und Gott haben, wie oben gesagt wurde und Sankt Paul sagt: »Was ich noch in dem Körper lebe, das lebe ich in dem Glauben Christi des Sohnes Gottes.« Und obwohl der Christenmensch nun ganz frei ist, soll er sich gerade willig zum Diener machen, um seinem Nächsten zu helfen und mit ihm so umgehen und handeln, wie Gott an ihm durch Christus gehandelt hat, und das alles umsonst, ohne etwas anderes dabei zu suchen als das göttliche Wohlgefallen, und soll so denken: Wohlan, mein Gott hat mir unwürdigem, verdammten Menschen ohne alles Verdienst, rein umsonst und aus lauter Barmherzigkeit durch und in Christus einen vollkommenen Reichtum aller Rechtschaffenheit und Seligkeit geschenkt, so daß ich künftig weiter nichts mehr nötig habe als zu glauben, es sei so. Ei, so will ich für diesen Vater, der mich mit seinen überschwenglichen Gütern so überschüttet hat, auch frei, fröhlich und umsonst tun, was ihm wohlgefällt, und für meinen Nächsten auch eine Art Christus werden, wie Christus mir geworden ist, und nichts anderes als das tun, was ihm nur, wie ich sehe, nötig, nützlich und heilsam ist, weil ich ja durch meinen Glauben in Christus alle Dinge zur Genüge habe. – Sieh, so fließt aus dem Glauben die Liebe und Lust zu Gott und aus der Liebe ein freies, williges, fröhliches Leben, umsonst dem Nächsten zu dienen. Denn ebenso wie unser Nächster Not leidet und unseres Überflusses bedarf, haben wir vor Gott Not gelitten und seiner Gnade bedurft. Darum sollen wir so, wie uns Gott durch Christus umsonst geholfen hat, mit dem Leib und seinen Werken dem Nächsten helfen. Wir sehen also, was für ein hohes, edles Leben das christliche Leben ist, das jetzt leider in aller Welt nicht nur darniederliegt, sondern auch unbekannt geworden ist und nicht mehr gepredigt wird.

Achtundzwanzigstens. So lesen wir, daß die Jungfrau Maria nach den sechs Wochen zur Kirche ging und sich nach dem Gesetz reinigen ließ wie alle andern Weiber, obgleich sie nicht wie diese unrein noch zu dieser Reinigung verpflichtet war und sie auch nicht nötig hatte. Aber sie tat es aus freier Liebe, um den andern Weibern keine Verachtung zu bezeigen und in der großen Gemeinschaft zu bleiben. Ebenso ließ Sankt Paul Sankt Timotheus beschneiden, nicht, weil es nötig war, sondern um den glaubensschwachen Juden keinen Anlaß zu bösen Gedanken zu geben, während er Timotheus umgekehrt nicht beschneiden lassen wollte, als man ihn dazu drängen wollte, er müßte beschnitten sein, und das wäre zur Seligkeit notwendig. Auch Christus disputierte, als von seinen Jüngern der Zinspfennig gefordert wurde, ob die Königskinder denn vom Zinsgeben nicht befreit wären, und Sankt Petrus sagte ja. Trotzdem befahl er ihm ans Meer zu gehen und sprach: »Damit wir sie nicht ärgern, geh hin: den ersten Fisch, den du fängst, den nimm, und in seinem Maul wirst du einen Pfennig finden, den gib für mich und dich.« Das ist ein feines Beispiel für das hier Gelehrte: Christus nennt sich und die Seinen freie Königskinder, die keines Dings bedürfen, und fügt sich doch willig, dient und gibt den Zins. So wenig wie dies Werk nun Christus zu seiner Rechtschaffenheit oder Seligkeit notwendig war oder gedient hat, sind alle seine oder seiner Christen Werke diesen zur Seligkeit notwendig; sondern es sind alles freie Dienste für die andern und ihre Besserung. So sollten auch alle Priester, Klöster und Stifter ihre Werke tun, daß jeder das Werk seines Standes und Ordens allein darum täte, um den andern zu Gefallen zu sein und den eigenen Leib zu regieren, den andern ein Vorbild zu geben, daß sie es ebenso machen, weil sie es auch nötig haben, ihren Leib zu bezwingen, dabei sich aber immer vorsehen, daß man sich nicht einbildet, dadurch rechtschaffen und selig zu werden, was nur der Glaube zu geben vermag. Auf diese Weise gebietet auch Sankt Paul, die (Christen) sollten der weltlichen Gewalt untertan sein und ihr zur Verfügung stehen, nicht daß sie dadurch rechtschaffen werden sollten, sondern, daß sie den andern und der Obrigkeit damit frei dienten und aus Liebe und Freiheit deren Willen täten. Wer nun hierfür das Verständnis hätte, der könnte sich mit Leichtigkeit in die unzähligen Gebote und Gesetze des Papstes, der Bischöfe, der Klöster, der Stifter, der Fürsten und Herrn schicken, auf die einige tolle Prälaten so drängen, als wären sie zur Seligkeit notwendig, und nennen sie Kirchengebote, wiewohl mit Unrecht. Ein freier Christ spricht nämlich so: Ich will fasten, beten, dies und das tun, was geboten ist, nicht weil ich es nötig hätte oder dadurch rechtschaffen oder selig werden wollte, sondern ich will es dem Papst, dem Bischof, der Gemeinde oder meinem Mitbruder, meinem Herrn, zuliebe, zum Vorbild und Dienst tun und leiden, gleichwie Christus viel größere Dinge mir zuliebe getan und gelitten hat, obwohl es für ihn noch weit weniger notwendig war; und obschon die Tyrannen Unrecht tun, daß sie so etwas fordern, schadet es mir doch nicht, weil es nicht wider Gott ist.

Neunundzwanzigstens. Hieraus kann jedermann über alle Werke und Gebote ein sicheres Urteil gewinnen und auch unterscheiden lernen, welche die blinden und welches die recht gesinnten Prälaten sind. Denn wenn ein Werk nicht darauf gerichtet ist, dem andern zu dienen oder seinen Willen zu dulden, sofern er nicht zwingt, etwas wider Gott zu tun, so ist es kein gutes christliches Werk. Daher kommt es, daß ich fürchte, wenig Stifter, Kirchen, Klöster, Altäre, Messen und Testamente sind christlich, ebenso wie die Fasten und Gebete, die einigen Heiligen besonders dargebracht werden. Denn ich fürchte, daß in dem allen jeder nur das Seine sucht, in der Meinung, dadurch seine Sünde zu büßen und selig zu werden. Dies alles kommt aus der Unkenntnis des Glaubens und der christlichen Freiheit; und einige blinde Prälaten treiben die Leute dazu und preisen so ein Unwesen, empfehlen es durch Ablässe und lehren den Glauben überhaupt nicht mehr. Ich rate dir aber: Willst du etwas stiften, beten oder fasten, so tu es nicht in der Absicht, dir damit etwas Gutes anzutun, sondern gib es freiwillig hin, daß andere Leute es genießen können, und tu es zu ihrem Besten, dann bist du ein richtiger Christ. Was sollen dir deine Güter und guten Werke, die du übrig hast, deinen Leib zu regieren und zu versorgen, wo du doch genug am Glauben hast, in dem dir

Gott alle Dinge gegeben hat? Sieh, so müssen Gottes Güter von einem zu dem andern fließen und allgemein werden, daß sich jeder seines Nächsten so annimmt, als wäre ers selbst. Aus Christus fließen sie uns zu, der sich unser in seinem Leben so angenommen hat, als wäre er das gewesen, was wir sind. Aus uns sollen sie zu denen fließen, die ihrer bedürfen, und zwar so völlig, daß ich auch meinen Glauben und meine Gerechtigkeit für meinen Nächsten vor Gott einsetzen muß, um seine Sünden zu decken, auf mich zu nehmen und nicht anders zu handeln, als wären sie meine eigenen, gerade so wie Christus an uns allen gehandelt hat. Sieh, das ist die Natur der Liebe, wenn sie wahrhaftig ist! Sie ist aber dort wahrhaftig, wo der Glaube wahrhaftig ist. Darum schreibt der heilige Apostel dies der Liebe zu, daß sie nicht das Ihre sucht, sondern das, was des Nächsten ist.

Dreißigstens. Aus dem allen folgt der Satz, daß ein Christenmensch nicht in sich selbst lebt, sondern in Christus und seinem Nächsten – in Christus durch den Glauben, im Nächsten durch die Liebe. Durch den Glauben steigt er über sich hinaus zu Gott; aus Gott steigt er unter sich hinab durch die Liebe und bleibt doch immer in Gott und in der göttlichen Liebe, wie Christus sagt: »Ihr werdet noch sehen den Himmel offen stehen und die Engel auf- und absteigen über den Sohn des Menschen.«

Siehe, das ist die rechte, geistliche, christliche Freiheit, die das Herz frei macht von allen Sünden, Gesetzen und Geboten, die alle andere Freiheit übertrifft wie der Himmel die Erde, die gebe uns Gott recht zu verstehen und zu behalten.

AMEN.

# Hier stehe ich

# Der Reichstag von Worms

*Wie aus einem Sommerwölkchen unversehens ein Unwetter entsteht, so kam die Zitierung vor den Wormser Reichstag über Martin Luther. Er glaubte es lange nicht, er predigte sich und anderen Mut und hoffte immer wieder und vergeblich auf ein klärendes Wort des Kaisers. Als dann die Sache unabwendbar wurde, fuhr er entschlossen an den Rhein und stellte sich unerschütterlich der hohen Versammlung. Er gab um kein Jota nach. Nur – das vielzitierte »Hier stehe ich. Ich kann nicht anders. Gott helfe mir!« ist so von ihm nicht gesagt worden. Auf die Einwendung des kaiserlichen Offizials: »Martinus, wirst du nichts widerrufen, so wird man Gutes und Böses beieinanderlassen und miteinander unterdrücken. Sonst würde etliches bleiben. Das, was vor Zeiten auf den Konzilien verdammt ist, soll nimmer disputiert werden. Du wirst nimmer beweisen können, daß die Konzilien geirrt haben«, entgegnete Luther gelassen: »Es mögen die Konzilien irren, und sie haben geirrt. Das liegt am Tage, und ich will's beweisen. Gott komme mir zu Hilfe. Amen, da bin ich.« Als Luther von der entscheidenden Verhandlung vor Kaiser und Reich zurückkehrte, rief er mit erhobenen Händen: »Ich bin hindurch, ich bin hindurch!« Und Spalatin berichtete Freunden, der Reformator habe getrotzt: »Und wenn ich tausend Köpfe hätte, so wollte ich sie mir eher alle abhauen lassen, denn widerrufen.« – Am 16. April machte Luther sich auf den Heimweg. Um ihn vor der Reichsacht in Sicherheit zu bringen, versteckte Kurfürst Friedrich der Weise den Gebannten auf der Wartburg. Als »Junker Jörg« in Bart und Ritterkleidern verborgen (siehe S. 190) begann er auf der abgelegenen Thüringischen Festung die Übersetzung der Bibel.*

Ich kann vor Gott dem Allmächtigen und vor meinem Gewissen bezeugen und es durch vieler ehrbarer, christlicher hochgelehrter und verständiger Leute Erkenntnis und Urteil erhärten, daß ich mich nie etwas anderes beflissen und unterwunden habe, wie ich es auch in Zukunft nicht anders halten will, als die evangelische göttliche Wahrheit wider die mannigfaltige mißgläubige Wähnung und Meinung von Menschensatzungen an den Tag zu bringen. Gott weiß, wie herzlich leid es mir sein würde, wenn ich mit Fleiß und Willen unchristlich handelte oder aber lehrte, predigte, schrieb, auf dem Predigtstuhl redete oder in der Schule unterwiese, was gegen Gott und der Seelen Seligkeit wäre. So habe ich mich wiederholt erboten, als ein untertäniger, gehorsamer Sohn der heiligen christlichen Kirche, als der ich mit Gottes Hilfe sterben will, zu schweigen, falls ich es nur angesichts meiner Gegner könnte, oder doch mich besserer christlicher Meinung aus der heiligen Schrift unterweisen zu lassen, mich in öffentlicher Disputation verhören zu lassen, dem Urteil unvoreingenommener Universitäten Raum zu geben, vor unvoreingenommenen geistlichen und weltlichen Richtern – gegen frei sicheres Geleit – willig und demütig mich zu stellen und ihr Urteil anzunehmen, und so ich auf sicheren Grund der heiligen Schrift hier als im Unrecht befindlich erfunden und überwunden werde, mich untertänigst zurechtweisen zu lassen, und von meinem Vornehmen, das bisher, Gott zu Lob und gemeiner Christenheit zu Trost und Heil, in treuer Erfüllung meines Eides, als eines armen Doktors der heiligen Schrift, ohne irgend einen Gedanken an Eigenruhm und Vorteil meinerseits, vor sich gegangen ist, gehorsamst abzustehen.

*Predigt, 1519*

Ich habe etliche Büchlein herausgegeben und mir dadurch vieler und angesehener Leute Neid und Zorn zugezogen. Ich bin aber wider meinen Willen also in die Öffentlichkeit hinausgetreten: meine Widersacher haben durch Gewalt und List mich dazu genötigt. Ich für meine Person wäre am liebsten in meinem Winkel in der Verborgenheit geblieben. Ich habe mich aber, des Zeuge ist mein Gewissen und das Urteil trefflicher Männer, auch nur bemüht, die evangelische Wahrheit gegenüber dem Aberglauben menschlicher Meinungen und Überlieferungen wieder ans Licht zu bringen. Darüber leide ich nun schon das dritte Jahr ohne Unterlaß Zorn, Lästerung, Fährlichkeit und alles nur denkbare Böse. Vergebens bitte ich um Nachsicht, vergebens erbiete ich mich zum Schweigen, vergebens mache ich Friedensvorschläge, vergebens heische ich bessere Unterweisung. Eins allein wird gegen mich geplant und ins Werk gesetzt, mich mitsamt dem Evangelium auszurotten.

So erscheint es mir geboten, des Kaisers Majestät anzurufen, ob vielleicht der Herr durch sie seiner Sache, nicht meiner, beistehen wolle. Daher bitte ich fußfällig, in aller Demut und Unterwürfigkeit, Ew. Kaiserliche Majestät wolle nicht meine, sondern der Wahrheit Sache unter den Schatten ihrer Flügel nehmen, denn dazu allein ist Ew. Majestät das Schwert gegeben, zur Rache über die Übeltäter, zu Lobe aber der Frommen, und mich so lange schützen, als bis ich mich verantwortet habe und darin entweder obgesiegt habe oder besiegt bin. Ich begehre keinen Schutz, wenn ich als ein Gottloser oder als ein Ketzer überführt bin. Nur darum bitte ich, daß weder die Wahrheit noch die Lüge ungehört und unüberwunden verurteilt werde. Denn so gebührt es sich Ew. Kaiserlichen Majestät, so wird es Ew. Majestät Ruhm verkündigen für alle Zeiten, wenn Ew. Kaiserliche heilige Majestät nicht zulassen wird, daß der Gottlose verschlinge und verfluche den, der gerechter ist als er.

*An Kaiser Karl V. (als solcher gewählt am 28. Juni 1519)*
*Wittenberg, 30. August 1520*

Ich habe heute Deine Briefe erhalten, in denen Du um meine Antwort bittest, was ich tun werde, wenn ich vom Kaiser vorgeladen werde.

Ich werde, soviel auf mich ankommt, selbst als Kranker mich einstellen, falls ich nicht als Gesunder kommen können sollte. Denn zweifellos ladet mich Gott vor, wenn der Kaiser mich vorladet. Will man dabei meine Sache mit Gewalttat erledigen, wie es wahrscheinlich ist – denn man wird mich wohl nicht bloß, um mir Belehrung zukommen zu lassen, vorladen –, so sei Gott alles anheimgestellt. Er lebt und herrscht noch, der einst die drei Männer im feurigen Ofen erhalten hat. Will er mich nicht erhalten, so ist's um meinen Kopf ein geringes Ding, wenn ich mich mit Christus vergleiche, der unter höchster Schmach und Schande getötet ist. Hier handelt es sich nicht um Gefährdung oder Rettung; hier handelt es sich nur um das eine, daß wir nicht das Evangelium, das wir einmal angefangen haben, zum Spott der Gottlosen fahren lassen und dem Gegner Veranlassung geben, sich wider uns zu rühmen, wenn wir nicht uns zu dem zu bekennen wagen, was wir gelehrt haben, und uns scheuen, unser Blut dafür zu vergießen. Solche Feigheit halte der barmherzige Heiland in Gnaden von uns fern, und damit solch Rühmen unserer Gegner!

Muß es denn auch wohl also geschehen, daß die Könige im Lande sich auflehnen und die Fürsten sich zusammenschließen und mit den Völkern und Heiden wider den Herrn und wider seinen Gesellen toben, dennoch selig die, so lehrt der Geist in demselben Psalm, die auf ihn vertrauen.

*Georg Spalatin, das Kruzifix verehrend. Holzschnitt von Lukas Cranach d. Ä., 1515*

Ja mehr noch, der Herr lacht ihrer, der Herr spottet ihrer. Wir haben nicht zu entscheiden, ob dem Evangelium und dem öffentlichen Wohl mehr oder weniger Gefahr durch unser Leben oder durch unseren Tod erwachse. Gottes Wahrheit ist ein Fels des Ärgernisses, zu einem Fall und Auferstehen vieler in Israel . . . Alles kannst Du bei mir voraussetzen, nur nicht Flucht oder Widerruf. Ich will nicht fliehen; noch viel weniger widerrufen. Jesus Christus wird mir dazu aushelfen! Keines von beiden könnte ich ja tun ohne Gefährdung meiner Seligkeit und der Errettung vieler.

*An Spalatin,*
*Wittenberg, 21. Dezember 1520*

»Er heißt wunderbar«. Was ist das? Das heißt es, daß wenn Christus in uns als ein Herr regiert, er also regiert, daß wir uns verwundern müssen: sein Regiment ist so wunderlich, daß es niemand begreifen kann. Er tötet und macht lebendig, wie er es bewiesen hat zu der Zeit der Märtyrer. Wenn die Vernunft es hätte ansehen sollen, so hätte sie gesagt, es muß nicht Gott, sondern der Teufel sein, der mit den Seinen so unbarmherzig umgeht. Da ist ja nichts denn eitel Sterben und Blutvergießen. Es ist aber immer sein Regiment also gewesen, daß er gerade seine Allerliebsten hat umbringen lassen und alle Marter anlegen. Hängen wir an ihm, so muß es uns auch also und nicht anders gehen. Sollen wir zu ihm kommen, so muß vorher Fleisch und Blut ganz verderben. Danach, wenn das geschehen, führt er die Seinen in solche Freude, daß sich die Seelen nicht können genugsam verwundern solch göttlichen Rats und Regiments.

Wer aber durch solche Leiden wirklich hindurchkommen soll, der muß wahrlich einen großen Glauben haben. Werke werden es nicht ausrichten, wie groß und viele sie seien. Und wenn du das ganze Leben fastetest und dich kasteitest und eitel gute Werke tätest und hast den Glauben nicht, so wirst du nimmermehr durch solches Leiden wirklich hindurchkommen. Es hätte den Märtyrern all ihr Werk nicht geholfen, wenn sie nicht im Herzen einen richtigen Glauben an Christum gehabt und gedacht hätten: Ei, laß Ihn machen, Er wirds wohl gut machen, Er wird nichts verderben. Also führt Gott sein Volk zu ewiger Freude und Seligkeit. Es muß aber wunderlich zugehen. Daher heißt er »Wunderbar«.

*Predigt (Wittenberg, 25. Dezember 1520,*
*nachmittags im Augustinerkloster)*

*Luther als Augustinermönch. Kupferstich von Lukas Cranach d. Ä., 1520*

Wer da hat Gottes Verstand, der richtet sich darauf, was die Schrift und das Evangelium ihm weisen, und wartet des Todes. Wer sich davor entsetzt, der verleugnet Christum. Wem es nicht so widerfährt, dem geht es nicht recht. Gottes Sohn ist es auch also widerfahren. Es ist kein Mensch so verlassen gewesen, als Christus von jedermann verlassen worden ist: es fiel alles von ihm ab. Und wir meinen, wenn der große Haufe abfalle, so falle Gott! Aber wir müssen eine andere Meinung gewinnen. Es muß sich ein jeglicher fröhlich darein geben. Es wird alles auf der Widersacher Seite treten, alles, was vor den Leuten scheint. Es bleibt auf unserer Seite niemand denn Christus. Das ist unser Trost und Zuversicht . . .

Christi Trost ist also: ob sie uns wohl verfolgen und auch das Leben nehmen, sie werden doch nicht gewinnen. Wir werden zuletzt doch obsiegen und sie daniederliegen. Darum sollen wir nicht verzagen.

*Predigt am 26. Dezember 1520 über Matth. 23, 34*

Wollen wir selig werden, ein fröhliches Gewissen allezeit haben, so müssen wir des Königs Herodes Art fahren lassen und einen anderen König an uns nehmen, nämlich Christus; d. h. daß wir uns nicht unterstehen, aus den Werken fromm werden zu wollen, auch keine Hoffnung auf sie setzen, sondern allein uns in unser Herz einbilden und einprägen den gütigen Herrn Christum, der da kommt ohne allen Pomp.

Freilich, sobald man predigt, daß wir nicht fromm werden aus unseren Werken, sondern allein aus dem Glauben in Christum, dann werden jene wütig und ungeduldig, kommen mit ihren Donnern und Blitzen des Bannes und wollen Christum, d. i. die rechte Predigt von Christo töten und für ketzerisch halten. Sie fürchten, es gehe ihnen etwas ab von ihrem Bettelsack. Denn freilich, wo es also geschähe, wie es recht und billig ist, daß wir uns allein an die Taufe hielten, so würde es viel magerer an des Papstes Hof und Kammer hergehen, also daß er müßte betteln gehen . . .

So wir denn nun das einige Werk des Glaubens recht haben, dann müssen wir schaffen, beten, fasten, zur Kirche gehen und ganz und gar nicht müßig sein im Gutestun; welche Werke ich nicht darum tue, daß ich wolle fromm werden oder etwas im Himmel verdienen, sondern allein, daß ich den alten Adam unter die Sporen fasse und also den faulen Schelmen kasteie, daß er gehe, wie die Seele geht . . .

Der allein ist ein Christenmensch, der da Christo glaubt, und das allein ist ein gutes Werk, das da kommt und fließt aus einem rechten gläubigen

Herzen. Also gilt der Schlag eines Dreschers in der Scheuer ebenso viel vor Gott als ein Psalm von einem Mönch gesungen . . .

Diesen edeln allerköstlichsten Schatz, Christum Jesum, will der ewige Vater nicht verwerfen. Alle andern Werke sind nichts dagegen. Und so du schon einen Tempel aus Smaragd bis in den Himmel bautest, so gefiele es ihm nicht. Denn es vorher schon alles sein ist. Er will nichts, denn daß das Herz seinem Wort anhänge, und nicht zweifle an Christum, zu welchem Christo uns nicht kann führen denn der Stern, d. i. das Wort des Evangelii, nicht des Papstes Dekret . . .

Es sind sehr gefährliche Zeiten jetzt in der Welt. Es wäre not, daß, wer auf die Kanzel wolle gehen und das lautere Evangelium sagen, zuvor mit dem Sakrament versehen wäre.

Wir dürfen uns nicht besser oder frommer achten, denn die Propheten und Apostel Christi, die da alle eines schändlichen Todes um der Wahrheit willen haben müssen sterben. So muß es jetzt wahr sein, daß ein jeglicher rechter evangelischer Prediger muß mitten unter den Wölfen wandeln und alle Stunden warten des Kreuzes und grimmigen Todes. Aber es ist viel besser, eine Stunde brennen in diesem zeitlichen Feuer, um der Wahrheit willen, als ewiglich brennen mit denen, die unter dem Deckmantel geistlicher Gewalt Christum wollen vertreiben. Darum seid beherzt und starkmütig, ihr Prediger, sagt unerschrocken die Wahrheit; sprecht zu den Kleinmütigen: seid getrost, nehmt wahr, gegenwärtig ist Gott.

*Sermon von dem Reich Christi und Herodis*
*(gepredigt am 6. Januar 1521 nachmittags)*

So sind es Eure eignen Worte, mit denen ich Euch heute bitte: Seid auch Ihr eingedenk, daß Ihr einst jenes Wort zu mir gesprochen habt. Bisher war's ja nur Scherz und Spiel, nun aber wird es bittrer Ernst, und wie Ihr gesagt habt, wo Gott nicht das Werk hinausführt, so ists unmöglich, es zu Ende zu führen. Sichtlich liegt nun alles allein in Gottes Hand; nieman kann das noch leugnen. Wer will hier raten? Was vermöchten Menschengedanken? Der Aufruhr steht in hellen Flammen, und ein Ingrimm lodert auf beiden Seiten, daß es aussieht, als könne er kaum am Jüngsten Tage gedämpft werden.

Das Papsttum ist nicht mehr wie gestern und ehegestern, und mag es auch bannen und Bücher auf den Scheiterhaufen schichten, und mag es mich selber töten, so stehen doch sonder Zweifel große Ereignisse vor der Tür. Wie gut wäre es für den Papst gewesen, wäre er darauf ausgegangen, mit guten Mitteln zum Frieden zu wirken und nicht mit roher Gewalt des Luther Verderben zu suchen. Unter Zagen und Beten habe ich die päpstlichen Bücher und seine Bannbulle verbrannt; jetzt aber bin ich darüber froher, als je über eine Tat in meinem ganzen Leben. Denn sie sind verderblicher, als ich zu glauben wagte.

Der Kaiser hat mich durch ein Schreiben an den Kurfürsten vorgeladen; dieser hat es aber abgeschlagen und auch der Kaiser hat alsbald in einem zweiten Brief den ersten widerrufen. Gott allein weiß, was daraus werden soll. Hutten hat die Bulle mit den beißendsten Bemerkungen wider den Papst angegriffen und trägt sich noch mit mancherlei Plänen über diesen Gegenstand.

Meine Werke sind dreimal verbrannt worden, in Löwen, in Köln und in Mainz. Lebt wohl, teurer Vater; betet für Gottes Wort und für mich. Ich bin ein Spiel der Wogen, die mich fortreißen und davontreiben.

*An Johannes von Staupitz,*
*Wittenberg, 14. Januar 1521*

Emser schreibt gegen mich; ich werde der Bestie zu begegnen wissen, denn er tut's auf Geheiß seines rasenden Herrn, Georg. Hier ist alles unverändert.

*An Wenzeslaus Link,*
*Wittenberg, 14. Januar 1521*

Mit Schmerzen habe ich den neuesten Brief Karls gelesen, darin er den vorigen widerruft. Was kann man dort noch für Hoffnung haben, wenn das ihre Weisheit ist und sie so schreiben? Es geschehe der Wille des Herrn!

Heute habe ich mich bei dem Markgrafen von Brandenburg und den Begleitern des Fürsten sehen lassen. Sie luden mich ein und redeten mit mir; denn sie wollten den seltsamen Menschen einmal sehen.

Die hundert Gulden, die mir vermacht worden sind, erhielt ich heute durch Taubenheim. Aber auch Schart hat mir fünfzig gegeben. Da fange ich an zu fürchten, Gott wolle mich hier belohnen. Aber ich habe mich geweigert und gesagt, ich wollte mich nicht von ihm satt machen lassen. Entweder gebe ich's ihm gleich wieder, oder ich werde es verschleudern. Was soll ich denn mit dem vielen Geld? Dem Vater Prior habe ich die Hälfte gegeben und damit einen Menschen froh gemacht.

*An Spalatin,*
*Wittenberg, 16. Januar 1521*

Ich bin von Herzen erfreut, daß Kaiserliche Majestät die Sache, die Gottes, gemeiner Christenheit und der ganzen deutschen Nation Sache ist, nicht aber irgendeines Menschen oder gar meine Sache, nunmehr zu der seinigen machen will.

Darum bin ich erbötig, alles das zu tun und zu lassen, das ich mit Gott und christlichen Ehren tun kann, oder zu tun und zu lassen mit ehrbaren und genugsamen und christlichen Ursachen der heiligen göttlichen Schrift gewiesen werde.

Darum bitte ich untertänigst, Euer Kurfürstliche Gnaden wollen Römische Kaiserliche Majestät bitten, mich mit freiem sicherem Geleit gegenüber jeder Gewalttat, die ich nur zu sehr zu besorgen habe, auszurüsten und zu veranlassen, daß frommen, gelehrten, verständigen, unvoreingenommenen und christlichen Männern, Geistlichen und Weltlichen, die in der Bibel wohl begründet sind und zwischen göttlichen und menschlichen Gesetzen und Geboten verständig zu unterscheiden wissen, anbefohlen werde, die Sache mit mir in Verhör zu nehmen, aber keinerlei Gewalttat gegen mich, bis ich für unchristlich und unrecht befunden werde, vorzunehmen; vielmehr als weltliches Haupt der heiligen Christenheit zu veranlassen, daß während dieser Zeit meine Widersacher von ihrem wütenden, unchristlichen Vornehmen wider mich, in Verbrennung meiner Bücher und in grimmigen Nachstellungen nach meinem Leib, Ehre, Heil Leben und Seligkeit, – obwohl ich noch nicht verhört, noch nicht überwunden bin! – ablassen; mich, so ich dawider zur Errettung mehr der göttlichen evangelischen Wahrheit, denn meiner eigenen nichtigen und unwürdigen Person, etwas getan hätte oder noch zu tun gedrungen würde, solcher nötigen Gegenwehr gnädiglich entschuldigen und mich in gnädigen Schutz und Befehl, das göttliche Wort zu retten, zu nehmen und zu halten. Wie denn zu hochgenannter Kaiserlichen Majestät und E. K. F. G. ich mich dieser und aller anderen Kaiserlichen und Fürstlichen Tugenden und Gnaden . . . tröstlich versehe.

*Kurfürst Friedrich der Weise im Gebet vor Maria mit dem Kind. Holzschnitt von Lukas Cranach, um 1530*

Denn ich bin in demütigem Gehorsam bereit, so ich frei Geleit auf und ab wieder in mein Gewahrsam erlange, auf nächstkünftigem Reichstage nach Worms vor gleichen gelehrten, frommen und unvoreingenommenen Richtern zu erscheinen und mit Hilfe des Allmächtigen mich also zu verantworten, daß jedermann in der Wahrheit erfahren soll, daß ich bisher nicht aus frevlem, unbedachtem, ungeordnetem Willen und um zeitlicher und weltlicher Ehre und Nutzung willen gehandelt habe; sondern alles, was ich geschrieben und gelehrt habe, das habe ich, meinem Gewissen, Eid und Pflicht nach, als ein armer Doktor der Hl. Schrift, Gott zu Lob, zu Heil und Seligkeit gemeiner Christenheit, der ganzen deutschen Nation zu gut, zur Ausrottung gefährlicher Mißbräuche und Aberglaubens und zur Befreiung der ganzen heiligen Christenheit aus soviel unendlicher, unzählicher, unchristlicher und verdammlicher tyrannischer Verkleinerung, Beschwerung und Gotteslästerung, vorgenommen und getan.

Ew. K. F. G. wollen mitsamt Röm. Kais. Maj. ein christliches Auge und Einsehen haben auf den hochbeschwerten Stand der ganzen Christenheit.

*An Kurfürst Friedrich den Weisen von Sachsen,*
*25. Januar 1521*

Obwohl Emser eitel Lügen und nichts Redliches aufbringt, glaubt er doch, er habe rechte Sache und gewonnen. So hat's mir nicht wollen ziemen, zu schweigen, diweil er alle seine Lügen zur Schmach meiner Lehre richtet.

*An Haupold von Einsiedel,*
*Ende Januar 1521*

Aus Worms erwarte ich täglich neue Nachrichten. Die Papisten wünschen nicht mein Kommen dorthin, sondern lediglich meine Verdammung und Vernichtung.

Spalatin schreibt, Aleander habe sich nicht entblödet zu sagen: Wenn ihr Deutsche, die ihr am wenigsten von allen zur päpstlichen Kasse beisteuert, nun noch das Joch der römischen Untertänigkeit abwerft, so werden wir dafür sorgen, daß ihr euch gegenseitig hinmordet und in eurem eigenen Blut ersticken müßt. Das sind seine Neuigkeiten. Aber ich habe es immer gesagt und geschrieben, daß man in Rom solche Ungeheuerlichkeiten gegen uns im Schilde führe. Siehe da, wie fein der Papst Christi Schäflein weidet.

*An Wenzelaus Link,*
*Wittenberg, 3.(?) Februar 1521*

Zu Worms ist noch nichts gegen mich abgeschlossen worden, wenn auch die Papisten in grausigem Grimm mir alles Böse anzutun sich mühen. Spalatin schreibt mir, das Evangelium stehe dort so sehr in Gunst, daß er hoffe, man werde mich nicht ungehört und unüberführt verdammen.

*An Johann von Staupitz,*
*Wittenberg, 9. Februar 1521*

*Das Abendmahl der Protestanten und die Höllenfahrt der Katholiken, in der Mitte Luther bei der Predigt. Holzschnitt von Lukas Cranach d. J.*

Es muß Anfechtung sein, soll es recht gehen. Man muß Gott vertrauen, er werde uns nicht verlassen. Ob du schon dies oder das verlierst, es liegt nichts daran. Gottes Wille ist also. Darum, so man jetzt recht predigte, so wäre es gewiß, daß alle Klöster und Bistümer würden untergehen, alle Pfaffen und Mönche um des Evangeliums willen zum Land hinaus getrieben.

*Predigt über Matth. 4, 1 ff.*
*(17. Februar 1521)*

Emser hat endlich sein Gift, Herzog Georg zu Gefallen, ausgebrochen. Ich bin gezwungen, nur wegen seiner frechen, groben Lügen, dem Menschen zu antworten.

Unsere Jugend hat in diesen Fastnachtstagen einen als Papst verkleideten in großem Gepränge auf einem Thron sitzend, umhergefahren; dann stellte sie sich, als ob sie ihn auf dem Markt in den Bach werfen wollte; und als er entfloh, hat sie ihn mitsamt verkleideten Kardinälen, Bischöfen und Dienstgesinde durch die Straßen gejagt und gehetzt. Keine unartige und witzlose Erfindung! Denn der Feind Christi verdient solchen Spott, er, der der höchsten Herren, ja Christi selbst, spottet.

*An Spalatin,*
*Wittenberg, 17. Febr. 1521*

Dereinst schrieb mir Erasmus, vom Kaiser sei nichts zu hoffen, weil Sophisten und Papisten ihm fortwährend ins Ohr lägen. Der Herr allein ist seines Wortes Urheber und Schirmherr. Dennoch ists indessen gut, daß jener Wüten durch Gottes Ratschlag aufgehalten wird. Denn bräche es wirklich aus, so würde, so prophezeit man allgemein, ein neuer Böhmischer Aufstand losbrechen . . . Ich bin ohne Schuld daran, ich habe immer darauf hingedrängt, daß die deutschen Stände nicht mit dem Schwert, sondern mit guten Ratschlägen und Verordnungen jenen Romanisten wehren möchten . . . Ich fürchte aber, der Grimm der Römlinge wird sich nicht durch Worte zähmen lassen, und ihre rasend verstockte Bosheit wird sich selbst ins Unheil stürzen.

*An Spalatin,*
*Wittenberg, 27. Februar 1521*

Ich kann gar nicht sagen, wie ungern ich mich in den gegenwärtigen Wirrwarr verstrickt sehe und so von meinen Studien ferngehalten werde. Freilich habe ich Fleisch und Blut zuletzt nicht widerstehen können, jene tö-

richten Vorwitzigkeiten der Gottlosen schärfer anzufassen, als einem Ordensmann geziemt, wenn auch immer noch in aller Bescheidenheit ... Ich habe bisher niemals die Hoffnung aufgegeben, doch noch einmal wieder friedliche Zeiten zu erleben. Jetzt aber sehe ich, daß meine Hoffnung ein Menschenwerk war. Täglich gerate ich tiefer ins Gedränge; immer neues Geschmeiß und Getier, groß und klein, bietet Kraft und Gewalt im schönen Bunde wider mich auf. So merke ich, Satan hat durch solche Hoffnung mich versuchen wollen, ob ich nicht, im Gefühl der Aussichtslosigkeit meines Vorhabens, endlich mich ganz von meinem Vorhaben abschrecken ließe ... So listig ist seine Bosheit ... In solcher Erwägung habe ich die Hoffnung auf Frieden fahren lassen und richte mich zu Kriegs- und Friedenswerk: in der einen Hand das Schwert führend, mit der anderen bauend, sofern ich, wenn ich nur auf das eine bedacht gewesen wäre, keines von beiden vollbracht hätte. Denn wer dem Gegner nicht Widerstand leistet, schadet der Kirche auf der einen Seite ebenso, als er auf der anderen ihr durch Bauen nütze ... So schicke ich mich, mitten unter Schwertern, Bullen, Trompeten und Posaunen der Papisten – vergebens suchen sie mich zu schrecken, ja ich verachte sie von Herzen –, durch Gottes Gnade zu meinem Friedenswerke und habe die Auslegung begonnen, die E. K. F. G. von mir erbeten haben ... Ich arbeite ... für das gemeine Volk, für die armen, geringen, sterblichen Menschlein, die doch hoch vor Gott geachtet sind, ihr Urteil ist mir arg bedeutsam, sonderlich das Deinige, Erlauchter Fürst, der Ihr nicht nur der heiligen Schrift mit unvergleichem Fleiß zugetan und beflissen seid, sondern auch so geschult seid, daß Ihr auch dem größten Theologen zu schaffen macht, wenn Ihr einmal zu fragen anfangt. Ich bin daher gewiß, auch die Römlinge werden Euch mit dem Lug und Trug ihrer Bullen nicht zu betören noch mit den gottlosen Geboten ihres Aberglaubens Euch zu verwirren vermögen.

Ich habe genug geleistet, wenn ich den schlichten, einfältigen Sinn des Evangeliums wenigstens halbwegs aufgedeckt und ungereimte und törichte Auslegungen einiger anderer hinweggeräumt habe, und so das Volk, anstatt Fabeleien und Träumereien, das reine Wort Gottes, frei von allem Menschenunflat, nunmehr hören kann. Außer der Reinheit und Lauterkeit des Sinnes des Evangeliums, dem Volksverständnis angepaßt, verspreche ich nichts. Aber auch hier mögen andere urteilen, ob es mir so gelungen ist.

*An Kurfürst Friedrich den Weisen,*
*Wittenberg, 3. März 1521*

Es ist immer ärger und ärger geworden in der Welt. Zuerst, da es am besten stand, waren die Märtyrer. Danach ist es bald böser geworden, da kamen die Ketzer auf, bis jetzt, da ist's am ärgsten, und der Teufel regiert am weitesten und ist am stärksten; denn er hat alles in der Christenheit an sich gerissen, Kirche, Messe, Predigt, Prälaten, nur nicht die Taufe der kleinen Kinder. Und doch ist überall ein solcher Schein, als sei Gottes Wort und Sakrament da. Das ist der Schalk von Teufel, wie Christus sagt. Solcher Fall trifft gegen den Glauben und Gottes Wort am meisten an; da kann man nicht raten und helfen. Darum steht es jetzt so übel in der Kirche, daß es besser wäre, wir würden Heiden oder Türken.

*Predigt über Luc. II, 14 ff.*
*(3. März 1521, Augustinerkloster)*

*Titelholzschnitt zu Luthers Schrift »Auf das überchristlich und überkünstlich Buch Bocks Emsers zu Leipzig Antwort«. Augsburg (Silvan Otmar) 1521*

Meine Antwort an Emser ist in Arbeit.

*An Spalatin,*
*Worms, 6. März 1521*

Man soll und wird mir mein Spiel nicht dämpfen; das hoffe ich zu Gott; und sollen, ehe zehn Jahre dahingehen, Emser, Eck, Papst mit all seinen Lügnern und Verführern innewerden, ob sie oder ich in Gottes Namen angefangen, wenn sie gleich Bücher und mich dazu verbrennen . . .

Mein Emser, wer mich feig machen will, muß nicht mit Lügen mich angreifen. Es sind über mich diese drei Jahre so viel Lügen erdichtet, und alle sind zuschanden geworden. Dieweil du denn auch mit Lügen umgehst, ist bei mir keine Furcht, daß du mit Ehren solltest hindurchdringen . . .

Daß du und Eck, Papst und Clerisei[31] euch an meiner Lehre ärgert, das sei Gott gelobt und gebenedeit. Ich habe bisher noch nichts anderes erfahren, durch vieler frommer Leute Schrift und Zeugnis, denn daß meine Lehre den einfältigen, betrübten, gefangenen Gewissen tröstlich, nützlich und besserlich sei, und sie mir Unwürdigen so herzlich gedankt und Gott gelobt haben, daß sie die Zeit erlebt haben, solches zu hören. Christus aber sagt: Der Jünger ist nicht über seinen Meister. Haben sie den Hausvater Beelzebub geheißen, so werden sie das Gesinde auch so heißen.

Er tut dir wehe im Herzen mein fröhlicher, großer Mut. Ich bin aber und will, ob Gott will, auch bleiben . . . in einem beständigen, hochgemuten, unerschrockenen Geiste und wollte nur, daß deine gehässigen Augen müßten sehen meinen täglichen, fröhlichen Mut.

Es wird von vielen für unmöglich angesehen, daß ich bei dem jetzigen Wesen leben mag. Nun habe ich ja so viel zu schaffen, daß vor sechs Jahren meiner drei nicht hätten genug sein mögen. So bin ich jetzt von Gottes Gnaden frisch, gesund, fröhlich und mutig. Was ohne Zweifel mein Herr Christus durch frommer Leute Gebet ohne mein Verdienst tut zu Trotz und Leid allen Feinden göttlichen Worts . . .

Nimm dir nicht vor, daß ich einen Buchstaben widerrufen werde meiner Lehre . . . Es gilt hier nicht widerrufen, sondern Leib und Leben daran setzen, das und kein anderes. Dazu helfe mir Gott mit seinen Gnaden! Amen.

*Auf des Bocks zu Leipzig Antwort (1521)*

Aleander, der apostolische, nein der apostatische[32] Gesandte drängt in Worms mit allen Kräften darauf hin, daß ich in die Kaiserliche Acht erklärt werde; er hat aber bisher noch nichts erreicht.

*An Johannes Lang,*
*Wittenberg, 6. März 1521*

Der Kurfürst hat mir von Worms geschrieben und mir mitgeteilt, daß meine Sache bis jetzt noch nicht im Sinne der Papisten entschieden sei.

*An Wenzeslaus Link,*
*Wittenberg, 7. März 1521*

*Der Papst fällt in den Abgrund hinab. Holzschnitt zu Luthers »Passional Christi und Antichristi« von Lukas Cranach d. Ä., 1521*

An der Gegenüberstellung Christi und des Papstes wird auch gearbeitet; es wird ein treffliches Büchlein für die Laien.

*An Spalatin,*
*Wittenberg, 7. März 1521*

Es muß alles daran gewagt werden. Man darf sich nicht fürchten vor Gewalt oder Reichtum, sondern muß den Mund auftun. Denn wer die Ehre oder das Geld lieb hat, der führt das Predigeramt nicht Recht. Man muß den Hals daran geben und muß allein Christum lieb haben, wie er zu Petro sagt: »Petrus, hast du mich lieb?« »Weide meine Schafe.« Als ob er sagen wolle: So stehts mit dem Weiden, daß du nicht weiden kannst, du habest denn mich lieb; darum frage ich nicht umsonst, ob du mich lieb hast; du mußt das Leben daran wagen. »Es wird dich einer führen, da du nicht hin willst.« Das ist das rechte Bischofsamt.

*Predigt über 1. Mos. 31,*
*(10. März 1521)*

Das rechte Volk und Wort Gottes muß Verfolgung leiden, wie er sagt: »wie sie mich verfolgt haben, so werden sie euch auch verfolgen«. Doch sollen wir uns das nicht kümmern; es soll niemand seinen Glauben lassen fahren; denn er bleibt immer oben, und ihn kann nichts niederdrücken. Dieser Trost ist uns nötig, daß wir uns fröhlich darein ergeben, daß soviel Leute wider uns sind, wenn wir Christo anhängen, glauben und bekennen, und also denken, daß sie uns verfolgen, wie sie Christum und die Apostel verfolgt haben, und das unseren Trost sein lassen.

*Predigt über Joh. 6, 1 ff.,*
*(10. März 1521)*

Dieweil ich Euer Fürstlichen Gnaden schon lange versprochen habe, das Magnifikat zu erklären, davon mich die ungeschickten Händel vieler Widersacher immer wieder abgetrieben haben, habe ich E.F.G. Brief (vom

20. Dez. 1520) zugleich mit diesem Büchlein vorgenommen zu beantworten, . . . damit ich nicht E.F.G. junges Gemüt hindere, das zur Liebe göttlicher Schrift geneigt ist und durch weitere Übung darin mehr erhitzt und gestärkt werden wird, wozu ich E.F.G. göttliche Gnade und Beistand wünsche. Denn das ist doch von Nöten, dieweil an eines solchen großen Fürsten Person vieler Leute Heil liegt, so er, sich selbst entnommen, von Gott gnädig regiert wird; wiederum vieler Verderben, so er, sich selbst überlassen, von Gott ungnädig regiert wird. . . Darum ist's nötig für alle Überherren, dieweil sie Menschen nicht zu fürchten haben, daß sie um so mehr Gott fürchten. . . Nun weiß ich in aller Schrift nichts, das so dazu sich eignet, als dieses heilige Lied der hochgebenedeiten Mutter Gottes. . . Sie singt fürwahr hierin aufs allerlieblichste von Gottesfurcht und was Gott für ein Herr sei und was seine Werke seien in hohen und niedrigen Ständen. Laß einen anderen seiner Metze[33] zuhören, die ihm ein weltlich Lied singt; dieser züchtigen Jungfrau hört billig ein Fürst und Herr zu, die ihm ein geistlich, reines, heilsames Lied singt.

*An Herzog Johann Friedrich von Sachsen,*
*Wittenberg, 10. März 1521*

Die Artikel, die ich widerrufen soll, und die Weisungen, was ich tun soll, habe ich erhalten.

Du wirst nicht daran zweifeln, daß ich nichts widerrufen werde, wo ich sehe, daß ihr einziger Grund ist, ich hätte gegen angeblichen Brauch und Gewöhnung der Kirche geschrieben. Ich werde also Kaiser Karl antworten, wenn ich nur behufs solch eines Widerrufes geladen sei, so würde ich nicht kommen. Den Widerruf könnte ich auch hier leisten, wenn überhaupt widerrufen werden sollte.

Will aber der Kaiser mich vorfordern, daß ich hingerichtet werde, und hätte er um obiger Antwort willen mich als des Reiches Feind ansehen wollen, so bin ich bereit, zu kommen. Ich werde nicht fliehen noch das Wort jetzt im Kampf in Stich lassen, sofern mir Christus gnädig beisteht. Ich bin dessen ganz gewiß, jene Bluthunde werden nicht eher ruhen, bis sie mich hingerichtet haben. Ich habe nur den Wusnsch, daß, soweit ich etwas dazu tun könnte, nur die Papisten meines Blutes schuldig würden. . . Rate, wem zu raten ist, daß er nicht teilnehme an dem verruchten Ratschlag jener Schädlinge. . .

Das Kaiserliche Mandat habe ich noch nicht gesehen.

*An Spalatin,*
*Wittenberg, 19. März 1521*

*Kaiser Karl V. Holzschnitt von Hans Baldung, gen. Grien, 1520*

Meine Überzeugung ist: wer nicht lebend oder sterbend gegen des Papstes und der Bischöfe Gebot und Satzung ankämpft, der kann nicht selig werden. . . Ist es sicher, daß der Papst mit den Seinen Christi Feind ist, so kann keiner anders recht predigen als so, daß er jenem die Schafe abspenstig zu machen und ihn selbst wie einen Wolf zu vertreiben sucht.

*An Nikolaus Hausmann,*
*Wittenberg, 22. März 1521*

Ich bitte dich, bete nicht für mich, wohl aber für das Wort Gottes. Für mich bin ich gänzlich unbesorgt, obwohl gegen mein noch warmes Blut viele tausend Mörder in der ganzen Welt gedungen sind. Und jener allerheiligste Gegner Christi, der oberste Rufer und Lehrer jener Mörder, arbeitet mit allen Mitteln an meinem Untergang. Amen. Des Herrn Wille geschehe. Mein Christus wird mir seinen Geist geben, daß ich diese Satansdiener lebend verachte, sterbend überwinde.

*An einen Ungenannten,*
*Wittenberg, 24. März 1521*

Kommenden 4. oder 5. April werde ich bei dir übernachten, zusammen mit dem Kaiserlichen Herold, der mich nach Worms vorladet, falls es nicht gefährlich ist, nach Erfurt zu kommen. . . Falls ich nicht komme, wirst du mich am 6. April in Eisenach antreffen. Wie ich meinem geliebten Esel Emser gedient habe, wirst du wissen.

*An Johannes Lang,*
*Wittenberg, 29. März 1521*

Ich übersende E.F.G. hiermit das angefangene Magnifikat. Der vierte Bogen ist noch im Druck. Ich muß solches alles verschieben bis auf meine Rückkehr. Denn E.F.G. sieht, wie ich, auf den Reichstag geladen, alles liegen lassen muß. Hilft mir Gott wieder nach Hause, soll es E.F.G. gar schnell haben.

*An Herzog Johann Friedrich von Sachsen,*
*Wittenberg, 31. März 1521*

Siehe, da hast du deinen Ambrosius Catharinus, diese edle neue Frucht des römischen Landes. . . Wir haben leider bisher, was immer von Rom oder Welschland her zu uns drang, in geradezu unglaublicher Dummheit angebetet, als wäre es göttlicher Art. Und nun wagen diese unverschämten Gesellen mit frecher Stirn täglich neue und immer größere Ungeheuerlichkeiten uns zuzuschieben und aufzudrängen, als ob Deutschland für immer ihr Spott sein sollte, halten uns geradezu für Bestien, ja für Barbaren, ja für Klötze und Stumpfbolde; und merken in ihrer handgreiflichen Blindheit, mit der sie Gott geschlagen hat, nicht, daß sie selbst gedoppelte Bestien sind, mitsamt ihrem Herrn in Babylon, die Gras fressen wie der Ochse. . .

Ich weiß und bin gewiß, daß unser Herr Jesus Christus noch lebt und regiert. Auf das Wissen und auf den Trost trotze ich, daß ich noch tausend Päpste nicht fürchten werde. Der, der in uns ist, der ist größer und mächtiger, denn der in der Welt ist.

Deshalb laßt uns darum bitten, daß der Gott und Vater unseres Herrn Jesu Christ noch einmal nach seiner wunderbaren Gnade uns heimsuche und endlich den verheißenen Tag der herrlichen Wiederkunft seines Johannes schauen lasse, damit jener Schalk, der da ist der Mensch der Sünde und das Kind des Verderbens, vernichtet werde, und so ein Ende mache jenen verderblichen Irrtümern des Satan, durch die, Gott sei's geklagt, in jedem Augenblick viele tausend Seelen verloren gehen und zur Hölle fahren . . . und dazu sagte alles Volk: Amen, Amen.

*An Wenzeslaus Link,*
*Wittenberg, 1. April 1521*

So tut auch hier die zarte Mutter Christi, lehrt uns mit dem Exempel ihrer Erfahrung und mit Worten, wie man Gott erkennen, lieben und loben soll. . .

Es ist nicht genug, daß du glaubst, Gott wolle mit andern und nicht mit dir große Tat tun, und also dich solcher göttlichen Tat entäußerst, wie die tun, die Gott nicht fürchten in ihrer Macht und die kleinmütig verzagen in ihrer Drangsal. Denn solcher Glaube ist nichts und gar tot. Sondern du mußt ohne alles Wanken und Zweifeln seinen Willen über dich dir vor Augen stellen, daß du fest glaubst, er wolle auch mit dir große Dinge tun. Solcher Glaube lebt und webt, dringt durch und ändert den ganzen Menschen. Er zwingt dich, daß du dich fürchtest, so du hoch

*Die Anbetung Mariens. Kupferstich von Martin Schongauer*

bist, und getrost wirst, so du niedrig bist, ja je höher du bist, desto mehr dich fürchten mußt, je tiefer du unterdrückt bist, je mehr dich trösten kannst; was alles jener Glaube nicht vermag. Wie willst du in Todesnöten tun? Da mußt du ja nicht allein glauben, daß Gott möge und wisse, sondern auch wolle dir helfen. Denn doch ein unsäglich großes Werk geschehen muß, auf daß du vom ewigen Tode erlöst, ewig selig und Gottes Erbkind werdest. Dieser Glaube vermag alle Dinge; er besteht allein; er erfährt auch göttliche Werke.

Siehe, das heißt, Gott allein groß machen: nur von ihm allein groß halten und uns keines Dinges annehmen und sorgen...

Der liebt und lobt allein recht Gott, der ihn nur darum lobt, daß er gut ist, und nur seine Gütigkeit ansieht und nur in ihr seine Lust und Freude hat.

*Lobgesang der heiligen Jungfrau Maria,*
*(genannt das Magnifikat, verdeutscht und ausgelangt 1521)*

Der Papst hat mich in den Bann getan. So habe ich den Vorteil, daß ich sein Gebot nicht zu halten brauche. Ihrer sind aber leider so viele, daß ich sie nicht alle übertreten kann.

*Predigt über 1. Mos. 31*
*(17. März 1521)*

Ich predige euch Christum im rechten Glauben, und das ist die Wahrheit. In ihr predigen wir auch, daß einer den andern lieb haben soll. Nur läßt es sich niemand zu Herzen gehen. Ich fürchte, es wird etwas hernach kommen, ein Rumor, den wenig Leute ertragen werden. Unser Herrgott zündet ein großes Licht an, daß man sieht, was rechte Christenlehre und das Evangelium ist, und daß des Papstes Ding Narrenwerk ist, damit er so viele Seelen verdirbt. Darum bitte ich euch, ihr wollt alle Heiligkeit anstehen lassen und euch üben in der Liebe. Erkennt, daß Gott uns heimsucht, auf daß uns nicht geschehe, was er über Capernaum sagt. Es wäre besser, ich hätte kein Wort gepredigt, wenn ihr so bleiben wollt, wie ihr bisher seid gewesen.

*Predigt, Matth. 21, 1 ff.*
*(24. März 1521)*

Schrift und Gottes Wort, so man das predigt, hat es alsobald Verfolgung, dadurch man es will niederdrücken, beugen und brechen. Nun hat es die Art, daß es sich nicht läßt niederdrücken, und wenn man die ganze Welt darauf legte. Der Teufel kann es mit keinerlei Gewalt unterdrücken und dämpfen, er tue es denn mit List, also daß er die Augen von der Schrift abwendet, wie er es jetzt getan hat. Demnach, Schrift und fromme Leute können nicht sein und wohnen in weltlicher Wollust. Alles, was der Welt lieb ist, ist ihm zuwider; es wohnt allein bei denen, die danach dürsten und begehren. . . Alle, die da am Wort hangen, müssen mit dem Wort gewinnen und obliegen. Glaube und Wort werden ein Ding und ein unüberwindlich Ding. . . Gott kann nicht leiden, daß man etwas anderes predige denn das Evangelium. Das hat der Teufel gesehen und Fleiß getan, daß er Menschenlehre einführe. Denn er sah, er könne nichts schaffen, wo man die Bibel habe. Wo man nicht an dem einigen Wort Gottes hängt und in dem einigen Glauben steht, da hat er schon halb gewonnenes Spiel.

*Predigt über Matth. 21, 1 ff.*
*(24. März 1521)*

Das ist die rechte Betrachtung und Weise, das Leiden Christi zu treiben, daß du daraus lernst, wer du seist. Weine über dich selber, halte dich und Christum zusammen, da siehst du einen Spiegel des gestrengen Gerichts und Zornes Gottes, das wir verdient und Christus getragen hat. . . So ernst und streng das Gericht Gottes und der Zorn ist, so groß, daß er nicht nachlassen kann und will, so will Gott doch haben, daß wir's also ansehen und erschrecken von unseren Sünden und bedenken, was das für Zorn und Ungnade sei, die Christus für uns leidet. . . So sehen wir, wie der allmächtige Gott den Sündern überaus feind ist und die Sünder hasset.

Dann wenn das Gewissen also zappelt und fühlt, daß Gott und Christus wider den Menschen steht, und er ein Widersacher Gottes ist, wird ihm so bange, daß er gern Hand und Fuß ausstreckt, daß jemand komme und ihm Trost und Hilfe gebe und ihm sage, was er tun solle. . . Da muß man klug werden und die Augen nicht auf das Gewissen halten, sondern auffahren und herausbrechen, daß man das Leiden Christi also ansehe, daß er nicht allein meine Sünde trage, sondern um meiner Sünde willen leide und sie also auf sich genommen und getragen habe, daß er mich davon erlöse. . . Die Vernunft sagt dir das nicht; sie kann es auch nicht begreifen. Wenn du es glaubst, so erkennst du es im Geist. Solcher Glaube ist der verborgene, heimliche Schatz, davon Paulus sagt: in Christo liegen verborgen alle Schätze der Weisheit und der Erkenntnis Gottes. »Durch unsere Sünden ins Leiden geführt«, das heißt in die Hölle geworfen werden. »Um unserer Sünde willen ins Leiden geführt und gelitten«, das heißt der Hölle entronnen sein.

Wer die Sünde los sein will, der sollte gern sterben und das Leben hassen; denn es ist ganz und gar sündlich; und es gibt keine Arznei für die Sünde, denn das Sterben. Da hat uns Christus ein Vorbild gegeben, ist vorn an die Spitze getreten und sagt also: Hast du kein gutes Gewissen, tut dir der Tod noch weh, folge mir nach. Ich will dir die Bahn brechen. Es wird dir sonst nicht geraten. Du kannst nicht ohne Sünde sein. Willst du aber herauskommen, mußt du dich an mich hängen. Ich kann nicht mehr, denn daß ich vorangehe. Wo ich hinfahre, da fährest du auch hin. Halte dich an mich, ich will dich wohl hindurchführen.

*Predigt über das Leiden Christi*
*(29. März 1521)*

Rechte und wahrhaftige Frömmigkeit steht in zweierlei Werken: in fremden Werken, das sind die rechten, und in eigenen Werken, die sind zu gering.

Also etwa, einer baut Kirchen, ein anderer wallfahrt nach Sankt Peter in Rom, der dritte fastet oder betet, wird Mönch, geht barfuß oder tut sonst etwas derartiges. Solche Werke sind gar nichts; sie haben gar keine Kraft. Aber Gott hat auserwählt einen Menschen, den Herrn Jesum Christum, daß er den Tod zerknirsche und die Sünde zerstöre und die Hölle zerbreche.

Darum sage ich: Fremde Werke machen uns fromm. Ich bin, spricht der Herr Christus, eure Rechtfertigung, ich habe zerstört die Sünden, die ihr auf euch habt, darum so glaubt mir nur, daß ich der sei, der das getan hat; so werdet ihr gerecht.

Möchte nun jemand sagen: Ei, Lieber, du sagst viel vom Glauben, und daß unsere Seligkeit darinnen stehe; so frage ich dich: Wie mag man zum Glauben kommen? So will ich es dir sagen. Unser Herr Christus sagt hier: »Friede sei mit Euch! Sehet da meine Hände und meine Füße!« Siehe Mensch, ich bin der allein, der dir deine Sünde weggenommen hat und dich erlöst hat. So habe nun Frieden! ...

Ist es nicht die Wahrheit? Ich weiß wohl, daß man's nicht gern hört, und sie viele verdrießt. Doch will ich es sagen, und muß es tun, sollte mich's zwanzig Hälse kosten.

Ich will die Wahrheit sagen und muß es tun. Darum stehe ich hier. Man soll also nicht auf menschlich Gesetz oder Werk bauen, sondern zu dem allein einen rechten Glauben haben, der der Sünde ein Zerstörer

Eyn Sermon D. Mar
tini Luthers so er auff dem hyneweg zu
K. M. gen Wormbß zu zyhen/ auß
bit vortreflicher vnd vil gelarter/
ane vorgehēde fleyß/ader sün-
derliche studirung in der eyle
zu Erffurdt gethan/ von
eynem leyhen nach dem
im in seynem abwesen
die selbige in ruck
vngūstliche vn
warhaftig-
lich vnnd
anders dan durch
inen vorlaut nach gesagt
zu entschuldigung vñ enthal-
dūg vnleuckbarer warheit/ auch
zu besserūg der yhenen so dar in getroffen
wie geschehē in druck bevoln vñ v̊schaft.

*Titelbordüre zur ersten Ausgabe, Erfurt (Matthes Maler) 1521*

ist. So merken wir, wie wir in ihm wachsen. So ist alles, das uns zuvor bitter gewesen ist, süß. Es will Gott unser Herz erkennen. Wenn das geschieht, so werden wir verachtet: wir geben ja nichts um Menschengesetz. So kommt dann der Papst und verbannt uns. So sind wir doch in Gott verknüpft, daß wir alles Unglück, Bann, Gesetz für gar nichts achten.

*Ein Sermon auf dem Hinwege gen Worms zu Erfurt gehalten (Sonntag nach Ostern, 7. April 1521)*

Wir sind endlich hier angekommen, ob auch Satan mich durch mehr als eine Erkrankung aufzuhalten bemüht gewesen ist. Denn auf der ganzen Fahrt von Eisenach bis hierhin war ich unpäßlich und bin es noch, so wie ich es bisher nicht gekannt habe. – Man hat auch, wie ich deutlich sehe, um mich zu schrecken, gerade jetzt das kaiserliche Mandat veröffentlichen lassen. Aber Christus lebt, und wir werden nach Worms kommen, und wenn alle Pforten der Hölle und alle bösen Geister unter dem Himmel sich dagegen stemmten.

*An Spalatin,
Frankfurt am Main, 14. April 1521*

## Luthers Gebet in Worms

Allmächtiger ewiger Gott! Wie ist nur die Welt ein seltsam Ding! Wie sperrt sie den Leuten das Maul auf! Wie klein und gering ist das Vertrauen der Menschen auf Gott! Wie ist das Fleisch so zart und schwach, und der Teufel so gewaltig und geschäftig, und nur durch seine Apostel und Weltweisen! Wie zieht sie so rasch die Hand ab und schnurrt dahin, läuft die gemeine Bahn und den weiten Weg der Hölle zu, da die Gottlosen hingehören, und sieht nur allein das an, was prächtig und gewaltig, groß und mächtig ist und ein Ansehen hat.

Wenn ich auch meine Augen dahin wenden soll, so ist's schon mit mir aus. Die Glocke (das Totenglöcklein) ist mir schon gegossen, und das Urteil gefällt.

Ach Gott, ach Gott, o Gott, du mein Gott, du mein Gott, stehe du mir bei wider aller Welt Vernunft und Weisheit! Tu du es; du mußt es tun, du allein! Ist es doch nicht meine, sondern deine Sache, habe ich doch

## Ware Contrafactur Herren Martin Luthers/wie er zů Wurms auff dem Reichstag gewesen/vnd was Er gebettet habe.

Almächtiger ewiger Got/wie ist nur die Welt ain ding/wie sperret sy den leüten die meüler auff/wie klain vnd gering ist das vertrawen der menschen auff Gott/wie ist das flaisch so zart vnd schwach/vnd der Teüfel so gewaltig vnnd geschäfftig/vnd nur durch seine Apostel vnd Weltweysen/wie zeühet sy so bald die hand ab/vnnd schnurrt dahin/laufft die gemaine ban/vñ den weyten weg der Hellen zů/da die gotlosen hin gehörn/vnd sihet nur allain bloß an/was prächtig vnd gewaltig/groß vnd mächtig ist/vnd ain ansehen hat: Wañ ich meine augen dahin wenden soll/so ists schon mit mir auß/die Glock ist schon gegossen/vnd das vrtel gefellet. Ach Got/ach Got/O Got/du mein Got/du mein Got/stehe du mir bey/wider aller welt vernunfft vnd weißhait/thů du es/du můst es thůn/du allain/ist es doch nit mein/Sonder dein sache/hab ich doch für mein Person allhie nichts zuschaffen/vnnd mit disen grossen Herren der Welt zuthůn/wölt ich doch auch wol gůte gerhůwige täg haben/vnd vnuerworren sein/aber dein dein ist die sach Herr/die gerecht vnd ewig ist/stehe mir bey/du trewer ewiger Gott/ich verlasse mich auff kainen menschen/es ist vmb sunst vnnd vergebens/es hincket alles was flaischlich ist/vnd nach flaisch schmecket. O Got Got/O Got/hörest du nicht mein Got/Bist du todt? Nain/du kanst nicht sterben/du verbirgst dich allain. Hast du mich darzů erwölet/das ich die warhait fürdern soll/ich frage dich/wie ich es dañ gewiß waiß/Ey so wallt es Gott/dann ich mein lebenlang nye wider solche grosse Herren zusein gedacht/hab mir es auch nye fürgenommen/Ey Gott/so stehe mir bey/in dem Namen deines lieben Suns Jesu Christi/der mein schutz vnd schirm sein soll/ja mein veste burg/durch krafft vnd sterckung deines hailigen Gaists. Herr wa bleibst du? du mein Got/wa bist du? Kum̃/kum̃/ich bin berait/auch mein leben darumb zulassen/gedultig wie ain Lämblin/dañ gerecht ist die sache/vnd dein/so will ich mich von dir nicht absündern ewigklich/das sey beschlossen/Ewigklich sag ich inn deinem Namen/die Welt můß mich über mein gewissen wol vngezwungen lassen/vnd wann Sy noch voller Teüfel wäre/vnd solt mein leib/der doch zuuor deiner hände werck vnd geschöpff ist/darüber zů grund vnd boden/ja zů trümmern gehn/darfür aber dein Wort vnd Gaist mir gůt ist/vnnd ist auch nur vmb den leib zuthůn/die Seel ist dein/vnnd gehört dir zů/vnnd bleibt auch bey dir ewig. Gott hilff mir. Amen in Gottes namen/Amen.

*Luthers Gebet. Deutscher Holzschnitt des 16. Jahrhunderts*

für meine Person allhier nichts zu schaffen und mit diesen großen Herren der Welt zu tun. Wollte ich doch auch wohl gute, geruhige Tage und unverworren sein! Aber dein, dein ist die Sache, Herr, die gerecht und ewig ist. Stehe mir bei, du treuer ewiger Gott! ich verlasse mich auf keinen Menschen: es ist umsonst und vergebens; es hinkt alles, was fleischlich ist, und was nach Fleisch schmeckt. O Gott, Gott, o Gott; hörst du nicht, mein Gott? Bist du tot? Nein, du kannst nicht sterben, du verbirgst dich nur. Hast du mich dazu erwählt, daß ich die Wahrheit fördern soll – ich frage dich, sowie ich es gewiß weiß, ei, so walte es Gott! denn ich habe mein Leben lang nie solcher großen Herren zuwider zu sein gedacht, habe es mir auch nie vorgenommen. Ei, Gott, so stehe mir bei, in dem Namen deines lieben Sohnes Jesu Christi, der mein Schutz und Schirm sein soll, ja meine feste Burg, in Kraft und Stärkung deines heiligen Geistes! Herr, wo bleibst du? Du mein Gott, wo bist du? Komm, komm, ich bin bereit, auch mein Leben darob zu lassen, geduldig wie ein Lämmlein. Denn gerecht ist die Sache und dein! So will ich mich von dir nicht absondern ewiglich; das sei beschlossen! Ewiglich sag ich in deinem Namen: die Welt muß mich über mein Gewissen wohl ungezwungen lassen; und wenn sie noch voller Teufel wäre und mein Leib, der doch zuvor deiner Hände Werk und Geschöpf ist, darüber zu Grund und Boden, ja zu Trümmern gehen sollte, dafür aber dein Wort und Geist mir gut sei. Es ist auch nur um den Leib zu tun; die Seele ist dein und gehört dir zu und bleibt auch bei dir ewig. Gott, hilf mir! Amen, in Gottes Namen, Amen!

Zu dieser Stunde stand ich vor dem Kaiser und dem römischen Bruder und wurde gefragt, ob ich meine Bücher widerrufen wolle. Worauf ich antwortete, es seien zwar meine Bücher (die da vor mir lägen), aber ich würde erst morgen erklären, was ich in Sachen des Widerrufs vorhätte; denn eine längere Zeit zum Überlegen wollte ich nicht erbitten und wurde mir auch nicht gewährt. Aber ich werde auch nicht ein Tüttelchen widerrufen, so mir nur der Herr Christus gnädig ist.

*An Johann Cuspinianus,*
*Worms, 17. April 1521*

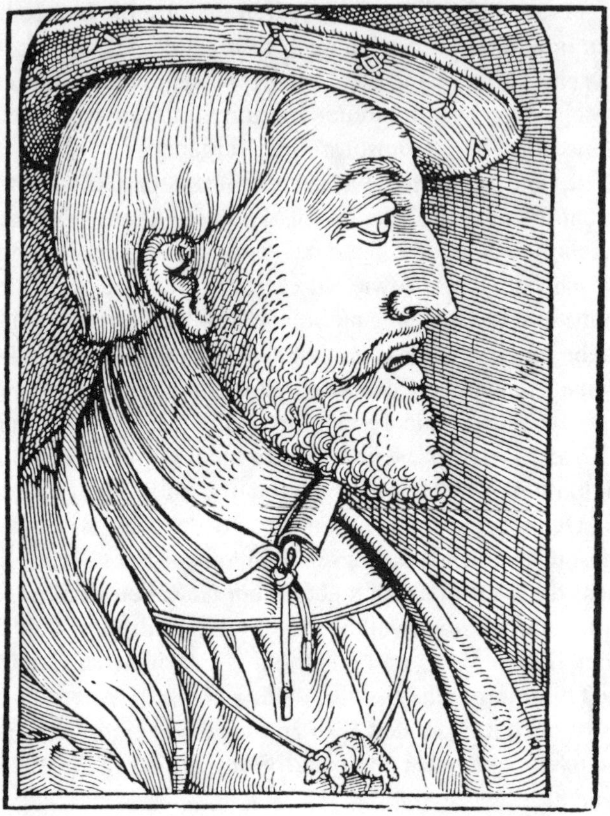

*Kaiser Karl V. Holzschnitt von Hans Baldung, gen. Grien, 1536*

## Luther auf dem Reichstag zu Worms

### 17. April. Vorverhandlung vor Kaiser und Reich

Von Ew. Kaiserlichen Majestät werden mir zwei Stücke vorgelegt, einmal, ob ich alle die Bücher, die meinen Namen tragen, als die meinigen angesehen wissen wolle; zum anderen, ob ich im Sinn habe, dabei zu verharren oder irgend etwas von ihrem Inhalt zu widerrufen. Hierauf werde ich kurz und klar, nach meinem Vermögen, antworten. – Zunächst muß ich die genannten Bücher als die meinigen anerkennen und kann auch nicht eines von ihnen ableugnen. Was aber das andere anbelangt, daß ich entweder alles gleicherweise bejahen soll oder das widerrufen, was über das

Schriftzeugnis hinauszugehen scheint, so handelt es sich da um eine Frage vom Glauben und von Seligkeit, und sie berührt Gottes Wort, das wichtigste, was es gibt im Himmel und auf Erden, das darum wir alle billigerweise aufs höchste in Ehren zu halten haben, und so wäre es verwegen, ja gefährlich, wenn ich hier irgend etwas unüberlegt vortrüge; da ich ja unvorbereitet entweder weniger, als dem Sachverhalt angemessen, oder mehr, als der Wahrheit gemäß, darlegen könnte, beides aber mich dem Urteilspruch Christi verhaftete: Wer mich verleugnet vor den Menschen, den will ich auch verleugnen vor meinem himmlischen Vater. Ich erbitte daher ganz demütiglich von Ew. Kaiserlichen Majestät Überlegungszeit, damit ich der Frage genügen könne ohne Schädigung des göttlichen Wortes und Gefahr meiner Seele. –

## 18. April, Hauptverhandlung vor Kaiser und Reich

Allerdurchlauchtigster Kaiser, Erlauchteste Fürsten, Gnädigste Herren! Zu dem mir gestern Abend gesetzten Termin erscheine ich gehorsam und bitte um der Barmherzigkeit Gottes willen, Ew. K. M. und Ew. erlauchten Herren wollen diese gerechte, wie ich vermeine, und wahre Angelegenheit, mildiglich anhören, und wenn ich aus Unkenntnis irgend einem die gebührende Anrede nicht gebe oder gegen die höfischen Sitten und Gebräuche verstoße, es einem Mann verzeihen, der nicht in der Weite des Hoflebens, sondern der Enge des Klosters groß geworden ist. Ich kann jedenfalls von mir nur das eine bezeugen, daß ich bis heute in solcher Einfalt des Gemüts gelehrt und geschrieben habe, daß ich allein auf Gottes Ehre und lautere Unterweisung der Christgläubigen bedacht war.

Nun allergnädigster Kaiser, erlauchte Fürsten: In Sachen der zwei Artikel, die Ew. Majestät mir gestern dargelegt haben, ob ich die genannten und unter meinem Namen ausgegangenen Bücher als die meinigen anerkenne, und ob ich bei ihrer Verteidigung beharren wolle oder widerrufen, habe ich zu dem ersten Punkt meine Antwort bereits richtig und klar gegeben und beharre bei ihr jetzt und allezeit, nämlich: es sind meine Bücher und sie sind von mir unter meinem Namen ausgegangen; es sei denn, daß durch meiner Gegner Arglist oder unzeitige Klugheit irgend etwas in ihnen geändert oder böslicherweise gestrichen sei. Denn ich anerkenne als mein Eigentum nur das an, was wirklich mein Eigentum und von mir allein geschrieben ist, nicht aber irgend eines anderen Auslegung, und wäre sie noch so fleißig.

**Doctor Martini Luthers offenliche Verhör zů Worms im Reichs tag/ Red/ Und Widerred Am. 17. tag/ Aprilis/ Im jar 1521 Beschechen**

**Copia ainer Missive/ Doctor Martinus Luther nach seinem abschid zů Worms zů rugck an die Churfürsten/ Fürsten/ Vñ stend des Reichs da selbst verschriben gesamlet hatt.**

Zur Antwort auf den zweiten Punkt bitte ich Ew. Majestät und Ew. Fürstliche Gnaden bedenken zu wollen, daß meine Bücher nicht alle einerlei Art sind.

Da sind zunächst solche, in denen ich vom christlichen Glauben und guten Werken so schlicht und evangelisch handle, daß selbst meine Gegner werden zugestehen müssen: sie sind nützlich, unschädlich, darum für jeden Christenmenschen lesenswert. Selbst die Bulle, so wild und grausam sie sonst auch ist, erklärt etliche meiner Bücher für unschädlich; daß sie sie dennoch verdammt, ist lediglich eine ungeheuerliche Rechtsbeugung. So ich also hier widerriefe, bei Gott, ich würde dann als einziger von allen Menschen solch eine von Freund wie Feind gleicherweise anerkannte Wahrheit verdammen, ganz allein einem einmütigen Bekenntnis aller widerstreben!

In einer zweiten Reihe von Büchern wird das Papsttum und der Papisten Einrichtungen angegriffen, als solche, die durch ihre durch und durch verdorbenen Lehren und Vorbilder die Christenheit an Leib und Seele verwüstet haben. Denn das kann schlechterdings niemand verneinen oder leugnen, da es allgemeine Erfahrung und aller Erfahrungen bezeugen, daß durch des Papstes Gebote und der Menschen Lehren die Gemüter der Gläubigen ganz jämmerlich verstrickt, beschwert und gefoltert sind, daß weiter Hab und Gut und Vermögen, zumal in dieser hochberühmten deutschen Nation, durch eine geradezu unglaubliche Willkürherrschaft ausgesogen und ausgeraubt sind und bis heute noch werden, ohne Maß und mit den unwürdigsten Mitteln. Ja, in ihren eigenen Gesetzbüchern verordnen sie, daß die päpstlichen Gesetze und Lehren, die dem Evangelium und den Meinungen der Kirchenväter zuwider sind, als irrtümlich und verwerflich zu erachten seien. Wenn ich also hier widerrufe, so würde ich lediglich jene Willkürherrschaft stärken und solche furchtbarer Gottlosigkeit nicht bloß die Fenster, sondern auch Tor und Tür öffnen, so daß sie noch ganz anders weit und frei, als sie es bisher je gewagt hat, wüten und toben würde; und so würde durch das Zeugnis meines Widerrufes die Herrschaft der über alle Maßen willkürlichen und zügellosen Ungerechtigkeit und Nichtswürdigkeit jener für den gemeinen Mann völlig unleidlich und unerträglich und doch zugleich neu gestärkt und befestigt werden; zumal wenn sie obenein damit prahlen könnten, daß ich solches auf Befehl Ew. Kaiserlichen Majestät und des ganzen römischen Reiches getan hätte. Lieber Gott, was für ein Schanddeckel der Bosheit und Willkürherrschaft wäre ich dann!

In einer dritten Gruppe von Büchern habe ich gegen einige Privat- und Einzelpersonen geschrieben und zwar gegen solche, die sich unterstanden haben, jene römische Willkürherrschaft zu schützen und die gottselige Lehre, die ich verkündigt habe, zu unterdrücken. Ich gestehe, daß ich gegen sie schärfer vorgegangen bin, als es die christliche Religion und mein Mönchsgelübde zulassen; ich mache mich nicht zu einem Heiligen, ich handle auch nicht um mein Leben, wohl aber um Christi Lehre. So steht mir nicht frei, diese Bücher zu widerrufen. Denn das Ergebnis solchen Widerrufes würde nur das sein, daß Willkürherrschaft und Gottlosigkeit nun unter meinem Schutz herrschen und noch gewalttätiger gegen das Volk Gottes wüten würden, denn je zuvor.

*Luther auf dem Reichstag. Holzschnitt nach Lukas Cranach d. Ä., 1521*

Dennoch, da ich nur Mensch und nicht Gott bin, kann ich meinen Büchlein keinen anderen Schutz gewähren, als ihn mein Herr Jesus Christus für seine Lehre gehabt hat, der, als er von Hannas über seine Lehre befragt wurde und von einem Diener einen Backenstreich empfing, antwortete: habe ich übel geredet, so beweise es, daß es übel geredet war. Hat also der Herr, der doch wußte, daß er nicht irre, sich nicht geweigert, Zeugnis wider seine Lehre anzuhören, und das von einem ganz gewöhnlichen Knecht: um wieviel mehr muß ich, der ich Erde und Asche bin und nur irren kann, wünschen und erwarten, ob jemand Zeugnis wider meine Lehre ablegen werde. Daher bitte ich bei der Barmherzigkeit Gottes, Ew. Majestät, Ew. Fürstliche Gnaden oder wer sonst es sein möge, ob hohen oder niedrigen Standes, möchten Zeugnis ablegen, Irrtümer widerlegen, mich überwinden mit Schriften der Propheten und Evangelisten. Ich werde, falls ich unterrichtet werde, völlig bereit sein, jedweden Irrtum zu widerrufen, und werde der erste sein, der meine Bücher ins Feuer wirft.

Hieraus wird, glaube ich, offensichtlich, daß ich genugsam die Nöte und Gefahren, die Eiferungen und Meinungsverschiedenheit erwogen und bedacht habe, wie sie anläßlich meiner Lehre entstanden sind, und woran ich gestern hart und ernstlich erinnert bin. Mir ist es jedoch der allerliebste Anblick zu sehen, wie das Wort Gottes es ist, das solche Eiferungen und Meinungsverschiedenheiten schafft. Denn das ist der Lauf des Wortes Gottes, seine Gefahr und sein Erfolg, wie der Herr selbst sagt: Ich bin nicht gekommen, Frieden zu bringen, sondern das Schwert; ich bin gekommen den Sohn wider den Vater zu erregen usw. Daher haben wir wohl zu bedenken, wie wunderbar und schrecklich unser Gott in seinen Gerichten ist, damit nur nicht der Versuch, obige Eiferungen zu dämpfen, sofern die Verdammung des Wortes Gottes dabei der Anfang ist, in eine Sintflut unerträglicher Übel ausmünde, und die Herrschaft unseres erlauchten jungen Kaisers, der nächst Gott das beste hoffen läßt, sich unglücklich und unheilvoll gestalte. Ich könnte solches mit zahlreichen Schriftbeispielen erhärten, von Pharao oder von den Königen Babylons und Israels, die gerade da sich den größten Schaden bereiteten, als sie mit ihren hochklugen Anschlägen ihre Reiche zu beruhigen und zu sichern versuchten. Denn Gott ist es, der die Klugen erhascht in ihrer Klugheit und die Berge umkehrt, ehe sie es merken. Daher müssen wir uns vor ihm fürchten. Das sage ich nicht, daß solche meine Lehre und Erinnerung den hohen Herren von nöten wäre, sondern weil ich meinem lieben Deutschland solch schuldigen Dienst nicht verweigern darf. Und so befehle ich mich hiermit Ew. Majestät und Ew. Fürstlichen Gnaden und bitte gehorsamst, daß sie nicht zulassen, daß ich durch die Umtriebe meiner Gegner ohne Grund aus dem Wege geräumt werde.

Meine Artikel sind nicht mein, sondern Gottes und der heiligen Schrift. Darum kann ich nicht von ihnen lassen. Der Ärgernisse gibt es zwei, das der Liebe und das des Glaubens. Das der Liebe muß man meiden, also böse Worte und Werke, wie sie Gott verboten hat. Ärgernis des Glaubens aber steht in der Lehre und im Worte Gottes: Das kann nicht aufhören, von Anbeginn der Welt bis zu ihrem Ende. Denn das Wort Gottes stößt die großen Gelehrten und die heiligen Leute. So steht von Christo geschrieben, er sei der Stein des Ärgernisses. So kann ich den Herrn Christum nicht anders machen, denn ihn Gott selbst gemacht hat. Will man ihm wehren, so wird er erst recht lebendig. Denn Gottes heiliges Wort hat allezeit das Ansehen gehabt, als wollte die Erde versinken und der Himmel einfallen. So haben die Juden es getan, als sie sagten: »lassen wir diesen, so kommen die Römer und zerstören uns« und ist gerade dadurch die Zerstörung erfolgt. Ich bitte darum untertänigst, es bei meinem vielfältigen christlichen Erbieten zu belassen: ich bin nochmals in aller Untertänigkeit erbötig, wo ich mit göttlicher Schrift überwunden werde, mich darin täglich unterweisen zu lassen.

Kein andern Rat und besseres Mittel weiß ich, als den, den Gamaliel, wie Sankt Lucas schreibt, gegeben hat von des Herrn Christi Lehre: sie solltens leiden; denn wäre sie von den Menschen, so würde sie von selbst untergehen; wäre sie aber von Gott, so würde sie von den Menschen nicht mögen zerstört werden. Dasselbe möchte Kaiserliche Majestät samt dem Reiche dem Papst schreiben: mit dem göttlichen Wort steht es so, wie Sankt Paulus davon schreibt: »Und wenn ein Engel vom Himmel herabkäme und anders lehre, so sollt ihr ihm nicht glauben.« Er wisse, so solches sein Vorhaben nicht von Gott sei, so werde es binnen drei, ja binnen zwei Jahren von selbst zugrunde gehen.

Darüber (über die vom Konzil zu Costnitz verdammten Sätze) kann und werde ich nicht schweigen; denn ich bin gewiß, daß in ihnen Gottes Wort verdammt ist. Lieber will ich Leib und Leben lassen, als Gottes so ganz klares Wort fahren lassen.

Wie es dem Herrn gefallen hat, so ist es geschehen. Der Name des Herrn sei gelobt. Zunächst danke ich Sr. Kaiserlichen Majestät, den erlauchten Kurfürsten, Fürsten und übrigen Reichsständen demütiglich für das so gütige und gnädige Gehör und für das freie Geleit, das mir gehalten

*Der Papst auf der sedia gestatoria. Holzschnitt zu Luthers »Passional Christi und Antichristi« von Hans Baldung, gen. Grien, 1521*

ist und gehalten werden soll. Ich habe nichts anderes gewünscht, als die Richtigstellung durch die heilige Schrift, die ich so oftmals gefordert habe. Ich bin sonst bereit, um Kaiserlicher Majestät und des Reiches willen alles zu leiden, Leben und Tod, Ehre und Unehre; ich behalte mir nichts vor außer allein, das einige Wort Gottes frei zu bekennen und zu bezeugen.

Dieweil also Ew. Kaiserliche Majestät und Ew. Fürstliche Gnaden eine einfache Antwort erheischen, so will ich sie geben ohne Hörner (Winkelzüge) und Zähne (bissige Ausfälle): Sofern ich nicht durch die Zeugnisse der Schrift oder zwingende Beweisführung überführt werde, denn ich glaube weder dem Papst noch den Konzilien allein, da es offenkundig feststeht, daß sie öfters irren und sich selbst widersprechen, so bin ich durch die von mir angeführten Schriften überwunden, und mein Gewissen ist gefangen in Gottes Worten. Widerrufen kann und will ich auch nicht in einem Punkt. Denn gegen das Gewissen handeln ist weder sicher noch untadelig. Gott helfe mir! Amen.

*An Karl V.,*
*18. April 1521*

Meinen Dienst, lieber Gevatter Lucas! Ich segne und befehle euch Gott, ich lasse mich eintun und verbergen, weiß selbst noch nicht, wo. Und wiewohl ich lieber hätte von den Tyrannen, sonderlich von des wütenden Herzog Georgs zu Sachsen Händen den Tod erlitten, darf ich doch guter Leute Rat nicht verachten, bis zu seiner Zeit.

Man hat sich meiner Ankunft in Worms nicht versehen, und wie mir das Geleit ist gehalten, wißt ihr alle wohl aus dem Verbot, das mir entgegen kam. Ich meinte, Kaiserliche Majestät sollte ein Doktor oder fünfzig versammelt und den Mönch redlich überwunden haben. So ist nichts mehr hier gehandelt worden als soviel: »Sind die Bücher dein?« »Ja!« »Willst du sie widerrufen oder nicht?« »Nein!« »So heb dich!« O wir blinde Deutsche, wie kindisch handeln wir und lassen uns so jämmerlich die Romanisten äffen und narren!

Sagt meiner Gevatterin, eurem lieben Weib, meinen Gruß und daß sie sich dieweil wohlgehabe. Es müssen die Juden einmal singen: Jo, Jo, Jo! (im Triumpf über Christi Tod). Der Ostertag wird uns auch kommen. Da wollen wir dann singen: Halleluja! Es muß eine kleine Zeit geschwiegen und gelitten sein. »Über ein kleines, so seht ihr mich nicht, und aber über ein kleines, so werdet ihr mich sehen«, sagt Christus. Ich hoffe, es soll jetzt auch so geschehen! Doch Gottes Wille als der allerbeste geschehe hierin, wie im Himmel, so auf Erden. Amen.

... Ade, hiermit allesamt Gott befohlen, der behüt euer aller Verstand und Glauben in Christo vor den römischen Wölfen und Drachen mit ihrem Anhang! Amen.

*An Lukas Cranach,*
*Frankfurt am Main, 28. April 1521*

*Lukas Cranach als Bürgermeister von Weimar (Detail). Anonymer Holzschnitt, 1542*

Allerdurchlauchtigster Großmächtigster Kaiser, Allergnädigster Herr! Euer Kaiserlicher Majestät mein untertänigst Gebet und Dienst allezeit zuvor!

Nachdem Ew. Kaiserliche Majestät mich auf ihr frei, sicher und stark Geleit gen Worms berufen, von mir über meine Bücher Erkundigung zu empfangen, bin ich als der untertänigste Kaplan vor Ew. K. M. und

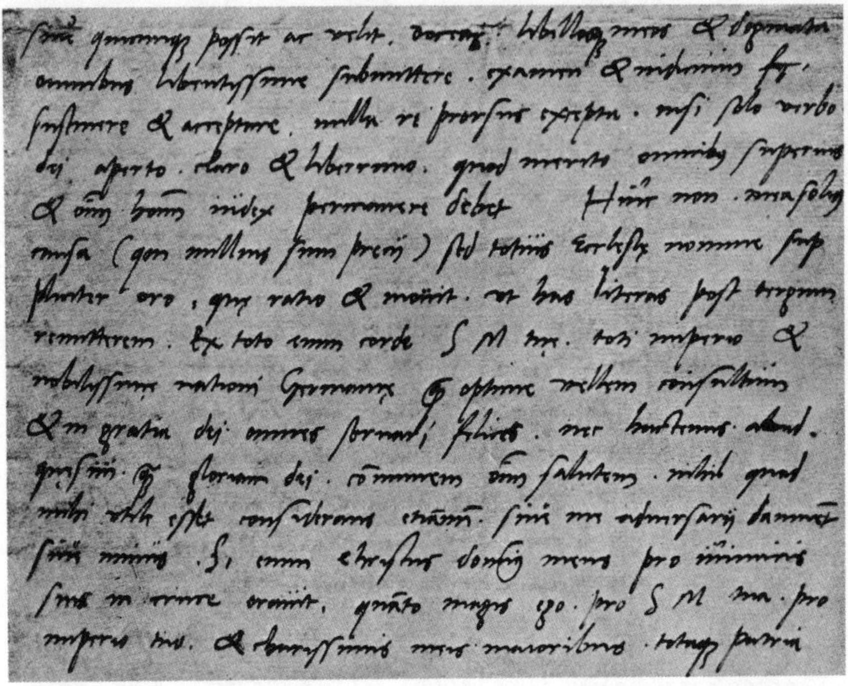

*Luthers Handschrift seines Briefes an Kaisers Karl V., 1521*

den Ständen des heiligen Reiches in Gehorsam erschienen. So hat E. K. M. mir zuerst lassen vorhalten, anzuzeigen, ob ich mich zu meinen Büchern bekenne, sie widerrufen oder bei ihnen beharren wolle oder nicht. Habe ich, nach untertänigem Bekenntnis zu den Büchern, so von mir gemacht (sofern sie nicht von meinen Mißgünstigen so oder so verkehrt und nachteilig verändert seien), mich untertänigst vernehmen lassen: Weil ich meine Schriften mit dem klaren und lauteren Wort Gottes bekräftigt habe, sei mir aufs höchste beschwerlich, unbillig und unmöglich, Gottes Wort zu verleugnen, und habe in Demut gebeten, E. K. M. wolle mich zu solchem Widerruf in keiner Weise zwingen lassen, sondern meine Schriften und Bücher durch E. K. M. selbst oder durch andere, ob es auch die allergeringsten wären, so sie es vermöchten, besichtigen lassen und die Irrtümer, so darinnen sein sollten, durch göttliche evangelische und prophetische Schriften aufzeigen; mit christlichem Erbieten, so erwiesen würde, daß ich sollte geirrt haben, alle Irrtümer zu widerrufen und der erste zu sein, meine Bücher ins Feuer zu werfen und mit Füßen darauf zu treten. Darauf wurde von mir begehrt, ich sollte eine kurze und richtige Antwort geben, ob ich widerrufen wolle oder bei meinem Vorhaben bleiben. Derhalben ich abermals untertänigst geantwortet: weil mein Gewissen durch die göttliche Schrift, die ich in meinen Büchern lehre, gefangen sei, so könne ich in keiner Weise ohne Weisung durch die göttliche Schrift irgend etwas widerrufen.

Darauf haben etliche Kurfürsten (Joachim I. v. Brandenburg, Richard v. Greiffenklau, Erzbischof von Trier), Fürsten (u. a. Herzog Georg von Sachsen; Bischof Hieronymus Scultetus v. Brandenburg; Bischof Christoph v. Stadion von Augsburg) und etliche aus den Ständen des Reiches (u. a. Dr. Peutinger, der Gesandte der freien Stadt Augsburg; Dr. Bock, der Gesandte von Straßburg) mit mir verhandelt, ich solle meine Bücher auf Ew. Kaiserlichen Majestät und der Stände des Reiches Erkenntnis stellen. So habe ich mich abermals wie zuvor (dazu) erboten, wo ich durch göttliche Schrift und helle und klare Gründe unterwiesen würde. Endlich sollte ich etliche Artikel, aus meinen Büchern ausgezogen, dem Erkenntnis eines Konzils unterstellen; und ob ich auch alle Zeit und Weg in Untertänigkeit willig gewesen bin, alles das zu tun und zu lassen, was mir möglich, hat es sich doch endlich daran gestoßen, daß ich nicht den christlichen Maßstab habe erreichen können, daß Gottes Wort frei und unverboten sei, und daß ich also meine Bücher auf Ew. Kaiserlicher Majestät und des Reiches oder eines zukünftigen Konzils Erkenntnis, Urteil und Entscheidung nur so stellte, daß nichts wider das heilige Wort Gottes in ihnen von mir zugegeben oder von jenen beschlossen, gesprochen und erkannt werde.

Denn Gott, der aller Herzen Erforscher ist, ist mein Zeuge, daß Ew. Kaiserlichen Majestät Gehorsam zu leisten und in allen Dingen, es gelte nun Leben oder Tod, Tun oder Lassen, Ehre oder Schande, Gut oder Schaden, ich ganz willig und beflissen bin; habe mich des vielmals erboten und erbiete mich nochmals, nichts vorbehalten, denn allein das heilige Wort Gottes, worin nicht allein des Menschen ewiges Leben, wie Christus sagt, sondern auch der Engel Freude und Wonne steht. Denn dieses soll und muß über alle Dinge frei und ungebunden sein, wie Sankt Paulus lehrt, und es steht darum in keines Menschen Gewalt, sich seiner zu begeben oder es in Gefahr zu bringen, wie groß, vielgelehrt und heilig sie immer sein mögen; daher auch Sankt Paulus zu den Galatern am ersten darf zweimal rufen und sagen: wenngleich ein Engel vom Himmel oder auch wir selber anders lehren wollten, so sei er vermaledeit; und David im Psalter: »Ihr sollt nicht vertrauen auf Fürsten, auf die Kinder der Menschen, in denen das Heil nicht ist.« So darf vollends niemand auf sich selbst hin seiner sich begeben, wie Salomo sagt: »Der ist ein Narr, der auf sein Herz vertraut«, und Jeremias am siebzehnten: »Vermaledeit sei, der einem Menschen vertrauet.«

Denn in zeitlichen Sachen, die Gottes Wort und ewige Dinge nicht betreffen, sind wir schuldig, untereinander uns zu vertrauen, das angesehen, daß solcher Dinge sich begeben, die wir doch fahren lassen müssen, auch Gefahr und Verlust zur Seligkeit unschädlich sind. Aber bei Gottes Wort und in ewigen Dingen kann Gott nicht leiden, daß man sich ihrer begebe, sei's aus sich selbst, sei's auf einen oder viele Menschen hin; denn er allein ist's, der allein die Ehre und den Namen hat und haben soll, daß er wahrhaftig und die Wahrheit selber sei, wie das Sankt Paulus an die Römer meisterlich durchführt und das mit Recht. Denn solcher Glaube und solche Untertänigkeit ist eigentlich der wahrhaftige Dienst Gottes und die wahrhaftige Anbetung Gottes, wie Sankt Augustinus in seinem Buche Enchiridion lehrt, die keiner Kreatur soll erzeugt werden. Derhalben Sankt Paulus weder die Engel noch sich selbst noch ohne Zweifel irgend einen Heiligen im Himmel und auf Erden für würdig hält solchen Glaubens und Vertrauens; ja er vermaledeit es. So leiden sie es auch selbst nicht, noch viel weniger begehren sie es; denn auf einen Menschen also vertrauen, in Dingen der ewigen Seligkeit sein Vertrauen setzen, ist nichts andres denn dem Geschöpf die Ehre und Herrlichkeit zollen, die man nur Gott, dem Schöpfer, schuldig ist zu erweisen.
Derohalben bitte ich untertäniglich, Ew. Kaiserliche Majestät wolle solchen mein Vorbehalt nicht in Ungnaden als aus bösem Mißtrauen erwachsen ansehen, sondern auf Grund obiger Schriftworte, denen billig jedermann gehorsam ist. Denn, wie Sankt Augustinus sagt, die Würde und Gewalt der heiligen und göttlichen Schrift ist größer denn das Vermögen des ganzen menschlichen Verstandes.

Mein untertäniges Vertrauen und meine starke Zuversicht zu Ew. Kaiserlichen Majestät mag Ew. Kaiserliche Majestät aus dem leichthin ermessen, daß ich auf Ew. Kaiserlichen Majestät Erfordern und Geleit untertäniglich erschienen bin, wiewohl zuvor meine Bücher von meinen Widersachern verbrannt sind und darüber ein Mandat wider mich und meine Schriften in Ew. Kaiserlichen Majestät Namen vielerorts angeschlagen worden ist, was einen solchen armen Mönch billig hätte zurückjagen sollen, wenn nicht mein Herz zu Gott, Ew. Kaiserlichen Majestät und dem ganzen Reiche sich aller Gnaden und alles Guts untertänig versehen hätte und noch versähe.

Dieweil ich nun in keiner Weise habe erlangen können, daß meine Schriften durch Gottes Wort widerlegt würden, habe ich müssen fort-

*Kaiser Karl V. Kupferstich von Jan Vorstermann d. Ä. nach Tizians Gemälde*

ziehen; und der Mangel ist allein der gewesen, daß man die irrigen Artikel, die in meinen Büchern sein sollen, mit göttlichen Schriften nicht hat wollen erweisen oder widerlegen, noch hat gestatten und bewilligen, mich dessen vertrösten und mir zusagen wollen, daß meine Bücher Erkundigung und Erkenntnis auf Grund des heiligen Wortes Gottes geschehen und ergehen solle.

Demnach tue ich Ew. Kaiserlichen Majestät untertänigste Danksagung für Ihre gnädige Erwägung und sicheres freies Geleit, so sie mir zu Worms gehalten und bis in mein Gewahrsam wiederum zu halten gnädiglich entboten. Und es ist abermals an Ew. Kaiserliche Majestät und um Gotteswillen meine untertänigste Bitte, Ew. Majestät wolle mich ob meines vielfältigen, früheren und jetzigen untertänigen und christlichen Erbietens nicht durch meine Widersacher vergewaltigen, verfolgen und verdammen lassen. Denn ich bin nochmals in Untertänigkeit erbötig, auf Ew. Kaiserlichen Majestät genügsame Versicherung hin vor unverdächtigen, unparteiischen, gelehrten, geistlichen und weltlichen Richtern zu erscheinen, durch Ew. Kaiserliche Majestät, das Reich, die Konzilien, die Doktoren (der Theologie) oder wer sonst das zu tun vermag oder willig ist, mich unterweisen zu lassen, meine Lehre und Bücher jedermann willig zu untergeben und Erkenntnis zu leiden und anzunehmen, nichts ausgeschlossen denn allein das heilige, freie, klare und lautere Wort Gottes, das billig über allem schweben und aller Menschen Richter bleiben soll.

Daher ich nicht allein um meinetwillen, an dem nichts gelegen ist, sondern um des Heiles der gesamten Christenheit untertänig bitte; was mich auch veranlaßt, diese meine untertänige Schrift zu übersenden. Denn ich möchte von Herzen, daß Ew. Kaiserlichen Majestät, dem Reiche und der ganzen deutschen Nation geholfen und sie in Gottes Gnade selig erhalten werde; was ich bisher nächst Gottes Ehre und gemeiner Seligkeit der ganzen Christenheit – aber gar nicht das meine – gesucht habe und noch suche. Denn, ob ich gleich durch meine Widersacher verdammt bin; darum, weil Christus, mein Herr und Gott, für seine Feinde am Kreuz gebeten hat, um wie viel mehr soll ich für Ew. Kaiserliche Majestät und das ganze Reich, meinen allerliebsten Herrn, und deutsche Nation, zu der ich mich aller Gnaden, auf mein früheres und mein jetziges christliches Erbieten hin, untertänig und tröstlich versehe, sorgen, bitten und beten.

Befehle hiermit mich in allem Gehorsam in Ew. Kaiserlicher Majestät Gnaden und Schutz, welche Ew. Kaiserliche Majestät Gott der Allmächtige und allen zu Heil und Trost gnädiglich regieren und behüten möge.

*An Karl V.,*
*Friedberg (Hessen), 28. April 1521*

Ihr könnt nicht glauben, wie freundlich uns der Abt (der Benediktinerabtei) in Hersfeld aufgenommen hat. Er hat mir den Kanzler und den Amtmann eine gute Meile entgegengeschickt; dann hat er selbst bei seinem Schloß mich empfangen und mit viel Reiterei in die Stadt geleitet. Der Rat der Stadt empfing uns am Stadttor. In seinem Kloster hat dann jener uns prächtig bewirtet und mich in seinem Schlafzimmer einquartiert. Frühmorgens (1. Mai) haben sie mich gezwungen, zu predigen. Mein Einwand war vergebens, daß er nicht etwa seine Hoheitsrechte einbüßen müsse, wenn die Kaiserlichen solches Tun etwa als Bruch des Versprechens auslegen würden, sofern sie mir ja verboten, auf der Reise zu predigen. Ich habe freilich ihnen gleich erklärt, ich könne nicht darin willigen, daß Gottes Wort gebunden werden solle. Wie es denn auch nicht anders sein kann. Ich habe übrigens auch in Eisenach (2. Mai) gepredigt. Freilich war der Ortspfarrer ängstlich und protestierte vor einem Notar und Zeugen öffentlich; entschuldigte sich aber demütig, daß er so nur aus Zwang handle, aus Furcht vor seinen tyrannischen Vorgesetzten. Demgemäß wirst du auch wohl in Worms von einem Bruch meines Versprechens hören. Aber ein solcher liegt nicht vor. Denn jene Bedingung, daß das Wort Gottes solle gebunden werden, konnte mich nicht verpflichten; ich habe auch in keiner Weise zugestimmt. Und selbst, wenn ich zugestimmt hätte, ich hätte nicht es halten dürfen, dieweil es wider Gott gewesen wäre. Endlich hat der Abt am folgenden Tage uns bis an das Waldgebirge geleitet und hat dann noch einmal uns in Berka (s. o. von Eisenach, an der Werra; nicht das Bad Berka bei Weimar) zu Tisch geladen.

Am Abend sind wir dann endlich, empfangen von Eisenacher Bürgern, die uns zu Fuß entgegengezogen waren, in Eisenach eingezogen. . . Ich bin dann zu meinen Verwandten jenseits des Waldgebirges (nach Möhra) gereist, und nach Trennung von ihnen wurde ich, gerade als wir auf Waltershausen zuhielten, ein wenig hinter dem Schloß Altenstein gefangen genommen. (Nikolaus v.) Amsdorf (Luthers Reisebegleiter) war notwendigerweise darüber unterrichtet worden, daß ich irgendwie gefangen genommen würde; den Ort meines Gewahrnisses weiß er freilich auch heute noch nicht.

Als mein Bruder (der Augustiner Petzensteiner, der gemäß der Ordensregel ihn von und nach Wittenberg begleitete) die Reiter noch rechtzeitig erblickte, ist er alsbald, ohne Abschied zu nehmen, vom Wagen abgesprungen und soll noch am Abend zu Fuß nach Waltershausen gekommen sein. Ich mußte mein Gewand ablegen und ritterliches Gewand anlegen; Haar und Bart lasse ich wachsen. Du würdest mich schwerlich wiedererkennen, kenne ich mich doch selbst kaum wieder. So lebe ich in christlicher Freiheit, losgesprochen von allen Gesetzen jenes Tyrannen. Und doch sähe ich lieber, daß jenes Dresdener Schwein mich mitten im Predigen vor allem Volk töten durfte, so es Gott gefiele, daß ich für sein Wort leiden dürfte. Es geschehe des Herrn Wille!

*An Spalatin,*
*Wartburg, 14. Mai 1521*

R. S. M.

Mit gwalt man gwalt vertriben sol/
Das schint an dißen hunden wol.
Bey gwalt vernunfft hat kleinen platz.
Christus macht frid/ der teüfel hatz.

Herodes o vnmilter findt/
Was förchst Christus dir kum̃ zůgschwindt:
Nit nimpt er an die tödtlicheit
Der gibt das rych der seligkeit.

# Nichts Lieblicheres auf der Welt –

# Ehe, Kinder und Familie

*Am 13. Juni 1525 hatte Luther die ehemalige Zisterziensernonne Katharina von Bora geheiratet, und von da an lebte er als gewissenhafter, liebevoller, seiner Zeit und seiner Lebenseinstellung entsprechend gern ein wenig dozierender Eheherr und Familienvater in Wittenberg. Seine frühen Kommentare zum Ehestand waren noch vom Eifer gegen das Zölibat der katholischen Kirche diktiert und in vielem abstrakt und ohne Herzlichkeit; das änderte sich im Laufe des Lebens mit »Käthe« und den Kindern, von denen er den Sohn Johannes, das »Hänsigen«, besonders liebte.*

*Luther suchte auch stets ein gutes, vertrautes Verhältnis zu seinen Eltern, was vor allem dem Vater gegenüber oft schwierig war. Der einfache Bauer und Bergmann Hans Luther hatte sich dem Wunsch seines Sohnes, Mönch zu werden, vehement widersetzt und verstand später nicht leicht, was seinen Martin antrieb, als Reformator an die Öffentlichkeit zu treten und Papst, Kaiser und Reich gegen sich aufzubringen.*

*»Nichts Lieberes auf Erden / denn Frauentreu, wem's kann werden«, dieser Vers ist aus Luthers Studententagen in Erfurt durch die »Tischgespräche« überliefert; das bei seiner Heirat als skandalös belästerte Paar, Mönch Martinus und die entlaufene Klosterfrau Katharina, widerlegten ihr Leben lang die bösen Prophezeihungen, die man ihrem Ehe- und Familienstand nachgeworfen hatte.*

*In puncto Kindererziehung plädierte Luther für Strenge. Der Holzschnitt Seite 240 zeigt das Innere einer Schule, in der die Kinder nach Altersklassen getrennt sitzen, aus dem Jahr 1524; der Kupferstich auf Seite 278, raufende Schulbuben, ist von Martin Schongauer.*

# Vom ehelichen Leben

*(1522)*

Gott hat die Menschen in die zwei Teile geteilt, daß es Mann und Weib oder ein Er und Sie sein soll. Und das hat ihm also gefallen, daß er's selbst ein gut Geschöpf nennt. Darum, wie unser jeglichem Gott seinen Leib

geschaffen hat, so muß er ihn haben: und steht nicht in unserer Gewalt, daß ich mich ein Weibsbild oder du dich ein Mannsbild machst; sondern, wie er mich und dich gemacht hat, so sind wir: ich ein Mann, du ein Weib. Und solche gute Gemächte will er geehrt und unverachtet haben als sein göttlich Werk, daß der Mann das Weibsbild oder seinen Leib und Glied, nicht verachte noch spotte: wiederum, das Weib den Mann nicht, sondern ein jegliches ehre des andern Bild und Leib als ein göttlich gut Werk, das Gott selbst wohlgefället.

Zum andern. Da er Mann und Weib gemacht hatte, segnete er sie und sprach zu ihnen: »Wachset und mehret euch.« Aus dem Spruch sind wir

gewiß, daß Mann und Weib sollen und müssen zusammen, daß sie sich mehren. Und dies ist ja so hart als das erste und weniger zu verachten noch zu lachen denn das erste; sintemal Gott hierzu seinen Segen gibt und etwas über die Schöpfung tut. Darum, also wenig als in meiner Macht steht, daß ich kein Mannsbild sei; also wenig steht es auch bei mir, daß ich ohne Weib sei. Wiederum auch, also wenig als in deiner Macht steht, daß du kein Weibsbild seist; also wenig steht es auch bei dir, daß du ohne Mann seist. Denn es ist nicht ein freier Willkür oder Rat, sondern ein nötig, natürlich Ding, daß alles, was ein Mann ist, muß ein Weib haben, und was ein Weib ist, muß einen Mann haben.

Denn dies Wort, das Gott spricht: Wachset und mehret euch, ist nicht ein Gebot, sondern mehr denn ein Gebot, nämlich ein göttliches Werk, das nicht bei uns steht zu verhindern oder nachzulassen, sondern ist eben also nötig, als daß ich ein Mannsbild sei, und nötiger denn essen und trinken, fegen und auswerfen, schlafen und wachen. Es ist eine eingepflanzte Natur und Art, ebensowohl als die Gliedmaßen, die dazu gehören. Darum, gleichwie Gott niemand gebeut, daß er Mann oder Weib sei, sondern schafft, daß sie so müssen sein; also gebeut er auch nicht sich mehren, sondern schafft, daß sie sich müssen mehren. Und wo man das will wehren, da ist's dennoch ungewehrt und geht doch durch Hurerei, Ehebruch und stumme Sünde seinen Weg; denn es ist Natur und nicht Willkür hierinne.

Zum dritten. Aus diesem Geschöpf hat er dreierlei Menschen selbst ausgezogen, da er spricht: »Es sind etliche Verschnittene, die sind aus Mutterleibe also geboren. Etliche sind, die von Menschenhänden verschnitten sind: etliche aber, die sich selbst verschnitten haben um's Himmelreichs willen.« Über diese dreierlei vermesse sich kein Mensch, ohne ehelich Gemahl zu sein. Und wer sich nicht befindet in dieser dreier Zahl, der denke nur zum ehelichen Leben. Denn da wird nichts anders aus, du bleibst nicht fromm, das ist unmöglich; sondern das Wort Gottes, das dich geschaffen hat und gesagt: Wachse und mehre dich, das bleibt und regiert in dir und kannst ihm dich mitnichten nehmen oder wirst greuliche Sünde ohne Aufhören tun müssen.

Und dawider soll dich nicht irren, ob du zehn Eide, Gelübde, Bund, und eitel Eisen- oder Adamantenpflicht getan hättest. Denn als wenig du kannst geloben, daß du kein Mann- oder Weibsbild sein wolltest, (und ob du es gelobtest, so wäre es eine Narrheit und gilt nichts, denn du kannst dich nicht anders machen), so wenig kannst du auch geloben, daß du dich nicht besamen oder mehren wolltest, wo du dich nicht in der dreien Zahl einer befindest. Und ob du es gelobtest, so wäre es auch eine

Narrheit, und gilt nichts: denn besamen und dich mehren ist Gottes Geschöpf und nicht deiner Macht.

Daraus du nun siehst, wie weit und lange alle Klostergelübde gelten, daß keines Knabens oder Mägdleins Gelübde gilt vor Gott, es sei denn, in der dreier Zahl eine, die Gott allein und selbst ausgezogen hat: also, daß Pfaffen, Mönche und Nonnen schuldig sind, ihr Gelübde zu lassen, wo sie sich finden, daß Gottes Geschöpfe sich zu besamen und zu mehren in ihnen kräftig und tüchtig ist, und keine Macht haben, durch einige Gewalt, Gesetz, Gebot, Gelübde, solche Gottes Geschöpfe an ihnen selbst zu hindern. Hindern sie es aber, so sei du gewiß, daß sie nicht rein bleiben und mit stummen Sünden oder Hurerei sich besudeln müssen. Denn sie vermögen Gottes Wort und Geschöpf an ihnen nicht wehren, es geht, wie es Gott gemacht hat.

Ich habe also gesagt: Wenn ein tüchtig Weib zur Ehe einen untüchtigen Mann zur Ehe überkäme und könnte doch keinen andern öffentlich nehmen und wollte auch nicht gerne wider Ehre tun, sintemal der Papst hier viel Zeugnis und Wesens ohne Ursache fordert, solle sie zu ihrem Mann also sagen: Sieh, lieber Mann, du kannst mein nicht schuldig werden und hast mich um meinen jungen Leib betrogen, dazu in Gefahr der Ehre und Seelen Seligkeit bracht und ist vor Gott keine Ehe zwischen uns beiden; vergönnt mir, daß ich mit deinem Bruder oder nächsten Freunde eine heimliche Ehe habe und du den Namen habest, auf daß dein Gut nicht an fremde Erben komme, und laß dich wiederum willig betrügen durch mich, wie du mich ohne meinen Willen betrogen hast.

Drei Ursachen weiß ich, die Mann und Weib scheiden. Die erste, wenn Mann oder Weib untüchtig zur Ehe ist, der Gliedmaß oder Natur halben, wie das sein mag; davon ist genug gesagt.

Die andere ist der Ehebruch. Von dieser haben die Päpste geschwiegen, darum müssen wir Christum hören, da ihn die Juden fragten, ob ein Mann sein Weib lassen möchte aus allerlei Ursach? Anwortete er: »Habt ihr nicht gelesen, daß, der den Menschen vom Anfang schuf, der machte sie ein Mann und Weib und sprach: Darum wird ein Mann lassen Vater und Mutter und an seinem Weibe hangen und werden zwei ein Fleisch sein? Das nun Gott zusammen fügt, das soll niemand scheiden. Da sprachen sie: Warum hat denn Moses befohlen, man sollte ihr einen Scheidebrief geben und sie lassen? Er antwortete: Das hat Moses geboten um eures harten Herzens willen, daß ihr eure Weiber laßt. Aber vom Anfang war es nicht also. Ich sage euch aber: Wer sein Weib läßt (es sei denn um Hurerei willen) und nimmt eine andere, der bricht seine Ehe, und wer die Verlassene nimmt, der bricht auch die Ehe.«

Hier siehst du, daß ums Ehebruchs willen Christus Mann und Weib scheidet, daß, welches unschuldig ist, mag sich verändern. Denn damit, daß er spricht, es sei ein Ehebruch, wer eine andere nimmt, und läßt die erste (es sei denn um Hurerei willen), gibt er genugsam zu verstehen, daß der nicht Ehebruch tut, der eine andere nimmt und die erste läßt um Hurerei willen.

Die dritte Sache ist, wenn sich eins dem andern selbst beraubt und entzieht, daß es die eheliche Pflicht nicht zahlen noch bei ihm sein will. Als man wohl findet so ein halsstarrig Weib, das seinen Kopf aufsetzt, und sollte der Mann zehnmal in Unkeuschheit fallen, so fragt sie nicht danach. Hier ist's Zeit, daß der Mann sage: Willst du nicht, so will eine andere; will Frau nicht, so komme die Magd. So doch, daß der Mann ihr zuvor zwei- oder dreimal sage und warne sie und laß es vor andere Leute kommen, daß man öffentlich ihre Halsstarrigkeit wisse und vor der Gemeinde strafe...

Aber davon wollen wir am meisten reden, daß der eheliche Stand so ein jämmerlich Geschrei bei jedermann hat. Es sind viel heidnischer Bücher, die nichts denn Weiber, Laster und ehelichen Standes Unlust beschreiben, also, daß etliche gemeint haben, wenn die Weisheit selbst ein Weib wäre, sollte man dennoch nicht freien.

Also haben sie beschlossen, daß ein Weib sei ein nötiges Übel und kein Haus ohne solch Übel. Das sind nun blinder Heiden Worte, die nicht wissen, daß Mann und Weib Gottes Geschöpf sei, und lästern ihm sein Werk; gerade als käme Mann und Weib unversehens daher. Ich halte auch, wenn die Weiber sollten Bücher schreiben, so würden sie von Männern auch dergleichen schreiben. Was sie aber nicht geschrieben haben, das richten sie doch aus mit Klagen, wenn sie beieinander sind.

Man findet auch noch täglich Eltern, die ihrer Krankheit vergessen, und des Mehls, wie die Maus, nun satt sind; die ihre Kinder vom ehelichen Stande zu Pfafferei und Nonnerei halten und reizen: geben vor die Mühe und bösen Tage im ehelichen Leben; bringen also ihre eigenen Kinder dem Teufel heim, wie wir täglich sehen; schaffen ihnen gute Tage am Leib und die Hölle an der Seele. Darum, da Gott solche Lästerung seines Werks von den Heiden leiden mußte, gab er ihnen auch ihren Lohn, da Paulus von schreibt und ließ sie fahren in Hurerei, unreine Flüsse, bis sie hinfort keine Weiber, sondern Knaben und unvernünftige Tiere schändeten. Wiederum, die Weiber auch also sich selbst und eine die andere: und wie sie Gottes Werk verlästerten, gab er sie in verkehrten Sinn, davon auch die heidnischen Bücher voll sind, aufs Allerunverschämteste.

*Der Papst weiht Mönche und Nonnen. Holzschnitt zum Passional Christi und Antichristi von Lukas Cranach d. Ä. 1521*

Die Welt spricht von der Ehe: Eine kurze Freude und lange Unlust. Aber laß sprechen, was sie will; was Gott schafft und haben will, das muß ihr ein Spott sein. Was sie auch für Lust und Freude hat außer der Ehe, achte ich, werde sie am besten gewahr im Gewissen. Es ist gar viel ein ander Ding, ehelich sein und ehelich Leben erkennen. Wer ehelich ist und ehelich Leben nicht erkennt, der kann nimmermehr ohne Unlust, Mühe und Jammer drinnen leben, er muß klagen und lästern wie die Heiden und unvernünftigen blinden Menschen. Wer es aber erkennt, der hat Lust, Liebe und Freude drinnen ohne Unterlaß; wie Salomon sagt, daß »wer ein Weib findet, der findet was Guts etc.«

Die sind's aber, die es erkennen, die fest glauben, daß Gott die Ehe selbst eingesetzt, Mann und Weib zusammen geben, Kinder zu zeugen und warten, verordnet hat. Denn sie haben Gottes Wort darauf, des sie gewiß sind, daß er nicht lügt. Darum sie auch gewiß sind, daß ihm der Stand an ihm selbst gefällt mit all seinem Wesen, Werken, Leiden und was drinnen ist. Nun sage mir, wie kann ein Herz größer Gut, Friede und Lust haben denn in Gott, wenn es gewiß ist, daß sein Stand, Wesen und Wert Gott gefällt?

Siehe, das heißt ein Weib finden. Viele haben Weiber; aber wenige finden Weiber. Warum? Sie sind blind, können nicht merken, daß Gottes Werk ist und Gott wohlgefalle, was sie mit einem Weibe leben und tun. Wenn sie das fänden, so würde ihnen kein Weib so häßlich, so böse, so unartig, so arm, so krank sein, daran sie nicht Lust des Herzens fänden; darum daß sie immerdar Gott sein Werk und Geschöpf und Willen könnten aufrücken. Und weil sie sehen, daß ihres lieben Gottes Wohlgefallen ist, könnten sie Friede in Leid und Lust mitten in der Unlust, Freude mitten in dem Trübsal wie die Märtyrer im Leiden haben.

Nun siehe zu, wenn die kluge Hure, die natürliche Vernunft, (welcher die Heiden gefolgt haben, da sie am klügsten sein wollten) das eheliche Leben ansieht, so rümpft sie die Nase und spricht: Ach, sollte ich das Kind wiegen, die Windeln waschen, Bett machen, Gestank riechen, die Nacht wachen, seines Schreiens warten, sein Grind und Blattern heilen; danach des Weibes pflegen, sie ernähren und arbeiten; hier sorgen, da sorgen, hier tun, da tun, das leiden und dies leiden, und was denn mehr Unlust und Mühe der Ehestand lehrt: ei, sollte ich so gefangen sein? O du elender, armer Mann, hast du ein Weib genommen? Pfui, pfui des Jammers und Unlusts! Es ist besser, frei bleiben und ohne Sorge ein ruhig Leben geführt: ich will ein Pfaff oder Nonne werden, meine Kinder auch dazu halten. Was sagt aber der christliche Glaube hierzu? Er tut seine Augen auf und sieht alle diese geringen, unlustigen verachteten Werke im Geiste an und wird gewahr, daß sie alle mit göttlichem Wohlgefallen als mit dem köstlichen Gold und Edelsteine geziert sind, und spricht: Ach Gott, weil ich gewiß bin, daß du mich einen Mann geschaffen und von meinem Leib das Kind gezeugt hast, so weiß ich auch gewiß, daß dir's aufs allerbeste gefällt, und bekenne dir, daß ich nicht würdig bin, daß ich das Kindlein wiegen solle noch seine Windeln waschen, noch sein oder seiner Mutter warten. Wie bin ich in die Würdigkeit ohne Verdienst kommen, daß ich deiner Kreatur und deinem liebsten Willen zu dienen gewiß worden bin? Ach wie gerne will ich solches tun, und wenn's noch geringer und verachter wäre. Nun soll mich weder Frost noch Hitze, weder Mühe noch Arbeit verdrießen, weil ich gewiß bin, daß dir's also wohlgefällt.

Also soll auch das Weib in ihren Werken denken, wenn sie das Kind säugt, wiegt, badet, und andere Werke mit ihm tut, und wenn sie sonst arbeitet und ihrem Manne hilft und gehorsam ist: es sind alles eitel güldene, edle Werke. Item, so soll man auch ein Weib trösten und stärken in Kindesnöten; nicht mit Sankt Margareten Legenden und andern närrischen Weiberwerken umgehen, sondern also sagen: Gedenke, liebe Greta, daß du ein Weib bist, und dies Werk Gott an dir gefällt. Tröste dich seines Willens fröhlich und laß ihm sein Recht an dir: gib das Kind her und tue dazu mit aller Macht; stirbst du darüber, so fahre hin, wohl dir, denn du

Ein Sermon von dem elichen standt
Doctoris Martini Lutter Au=
gustiner zu wittenburgk ge=
predigt im tausent funf
hundert vñ neuntze
henden Jar.

stirbst eigentlich im edlen Werk und Gehorsam Gottes. Ja, wenn du nicht ein Weib wärest, so solltest du jetzt allein um dieses Werkes willen wünschen, daß du ein Weib wärest, und so köstlich in Gottes Werk und Willen Not leiden und sterben. Denn hier ist Gottes Wort, das dich also geschaffen, solche Not in dir gepflanzt hat. Sage mir, ist das nicht auch (wie Salomon gesagt) Wohlgefallen von Gott schöpfen, auch mitten in solcher Not.

Nun sage mir, wenn ein Mann hinginge und wüsche die Windeln oder tät sonst am Kinde ein verächtlich Werk, und jedermann spottete sein und hielte ihn für einen Maulaffen und Frauenmann; so er's doch täte in solcher obgesagter Meinung und christlichem Glauben: Lieber sage, wer spottet hier des andern am feinsten? Gott lacht mit allen Engeln und Kreaturen, nicht daß er die Windeln wäscht, sondern daß er's im Glauben tut. Jener Spötter aber, die nur das Werk sehen und den Glauben nicht sehen, spottet Gott mit aller Kreatur, als der größten Narren auf Erden; ja, sie spotten sich nur selbst, und sind des Teufels Maulaffen mit ihrer Klugheit.

## Das siebente Kapitel St. Pauli

*(1523)*

Ein Narr ist's der ein Weib nimmt, spricht die Welt und ist auch gewißlich wahr. Es haben auch viele der Hochgelehrten beschlossen, ein weiser Mann solle kein Weib nehmen, wenn sie gleich die Weisheit selbst wäre. Das ist auch recht und fein geredet. Denn wer es dafür hält, daß nach diesem Leben kein ander Leben ist, (wie denn solche Leute tun), die tun fast weislich, daß sie sich mit freier Hurerei behelfen und nicht in die Mühe ehelichs Lebens verbinden, auf daß sie doch hier auf diesem Leben etwas böser Tage weniger haben. Das haben unsere Geistlichen freilich auch ersehen und sich zur Keuschheit, das ist zu freier Hurerei, aufs Allerfeinste begeben, wie Daniel von ihnen gesagt hat und gesprochen: Sie werden Eheweiber nicht achten, noch begehren.

Wiederum spricht der Geist: Ein weiser Mann ist's, der ein Weib nimmt. Das ist auch gewißlich wahr. Und die Wahrheit auch beschließt, daß ein weiser Mann soll ein Weib nehmen, wenn sie gleich die Narrheit selbst wäre. Das ist auch recht und wohl geredet. Denn sintemal ein Christenmann eine andern Leben nach diesem gewartet, ist's fast weislich getan, daß er hier desto weniger guter Tage habe, damit er in jenem Leben ewiglich eitel gute Tage habe. Das hat auch Gott für gut ersehen, da er Mann und Weib schuf und zusammen gab.

Also wird vom Ehestand zweierlei Weise geredet; einmal, durch die Klüglinge and Weltweisen; das sind die Blinden und Hauptnarren für Gott: dieselben sehen den Ehestand an, als wäre es eine übrige, fürwitzige, menschliche Habe, der man geraten und entbehren konnte, gleichwie ich eines übrigen Rockes oder Mantels entbehren kann. Dieselben machen denn die Welt voll ihres närrischen und lästerlichen Schreibens und Schreiens wider den Ehestand und raten jedermann davon; so sie doch dieweil selbst wohl fühlen, auch genugsam mit der Tat beweisen, daß die Weiber nicht entbehren können, als die auch nicht geschaffen sind, denn nur zur Ehe, treiben, bläuen und schleppen sich mit Huren Tag und Nacht . . .

Weil nun der Ehestand bei Werkheiligen oder Heuchlern und rohen Leuten in der Welt geflohen, und entweder für ein unheilig und gemein oder für ein hart und gefangen Leben gehalten wird; ists vonnöten, daß man aus Gottes Wort vom Ehestand einen rechten Verstand schöpfe und wider solche falschen Gedanken lerne: Was Gott vom ehelichen Leben sage. Auf daß vors erste das junge Volk lerne: Wofür der Ehestand zu halten sei; danach auch wisse: Wie es sich darinnen halten soll. Daß man also nicht allein bei dem bleibe, was die Welt davon sagt und hält mit ihren tollen Heiligen; sondern was Gott davon halte und in seinem Wort davon sage. Wiewohl nun die Schrift voll solcher Sprüche ist, in welchen der Ehestand herrlich gepreist wird; wollen wir diesmal nur bei Hebr. bleiben: »Die Ehe soll ehrlich gehalten werden etc.« . . .

Darum, wenn der Papst und seine Geistlichen ihre Möncherei und ehelos Leben sehr loben; so lobe du vielmehr dein ehelich Leben, an welchem der herrliche Name und Titel hängt, daß es ein göttlich Leben sei, von Gott im Paradies erschaffen und durch sein Wort geboten: welches kein Mönch noch Pfaff von seinem ehelosen Leben wird nimmermehr rühmen können.

Ich habe gestern neun Nonnen aus dem Kloster Nimbschen bei mir aufgenommen, die ihrer Gefangenschaft entlaufen sind. Unter ihnen befinden sich zwei von Zeschau und eine Staupitz.

*An Wenzeslaus Link,*
*Wittenberg, 8. April 1523*

Es sind jene neun abtrünnigen Nonnen zu mir gekommen. Ein beklagenswertes Völklein, aber zu mir gebracht durch ehrbare Torgauische Bürger...

Ihr wollt wissen, was ich mit den Nonnen zu tun gedenke: Zunächst werde ich es den Verwandten anzeigen und sie bitten, sie aufzunehmen. Lehnen diese es ab, werde ich ihnen anderswo Aufnahme verschaffen. Von manchen Seiten ist mir das zugesagt worden; einige will ich auch, wenn möglich, im Ehestand unterbringen. Ihr Zustand fordert wahrhaftig das Mitleid heraus, und Ihr werdet Christus in ihnen dienen. Ihre Flucht ist ein wirkliches Wunder. Ich ersuche Euch, auch von Eurer Seite ein Werk der Liebe zu tun und an meiner Statt bei Euren reichen Freunden am Hofe etwas Geld zu sammeln, damit ich sie eine oder ein paar Wochen erhalten kann, bis ich sie ohne Umstände ihren Verwandten oder den genannten Gönnern übergebe.

*An Spalatin,*
*Wittenberg, 10. April 1523*

Übrigens, wenn Du Deine Käthe von Bora halten willst, so beeile Dich mit der Tat, ehe sie einem anderen gegeben wird, der bei der Hand ist. Sie hat die Liebe zu Dir noch nicht überwunden. Ich würde mich gewiß freuen, wenn Ihr beide miteinander verbunden würdet. Gehab Dich wohl.

*An Hieronymus Baumgärtner,*
*Wittenberg, 12. Oktober 1524*

# An die Ratsherren aller Städte deutschen Landes, daß sie christliche Schulen aufrichten und halten sollen

*(1524)*

Als ich jung war, gebrauchte man in der Schule ein Sprichwort: non minus est negligere scholarem quam corrumpere virginem, »einen Schüler vernachlässigen ist nicht weniger schlimm als eine Jungfrau schänden«. Das sagte man, um den Schulmeistern einen Schrecken einzujagen; denn damals kannte man keine schwerere Sünde als eine Jungfrau zu schänden. Aber lieber Herrgott, wie viel verzeihlicher ist's, Jungfrauen oder Frauen schänden (was man doch als leibliche, sichtbare Sünde büßen kann) im Vergleich mit dieser Sünde, da die edlen Seelen im Stich gelassen und geschändet werden, da diese Sünde auch weder beachtet noch gesehen und niemals gebüßt wird? O wehe der Welt immer und ewiglich! Da werden täglich Kinder geboren und wachsen bei uns auf, und (doch) ist leider niemand da, der sich des armen, jungen Volks annimmt und es leitet; da läßt mans gehen, wie es geht. Die Klöster und Stifter solltens tun; aber sie sind's gerade, von denen Christus sagt: »Wehe der Welt um des Ärgernisses willen! Wer von diesen Jungen einen ärgert, die an mich glauben, dem wäre besser einen Mühlstein an den Hals gehängt und ins Meer versenkt, da es am tiefsten ist.« Es sind nur Kinderfresser und -verderber.

Ja, sprichst du, dies alles ist den Eltern gesagt; was geht das die Ratsherrn und die Obrigkeit an? Das läßt sich hören. Wie aber, wenn die Eltern dies nicht tun? Wer soll es dann tun? Soll es darum unterbleiben und sollen die Kinder vernachlässigt werden? Wie will sich da die Obrigkeit und der Rat damit entschuldigen, daß ihnen dies nicht zukäme? Daß es die Eltern nicht tun, hat verschiedene Gründe. Erstens sind einige nicht so rechtschaffen und pflichtbewußt es zu tun, obschon sie es könnten, sondern wie die Strauße verhärten sie sich auch gegen ihre Jungen und lassen es dabei bleiben, daß sie die Eier von sich geworfen und die Kinder gezeugt haben; mehr tun sie nicht dafür. Nun diese Kinder sollen dennoch unter uns und bei uns leben in unser aller Stadt. Wie will nun die Vernunft und zumal die christliche Liebe das ertragen, daß sie unerzogen aufwachsen und für die andern Kinder ein Gift und Geschmeiß werden, womit zuletzt eine ganze Stadt verdirbt, wie es denn in Sodom und Gomorrha und anderen Städten mehr ergangen ist.

Zweitens ist der größte Teil der Eltern nicht dazu geeignet und weiß nicht, wie man Kinder erziehen und unterrichten soll. Denn sie haben selbst nichts gelernt, als den Bauch zu versorgen, und es gehören besondere Leute dazu, die Kinder gut und richtig zu unterrichten und zu erziehen. Drittens: wenn die Eltern auch geeignet wären und es gern selbst tun wollten, so haben sie doch über andern Geschäften und dem Haushalt dazu weder Zeit noch Raum. Man muß also notgedrungen einen gemeinsamen Erzieher für die Kinder halten, es sei denn, jeder hielte sich selbst

*Der Schulmeister. Holzschnitt von Albrecht Dürer, 1510*

einen eignen. Aber das würde dem einfachen Mann zu schwer, und so würde wieder mancher begabte Knabe um der Armut willen im Stich gelassen.

Darum kommt's hier wohl dem Rat und der Obrigkeit zu, die allergrößte Sorgfalt und Beachtung dem jungen Volk zuzuwenden. Denn weil ihnen Gut, Ehre, Leib und Leben der ganzen Stadt zu treuen Händen befohlen sind, so würden sie vor Gott und der Welt ihre Pflicht versäumen, wenn sie nicht mit allen Mitteln Tag und Nacht darauf aus wären, das Gedeihen ihrer Stadt zu fördern. Nun liegt das Gedeihen einer Stadt nicht allein daran, daß man große Schätze sammelt und feste Mauern, schöne Häuser, viele Geschütze und Harnische herstellt; ja, wenn die zu viel sind und die Leute darüber zu tollen Narren werden, so ist es nur um so schlimmer und der Schade der Stadt ist um so größer; sondern das ist für eine Stadt das allerreichste Gedeihen, ihr bestes Heil und ihre Kraft, wenn sie viel treffliche, gebildete, vernünftigte, ehrenwerte und gut erzogene Bürger hat. Die können dann wohl die Schätze und alles Gut sammeln, festhalten und richtig gebrauchen . . .

Weil denn eine Stadt Leute haben soll und muß und überall der Mangel, Fehler und die größte Klage dies ist, daß es an Leuten fehlt, so muß man nicht warten, bis sie von selbst wachsen. Man wird sie auch nicht aus Steinen hauen oder aus Holz schnitzen, und Gott wird ebenfalls kein Wunder tun, solange man der Sache durch andere Güter, die er gegeben hat, abhelfen kann. Darum müssen wir uns anstrengen und Mühe und Kosten dran wenden, um die Leute selbst zu erziehen und zu machen. Denn wessen Schuld ist es, daß jetzt in allen Städten die geeigneten Leute so spärlich gesät sind, wenn nicht Schuld der Obrigkeit, die das junge Volk hat aufwachsen lassen, wie das Holz im Walde wächst, und nicht darauf acht gehabt hat, wie man es unterrichten und erziehen solle. Darum ist es auch so unordentlich gewachsen, daß es zu keinem Bau, sondern nur noch zu einem unnützen Gestrüpp und zum Verbrennen tauglich ist.

Es muß doch eine weltliche Regierung bestehen bleiben. Will mans also zulassen, daß lauter Grobiane und Flegel regieren, obschon der Sache gut abzuhelfen wäre, so wärs ja ein wüstes, unvernünftiges Vorgehen. Dann lasse man doch besser gleich Säue und Wölfe zu Herrn machen und über die einsetzen, die nicht dafür sorgen wollen, wie sie von Menschen regiert werden. Es ist auch eine unmenschliche Schlechtigkeit, nicht weiter zu denken als: Jetzt wollen wir regieren; was geht's uns an, wie es denen gehen wird, die nach uns kommen! Solche Leute, die nur ihren Nutzen und Ruhm im Auge haben, sollten nicht über Menschen, sondern über Säue und Hunde regieren. Wenn man auch den höchsten Eifer darauf richtete, für die Regierung lauter treffliche, gebildete, geeignete Leute zu erziehen, es würde trotzdem Mühe und Sorge genug geben, daß es gut ginge. Wie soll es dann gehen, wenn man gar nichts dafür tut? ...

Darum, liebe Herrn, nehmt euch des Werks an, das Gott so dringend von euch fordert, zu dem euer Amt verpflichtet ist, das der Jugend so nötig ist, und das weder Welt noch Geist entbehren können. Wir sind leider lang genug in Finsternis verfault und verdorben. Wir sind allzu lange genug deutsche Bestien gewesen. Laßt uns einmal auch Vernunft annehmen, daß Gott die Dankbarkeit für seine Wohltaten merke und die andern Länder sehen, daß wir auch Menschen und Leute sind, die etwas Nützliches von ihnen lernen oder sie lehren können, damit auch durch uns die Welt gebessert werde. Ich habe das Meine getan. Ich hätte ja dem deutschen Lande gerne geraten und geholfen, ob mich auch einige darum verachten und diesen treuen Rat in den Wind schlagen werden und Besseres wissen wollen, das muß ich geschehen lassen. Ich weiß wohl, daß andere es hätten besser ausführen können, und nur weil sie schweigen, führ ich's aus, so gut wie ich's kann. Es ist ja besser, man sagt etwas dazu, es sei noch so unpassend, als man schweigt gänzlich; und ich bin der Hoffnung, Gott wird doch unter euch einige erwecken, so daß mein treuer Rat nicht ganz in die Asche fällt, und die werden nicht den ansehen, der es sagt, sondern die Sache selbst beachten und sich zu Herzen gehen lassen . . .

Hiermit befehl ich euch alle Gottes Gnaden; der wolle eure Herzen erweichen und anzünden, daß sie sich der armen, elenden, verlassenen Jugend mit Ernst annehmen und ihnen durch göttliche Hilfe raten und helfen zu einem seligen und christlichen Regiment im deutschen Land – an Leib und Seele mit aller Fülle und Überfluß zu Lob und Ehren Gott dem Vater durch Jesum Christum unsern Heiland. Amen.

Es hat mich Gott gefangen, plötzlich und unvorsehens mit dem Band der heiligen Ehe, daß ich dasselbige muß bestätigen mit einer Collation auf den Dienstag. Daß nun mein Vater und Mutter und alle guten Freunde desto fröhlicher sein, läßt Euch mein Herr Katerin (Katherina) und ich gar freundlich bitten, daß Ihr uns zum guten Trunk ein Faß des besten torgischen Biers, so Ihr bekommen mögt, wollet anher auf mein Kost und aufs allerforderlichste (schnellstens) hierher führen lassen. Ich will Fuhrlohn und alles redlich geben. Ich wollte wohl Fuhre geschickt haben, wußte aber nicht, ob ich's treffen würde, denn es muß ausrugig (abgelagert) und kühl werden, daß es wohl schmecke, und setze die Strafe darauf, wo es nicht gut ist, daß Ihr's allein sollt aussaufen. Zudem bitte ich, daß Ihr mitsamt euer Audi (Auguste) nicht wollt außenbleiben und fröhlich erscheinen.

*An Leonhard Koppe,*
*Wittenberg, 21. Juni 1525*

Als ich eben um zehn Uhr aus der Vorlesung nach Hause kam, bekam ich Deinen Brief. Als ich etwa zehn Zeilen davon gelesen hatte, wird mir gerade in diesem Augenblick verkündet, daß mir ein Töchterchen von meiner Käthe geboren worden ist. Ehre und Lob sei dem Vater im Himmel, Amen. Die Wöchnerin ist gesund, aber matt. Aber auch mein Söhnchen Johannes ist wohlauf und fröhlich.

*An Justus Jonas,*
*Wittenberg, 10. Dezember 1527*

Mein Töchterchen Elisabethlein ist mir gestorben; mein Herz ist davon krank und fast weibisch, so bewegt mich der Jammer um sie. Das hätte ich vorher nie geglaubt, daß eines Vaters Herz so weich werden kann gegen seine Kinder. Betet für mich zum Herrn und lebt in ihm wohl.

*An Nikolaus Hausmann,*
*Wittenberg, 5. August 1528*

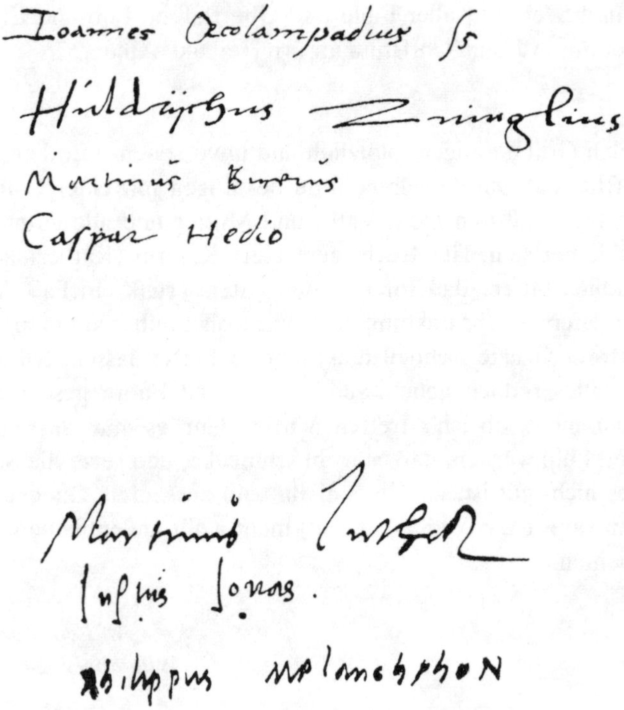

*Unterschriften zu den Marburger Artikeln, 1529*

Gnade und Friede in Christo! Lieber Herr Rath! Wißt, daß unser freundliches Gespräch zu Marburg ein Ende hat und sind fast in allen Stücken eins, ohne daß die Gegner wollten eitel Brot im Abendmahl behalten und Christum geistlich darin gegenwärtig bekennen. Heute handelt der Landgraf, ob wir könnten eins werden oder doch gleichwohl, so wir uneins blieben, dennoch Brüder und Christus' Glieder untereinander uns halten. Da arbeitet (bemüht sich) der Landgraf heftig . . . Ich achte, morgen oder übermorgen wollen wir aufbrechen und zu unserem gnädigen Herrn gen Schleiz im Vogtland ziehen, dahin uns Seine kurfürstliche Gnade berufen hat.

... Ich habe viel zu tun, und der Bote eilt. Sage allen gute Nacht und bittet für uns! Wir sind noch alle frisch und gesund und leben wie die Fürsten. Küßt mir Lenchen und Hänschen! Am Tage Francisci 1529.

Euer williger Diener
Martin Luther.

*An Käthe*
*Marburg, den 4. Oktober 1529*

Lieber Vater! Es hat mir Jakob, mein Bruder, geschrieben, wie daß Ihr gefährlich krank sein sollt. Weil denn jetzt böse Luft und sonst allenthalben Gefahr ist, auch der Zeit halben, bin ich bewegt, für Euch zu sorgen. Denn wiewohl Euch Gott bis hierher einen festen, harten Leib gegeben und erhalten, macht mir doch Euer Alter zu diesen Zeiten sorgliche Gedanken; wiewohl wir alle ohne das keine Stunde unseres Lebens sicher sind noch sein sollen; derhalben ich aus der Maßen gern wäre selbst zu Euch kommen leiblich; so haben mir's doch meine guten Freunde widerraten und ausgeredet, und ich auch selbst denken muß, daß ich nicht auf Gottes Versuchen (Gottsuche) in die Gefahr mich wagte; denn Ihr wißt, wie mir Herrn und Bauern günstig (feindlich gesonnen) sind. Zu Euch möchte ich kommen können, aber wieder heim wollte es gefährlich sein. Aber große Freude soll mir's sein, wo es möglich wäre, daß Ihr Euch ließt samt der Mutter hierherführen zu uns, welches meine Käthe mit Tränen auch begehrt und wir alle. Ich hoffte, wir wollten Eurer aufs beste warten. Darauf hab ich Cyriakus zu Euch abgefertigt, zu besehen, ob es Eurer Schwachheit halben möglich wäre. Denn es geriet mit Euch nach göttlichem Willen zu diesem oder jenem Leben, so wollt ich ja herzlich gern (wie auch wohl billig) leiblich um Euch sein und nach dem vierten Gebot mit kindlicher Treu und Dienst mich gegen Gott und Euch dankbar erzeigen.

Indes bitte ich den Vater, der Euch mir zum Vater geschaffen und gegeben hat, von Herzensgrund, daß er Euch nach seiner grundlosen Güte wolle stärken und mit seinem Geist erleuchten und bewahren, damit Ihr erkennt mit Freuden und Danksagung die selige Lehre von seinem Sohn, unserm Herrn Jesu Christo, zu welcher Ihr auch jetzt durch seine Gnade berufen und kommen seid aus der greulichen vorigen Finsternis und Irrtümern, und hoffe, daß seine Gnade, so solch Erkenntnis Euch gegeben und sein Werk damit in Euch angefangen hat, werde es bis zu Ende in jenes Leben und auf die fröhliche Zukunft (Wiederkehr) unsers Herrn Jesu Christi bewahren und vollbringen. Amen.

Denn er hat solche Lehre und Glauben auch schon in Euch versiegelt und mit Merkzeichen bestätigt, nämlich, daß Ihr um meines Namens willen viel Lästerung, Schmach, Hohn, Spott, Verachtung, Haß, Feindschaft und Gefahr dazu erlitten habt samt uns allen. Das sind aber die rechten Malzeichen, darin wir unserm Herrn Christo gleich und ähnlich sein müssen, wie Sankt Paulus sagt, auf daß wir auch seiner zukünftigen Herrlichkeit gleich werden.

So laßt nun in Eurer Schwachheit das Herz frisch und getrost sein, denn wir haben dort in jenem Leben bei Gott einen gewissen treuen Helfer, Jesum Christum, welcher für uns den Tod samt den Sünden erwürgt hat und jetzt da vor uns sitzt und samt allen Engeln auf uns sieht und sunder wartet, wenn wir ausfahren sollen, daß wir nicht sorgen noch fürchten dürfen (müssen), daß wir versinken oder zu Grund fallen werden. Er hat zu große Gewalt über den Tod und Sünde, daß sie uns nichts tun können; so ist er so herzlich treu und fromm, daß er uns nicht lassen kann noch will; allein, daß wir's ohn Zweifel begehren.

Denn er hat's geredet, verheißen und zugesagt, er wird und kann uns nicht lügen noch trügen, das hat keinen Zweifel. »Bittet«, spricht er, »so sollt ihr's kriegen; suchet, so sollt ihr's finden; klopfet an, so wird euch aufgetan werden.« Und anderswo: »Alle, die den Namen des Herrn anrufen, sollen selig werden.« Und der ganze Psalter ist voll solcher tröstlicher Verheißungen, sonderlich der 91. Psalm, welcher allen Kranken sonderlich gut zu lesen ist.

Solches will ich mit Euch schriftlich geredet haben als in Sorgen Eurer Krankheit halben (dieweil wir das Stündlein nicht wissen), damit ich teilhaftig werde Eures Glaubens, Kampfes, Trostes und Dankes gegen Gott für sein heiliges Wort, das er uns so reichlich, kräftig und gnadenreich zu dieser Zeit gegeben hat.

Ists aber sein göttlicher Wille, daß Ihr sollt jenes bessern Lebens noch länger verzogen (vorenthalten), mit uns fürder in diesem betrübten und unseligen Jammertal mit leiden und Unglück sehen und hören oder auch samt allen Christen helfen tragen und überwinden, so wird er auch Gnade geben, solches alles willig und gehorsam anzunehmen. Es ist doch ja dies verfluchte Leben nichts anders denn ein rechtes Jammertal, darin man je länger je mehr Sünde, Bosheit, Plage und Unglück sieht und erfährt; und ist des alles kein Aufhören noch Abnehmen da, bis man uns mit der Schaufel nachschlägt (begräbt), da muß es doch aufhören und uns zufrieden in der Ruhe Christi schlafen lassen, bis er kommt und wecke uns mit Fröhlichsein wieder auf. Amen.

Hiermit befehle ich Euch dem, der Euch lieber hat denn Ihr Euch selbst und solche Liebe bewiesen hat, daß er Eure Sünde auf sich genommen und mit seinem Blut bezahlt, und solches Euch durchs Evangelium wissen lassen und durch seinen Geist solches zu glauben geschenkt und also alles aufs gewisseste bereitet und versiegelt hat, daß Ihr nichts mehr dürft, weder sorgen, noch Euch fürchten, denn daß Ihr mit Eurem Herzen fest und getrost bleibt an seinem Wort und Glauben. Wo das geschieht, so laßt ihn sorgen, er wird's wohl machen, ja er hat's alsdann schon aufs allerbeste gemacht, mehr denn wir begreifen mögen. Derselbige unser lieber Herr und Heiland sei mit und bei Euch, auf daß (Gott gebe, es geschehe hier und dort) (in Wittenberg oder im Himmel) wir uns fröhlich wiederum sehen mögen. Denn unser Glaube ist gewiß, und wir zweifeln nicht, daß wir uns bei Christo wiederum sehen werden in kurzem, sintemal der Abschied von diesem Leben vor Gott viel geringer ist, denn ob ich von Mansfeld hierher von Euch oder Ihr von Wittenberg gen Mansfeld von mir zöget. Das ist gewißlich wahr, es ist um ein Stündlein Schlafs zu tun, so wird's anders werden.

Wiewohl ich nun hoffe, daß Euer Pfarrherr und Prediger Euch in solchen Sachen ihren treuen Dienst reichlich werden erzeigen, daß Ihr meines Geschwätzes nicht fast bedürft, hab ich doch nicht lassen mögen, mein leiblich Abwesen, das mir (Gott weiß) von Herzen weh tut, zu entschuldigen.

Es grüßen Euch und bitten auch treulich für Euch meine Käthe, Hänschen, Lenchen, Muhme Lene und das ganze Haus. Grüßt meine liebe Mutter und die ganze Freundschaft (alle Verwandten). Gottes Gnade und Kraft sei und bleibe bei Euch ewiglich! Amen.

*An den Vater Hans Luther,*
*Wittenberg, 15. Februar 1530*

Meiner herzlieben Hausfrau Katherin Lutherin zu Wittenberg zu Händen

Gnade und Friede in Christo! Liebe Käthe! Ich hab, acht ich, Deine Briefe alle empfangen. So ist dies der vierte Brief, den ich Dir schreibe, seit daß Herr Johann von hinnen zu Dir gangen ist. Lenchens Konterfei

*Bildnis von Luthers Frau Katharina von Bora. Holzschnitt von Lukas Cranach d. Ä.*

hab ich mit der Schachtel auch. Ich kannte das Hurlin (Mädchen) zuerst nicht, so schwarz deucht michs sein. Ich halte, wo Du es willst absetzen (abstillen), daß es gut sei allmählich, also daß Du ihr zuerst eines Tages einmal abbrechest, danach des Tages zweimal, bis es also säuberlich abläßt. Also hat mir Georgen von Grumbachs Mutter, Frau Argula, geraten; die ist hier bei uns und hat mit mir gessen, Hans Reinicke von Mansfeld auch und Georg Römer, daß wir müssen an einen andern Ort, es will zu gemeiner Wallfahrt werden.

Sage Meister Christanus, daß ich mein Tage schändlichere Brillen nicht gesehen habe, denn die mit seinem Brief kommen; ich konnt nicht ein Stich dadurch sehen . . .

Man beginnt beide (dort und hier) zu Nürnberg und zu Augsburg zu zweifeln, ob etwas aus dem Reichstag werde. Der Kaiser verzicht noch immer zu Innsbruck. Die Pfaffen haben etwas für, und geht mit Kräutern (Zauberei) zu, und Gott gebe, daß sie der Teufel beschicke (betrüge), Amen . . . Eilend, der Bote wollte nicht harren. Grüße, küsse, herze und sei freundlich allen und jedem nach seinem Stand! Am Pfingsttag früh 1530.

Martin Luther.

*An Käthe,*
*Veste Coburg, 5. Juni 1530*

Heute hat mir Hans Reinick geschrieben, daß mein liebster Vater, der alte Hans Luther, aus diesem Leben geschieden sei am Sonntag Exaudi (nachts) um ein Uhr. Dieser Tod hat mich in Trauer versetzt, da ich zurückdachte nicht allein an das Natürliche sondern auch an seine herzliche Liebe, dieweil mir mein Schöpfer aus ihm gegeben hat, was ich bin und habe. Und wiewohl es mich tröstet, daß er schreibt, er sei stark im Glauben an Christus sanft entschlafen, so hat mir doch das Herzeleid und die Erinnerung an den gar lieblichen Verkehr mit ihm Mark und Bein erschüttert, also daß ich den Tod kaum jemals so verachtet habe. Aber der Gerechte wird vor dem Unglück weggenommen und geht ein zu seiner Ruhe, also so oft sterben wir, ehe wir endlich einmal wirklich sterben. Ich folge jetzt in der Erbschaft des Namens, so daß ich der älteste Luther in meiner Familie bin. So kommts mir jetzt nicht allein zufällig, sondern auch von Rechts wegen zu, ihm durch den Tod zu folgen in das Reich Christi, das uns allen gnädig eröffnet hat der, um dessen willen wir elender als die andern Menschen und ein Ärgernis der ganzen Welt sind. So bin ich nun zu traurig, um noch weiter zu schreiben, dieweil es würdig und fromm ist, daß ich als Sohn um einen solchen Vater trauere, von dem mich der Vater der Barmherzigkeit genommen hat und durch dessen Schweiß er mich genährt und gebildet hat, wie ich bin. Ich freue mich gar sehr, daß er bis zu diesen Zeiten gelebt und das Licht der Wahrheit gesehen hat.

*An Melanchthon,*
*Veste Coburg, 5. Juni 1530*

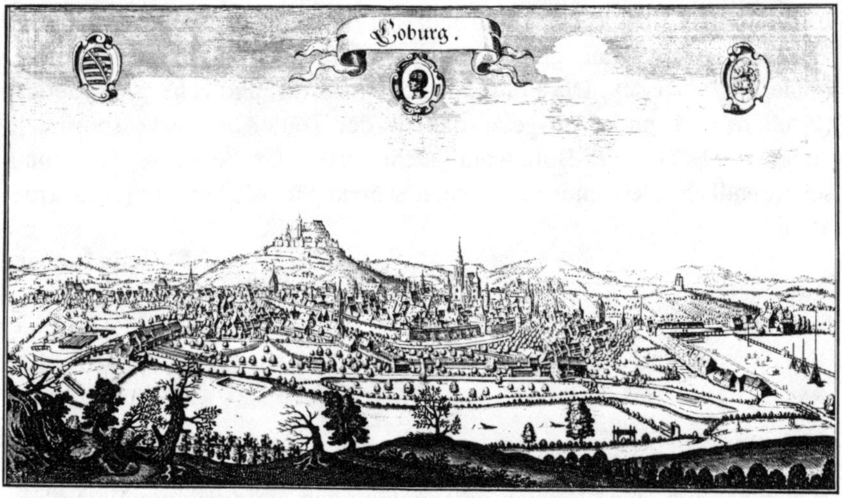


Gnade und Friede in Christo! Mein herzliebes Söhnchen! Ich sehe gern, daß du wohl lernst und fleißig betest. Tue also, mein Söhnchen, und fahre fort! Wenn ich heimkomme, so will ich dir einen schönen Jahrmarkt mitbringen.

Ich weiß einen hübschen lustigen Garten, da gehen viele Kinder innen, haben goldene Röcklein an und lesen schöne Äpfel unter den Bäumen und Birnen, Kirschen und Pflaumen, singen, springen und sind fröhlich, haben auch schöne kleine Pferdlein mit goldenen Zäumen und silbernen Sätteln. Da fragt ich den Mann, des der Garten ist, wes die Kinder wären. Da sprach er: »Es sind die Kinder, die gern beten, lernen und fromm sind.« Da sprach ich: »Lieber Mann, ich hab auch einen Sohn, heißt Hänschen Luther, könnte er nicht auch in den Garten kommen, daß er auch solche schöne Äpfel und Birnen essen möchte und solche feine Pferdlein reiten und mit diesen Kindern spielen?« Da sprach der Mann: »Wenn er gern betet, lernt und fromm ist, so soll er auch in den Garten kommen, Lippus und Jost auch, und wenn sie alle zusammenkommen, so werden sie auch Pfeifen, Pauken, Lauten und allerlei Saitenspiel haben, auch tanzen und mit kleinen Armbrüsten schießen.«

Und er zeigte mir dort eine feine Wiese im Garten, zum Tanzen zugerichtet, da hingen eitel goldene Pfeifen, Pauken und feine silberne Armbrüste. Aber es war noch früh, daß die Kinder noch nicht gessen hatten. Darum konnte ich des Tanzes nicht erharren (abwarten) und sprach zu dem Mann: »Ach lieber Herr, ich will flugs hingehen und das alles meinem lieben Söhnlein Hänschen schreiben, daß er ja fleißig bete, wohl lerne und fromm sei, auf daß er auch in diesen Garten komme; aber er hat eine Muhme Lene, die muß er mitbringen.« Da sprach der Mann: »Es soll ja sein, gehe hin und schreibe ihm also!«

*Zwei spielende Kinder. Kupferstich des Hausbuchmeisters*

Darum, liebes Söhnlein Hänschen, lerne und bete ja getrost und sage es Lippus und Jost auch, daß sie auch lernen und beten, so werdet ihr miteinander in den Garten kommen. Hiermit bist dem allmächtigen Gott befohlen und grüße Muhme Lenen und gib ihr einen Kuß von meinetwegen. Anno 1530. Dein lieber Vater Martinus Luther.

*An den Sohn »Hänschen«,*
*Veste Coburg, Juni 1530*

Gnade und Friede in Christo! Meine liebe Käthe! Dieser Bote lief eilends vorüber, daß ich nichts mehr schreiben konnte, ohne daß ich nicht wollte ohne meine Handschrift (Brief) ihn gehen lassen. Du magst Herrn Johann Pommern und allen sagen, daß ich bald mehr schreiben will. Wir haben noch nichts von Augsburg, warten aber alle Stunden auf Botschaft und Schrift. Aus fliegenden Reden (Gerüchten) haben wir, daß unseres Widerparts Antwort solle öffentlich gelesen sein; man habe aber den Unsern keine Abschrift wollen geben, daß sie darauf antworten könnten. Weiß nicht, ob's wahr ist. Wo sie das Licht so scheuen, werden die Unsern nicht lange bleiben. Ich bin seit Lorenzentag fast gesund gewesen und kein Sausen im Kopf gefühlt; das hat mich fein lustig gemacht zu schreiben, denn bisher hat mich das Sausen wohl zerplagt. Grüße alle und alles! Ein andermal weiter. Gott sei mit Euch, Amen. Und betet getrost, denn es ist wohl angelegt, und Gott wird weiter helfen. Gegeben am Sonntag nach Lorenzentag, Anno 1530.

*An Käthe,*
*Veste Coburg, 14. August 1530*

Meinem lieben Herrn, Frau Katherin Lutherin zu Wittenberg zu Händen

Gnade und Friede in Christo! Meine liebe Käthe! Als ich den Brief hatte zugemacht, kamen mir diese Briefe von Augsburg; da ließ ich den Boten aufhalten, daß er sie mit sich nähme. Daraus werdet Ihr wohl vernehmen, wie es zu Augsburg mit unseren Sachen stehe, fast, wie ich im andern Brief geschrieben habe. Laß Dir sie Peter Weller lesen oder Herr Johann Pommer. Gott helfe weiter, wie er gnädiglich angefangen hat, Amen. Jetzt kann ich nicht mehr schreiben, weil der Bote so wegfertig dasitzt und harrt kaum. . . Hans Polner habe ich Peter Wellern befohlen; sieh zu, daß er sich gehorsam halte. Grüße Hans Luther und seinen Schulmeister; dem will ich bald auch schreiben. Grüße Muhme Lene und allesamt! Wir essen hier reife Weintrauben, wiewohl es diesen Mond hier draußen sehr naß gewesen ist. Gott sei mit Euch allen! Amen. Aus der Wüste am Tage Mariä Himmelfahrt 1530.

Martin Luther.

Wie verdrießt michs, daß unsre Drucker so schändlich verziehen mit den Exemplaren (Manuskripten)! Ich schicke solch Exemplar darum hinein, daß sie bald sollten fertig werden, da machen sie mir ein Lagerobst draus (lassen es verfaulen). Wollt ich sie so liegen haben, ich hätte sie wohl hier bei mir auch wissen zu halten. Ich hab Dir geschrieben, daß Du den Sermon (wo er nicht angefangen) von Schirlenz nehmen und Georg Rau geben solltest. . . Ist das nicht geschehen, so schaffe, daß es noch bald geschehe und der Sermon aufs forderlichste gefertigt werde.

*An Käthe,*
*Veste Coburg, 15. August 1530*

Meiner herzlieben Hausfrau Katherin Lutherin zu Wittenberg zu Händen

Gnade und Friede in Christo! Meine liebe Käthe! Dieser Bote lief eilends vorüber, daß ich nicht viel schreiben konnte, hoff aber, wir wollen schier (bald) selbst kommen; denn dieser Bote bringt uns von Augsburg Briefe, daß die Handlung in unserer Sache ein Ende habe und man nun wartet, was der Kaiser schließen und urteilen wird. Man hält's dafür, daß es werde alles aufgeschoben auf ein künftig Konzilium. Denn der Bischof zu Mainz und Augsburg halten noch fest; so wollen der Pfalzgraf, Trier und Köln nicht zum Unfriede oder Krieg willigen. Die andern wollten gern wüten und versehen sich, daß der Kaiser mit Ernst gebieten werde. Es geschehe, was Gott will, daß nur des Reichstags ein Ende werde! Wir haben genug getan und erboten (Kompromiß angeboten); die Papisten wollen nicht ein Haar breit weichen; damit wird einer kommen, der sie lehren soll weichen und räumen. Mich wundert, warum Hans Weiß den Psalm nicht hat angenommen. Ich hätte nicht gemeint, daß er so ekel wäre, ist's doch ein köstlich Exemplar. Schicke vollends hiermit denselbigen ganz und gönn ihn Georg Rau wohl. Gefällt das Exemplar von den Schlüsseln Herr Johann Pommer und Kruzigern, so laß immerhin drukken! Es ist doch nichts, daß man den Teufel feiert. Wer Dir gesagt hat, daß ich krank sei, wundert mich fast, und Du siehst ja die Bücher vor Augen, die ich schreibe. So hab ich ja die Propheten alle aus (fertig übersetzt), ohne Ezechiel, darin ich jetzt bin, und im Sermon vom Sakrament, ohne was sonst des Schreibens mit Briefen und anders mehr ist. Ich konnt jetzt nicht mehr vor Eile schreiben. Grüßt alle und alles! Ich hab ein großes schönes Buch von Zucker Hans Luther (Hänschen), das hat Cyriakus von Nürnberg gebracht aus dem schönen Garten. Hiermit Gott befohlen und betet! Mit Polner mach's nach Rat des Pommers und Wellers! Aus der Wüste am 8. September 1530.

*An Käthe,*
*Veste Coburg, 8. September 1530*

Gnade und Friede in Christo! Meine liebe Käthe! Gestern habe ich Dir geschrieben und einen Brief meines gnädigsten Herrn mitgeschickt, daraus Du vernehmen kannst, wie die Unsern zu Augsburg wollen auf sein. Demnach hoffe ich, wo Gott Gnade gibt, wollen wir in vierzehn Tagen bei Euch daheim sein, wiewohl ich achte, unsere Sachen werden nicht gar unverdammt bleiben. Da liegt auch nicht Macht an. Sie wollen schlecht (unbedingt) die Mönche und Nonnen wieder in die Klöster haben. Doch hat der Riedesel anher geschrieben, er hoffe, daß man zu Augsburg werde abscheiden mit Frieden in allen Gassen. Das gebe Gott und wäre eine große Gnade. So bedürften wir's alle wohl, weil der Türke so an uns will. Weiteres wirst Du wohl von Hornung hören. Hiermit seid alle Gott befohlen, Amen. Sonnabends nach Matthäi 1530.

Martinus Luther.

*An Käthe,*
*Veste Coburg, 24. September 1530*

Gnade und Friede in Christo Jesu, unserm Herrn und Heiland, Amen! Meine herzliebe Mutter! Ich hab die Schrift meines Bruders Jakob von Eurer Krankheit empfangen, und ist mir ja herzlich leid, sonderlich daß ich nicht kann leiblich bei Euch sein, wie ich wohl gern wäre; aber doch erscheine ich mit dieser Schrift leiblich und will ja nicht (fern) von Euch sein geistlich samt allen den Unsern.

Wiewohl ich aber hoffe, daß Euer Herz ohne das längst und reichlich genug unterrichtet, und (gottlob) sein tröstlich Wort wohl innen habt, dazu mit Predigern und Tröstern allenthalben versorgt seid, so will ich doch das Meine auch tun und meiner Pflicht nach mich als Euer Kind und Euch als meine Mutter erkennen, wie unser beider Gott und Schöpfer uns gemacht und gegen einander verpflichtet hat, damit ich zugleich den Haufen Eurer Tröster vermehre.

Erstlich, liebe Mutter, wißt Ihr von Gottes Gnaden nun wohl, daß Eure Krankheit seine väterliche gnädige Rute ist und gar eine geringe Rute gegen die, so er über die Gottlosen, ja, auch oft über seine eigenen lieben Kinder schickt, da einer geköpft, der andere verbrannt, der dritte ertränkt wird und so fortan, daß wir allesamt müssen singen: »Wir werden um deinetwillen täglich getötet und sind gleich wie Schlachtschafe.« Darum Euch solche Krankheit nicht soll betrüben noch bekümmern; sondern sollt sie mit Dank annehmen als von seiner Gnade zugeschickt, angesehen wie gar ein geringes Leiden es ist, wenn es gleich zum Tod oder Sterben sollte, gegen das Leiden seines eigenen lieben Sohnes, unsers Herrn Jesu Christi, welches er nicht für sich selbst, wie wir, leiden müssen, sondern für uns und unsere Sünde erlitten hat.

Zum anderen wißt Ihr, liebe Mutter, auch das rechte Hauptstück und Grund Eurer Seligkeit, worauf Ihr Euern Trost setzen sollt in dieser und allen Nöten, nämlich den Eckstein, Jesum Christum, der uns nicht wanken noch fehlen wird, auch uns nicht sinken noch untergehen lassen kann. Denn er ist der Heiland und heißt der Heiland aller armen Sünder und aller, die in Not und Tod stecken, so auf ihn sich verlassen und seinen Namen anrufen.

Er spricht: »Seid getrost! Ich habe die Welt überwunden.« Hat er die Welt überwunden, so hat er auch gewiß den Fürsten der Welt mit aller seiner Macht überwunden. Was ist aber seine Macht anders denn der Tod, damit er uns unter sich geworfen und um unserer Sünde willen gefangen hatte? Aber nun der Tod und Sünde überwunden ist, mögen wir fröhlich und tröstlich das süße Wort hören: »Seid getrost! Ich hab die Welt überwunden.« Und sollen ja nicht zweifeln, es sei gewiß wahr, und nicht allein das, sondern es wird uns auch geboten, daß wir sollen mit Freuden uns solches Trostes annehmen und mit aller Danksagung. Und wer sich solche Worte nicht wollte trösten lassen, der tut dem lieben Tröster unrecht und die größte Unehre, gerade als wäre es nicht wahr, daß er uns heißt getrost sein, oder als wäre es nicht wahr, daß er die Welt hätte überwunden, damit wir den überwundenen Teufel, Sünde und Tod uns selbst wieder zum Tyrannen stärken wider den lieben Heiland, davor uns Gott behüte! Derhalben mögen wir nun mit aller Sicherheit und Freudigkeit uns freuen, und wo uns will etwa ein Gedanken von der Sünde oder Tod erschrecken, wir dagegen unser Herz erheben und sagen: »Sieh, liebe Seele, wie tust du? Lieber Tod, liebe Sünde, wie tobst du und schreckst du mich? Weißt du nicht, daß du überwunden, und du, Tod, gar tot bist? Kennst du nicht einen, der von dir sagt: Ich hab die Welt überwunden? Mir gebührt nicht dein Schrecken zu hören noch anzunehmen, sondern die Trostworte meines Heilands: ›Seid getrost, seid getrost, ich hab die Welt überwunden.‹ Das ist der Siegmann, der rechte Held, der mir hiermit seinen Sieg gibt und zueignet: Seid getrost! Bei dem bleib ich, des Wortes und Trostes halte ich mich; darauf bleibe ich hier oder fahre dorthin, er lügt mir nicht. Dein falsches Schrecken wollte mich gern betrügen und mit Lügengedanken von solchem Siegmann und Heiland reißen; und ist doch erlogen, so wahr es ist, daß er dich überwunden und uns getrost zu sein geboten hat.«

Also rühmt Sankt Paulus auch und trotzt wider des Todes Schrecken: »Der Tod ist verschlungen im Sieg. Tod, wo ist dein Sieg? Hölle, wo ist dein Stachel?« Schrecken und reizen kannst du, wie ein hölzern Todesbild, aber Gewalt hast du nicht, zu würgen. Denn dein Sieg, Stachel und Kraft ist im Sieg Christi verschlungen, die Zähne magst du blecken, aber fressen kannst du nicht. Denn Gott hat uns den Sieg wider dich gegeben durch Jesum Christum, unsern Herrn, dem sei Lob und Dank gesagt! Amen.

Mit solchen Worten und Gedanken, liebe Mutter, laßt Euer Herz sich bekümmern (beschäftigen), und sonst mit nichts; und seid ja dankbar, daß Euch Gott zu solcher Erkenntnis gebracht hat, und nicht lassen stekken im päpstischen Irrtum, da man uns gelehrt hat, auf unser Werk und der Mönche Heiligkeit bauen und diesen einigen Trost, unsern Heiland, nicht für einen Tröster, sondern für einen grausamen Richter und Tyrannen halten, daß wir von ihm zu Maria und den Heiligen haben müssen fliehen und uns keiner Gnade noch Trost zu ihm haben versehen können.

Aber nun wissen wir's anders von der grundlosen Güte und Barmherzigkit unseres himmlischen Vaters, daß Jesus Christus unser Mittler und Gnadenstuhl ist und unser Bischof im Himmel vor Gott, der uns täglich vertritt und versöhnt alle, die nur an ihn glauben und ihn anrufen, und nicht ein Richter ist noch grausam, ohne allein über die, so ihm nicht glauben, noch seinen Trost und Gnad annehmen wollen. Es ist nicht der Mann, der uns verklagt noch droht, sondern der uns versöhnt und vertritt durch seinen eigenen Tod und Blut, für uns vergossen; daß wir uns nicht vor ihm fürchten, sondern mit aller Sicherheit zu ihm treten und ihn nennen sollen: Lieber Heiland, du süßer Tröster, du treuer Bischof unserer Seele.

Zu solcher Erkenntnis, sage ich, hat Euch Gott gnädig berufen, des habt Ihr sein Siegel und Brief, nämlich das Evangelium, die Taufe und das Sakrament, so Ihr hört predigen, also, daß es keine Gefahr noch Not mit Euch haben soll. Seid nur getrost und dankt mit Freuden solcher großen Gnade! Denn der es in Euch angefangen hat, wird es auch gnädig vollenden. Denn wir können uns selbst in solchen Sachen nicht helfen, wir mögen der Sünde, Tod und Teufel nichts abgewinnen mit unseren Werken; darum ist da an unser Statt und für uns ein anderer, der es besser kann und uns seinen Sieg gibt und befiehlt, daß wir's annehmen und nicht dran zweifeln sollen, und spricht: »Seid getrost! Ich habe die Welt überwunden«, und abermal: »Ich lebe, und ihr sollt auch leben, und eure Freude soll niemand von euch nehmen.«

Der Vater und Gott alles Trostes verleihe Euch durch sein heiliges

Wort und Geist einen festen, fröhlichen und dankbaren Glauben, damit Ihr diese und alle Not mögt selig überwinden und endlich schmecken und erfahren, daß es die Wahrheit sei, da er selbst spricht: »Seid getrost! Ich hab die Welt überwunden.« Und befehle hiermit Euer Leib und Seele in seine Barmherzigkeit. Amen. Es bitten für Euch alle Eure Kinder und meine Käthe. Etliche weinen, etliche essen und sagen: »Die Großmutter ist sehr krank.« Gottes Gnade sei mit uns allen! Amen.

*An die Mutter Margarete Luther,*
*Wittenberg, 20. Mai 1531*

Es ist kein lieblicher, freundlicher noch holdseliger Verwandnis, Gemeinschaft und Gesellschaft denn eine gute Ehe, wenn Eheleute miteinander in Frieden und Einigkeit leben. Wiederum ist auch nichts Bitteres, Schmerzlicheres, denn wenn das Band zerrissen, von einander getrennt und geschieden wird; nach welchem ist der Kinder Tod, wenn die sterben, welches ich versucht und erfahren habe!

Im ersten Jahr des Ehestands hat einer seltsame Gedanken. Wenn er über Tisch sitzt, so gedenkt er: Vorhin warst du allein, nun aber bist du selbander; im Bett, wenn er erwacht, sieht er ein Paar Zöpfe neben ihm liegen, das er vorhin nicht sah.

Wohlan, wenn man dies Geschlecht, das Weibervolk, nicht hätte, so fiele die Haushaltung und alles, was dazu gehört, läge gar darnieder; danach das weltliche Regiment, Städte und die Polizei. Summa, die Welt kann des Weibervolks nicht entbehren, da gleich die Männer selbst könnten Kinder tragen.

Item, wenn wir hinter uns und zurückgedenken an das Vergangene, so ist der Ehestand nicht so böse, als dadurch das Künftige und die Welt erhalten wird. Denn unsere Eltern, in dieser Ordnung Gottes heilig gewesen, haben ihren Glauben auch darin geübt, sintemal sie Gottes Befehl gehabt haben, Kinder zu zeugen. So tun mir meine Kinder eben die Ehre, die ich meinen Eltern getan und erzeigt habe.

Weil ich nun glaube, daß meine Eltern im heiligen Ehestand gelebt haben, warum sollte ich nicht auch meinen Ehestand loben? An unsern Eltern können wir ihn billigen, an uns aber wollen wir ihn verachten und verwerfen?

Also auch, wenn wir beiseite sehen auf Brüder, Schwestern und Freunde, so sehen wir im Ehestand nichts denn göttliche Dinge; wenn wir aber unseren Ehestand ansehen, so haben wir einen Ekel da, dieweil doch mein Vater ebenso wohl bei meiner Mutter geschlafen hat als ich bei meinem Weib, und mit ihr gescherzt, und sind fromme Leute gewesen.

*Dr. Christian Brück. Holzschnitt von Lukas Cranach d. J.*

Meiner herzlieben Hausfrau, Katherin Lutherin, zu eigenen Händen

Gott zum Gruße, Gnade und Friede in Christo! Meine herzliebe Käthe! Ich hoffe, wo Dr. Brück wird Urlaub kriegen, wie er mich vertröstet, so will ich mit ihm kommen morgen oder übermorgen. Bitte Gott, daß er uns frisch und gesund heimbringe. Ich schlafe überaus viel, etwa sechs oder sieben Stunden aneinander, und danach zwo oder drei Stunden hinnach. Es ist des Biers Schuld, wie ich achte. Aber nüchtern bin ich, gleichwie zu Wittenberg. Dr. Kaspar sagt, daß unsers gnädigen Herrn Fuß nicht weiter fresse. Aber solche Marter leidet kein Dobitzsch noch Gefangener auf der Leiter (Folter) im Turm von Hans Stockmeister (Henker), als Seine Kurfürstliche Gnaden muß leiden von den Wundärzten. Es ist Seine Fürstliche Gnaden so gesund am ganzen Leibe als ein Fischlein, aber der Teufel hat ihm den Fuß gebissen und gestochen. Betet, betet weiter! Ich hoffe, Gott soll uns erhören, wie angefangen ist. Denn Dr. Kaspar hält auch dafür, es müsse allein Gott hier helfen.

Weil Johannes wegzieht, so will's die Not und Ehre fordern, daß ich ihn lasse ehrlich von mir kommen. Denn Du weißt, daß er treulich und fleißig gedient hat und wahrlich dem Evangelio nach sich demütig gehalten und alles getan und gelitten. Darum denke Du, wie oftmal wir haben bösen Leute und undankbaren Schelmen gegeben, da es alles verloren gewesen ist. So greif Dich nun hier an (strenge Dich an) und laß an einem solchen frommen Gesellen auch nicht mangeln, da Du weißt, daß es wohl angelegt und Gott gefällig ist. Ich weiß wohl, daß wenig da ist, aber ich gäbe ihm gern zehn Gulden, wenn ich sie hätte. Aber unter fünf Gulden sollst Du ihm nicht geben, weil er nicht gekleidet ist (Kleidung erhalten hat). Was Du drüber kannst geben, das tue, da bitte ich um. Es möchte zwar der gemeine Kasten (Gemeindekasse) mir zu Ehren einem solchen meinem Diener wohl etwas schenken, angesehen, daß ich meine Diener muß halten auf meine Kosten zu ihrer Kirchen Dienst und Nutz; aber, wie sie wollen. Laß Du ja nicht fehlen, weil ein Becher da ist. Denke, wo Du es kriegst. Gott wird wohl anders geben, das weiß ich. Hiemit Gott befohlen, Amen.

... Küßt mir den jungen Hans von meinen wegen und heißt Hänschen, Lenchen und Muhme Lenen für den lieben Fürsten und für mich beten. Ich kann in dieser Stadt, wiewohl jetzt Jahrmarkt ist, nichts finden zu kaufen für die Kinder. Wo ich nichts brächte sonderliches, so schaffe mir da etwas Vorrat. Dienstags nach Reminiscere 1532.

*An Käthe,*
*Torgau, 27. Februar 1532*

Magister G. hat ein reiches Weib genommen und seine Freiheit dadurch verkauft. Denn es geht gemeiniglich also: Wenn ein armer Gesell eine Reiche bekommt, so will sie Herr sein, und wenn er ihr ein Wort sagt, das ihr nicht gefällt, so wirft sie das Maul auf und rückt ihm auf: »Du Stümper hättest müssen ein Bettler sein, wenn ich dich nicht genommen hätte«. Ich hätte auch gern, wenn mir meine Käthe übers Maul führe, ohne daß ich sie nicht ließe viel daran gewinnen, ein Maulschellium.

Das ist die Unlust und Beschwerung im Ehestand, um welcher willen jedermann sich davor scheut, entsetzt und will nicht ehelich werden: Wir fürchten uns allzumal vor der Weiber wunderlichem Sinn, der Kinder Heulen und Schreien, Sorge vor großer Unkost und bösen Nachbarn. Darum wollen wir frei und ungebunden sein, daß wir freie Herren bleiben und tun mögen, wie es uns gelüstet, mit Huren, müßiggehen. Daher auch keiner von den Vätern etwas merklich und sonderlich Gutes vom Ehestand geschrieben hat.

Hieronymus ist ein rechter Gardian gewesen, hat ziemlich garstig genug, wollte schier sagen unchristlich, von der Ehe geschrieben. Sie sehen im Ehestand nur an die Wollust und fliehen darin nichts mehr denn nur Trübsal des Fleisches halben. Wollen ein Tröpflein Unlust meiden und sind ins Meer aller Wollust und böser Begierden gefallen. Allein Sankt Augustin hat einen guten Spruch von der Ehe geschrieben, da er spricht: »Wer nicht kann keusch leben, der nehme ein Weib und komme sicher vor das Gericht des Herrn.« Item: »Wenn einer im Ehestande sein will nicht um der Kinder, sondern um der Not willen, darum, daß er sich ohne denselben nicht enthalten noch keusch leben kann, dasselbige gehört zur Vergebung der Sünden, ums Glaubens und der Treue willen des Ehestandes.« Der gute Pater konnte nicht sagen: Um des Glaubens willen an das Wort.

Aber Gott hat den Ehestand, die Obrigkeit und das Predigtamt aus sonderlicher Gnade vor dem jüngsten Tag durch sein Wort wieder zu Recht bracht, wie er's eingesetzt und befohlen hat, auf daß wir sehen, daß es seine Ordnungen seien, die bisher nur Larven gewesen sind. Die Eheleute haben gemeint, daß solch Verbündnis, daß sie müßten beieinander sein und bleiben, wäre mehr ein Gewohnheit, daß es also herbracht wäre durch einen Brauch und Übung, denn daß Gott so geordnet hat. Desgleichen wüßte die Obrigkeit nicht, daß sie Gott diente, sondern war gebunden an die Zeremonien. Also war auch das Predigtamt nur eine Larve in Kappen, Platten, Schmierwerk.

*Die Ehebruchbrücke. Holzschnitt zu Paul Landaus Hans Sachs*

Meinem freundlichen lieben Herrn, Frau Katherin von Bora, Dr. Lutherin zu Wittenberg

Gnade und Friede in Christo! Lieber Herr Käthe! Ich weiß Dir nichts zu schreiben, weil M. Philipps samt den andern selbst heimkommen. Ich muß länger hierbleiben um des frommen Fürsten willen. Du magst denken, wie lange ich hier bleiben werde, oder wie Du mich los machst. Ich halt, M. Franziskus wird mich wieder los machen (ablösen), wie ich ihn los gemacht habe, doch nicht so bald. Gestern hatte ich einen bösen Trunk (Schlechtes getrunken) . . . Und Du tätest wohl, daß Du mir herüberschicktest den ganzen Keller voll meines Weines und eine Flasche Deines Bieres, so erst (rasch) Du kannst. Sonst komm ich vor dem neuen Bier nicht wieder. Hiermit Gott befohlen samt unseren Jüngern und allem Gesinde, Amen. Mittwochs nach Jacobi 1534.

Dein Liebchen Martin Luther D.

*An Käthe,*
*Dessau, 29. Juli 1534*

Wenn ich vor 13 Jahren wollt hätte freien, so hätte ich Eva Schönfeldin genommen, die jetzt der D. Basilius, der Medikus in Preußen, hat. Meine Käthe hatte ich dazumal nicht lieb, denn ich hielt sie verdächtig, als wäre sie stolz und hoffärtig. Aber Gott gefiel es also wohl, der wollte, daß ich mich ihrer erbarmte. Und ist mir, gottlob, wohl geraten, denn ich habe ein fromm, getreu Weib, auf welches sich des Mannes Herz verlassen darf, wie Salomon sagt: »Sie verderb mirs nicht.«

Ach, lieber Herr Gott, die Ehe ist nicht ein natürlich Ding, sondern Gottes Gabe, das allersüßeste und lieblichste, ja keuscheste Leben, über allem Zölibat und allein, ohne Ehe, leben, wenn es wohl gerät; da es aber auch übel gerät, so ist's die Hölle. Denn wiewohl sie (die Weiber) gemeiniglich alle die Kunst können, daß sie mit Weinen, Lügen, Einreden einen Mann gefangen nehmen, könnens fein verdrehen und die besten Worte geben, doch, wenn diese drei Stück im Ehestand bleiben, nämlich Treu und Glauben, Kinder und Leibesfrüchte und Sakrament, daß man's für ein heilig Ding und göttlichen Stand hält, so ist's gar ein seliger Stand.

Ach, wie herzlich sehnte ich mich nach den Meinen, da ich zu Schmalkalden todkrank lag. Ich meinte, ich würde Weib und Kinderlein hier nicht mehr sehen. Wie weh tat mir solche Sonderung und Scheidung! Nun glaube ich wohl, daß in sterbenden Leuten solche natürliche Neigung und Liebe, so ein Ehemann zu seinem Eheweib und die Eltern zu Kindern haben, am größten sei. Weil ich aber nun wieder gesund bin worden von Gottes Gnaden, so habe ich mein Weib und Kinderlein desto lieber. Keiner ist so geistlich, der solche angeborne natürliche Neigung und Liebe nicht fühlt; denn es ist ein groß Ding um das Bündnis und die Gemeinschaft zwischen Mann und Weib.

Der Herr muß selber sein der Knecht,
will er's im Hause finden recht.
die Frau muß selber sein die Magd,
will sie im Hause schaffen Rat.
Gesinde nimmermehr bedenkt,
was Nutz und Schad im Hause brengt.
Es ist ihn' nichts gelegen dran,
weil sie es nicht für eigen han.

Es ist gewiß ein frommer Mann,
der sich um ein Weib nimmet an.
Es ist gewiß ein frommes Weib,
wo sie bei einem Manne bleibt.
Ein Ehmann soll geduldig sein,
sein Weib nicht halten wie ein Schwein.
Ein Hausfrau soll vernünftig sein,
des Mannes Weise lernen fein.
Da wird Gott Gnade geben zu,
daß ihn' die Eh gar sanfte tu,
und wird dem Teufel wehren wohl,
daß er sein List nicht enden soll.
Es gehört gar viel in ein Haus.
Willt du es aber rechen aus,
so muß noch viel mehr gehn heraus.
Des nimm ein Exempel mein Haus.

Ich armer Mann, so halt ich Haus:
Wo ich mein Geld sollt geben aus,
da dürft ich's wohl an sieben Ort,
und feilt mir allweg hie und dort.

Tu, wie dein Vater hat getan:
Wo der wollt einen Pfennig han,
da fand er drei im Beutel bar.
Damit bezahlt er alles gar.
Kein' Heller wollt er schuldig sein.
So hielt er Haus und lebet fein.

Tu, wie dein Vater hat getan:
Wo der sollt einen Pfennig han,
da mußt er borgen drei dazu,
bleib immer schuldig Rock und Schuh.
Das heißt denn »Haus gehalten« auch,
daß im Haus bleibt kein Feur noch Rauch.

Am besten düngt der Mist das Feld,
der von des Herren Füßen fällt.
Das Pferd wohl fein gefüttert wird,
wo ihm sein Herr die Augen gibt.
Der Frauen Augen kochen wohl,
wohl mehr denn Magd, Knecht, Feur und Kohln.

*1536*

Was kostet's Arbeit, daß man Eheleute zusammen bringe! Danach hat's viel großer Mühe, daß man sie beieinander behalte. Adams Fall hat die menschliche Natur also gar sehr beschmutzt, verderbt und vergiftet, daß sie aufs allerunbeständigste ist, läuft hin und wieder wie Quecksilber. O, wie wohl stehts, wenn Eheleute miteinander zu Tische und Bette gehen! Ob sie gleich zuweilen schnurren und murren, das muß nicht schaden; es geht in der Ehe nicht allzeit schnurgleich zu, ist ein zufällig Ding; des muß man sich ergeben!

Adam und Eva werden sich gar weidlich die neun hundert Jahr zuscholten haben, und Eva zu Adam gesagt haben: »Du hast den Apfel gefressen!« Herwiederum wird Adam geantwortet haben: »Warum hast du mir ihn gegeben?« Denn sie werden in so einer langen Zeit ihres Lebens ohne Zweifel gar viel Böses und viel Unglücks mit Herzleid und Seufzen in ihrem Ehestande gesehen haben. Welches alles aus ihrem Fall und Ungehorsam herkommen ist und sich daher verursacht hat, daß sie mit Seufzen und Tränen haben ansehen müssen. Es wird ein wunderlich Regiment gewesen sein.

Gnade und Friede in Christo! Du magst dieweil sondere Pferde mieten zu Deiner Notdurft, liebe Käthe, denn mein gnädigster Herr wird Deine Pferde behalten und mit dem M. Philipps heimschicken. Dann ich selber gestern von Schmalkalden aufgebrochen auf meines gnädigen Herrn eigenem Wagen fuhr. Ist die Ursache: ich bin nicht über drei Tage hier gesund gewesen, und ist bis auf diese Nacht vom ersten Sonntag an kein Tröpflein Wasser von mir kommen, hab nie geruht noch geschlafen, kein Trinken noch Essen behalten mögen. Summa, ich bin tot gewesen und hab Dich mit den Kindlein Gott befohlen und meinem gnädigsten Herrn, als würde ich Euch in dieser Sterblichkeit nicht mehr sehen, hat mich Euer sehr erbarmt, aber ich habe mich dem Grab beschieden. Nun hat man so hart gebeten für mich zu Gott, daß vieler Leute Tränen vermocht haben, daß mir Gott diese Nacht der Blasen Gang hat geöffnet und in zwei Stunden wohl ein Stückchen von mir gangen ist und mich dünkt, ich sei wieder von neuem geboren. Darum danke Gott und laß die lieben Kindlein mit Muhme Lene dem rechten Vater danken, denn Ihr hättet

*Die spielenden Kinder. Kupferstich von Israhel von Meckenem*

diesen Vater gewißlich verloren. Der fromme Fürst hat lassen laufen, reiten, holen und mit allem Vermögen sein Höchstes versucht, ob mir nicht möchte geholfen werden, aber es hat nicht wollen sein. Deine Kunst hilft mich auch nicht mit dem Mist. Gott hat Wunder an mir getan diese Nacht, und tut's noch durch frommer Leute Fürbitte.

Solches schreib ich Dir darum, denn ich halte, daß mein gnädigster Herr habe dem Landvogt befohlen, Dich mir entgegen zu schicken, da ich ja unterwegs stürbe, daß Du zuvor mit mir reden oder mich sehen möchtest, welches nun nicht not ist, und magst wohl daheim bleiben, weil mein Gott so reichlich geholfen hat, daß ich mich versehe, fröhlich zu Dir zu kommen. Heut liegen wir zu Gotha. Ich hab sonst (außerdem) viermal geschrieben, wundert mich, daß nichts zu Euch kommen ist. Dienstag nach Reminiscere 1537.

Martinus Luther.

Dem Boten ist gelohnt, doch tue ihm eine Ehre! (gib ihm Trinkgeld)

*An Käthe,*
*Tambach, 27. Februar 1537*

Gleich als täte und nützte die Vernunft etwas zum Glauben! Ja, eben um dieser Ursachen Willen soll man die Kinderlein taufen, weil sie nicht Vernunft oder Verstand haben. Darum sind sie auch geschickter die Taufe zu empfangen; denn die Vernunft ist das allergrößte Hindernis des Glaubens, sintemal sie alles, was Gott sagt und tut, für ungereimt und närrisch Ding hält, als die sich stets an Gottes Wort ärgert und stößt. Ah, was will man viel sagen? Kann Gott den Erwachsenen und Alten den heiligen Geist geben, so kann er denselben viel mehr auch den Kinderlein geben!

Item weil der Glaube aus Gottes Wort kommt und die Kindlein hören Gottes Wort, wenn sie getauft werden, so folgt je gewiß, daß sie in der Taufe den Glauben überkommen. Denn aus Gottes Wort wird der Glaube gefaßt, in der Taufe klingt Gottes Wort, darum wird in der Taufe der Glaube gefaßt und überkommen. Welches bezeugt das Exempel Johannis des Täufers, der, sobald die Mutter des Herrn Christi ihre Muhme Elisabeth grüßte, im Mutterleibe hüpfte.

*Die Geburt Mariens. Kupferstich von Israhel von Meckenem*

Meiner herzlieben Käthe, Doktorin Luther und Frauen auf dem neuen Saumarkte zu Händen

Gnade und Friede! Liebe Jungfrau Käthe, gnädige Frau von Zulsdorf und wie Euer Gnaden mehr heißt! Ich füge Euch und Euer Gnade untertäniglich zu wissen, daß mir's hier wohl geht. Ich fresse wie ein Böhme und saufe wie ein Deutscher, das sei Gott gedankt, Amen. Das kommt daher: M. Philipps ist wahrlich tot gewesen und recht wie Lazarus vom Tod auferstanden. Gott, der liebe Vater, hört unser Gebet, das sehen und greifen wir, ohne daß wir's dennoch nicht glauben, da sage niemand Amen zu unserm schändlichen Unglauben. Ich hab dem D. Pommer Pfarrherr geschrieben, wie der Graf zu Schwarzburg einen Pfarrherrn gen Greußen bittet, da magst Du auch als eine kluge Frau und Doktorin mit M. George Major und M. Ambrosio helfen zuraten, welcher unter den dreien, die ich dem Pommer angezeigt, sich wolle bereden lassen. Es ist nicht ein schlechter Pfarrer, doch seid Ihr klug und macht's besser...

Ich hab der Kinder Briefe, auch des Baccalarien* (der kein Kind ist) kriegt, aber von Euer Gnade hab ich nichts kriegt. Werdet jetzt auf die vierte Schrift, ob Gott will, einmal antworten mit Euer gnädigen Hand.

Ich schicke hier mit M. Paul den silbern Apfel, den mir mein gnädigster Herr geschenkt hat. Den magst Du, wie ich zuvor geredet habe, unter die Kinder teilen und fragen, wieviel sie Kirschen und Äpfel dafür nehmen wollen; die bezahle ihnen bar über und behalt Du den Stiel davon.

Sage unsern lieben Kostgängern, sonderlich D. Severo oder Schiefer, mein freundlich Herz und guten Willen und daß sie helfen zusehen in allen Sachen der Kirche, Schule, Haus und wo es not sein will. Auch M. Georgen Major und M. Ambrosio, daß sie Dir zu Hause tröstlich seien. Will's Gott, so wollen wir bis Sonntag auf sein, von Weimar gen Eisenach zu ziehen, und Philipps mit. Hiermit Gott befohlen! Sage Lycaoni nostro, daß er die Maulbeer nicht versäume, er verschlafe sie denn. Das wird er nicht tun, er versehe es denn. Und den Wein soll er auch zur Zeit abziehen. Seid fröhlich alle und betet, Amen. Weimar, die visitationis 1540.

Martinus Luther, Dein Herzliebchen.

*An Käthe,*
*Weimar, 2. Juli 1540*

Junge Herren müssen gute Tage haben und einen frischen Mut bis ins 20. Jahr, daß sie nicht zu kleinmütig werden; aber danach tröste sie Gott! Wenn sie ins Regiment kommen, da werden ihnen die guten Tage gesalzen werden! Wie man sieht an einem Baum, der in ein Scherben oder Topf gesetzt ist, der wurzelt nicht weit um sich, kann auch nicht.

Das Beischlafen begibt sich leichtlich, auch in Hurerei; aber Kinder sind das lieblichste Pfand in der Ehe, die binden und erhalten das Band der Liebe. Es ist die beste Wolle am Schaf.

*Das Kinderbad. Kupferstich von Israhel von Meckenem*

Die höchste Gnade Gottes ist's, wenn im Ehestande Eheleute einander herzlich, stets für und für lieb haben. Die erste Liebe ist fruchtbar und heftig, damit wir geblendet werden und wie die Trunkenen hinan gehen. Wenn wir denn die Trunkenheit haben ausgeschlafen, alsdenn so bleibt in Gottfürchtigen die rechtschaffene Liebe, die Gottlosen aber haben die Reue.

Frau Katherin Lutherin zu Wittenberg etc., meiner lieben Hausfrau etc.

Gnade und Friede! Liebe Jungfer Käthe! . . . M. Philipps kommt wieder zum Leben aus dem Grabe, sieht noch kränklich, aber doch leberlich (lebensfähig), scherzt und lacht wieder mit uns und ißt und trinkt wie zuvor mit über Tische, Gott sei Lob. Und dankt Ihr auch mit uns dem lieben Vater im Himmel, der die Toten aufweckt und allein alle Gnade und Gutes gibt, gebenedeit in Ewigkeit, Amen. Betet aber mit Fleiß, wie Ihr schuldig seid, für unsern Herrn Christum, das ist für uns alle, die an ihn glauben, wider den Schwarm der Teufel, so jetzt zu Hagenau toben und sich auflehnen wider den Herrn und seinen Gesalbten, und wollen ihre Bande zerreißen, wie der andere Psalm spricht, auf daß sie Gott im Himmel spotte, auch zuletzt zerschmettere, wie eines Töpfers Gefäße, Amen. Was aber daselbst geschieht, wissen wir noch nicht, ohne, daß man achtet, sie werden uns heißen: »Tu das und das, oder wir wollen euch fressen.« Denn sie haben's böse im Sinn. Sage auch D. Schiefer, daß ich nichts mehr von Ferdinando halte. Er geht dahin zugrunde. Doch hab ich Sorge, wie ich oft geweissagt, der Papst möchte den Türken über uns führen, da Ferdinandus nicht fast wehren würde, wie er etwa auch seltsam Wort gesagt soll haben und die Werke abenteuerlich sehen. Denn der Papst singt schon bereits: ›Flectere si nequeo superos, Acheronta movebo‹. Kann er den Kaiser nicht über uns treiben, so wird er's mit dem Türken versuchen. Er will Christo nicht weichen. So schlage auch Christus drein, beide in Türken, Papst und Teufel, und beweise, daß er der rechte einige Herr sei, vom Vater zur Rechten gesetzt, Amen. Amsdorf ist auch noch hier bei uns. Hiermit Gott befohlen, Amen. Sonnabends nach Kiliani.

Martin Luther.

Das Lohn und Trinkgeld wirst Du dem Fuhrmann Wolfen wohl wissen zu geben. Ich denke, wie Du die Fenster im neuen Dache machen lassest. Denn ich hab's vergessen, da ich wegzog. Es sollten nur zwei gegen dem Kollegio (Universitätsgebäude) sein zwischen beiden Feuermauern und oben am First keines gegen dem Kollegio und drei kleine mit aufgerichteten Ziegelsteinen gegen die Küche. Auf dem Gang in die finster Kammer sollten durch die zwei gestickten (in Felder geteilten) Fenster die Hälfte hoch gekleidet (gemauert) (daß man unter hin gehen konnte) und das Licht zum Dach hereinfallen. Aber ich hoffe (fürchte), es sei versäumt.

*An Käthe,*
*Eisenach, 10. Juli 1540*

Meiner gnädigen Jungfer Katharinen Lutherin von Bora und Zulsdorf, gen Wittenberg, meinem Liebchen

Gnade und Friede! Meine liebe Jungfer und Frau Käthe! Euer Gnaden sollen wissen, daß wir hier, gottlob, frisch und gesund sind, fressen wie die Böhmen (doch nicht sehr), saufen wie die Deutschen (doch nicht viel), sind aber fröhlich. Denn unser gnädiger Herr von Magdeburg, Bischof Amsdorf, ist unser Tischgenosse. Mehr neue Zeitung wissen wir nicht, denn daß D. Kaspar, Mecum und Menius haben sich unterwegs lassen wohl pflegen und sind von Hagenau gen Straßburg spazieren gegangen, Hans von Jenen zu Dienst und Ehren. M. Philipps ist wiederum fein (gesund) worden, gottlob. Sage meinem lieben D. Schiefer, daß sein König Ferdinand ein Geschrei will kriegen, als wolle er den Türken zu Gevatter bitten über die evangelischen Fürsten; hoffe nicht, daß es wahr sei; sonst wäre es zu grob. . . Hiermit Gott befohlen, Amen. Und laß die Kinder beten! Es ist allhier solche Hitze und Dürre, daß es unsäglich und unerträglich ist Tag und Nacht. Komme, lieber Jüngster Tag, Amen. Freitags nach Margareten 1540. Der Bischof von Magdeburg läßt Dich freundlich grüßen.

Dein Liebchen, Martin Luther.

*An Käthe,*
*Eisenach, 16. Juli 1540*

Warum bedenkt ihr das nicht viel mehr an euren Kindern als euers Leibes Früchten, welche übertreffen und schöner, auch herrlicher Kreaturen Gottes sind denn aller Bäume Früchte? An denen sieht man Gottes Allmacht, Weisheit und Kunst, der sie aus Nichts gemacht hat; hat ihnen in einem Jahr Leib, Leben und alle Glieder so fein artig und hübsch geschaffen, gegeben und will sie ernähren und erhalten. Gleichwohl gehen wir dahin, achtens nicht viel, ja sollen wohl über solchen Gaben Gottes blind und geizig werden; wie gemeiniglich geschieht, daß die Leute, wenn sie Kinder kriegen, ärger und geiziger werden, scharren, schinden und schaben, wie sie nur können, daß sie ihnen viel mögen lassen. Wissen nicht, daß einem Kindlein, auch ehe es auf die Welt kommt und geboren wird, sein bescheiden Teil, was und wie viel es haben und was aus ihm werden soll, allbereit zugeeignet und versehen ist; wie die Schrift sagt und das gemeine Sprichwort lautet: Je mehr Kinder, je mehr Glück.

*Die Kinderaue. Holzschnitt von Hans Baldung, gen. Grien, um 1512*

Der reichen Frau zu Zulsdorf, Frau Dokterin Katherina Lutherin, zu Wittenberg leiblich wohnhaftig und zu Zulsdorf geistlich wandelnd, meinem Liebchen, zu Händen. Abwesend von D. Pommeran Pfarrherr zu brechen (öffnen) und zu lesen

. . . wollen schaffen, daß wir einen guten Trunk Biers bei Euch finden. Denn, ob Gott will, morgen, dienstags, wollen wir auf sein (aufbrechen) gegen Wittenberg zu. Es ist mit dem Reichstag zu Hagenau ein Dreck, ist Mühe und Arbeit verloren und Unkost vergeblich. Doch wo wir nichts mehr ausgerichtet, so haben wir doch M. Philipps wieder aus der Hölle geholt und wieder aus dem Grab fröhlich heimbringen wollen, ob Gott will und mit seinen Gnaden, Amen. Es ist der Teufel heraußen selber mit neun bösen Teufeln besessen, brennt und tut Schaden, daß es schrecklich ist. Meinem gnädigsten Herren ist im Thüringer Wald mehr denn tausend Acker Holz abgebrannt und brennt noch. Dazu sind heute Zeitung (Nachrichten), daß der Wald bei Werdau auch angangen sei, und viel Orten mehr, hilft kein Löschen. Das will teuer Holz machen. Betet und laßt beten wider den leidigen Satan, der uns sucht nicht allein an Seele und Leib, sondern auch an Gut und Ehre aufs allerheftigste. Christus unser Herr wollte vom Himmel kommen und auch ein Feuerlein dem Teufel und seinen Gesellen aufblasen, das er nicht löschen könnte, Amen. Ich bin nicht gewiß gewesen, ob Dich diese Briefe zu Wittenberg oder zu Zulsdorf würden finden. Sonst wollte ich geschrieben haben von mehr Dingen. Hiermit Gott befohlen, Amen. Grüße unsere Kinder, Kostgänger und alle! Montags nach Jacobi 1540.

Dein Liebchen, M. Luther D.

*An Käthe,*
*Weimar, 26. Juli 1540*

Meiner lieben Hausfrau Käthe Lutherin von Bora zu Händen

Gnade und Friede! Liebe Käthe! Ich lasse hiermit Urban zu Dir laufen, auf daß Du nicht erschrecken sollst, ob ein Geschrei von Türken zu Dir kommen würde. Und mich wundert, daß Du so gar nichts her schreibst oder entbeutest, so Du wohl weißt, daß wir hier nicht ohne Sorge sind für Euch, weil Mainz, Heinz und viel vom Adel in Meißen uns sehr feind sind. Verkaufe und bestelle, was Du kannst, und komm heim! Denn als mich's ansieht (mir scheint), so will's Dreck regnen. Und unsere Sünde will Gott heimsuchen durch seines Zorns Ruten. Hiermit Gott befohlen, Amen. Sonntags nach Lamperti 1541.

M. Luther.

*An Käthe,*
*Wittenberg, 18. September 1541*

# Luthers Testament

*(6. Januar 1542)*

Ich, Martinus Luther, Doktor usw., bekenne mit dieser meiner eigenen Handschrift, daß ich meiner lieben und treuen Hausfrau Katharina gegeben habe zum Leibgedinge (oder wie man das nennen kann) auf ihr Leben lang, womit sie ihres Gefallens und zu ihrem besten verfahren möge, und ich gebe ihr das durch die Kraft dieses Briefes gegenwärtigen und heutigen Tages.

Nämlich das Gütlein Zülsdorf, wie ich dasselbe gekauft und zugerichtet habe, so wie ich's bis jetzt gehabt habe.

Zum anderen das Haus Bruno, so ich unter meines Wolfs Namen gekauft habe.

Zum dritten die Becher und Kleinode, als Ringe, Ketten, Schenkgroschen, goldene und silberne, welche ungefähr sollten bei tausend Gulden wert sein.

Das tue ich darum:

Erstens, daß sie mich als ein fromm, treu, ehrlich Gemahl allzeit lieb, wert und schön gehalten und mir durch reichen Gottessegen fünf lebendige Kinder (die noch vorhanden, Gott gebe lange) geboren und erzogen hat.

Zum andern, daß sie die Schulden, so ich noch schuldig bin (wo ich sie nicht bei Leben abtrage) auf sich nehmen und bezahlen soll, welcher mag sein ungefähr, soweit mir bewußt, 450 Gulden, vielleicht mögen sich wohl mehr finden.

Zum dritten und allermeist darum, daß ich will, sie müsse nicht den Kindern, sondern die Kinder ihr in die Hände sehen, sie in Ehren halten und unterworfen sein, wie Gott geboten hat. Denn ich habe wohl gesehen und erfahren, wie der Teufel wider dies Gebot die Kinder hetzt und reizt, wenn sie gleich fromm sind, durch böse und neidische Mäuler, sonderlich wenn die Mütter Witwen sind und die Söhne Ehefrauen und die Töchter Ehemänner kriegen. Denn ich halte, daß die Mutter für ihre eigenen Kinder der beste Vormund sein werde und werde solch Gütlein und Leibgedinge nicht zu der Kinder Schaden und Nachteil, sondern zu Nutzen und Besserung brauchen, als die ihr Fleisch und Blut sind und die sie unter ihrem Herzen getragen hat.

Und ob sie nach meinem Tode genötigt oder sonst verursacht würde (denn ich kann Gott in seinem Werk und Willen kein Ziel setzen), sich

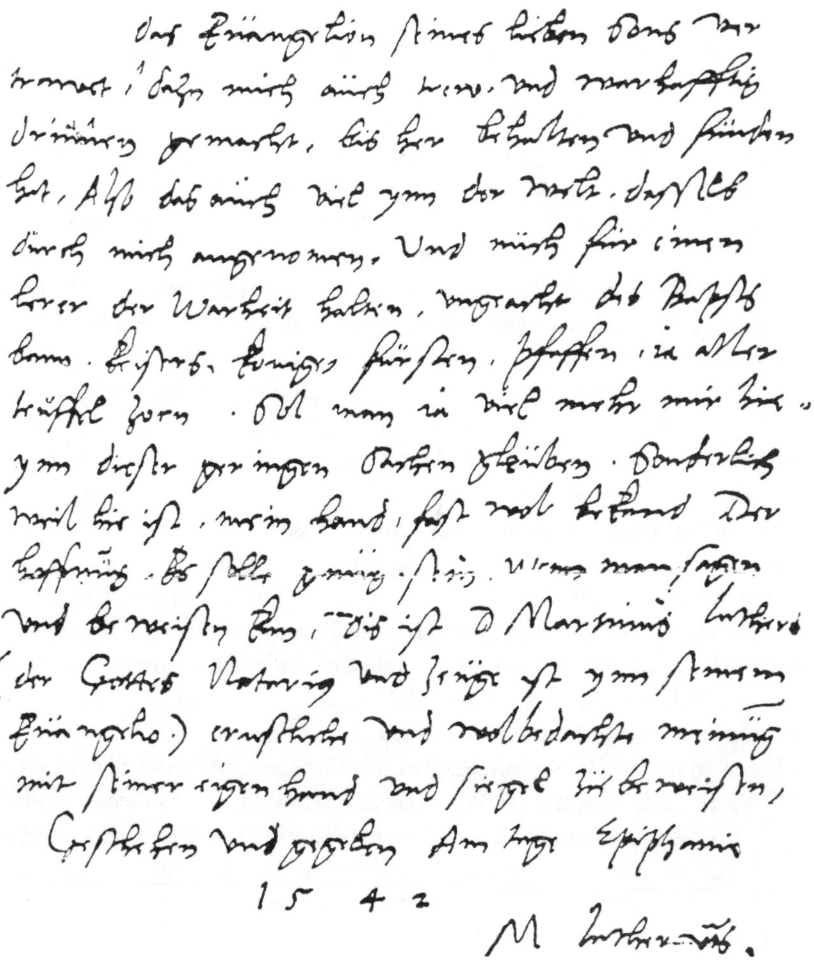

*Faksimile zu Luthers Testament*

zu verändern, so traue ich doch und will hiermit solches Vertrauen haben, sie werde sich mütterlich gegen unser beider Kinder halten und alles treulich, es sei Leibgedinge oder anderes, wie recht ist, mit ihnen teilen.

Und ich bitte auch hiermit untertäniglich meinen gestrengen Herrn, Herzog Johannes Friedrich, Kurfürsten usw., Seine Kurfürstlichen Gnaden wolle solche Begabung oder Leibgedinge gnädiglich schützen und handhaben.

Auch bitte ich alle meine guten Freunde, sie wollten meiner lieben Käthe Zeuge sein und sie entschuldigen helfen, wo etliche unnütze Mäuler sie beschweren oder verunglimpfen sollten, als sollte sie etwa eine Barschaft hinter sich haben, die sie den armen Kindern entwenden oder unterschlagen würde. Ich bin der Zeuge, daß keine Barschaft da ist, ohne die Becher und Kleinode, wie oben im Leibgedinge aufgezählt. Und zwar sollte es bei jedermann die Rechnung öffentlich ergeben, weil man weiß, wieviel Einkommen ich gehabt von meinem gestrengen Herrn, und sonst nicht einen Heller oder Körnlein von jemand einzukommen gehabt habe, ohne was ein Geschenk gewesen ist, welches droben unter den Kleinoden, zum Teil auch noch in der Schuld steckt und zu finden ist.

Und ich habe doch von solchen Einkommen und Geschenken so viel gebaut, gekauft, große und schwere Haushaltung geführt, daß ich's neben andern selbst für einen sonderlichen, wunderlichen Segen erkennen muß, daß ich's habe erschwingen können; es ist daher kein Wunder, daß keine Barschaft, sondern daß nicht mehr Schuld da ist.

Zuletzt bitte ich auch jedermann, weil ich in dieser Begabung oder Leibgedinge nicht der juristischen Form und Wörter brauche (dazu habe ich Ursache gehabt), man wolle mich die Person sein lassen, die ich doch in Wahrheit bin, nämlich öffentlich, und die beides im Himmel, auf Erden und in der Hölle bekannt ist und die Ansehen und Autorität genug hat, der man glauben und trauen mag, mehr denn einem Notar.

Denn so mir verdammtem, armem, unwürdigem, elendem Sünder Gott, der Vater aller Barmherzigkeit, das Evangelium seines lieben Sohnes vertraut, dazu mich auch treu und wahrhaftig darinnen gemacht und bisher behalten und gefunden hat, also daß auch viele in der Welt dasselbe durch mich angenommen haben und mich für einen Lehrer der Wahrheit halten, ungeachtet des Papstes Bann, Kaisers, Könige, Fürsten, Pfaffen, ja aller Teufel Zorn: soll man ja vielmehr mir hier in diesen geringen Sachen glauben, sonderlich weil dies meine Hand ist, sehr wohl bekannt, der Hoffnung, es soll genug sein, wenn man sagen und beweisen kann: Dieses ist D. Martinus Luthers (der Gottes Notar und Zeuge ist in seinem Evangelium) ernstliche und wohlbedachte Meinung, mit seiner eigenen Hand und Siegel zu beweisen.

Geschehen und gegeben am Tag Epiphaniä, 1542.

M. Luther

Verbergt bitte vor meinem Sohne Hans, was ich Euch hier schreibe. Mein Töchterchen Magdalena liegt fast in den letzten Zügen und wird in kurzem von uns gehen zu dem rechten Vater im Himmel, wenn Gott es nicht anders beschlossen hat. Aber sie sehnt sich selber so sehr danach, ihren Bruder zu sehen, daß ich einen Wagen hinschicken muß. Sie haben sich sehr liebgehabt. Vielleicht kann ihr sein Kommen Erholung schaffen. Ich tue, was ich kann, damit mich nicht später das Bewußtsein quält, etwas versäumt zu haben. Sagt ihm also, ohne ihm einen Grund anzugeben, er soll eiligst in dem Wagen hierher kommen. Er wird zurückkehren, wenn Lenichen entschlafen im Herrn oder dem Leben wieder zurückgegeben ist. Sagt ihm, es handle sich um etwas, was ihm heimlich aufgetragen werden müsse.

*An Markus Crodel,*
*Wittenberg, 16. (?) September 1542*

Mir ist mein Töchterlein Lenichen hinweggegangen zum himmlischen Vater; sie ist im vollen Glauben an Christum entschlummert. Des väterlichen Schmerzes im Herzen bin ich Herr geworden, doch nur, indem ich gegen den Tod murrte und schalt. So hat Entrüstung meine Tränen gelindert. Ich habe sie sehr liebgehabt. Aber der Tod wird am Jüngsten Tag seine Vergeltung empfangen zugleich mit dem, der ihn in die Welt gebracht hat. Meine Käthe grüßt Euch, noch unter Schluchzen und das Auge noch vom Weinen naß.

*An Jakob Probst,*
*Wittenberg, 9. Oktober 1542*

Ich will es gern glauben, daß die Worte der Mutter meinen Sohn weich gemacht haben, besonders wo er auch noch den Schmerz um den Tod der Schwester empfand. Redet ihm aber kräftig zu. Denn gewiß hat er hier von Euch und Eurer Frau gerühmt, er werde bei Euch so gut, ja besser gehalten als bei uns. Heißt ihn also seine weibischen Gefühle bezwingen, sich an das Ertragen von Leid gewöhnen und seiner kindischen Weichlichkeit nicht nachzugeben. Damit er etwas lernt und sich abhärtet, haben wir ihn ja von Hause weggeschickt. Ich wünsche nicht, daß er heimkommt, solange es keinen andern Grund hat. Stellt sich aber dazu ein anderes Leidwesen ein, teilt Ihr es mir mit. Unterdes soll er auf das denken und das tun, um dessentwillen er zu Euch geschickt ist, und soll nicht den Gehorsam gegen seine Eltern verletzen.

*An Markus Crodel,*
*Wittenberg, 26. Dezember 1542*

Mein lieber Sohn Johannes, ich und Deine Mutter mit dem ganzen Haus sind gesund. Du sieh zu, daß Du diese Tränen männlich überwindest, damit Du Deiner Mutter nicht Schmerz und Befürchtung hinzufügst, die auch sonst schon zu Befürchtungen und Kümmernissen neigt. Du gehorche Gott, der Dir durch uns befohlen hat, Dich dort ausbilden zu lassen, und leicht wirst Du dann diese Weichlichkeit vergessen. Deine Mutter konnte nicht schreiben, hielt es auch nicht für nötig und sagt, daß sie alles das, was sie Dir gesagt hat, verstanden habe von einer Krankheit, damit Du über sie, wenn sie eintreten sollte, ohne Verzug schreiben möchtest. Übrigens will sie, daß Du dieses Trauern ablegst und fröhlich und ruhig studierst. Hiermit gehab Dich wohl im Herrn.

Dein Vater Martin Luther

*An den Sohn Hans,*
*Wittenberg, 27. Dezember 1542*

Meiner freundlichen lieben Hausfrau Katherina Luthers von Bora Predigerin, Brauerin, Gärtnerin und was sie mehr sein kann

Gnade und Friede! Liebe Käthe, wie unsere Reise ist gangen, wird Dir Hans alles wohl sagen, wiewohl ich noch nicht gewiß bin, ob er bei mir bleiben soll, so werden's doch D. Kaspar Creutziger und Ferdinandus wohl sagen. Ernst von Schönfeld hat uns zu Löbnitz schön gehalten, noch viel schöner Heinz Scherle zu Leipzig. Ich wollt's gern so machen, daß ich nicht durfte (brauchte) wieder gen Wittenberg kommen. Mein Herz ist erkaltet, daß ich nicht gern mehr da bin, wollte auch, daß Du verkauftest Garten und Hufe, Haus und Hof. So wollte ich meinem gnädigsten Herrn das große Haus wieder schenken, und wäre Dein Bestes, daß Du Dich gen Zulsdorf setzest, weil (solange) ich noch lebe, und könnte

Dich mit dem Solde (Gehalt als Professor) wohl helfen, das Gütlein zu bessern. Denn ich hoffe, mein gnädigster Herr soll mir den Sold wohl folgen lassen, zum wenigsten ein Jahr meines letzten Lebens. Nach meinem Tode werden Dich die vier Elemente zu Wittenberg doch nicht wohl leiden. Darum wäre es besser bei meinem Leben getan, was denn zu tun sein will. Vielleicht wird Wittenberg, wie sich's anläßt, mit seinem Regiment nicht Veitstanz noch Johannestanz (Tanz um das Johannisfeuer), sondern den Bettlertanz oder Beelzebubstanz kriegen, wie sie angefangen, die Frauen und Jungfrauen zu blößen hinten und vorn, und niemand da ist, der da strafe oder wehre, und wird Gottes Wort dazu gespottet. Nur weg und aus dieser Sodoma! Ist Lecks Bachscheiße, unser ander Rosina, und Deceptor noch nicht eingesetzt (eingesperrt), so hilf, was Du kannst, daß der Bösewicht sich bescheißen müsse. Ich hab auf dem Lande mehr gehört, denn ich zu Wittenberg erfahre, darum ich der Stadt müde bin und nicht wiederkommen will, da mir Gott zu helfe.

Übermorgen werde ich gen Merseburg fahren, denn Fürst George hat mich sehr drum lassen bitten, will also umherschweifen und ehe das Bettelbrot essen, ehe ich mein arm alte letzte Tage mit dem unordigen Wesen zu Wittenberg martern und verunruhigen will, mit Verlust meiner sauren, teuren Arbeit. Magst solches (wo Du willst) D. Pommer und M. Philipps wissen lassen, und ob D. Pommer wollte hiermit Wittenberg von meinen wegen gesegnen (Abschied geben). Denn ich kann des Zorns und Unlusts nicht länger leiden. Hiermit Gott befohlen, Amen. Dienstags Knoblochstag 1545. Martinus Luther D.

*An Käthe,*
*Zeitz, 28. Juli 1545*

Ich wollte lieber einen toten denn einen ungezogenen Sohn haben. Sankt Paulus hat nicht vergebens gesagt, daß ein Bischof soll ein solcher Mann sein, der seinem Hause wohl vorstehe und wohlerzogene Kinder habe, auf daß andere Leute davon erbaut, ein gut Exempel nehmen und nicht geärgert werden. Wir Prediger sind darum so hoch gesetzt, daß wir andern ein gut Exempel geben sollen, aber unsere ungeratenen Kinder ärgern andere; so wollen die Buben auf unsere Privilegia sündigen. Ja, wenn sie gleich oft sündigen und allerlei Büberei trieben, so erfahre ich's doch nicht, man zeigt mir nichts an, sondern man hälts heimlich vor mir. Und geht uns nach dem gemeinen Sprichwort: Was Böses in unsern eigen Häusern geschieht, das erfahren wir am allerletzten; wenn's alle Leute durch alle Gassen getragen haben, so erfahren wirs erst. Darum muß man ihn strafen und gar nicht durch die Finger sehen, noch es ihm also ungestraft lassen hingehen.

Hüt dich, hüt dich, mein liebes Kind!
Gar viel der bösen Buben sind,
die leben wie die Säu und Rind
und bleiben in den Sünden blind.
Doch bald sie Gottes Strafe find
und machet sie des Teufels Gsind.

Hüt dich vor ihn' und folg ihn' nicht!
Gedenk an Gott, der alles sicht,
auch alles straft, was Böses g'schicht,
fürwahr nicht scherzt mit seinem Gricht,
wie uns die Heilig Schrift vergicht,
obgleich ein Bub ihm selber dicht':

Es hab noch lang mit ihm kein Not,
und fraget nichts nach Gotts G'bot,
hält auch der Eltern Wort für Spott.
Mein Aug der' viel gesehen hot,
den' es ist worden allzu spôt,
übereilet sie hat der Tod.

Darum, mein Kind und lieber Sohn,
hör zu dem König Salomon!
Der gibt dir viel der Lehren schon,
die Gott gefällt im Himmelsthron
und dir wird geben reichen Lohn,
wenn du mit Fleiß dies host getôn.

Gnade und Friede im Herrn! Liebe Käthe! Wir sind heute um acht Uhr zu Halle ankommen, aber nach Eisleben nicht gefahren; denn es begegnete uns eine große Wiedertäuferin mit Wasserwogen und großen Eisschollen, die das Land bedeckte, die dräute uns mit der Wiedertaufe. So konnten wir auch nicht zurückkommen von wegen der Mulde, mußten also zu Halle zwischen den Wassern stilliegen. Nicht daß uns darnach durstete zu trinken, sondern nahmen gutes Torgisch Bier und guten rheinischen Wein dafür, damit labten und trösteten wir uns dieweil, ob die Saale wollte wieder auszürnen. Denn weil die Leute und Fuhrmeister, auch wir selbst zaghaft waren, haben wir uns nicht wollen in das Wasser begeben und Gott versuchen; denn der Teufel ist uns gram und wohnt im Wasser und ist besser: verwahrt denn beklagt, und ist ohne Not, daß wir dem Papst samt seinen Schuppen eine Narrenfreude machen sollten. Ich hätte nicht gemeint, daß die Saale eine solche Sod (brodelnde Suppe) machen könnte, daß sie über Steinwege und alles so rumpeln sollte. Jetzt nicht mehr, denn: betet für uns und seid fromm. Ich halte, wärst Du hier gewesen, so hättest Du uns auch so geraten, so hätten wir Deinem Rate auch einmal gefolgt. Hiermit Gott befohlen. Amen.

*An Käthe,*
*Halle, 25. Januar 1546*

Meiner herzlieben Hausfrau Katherin Lutherin Doktorin, Zulsdorferin, Säumärkterin und was sie mehr sein kann

Gnade und Friede in Christo, und meine alte arme Liebe, und, wie ich weiß, unkräftige, zuvor! Liebe Käthe! Ich bin ja schwach gewesen auf dem Weg hart vor Eisleben, das war meine Schuld. Aber wenn Du wärst da gewesen, so hättest Du gesagt, es wäre der Juden oder ihres Gottes Schuld gewesen. Denn wir mußten durch ein Dorf hart vor Eisleben, da viel Juden inne wohnten; vielleicht haben sie mich so hart angeblasen. So sind hier in der Stadt Eisleben jetzt diese Stunde über fünfzig Juden wohnhaftig. Und wahr ist's, da ich bei dem Dorf war, ging mir ein solch kalter Wind hinten in Wagen ein auf meinen Kopf durch's Barett, als wollt mir's das Hirn zu Eis machen. Solches mag nun zum Schwindel etwas haben geholfen. Aber jetzt bin ich, gottlob, wohl geschickt, ausgenommen, daß die schönen Frauen mich so hart anfechten, daß ich weder Sorge noch Furcht habe vor aller Unkeuschheit.

Wenn die Hauptsachen geschlichtet wären, so muß ich mich dranlegen, die Juden zu vertreiben. Graf Albrecht ist ihnen feind und hat sie schon preisgegeben, aber niemand tut ihnen noch nichts. Will's Gott, ich will auf der Kanzel Graf Albrecht helfen und sie auch preisgeben.

Ich trinke Naumburgisch Bier fast des Schmacks, den Du von Mansfeld mir etwa hast gelobt. Es gefällt mir wohl, macht mir auch des Morgens wohl drei Stühle in drei Stunden.

Deine Söhnchen sind von Mansfeld gefahren ehegestern, weil sie Hans von Jene so demütiglich gebeten hatte, weiß nicht, was sie da machen. Wenn's kalt wäre, so mochten sie helfen frieren. Nun es warm ist, könnten sie wohl was anders tun oder leiden, wie es ihnen gefällt. Hiermit Gott befohlen samt allem Hause und grüße alle Tischgesellen! Vigilia Purificationis 1546. M. L., Dein altes Liebchen.

*An Käthe,*
*Eisleben, 1. Februar 1546*

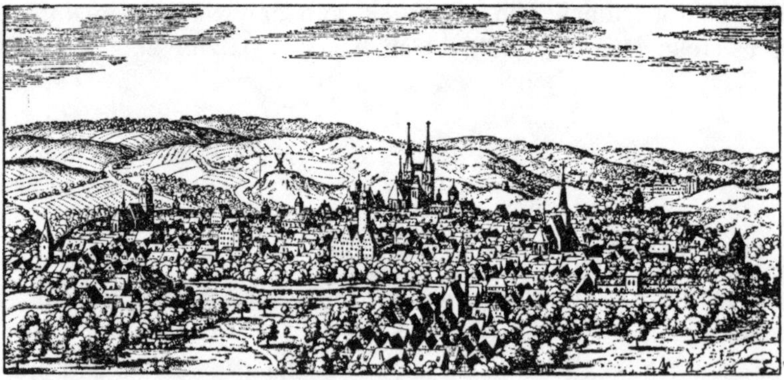

*Eisleben. Kupferstich von Matthäus Merian*

Der tiefgelehrten Frau Katherin Lutherin, meiner gnädigen Hausfrau zu Wittenberg

Gnade und Friede! Liebe Käthe! Wir sitzen hier und lassen uns martern und wären wohl gern davon, aber es kann noch nicht sein; als mich dünkt, in acht Tagen. M. Philipps magst Du sagen, daß er seine Postille korrigiere, denn er hat nicht verstanden, warum der Herr im Evangelio die Reichtum Dornen nennt. Hier ist die Schule, da man solches verstehen lernt. Aber mir graut, daß allewege in der Heiligen Schrift den Dornen das Feuer gedraut wird, darum ich desto großer Geduld habe, ob ich mit Gottes Hilfe möchte etwas Gutes ausrichten. Deine Söhnchen sind noch zu Mansfeld. Sonst haben zu fressen und saufen genug, und hätten gute Tage, wenn der verdrießliche Handel tät. Mich dünkt, der Teufel spotte unser. Gott wolle ihn wieder spotten, Amen. Bittet für uns! Der Bote eilte sehr. Am S. Dorotheentage 1546.

Martinus Luther D.

*An Käthe,*
*Eisleben, 6. Februar 1546*

Meiner lieben Hausfrau Katherin Lutherin, Doktorin, Selbstmärtyrerin zu Wittenberg, meiner gnädigen Frau zu Händen und Füßen

Gnade und Friede im Herrn! Lies, Du liebe Käthe, den Johannem und den kleinen Catechismum, davon Du zu dem Mal sagtest: Es ist doch alles in dem Buch von mir gesagt. Denn Du willst sorgen für Deinen Gott, gerade als wäre er nicht allmächtig, der da könnte zehn Doctor Martinus schaffen, wo der einzige alte ersöffe in der Saale oder im Ofenloch oder auf Wolfes Vogelherd. Laß mich in Frieden mit Deiner Sorge, ich hab einen bessern Sorger, denn Du und alle Engel sind. Der liegt in der Krippen und hängt an einer Jungfrauen Zitzen, aber sitzt gleichwohl zur rechten Hand Gottes des allmächtigen Vaters. Darum sei in Frieden, Amen.

Ich denke, daß die Hölle und ganze Welt müsse jetzt ledig sein von allen Teufeln, die vielleicht alle um meinetwillen hier zu Eisleben zusammen kommen sind: so fest und hart steht die Sache. So sind auch hier Juden bei fünfzig in einem Haus, wie ich Dir zuvor geschrieben. Jetzt sagt man, daß zu Rißdorf hart vor Eisleben gelegen, daselbst ich krank war im Einfahren, sollen aus und ein reiten und gehen bei vierhundert Juden. Graf Albrecht, der alle Grenze um Eisleben her hat, der hat die

Juden, so auf seinem Eigentum ergriffen, preisgegeben. Noch will ihnen niemand nichts tun. Die Gräfin zu Mansfeld, Witwe von Solms, wird geachtet als der Juden Schützerin. Ich weiß nicht, ob's wahr sei; aber ich hab mich heute lassen hören, wo man's merken wollte, was meine Meinung sei, gröblich genug, wenn's sonst helfen sollt. Betet, betet, betet und helft uns, daß wir's gut machen! Denn ich heute im Willen hatte, den Wagen zu schmieren in ira mea (meinem Zorn); aber der Jammer, so mir vorfiel, meines Vaterlandes hat mich gehalten. Ich bin nun auch ein Jurist worden. Aber es wird ihnen nicht gedeihen. Es wäre besser, sie ließen mich einen Theologen bleiben. Du sollst M. Philipps diesen Brief lesen lassen; denn ich nicht Zeit hatte, ihm zu schreiben, damit Du Dich trösten kannst, daß ich Dich gern lieb hätte, wenn ich könnte, wie Du weißt, und er gegen seine Frau vielleicht auch weiß und alles wohl versteht. Wir leben hier wohl, und der Rat schenkt mir zu jeglicher Mahlzeit ein halb Stübigen Rheinfall, der ist sehr gut. Zuweilen trink ich's mit meinen Gesellen. So ist der Landwein hier gut und Naumburgisch Bier sehr gut, ohne daß mich dünkt, es macht mir die Brust voll phlegmate (Schleim) mit seinem Pech. Der Teufel hat uns das Bier in aller Welt mit Pech verderbt, und bei Euch den Wein mit Schwefel. Aber hier ist der Wein rein, ohne was des Landes Art gibt. Und wisse, daß alle Briefe, die Du geschrieben hast, sind anher kommen, und heute sind die kommen, so Du am nächsten Freitag geschrieben hast mit M. Philipps Briefen, damit Du nicht zürnst. Am Sonntag nach Dorotheens Tag 1546.

Dein lieber Herr, M. Luther.

*An Käthe,*
*Eisleben, 7. Februar 1546*

Der heiligen, sorgfältigen Frau Katharina Lutherin, Zulsdorferin zu Wittenberg, meiner gnädigen, lieben Hausfrau

Gnade und Friede in Christo! Allerheiligste Frau Doktorin! Wir bedanken uns gar freundlich für Eure große Sorge, davor Ihr nicht schlafen könnt; denn seit der Zeit Ihr für uns gesorgt habt, wollte uns das Feuer verzehrt haben in unserer Herberge hart vor meiner Stubentür, und gestern – ohne Zweifel aus Kraft Eurer Sorge – hat uns schier ein Stein auf den Kopf gefallen und zerquetscht wie in einer Mausfalle. Denn es in unserm heimlichen Gemach (Abort) wohl zwei Tage über unserm Kopf rieselt Kalk und Lehm, bis wir Leute dazu nahmen, die den Stein

*Mittelalterlicher Abort. Anonymer Holzschnitt*

anrührten mit zwei Fingern, da fiel er herab so groß als ein lang Kissen und zweier großen Hände breit. Der hatte im Sinn Eurer heiligen Sorge zu danken, wo die lieben heiligen Engel nicht gehütet hätten. Ich sorge, wo Du nicht aufhörst zu sorgen, es möchte uns zuletzt die Erde verschlingen und alle Elemente verfolgen. Lernst Du also den Katechismus und den Glauben? Bete Du und laß Gott sorgen! Es heißt: »Wirf dein Anliegen auf den Herrn, der sorgt für dich!«, Psalm 55 und an vielen Orten.

Wir sind gottlob frisch und gesund, ohne daß uns die Sachen Unlust machen, und D. Jonas wollt gern einen bösen Schenkel haben, daß er sich an eine Lade ohngefähr gestoßen: so groß ist der Neid in den Leuten, daß er mir nicht wollte gönnen, allein einen bösen Schenkel zu haben. Hiermit Gott befohlen! Wir wollten nun fort gerne los sein und heimfahren, wenn's Gott wollt. Amen, Amen, Amen.

*An Käthe,*
*10. Februar 1546*

## Warhafftige Ankunfft/Leben vnd Ende Luth.

| ANNO CHRISTI. | | Seins Alters. |
|---|---|---|
| 1483 | Doctor Martin der Hochgelart/<br>Zu Eisleben geboren wart. | |
| 1497 | Vnd da er alt war vierzehen jar/<br>Zu Magdeburg ein Schüler war. | 14 |
| 1503 | Darnach er zu Erffurt studiert/<br>In Magistrum er promouiert. | 20 |
| 1507 | Zu Erffurt in ein Kloster kam/<br>Augustiner Orden an nam: | 24 |
| 1508 | Gen Wittenberg schickt jn der Ordn/<br>Da ist er ein Professor wordn: | 25 |
| 1510 | Hernachmals auch zu Meylandt war/<br>War alt sieben vnd zwentzig Jar. | 27 |
| 1511 | Im Jar hernach/ so bald zu hand/<br>War er zu Rom ein Monat lang. | 28 |
| 1512 | Darnach er auch empfangen hat/<br>Zu Wittenberg sein Doctorat. | 29 |
| 1517 | Wider den Ablas er da lert/<br>Des Babsts gewalt er gantz vmbkert. | 34 |
| 1518 | Must darumb zu Augspurg für stan<br>Vorm Keiser Maximilian. | 35 |
| 1518 | Vnd auch vor des Babsts Hochgelarten/<br>Die aldo seine Lehr verhorten. | 35 |
| 1519 | Zu Leipzig in der Fürstlich Stad<br>Mit Ecken disputiret hat. | 36 |
| 1521 | Zu Wurmes auch auff dem Reichstag/<br>Bekand sein lehr on alle zag. | 38 |
| 1521 | Vor Keiser Carlen auch des gleich/<br>Darzu vorm gantzen Römischen Reich. | 38 |
| 1525 | Darnach die Katharin von Bohrn<br>Hat er jm zu eim Weib erkorn/ | 42 |
| 1525 | Vnd sie genomen zu der Ehe/<br>Das that manchem Papisten wehe. | 42 |
| 1529 | Im Sacrament der Zwingel jrt/<br>Mit jm zu Marpurg disputirt. | 46 |
| 1539 | Das rein Gotts wort gepredigt hat/<br>Zu Leipzig nach Hertzog Görgn tod. | 56 |
| 1546 | Darnach seliglich zu Eisleben | 63 |
| 18. Febru: | Beschlos er sein zeitliches lebn.<br>Jung vnd auch Alt jn hoch beklagt/ | |
| 22. Febru: | Sein Leib gen Wittenberg ward bracht.<br>In der Schloskirchn begraben ist/<br>Ruhet itzund in JHESV CHRISTE/<br>Den er gelert hat vnd bekend/<br>Gott geb vns auch ein seligs End.<br>AMEN. | |

*Das »warhafftige Bildnis des Herrn Doctoris Martini Lutheri seines Alters im LXIII Jar« mit Tabelle der Lebensdaten. Holzschnitt von Lukas Cranach d. Ä., 1546*

Gnade und Friede im Herrn! Liebe Käthe! Wir hoffen diese Woche wieder heimzukommen, ob Gott will. Gott hat große Gnade hier erzeigt; denn die Herren haben durch ihre Räte fast alles verglichen bis auf zwei Artikel oder drei, unter welchen ist, daß die zwei Brüder Graf Gebhard und Graf Albrecht wiederum Brüder werden, was ich heute soll vornehmen, und will sie zu mir zu Gaste bitten, daß sie auch mit einander reden, denn sie bis daher stumm gewesen und haben sich mit Schriften hart verbittert. Sonst sind die jungen Herren fröhlich, fahren zusammen mit den Narrenglöcklein Schlitten und die Fräulein auch und bringen einander Mummenschanz, und sind guter Dinge, auch Graf Gebhards Sohn. Also muß man greifen, daß Gott ist ein Erhörer der Gebete.

Ich schicke Dir Forellen, so mir die Gräfin Albrecht geschenkt hat; die ist von Herzen froh der Einigkeit. Deine Söhnchen sind noch zu Mansfeld. Jakob Luther will sie wohl versorgen. Wir haben hier zu essen und zu trinken als die Herren, und man wartet unserer gar schön, allzu schön, daß wir Eurer wohl vergessen möchten zu Wittenberg. So ficht mich der Stein auch nicht an. Aber D. Jonas' Bein wäre schier quad (brandig) worden, so hat's Löcher gewonnen auf dem Schienbein; aber Gott wird auch helfen.

Solches alles magst Du M. Philipp anzeigen, D. Pommer und D. Kruziger. Hier ist das Gerücht herkommen, daß D. Martinus sei weggeführt, wie man zu Leipzig und Magdeburg redet. Solches erdichten die Naseweisen, Deine Landsleute. Etliche sagen, der Kaiser sei dreißig Meilen Wegs von hinnen bei Soest in Westfalen, etliche, daß der Franzose Knechte annehme, der Landgraf auch. Aber laß sagen und singen: wir wollen warten, was Gott tun wird. Hiermit Gott befohlen!

*An Käthe,*
*Eisleben, 14. Februar 1546*

# An den christlichen Adel deutscher Nation

*»An den christlichen Adel deutscher Nation und von des Standes Besserung«, veröffentlicht schon im Jahr 1520 und auf dem Reichstag zu Worms eines der umstrittenen Werke Luthers, ist eine der großen Reformationsschriften. Kaum vierzehn Tage nach Erscheinen im August waren 4000 Exemplare in Umlauf und eine Neuauflage befand sich in Vorbereitung.*

*Wir haben diesen Aufsatz unmittelbar vor das Kapitel »Bauernkriege« gestellt, um den Kontrast zu bedeuten:* hier *Aufruf und argumentierende Mahnung an die Edelleute und große Hoffnung auf die Person des noch jungen Kaisers Karl V., verfaßt, wie Luther selbst sagte, nicht in der Absicht, »Aufruhr zu erregen, sondern die Freiheit eines allgemeinen Konzils zu verfechten«;* dort *Pamphlet und Schelte für einen ganzen aus den Fugen geratenen Stand.* »An *den Adel«, aber* »wider *die Bauern«, dieses Programm, gleichgültig, ob gerecht oder ungerecht, soll so ganz deutlich gemacht werden, siehe auch Seite 354.*

*Wie schon die anderen, hier abgedruckten theoretischen Schriften (siehe Seite 127 ff.) ist beim »Christlichen Adel« eine Illustration weder notwendig noch sinnvoll.*

# An den christlichen Adel deutscher Nation

Der allerdurchlauchtigsten, großmächtigsten kaiserlichen Majestät und dem christlichen Adel deutscher Nation.

D. Martinus Luther.

Gnade und Stärke von Gott zuvor, Allerdurchlauchtigster!
Gnädige, liebe Herrn!

Es ist nicht aus bloßer Anmaßung oder Frechheit geschehen, daß ich einzelner, armer Mensch mich unterstanden habe, vor Euren hohen Würden zu reden. Die Not und der Druck, der auf allen Ständen der Christenheit und vor allem auf den deutschen Landen lastet, hat nicht nur mich, sondern jedermann dazu gebracht, vielmals zu schreien und Hilfe zu verlangen; sie hat jetzt auch mich gezwungen zu schreien, ob Gott vielleicht jemand den Geist geben will, seine Hand zu reichen der elenden Nation. Man hat es oft auf Konzilien versucht, aber es ist durch die Arglist einiger Menschen geschickt verhindert und immer ärger geworden, und deren Tücke und Bosheit gedenke ich jetzt – Gott helfe mir! – zu durchleuchten, damit sie, einmal durchschaut, künftig nicht mehr so hinderlich und schädlich sein können. Gott hat uns ein junges, edles Blut zum Haupt gegeben und dadurch viele Herzen zu großer, guter Hoffnung erweckt. Auch will sichs ziemen, das Unsere dazu beizutragen und die Gunst der Stunde nützlich zu gebrauchen.

Das erste, was in dieser Sache vor allem zu tun ist, ist, daß wir uns ja mit großem Ernst in acht nehmen und nicht etwas anfangen im Vertrauen auf unsere große Macht oder Vernunft, wenn auch die Gewalt aller Welt unser wäre. Denn Gott kann und wills nicht dulden, daß ein gutes Werk im Vertrauen auf die eigene Macht und Vernunft angefangen wird. Er stößt es zu Boden, dagegen hilft nichts, wie's im 33. Psalm steht: »Es wird kein König bestehen durch seine Macht und kein Herr durch die Größe seiner Stärke.« Und aus diesem Grunde, fürchte ich, ist es in früheren Zeiten so gekommen, daß die teueren Fürsten, Kaiser Friedrich I. und II. und viele andere deutsche Kaiser so jämmerlich von den Päpsten mit Füßen getreten und unterdrückt worden sind, vor denen sich doch die Welt fürchtete. Sie haben sich vielleicht mehr auf ihre Macht als auf Gott verlassen; darum mußten sie fallen. Und was hat zu unseren Zeiten den Blutsäufer Julius II. so hoch erhoben als, wie ich fürchte, eben dies, daß Frankreich, die Deutschen und Venedig auf sich selbst gebaut haben. Es schlugen die Kinder Benjamin zweiundvierzigtausend Israeliten darum, weil sie sich auf ihre eigene Stärke verließen.

Damit es uns mit diesem edlen Blut Carolus nicht auch so geht, müssen wir gewiß sein, daß wirs in dieser Sache nicht mit Menschen, sondern mit dem Fürsten der Hölle zu tun haben, die die Welt wohl mit Krieg und Blutvergießen füllen können, aber sich nicht damit überwinden lassen.

Man muß hier mit einem Verzagen an der leiblichen Gewalt, in demütigem Vertrauen auf Gott die Sache angreifen und mit ernstlichem Gebet Hilfe bei Gott suchen und nichts anderes ins Auge fassen als den Jammer und die Not der armen Christenheit, ohne danach zu fragen, was böse Leute verdient haben. Andernfalls wird sich das Spiel wohl mit scheinbar großem Erfolg beginnen lassen, aber wenn man weiter hineinkommt, werden die bösen Geister eine solche Verwirrung anrichten, daß die ganze Welt im Blut schwimmen muß und dennoch damit nichts ausgerichtet wird. Darum laßt uns hier Gott fürchten und weise handeln. Je größer die Macht, um so größer das Unglück, wenn man nicht mit Gottesfurcht und Demut handelt. Haben die Päpste und Römer bisher durch des Teufels Hilfe die Könige gegeneinander hetzen können, so können sie's auch wohl noch weiter tun, wenn wir ohne Gottes Hilfe mit unserem Können und Wissen vorgehen.

Die Römlinge haben drei Mauern mit großer Geschicklichkeit um sich her gezogen und haben sich damit bisher geschützt, so daß sie niemand reformieren konnte, wodurch die ganze Christenheit furchtbar gefallen ist. – Erstens. Wenn man ihnen mit weltlicher Gewalt zugesetzt hat, haben sie festgesetzt und gesagt, weltliche Gewalt habe kein Recht über sie, sondern umgekehrt; die geistliche stehe über der weltlichen. Zweitens. Hat man sie mit der heiligen Schrift verurteilen wollen, setzen sie dagegen, es gebühre niemand die Schrift auszulegen als dem Papst. Drittens. Droht man ihnen mit einem Konzil, so erfinden sie, es könne niemand ein Konzil berufen als der Papst. So haben sie uns die drei Ruten heimlich gestohlen, damit sie ungestraft bleiben könnten, und sich in die sichere Befestigung dieser drei Mauern gesetzt, all die Büberei und Bosheit zu treiben, die wir denn jetzt auch sehen; und obgleich sie ein Konzil machen mußten, haben sie es doch vorher unwirksam gemacht, indem sie die Fürsten vorher eidlich verpflichteten, sie so bleiben zu lassen, wie sie sind. Außerdem haben sie dem Papst volle Gewalt über die ganze Ordnung des Konzils gegeben, so daß es sich gleich bleibt, ob viele Konzilien gehalten werden oder keins; sie betrügen uns doch nur mit Masken und Spiegelfechtereien. So entsetzlich fürchten sie von einem richtigen, freien Konzil für ihre Haut! Und so haben sie Könige und Fürsten eingeschüchtert, daß sie glauben, es wäre gegen Gott, wenn man ihnen nicht gehorcht bei diesem ganzen bösartigen, arglistigen Spuk.

Nun helfe uns Gott und gebe uns der Posaunen eine, damit die Mauern Jerichos umgeworfen wurden, daß wir diese ströhernen und papierenen Mauern auch umblasen und die christlichen Ruten, Sünde zu strafen, losmachen und des Teufels List und Trug an den Tag bringen, damit wir uns durch Strafe bessern und seine Huld wieder erlangen.

Wir wollen die erste Mauer zuerst angreifen!

Man hat erfunden, daß Papst, Bischöfe, Priester und Klostervolk der geistliche Stand genannt werden, Fürsten, Herren, Handwerks- und Ackerleute der weltliche Stand, was eine großartige Lüge und Heuchelei ist. Doch soll niemand ihretwegen schüchtern werden, und das aus folgendem Grund. Alle Christen sind wahrhaftig geistlichen Stands, und es besteht kein Unterschied zwischen ihnen als nur durch das Amt, wie Paulus sagt, daß wir allesamt ein Körper seien, ein jegliches Glied jedoch seine eigene Verrichtung habe, mit der es dem andern dient. Das kommt alles daher, daß wir eine Taufe, ein Evangelium, einen Glauben haben und gleiche Christen sind. Denn die Taufe, das Evangelium und der Glaube, die machen allein geistlich und ein Christenvolk. Daß aber der Papst oder Bischof salbt, Tonsuren macht, ordiniert, weiht, sich anders als die Laien kleidet, das kann einen Heuchler oder Ölgötzen machen, macht aber niemals einen Christen oder einen geistlichen Menschen. Dann werden wir alle miteinander auch durch die Taufe zu Priestern geweiht, wie Sankt Peter sagt: »Ihr seid ein königliches Priestertum und ein priesterliches Königreich«, und »Du hast uns gemacht durch dein Blut zu Priestern und Königen«. Denn wenn wir keine höhere Weihe hätten, als die der Papst oder Bischof gibt, so würde durch die Weihen des Papsts und der Bischöfe niemals ein Priester gemacht, er könnte auch weder Messe halten noch predigen noch absolvieren.

Darum das Weihen des Bischofs nichts anderes, als wenn er anstatt und für die ganze Versammlung aus der Gemeinde, in der alle das gleiche Recht haben, einen nähme und ihm beföhle, dieses Recht für die andern auszuüben, so wie wenn zehn Brüder, Königskinder, zu gleichen Teilen erben und einen erwählen würden, das Erbe für sie zu regieren. Sie wären alle Könige und gleichen Rechts; doch einem wird die Regierung anvertraut. Und daß ichs noch klarer sage: wenn ein Häuflein frommer christlicher Laien gefangen und in eine Einöde gebracht würden, und sie hätten keinen geweihten Priester oder Bischof bei sich und würden dort in der Sache einig, erwählten einen aus ihrer Mitte, er wäre verheiratet oder nicht, und vertrauten ihm das Amt an zu taufen, Messe zu halten, zu absolvieren und zu predigen, so wäre dies tatsächlich ein Priester, als ob ihn alle Bischöfe und Päpste geweiht hätten. Daher kommt es, daß im Notfall jedermann taufen und absolvieren kann, was nicht möglich wäre, wenn wir nicht alle Priester wären. Diese große Gnade und Vollmacht der Taufe und des christlichen Stands haben sie uns durch das geistliche Recht fast vernichtet und unbekannt gemacht. Auf diese Weise wählten in alten Zeiten die Christen aus der Gemeinde ihre Bischöfe und Priester, die nachher von anderen Bischöfen bestätigt wurden, ohne allen Pomp, der jetzt regiert. So wurden Sankt Augustin, Ambrosius, Cyprianus Bischöfe.

Weil denn nun die weltliche Gewalt ebenso wie wir getauft ist, denselben Glauben und dasselbe Evangelium hat, müssen wir sie auch Priester und Bischöfe sein lassen und ihr Amt als ein Amt zählen, welches der christlichen Gemeinde gehört und nützlich ist. Denn was aus der Taufe gekrochen ist, das kann sich rühmen, daß es schon zum Priester, Bischof und Papst geweiht sei, obwohl es nicht einem jeden ziemt, dies Amt auszuüben. Denn weil wir alle gleichmäßig Priester sind, muß sich niemand hervortun und anmaßen, ohne unsere Einwilligung und Wahl das zu tun, wozu wir alle das gleiche Recht haben. Denn was der Gemeinde zusteht, kann niemand ohne Willen und Befehl der Gemeinde an sich nehmen. Und wenn es geschähe, daß jemand, der zu seinem Amt gewählt war, um Mißbrauchs willen abgesetzt würde, so wäre er wieder wie vorher. Darum sollte ein Priester in der Christenheit dieselbe Stellung haben wie ein Beamter: solange er im Amt ist, geht er allen vor; wenn er abgesetzt ist, ist er ein Bauer oder Bürger wie die andern. Genau so ist ein Priester keinesfalls ein Priester mehr, wenn er abgesetzt ist. Nun haben sie characteres indelebiles erfunden und schwatzen, daß ein abgesetzter Priester dennoch etwas anderes sei als ein schlichter Laie. Ja, sie träumen, es könne ein Priester nie etwas anderes als ein Priester und nie mehr ein Laie werden. Das sind alles von Menschen erfundene Behauptungen und Gesetze.

So folgt hieraus, daß zwischen Laien, Fürsten, Bischöfen und, wie sie sagen, Geistlichen und Weltlichen überhaupt kein Unterschied besteht als nur infolge ihres Amts oder ihrer Tätigkeit und nicht infolge ihres besonderen Standes. Denn sie sind alle geistlichen Stands, wahrhaftige Priester, Bischöfe und Päpste, haben aber nicht ein und dieselbe Tätigkeit – so wie auch unter den Priestern und Mönchen nicht jeder dieselbe Tätigkeit ausübt. Und das meint Sankt Paul und Sankt Petrus, wie ich oben gesagt habe, daß wir alle ein Körper des Hauptes Jesus Christus sind und einer des anderen Glied. Christus hat nicht zwei oder zweierlei Arten Körper, einen weltlichen und einen geistlichen; ein Haupt ist da, und einen Körper hat er. So wie nun die, die man jetzt Geistliche nennt oder Priester oder Bischöfe oder Päpste, gegenüber den anderen Christen nicht würdiger oder stärker unterschieden sind als dadurch, daß sie das Wort Gottes und die Sakramente verwalten sollen, d. h. durch ihre Tätigkeit und ihr Amt, ebenso hat die weltliche Obrigkeit das Schwert und die Rute in der Hand, die Bösen damit zu strafen und die Frommen zu schützen. Ein Schuster, ein Schmied, ein Bauer, jedermann hat das Amt und die Beschäftigung seines Berufs, und sie sind doch alle in gleicher Weise geweihte Priester und Bischöfe, und jeder soll mit seinem Amt und seiner Tätigkeit den andern nützlich und zu Dienst sein, damit die verschiedenen Tätigkeiten so alle auf eine Gemeinschaft gerichtet sind, Leib und Seele zu fördern, so wie die Glieder des Körpers alle eins dem andern dienen.

Nun sieh, wie christlich das verfügt und gesagt ist, die weltliche Obrigkeit stehe nicht über der Geistlichkeit, dürfe sie auch nicht bestrafen. Das ist ebenso treffend gesagt wie: die Hand solle nichts dabei tun, wenn das Auge auch große Not leidet. Ist es nicht unnatürlich – nicht zu reden, wie unchristlich –, daß ein Glied dem andern nicht helfen, sein Verderben nicht hindern soll? Ja, je edler das Glied ist, um so mehr sollten die andern ihm helfen! Darum sag ich: weil die weltliche Gewalt von Gott geordnet ist, die Bösen zu strafen und die Frommen zu schützen, so soll man sie ihr Amt durch den ganzen Körper der Christenheit frei und ungehindert ausüben lassen, ohne irgend jemand zu schonen, sie treffe Papst, Bischöfe, Pfarrer, Mönche, Nonnen oder was es sei. Wenn das genug wäre, die weltliche Gewalt aufzuhalten, daß sie unter den christlichen Ämtern geringer ist als das der Prediger und Beichtiger oder der geistliche Stand, so müßte man auch das verhindern, daß die Schneider, Schuster, Steinmetzen, Zimmerleute, Köche, Kellermeister, Bauern und alle zeitlichen Berufe dem Papst, den Bischöfen, Priestern und Mönchen Schuhe, Kleider, Häuser, Essen und Trinken bereiteten oder Zins gäben. Läßt man aber diese Laien ihre Tätigkeit ungehindert ausüben, was machen dann die römischen Schreiber mit ihren Gesetzen, daß sie sich dem Wirken der weltlichen Gewalt entziehen wollen, damit sie nur ungehindert böse sein und erfüllen können, was Sankt Peter gesagt hat: Es werden falsche Meister unter euch erstehen und mit falschen, erdichteten Worten mit euch umgehen, euch im Sack zu verkaufen.

Darum soll die weltliche, christliche Gewalt ihr Amt frei und ungehindert ausüben, ohne Rücksicht darauf, ob es ein Papst, Bischof oder Priester ist, den sie trifft. Wer schuldig ist, der leide. Was das geistliche

Recht dagegen gesagt hat, ist lauter erdichtete römische Vermessenheit. Denn so sagt Sankt Paul allen Christen: Eine jegliche Seele (ich denke: des Papstes auch!) »soll untertan sein der Obrigkeit. Denn sie trägt nicht umsonst das Schwert, sie dienet Gott damit, zur Strafe für die Bösen und zum Lob für die Frommen.« Auch Sankt Petrus (sagt): Seid untertan allen menschlichen Ordnungen um Gottes willen, der es so haben will. Er hat es auch verkündet, daß Menschen kommen würden, die die weltliche Obrigkeit verachten würden, wie's denn geschehen ist durch das geistliche Recht.

Also meine ich, diese erste Papiermauer liegt danieder, weil die weltliche Herrschaft ein Mit-Glied des christlichen Körpers geworden ist und, wiewohl sie ein leibliches Werk hat, doch geistlichen Standes ist. Darum soll ihr Werk frei und ungehindert gehen in alle Glieder des ganzen Körpers, strafen und treiben, wo es die Schuld verdient oder die Not fordert, unangesehen Papst, Bischöfe, Priester, sie mögen dräuen oder bannen, wie sie wollen. Daher kommt es, daß die schuldigen Priester, wenn man sie dem weltlichen Recht überantwortet, zuvor ihrer priesterlichen Würden entsetzt werden, was doch nicht recht wäre, wenn nicht das weltliche Schwert aus göttlicher Ordnung zuvor über sie Gewalt hätte. Es ist auch zu viel, daß man der Geistlichen Freiheit, Leib und Güter im geistlichen Recht so hoch hebt, gerade als wären die Laien nicht ebenso geistliche, gute Christen als sie, oder als gehörten sie nicht zur Kirche. Warum ist dein Leib, Leben, Gut und Ehre so frei und das meine nicht, wo wir doch gleiche Christen sind, gleiche Taufe, Glauben, Geist und alle Dinge haben? Wird ein Priester erschlagen, so liegt ein Land im Interdikt[34]; warum nicht auch, wenn ein Bauer erschlagen wird? Wo kommt so ein großer Unterschied her unter den gleichen Christen? Allein aus Menschengesetzen und -dichten.

Es muß kein guter Geist sein, der so eine Ausnahme erfunden und die Sünde ganz unstrafbar gemacht hat. Denn wenn wir verpflichtet sind, gegegen die Werke und Worte des bösen Geistes zu streiten und ihn zu vertreiben, wie wir können, wie uns Christus gebietet und seine Apostel, wie kämen wir dann dazu stille zu halten und zu schweigen, wenn der Papst oder sie Seinen teuflische Worte oder Werke vornehmen? Sollten wir Menschen zuliebe zulassen, daß Gottes Gebot und Wahrheit umgestürzt werden, der wir in der Taufe geschworen haben beizustehen mit Leib und Leben, – fürwahr, wir wären schuldig all der Seelen, die dadurch verlassen und verführt würden. Darum muß das der Hauptteufel selbst gesagt haben, was im geistlichen Recht steht: wenn der Papst so schädlich und böse wäre, daß er die Seelen gleich in hellen Scharen zum Teufel führte, könnte man ihn dennoch nicht absetzen. Auf diesen verfluchten teuflischen Grund bauen sie zu Rom und meinen, man sollte eher alle Welt zum Teufel fahren lassen als ihrer Büberei widerstreben. Wenn dies, daß einer über dem andern steht, schon Grund genug wäre, um ihn nicht zu strafen, dürfte kein Christ den andern strafen. Denn Christus gebietet, ein jeder solle sich für den untersten und geringsten halten.

Wo Sünde ist, da gilt schon keine Ausflucht mehr gegen die Strafe, wie auch Sankt Gregorius schreibt, daß wir wohl alle gleich seien, aber die Schuld mache einen dem anderen untertan. Nun sehen wir, wie sie mit der Christenheit umgehen! Die Gott und die Apostel dem weltlichen Schwert unterworfen haben, nehmen sich die Freiheit aus eigener Willkür ohne allen Beweis aus der Schrift, so daß zu befürchten ist, es sei des Antichrists Spiel oder seines unmittelbaren Vorläufers.

Die zweite Mauer ist noch lockerer und untauglicher, nämlich daß sie allein wollen Meister der Schrift sein, obschon sie ihr Leben lang nicht darin lernen. Sie maßen sich die Obrigkeit allein an und spiegeln uns mit unverschämten Worten vor, der Papst könne im Glauben nicht irren, er sei böse oder rechtschaffen, und können dafür nicht einen Buchstaben vorweisen! Daher kommt es, daß so viel ketzerische und unchristliche, ja unnatürliche Gesetze im geistlichen Recht stehen, wovon jetzt nicht zu reden ist. Denn weil sie meinen, der heilige Geist verlasse sie nicht, und wären sie so ungelehrt und böse, wie sie nur könnten, werden sie kühn, festzusetzen, was sie nur wollen. Und wenn das wahr wäre, wozu wäre dann die heilige Schrift nötig oder nützlich? Laßt sie uns verbrennen und uns mit den ungelehrten Herren zu Rom begnügen, die der heilige Geist inne hat, der doch nur redliche Herzen inne haben kann. Wenn ichs nicht gelesen hätte, wäre mirs unglaublich gewesen, daß der Teufel zu Rom so ungeschickte Dinge vorwenden und Anhang gewinnen sollte.

Doch daß wir nicht mit Worten gegen sie fechten, wollen wir die heilige Schrift beibringen! Sankt Paul spricht: »Wenn jemandem etwas Besseres offenbart wird, ob er auch sitzt und dem andern im Gotteswort zuhört, soll der erste, der da redet, doch stillschweigen und ihm weichen.« Was hätte dies Gebot für einen Zweck, wenn allein dem zu glauben wäre, welcher redet oder obenan sitzt? Auch Christus sagt, daß alle Christen von Gott gelehrt werden sollten. Es kann also wohl geschehen, daß der Papst und die Seinen böse sind, nicht rechte Christen sind und nicht, von Gott gelehrt, das rechte Verständnis haben, und daß andererseits ein geringer Mensch das rechte Verständnis hat. Warum sollte man ihm dann nicht folgen? Hat nicht der Papst vielmals geirrt? Wer wollte der Christenheit helfen, wenn der Papst irrte?

Darum ists eine frevelhafte Erfindung und Fabelei, und sie vermögen auch keinen Buchstaben aufzutreiben, mit dem sie's bewähren könnten, daß es nur des Papstes Sache sei, die Schrift auszulegen oder ihre Auslegung zu bestätigen; sie haben sich die Gewalt selbst genommen. Und ob sie auch vorgeben, die Gewalt wäre Sankt Peter gegeben, als ihm die Schlüssel gegeben wurden, es ist doch offenbar genug, daß die Schlüssel nicht nur Sankt Peter, sondern der ganzen Gemeinde gegeben sind. Außerdem sind die Schlüssel nicht für die Lehre oder Herrschaft, sondern nur für das Binden und Lösen der Sünde bestimmt, und es ist ganz und gar erfunden, was sie sich auf Grund der Schlüssel außerdem noch zuschreiben. Wenn aber Christus zu Petrus sagt: »Ich habe für dich gebeten, daß dein Glaube nicht aufhöre«, so kann sich das nicht auf den Papst beziehen. Denn der größere Teil der Päpste war ohne Glauben, wie sie selbst zugeben müssen. Auch hat Christus nicht allein für Petrus gebetet, sondern auch für alle Apostel und Christen, wie er sagt: »Vater, ich bitte für die, die du mir gegeben hast, und nicht allein für sie, sondern für alle, die durch ihr Wort an mich glauben.« Ist das nicht klar genug gesagt?

Überleg's doch bei dir selbst: Sie müssen zugeben, daß gute Christen unter uns seien, die den rechten Glauben, Geist, Verständnis, das Wort und die Meinung Christi haben. Ja, warum sollte man dann deren Wort und Verständnis verwerfen und dem Papst folgen, der weder Glauben noch Geist hat? Das hieße, den ganzen Glauben und die christliche Kirche verleugnen! Weiter: es muß doch nicht allein der Papst recht haben, wenn der Artikel richtig ist: »Ich glaube an eine heilige christliche Kirche.« Sonst müßten wir beten: »Ich glaube an den Papst zu Rom« und so die christliche Kirche ganz in einen Menschen hineinziehen, und das wäre nichts anderes als ein teuflischer und höllischer Irrtum.

Überdies sind wir ja alle Priester, wie oben gesagt ist, haben alle einen Glauben, ein Evangelium, einerlei Sakrament. Wie sollten wir dann nicht auch Macht haben zu schmecken und zu beurteilen, was im Glauben recht oder unrecht ist? Wo bleibt das Wort von Paulus: »Ein geistlicher Mensch richtet alle Dinge und wird von niemand gerichtet«? und: »Wir haben alle einen Gott des Glaubens«? Wie sollten wir da nicht so gut wie ein ungläubiger Papst fühlen, was dem Glauben gemäß ist oder nicht! Durch all diese und viele andere Sprüche sollen wir mutig und frei werden und den Geist der Freiheit, wie ihn Paulus nennt, nicht mit Erfindungen der Päpste verscheuchen lassen, sondern frisch hindurch alles, was sie tun oder lassen, nach unserem gläubigen Verständnis der Schrift richten und sie zwingen, dem besseren und nicht dem eigenen Verständnis zu folgen. Mußte doch vor Zeiten Abraham seine Sarah hören, die ihm doch härter unterworfen war als wir irgend jemand auf der Erde. Ebenso war auch Bileams Eselin klüger als der Prophet selbst. Hat Gott durch eine Eselin gegen einen Propheten geredet, warum sollte er nicht durch einen rechtschaffenen Menschen gegen den Papst reden können? Auch Sankt Paul tadelt Peter als einen Irrenden. Darum gebührt sichs für jeden Christen, sich des Glaubens anzunehmen, ihn zu verstehen und zu verfechten und alle Irrtümer zu verdammen.

Die dritte Mauer fällt von selbst ein, wenn diese ersten zwei gefallen sind. Denn wenn der Papst gegen die Schrift handelt, sind wir verpflichtet, der Schrift beizustehen und ihn zu rügen und zu zwingen nach dem Wort Christi: »Sündigt dein Bruder wider dich, so geh hin und sags ihm zwischen dir und ihm allein. Hört er dich nicht, so nimm noch einen oder zwei zu dir. Hört er die nicht, so sag es der Gemeinde. Hört er die Gemeinde nicht, so halt ihn für einen Heiden.« Hier wird jedem Glied befohlen, für das andere zu sorgen; wieviel mehr sollten wir uns darum bemühen, wenn ein öffentliches, regierendes Glied übel handelt, das durch sein Handeln den andern viel Schaden und Ärgernis bereitet. Soll ich ihn vor der Gemeinde verklagen, so muß ich sie ja auch zusammenbringen.

Sie haben dafür auch keine Begründung aus der Schrift, daß es allein dem Papst zukomme, ein Konzil zu berufen oder zu bestätigen, sondern nur ihre eigenen Gesetze, die nur soweit gelten, als sie der Christenheit und Gottes Gesetzen nicht schädlich sind. Wenn nun der Papst Strafe verdient, hören solche Gesetze schon auf, weil es der Christenheit schädlich wäre, ihn nicht durch ein Konzil zu bestrafen.

So lesen wir auch, daß das Konzil der Apostel nicht Sankt Peter berufen hat, sondern alle Apostel und die Ältesten. Wenn das nun Sankt Peter allein zugekommen wäre, wäre es nicht ein christliches Konzil gewesen, sondern ein ketzerisches conciliabulum. Auch das berühmteste Konzil zu Nicäa hat der Bischof von Rom weder berufen noch bestätigt, sondern der Kaiser Konstantin, und nach ihm haben viele andere Kaiser dasselbe getan; und doch waren das die allerchristlichen Konzilien! Aber hätte der Papst allein die Gewalt, so müßten sie alle ketzerisch gewesen sein. Und wenn ich die Konzilien ansehe, die der Papst gemacht hat, finde ich auch nicht, daß auf ihnen etwas Besonderes ausgerichtet wäre.

Darum, wenn es die Not fordert und der Papst der Christenheit Ärgernis gibt, soll jeder, wers am ersten kann, als ein treues Glied des ganzen Körpers dazu helfen, daß ein rechtes, freies Konzil zustande kommt; und das vermag niemand so gut wie das weltliche Schwert, zumal dessen Träger nun auch Mitchristen sind, Mitpriester, mitgeistlich, mitmächtig in allen Dingen. So sollen sie ihrem Amt und Tun, das sie über jedermann von Gott haben, freien Lauf lassen, wenn es nötig und nützlich ist. Wäre das nicht unnatürlich, wenn in einer Stadt Feuer ausbräche und jedermann stillstehen würde und fort und fort brennen ließe, was nur brennen mag, nur darum, weil sie nicht die Macht des Bürgermeisters hätten oder das Feuer vielleicht am Haus des Bürgermeisters anfinge? Ist nicht jeder Bürger verpflichtet, die andern aufzurütteln und zu rufen? Wieviel mehr sollte das in der geistlichen Stadt Christi geschehen, wenn sich ein Feuer des Ärgernisses erhebt, es sei an des Papst Regiment oder wo es wolle. Das Gleiche geschieht auch, wenn die Feinde eine Stadt überfallen: da verdient der Ehre und Dank, der die andern zuerst auf die Beine bringt. Warum sollte dann der nicht Ehre verdienen, der die höllischen Feinde ankündigt und die Christen weckt und zusammenruft?

Es ist aber gar nichts mit dem Gerede von ihrer Gewalt, von der sie rühmen, man dürfe sich ihr nicht widersetzen. Es hat niemand in der Christenheit Gewalt, Schaden zu tun oder zu verbieten, daß man Schaden verhindert. Es gibt keine Gewalt in der Kirche als nur zur Besserung. Darum, wenn der Papst die Gewalt brauchen wollte, um das Zustandekommen eines freien Konzils zu verwehren, womit die Besserung der Kirche verhindert würde, so sollen wir ihn und seine Gewalt nicht beachten. Und wenn er bannen und donnern würde, sollte man das als den Versuch eines Verrückten verachten und ihn im Vertrauen auf Gott seinerseits bannen und ihn fortjagen, so gut man nur kann. Denn diese seine angemaßte Gewalt ist nichts; er hat sie auch nicht, und sie wird schnell genug mit einem Spruch der Schrift niedergeworfen. Denn Paulus sagt zu den Korinthern: »Gott hat uns Gewalt gegeben, nicht um die Christenheit zu verderben, sondern um sie zu bessern.« Wer will über diesen Spruch springen? Es ist die Gewalt des Teufels und des Antichrists, die das verhindert, was der Christenheit zur Besserung dient. Darum ist ihr gar nicht zu folgen, sondern Widerstand zu leisten mit Leib, Gut und allem, was wir vermögen.

Und wenn auch ein Wunderzeichen für den Papst gegen die weltliche Gewalt geschähe oder jemand eine Plage zustieße, wie sie rühmen, daß es einige Mal geschehen sei, so soll man das für nichts anderes als eine Tat des Teufels ansehen, weil es uns an Glauben zu Gott gebricht, wie das Christus verkündigt hat: »Es werden kommen in meinem Namen falsche Christi und falsche Propheten, Zeichen und Wunder tun, daß sie auch die Auserwählten verführen könnten«; und Sankt Paul sagt den Thessalonichern, daß der Antichrist durch den Satan groß sein werde in falschen Wunderzeichen.

Darum laßt uns das festhalten: Christliche Gewalt vermag nichts wider Christus, wie Sankt Paul sagt: »Wir vermögen nichts wider Christus, sondern für Christus zu tun.« Tut sie aber etwas wider Christus, so ist sie des Antichrists und des Teufels Gewalt, und würde sie Wunder und Plagen regnen und hageln lassen. Wunder und Plagen beweisen nichts, besonders in dieser letzten, ärgsten Zeit, von der in der Schrift falsche Wunder verkündigt sind. Drum müssen wir uns an die Worte Gottes halten mit festem Glauben; so wird der Teufel seine Wunder wohl bleiben lassen.

Hiermit, hoffe ich, soll der falsche, lügenhafte Schrecken, mit dem die Römer unsere Gewissen nun lange Zeit schüchtern und ängstlich gemacht haben, am Boden liegen. Sie sind mit uns allen in gleicher Weise dem Schwert unterworfen und habe keine Vollmacht, die Schrift mit bloßer Gewalt und ohne Kenntnisse auszulegen. Sie haben auch keine Gewalt, ein Konzil zu verhindern oder es nach ihrem Belieben zu berauben, zu verpflichten und ihm seine Freiheit zu nehmen; und wenn sie das tun, so sind sie wahrhaftig die Gemeinschaft des Antichrists und des Teufels und haben von Christus nichts als den Namen.

Nun wollen wir uns die Punkte ansehen, die man auf den Konzilien billigerweise verhandeln sollte, und mit denen sich die Päpste, Kardinäle, Bischöfe und alle Gelehrten eigentlich Tag und Nacht beschäftigen sollten, wenn sie Christus und seine Kirche lieb hätten. Wenn sie das aber nicht tun, so sollen das Volk und das weltliche Schwert sich daran machen ohne Rücksicht auf ihr Bannen und Donnern. Denn ein ungerechter Bann ist besser als zehn rechte Absolutionen, und eine ungerechte Absolution ist schlimmer als zehnmal ein rechter Bann. Darum laßt uns aufwachen, liebe Deutsche, und Gott mehr als die Menschen fürchten, daß wir nicht schuldig werden aller armen Seelen, die so kläglich durch das schändliche, teuflische Regiment der Römer verloren gehen, wo der Teufel täglich mehr und mehr an Boden gewinnt, – wenn es noch möglich ist, daß ein so höllisches Regiment noch ärger werden kann, was ich doch nicht begreifen und glauben kann!

Erstens ist es furchtbar und erschreckend zu sehen, wie der Oberste in der Christenheit, der sich rühmt, der Stellvertreter Christi und Nachfolger Sankt Peters zu sein, so weltlich und prächtig dahinlebt, daß ihn darin kein König und kein Kaiser erreichen und ihm gleichkommen kann, und daß in dem, der sich den Allerheiligsten und Geistlichsten nennen läßt, ein weltlicherer Sinn herrscht, als ihn die Welt selber hat. Er trägt die dreifache Krone, während die höchsten Könige nur eine Krone tragen. Stimmt das mit dem armen Christus und Sankt Peter überein, so ists eine neue Art von Übereinstimmung! Man plärrt, es sei ketzerisch, wenn man dagegen redet; man will aber auch nicht hören, wie unchristlich und unfromm so ein Benehmen sei. Ich mein aber, wenn er Gott auch mit Tränen bäte, er müßte diese Krone doch ablegen; denn unser Gott kann keine Hoffart leiden. Und sein Amt sollte nichts anderes sein, als täglich für die Christenheit zu weinen und zu beten und ein Beispiel aller Demut zu geben!

Es sei dem, wie ihm wolle; jedenfalls ist ein solcher Aufwand ärgerniserregend, und der Papst ist bei seiner Seelen Seligkeit verpflichtet, ihn abzustellen, darum weil Sankt Paul sagt: »Enthaltet euch aller Gebärden, die da Ärgernis erregen« und: »Wir sollen Gutes erzeigen nicht allein vor Gottes Augen, sondern auch vor allen Menschen.« Es wäre dem Papst eine einfache Bischofskrone genug. An Wissen und Heiligkeit sollte er größer sein als die andern und die Krone der Hoffart dem Antichrist überlassen, wie seine Vorgäner vor einigen hundert Jahren. Sie sprechen, er sei ein Herr der Welt; das ist erlogen. Denn Christus, dessen Statthalter und Beamter er sich zu sein rühmt, sprach vor Pilatus: »Mein Reich ist nicht von dieser Welt.« Es kann aber kein Statthalter weiter regieren als sein Herr; er ist auch nicht ein Statthalter des erhöhten, sondern des gekreuzigten Christus, wie Paulus sagt: »Ich habe nichts bei euch wissen wollen denn Christus und denselben nur als gekreuzigten«; und »Also sollt ihr euch achten, wie ihr in Christus seht, der sich hat entledigt und eine knechtische Gebärde angenommen«; weiter: »Wir predigen Christus den Gekreuzigten.« Nun machen sie den Papst zu einem Statthalter des erhöhten Christus im Himmel, und einige haben den Teufel so stark in sich regieren lassen, daß sie gemeint haben, der Papst sei über die Engel im Himmel und habe ihnen zu gebieten. Das sind recht eigentlich die Taten des rechten Antichrists.

Zweitens. Wozu ist in der Christenheit das Volk nütze, das Kardinäle heißt? Das will ich dir sagen. Welsche und deutsche Länder haben viele reiche Klöster, Stifter, Lehen und Pfarren. Die wußte man nicht besser nach Rom zu bringen, als daß man Kardinäle machte und diesen die Bistümer, Klöster, Prälaturen zu eigen gab und so den Gottesdienst zu Boden stieß. Darum sieht man jetzt, daß Welschland ganz verödet ist: die Klöster sind zerstört, Bistümer verzehrt, Prälaturen und die Einkünfte aller Kirchen nach Rom gezogen; die Städte sind verfallen, Land und Leute zugrunde gerichtet, da man keinen Gottesdienst und keine Predigt mehr zu halten pflegt. Warum? Die Kardinäle müssen die Güter haben. Kein Türke hätte Welschland so verderben und den Gottesdienst so umstoßen können.

Da Welschland nun ausgesogen ist, kommen sie ins deutsche Land, heben schön behutsam an. Aber sehen wir zu: Deutschland soll bald dem welschen gleich werden. Wir haben schon einige Kardinäle! Was die Römer damit suchen, sollen die betrunkenen Deutschen nicht verstehen, bis sie kein Bistum, Kloster, Pfarre, Lehen, Heller oder Pfennig mehr haben. Der Antichrist muß die Schätze der Erde haben, wie es verkündigt ist. Es geht so zu: man schäumt oben ab von den Bistümern, Klöstern und Lehen, und weil sie noch nicht alles ganz zu verschänden wagen, wie sie's den Welschen getan haben, gebrauchen sie einstweilen die heilige Listigkeit, zehn oder zwanzig Prälaturen zusammenzukoppeln und von jeder jährlich ein Stück loszureißen, damit trotzdem eine Summe daraus wird. Die Propstei zu Würzburg gibt tausend Gulden, die zu Bamberg auch etwas, Mainz, Trier usw.; so kann man tausend Gulden zusammenbringen oder zehntausend, damit ein Kardinal in Rom wie ein reicher König lebe.

Haben wir uns daran gewöhnt, so wollen wir an einem Tag dreißig oder vierzig Kardinäle ernennen, und einem wollen wir (etwa) den Mönchsberg zu Bamberg geben und das Bistum Würzburg dazu, daran ein paar reiche Pfarren hängen, bis daß die Kirchen und Städte verödet sind, und dann wollen wir sagen, wir seien Christi Stellvertreter und Hirten der Schafe Christi, die tollen, vollen Deutschen müssens ja dulden! Ich rate aber, daß man weniger Kardinäle mache oder den Papst sie von seinen Gütern ernähren lasse. Zwölf wären vollauf genug, und jeder könnte ein jährliches Einkommen von tausend Gulden haben. Wie kommen wir Deutschen dazu, diesen Raub und diese Schinderei unserer Güter von dem Papst dulden zu müssen? Hat das Königreich Frankreich sich dessen erwehrt, warum lassen wir Deutschen uns so äffen und zum Narren halten? Es wäre alles erträglicher, wenn sie nur das Gut uns so wegstehlen würden; aber die Kirche verwüsten sie damit, und sie berauben die Schafe Christi ihrer frommen Hirten und stoßen Gottesdienst und Gotteswort um. Und wenn es schon keinen Kardinal mehr gäbe, die Kirche würde darum doch nicht versinken. Sie tun ja doch nichts, was der Christenheit dient; nur um Geld und Streitigkeiten über Bistümer und Prälaturen kümmern sie sich, und das könnte wohl jeder Räuber auch.

Drittens. Wenn man dem Hof des Papstes nur den hundertsten Teil beließe und neunundneunzig Teile wegtäte, er wäre dennoch groß genug, um in Glaubensfragen Antwort zu geben. Nun ist in diesem Rom aber ein solches Gewürm und Geschwürm, und alles nennt sich päpstlich, daß in Babylonien kein solcher Zustand gewesen ist. Es sind allein mehr als dreitausend päpstliche Schreiber vorhanden; wer will die andern Beamten zählen! Es sind so viele Stellen da, daß man sie kaum zählen kann. Und all diese Leute warten auf die Stifter und Lehen in Deutschland wie ein Wolf auf die Schafe. Ich glaube, daß Deutschland jetzt weit mehr dem Papst nach Rom gibt als früher den Kaisern. Ja, manche meinen, daß jährlich mehr als dreimalhunderttausend Gulden aus Deutschland nach Rom gehen, gänzlich vergebens und umsonst, wir ernten dafür nichts als Spott und Schmach. Und wir wundern uns noch, daß die Fürsten, der Adel, die Städte, Stifter, Land und Leute arm werden; wir sollten uns wundern, daß wir noch zu essen haben!

Und da wir nun hier recht ins Spiel kommen, wollen wir ein wenig halt machen und zeigen, daß wir Deutschen nicht ganz so plumpe Narren sind, daß wir von den römischen Praktiken gar nichts wissen oder verstehen! Ich klage hier nicht, daß in Rom Gottes Gebot und christliches Recht verachtet ist; denn so gut steht es jetzt nicht in der Christenheit, besonders zu Rom nicht, daß wir über solche hohe Dinge klagen könnten. Ich klage auch nicht darüber, daß das natürliche oder weltliche Recht und die Vernunft nichts gilt; es liegt alles noch viel tiefer. Ich klage, daß sie ihr selbsterfundenes geistliches Recht nicht halten, das doch an sich schon mehr eine reine Tyrannei und Geizerei voll zeitlicher Hoffart ist als ein Recht. Das wollen wir sehen.

Es haben ehedem deutsche Kaiser und Fürsten dem Papst die Annaten[35] von allen Lehen des deutschen Volkes bewilligt, d. h. die Hälfte der Einkünfte des ersten Jahres von jedem Lehen. Die Bewilligung wurde aber zu dem Zweck erteilt, daß der Papst mit dieser großen Einnahme einen Schatz ansammeln sollte zum Kampf gegen die Türken und Ungläubigen und zum Schutz der Christenheit, damit es dem Adel nicht zu schwer würde, allein den Kampf zu führen, sondern die Priesterschaft auch etwas dazu täte. Diese schlichte, fromme Gesinnung des deutschen Volkes haben die Päpste dazu benutzt, um dies Geld bis heute, mehr als hundert Jahre lang, einzunehmen und nun eine feste gültige Abgabe und Verpflichtung daraus zu machen und nicht nur nichts zu sammeln, sondern viele Ämter und Stellen in Rom neu darauf zu gründen, um sie damit jährlich wie aus einer regelmäßigen Steuer zu besolden. Wenn man nun erklärt, es solle gegen die Türken Krieg geführt werden, so lassen sie eine Botschaft ausgehen, es sei Geld zu sammeln! Wiederholt wird auch Ablaß ausgegeben mit eben derselben Überschrift, man müsse gegen den Türken Krieg führen, immer in der Meinung, die tollen Deutschen sollten nie aufhören Todstocknarren zu bleiben und nur immer Geld geben, ihrer unaussprechlichen Habgier genug zu tun, obgleich wir in aller Öffentlichkeit sehen, wie weder von dem Annaten- noch von dem Ablaßgeld noch allem andern ein Heller gegen die Türken ausgegeben wird, sondern alles miteinander in den Sack kommt, dessen Boden weg ist. Sie lügen und betrügen, sie bestimmen und machen mit uns Verträge, die sie nicht ein Haar breit zu halten gedenken, und nachher muß das alles der heilige Name Christi und Sankt Peters getan haben!

Hier sollten sich nun die deutsche Nation, Bischöfe und Fürsten auch für christliche Leute halten und das Volk, das ihnen anvertraut ist, um es in leiblichen und geistlichen Gütern zu regieren und zu schützen, vor solchen reißenden Wölfen beschirmen, die sich unter den Schafskleidern als Hirten und Regenten geben möchten; und weil die Annaten so frech mißbraucht werden und auch nicht gehalten wird, was versprochen ist, sollten sie ihr Land und Leute nicht so jammervoll ohne alles Recht schinden und verderben lassen, sondern durch ein Gesetz des Kaisers oder der ganzen Nation die Annaten zurückhalten oder wieder abschaffen. Denn weil die andern nicht halten, was versprochen ist, haben sie auch kein Recht auf die Annaten, und die Bischöfe und Fürsten sind verpflichtet, diesen Diebstahl und Raub zu bestrafen oder wenigstens zu verhindern, wie das Recht fordert.

Darin sollten sie dem Papst beistehen und ihn stärken, wenn er vielleicht allein gegen diesen Unfug zu schwach ist, oder falls er das noch in Schutz nehmen und aufrechterhalten will, sollten sie ihn wie einen Wolf und Tyrannen abwehren und widerstehen; denn er hat keine Gewalt, Böses zu tun oder zu verteidigen. Und wenn man schon gegen die Türken einen solchen Schatz sammeln will, sollten wir doch endlich einmal gewitzt sein und merken, daß die deutsche Nation ihn viel besser aufbewahren könnte als der Papst. Denn die deutsche Nation hat selbst Leute genug zum Streit, wenn Geld da ist. Es ist mit den Annaten, wie es schon mit manchen anderen römischen Behauptungen gewesen ist.

Weiter: danach ist das Jahr zwischen dem Papst und den regierenden Bischöfen und Stiftern so geteilt worden, daß der Papst sechs Monate im Jahr hat, immer einen über den anderen, so daß er die Lehen, die in seinem Monat frei werden, vergeben kann. Auf diese Art werden fast alle Lehen nach Rom gezogen, besonders die allerbesten Pfründen und Dignitäten. Und die, die einmal so an Rom fallen, kommen nachher nie wieder zurück, mögen sie künftig auch nie mehr im päpstlichen Monat frei werden. Auf diese Weise kommen die Stifter viel zu kurz und es ist eine regelrechte Räuberei, die sich vorgenommen hat, nichts mehr zurückzulassen. Darum ist sie auch reif, und es ist hohe Zeit, daß man die Papstmonate ganz abschafft und alles, was dadurch nach Rom gekommen ist, wieder herausreißt. Die Fürsten und der Adel sollten darüber wachen, daß das gestohlene Gut wiedergegeben wird, die Diebe bestraft werden und die, die ihre Rechte mißbraucht haben, ihre Rechte verlieren. Hält und gilt es, wenn der Papst am Tag nach seiner Wahl in seiner Kanzlei Bestimmungen und Gesetze macht, wonach unsere Stifter und Pfründen geraubt werden, wozu er kein Recht hat, so sollte es vielmehr gelten, wenn der Kaiser Carolus am Tag nach seiner Krönung eine Bestimmung und Gesetz erläßt, man solle in ganz Deutschland kein Lehen und keine Pfründe mehr durch den Papstmonat nach Rom kommen lassen, und was dorthin gekommen ist, das soll wieder frei und von den römischen Räubern erlöst werden, wozu er von Amts wegen um seines Schwertes willen ein Recht hat.

Nun hat der römische Geiz- und Raubstuhl die Zeit nicht erwarten können, daß ihm durch den Papstmonat alle Lehen zufallen, eins nach dem andern, sondern er beeilt sich nach dem Willen seines unersättlichen Wanstes alle in kürzester Zeit an sich zu reißen. So hat er sich über die Annaten und Monate hinaus so ein Fündlein erdacht, daß die Lehen und Pfründen auf noch drei andere Weisen in Rom festgehalten werden. Erstens: wenn jemand, der eine frei Pfründe innehat, in Rom oder auf dem Weg nach Rom stirbt, so muß diese Pfründe dem römischen (ich sollte sagen: »räubischen«) Stuhl ewig zu eigen bleiben. Und sie wollen dennoch nicht Räuber heißen, obschon so eine Räuberei noch niemand je gehört oder gelesen hat!

Zweitens, wenn jemand ein Lehen hat oder erhält, der zum Gesinde des Papstes oder der Kardinäle gehört, oder wenn jemand, der ein Lehen schon vorher innehat, nachher in das Gesinde des Papstes oder eines Kardinals aufgenommen wird. Wer kann nun das Gesinde des Papstes und der Kardinäle zählen, wo der Papst doch, wenn er nur spazieren reitet, an die drei- oder viertausend Maultierreiter um sich hat, trotz allen Kaisern und Königen! Denn Christus und Sankt Peter gingen zufuß, damit ihre Statthalter um so mehr zu stolzieren und zu prangen hätten. Nun hat die Habgier weiter eine kluge Überlegung angestellt und bewirkt, daß auch außerhalb viele dem Titel nach zum päpstlichen Gesinde gehören wie in Rom, so daß nun an allen Orten das bloße arglistige Wörtchen »Papstgesinde« alle Lehen an den römischen Stuhl bringt und für ewig daran haftet. Sind das nicht erbitternde, teuflische Erfindungen?

Geben wir nur acht: Mainz, Magdeburg, Halberstadt sollen noch hübsch nach Rom kommen, und das Kardinalat soll teuer genug bezahlt werden. Danach wollen wir alle deutschen Bischöfe zu Kardinälen machen, daß nichts draußen bleibt.

Drittens, wenn um ein Lehen in Rom Streit angefangen wird. Dies ist, meine ich, wohl die gewöhnlichste und größte Straße, auf der man die Pfründen nach Rom bringt. Denn wenn hier kein Streit ist, so findet man in Rom unzählige Buben, die Streit aus der Erde graben und die Pfründen angreifen, wo sie nur wollen. Da muß dann mancher brave Priester seine Pfründe verlieren oder mit einer Geldsumme den Streit vergleichen für eine Zeitlang. Solche Lehen, die man zu Recht oder Unrecht mit dem Streit festhält, müssen auch für immer dem römischen Stuhl gehören. Es wäre kein Wunder, wenn Gott vom Himmel Schwefel und höllisches Feuer regnen ließe und Rom in den Abgrund versenkte, wie ers vor Zeiten mit Sodom und Gomorrha tat. Was soll ein Papst in der Christenheit, wenn man seine Gewalt zu nichts anderem gebraucht als zu solchen Hauptmissetaten und er sie schützt und ausführt? O edle Fürsten und Herrn, wie lange wollt ihr euer Land und Leute ungeschützt solchen reißenden Wölfen preisgeben!

Da nun so ein Kniff nicht genug war und der Habgier die Zeit, alle Bistümer an sich zu reißen, zu lang wurde, hat meine liebe Habgier doch wenigstens dies erfunden, daß die Bistümer mit dem Namen draußen und mit ihrem Grund und Boden in Rom seien, und daß also kein Bischof bestätigt werden kann, wenn er nicht mit einer großen Geldsumme das Pallium kauft und sich mit grauenhaften Eiden verpflichtet, ein höriger Knecht des Papstes zu sein. Daher kommts, daß kein Bischof gegen den Papst etwas zu tun wagt. Das haben die Römer mit dem Eide auch gewollt, und so sind die reichsten Bistümer in Schulden und Verderben geraten. Mainz, höre ich, gibt 20000 Gulden, das sind auch Römer, wie mir scheint! Sie haben wohl vor Zeiten im geistlichen Recht festgesetzt, das Pallium sei umsonst zu geben, das Gesinde des Papstes sei herabzusetzen, die Streitigkeiten seien zu vermindern, den Stiftern und Bischöfen ihre Freiheit zu belassen. Aber das wollte kein Geld tragen; darum ist das Blatt umgewandt und den Bischöfen und Stiftern alle Gewalt genommen. Sie sitzen da wie die Ziffern, haben weder Amt noch Macht noch etwas zu tun, sondern die Hauptbuben in Rom regieren alle Dinge fast bis auf das Küster- und Glöckneramt in allen Kirchen. Alle Streitigkeiten werden nach Rom gezogen und jedermann tut in päpstlicher Vollmacht, was er will.

Was ist in diesem Jahr geschehen? Der Bischof von Straßburg wollte im Gehorsam gegen Gott sein Stift ordentlich regieren und reformieren und stellte einige fromme und christliche Artikel auf, die dazu dienen sollten. Aber mein lieber Papst und der heilige römische Stuhl stößts zu Boden und verdammt diese heilige geistliche Ordnung ganz und gar auf Bitten der Priesterschaft. Das heißt die Schafe Christi geweidet! So soll man Priestern gegen ihren eigenen Bischof den Rücken stärken und ihren Ungehorsam gegen Gottes Gesetze schützen! So eine öffentliche Schmähung Gottes wird der Antichrist, hoffe ich, nicht wagen. Da habt ihr den Papst, wie ihr ihn gewollt habt! Warum das? Ei, wenn eine Kirche reformiert würde, so wäre das ein gefährlicher Anfang, Rom müßte vielleicht auch dran. Da sollte man lieber keinen Priester mit dem andern einig bleiben lassen und, wie sie's bisher gewohnt waren, Fürsten und Könige entzweien und die Welt mit Christenblut füllen, damit ja nicht die Einigkeit der Christen dem heiligen römischen Stuhl durch Reformieren zu schaffen macht.

Bisher haben wir erfahren, wie sie mit den Pfründen umgehen, die verfallen und frei werden. Nun erledigen sich für die zarte Habgier zu wenig. Darum hat sie ihre Fürsorge auch den Lehen zugewandt, die deren Verweser noch inne haben, so daß diese gleichfalls frei sein müssen, obschon sie nicht frei sind, – und das auf verschiedene Weise. Erstens lauert sie darauf, wo es fette Präbenden[36] oder Bistümer gibt, die ein alter oder kranker oder auch nur angeblich unfähiger Mann inne hat. Diesem gibt der heilige Stuhl gegen seinen Willen und ohne seinen Dank einen Coadjutor, d. h. Mithelfer, nur dem Coadjutor zuliebe, weil dieser zum Papstgesinde gehört oder Geld dafür gibt oder es sonstwie mit einem römischen Frondienst verdient hat. Da muß dann die freie Wahl des Kapitels oder das Recht dessen, der die Pfründe zu verlieren hat, aufhören und alles nur nach Rom!

Zweitens gibt es ein Wörtchen, das heißt »Commenden«, das ist, wenn der Papst einem Kardinal oder sonst einem seiner Leute ein reiches, fettes Kloster oder eine Kirche überläßt zum Behalten, so wie wenn ich dir hundert Gulden zum Behalten gäbe. Dies heißt nicht ein Kloster geben oder verleihen, auch nicht zerstören oder den Gottesdienst abschaffen, sondern zum Behalten geben, nicht, damit er sie bewahren und bauen soll, sondern damit er die Personen austreibt, die Güter und Zinse einnimmt und irgendeinen abtrünnigen, entlaufenen Mönch einsetzt, der fünf oder sechs Gulden im Jahr bekommt und tags in der Kirche sitzt und den Pilgern Abzeichen und Bildchen verkauft, so daß kein Singen oder Lesen dort mehr stattfindet. Denn wenn das Klöster zerstören und Gottesdienst abschaffen hieße, so müßte man dann den Papst einen Zerstörer der Christenheit nennen, der den Gottesdienst abschafft; denn er treibt es wahrhaftig mit Macht. Das wäre in Rom eine harte Sprache; darum muß man es eine Commende nennen oder Überlassung des Klosters zum Behalten. Auf diese Weise kann der Papst vier oder mehr Klöster in einem Jahr zu Commenden machen, wobei eins davon mehr als sechstausend Gulden

Einkommen hat. So mehren sie in Rom den Gottesdienst und erhalten die Klöster. Das läßt sich in deutschen Landen auch erlernen.

Drittens gibts einige Lehren, die sie »incompatibilia« nennen, die man nach der Ordnung des geistlichen Rechts nicht gleichzeitig inne haben kann, wie z. B. zwei Pfarren, zwei Bistümer usw. Hier windet sich der heilige römische Stuhl und Geiz folgendermaßen aus dem geistlichen Recht, daß er ihm Erläuterungen anfügt, die heißen »unio« und »incorporatio«, d. h. daß er viele incompatibilia zu einem Leib ineinander fügt, so daß eins des anderen Glied sein soll; und da sie wie eine Pfründe angesehen werden, so sind sie nicht mehr incompatibilia und ist dem heiligen geistlichen Recht geholfen, daß es nirgends mehr bindet als allein bei denen, die solche Erläuterungen dem Papst und seinem Datarius nicht abkaufen. Derart ist auch die unio, d. h. »Vereinigung«, daß er viele derartige Lehen zusammenkoppelt wie ein Bündel Holz, und um dieses Koppels willen gelten sie alle als ein Lehen. So findet man wohl in Rom einen Höfling, der für sich allein 22 Pfarren, 7 Propsteien und 44 Pfründen dazu hat, und zu dem allen hilft diese meisterliche Erläuterung und macht, daß das nicht rechtswidrig ist. Was nun die Kardinäle und anderen Prälaten haben, überlege sich ein jeder selbst. So soll man den Deutschen den Beutel ausräumen und den Übermut vertreiben.

Eine von den Erläuterungen ist auch die »administratio«, d. h. daß einer neben seinem Bistum eine Abtei oder Dignität habe und alles Gut besitze, nur den vollen Namen darf er nicht haben, sondern bloß administrator heißen. Denn es ist in Rom genügend, wenn sich nur die Wörtlein wandeln und nicht die Wirklichkeit, so als ob ich erklärte, die Hurenwirtin sollte Bürgermeisterin heißen und doch so bieder bleiben, wie sie ist. Dies römische Regiment hat Sankt Peter verkündet, da er sagt: »Es werden falsche Meister kommen, die in Geizerei mit erdichteten Worten mit euch handeln werden, ihren Gewinnst zu treiben.«

Es hat auch die liebe römische Habgier den Brauch erdacht, daß man die Pfründen und Lehen auf den Vorteil hin verkauft und ausleiht, daß der Verkäufer oder Händler den Heimfall und Anspruch darauf behält, so daß, wenn der Besitzer stirbt, das Lehen frei wieder dem heimfällt, der es vorhin verkauft, verliehen oder verlassen hat. Auf diese Weise haben sie aus den Pfründen Erbgüter gemacht, daß niemand mehr drankommen kann, es sei denn der Verkäufer wolle es ihm verkaufen oder sein Recht daran testamentarisch überweisen. Daneben gibt es viele Leute, die ein Lehen einem anderen nur dem Titel nach übergeben, durch den er keinen Heller empfängt. Es ist nun auch schon altgewohnt, daß einer dem andern ein Lehen übergibt unter Vorbehalt einiger Summen jährlichen Zinses, was vor Zeiten Simonie war, und dergleichen Dinge mehr, die nicht aufzuzählen sind. Und so gehen sie viel schändlicher mit den Pfründen um als die Heiden unter dem Kreuz mit Christus Kleidern.

Aber alles bisher Gesagte ist in Rom ganz alt und gewohnt geworden. Noch etwas hat die Habgier erdacht; das wird, hoffe ich, das letzte sein, woran sie erstickt. Der Papst hat eine edle kleine Erfindung, die heißt pectoralis reservatio, d. h. Vorbehalt seines Herzens, et proprius motus, und freie Willkür seiner Gewalt. Das geht so zu: wenn einer in Rom ein Lehen erlangt, das ihm gesiegelt und in aller Form verschrieben wird, wie's dort üblich ist, und es kommt ein anderer, der Geld bringt oder sonst Verdienste hat, die nicht der Rede wert sind, und begehrt dieses Lehen bei dem Papst für sich, so gibt er es diesem und nimmts dem andern. Sagt man dann, er sei im Unrecht, so muß der allerheiligste Vater eine Entschuldigung haben, damit er nicht so öffentlich als ein Mann gerügt wird, der mit Gewalt widers Recht handelt, und er sagt, er habe in seinem Herzen und Gemüt dieses Lehen sich selbst und seiner Verfügungsgewalt vorbehalten, wo er doch sein Lebtag vorher nie daran gedacht oder davon gehört hat, und so hat er nun eine kleine »Erläuterung« gefunden, daß er in eigener Person lügen, betrügen und jedermann äffen und zum Narren halten kann, und dies alles schamlos und in aller Öffentlichkeit. Und trotzdem will er das Haupt der Christenheit sein und läßt sich mit öffentlichen Lügen von dem bösen Geist regieren.

Diese Willkür und der verlogene Vorbehalt des Papstes rufen in Rom einen solchen Zustand hervor, daß ihn niemand beschreiben kann. Da ist ein Kaufen, Verkaufen, Wechseln, Tauschen, Rauschen, Lügen, Betrügen, Rauben, Stehlen, Großtun, Hurerei, Büberei und jede erdenkliche Verhöhung Gottes, so daß es dem Antichrist nicht möglich ist, lästerlicher zu regieren. Es ist nichts mit Venedig, Antwerpen und Kairo gegen diesen Jahrmarkt und Schacher in Rom; nur daß dort Vernunft und Recht gehalten werden, hier aber geht es, wie der Teufel selber will. Und aus diesem Meer fließt nun dieselbe Tugend in alle Welt. Sollten sich solche Leute nicht mit Recht vor der Reformation und einem freien Konzil fürchten und eher alle Könige und Fürsten aufeinander hetzen, damit durch deren Einigkeit nur ja kein Konzil zustande kommt? Wer kann es denn dulden, daß seine Büberei, wenn sie so groß ist, an den Tag kommt?

Zuletzt hat der Papst für all diese edlen Handelsgeschäfte ein Kaufhaus errichtet, das ist das Haus des Datarius in Rom. Dahin müssen alle die kommen, die auf diese Weise um Lehen und Pfründen handeln, und ihm muß man diese »Erläuterungen« und Geschäfte abkaufen und bekommt die Vollmacht, diese Hauptbüberei zu treiben. Es ging vor Zeiten in Rom noch gnädig zu, da man das Recht kaufen oder mit Geld unterdrücken mußte. Aber jetzt ist Rom so herrlich geworden, daß es niemand Büberei treiben läßt, ehe das mit Zahlungen erkauft ist. Ist das nicht ein Hurenhaus über alle Hurenhäuser, die man sich ausdenken kann, dann weiß ich nicht, was ein Hurenhaus ist.

Hast du nun in diesem Hause Geld, so kannst du zu allen besagten Dingen kommen und nicht allein zu ihnen, sondern hier wird für Geld redlich alle Art Wucher, alles gestohlene und geraubte Gut gerechtfertigt. Hier werden die Gelübde aufgehoben; hier wird den Mönchen die Freiheit gegeben, aus dem Orden auszutreten; hier ist die Ehe für die Geistlichen feil; hier können die Hurenkinder ehelich werden; hier kommt alle Unehre und Schande zu Würden; hier werden alle bösen Fehler und Makel zu Rittern geschlagen und edel. Hier muß man die Ehe dulden, die in verbotenen Graden geschlossen wird oder sonst einen Mangel hat. O was für ein Schätzen und Schinden regiert da, so daß es aussieht, als seien alle geistlichen Gesetze allein dazu erlassen, daß nur recht viele Geldstricke entstehen, aus denen sich befreien muß, wer ein Christ sein soll. Ja, hier wird der Teufel ein Heiliger und ein Gott dazu! Was Himmel und Erde nicht vermögen, das vermag dies Haus. Es heißt: »compositiones«, ja freilich compositiones, ja confusiones. O ein wie bescheidener Schatz ist der Zoll am Rhein gegen dieses heilige Haus!

Niemand soll meinen, ich sagte zu viel. Es ist alles öffentlich, so daß sie selbst in Rom gestehen müssen, es sei grauenhafter und schlimmer, als man sagen kann: Ich habe noch nicht die rechte Höllengrundsuppe aufgerührt von den persönlichen Lastern, wills auch noch nicht tun. Ich rede nur von den gewöhnlichen, landläufigen Sachen und kann sie trotzdem mit Worten nicht erschöpfen. Es sollten die Bischöfe, die Priesterschaft und vor allem die Doktoren der Universitäten, die dafür besoldet werden, ihrer Pflicht nach einmütig dagegen geschrieben und geschrien haben. Ja, wende das Blatt um, so findest du es!

Es fehlt nun noch der Schluß, den muß ich auch geben! Da nun die unermeßliche Habgier noch nicht genug hatte an allen diesen Schätzen, mit denen sich billigerweise drei mächtige Könige begnügt hätten, fängt sie nun an, diese ihre Handelsunternehmungen dem Fugger in Augsburg zu versetzen und zu verkaufen, so daß Verleihung, Tausch und Kauf der Bistümer und Lehen und die lieben Handelsgeschäfte mit geistlichen Gütern eben an den rechten Ort gekommen sind und nun aus den geistlichen und weltlichen Gütern ein Handelsgeschäft geworden ist. Nun möchte ich gerne eine so hohe Vernunft zu hören bekommen, daß sie noch etwas erdenken kann, was künftig durch den römischen Geiz geschehen könnte und noch nicht geschehen ist, ausgenommen vielleicht, daß der Fugger seine beiden und nun vereinigten Handelsunternehmungen auch noch jemand versetzt oder verkauft. Ich meine, das Maß ist voll.

Denn was sie mit Ablaß, Bullen, Beichtbriefen, Butterbriefen und anderen Confessionalia in allen Ländern gestohlen haben und noch stehlen und herausschinden, halte ich für Flickwerk und so, als ob man mit einem Teufel in die Hölle würfe. Nicht daß sie wenig tragen, denn es könnte wohl ein mächtiger König davon leben, sondern weil sie mit den genannten Schatzströmen keinen Vergleich aushalten. Gegenwärtig schweige ich auch noch davon, wo dieses Ablaßgeld hingekommen ist. Ein andermal will ich den Campoflore und Belvidere und ein paar andere Orte danach fragen; die wissen wohl etwas davon.

Weil denn dieses teuflische Regiment nicht nur ein öffentlicher Raub, Betrug und Tyrannei der höllischen Pforten ist, sondern die Christenheit auch an Leib und Seele zugrunde richtet, sind wir verpflichtet, keine Anstrengung zu scheuen, um diesen Jammer und Verderb der Christenheit zu hindern. Wollen wir gegen die Türken kämpfen, so laßt uns hier anfangen, wo sie am allerärgsten sind! Hängen wir mit Recht die Diebe und köpfen wir die Räuber, warum sollten wir die römische Habgier frei ausgehen lassen, die der größte Dieb und Räuber ist, der je auf die Erde gekommen ist oder kommen kann, und das alles in Christus und Sankt Peters heiligem Namen? Wer kanns zuletzt denn ertragen und dazu schweigen! Es ist ja alles geraubt und gestohlen, was sie hat, es ist nicht anders, wie die Geschichte überall beweist. Der Papst hat so große Güter nicht gekauft, daß er von seinen officia an die zehnmal hunderttausend Dukaten einnehmen kann ohne die vorgenannten Schatzgruben und sein Land. Christus und Sankt Peter habens ihm auch nicht vererbt, es hat ihm auch niemand gegeben oder geliehen, es ist auch nicht ersessen oder durch Verjährung erworben. Sag du mir, wo mag ers her haben? Daraus merk, was sie suchen und meinen, wenn sie Legaten aussenden, um Geld gegen die Türken zu sammeln!

Obwohl ich nun zu gering bin, die Punkte vorzulegen, die diese grauenhaften Zustände bessern könnten, so will ich doch das Narrenlied zu Ende singen und sagen, so gut mein Verstand vermag, was durch die weltliche Gewalt oder ein allgemeines Konzil wohl geschehen könnte und sollte.

Erstens: daß jeder Fürst und Adlige und jede Stadt ihren Untertanen frisch drauflos verbieten sollte, die Annaten nach Rom zu geben, und sie ganz abschaffte. Denn der Papst hat den Pakt gebrochen und aus den Annaten eine Räuberei gemacht zu Schaden und Schanden der ganzen deutschen Nation. Er gibt sie seinen Freunden, verkauft sie für schweres Geld und stiftet officia darauf. Darum hat er das Recht daran verloren und Strafe verdient. Die weltliche Gewalt ist aber verpflichtet, die Unschuldigen zu schützen und das Unrecht zu verhindern, wie Sankt Paulus lehrt und Sankt Peter, ja auch das geistliche Recht XVI, qu. 7 de filiis. Daher kommt es, daß man zum Papst und den Seinen sagt: Tu ora, »du sollst beten«, zum Kaiser und den Seinen: Tu protege, »du sollst schützen«, zu dem gemeinen Mann: Tu labora, »du sollst arbeiten«. Nicht als ob nicht ein jeder beten, schützen und arbeiten sollte, denn es ist alles gebetet, geschützt und gearbeitet, wo sich einer seiner Tätigkeit widmet.

Zweitens. Weil der Papst mit seinen römischen Kniffen, Commenden, Adiutorien, Reservationen, gratiis exspectativis, Papstmonaten, Incorporationen, Unionen, Pensionen, Pallien, Kanzleiregeln und dergleichen Bübereien alle deutschen Stifter ohne Gewalt und Recht an sich reißt und sie in Rom Fremden, die in Deutschland nichts dafür tun, gibt und verkauft, wodurch er die Ordinarien ihres Rechts beraubt, aus den Bischöfen nur Ziffern und Ölgötzen macht und so gegen sein eigenes geistliches Recht, die Natur und die Vernunft handelt, daß es zuletzt dahin gekommen ist, daß die Pfründen und Lehen nur groben, ungebildeten Eseln und Buben in Rom aus lauter Habgier verkauft werden, brave gelehrte Leute aber von ihrem Verdienst und Wissen nichts haben, wodurch das arme Volk in Deutschland an guten, gelehrten Prälaten Mangel leiden und verderben muß, so soll hier der christliche Adel sich gegen ihn stellen als gegen einen allgemeinen Feind und Zerstörer der Christenheit und um der armen Seelen willen, die durch diese Tyrannei zugrunde gehen müssen, festsetzen, gebieten und verordnen, daß künftig kein Lehen mehr nach Rom gezogen, keins dort mehr erlangt werden darf, auf keinerlei Weise, sondern daß alles von der tyrannischen Gewalt wieder herausgerückt und dann draußen behalten und den Ordinarien ihr Recht und Amt wiedererstattet werden muß, damit sie die Lehen in Deutschland vergeben, so gut sie können. Und wenn ein Höfling herkäme, sollte man ihm den ernsten Befehl geben, seinen Versuch bleiben zu lassen oder in den Rhein oder das nächste Wasser zu springen und den römischen Bann mit Siegeln und Briefen zu kaltem Bade zu führen. So würden sie in Rom merken, daß die Deutschen nicht jederzeit toll und voll sind, sondern auch einmal Christen geworden seien, indem sie den Spott und die Schmach des heiligen Namens Christi, unter dem diese Büberei und Seelenverderbnis vor sich geht, nicht mehr zu dulden gedenken und Gott und Gottes Ehre mehr achten als die Gewalt der Menschen.

Drittens sollte ein kaiserliches Gesetz ergehen, keinen Bischofsmantel und keine Bestätigung irgendeiner Dignität von jetzt ab aus Rom zu holen, sondern daß man die Ordnung des allerheiligsten und berühmtesten Konzils von Nicäa wieder aufrichte, in der bestimmt ist, daß ein Bischof von den zwei nächsten Bischöfen oder vom Erzbischof bestätigt werden sollte. Wenn der Papst diesen und aller Konzilien Beschluß zerreißen will, was hat es dann noch für einen Zweck, Konzilien zu halten? Oder wer hat ihm die Gewalt gegeben, die Konzilien zu verachten und zu zerreißen? So wollen wir auch alle Bischöfe, Erzbischöfe und Primaten absetzen und nichts als Pfarrer aus ihnen machen, damit nur der Papst über ihnen sei, wie ers doch schon ist, und den Bischöfen, Erzbischöfen und Primaten keine ordentliche Gewalt läßt, alles an sich reißt und ihnen nur den Namen und leere Titel läßt, so daß durch seine Exemption[37] sogar die Klosteräbte und die Prälaten der ordentlichen Gewalt der Bischöfe entzogen sind. Und so bleibt keine Ordnung in der Christenheit, woraus denn folgen muß, was gefolgt ist: Erlaß der Strafen und Freiheit Böses zu tun, so daß ich wahrhaftig fürchte, man kann den Papst nennen: hominem peccati. Wem anders kann man die Schuld geben, daß keine Zucht, keine Strafe, kein Regiment und keine Ordnung in der Christenheit ist als dem Papst, der so mit seiner selbstangemaßten Gewalt allen Prälaten die Hände bindet und die Rute fortnimmt und allen Untertanen die Hände losmacht und ihnen Freiheit gibt oder verkauft.

Aber damit er nicht klagt, daß er seiner obrigkeitlichen Gewalt beraubt werde, soll verfügt werden, daß, wenn die Primaten oder Erzbischöfe nicht fertig werden können oder unter ihnen Streit entsteht, man diese Sache dann dem Papst vorlegen solle (aber nicht jede Kleinigkeit), wie es früher geschah und das hochberühmte Konzil von Nicäa bestimmt hat, und daß man mit unwesentlichen Sachen, die sich ohne den Papst zu Ende führen lassen, seine Heiligkeit nicht belästige, damit sie sich vielmehr dem Gebet und Studium und der Sorge für die ganze Christenheit widmen kann, wie er sich rühmt, und wie die Apostel taten und sagen: »Es ist nicht recht, daß wir das Wort Gottes lassen und dem Tisch dienen; wir wollen an dem Predigen und Gebet hangen und über das Werk andere einsetzen.« Aber nun ist Rom nichts anderes als die Verachtung des Evangeliums und Gebets und lauter Tischdienst, d. h. Dienst um zeitliches Gut, und das Regiment des Apostels und des Papsts reimen sich so gut zusammen wie Christus und Lucifer, Himmel und Hölle, Nacht und Tag, obgleich er sich Christi vicarius und der Apostel Nachfolger nennt.

Viertens sollte verfügt werden, daß keine weltliche Sache nach Rom gezogen werden dürfe, sondern alles derartige der weltlichen Gewalt überlassen werde, wie sie's selbst in ihren geistlichen Rechten festssetzen und doch nicht halten. Denn das Amt des Papstes soll sein, daß er, in der Schrift am allerbesten unterrichtet und wirklich, nicht dem Namen nach, der Allerheiligste, die Sachen regiert, die den Glauben und das sittliche Leben der Christen betreffen, die Primaten und Erzbischöfe dazu anhält und mit ihnen auf diesem Gebiet handelt und Fürsorge trifft, wie Sankt Paul lehrt und schärfstens rügt, daß sich die Korinther mit weltlichen Streitsachen befassen. Denn es bringt allen Ländern unerträglichen Schaden, daß solche Streitsachen in Rom verhandelt werden, was große Kosten macht. Außerdem kennen die dortigen Richter nicht die Sitten, Rechte und Gewohnheiten der Länder, so daß sie oft die Sachen gewaltsam nach ihren Rechten und Meinungen in die falsche Bahn zerren, wodurch den Parteien notwendigerweise Unrecht geschieht.

Dabei müßte man dann auch in allen Stiftern die greuliche Schinderei der Offiziale verbieten, daß sie sich nur noch der Sachen des Glaubens und der guten Sitten annehmen, was aber Geld, Gut und Leib oder Ehre betrifft, den weltlichen Richtern überlassen. Darum soll die weltliche Gewalt das Bannen und Treiben nicht gestatten, wo es nicht Glauben oder gutes Leben betrifft. Die geistliche Gewalt soll das geistliche Gut regieren, wie die Vernunft lehrt. Das geistliche Gut sind aber nicht Geld und leibliche Dinge, sondern Glauben und gute Werke.

Doch kann mans gestatten, daß Streitsachen, die Lehen oder Pfründen betreffen, vor Bischöfen, Erzbischöfen und Primaten verhandelt werden. Darum sollte, wenn es möglich wäre, die Kriege und Streitigkeiten zu schlichten, der Primas in Germanien für alle ein Consistorium haben mit auditoribus und Kanzlern, die wie in Rom signaturas gratiae und iustitiae verwalten, vor die man durch Apellation die Streitsachen in Deutschland ordnungsmäßig bringen würde, um sie zu verhandeln. Man dürfte sie nicht wie in Rom mit gelegentlichen Geschenken und Gaben besolden. Denn dadurch gewöhnten sie sich daran, Recht und Unrecht zu verkaufen, wie sie's jetzt in Rom tun müssen, weil ihnen der Papst kein Gehalt gibt, sondern sie sich selbst mit Geschenken mästen läßt (denn es liegt ja in Rom niemand etwas daran, was Recht oder Unrecht, sondern nur was Geld oder nicht Geld ist). Man müßte sie aber von den Annaten besolden oder sonst einen Weg ausfindig machen, wie es die Hochverständigen und in der Sache mehr als ich Erfahrenen wohl können. Ich will nur die Anregung und einen Anlaß zum Überlegen für die geboten haben, die dazu in der Lage und gewillt sind, der deutschen Nation zu helfen, nach dem elenden, heidnischen und unchristlichen Regiment des Papstes wieder Christen und frei zu werden.

Fünftens sollte keine Reservation mehr gelten und kein Lehen mehr in Rom festgehalten werden, ganz gleich oder der Besitzer stirbt oder Streit darum besteht, oder ob jemand zum Gesinde eines Kardinals oder Papstes gehört; und man sollte streng verbieten und verwehren, daß ein Höfling um irgend ein Lehen Streit anfängt, um die braven Priester zu zitieren und zu beunruhigen oder zum Prozeß zu drängen. Und sollte darum aus Rom ein Bann oder geistlicher Zwang kommen, sollte man den ebenso verachten, als wenn ein Dieb jemand in den Bann täte, weil man ihn nicht stehlen lassen will. Ja, man sollte sie schwer dafür bestrafen, daß sie den Bann und den Namen Gottes so lästerlich mißbrauchen, ihre Räuberei dadurch zu stärken und mit falschem, unbegründeten Drohen uns dahin bringen wollen, daß wir diese Lästerung des Namens Gottes und diesen Mißbrauch der christlichen Gewalt ertragen und loben und vor Gott ihrer Arglist mitschuldig werden, während wir vor Gott verpflichtet sind, sie zu verhindern, wie Sankt Paul die Römer tadelt, sie seien des Todes schuldig, weil sie derlei Dinge nicht bloß tun, sondern ihnen auch zustimmen und sie zu tun gestatten. Vor allem aber ist die verlogene reservatio pectoralis nicht zu ertragen, mit der die Christenheit so lästerlich und öffentlich Schmach und Spott ausgesetzt wird, weil ihr Oberster mit öffentlichen Lügen umgeht und um des verfluchten Besitzes willen jedermann schamlos betrügt und zum Narren hat.

Sechstens, daß auch die casus reservati, die vorbehaltenen Fälle abgeschafft würden, mit denen man nicht nur viel Geld aus den Leuten herausschindet, sondern auch viele arme Gewissen von dem tyrannischen Wüterich verstrickt und verwirrt werden zu unerträglicher Schädigung ihres Glaubens an Gott, ganz besonders die lächerlichen, kindischen Verfehlungen, die sie mit der Bulle Coena Domini aufbauschen, die nicht wert sind, daß man sie eine läßliche Sünde nennen sollte, geschweige denn eine so große Verfehlung, daß sie der Papst mit keinem Ablaß nachläßt; wie z. B. wenn jemand eine Pilgerin daran hindert, nach Rom zu ziehen, oder den Türken Waffen bringt oder Briefe des Papstes fälscht. Halten sie uns mit so plumpen, tollen, albernen Dingen zum Narren, so sind doch Sodom und Gomorrha und alle Sünden, die gegen Gott Gebot geschehen und geschehen können, keine casus reservati. Aber was Gott nie geboten hat und sie selbst erdacht haben, daß müssen casus reservati sein, daß man nur niemand hindert, Geld nach Rom zu bringen, damit sie sicher vor den Türken in Lüsten leben und mit ihren leichtfertigen, unnützen Bullen und Briefen die Welt in ihrer Tyrannei behalten.

Es sollte nun gerechterweise allen Priestern bekannt oder eine öffentliche Bestimmung sein, daß keine geheime, nicht angezeigte Sünde ein vorbehaltener Fall ist, und daß jeder Priester Vollmacht hat, von allen Sünden zu entbinden, wie sie immer heißen mögen, solange sie geheim sind, und daß auch weder Abt, Bischof noch Papst Vollmacht haben, sich eine einzige vorzubehalten. Und wenn sie das tun, so hält und gilt es nicht, und man sollte sie dafür auch bestrafen, weil sie ohne Befehl Gott ins Gericht fallen und ohne Grund die armen, unverständigen Gewissen verstricken und belasten. Handelt es sich aber um öffentliche, große Sünden, zumal um Sünden gegen Gottes Gebot, so hat es allerdings einen Grund, casus reservati zu haben, doch auch nicht zu viele, auch nicht aus eigener Vollmacht und ohne Grund. Denn Christus hat nicht Tyrannen, sondern Hirten in seine Kirche eingesetzt, wie Sankt Petrus sagt.

Siebentens sollte der römische Stuhl die officia abschaffen und das Gewürm und Geschwürm zu Rom vermindern, damit das Gesinde des Papstes vom eigenen Gut des Papstes ernährt wird und er seinen Hof nicht die Höfe aller Könige mit Prangen und Kosten überbieten läßt, in Anbetracht dessen, daß so ein Betrieb nicht nur der Sache des christlichen Glaubens nie genützt hat, sondern daß sie dadurch auch vom Studieren und Gebet abgehalten worden sind, so daß sie selbst gar nichts mehr vom Glauben zu sagen wissen; wie sie auf diesem letzten römischen Konzil handgreiflich bewiesen haben, wo sie unter vielen kindischen, leichtfertigen Artikeln auch dies festgesetzt haben, daß des Menschen Seele unsterblich sei, und daß ein Priester je einmal im Monat verpflichtet sei, sein Gebet zu sprechen, will er sein Lehen nicht verlieren. Wie sollten die Leute über die Christenheit und Sachen des Glaubens richten, die, vor großer Habgier, Reichtum und weltlicher Pracht verstockt und verblendet, nun überhaupt erst festsetzen, die Seele sei unsterblich?! Es ist für die ganze Christenheit keine geringe Schmach, daß man in Rom so schimpflich mit dem Glauben umgeht. Hätten sie nur weniger Besitz und Prangen, so könnten sie bessere Studien treiben und beten, so daß sie würdig und fähig würden, die Sachen des Glaubens zu behandeln, wie vor Zeiten, als sie noch Bischöfe waren und sich noch nicht anmaßten, Könige aller Könige zu sein.

Achtens sollten die schweren, fürchterlichen Eide aufgehoben werden, die die Bischöfe gezwungen werden dem Papst zu leisten, ohne alles Recht, womit sie wie Knechte gefangen werden, wie das unbrauchbare, ungelehrte Kapitel Significasti aus eigener Vollmacht und großem Unverstand bestimmt. Ist es nicht genug, daß sie uns mit ihren vielen tollen Gesetzen Gut, Leib und Seele belasten, durch die der Glaube geschwächt und die Christenheit verstört wird? Sie nehmen nun auch die Person selbst gefangen, ihr Amt und ihre Tätigkeit, dazu auch die Investitur, die vor Zeiten den deutschen Kaisern zustand und in Frankreich und einigen Königreichen jetzt noch den Königen zusteht. Darüber haben sie mit den Kaisern so lange große Kriege und Streitigkeiten gehabt, bis sie sie mit frecher Gewalt genommen und bis heute behalten haben, gerade als müßten vor allen Christen auf Erden die Deutschen die Hofnarren des Papsts und des römischen Stuhles sein und ertragen, was sonst niemand ertragen oder tun will. Weil denn dieses Stück lauter Gewalt und Räuberei ist, um die ordentliche bischöfliche Gewalt zu unterbinden und den armen Seelen zu schaden, ist der Kaiser mit seinem Adel verpflichtet, diese Tyrannei zu verhindern und zu bestrafen.

Neuntens sollte der Papst keine Gewalt über den Kaiser haben und ihn nur an dem Altar salben und krönen, wie ein Bischof einen König krönt, und sollte die teuflische Hoffart in Zukunft ja nicht mehr zugelassen werden, daß der Kaiser des Papsts Füße küßt oder zu seinen Füßen sitzt oder, wie man sagt, ihm den Steigbügel hält und den Zaum seines Maultiers, wenn er aufsitzt, um zu reiten; noch viel weniger, daß er dem Papst Gefolgschaft und treue Untertänigkeit schwört, wie die Päpste unverschämter Weise zu fordern wagen, als hätten sie ein Recht dazu. Es ist das Kapitel Solite, in dem die päpstliche Gewalt über die kaiserliche Gewalt erhoben wird, nicht einen Heller wert, und alle, die sich darauf stützen oder davor fürchten, auch nicht, weil es nicht anderes tut, als die heiligen Worte Gottes von ihrem eigentlichen Sinn auf ihre eigenen Träume abzudrängen und zu -zwängen.

Dieses überschwengliche, überhochmütige, überfreventliche Unterfangen des Papsts hat der Teufel erdacht, um so allmählich den Antichrist einzuführen und den Papst über Gott zu erheben, wie's denn schon viele tun und getan haben. Es gebührt sich nicht für den Papst, sich über die weltliche Gewalt zu erheben, allein ausgenommen bei den geistlichen Geschäften wie Predigen und Absolvieren. In andern Dingen soll er darunter stehen, wie Paulus und Petrus lehren, wie ich oben gesagt habe. Er ist nicht ein Statthalter Christi im Himmel, sondern nur des auf Erden wandelnden Christus. Denn Christus im Himmel, in der regierenden Gestalt, bedarf keines Statthalters, sondern thront, sieht, tut, weiß und vermag alle Dinge. Aber er darf es in der dienenden Gestalt (des Christus) sein, der auf Erden ging mit Arbeiten, Predigen, Leiden und Sterben. Da kehren sie es aber um, nehmen Christus die himmlische, regierende Gestalt und geben sie dem Papst, und lassen die dienende Gestalt ganz untergehen. Er könnte geradezu der Widerchrist sein, den die Schrift heißt »Antichrist«: geht doch sein ganzes Wesen, Werk und Vornehmen gegen Christus, um nur Christus Wesen und Werk zu vertilgen und zu zerstören.

Es ist auch lächerlich und kindisch, daß der Papst sich mit einer so verblendeten und verkehrten Begründung in seinem Decretale Pastoralis rühmt, er sei der rechtmäßige Erbe des Kaisertums, als es erledigt war. Wer hat es ihm gegeben? Hat Christus das getan, da er sagte: »Die Fürsten der Heiden sind Herrn, ihr aber sollt nicht so sein?« Hats ihm Sankt Peter vererbt? Es verdrießt mich, daß wir im geistlichen Recht so unverschämte, plumpe, tolle Lügen lesen und lehren und auch noch für christliche Lehre halten müssen, wo es doch teuflische Lügen sind. Dieser Art ist auch die unerhörte Lüge De donatione Constantini. Es muß eine besonders von Gott verhängte Plage gewesen sein, daß so viele verständige Leute sich haben bereden lassen, diese Lügen anzunehmen, obgleich sie doch so plump und ungeschickt sind, daß ich meinen möchte, ein betrunkener Bauer wäre imstande, geschickter und gewandter zu lügen. Wie sollte es dann, wenn man ein Kaisertum zu regieren hat, noch möglich sein, zu predigen, zu beten, zu forschen und für die Armen zu sorgen, was doch der Hauptberuf des Papstes ist und ihm von Christus mit solchem Nachdruck aufgetragen war, daß er sogar verbot, einen Rock oder Geld mit sich zu nehmen? Denn es kann so ein Amt kaum von einem Menschen wahrgenommen werden, der sein eigenes Haus regieren muß, und der Papst will ein Kaisertum regieren und dazu Papst bleiben! Das haben die Buben erdacht, die gern unter dem Namen des Papsts die Herren der Welt wären und das zerstörte römische Reich durch den Papst und den Namen Christi wieder aufrichten möchten, wie es früher gewesen ist.

Zehntes sollte der Papst hinsichtlich des Königreichs von Neapel und Sizilien Verzicht leisten, die Hand aus der Suppe ziehen und sich keinen Rechtstitel anmaßen. Er hat darauf ebenso viel Recht wie ich, und trotzdem will er Lehnsherr darüber sein! Es ist ein gewaltsamer Raub, wie fast all seine Güter. Drum sollte ihm der Kaiser dieses Lehen nicht bestätigen, und falls es schon geschehen sein sollte, es künftig nicht mehr bewilligen, sondern ihm dafür die Bibel und das Gebetbuch vorweisen, damit er weltliche Herren Land und Leute regieren läßt, zumal solche, die ihm niemand gegeben hat, und er predigt und betet.

Dieser Grundsatz sollte auch für Bologna, Imola, Vicenza, Ravenna gelten und für alles, was der Papst in der Mark Ancona, Romagna und andern italienischen Landschaften mit Gewalt erobert hat und mit Unrecht besitzt und worin er sich wider alle Gebote Christi und Sankt Pauls gemengt hat. Denn so sagt Sankt Paul: »Niemand verwickelt sich in die weltlichen Geschäfte, der sich Gottes Ritterschaft widmen soll.« Nun soll der Papst das Haupt und der Erste sein in dieser Ritterschaft und mengt sich mehr in weltliche Geschäfte als irgend ein Kaiser oder König. Nun, so müßte man ihm heraus helfen, damit er sich seiner Ritterschaft widmen kann. Auch Christus, dessen Statthalter er sich zu sein rühmt, wollte noch nie mit weltlicher Herrschaft etwas zu schaffen haben, so daß er zu einem, der ein Urteil über seinen Bruder von ihm begehrte, sprach: »Wer hat mich dir zu einem Richter gemacht?« Aber der Papst fährt ungerufen dazwischen, traut sich alle Dinge zu wie ein Gott, bis daß er selbst nicht mehr weiß, was Christus sei, zu dessen Statthalter er sich aufwirft.

Elftens sollte das Fußküssen des Papstes auch unterbleiben. Es ist ein unchristliches, ja antichristliches Zeichen, daß ein armer schuldiger Mensch sich seine Füße von jemand küssen läßt, der hundertmal besser ist als er. Geschieht es der Gewalt zu Ehren, warum tut es der Papst nicht auch den andern der Heiligkeit zu Ehren? Halt sie gegeneinander, Christus und den Papst: Christus wusch seinen Jüngern die Füße und trocknete sie und die Jünger wuschen sie ihm noch nie. Der Papst als einer, der höher als Christus ist, kehrt das um und läßt es eine große Gnade sein, ihm die Füße zu küssen, wo er das doch passender Weise nach Kräften verhindern sollte, wenn es jemand von ihm begehrte, wie Sankt Paul und Barnabas, die sich von den Einwohnern Lystras nicht wie Götter ehren lassen wollten, sondern sprachen: wir sind Menschen wie ihr. Aber unsere Schmeichler habens so weit gebracht und uns einen Abgott gemacht, daß sich niemand so vor Gott fürchtet und ihn mit solchen Gebärden ehrt wie den Papst. Das können sie gut ertragen, aber gar nicht, daß dem Großtun des Papsts ein Haarbreit abgebrochen würde. Wenn sie nun Christen wären und Gottes Ehre lieber hätten als ihre eigene, würde der Papst nie mehr fröhlich werden, wenn er gewahr würde, daß Gottes Ehre mißachtet und seine eigene erhoben ist, und würde sich auch von niemand ehren lassen, bis er merkt, daß Gottes Ehre wieder erhoben und größer ist als seine Ehre.

Zwölftens sollte man die Wallfahrten nach Rom abschaffen oder niemand nach seinem eigenen Vergnügen oder frommen Vorsatz wallfahrten lassen, wenn nicht vorher von seinem Pfarrer, seiner Stadt oder seinem Oberherrn anerkannt ist, daß er einen ausreichenden und ernstlichen Grund dazu hat. Das sage ich nicht darum, weil das Wallfahrten böse wäre, sondern weil es heutzutage schlimm gerät. Denn die Leute sehen in Rom kein gutes Vorbild, sondern lauter Ärgernis. Und wie sie selbst ein Sprichwort gemacht haben: »Je näher Rom, um so schlechtere Christen«, so bringen sie auch Verachtung Gottes und seiner Gebote mit nach Hause. Man sagt, wer das erste Mal nach Rom geht, sucht einen Spitzbuben, das zweite Mal findet er ihn, das dritte Mal nimmt er ihn mit. Aber sie sind nun so geschickt geworden, daß sie die drei Reisen auf einmal ausführen und haben uns wahrhaftig solche Sachen aus Rom mitgebracht, daß es besser wäre, Rom nie gesehen und kennen gelernt zu haben.

Und wenn dies auch nicht wäre, so ist noch ein anderer, viel wichtigerer Grund da: die einfältigen Menschen werden dadurch zu einem falschen Wahn und Mißverständnis von Gottes Geboten verführt. Denn sie meinen, daß dies Wallfahrten ein wundervoll gutes Werk sei, was doch nicht wahr ist. Es ist ein bescheidenes gutes Werk; denn Gott hat es nicht geboten. Er hat aber geboten, daß ein Mann für Weib und Kind sorgen soll und für das, was sich für den ehelichen Stand gehört, und daß er außerdem seinem Nächsten diene und helfe. Nun kommt es vor, daß jemand nach Rom wallt, verzehrt fünfzig Gulden, hundert Gulden oder etwas drüber oder drunter, was ihm niemand befohlen hat, und läßt Weib und Kind oder doch seinen Nächsten daheim Not leiden. Und dann meint der törichte Mensch trotzdem, er wolle diesen Ungehorsam und diese Verachtung von Gottes Geboten mit seinem eigenwilligen Wallfahrten ein gutes Aussehen geben, wo es doch ein reiner Mutwille oder eine teuflische Verführung ist. Dazu haben nun die Päpste mit ihren falschen, erdachten, närrischen goldenen Jahren noch geholfen, wodurch sie das Volk erregt, von Gottes Geboten gerissen und zu ihren eigenen verführerischen Unternehmungen hingezogen haben und eben das veranlaßten, was sie hätten verbieten sollen. Aber es hat Geld getragen und die falsche Gewalt gestärkt; darum mußte es weitergehen, sei's auch wider Gott oder das Seelenheil.

Um diesen falschen, verführerischen Glauben der einfältigen Christen auszurotten, und um ein rechtes Verständnis der guten Werke wieder einzuführen, sollten alle Wallfahrten unterdrückt werden. Denn es ist nichts Gutes daran, kein Gebot, kein Gehorsam, aber gibt unzählige Anlässe zum Sündigen und Gottes Gebot zu verachten. Daher kommen die vielen Bettler, die infolge dieser Wallfahrten unzählige Untaten verüben, ohne Not zu betteln lernen und sich dann daran gewöhnen.

Daher kommt das zuchtlose Leben und mehr Jammer, als ich jetzt erzählen will. Wer nun wallen oder eine Wallfahrt geloben wollte, sollte vorher seinem Pfarrer oder Oberherrn den Grund angeben. Findet sichs, daß ers um des guten Werks willen tut, so soll dieses Gelübde und Werk von dem Pfarrer oder Oberherrn nur ohne weiteres als eine teuflische Einbildung mit Füßen getreten werden, und man bedeute ihn, das Geld und die Arbeit, die zur Wallfahrt gehören, an Gottes Gebot und tausendmal bessere Werke zu wenden, d. h. an die Seinen oder die Armen, die ihm am nächsten sind. Wenn ers aber aus Neugier tut, um sich Länder und Städte anzusehen, kann man ihm seinen Willen lassen. Hat ers aber in der Krankheit gelobt, so soll man diese Gelübde verbieten, untersagen und anstatt dessen Gottes Gebote emporheben, daß er sichs hinfort an dem Geblübde in der Taufe genügen lasse, Gottes Gebote zu halten. Doch kann man ihn für dies eine Mal, sein Gewissen zu beruhigen, sein närrisches Gelübde ausführen lassen. Niemand will die richtige, gemeinsame Straße der Gebote Gottes wandeln; jedermann macht sich selbst neue Wege und Gelübde, als hätt' er Gottes Gebote alle vollbracht!

Dreizehntens. Damit kommen wir zur großen Menge, zu den Leuten, die das Meiste geloben und das Wenigste halten. Zürnt nicht, liebe Herrn, ich meine es wahrhaftig gut; es ist die bittere und süße Wahrheit und heißt, daß man ja nicht mehr Bettelklöster bauen lasse. Hilf Gott, es gibt schon zu viel! Ja wollte Gott, sie wären alle fort oder doch auf zwei oder drei Orden zusammengedrängt. Es hat nichts Gutes getan, es tut auch nie und nimmer gut, im Land umherzustreifen. Darum ist mein Rat, man lege zehn von ihnen, oder wieviel nötig sind, zusammen und mache eines daraus, das ausreichend versorgt ist und nicht zu betteln braucht. O, es ist hier viel mehr auf das zu sehen, was dem gemeinen Volk zur Seligkeit nötig ist, als was Sankt Franziscus, Dominicus, Augustinus oder sonst ein Mensch bestimmt hat, zumal weil es nicht so geraten ist, wie sie sichs dachten. Und man sollte sie vom Predigen und Beichtehören befreien, es sei denn, daß sie von Bischöfen, Pfarrern, der Gemeinde oder Obrigkeit dazu berufen und begehrt werden. Ist doch aus diesem Predigen und Beichtehören nichts als lauter Haß und Neid zwischen Pfarrern und Mönchen und viel Ärgernis und Störung für das gemeine Volk erwachsen. Es ist dadurch würdig geworden und hats wohl verdient aufzuhören, da man es gut entbehren kann. Es sieht fast so aus, als habe der heilige römische Stuhl dieses Heer nicht umsonst vermehrt, damit die Priesterschaft und Bistümer, seiner Tyrannei überdrüssig, nicht einmal zu stark würden und eine Reformation anfingen, die seiner Heiligkeit nicht zuträglich wäre. Dabei sollten auch die mancherlei Spaltungen und Unterschiede in ein und demselben Orden aufgehoben werden, die zuweilen aus ganz geringen Anlässen entstehen und um noch geringerer willen sich halten und mit unsäglichem Haß und Neid gegeneinander streiten, wo doch der christliche Glaube, der ohne all diese Unterschiede wohl bestehen kann, nichtsdestoweniger auf beiden Seiten untergeht und ein gutes christliches Leben nur nach den äußerlichen Gesetzen, Werken und Weisen geschätzt und gesucht wird. Daraus ergibt und findet sich dann nur Gleißnerei und Seelenverderben, wie das jedermann vor Augen hat.

Es müßte auch dem Papst verboten werden, noch mehr solche Orden zu gründen oder zu bestätigen, ja man müßte ihm befehlen, einige abzuschaffen und auf eine geringere Zahl herabzudrücken. Denn der Glaube Christi, der allein das Hauptgut ist und ohne irgendwelche Orden besteht, kommt dadurch nicht wenig in Gefahr, daß die Menschen durch so viele verschiedene Werke und Weisen leicht verführt werden, mehr nach diesen Werken und Weisen zu leben als auf den Glauben zu achten. Und wo nicht weise Prälaten im Kloster sind, die mehr den Glauben als das Gesetz des Ordens predigen und treiben, da ists nicht möglich, daß der Orden einfältigen Seelen, die nur auf die Werke acht haben, nicht schädlich und verführerisch sein sollte.

Aber zu unseren Zeiten sind nun an fast allen Orten die Prälaten gefallen, die den Glauben gehabt und die Orden eingesetzt haben, so wie vor Zeiten bei den Kindern Israels, da die Väter dahin gegangen waren, die Gottes Werk und Wunder gesehen hatten, deren Kinder sogleich aus Unkenntnis von Gottes Werk und Glauben anfingen, Abgötterei und eigene menschliche Werke einzuführen. Ebenso verstehen jetzt diese Orden leider auch nichts mehr von Gottes Werk und Glauben, sondern quälen sich nur jämmerlich in ihren eigenen Regeln, Gesetzen und Weisen, mühen sich und arbeiten und kommen doch nie zum rechten Verständnis eines geistlichen guten Lebens, wie der Apostel verkündigt und gesagt hat: »Sie haben einen Schein eines geistlichen Lebens und ist doch nichts dahinter, lernen immer und immer und kommen doch nicht dahin, daß sie wissen, was wahrhaftig geistlich Leben sei.« Es wäre also besser, daß überhaupt kein Kloster da wäre, wenn kein geistlicher, im christlichen Glauben verständiger Prälat regiert. Denn er kann nicht ohne Schaden und Verderben regieren, und das um so mehr, je heiliger und besser in seinem Leben er zu sein scheint in seinen äußerlichen Werken.

Es wäre meines Erachtens eine Ordnung nötig, besonders in unseren gefährlichen Zeiten, daß Stifter und Klöster wieder in der Weise geordnet würden, wie sie am Anfang bei den Aposteln und noch lange Zeit danach waren, da jeder die Freiheit besaß, so lange darin zu bleiben, wie er Lust hatte. Denn was waren Stifter und Klöster anderes als christliche Schulen, in denen man Schrift und Zucht nach christlicher Weise lehrte und Leute erzog zum Regieren und Predigen, wie wir lesen, daß Sankt Agnes in die Schule ging und noch an einigen Frauenklöstern sehen wie in Quedlinburg u. ä. Wahrhaftig, alle Stifter und Klöster sollten auch so frei sein, daß sie Gott mit freiem Willen und nicht mit gezwungenen Diensten dienten! Aber danach hat man es mit Gelübden fest geregelt und ein ewiges Gefängnis daraus gemacht, so daß diese Gelübde sogar für mehr angesehen werden als die Taufgelübde. Was aber daraus für Früchte gekommen sind, sehen, hören, lesen und erfahren wir täglich mehr und mehr.

Ich denke wohl, man wird diesen meinen Rat als äußerst töricht ansehen; danach frage ich jetzt nicht. Ich rate, was mir gut scheint; verwerf' es, wers will! Ich sehe wohl, wie die Gelübde gehalten werden, besonders die Keuschheit, die durch diese Klöster so allgemein verbreitet wird, obgleich sie Christus nicht geboten hat, sondern nur ganz wenigen verleiht, wie er selbst sagt und Sankt Paul: »Ich wollte gern, jedermann würde geholfen und christliche Seelen würden nicht gefangen durch menschliche, selbst erfundene Weisen und Gesetze.«

Vierzehntens. Wir sehen auch, wie die Priesterschaft gefallen ist und mancher arme Pfarrer mit Weib und Kind beladen und sein Gewissen beschwert ist und doch tut niemand etwas, um ihnen zu helfen, obschon ihnen leicht zu helfen wäre. Lassen Papst und Bischöfe hier gehen, was da geht, verderben, was da verdirbt, so will ich mein Gewissen erretten und den Mund frei auftun, es verdrieße Papst, Bischöfe oder wen es will, und sage so:

Nach der Einsetzung Christi und der Apostel soll jede Stadt einen Pfarrer oder Bischof haben, wie Paulus klar schreibt, und dieser Pfarrer soll nicht gedrängt werden, ohne ein eheliches Weib zu leben, sondern kann eins haben, wie Sankt Paul schreibt und spricht: »Es soll der Bischof ein Mann sein, der unsträflich sei und nur eines ehelichen Weibs Gemahl, dessen Kinder gehorsam und züchtig sind« usw. Denn »Bischof« und »Pfarrer« sind bei Sankt Paul dasselbe, wie das auch Sankt Hieronymus bestätigt. Aber von den Bischöfen, die jetzt vorhanden sind, weiß die Schrift nichts, sondern sie sind nach einer christlichen allgemeinen Ordnung später eingesetzt, damit einer über viele Pfarrer regieren sollte.

Also lernen wir aus dem Apostel unmißverständlich, es solle in der Christenheit so zugehen, daß jede Stadt aus der Gemeinde einen braven Bürger erwählt, diesem das Pfarramt überträgt und ihn von der Gemeinde aus unterhält und ihm freistellt, nach seinem Belieben zu heiraten oder nicht. Der sollte dann mehrere Priester oder Diakonen neben sich haben, gleichfalls verheiratet oder wie sie wollten, die ihm helfen, das Volk und die Gemeinde zu regieren mit Predigen und Sakramente-Austeilen, wie es denn in der griechischen Kirche auch noch bis heute geblieben ist. (Aber) da sind nun später, als durch die Ketzer viel Verfolgung und Streit war, viele heilige Väter gewesen, die freiwillig auf den Ehestand Verzicht geleistet haben, um desto besser forschen zu können und jederzeit bereit zu sein zum Tod und zum Kampf.

Da ist nun der römische Stuhl aus eigenem Frevelsinn dahin gelangt, ein allgemeines Gebot daraus zu machen, und hat allen Priestern verboten, verheiratet zu sein. Das hat ihn der Teufel geheißen, wie Sankt Paul verkündigt: »Es werden Lehrer kommen, die Teufelslehre bringen und verbieten zu heiraten« usw. Dadurch ist leider so viel Jammer entstanden, daß mans nicht erzählen kann, und man hat der griechischen Kirche dadurch Anlaß gegeben, sich zu trennen und hat Zwietracht, Sünde, Schande und Ärgernis unendlich vermehrt wie bei allem, was der Teufel anfängt und treibt. Was wollen wir hier nun tun?

Ich rate, man stelle es wieder frei und überlasse es jedermann, nach seinem Belieben zu heiraten oder nicht zu heiraten. Aber da müßte eine ganz andere Verwaltung und Ordnung der Güter erfolgen und das ganze geistliche Recht zu Boden stürzen und dürften nicht viel Lehen nach Rom gelangen! Ich fürchte, ein Grund für diese elende, unkeusche Keuschheit war die Habgier, woraus dann folgte, daß jedermann Geistlicher werden wollte und jedermann sein Kind darauf studieren ließ, nicht um keusch zu leben, was auch ohne geistlichen Stand möglich war, sondern in der Absicht, sich mit zeitlichem Unterhalt ohne Arbeit und Mühe zu ernähren gegen Gottes Gebot: »Du sollst dein Brot essen im Schweiß deines Angesichts.« Dem haben sie eine Schminke aufgelegt, als wäre Beten und Messe halten ihre Arbeit.

Ich laß hier Papst, Bischöfe, Stiftsgeistliche und Mönche beiseite, die Gott nicht eingesetzt hat; haben sie sich selbst Bürden auferlegt, so sollen sie sie auch tragen. Ich will von dem Pfarrerstand reden, den Gott eingesetzt hat, der eine Gemeinde mit Predigten und Sakramenten regiert, bei ihr wohnen und zeitlich haushalten muß. Diesen sollte durch ein christliches Konzil die Freiheit geschenkt werden, zu heiraten, damit man Gefahr und Sünde vermeidet. Denn weil sie Gott selbst nicht verpflichtet hat, so soll und kann sie niemand verpflichten, ob er gleich ein Engel vom Himmel wäre, nicht zu reden der Papst; und was im geistlichen Recht dagegen festgesetzt ist, ist lauter Fabelei und Geschwätz.

Weiter rate ich: wer sich künftig auf eine Pfarre oder sonstwie weihen läßt, der soll dem Bischof keinesfalls geloben, die Keuschheit zu halten, und halte ihm entgegen, daß er gar keine Macht habe, ein solches Gelübde zu verlangen. Es ist eine teuflische Tyrannei, so etwas zu verlangen. Muß oder will man aber sagen, wie einige tun: »quantum fragilitas humana permittit«, so deute jedermann diese Worte unbekümmert negative, id est: non promitto castitatem; denn fragilitas humana non permittit caste vivere, sondern allein angelica fortitudo et caelestis virtus, damit er ein freies Gewissen behält, ohne alle Gelübde.

Ich will denen, die noch keine Weiber haben, weder raten noch verbieten, daß sie heiraten oder daß sie ohne Weib bleiben; ich überlasse das einer allgemeinen christlichen Regelung und jedermanns besserem Verständnis. Aber vor dem armen Volk will ich meinen wohlgemeinten Rat nicht verstecken und ihnen den Trost nicht vorenthalten, die jetzt dasitzen, mit Weib und Kind belastet, in Schanden und bösem Gewissen, daß man diese eine Pfaffenhure, die Kinder Pfaffenkinder schilt, und das sag ich frei heraus nach meinem Hofrecht.

Man findet manchen braven Pfarrer, dem niemand etwas vorwerfen kann, als daß er schwach und mit einem Weib in Schande geraten ist, wo doch beide im Grund ihres Herzens so gesinnt sind, daß sie gern immer beieinander blieben, in rechter ehelicher Treue. Wenn sie das mit gutem Gewissen tun können, so sind die zwei gewiß vor Gott Eheleute, obwohl sie öffentlich die Schande tragen müssen. Und hier sag ich: wenn sie so gesinnt sind und auf diese Weise in ein (rechtes) Leben hineinkommen, so sollen sie nur frisch ihr Gewissen retten: er nehme sie zum Eheweib, behalte sie und lebe sonst redlich mit ihr wie ein Ehemann, ohne danach zu fragen, ob das der Papst will oder nicht will, mag das gegen das geistliche oder fleischliche Gesetz sein. Es liegt mehr an deiner Seele Seligkeit als an den tyrannischen, selbsterhobenen, frevelhaften Gesetzen, die zur Seligkeit nicht nötig noch von Gott geboten sind. Mach es wie die Kinder Israel, die den Ägyptern ihren verdienten Lohn stahlen, oder wie ein Knecht seinem böswilligen Herrn den verdienten Lohn stiehlt: so stiehl auch dem Papst dein ehelich Weib und Kind!

Wer den Glauben hat, dies zu wagen, der folge mir nur frisch! Ich will ihn nicht verführen. Habe ich nicht Macht wie ein Papst, so habe ich doch Macht wie ein Christ, meinem Nächsten gegen seine Sünden und Gefahren zu helfen und zu raten, und das nicht ohne Grund und Veranlassung.

Erstens: es kann gar nicht jeder Pfarrer ein Weib entbehren, nicht allein seiner Schwäche wegen, sondern noch viel mehr des Haushalts wegen. Soll er dann ein Weib bei sich halten, während ihm der Papst doch nicht erlaubt, es zur Frau zu haben? Ein Mann und ein Weib miteinander allein lassen und doch gebieten, sie sollten nicht fallen, ist das etwas anderes, als wenn man Stroh und Feuer zusammen legte und geböte, daß es weder rauchen noch brennen sollte? Zweitens: der Papst hat kein Recht, dies zu verbieten, so gut wie er kein Recht hat, das Essen, Trinken und die natürliche Ausscheidung oder das Dickwerden zu verbieten. Darum ist niemand schuldig, das Gebot zu halten, und der Papst ist aller Sünden schuldig, die dawider geschehen, aller Seelen, die dadurch verloren sind, aller Gewissen, die dadurch verwirrt und gequält sind, so daß ers wohl längst verdient hätte, aus der Welt vertrieben zu sein; so viele arme Seelen hat er mit dem teuflischen Strick erwürgt. – Drittens: Mag auch das Gesetz des Papstes dagegen sein; tritt man trotzdem in die Ehe gegen das Gesetz des Papstes, so ist sein Gesetz schon aus und gilt nicht mehr. Denn das Gebot Gottes, welches befiehlt, daß Mann und Weib niemand scheiden solle, steht hoch über dem Gesetz des Papstes, und Gottes Gebot muß nicht um des päpstlichen Gebots willen gebrochen werden und unterbleiben, obschon viele tolle Juristen mit dem Papst impedimenta erfunden und dadurch den Ehestand verhindert, getrennt und verwirrt haben, so daß Gottes Gebot darüber ganz untergegangen ist. Was soll ich viel sagen? Im ganzen geistlichen Papstgesetz sind ja nicht zwei Zeilen, die einem guten Christen etwas lehren könnten, und leider so viel irrige und gefährliche Gesetze, daß es das Beste wäre, man machte daraus einen Scheiterhaufen.

Sagst du aber, das sei anstößig und der Papst müsse vorher davon dispensieren, so sage ich: Was daran Anstoß erregt, das ist des römischen Stuhls Schuld, der diese Gesetze ohne Recht und wider Gott gemacht hat; vor Gott und der heiligen Schrift ist es nicht anstößig. Weiter: wenn der Papst um des Geldes willen von seinen geldsüchtigen, tyrannischen Gesetzen dispensieren kann, so kann auch jeder Christ um Gottes Worts und der Seelen Seligkeit willen eben davon dispensieren. Denn Christus hat uns frei gemacht von allen Menschengesetzen, zumal wo sie wider Gott und der Seelen Seligkeit sind, wie Sankt Paulus lehrt.

Fünfzehntens will ich auch der armen Klöster nicht vergessen! Es hat der böse Geist, der nun alle Stände durch Menschengesetz verwirrt und unerträglich gemacht hat, auch einige Äbte, Äbtissinnen und Prälaten besessen, daß sie ihren Brüdern und Schwestern so vorstehen, daß sie nur recht bald zur Hölle fahren und auch hier ein elendes Leben führen, wie's denn alle Teufelsmärtyrer tun. Sie haben sich nämlich in der Beichte alle oder doch einige Todsünden vorbehalten, die heimlich sind, so daß sie kein Bruder dem andern lösen soll, bei Bann und Gehorsam. Nun findet man an allen Orten nicht immer Engel, sondern auch Fleisch und Blut, die eher allen Bann und alle Drohungen erdulden, als daß sie dem Prälaten und den dafür bestimmten Beichtigern ihre heimlichen Sünden beichten wollen. Darauf gehen sie zum Sakrament mit so einem Gewissen, wodurch sie dann irregulares werden und des Jammers viel mehr wird. O blinde Hirten! O tolle Prälaten! O reißende Wölfe!

Hier sage ich: ist die Sünde öffentlich oder bekannt, so ists billig, daß der Prälat sie allein straft, und nur diese und keine anderen mag er sich vorbehalten und ausnehmen; über die heimlichen Sünden hat er keine

Gewalt, wenns gleich die ärgsten Sünden wären, die man findet oder finden kann. Und wenn der Prälat diese ausnimmt, so ist er ein Tyrann, er hat dazu kein Recht und greift in Gottes Gericht ein. So rate ich diesen Kindern, Brüdern und Schwestern: wollen die Obersten nicht die Erlaubnis geben, die heimliche Sünde zu beichten, wenn du willst, so nimm sie dir selber und klage sie deinem Bruder oder deiner Schwester, wem oder wo du willst. Laß dich absolvieren und trösten, geh und tu darauf, was du willst und sollst, glaub nur fest, daß du absolviert seist, so hat es nicht not. Und den Bann, die Irregularität oder was sie sonst noch androhen, laß dich nicht betrüben oder irre machen: sie gelten nicht weiter als nur für die öffentlichen oder bekannten Sünden, falls die jemand nicht bekennen wollte. Es trifft dich nicht. Was nimmst du dir vor, du blinder Prälat, durch deine Drohungen die heimlichen Sünden zu verhindern? Laß fahren, was du nicht öffentlich erhalten kannst, damit Gottes Gericht und Gnade mit den Deinen auch etwas zu schaffen habe. Er hat sie deiner Hand nicht so völlig anvertraut, daß er sie ganz aus seiner gelassen hätte. Ja, du hast den kleineren Teil unter dir! Laß deine Satzung Satzung sein und heb sie nicht in den Himmel, in Gottes Gericht!

Sechzehntens. Es wäre auch notwendig, daß die Jahrestage, Begängnisse, Seelenmessen ganz abgeschafft oder doch vermindert würden. Denn wir haben es ja öffentlich vor Augen, daß daraus nichts als ein Gespött geworden ist, womit Gott schwer erzürnt wird. Sie sind nur auf Geld, Fressen und Saufen ausgerichtet. Was sollte Gott für ein Wohlgefallen daran haben, wenn die elenden Vigilien und Messen so jämmerlich heruntergeschlabbert werden, weder gelesen noch gebetet? Und wenn sie schon gebetet würden, so würden sie doch nicht um Gottes willen aus freier Liebe ausgeführt, sondern um des Geldes willen und wegen der bestehenden Verpflichtung. Nun ists doch nicht möglich, daß Gott ein Werk gefällt oder etwas bei ihm erlangt, das nicht in freier Liebe geschieht. Es ist also christlich, daß wir alles abschaffen oder doch vermindern, was, wie wir sehen, zu einem Mißbrauch führt und Gott mehr erzürnt als versöhnt. Es wäre mir lieber, ja auch Gott angenehmer und viel besser, ein Stift, Kirche oder Kloster nähmen alle ihre jährlichen Messen und Vigilien zusammen und hielten an einem Tag eine rechte Vigilie und Messe mit herzlichem Ernst, Andacht und Glauben für alle ihre Wohltäter, als daß sie jedem von ihnen eine besondere hielten, tausend und abertausend alle Jahr, ohne diese Andacht und ohne den Glauben. O ihr lieben Christen, es liegt Gott nicht am vielen, sondern am rechten Beten; ja er verdammt die langen und vielen Gebete und sagt, sie werden damit um so mehr Verdammnis verdienen. Aber die Habgier, die

Gott nicht trauen kann, richtet so einen Betrieb ein und hat Sorge, sie müßte sonst Hungers sterben.

Siebzehntens. Man müßte einige Pönen oder Strafen des geistlichen Rechts auch abschaffen, besonders das Interdikt, welches ohne allen Zweifel der böse Geist erdacht hat. Ist das nicht ein teuflisches Werk, daß man eine Sünde bessern will mit vielen und größeren Sünden? Daß man Gottes Wort und Dienst zum Schweigen bringt oder einstellt, ist ja eine viel größere Sünde, als wenn einer zwanzig Päpste auf einmal ermordet hätte, nicht zu reden von einem Priester, oder wenn er geistliches Gut behalten hat. Das ist auch eine von den holden Tugenden, die im geistlichen Recht gelernt werden. Denn das geistliche Recht heißt ja darum auch geistlich, weil es von dem Geist, nicht von dem heiligen Geist, sondern von dem bösen Geist kommt.

Den Bann muß man nicht eher anwenden als dort, wo die Schrift darauf hinweist, das heißt, gegen die, die nicht recht glauben oder in öffentlichen Sünden leben, aber nicht um zeitlichen Guts willen. Aber nun ists umgekehrt: jedermann glaubt und lebt, wie er will, und eben die am meisten, die andere Leute mit Bannen schinden und schänden, und aller Bann ist jetzt nur um zeitlichen Guts willen üblich, was wir auch niemand anderem als dem heiligen, geistlichen Un-Recht zu danken haben. Davon habe ich früher in dem Sermon mehr gesagt.

Die anderen Strafen und Pönen, Suspension, Irregularität, Aggravation[38], Reaggravation, Deposition, Blitzen, Donnern, Verfluchen, Verdammen und was derartiger Fündlein mehr sind, sollte man zehn Ellen tief in die Erde vergraben, daß auch ihr Namen und Gedächtnis auf Erden nicht mehr bestünde. Der böse Geist, der durch das geistliche Recht frei geworden ist, hat diese grauenhafte Plage und diesen Jammer in das Himmelreich der heiligen Christenheit gebracht und damit nur dies erreicht, daß die Seelen verderben und gehindert werden, so daß das Wort Christi wohl von ihm verstanden werden kann: »Weh euch Schriftgelehrten! Ihr habt die Gewalt zu lehren an euch genommen und schließet das Himmelreich vor den Menschen zu. Ihr geht nicht hinein und wehret denen, die hinein gehen.«

Achtzehntens sollte man alle Feste abschaffen und nur den Sonntag beibehalten. Will man aber doch die Feste unsre Frau und der großen Heiligen begehen, so soll man sie alle auf den Sonntag verlegen oder nur morgens zur Messe begehen, dann den ganzen Tag aber Werktag sein lassen. Grund: da nun der Mißbrauch mit Saufen, Spielen, Müßiggehen und aller Art Sünde im Schwange ist, so erzürnen wir Gott an den heiligen Tagen mehr als an den anderen, und sie haben ganz ihre Rollen getauscht, so daß die heiligen Tage nicht heilig, die Werktage aber heilig sind und Gott und seinen Heiligen mit den vielen heiligen Tagen nicht nur kein Dienst geschieht, sondern sie sogar beleidigt werden – obschon einige tolle Prälaten meinen, wenn sie und jedermann nach seiner blinden Frömmigkeit Sankt Ottilien oder Sankt Barbara ein Fest machen, so hätten sie damit ein äußerst gutes Werk getan, wo sie doch viel besser daran täten, wenn sie einem Heiligen zu Ehren aus einem heiligen Tag einen Werktag machten.

Dazu erleidet der gemeine Mann noch zwei leibliche Schädigungen neben diesem geistlichen Schaden: er versäumt seine Arbeit und verzehrt außerdem mehr als sonst: ja er macht auch seinen Leib schwach und ungeschickt, wir wir das täglich sehen, ohne daß jemand daran denkt, es zu bessern. Und hier soll man nicht danach fragen, ob der Papst die Feste eingesetzt hat, oder ob man eine Dispensation und Erlaubnis haben müßte. Was wider Gott und den Menschen an Leib und Seele schädlich ist, hat jede Gemeinde, Rat oder Obrigkeit nicht nur ein Recht abzuschaffen und zu verhindern ohne Wissen und Willen des Papsts oder Bischofs, sondern sie ist sogar bei ihrer Seele Seligkeit verpflichtet, das zu verhindern, mögen es Papst und Bischöfe auch nicht wollen, die doch die ersten sein sollten, so etwas zu verhindern.

Und zumal die Kirchweihen sollte man ganz ausrotten; denn sie sind weiter nichts als rechte Kneipen, Jahrmärkte und Spielhöllen geworden und dienen nur dazu, die Beleidigung Gottes und die Unseligkeit der Seelen zu vermehren. Es hilft nicht, daß man (dagegen) aufbauschen möchte: es sei ursprünglich gut gewesen und sei ein gutes Werk. Hob doch Gott sein eigenes Werk auf, das er vom Himmel herab gegeben hatte, als es durch Mißbrauch verkehrt wurde, und kehrt er doch noch täglich um, was er festgesetzt, zerbricht, was er gemacht hat, eben um des verkehrten Mißbrauchs willen, wie von ihm geschrieben steht: »Du verkehrest dich mit den Verkehrten.«

Neunzehntens sollten die Grade oder Glieder geändert werden, in denen die Ehe verboten wird wie die Patenverhältnisse und der vierte und dritte Grad. Kann der Papst in Rom davon um des Gelds und schändlichen Verkaufs willen dispensieren, so soll jeder Pfarrer davon umsonst und um der Seele Seligkeit willen auch dispensieren können.

Ja, wollte Gott, daß alles, was man in Rom kaufen muß, um den Geldstrick des geistlichen Gesetzes zu lösen, jeder Pfarrer ohne Geld auch tun und lassen könnte wie Ablaß, Ablaßbriefe, Butterbriefe, Meßbriefe und all die anderen confessionalia und Bübereien, die es in Rom gibt, um das arme Volk damit zu betrügen und um sein Geld zu bringen! Denn wenn der Papst die Macht besitzt, seine Geldstricke und geistlichen Netze (Gesetze sollte ich sagen!) um des Geldes willen zu verkaufen, so hat gewiß ein Pfarrer viel mehr Macht, sie zu zerreißen und um Gottes willen mit Füßen zu treten. Hat er aber nicht die Macht dazu, so hat der Papst auch nicht die Macht, sie durch einen schändlichen Jahrmarkt zu verkaufen.

Dahin gehört auch, daß die Fasten jedermann freigestellt werden sollten und jede Nahrung freigestellt werden sollte, wie das Evangelium erlaubt. Denn sie selbst spotten in Rom über die Fasten, lassen uns draußen ein Öl fressen, mit dem sie sich ihre Schuhe nicht schmieren ließen, und verkaufen uns danach die Freiheit, Butter und alles mögliche zu essen, während der heilige Apostel sagt, daß wir zu dem allen schon vorher die Freiheit haben aus dem Evangelium. Aber sie haben uns mit ihrem geistlichen Recht gefangen und bestohlen, so daß wirs mit Geld wieder kaufen müssen, und haben damit die Gewissen so zaghaft und schüchtern gemacht, daß es nicht mehr ratsam ist, von dieser Freiheit zu predigen; denn das gemeine Volk stößt sich sehr daran und hält Butteressen für eine größere Sünde als lügen, beschwören oder auch unkeusch leben. Es ist doch Menschenwerk, was Menschen gesetzt haben: man mag es hinlegen wo man will – es entsteht daraus doch nie und nimmer etwas Gutes.

Zwanzigstens sollten die wilden Kapellen und Feldkirchen dem Erdboden gleichgemacht werden, wo die neuen Wallfahrten hingehen, wie Wilsnack, Sternberg, Trier, Grimmenthal und jetzt Regensburg und viele andere. O wie schwere, klägliche Rechenschaft werden die Bischöfe geben müssen, die diesen Teufelsspuk zulassen und den Gewinn davon haben! Sie sollten die ersten sein, das zu verhindern; aber sie meinen, es sei eine göttliche, heilige Sache, und sehen nicht, daß der Teufel dies betreibt, um die Habgier zu stärken, einen falschen, erdichteten Glauben zu gründen, die Pfarrkirchen zu schwächen, Kneipen und Hurerei zu vermehren, Geld und Arbeit ohne Nutzen zu vergeuden und nur das arme Volk an der Nase herumzuführen. Hätten sie die Schrift so gut wie das verdammte geistliche Gesetz gelesen, so würden sie den Dingen wohl zu raten wissen!

Es hilft auch nichts, daß Wunderzeichen da geschehen. Denn der böse Geist kann wohl Wunder tun, wie uns Christus verkündigt hat. Wenn sie Ernst machten und diesen Betrieb verböten, die Wunder würden bald aufhören; oder wäre es von Gott, es würde sich durch ihr Verbieten nicht hindern lassen. Und wenn auch kein anderes Zeichen dafür da wäre, daß dies nicht von Gott ist, so wäre das genug, daß die Menschen tobend, ohne Vernunft in hellen Haufen dort hinlaufen wie das Vieh, und das kann unmöglich aus Gott sein. So hat Gott auch nichts darüber geboten, es ist auch kein Gehorsam und kein Verdienst. Darum soll man frisch eingreifen und das Volk zurückhalten! Denn was nicht geboten ist und sich doch breiter macht als Gottes Gebot, das ist gewiß der Teufel selbst. Außerdem haben die Pfarrkirchen dadurch Schaden, daß sie weniger geehrt werden. Alles in allem: es sind das Zeichen für einen großen Unglauben im Volk; denn wenn sie recht glaubten, hätten sie alle Dinge in ihren eigenen Kirchen, wohin ihnen geboten ist zu gehen.

Aber was soll ich sagen? Jedermann denkt nur daran, wie er so eine Wallfahrt in seinem Kreis begründen und erhalten könnte, ohne sich im geringsten zu sorgen, wie das Volk recht glaube und lebe. Die (geistlichen) Regenten sind wie das Volk, ein Blinder für den andern. Ja, wo die Wallfahrten nicht aufkommen wollen, fängt man an Heilige zu erheben, nicht den Heiligen zu Ehren, die wohl auch ohne diese Erhebung genug geehrt würden, sondern um Zulauf zu haben und eine Geldquelle zu erschließen. Dazu helfen nun Papst und Bischof, hier regnet es Ablaß, dafür hat man Geld genug. Aber um das, was Gott geboten hat, darum kümmert sich niemand, dem läuft niemand nach, dafür hat niemand Geld. Ach, daß wir so blind sind und dem Teufel in seinem Spuk nicht bloß seinen bösen Willen lassen, sondern ihn auch noch stärken und fördern! Ich wollte, man ließe die lieben Heiligen in Frieden und das Volk unverführt. Welcher Geist hat dem Papst Vollmacht gegeben, die Heiligen zu kanonisieren? Wer sagts ihm, ob sie heilig oder nicht heilig sind? Gibt es sonst nicht genug Sünden auf Erden, daß man Gott auch noch versuchen, in sein Urteil fallen und die lieben Heiligen als Geldkäuze aufstellen muß?

Darum rat ich, man laß sich die Heiligen selbst erheben. Ja, Gott allein sollte sie erheben und jedermann in seiner Pfarre bleiben, wo er mehr findet als in allen Wallfahrtskirchen und wären sie auch alle zu einer einzigen Kirche geworden. Hier findet man Taufe, Sakrament, Predigt und deinen Nächsten, und das sind größere Dinge als alle Heiligen im Himmel. Denn die alle sind durch Gottes Wort und Sakrament heilig geworden. Weil wir nun diese großen Dinge mißachten, ist Gott in seinem zornigen Urteil gerecht, wenn er dem Teufel auferlegt, uns hin und her zu führen, Wallfahrten einzurichten, Kapellen und Kirchen zu gründen, ihn Heilige erheben läßt und dergleichen Narrenwerk mehr, damit wir aus dem rechten Glauben in den neuen, falschen Mißglauben geraten, so wie er vor Zeiten mit dem Volk Israel verfahren ist, das er von dem Tempel in Jerusalem weg an unzählige Orte verführte, aber immer im

Namen Gottes und unter dem Schein der Heiligkeit, wogegen alle Propheten predigten und darum das Martyrium erlitten. Aber jetzt predigt niemand dagegen. Sonst würden ihn die Bischöfe, der Papst, die Geistlichen und Mönche vielleicht auch zum Märtyrer machen. Auf diese Weise muß jetzt auch Antoninus von Florenz und mancher andere heilig und kanonisiert werden, damit ihre Heiligkeit dazu dienen möchte, Ruhm und Geld einzubringen, während sie sonst nur zu Gottes Ehre und zum guten Beispiel gedient hätte.

Und wenn es auch früher gut gewesen sein mag, Heilige zu erheben, so ists doch jetzt nicht mehr gut, so wie viele andere Dinge früher gut gewesen sind und jetzt doch anstößig und schädlich sind wie die Feiertage, Kirchenschätze und -ausstattungen. Denn es ist offenbar, daß mit der Erhebung der Heiligen nicht die Ehre Gottes noch die Besserung der Christen, sondern Geld und Ruhm gesucht wird. Eine Kirche will vor der anderen etwas Besonderes sein und haben, und es wäre ihr leid, wenn eine andere dasselbe hätte und ihr Vorzug allgemein wäre. So gänzlich hat man in dieser ärgsten letzten Zeit die geistlichen Güter zum Mißbrauch und Gewinn zeitlicher Güter eingerichtet, daß alles, was Gott selber ist, der Habgier dienen muß. Außerdem dient so ein Vorzug nur zur Entzweiung, Spaltung und Zwietracht: eine Kirche unterscheidet sich von der andern, und sie verachten sich gegenseitig und erheben sich übereinander, während doch alle göttlichen Güter allen zugänglich und gleich sind und nur zur Einigkeit dienen sollen. Aber das will der Papst so haben, dem es leid wäre, wenn alle Christen gleich und einig wären.

Hierher gehört auch Folgendes, was man abschaffen oder mißachten oder zum mindesten allgemein machen sollte: all die Freiheiten bestimmter Kirchen, die Bullen, und was der Papst sonst noch auf seinem Schindanger in Rom verkauft. Denn wenn er Wittenberg, Halle, Venedig und besonders seinem Rom indulta, Privilegien, Ablaß, Gnaden, Vorteile, facultates verkauft oder gibt, warum gibt er das nicht allen Kirchen überhaupt? Ist er nicht verpflichtet, für alle Christen umsonst und um Gottes willen alles, was er vermag, zu tun, ja auch sein Blut für sie zu vergießen? Sag mir also, warum gibt ers oder verkauft ers dieser Kirche wohl und der andern nicht? Oder muß das verfluchte Geld in den Augen Seiner Heiligkeit zwischen den Christen einen so großen Unterschied machen, die doch alle die gleiche Taufe, das gleiche Wort, den gleichen Glauben, Christus und alle Dinge haben? Will man uns denn durchaus mit sehenden Augen blind machen und bei voller Vernunft töricht machen, daß wir diese Habgier, diese Büberei und Spiegelfechterei anbeten sollen?

Er ist ein Hirte – wenn du Geld hast, aber sonst nichts. Und dennoch schämen sie sich nicht ihrer Büberei, uns mit ihren Bullen an der Nase herumzuführen. Es ist ihnen nur um das verfluchte Geld zu tun und sonst um gar nichts.

Ich rate also dies: Wenn dies Narrenwerk nicht abgeschafft wird, so tue ein jeder rechte Christenmensch seine Augen auf und laß sich durch die römischen Bullen, Siegel und den äußeren Glanz nicht verwirren, bleibe daheim in seiner Kirche und laß sich seine Taufe, Evangelium, Glauben, Christus und Gott, der an allen Orten gleich ist, das Beste sein und den Papst einen blinden Blindenführer bleiben. Es kann dir weder Engel noch Papst so viel geben, wie dir Gott in deiner Pfarre gibt. Ja, der Papst verführt dich von den göttlichen Gaben, die du umsonst hast, weg zu seinen Gaben, die du kaufen mußt, und gibt dir Blei fürs Gold, Fell fürs Fleisch, Schnur für den Beutel, Wachs für den Honig, Worte für die Sache, Buchstaben für den Geist, wie du's vor Augen hast und dennoch nicht merken willst. Sollst du auf seinem Pergament und Wachs gen Himmel fahren, so wird dir der Wagen bald genug zerbrechen und du wirst in die Hölle fallen, nicht in Gottes Namen. Laß dirs nur eine feste Regel sein: was du vom Papst kaufen mußt, ist nicht gut noch von Gott. Denn was aus Gott ist, das wird nicht bloß umsonst gegeben, sondern alle Welt wird dafür sogar bestraft und verdammt, daß sie's nicht hat umsonst aufnehmen wollen, nämlich das Evangelium und die göttlichen Werke. Die Verführung haben wir um Gott verdient, weil wir sein heiliges Wort und die Gnade der Taufe verachtet haben, wie Sankt Paulus sagt: »Gott wird einen kräftigen Irrtum all denen senden, die die Wahrheit zu ihrer Seligkeit nicht aufgenommen haben, auf daß sie der Lüge und den Bübereien glauben und folgen, wie sie's würdig sind.«

Einundzwanzigstens. Es ist wohl eins der dringendsten Erfordernisse, daß alle Bettelei in der ganzen Christenheit abgestellt werde. Es sollte ja niemand unter den Christen betteln gehn. Es wäre auch leicht, dafür eine Ordnung zu machen, wenn wir Mut und Ernst daran wenden wollten. Nämlich so: jede Stadt müßte ihre armen Leute versorgen und keinen fremden Bettler zulassen, sie hießen, wie sie wollten, es wären wallende Brüder oder Bettelorden. Es könnte ja jede Stadt die ihren ernähren, und wenn sie dafür zu klein wäre, so sollte man auch in den umliegenden Dörfern das Volk ermahnen, etwas dazuzugeben; müssen sie doch sonst so viele Landstreicher und böse Buben unter dem Vorwand des Bettels ernähren. So wüßte man auch, wer wirklich arm ist und wer nicht.

Es müßte auch ein Verweser oder Vormund da sein, der all die Armen kennte und dem Rat oder Pfarrer mitteilte was sie nötig hätten – oder wie man das sonst am besten regeln mag. Man verübt meines Erachtens bei keinem Handel so viel Büberei und Betrügerei wie beim Bettel, und es ließe sich alles leicht abstellen. Außerdem erleidet das gemeine Volk Schaden, wenn so ungehindert und allgemein gebettelt wird. Ich habe mirs überlegt: die fünf oder sechs Bettelorden kommen im Jahr jeder mehr als sechs- oder siebenmal an einen Ort, dazu die gewöhnlichen Bettler, die Botschaften und wallenden Brüder, so daß man das Fazit ziehen muß, daß eine Stadt an die sechzigmal in einem Jahr die Abgaben aufbringen muß, abgesehen von dem, was der weltlichen Obrigkeit an Gebühren, Auflagen und Lasten entrichtet wird und der römische Stuhl mit seiner Ware raubt, und was sie selbst unnütz verzehren, so daß es für mich eins der größten Wunder ist, wie wir doch erhalten bleiben und ernährt werden können.

Nun meinen aber einige, die Armen würden auf diese Weise nicht wohl versorgt, und es würden nicht mehr so große steinerne Häuser und Klöster gebaut werden und auch nicht mehr so viele. Ja, das glaub ich wohl. Doch ist das auch nicht nötig: wer arm sein will, soll nicht reich sein. Will er aber reich sein, so greift er mit der Hand an den Pflug und such es sich selbst aus der Erde. Es ist genug, wenn die Armen ausreichend versorgt sind, so daß sie nicht Hungers sterben und erfrieren. Es paßt sich nicht, daß jemand auf die Arbeit eines andern hin müßig geht, reich ist und wohllebt, während der andere schlecht lebt, wie es jetzt der verkehrte Mißbrauch ist. Denn Sankt Paul sagt: »Wer nicht arbeitet, soll auch nicht essen.« Es ist niemand von Gott befohlen, von der andern Gütern zu leben, einzig die Prediger und regierenden Priester ausgenommen um ihrer geistlichen Arbeit willen, wie Sankt Paulus und auch Christus zu den Aposteln sagt: »Ein jeder Arbeiter ist seines Lohnes wert.«

Zweiundzwanzigstens. Es ist auch zu befürchten, daß die vielen Messen, die auf Stifter und Klöster gestiftet sind, nicht nur wenig nützen, sondern auch Gottes großen Zorn erwecken. Deshalb wäre es nützlich, wenn man nicht mehr Messen stiften würde, sondern viele von den gestifteten abschaffte. Denn man sieht, wie sie nur als Opfer und gute Werke angesehen werden, wo sie doch ein Sakrament sind so gut wie Taufe und Buße, die nicht für andere, sondern nur für den, der sie empfängt, von Nutzen sind. Aber nun ist es eingerissen, daß die Messe für Lebendige und Tote gehalten wird und alle Dinge darauf gegründet werden. Darum werden auch so viele Messen gestiftet und ist so ein Unwesen daraus geworden, wie wir sehen. Aber dies ist vielleicht noch zu neu und unerhört, besonders für die, die fürchten, sie würden durch das Aufhören der Messen ihre Arbeit und ihren Unterhalt verlieren. Was mehr davon zu sagen ist, muß ich verschieben, bis daß wieder ein rechtes Verständnis dafür aufkommt, was und wozu die Messe gut ist. Es ist nun leider seit vielen Jahren ein Handwerk zu zeitlichem Unterhalt daraus geworden, so daß ich raten möchte, künftig lieber ein Hirte oder sonst ein Arbeiter, als Priester oder Mönch zu werden, wenn dieser nicht vorher genau weiß, was das Messehalten ist.

Ich rede hier keineswegs von den alten Stiftern und Domen, die ohne Zweifel dazu gestiftet sind, damit die Kinder des Adels, die nach der Sitte der deutschen Nation nicht alle Besitzer und Regenten des Erbes sein sollen, in diesen Stiftern versorgt werden und Gott dort freiwillig dienen, studieren und gelehrte Leute werden und heranbilden. Ich rede von den neuen Stiftern, die nur auf Gebet und Messehalten gestiftet sind, durch deren Vorbild nun auch die alten in derselben Weise mit Gebeten und Messen belastet werden, so daß sie gar nichts oder nur sehr wenig nütze sind. Doch auch das kommt von Gottes Gnaden, daß sie zuletzt, wie sies verdienen, bis auf die Hefe kommen, d. h. auf das Choralsingen und Orgelgeschrei und faule, kalte Messen, womit sie nur die zeitlichen Zinse der Stiftungen erhalten und verzehren. Auch diese Dinge sollten der Papst, die Bischöfe und Doktores sich ansehen und dagegen einschreiten; aber sie sind es, die es am meisten betreiben und lassens immer hingehen, was nur Geld bringt, ein Blinder führt immer den andern. Das macht die Habgier und das geistliche Recht.

Es sollte aber auch nicht mehr so sein, daß eine Person mehr als eine Domherrnstelle und Pfründe innehat, sondern sie sollte sichs in mäßigen Verhältnissen genug sein lassen, so daß ein anderer auch etwas haben kann, damit die Entschuldigung derer aufhört, welche sagen, sie müßten zur Aufrechterhaltung des ihrer Stellung gebührenden Zuschnitts mehr als eine Stelle haben. Man könnte den der Stellung gebührenden Zuschnitt so groß bemessen, daß ein ganzes Land nicht genug wäre, ihn aufrechtzuerhalten – die Habgier und das heimliche Mißtrauen gegen Gott laufen doch ganz sicher danebenher, so daß oft für ein Erfordernis des gebührenden Zuschnitts ausgegeben wird, was lauter Habgier und Mißtrauen ist.

Dreiundzwanzigstens. Die Bruderschaften, ebenso der Ablaß, die Ablaßbriefe, Butterbriefe, Meßbriefe, Dispensationen und was dergleichen mehr ist, all das nur frisch ersäuft und umgebracht! Daran ist nichts Gutes. Kann dich der Papst im Butteressen, Messehören usw. dispensieren, so soll ers den Pfarrer, dem ers zu nehmen kein Recht hat, auch lassen können. Ich rede auch von den Bruderschaften, in denen man Ablaß,

Messen und gute Werke austeilt. Lieber, du hast in der Taufe eine Bruderschaft mit Christus, allen Engeln, Heiligen und Christen auf Erden angefangen. Halt die und tu ihr genug, so hast du genug Bruderschaften. Laß die anderen glänzen, wie sie wollen; sie sind doch wie ein Spielpfennig gegen die Gulden. Sollten es aber solche Bruderschaften sein, die ihr Geld zusammenlegen, um arme Leute zu speisen oder sonst jemand zu helfen, so wären sie gut und sie hätten ihren Ablaß und Verdienst im Himmel. Aber jetzt sind daraus Festmähler und Saufereien geworden.

Vor allem sollte man aus den deutschen Landen die päpstlichen Gesandtschaften mit ihren Vollmachten verjagen, die sie uns um schweres Geld verkaufen, was doch lauter Büberei ist. So nehmen sie Geld und machen unrecht Gut recht, lösen die Eide, Gelübde und Verträge auf und lehren Treu und Glauben, den man sich zugesagt hat, zu brechen. Sie sagen, der Papst habe die Macht dazu. Das heißt sie der böse Geist reden, und so verkaufen sie uns eine teuflische Lehre und nehmen Geld dafür, daß sie uns Sünden lehren und zur Hölle führen.

Gäbe es keine anderen tückischen Bosheiten, die beweisen würden, daß der Papst der rechte Antichrist ist, so wäre eben dieses Stück für den Beweis ausreichend. Hörst du es, Papst, du allersündigster, nicht allerheiligster? Daß Gott vom Himmel deinen Stuhl sobald wie möglich zerstöre und in den Abgrund der Hölle versenkte! Wer hat dir die Macht gegeben, dich über deinen Gott zu erheben, daß du brichst und lösest, was er geboten hat, und die Christen und besonders die deutsche Nation, die in der ganzen Geschichte als edel geartet, beständig und treu gelobt wird, lehrest, unbeständig, meineidig, Verräter, Bösewichte und treulos zu sein? Gott hat geboten, man soll Eid und Treue auch den Feinden halten, und du wagst es, dieses Gebot aufzulösen, und setzt in deinen ketzerischen, antichristlichen Dekretalen fest, du habest darüber Gewalt (so lügt durch deinen Hals und deine Feder der böse Satan, wie er noch nie gelogen hat), zwängst und drängst die Schrift nach deiner Willkür! Ach Christe, mein Herr, erhebe sich, lasse den jüngsten Tag hereinbrechen und zerstöre das Nest des Teufels in Rom! Hier sitzt der Mensch, von dem Paulus gesagt hat, daß er sich über dich erheben und in deiner Kirche sitzen wird, sich stellen wird wie ein Gott, der Mensch der Sünden und der Sohn der Verdammnis. Was ist die päpstliche Gewalt anderes als nur ein Lehren und Mehren von Sünde und Bosheit, nur die Seelen zur Verdammnis führen – unter deinem Namen und Vorwand!

Die Kinder Israel mußten vormals den Eid halten, den sie den Gibeonitern, ihren Feinden, ohne es zu wissen und von ihnen betrogen, geleistet hatten. Und der König Zedekia mußte jämmerlich mit allem Volk zugrunde gehen, weil er dem König von Babylonien seinen Eid brach. Und bei uns mußte vor hundert Jahren leider der tüchtige König von Polen und Ungarn Wladislaus mit so viel tüchtigem Volk vom Türken erschlagen werden, weil er sich durch die päpstlichen Gesandtschaften und Kardinäle verführen ließ und den frommen, nützlichen Vertrag und Eid, der mit den Türken geschlossen war, brach. Der gute Kaiser Sigmund hatte nach dem Konzil von Konstanz kein Glück mehr, wo er die Buben das Geleit brechen ließ, das Johannes Huss und Hieronymus gegeben war, und daraus ist all der Jammer zwischen den Böhmen und uns hervorgegangen. Und zu unseren Zeiten – hilf Gott, wie viel christliches Blut ist über dem Eid und Bündnis vergossen worden, das der Papst Julius zwischen dem Kaiser Maximilian und König Ludwig von Frankreich machte und wieder brach! Wie könnte ich all den Jammer erzählen, den die Päpste mit dieser teuflischen Vermessenheit angerichtet haben, Eid und Gelübde zwischen den großen Herren zu brechen, und sie machen sich aus dem allen nur einen Scherz und nehmen Geld dazu. Ich hoffe, der jüngste Tag steht vor der Tür: es kann und vermag ja nicht ärger zu werden, als es der Römische Stuhl treibt. Gottes Gebot drückt er danieder, sein Gebot erhebt er drüber – ist das nicht der Antichrist, so sag es ein anderer, wer es sein kann! Doch davon ein andermal mehr und besser.

Vierundzwanzigstens. Es ist hohe Zeit, daß wir auch einmal mit Ernst und Wahrhaftigkeit die Sache der Böhmen vornehmen, um sie mit uns und uns mit ihnen zu vereinigen, damit die furchtbaren Lästerungen, der Haß und Neid auf beiden Seiten einmal aufhören. Ich will nach meiner Torheit als erster meine Meinung vorlegen, unter Vorbehalt eines besseren Verständnisses bei jedem anderen. Erstens müssen wir wahrhaftig die Wahrheit bekennen und unser Rechtfertigen bleiben lassen und den Böhmen etwas zugeben, nämlich, daß Johannes Hus und Hieronymus von Prag zu Konstanz gegen päpstliches, christliches und kaiserliches Geleit und Eid verbrannt sind, und das war gegen Gottes Gebot geschehen und gab den Böhmen einen schweren Anlaß zur Erbitterung. Und wiewohl sie hätten vollkommen sein und das schwere Unrecht und den Ungehorsam gegen Gott von den Unsern tragen sollen, so waren sie doch nicht verpflichtet, dies zu billigen und zu erklären, daß es recht getan gewesen wäre. Ja, sie sollten noch heutigentags eher Leib und Leben dafür lassen als zuzugeben, daß es recht sei, ein kaiserliches, päpstliches und christliches Geleit zu brechen und treulos dagegen zu handeln. Obgleich die Böhmen keine Geduld bewiesen haben, ist darum all der Jammer, all der Irrtum und Seelenverderb, die aus diesem Konzil gefolgt sind, doch mehr des Papsts und der Seinen Schuld.

Ich will hier Johannes Hus Sätze nicht beurteilen, noch seinen Irrtum verfechten, wiewohl mein Verstand noch nichts Irriges bei ihm gefunden hat und ichs wohl unbekümmert glauben kann, daß die, die durch ihr treuloses Vorgehen das christliche Geleit und Gebot Gottes übertreten haben, nichts Gutes geurteilt noch redlich verdammt haben, und ohne Zweifel mehr vom bösen Geist als vom heiligen Geist besessen waren. Niemand wird daran zweifeln, daß der heilige Geist nicht gegen Gottes Gebot handelt; nun ist niemand so unwissend, daß er nicht wüßte, daß Geleit und Treue brechen gegen Gottes Gebot ist, und wären sie auch dem Teufel selbst, geschweige denn nur einem Ketzer zugesagt. Nun ist auch klar, daß Johannes Hus und den Böhmen solch ein Geleit zugesagt und nicht gehalten worden ist; vielmehr wurde er darüber verbrannt. Ich will auch nicht wie einige Böhmen aus Johannes Hus einen Heiligen oder Märtyrer machen, obgleich ich bekenne, daß ihm Unrecht geschehen und sein Buch und seine Lehre zu Unrecht verdammt worden sind. Denn Gottes Gerichte sind geheim und schrecklich, und niemand als er selbst allein soll sie offenbaren und aussprechen. Ich will nur dies sagen: mag er ein Ketzer gewesen sein, so böse er immer sein konnte, man hat ihn dennoch zu Unrecht und gegen Gottes Gebot verbrannt und soll die Böhmen nicht dazu drängen, das zu billigen, oder wir kommen sonst nie zu einer Einigung. Es muß uns die offenbare Wahrheit einigen und nicht der Eigensinn. Es hilft nichts, daß sie damals vorwandten, daß man einem Ketzer das Geleit nicht zu halten habe; das ist ebensogut gesagt wie: man sollte Gottes Gebot nicht halten, damit man Gottes Gebot halte. Der Teufel hat sie toll und töricht gemacht, daß sie nicht sahen, was sie geredet oder getan haben. Gott hat geboten, Geleit zu halten; das sollte man halten, wenn auch die Welt unterginge, geschweige denn ein Ketzer frei würde. Auch sollte man die Ketzer wie die alten Väter mit Schriften und nicht mit Feuer überwinden. Die Ketzer mit Feuer überwinden – wenn das Wissenschaft wäre, so wären die Henker die gelehrtesten Doktoren auf der Erde, und wir brauchten nicht mehr zu studieren, sondern wer den andern mit Gewalt überwände, könnte ihn verbrennen.

Zweitens. Der Kaiser und die Fürsten sollten einen rechtschaffenen, verständigen Bischof und Gelehrten hinschicken, beileibe keinen Kardinal, keine päpstliche Gesandtschaft und keinen Ketzermeister; denn dies Volk ist in christlichen Dingen mehr als zu ungelehrt und sucht auch nicht das Heil der Seelen, sondern wie alle päpstlichen Heuchler seine eigene Gewalt, Nutzen und Ehre. Sie waren bei diesem Jammer in Konstanz auch die Häupter. Diese Abgesandten sollten bei den Böhmen feststellen, wie es um ihren Glauben steht, ob es möglich wäre, alle ihre Sekten zusammenzubringen. Hier sollte sich der Papst um der Seelen Seligkeit willen eine Zeitlang seiner Oberhoheit entäußern und nach der Bestimmung des allerchristlichsten Konzils von Nicäa den Böhmen gestatten, sich selbst einen Erzbischof von Prag aus ihrer Mitte zu wählen, den der Bischof von Olmütz in Mähren oder der Bischof von Gran in Ungarn oder der Bischof von Gnesen in Polen oder der Bischof von Magdeburg in Deutschland bestätigen könnte. Es genügt, wenn einer oder zwei von diesen ihn bestätigen wie zu Cyprians Zeit, und der Papst hat kein Recht, dies zu verhindern. Verhindert er es aber, so handelt er wie ein Wolf und Tyrann, und niemand soll ihm folgen, sondern seinem Bannen mit einem Widerbannen begegnen.

Will man dies aber Sankt Peters Stuhl zur Ehre mit Wissen des Papstes tun, so laß ich das zu, vorausgesetzt, daß die Böhmen dafür keinen Heller geben und der Papst sie nicht ein Haarbreit verpflichtet und mit Eiden und Verträgen seiner Tyrannei unterwirft, wie ers bei anderen Bischöfen wider Gott und Recht tut. Will er sich nicht mit der Ehre begnügen, daß sein Gewissen in dieser Sache befragt wird, so laß man ihn mit seinen Eiden, Rechten, Gesetzen und Tyranneien ein gutes Jahr haben und begnüge sich mit der Erwählung und schreie das Blut aller Seelen, die in Gefahr bleiben, über seinen Hals. Denn niemand soll in Unrecht einwilligen, und es genügt, wenn man der Tyrannei die Ehre erwiesen hat. Geht es durchaus nicht anders, so kann die Erwählung und Zustimmung des gemeinen Volks noch einer tyrannischen Bestätigung gleich gelten. Doch hoff ich, es wird nicht nötig sein. Zuletzt werden doch einige Römer oder fromme Bischöfe und Gelehrte die päpstliche Tyrannei merken und abwehren.

Ich will auch nicht raten, daß man sie zwingt, das Sakrament in beiderlei Gestalt abzuschaffen, weil das weder unchristlich noch ketzerisch ist, sondern wenn sie wollen, so lasse man sie bei dieser Sitte bleiben. Doch sehe der neue Bischof darauf, daß um dieser Sitte willen keine Uneinigkeit entsteht; sondern er unterweise sie darüber im guten, daß keine Form verkehrt sei, so wie es auch keine Zwietracht hervorrufen soll, daß die Priester sich anders kleiden und halten als die Laien. Ebenso soll man sie, wenn sie das römische geistliche Gesetz nicht annehmen wollen, auch nicht dazu drängen, sondern vor allem darauf sehen, daß sie im Glauben und in der Schrift Gottes recht wandeln. Denn der christliche Glaube und das christliche Leben können ohne die unerträglichen Gesetze des Papsts wohl bestehen. Ja, er kann nicht wohl bestehen, wenn die römischen Gesetze nicht weniger werden oder fortfallen. Wir sind in der Taufe frei geworden und nur Gottes Wort untertan; warum soll uns ein Mensch in seinen Worten gefangennehmen, wie Sankt Paulus sagt: »Ihr seid frei geworden; werdet ja nicht Knechte der Menschen«, d. h. derer, die mit Menschengesetzen regieren!

Wenn ich wüßte, daß die Pikarden im Sakrament des Altars keinen anderen Irrtum hätten, als daß sie glauben, es sei wahrhaftiges Brot und Wein natürlich da, doch darunter das wahrhaftige Fleisch und Blut Christi, so würde ich sie nicht verwerfen, sondern ließe sie unter den Bischof von Prag zu stehen kommen. Denn es ist kein Glaubensartikel, daß Brot und Wein nicht wesenhaft und natürlich im Sakrament seien, das ist ein Wahn von Sankt Thomas und dem Papst; sondern das ist ein Glaubensartikel, daß in dem natürlichen Brot und Wein das wahrhaftige, natürliche Fleisch und Blut Christi sei. Man sollte also den Wahn auf beiden Seiten dulden, bis sie sich einigen. Denn es ist keine Gefahr dabei, wenn du glaubst, daß Brot da sei oder nicht da sei. Denn wir müssen verschiedene Weisen und Ordnungen dulden, die für den Glauben unschädlich sind. Haben sie aber einen anderen Glauben, so wollte ich sie lieber außerhalb (der Kirche) wissen, doch sie in der Wahrheit unterweisen.

Irrtümer und Zwiespältigkeiten, die man vielleicht in Böhmen sonst noch entdeckt, sollte man dulden, bis der Erzbischof wieder fest eingesessen ist und das Volk mit der Zeit wieder zu einträglicher Lehre zusammenbringt. Es will fürwahr nicht mit Gewalt noch mit Trotzen noch mit Eilen wieder versammelt werden; hier bedarf es guter Weile und Sanftmütigkeit. Mußte doch Christus so lange Zeit mit seinen Jüngern umgehen und ihren Unglauben tragen, bis sie seiner Auferstehung glaubten. Wäre nur dort in Rom wieder ein ordentlicher Bischof und ein ordentliches Regiment, ich hoffte, es sollte bald besser werden.

Die zeitlichen Güter, die der Kirche gehört haben, sollten nicht allzu streng zurückgefordert werden, sondern weil wir Christen sind und jeder verpflichtet ist, dem anderen zu helfen, haben wir wohl das Recht, um der Einigkeit willen sie ihnen vor Gott und der Welt zu geben und zu lassen; Christus sagt: »Wo zwei miteinander einig sind auf Erden, da bin ich in ihrer Mitte.« Wollte Gott, wir gäben uns auf beiden Seiten Mühe und reichten einer dem andern in brüderlicher Demut die Hand und bestärkten uns nicht in unserer Gewalt oder unserm Recht! Die Liebe ist mehr und nötiger als das Papsttum von Rom, das ohne Liebe, so wie die Liebe ohne Papsttum sein kann. Ich will hier das Meine zur Sache getan haben. Hindern es der Papst oder die Seinen, sie werden dafür Rechenschaft geben, daß sie wider die Liebe Gottes mehr ihr als ihres Nächsten Wohl gesucht haben. Der Papst sollte sein Papsttum und alle seine Güter und Ehren preisgeben, wenn er eine Seele damit erretten könnte. Nun läßt er eher die Welt untergehen, als daß er seiner angemaßten Gewalt ein Haarbreit abbrechen ließe, und will dennoch der Heiligste sein. Hiermit bin ich entschuldigt.

Fünfundzwanzigstens. Die Universitäten bedürften auch wohl einer guten, starken Reformation – ich muß es sagen, es verdrieße wen es will! Ist doch alles, was das Papsttum eingesetzt und geordnet hat, nur darauf gerichtet, Sünde und Irrtum zu vermehren. Was sind die Universitäten, wenn sie nicht anders als bisher geordnet werden, anderes als gymnasia epheborum et Graecae gloriae, wie das der Makkabäer sagt, in denen ein freies Leben geführt, wenig von der heiligen Schrift und dem christlichen Glauben gelehrt wird und einzig der blinde, heidnische Meister Aristoteles regiert, und zwar viel mehr als Christus. Hier wäre nun mein Rat, die aristotelischen Bücher »Physicorum«, »Metaphysicae«, »De anima« und »Ethicorum«, die man bisher für die besten hielt, ganz abzuschaffen mit allen andern, die sich rühmen von natürlichen Dingen zu handeln, während man darin doch weder von den natürlichen noch von den geistlichen Dingen etwas lernen kann, überdies niemand seine Meinung bisher verstehen konnte; und so wurde viel kostbare Zeit vertan und edle Seelen mit viel nutzloser Arbeit, Studieren und Kosten vergeblich belastet. Ich darfs sagen, daß ein Töpfer mehr von den natürlichen Dingen weiß, als in jenen Büchern geschrieben steht. Es tut meinem Herzen weh, daß der verdammte, hochmütige, arglistige Heide mit seinen falschen Worten so viele von den besten Christen verführt und zum Narren gehalten hat. Gott hat uns um unserer Sünden willen so mit ihm geplagt.

Lehrt doch der erbärmliche Mensch in seinem besten Buch »De anima«, daß die Seele mit dem Körper sterblich sei, obgleich viele mit vergeblichen Worten versucht haben, ihn zu retten, als ob wir nicht die heilige Schrift hätten, in der wir überreichlich über all die Dinge unterrichtet werden, von denen Aristoteles niemals den leisesten Hauch verspürt hat. Dennoch hat der tote Heide gesiegt und hat die Bücher des lebendigen Gottes beiseite geschoben und ganz unterdrückt, so daß ich nicht anders glauben kann, wenn ich diesen Jammer bedenke, als der böse Geist habe das Studieren eingeführt. Ebenso ist das Buch »Ethicorum«, das man doch für eins der besten hält, schlimmer als jedes andere Buch, der Gnade Gottes und den christlichen Tugenden geradewegs entgegengesetzt. O nur weit weg mit solchen Büchern von allen Christen! Niemand darf mich beschuldigen, ich ginge zu weit, oder mir vorwerfen, daß ich nichts wisse. Lieber Freund, ich weiß wohl, was ich rede. Aristoteles ist mir so gut bekannt wie dir und deinesgleichen. Ich habe ihn auch mit mehr Verständnis gelesen als Sankt Thomas oder Scotus. Dessen kann ich mich ohne Überhebung rühmen und es, wenn nötig, auch beweisen. Ich kümmere mich nicht darum, daß so viel hundert Jahre lang so viel hoher Verstand sich daran abgemüht hat. Solche Einreden, wie man sie wohl mitunter gemacht hat, fechten mich nicht mehr an. Denn es ist am Tage, daß sich wohl noch andere Irrtümer mehrere hundert Jahre in der Welt und an den Universitäten gehalten haben. Das sähe ich gern, wenn Aristoteles Bücher über die Logik, Rhetorik und Poetik beibehalten oder in eine andere, kurze Form gegossen und mit Gewinn gelesen würden, um die jungen Leute im guten Reden und Predigen zu üben. Aber die Kommentare und Sondermeinungen müßten abgeschafft werden, und so wie man Ciceros Rhetorik ohne Kommentare und Sondermeinungen liest, sollte auch Aristoteles Logik ganz einfach, ohne so große Kommentare, gelesen werden. Aber jetzt lernt man daraus weder reden noch predigen; es ist daraus eine einzige Disputation und Quälerei geworden. Daneben hätte man nun die Sprachen – Lateinisch, Griechisch und Hebräisch –, die mathematischen Disziplinen, Geschichte. Dies befehl ich verständigeren Leuten, und es würde sich wohl von selbst machen, wenn man eine Reformation mit Ernst erstrebte. Wahrhaftig, es ist viel daran gelegen! Denn hier sollten die christliche Jugend und unsere Besten, in denen die Christenheit bestehen bleibt, gelehrt und gebildet werden. Darum bin ich der Meinung, daß es kein päpstlicheres oder kaiserlicheres Werk geben könnte als eine gute Reformation der Universität und andererseits kein teuflischeres und schlimmeres Unwesen als nicht reformierte Universitäten.

Die Ärzte laß ich ihre Fakultäten reformieren. Die Juristen und Theologen nehm ich für mich und sage erstens, daß es gut wäre, wenn das geistliche Recht vom ersten bis zum letzten Buchstaben bis auf den Grund ausgerottet würde, besonders die Dekretalen. Es ist in der Bibel übergenug darüber geschrieben, wie wir uns in allen Dingen verhalten sollen. Darum steht so ein Studium nur der heiligen Schrift im Wege und schmeckt überdies größtenteils nach Habgier und Eitelkeit. Und wenn auch viel Gutes daran wäre, sollte es dennoch mit Recht untergehen, weil der Papst doch alle geistlichen Rechte in seines Herzens Schrein gefangenhält, so daß es seitdem nur auf ein nutzloses Studieren und Betrug herauskommt. Heute ist nicht das geistliche Recht, was in den Büchern, sondern was im Belieben des Papsts und seiner Schmeichler steht. Hast du eine Sache im geistlichen Recht aufs allerbeste begründet, so hat der Papst darüber scrinium pectoris. Danach muß sich alles Recht und die ganze Welt richten. Nun regiert dieses scrinium häufig ein Bube und der Teufel selbst, und es läßt sich preisen, der heilige Geist regiere es. So geht man mit dem armen Volk Christi um, gibt ihm viele Gesetze und hält keines, zwingt aber andere, sie zu halten oder mit Geld abzulösen.

Weil denn der Papst und die Seinen das ganze geistliche Recht selbst aufgehoben haben, nicht achten und sich, nur nach ihrem eigenen Belieben, über alle Welt stellen, sollen wir ihnen folgen und die Bücher auch verwerfen. Warum sollten wir darin vergeblich studieren? Wir könnten doch niemals das Belieben des Papstes zu Ende lernen, das nun geistliches Recht geworden ist! Ei, so geh es in Gottes Namen ganz unter, nachdem es in des Teufels Namen sich erhoben hat, und mag es auf Erden keinen doctor decretorum mehr geben, sondern nur doctores scrinii papalis, das sind: des Papstes Schmeichler! Man sagt, es gäbe nirgends ein besseres weltliches Regiment als bei dem Türken, der doch weder ein geistliches noch ein weltliches Recht hat, sondern nur seinen Koran. Dagegen müssen wir gestehen, daß es kein schändlicheres Regiment gibt als bei uns infolge des geistlichen und weltlichen Rechts, so daß kein Stand mehr nach der natürlichen Vernunft, geschweige denn der heiligen Schrift gemäß lebt.

Das weltliche Recht, hilf Gott, was ist das auch für eine Wildnis geworden! Obgleich es viel besser, durchdachter und gerechter ist als das geistliche, an dem außer dem Namen nichts Gutes ist, so ist es doch auch viel zuviel geworden. Wahrhaftig, vernünftige Regenten würden neben der heiligen Schrift das Recht mehr als ersetzen, wie Sankt Paul sagt: »Ist niemand unter euch, der seines Nächsten Sache richten kann, daß ihr vor heidnischen Gerichten streiten müßt?« Es scheint mir billig, daß Landesrecht und Landessitten dem kaiserlichen gemeinen Recht vorgezogen und das kaiserliche Recht nur im Notfall gebraucht werde. Und wollte Gott, daß jedes Land, das seine eigene Art und eigenen Gaben hat, auch nach seinem eigenen kurzen Recht regiert würde, wie regiert wurde, ehe dieses Recht erfunden wurde, und wie heute noch viele Länder ohne es regiert werden. Die weitläufigen und fernhergeholten Rechte sind den Leuten nur beschwerlich und hemmen die Dinge mehr, als daß sie sie fördern. Doch hoff ich, diese Sache ist von andern schon besser bedacht und beachtet worden, als ich vorbringen kann.

Meine lieben Theologen haben sich von Mühe und Arbeit gedrückt, lassen die Bibel wohl ruhen und lesen Sentenzen. Ich dächte, die Sentenzen sollten der Anfang für junge Theologen sein und die Bibel sollte den Doktoren bleiben. Es ist aber umgekehrt: die Bibel ist das erste, die fährt mit dem Baccalaurear[39] dahin, und die Sentenzen sind das letzte, die bleiben mit dem Doktorat ewiglich, dazu mit so heiliger Verpflichtung, daß man über die Bibel lesen kann ohne Priester zu sein; aber über die Sentenzen muß ein Priester lesen. Und in der Bibel könnte wohl ein verheirateter Mann Doktor sein, aber in den Sentenzen, soweit ich sehe, keinesfalls. Wie sollen wir Glück haben, wenn wir so verkehrt handeln und die Bibel, das heilige Wort Gottes, so hintan setzen? Dazu befiehlt der Papst mit vielen, strengen Worten, sein Gesetz in den Schulen und Gerichten zu lesen und zu gebrauchen; aber des Evangeliums wird wenig gedacht. So läßt man denn auch das Evangelium in Schulen und Gerichten müßig unter der Bank im Staub liegen, damit das schädliche Gesetz des Papsts nur ja allein regieren kann.

Haben wir also den Namen und Titel, daß wir Lehrer der heiligen Schrift heißen, so sollten wir wahrlich gezwungen sein, wie der Name sagt, die heilige Schrift und nicht etwas anderes zu lehren – wiewohl schon der hochmütige, aufgeblasene Titel zu viel ist, als sollte ein Mensch sich als Lehrer der heiligen Schrift rühmen und krönen lassen; doch es wäre zu dulden, wenn das Tun den Namen bestätigte. Jetzt aber, wo die Sentenzen allein herrschen, findet man bei den Theologen mehr heidnische und menschliche Einbildungen als die heilige, gewisse Lehre der Schrift. Was wollen wir nun tun? Ich weiß hier keinen andern Rat als ein demütiges Gebet zu Gott, daß er uns Doktoren der Theologie gebe. Doktoren der (freien) Künste, der Medizin, der Rechte, der Sentenzen können uns der Papst, der Kaiser und die Universitäten machen. Aber sei nur gewiß: einen Doktor der heiligen Schrift wird dir niemand machen als allein der heilige Geist vom Himmel, wie Christus sagt: »Sie müssen alle von Gott selber gelehrt sein.« Nun fragt der heilige Geist nicht nach roten oder braunen Baretten und dergleichen Pomp, auch nicht ob einer jung oder alt, Laie oder Pfarrer, Mönch oder Weltmensch, verheiratet oder unverheiratet ist; ja er redete vor Zeiten durch eine Eselin gegen den Propheten, der auf ihr ritt! Wollte Gott, wir wären seiner würdig, daß uns solche Doktoren zuteil würden, mögen sie Laien oder Priester, verheiratet oder unverheiratet sein, wiewohl man jetzt den heiligen Geist gewaltsam auf den Papst, die Bischöfe und Doktoren festlegen möchte, wofür doch weder ein Anzeichen noch Wahrscheinlichkeit vorhanden sind.

Die Bücher müßte man auch vermindern und die besten aussuchen. Denn viele Bücher machen nicht gelehrt, viel lesen auch nicht, sondern Gutes und oft lesen, sei es auch noch so wenig, das macht gelehrt und rechtschaffen dazu. Ja, die Schriften aller heiligen Väter sollten nur eine Zeitlang gelesen werden, um dadurch zur Schrift zu kommen. Aber wir lesen sie nur, um bei ihnen zu bleiben und nie zur Schrift zu kommen. Damit gleichen wir Menschen, die die Wegweiser ansehen und trotzdem den Weg niemals beschreiten. Die lieben Väter haben uns mit ihrem

Schreiben in die Schrift einführen wollen. Aber wir führen uns damit aus ihr heraus, obgleich doch nur die Schrift unser Weinberg ist.

Vor allen Dingen sollte in den hohen und niederen Schulen die heilige Schrift die wichtigste und häufigste Lektion sein und für die jungen Knaben das Evangelium. Und wollte Gott, jede Stadt hätte auch eine Mädchenschule, in der die Mädchen täglich eine Stunde lang das Evangelium hörten, sei es deutsch oder lateinisch. Wahrhaftig, die Schulen, die Männer- und Frauenklöster wurden vormals dazu gegründet, in recht löblicher und christlicher Absicht, wie wir von Sankt Agnes und anderen Heiligen lesen. Da gab es heilige Jungfrauen und Märtyrerinnen, und es stand gut um die Christenheit. Aber jetzt ist nichts als ein Beten und Singen daraus geworden. Wäre es nicht richtig, daß jeder Christ mit seinen neun oder zehn Jahren das ganze Evangelium kennte, in dem sein Namen und Leben steht? Lehrt doch eine Spinnerin und Nähterin ihrer Tochter das eigene Handwerk in jungen Jahren. Aber das Evangelium kennen nun auch die großen Prälaten und Bischöfe selbst nicht.

O wie unbillig gehen wir mit dem armen jungen Volk um, das uns zur Leitung und Unterweisung anvertraut ist, und wie schwere Rechenschaft werden wir dafür geben müssen, daß wir ihnen Gottes Wort nicht geboten haben! Es geht mit ihnen, wie Jeremias sagt: »Meine Augen sind müde geworden vor Weinen, mein Eingeweide ist erschrocken, meine Leber ist ausgeschüttet auf die Erde um des Verderbens willen der Tochter meines Volks, da die Jungen und die Kindlein verdorben sind auf allen Gassen der ganzen Stadt. Sie sprachen zu ihren Müttern: Wo ist Brot und Wein? und verschmachteten wie die Verwundeten auf der Straße der Stadt und gaben den Geist auf im Schoß ihrer Mutter.« Diesen elenden Jammer sehen wir nicht, wie auch jetzt das junge Volk mitten in der Christenheit verschmachtet und erbärmlich verdirbt, weil es ihm am Evangelium gebricht, das man mit ihnen immer treiben und üben sollte.

Wenn die hohen Schulen in der heiligen Schrift fleißig wären, sollten wir auch nicht jedermann dort hinschicken, wie es jetzt geschieht, wo man nur nach der Menge fragt und jedermann will einen Doktor haben, sondern nur die Allergeeignetsten, die vorher in kleinen Schulen gut erzogen sind. Ein Fürst oder Rat oder Stadt sollten darüber wachen und nur für durchaus Geeignete die Entsendung (an eine Universität) gestatten. Wo aber die heilige Schrift nicht herrscht, da rat ich fürwahr niemand sein Kind hinzugeben. Es muß alles verderben, was nicht Gottes Wort ohn' Unterlaß treibt. Darum sehen wir auch, was für ein Volk in den hohen Schulen entsteht und lebt. Niemand ist daran schuld als der Papst, die Bischöfe und Prälaten, denen hier das Wohl des jungen Volkes anvertraut ist. Denn die hohen Schulen sollten lauter in der Schrift wohl unterrichtete Leute erziehen, die imstande sind, Bischöfe und Pfarrer zu werden und gegen die Ketzer und Teufel und alle Welt an der Spitze zu stehen. Aber wo findet man das? Ich fürchte sehr, die hohen Schulen sind große Pforten der Hölle, wenn sie nicht mit Eifer die heilige Schrift dem jungen Volk einüben und -treiben.

Sechsundzwanzigstens. Ich weiß wohl, daß das römische Volk dagegen einwenden und viel Wesens daraus machen wird, daß der Papst das heilige römische Reich von dem griechischen Kaiser genommen und zu den Deutschen gebracht habe, für welche Ehre und Wohltat er mit Recht Untertänigkeit, Dank und alles Gut von den Deutschen verdient und erlangt haben soll. Deshalb werden sie's vielleicht wagen, alle möglichen Versuche, sie zu reformieren, in den Wind zu schlagen, und nicht erlauben, daß man etwas anderes beachtet als dies Geschenk, das römische Reich. Aus diesem Grunde haben sie bisher manchen teuren Kaiser so willkürlich und übermütig verfolgt und unterdrückt, daß es ein Jammer ist zu sagen, und mit derselben Gewandtheit haben sie sich selbst zu Oberherrn über alle weltliche Gewalt und Obrigkeit gemacht gegen das heilige Evangelium, weshalb ich auch davon reden muß.

Es ist unbezweifelbar, daß das eigentliche römische Reich, von dem die Schrift der Propheten und Daniel geweissagt haben, längst zerstört und zu Ende ist, wie Bileam klar verkündigt hat, da er sprach: »Es werden die Römer kommen und die Juden vernichten, und danach werden sie auch untergehen.« Und das ist geschehen durch die Goten und besonders, als vor bald tausend Jahren das Reich der Türken entstand, und so ist mit der Zeit Asien und Afrika abgefallen, darauf ist Frankreich, Spanien und zuletzt Venedig hochgekommen, und in Rom blieb nichts mehr von der einstigen Macht.

Da nun der Papst die Grichen und den Kaiser von Konstantinopel, der erblicher römischer Kaiser war, nicht nach seinem Belieben zwingen konnte, hat er sich so ein Fündlein ausgedacht, um ihn dieses Reichs und Namens zu berauben und es den Deutschen, die damals streitbar waren und einen sehr guten Ruf genossen, zuzuwenden, damit sie die Macht des römischen Reiches an sich brächten und es von ihren Händen verlehnt würde. Und das ist auch so geschehen: dem Kaiser in Konstantinopel ist das Reich genommen und uns Deutschen dessen Name und Titel zugeschrieben. Wir sind damit die Knechte des Papst geworden, und das römische Reich, das der Papst auf die Deutschen gebaut hat, ist nun ein ganz anderes als jenes, das schon längst, wie gesagt, untergegangen ist.

So hat nun der römische Stuhl seinen Willen, Rom eingenommen, den deutschen Kaiser daraus vertrieben und ihn mit Eiden verpflichtet, nicht in Rom zu wohnen. Er soll römischer Kaiser sein und dennoch Rom nicht innehaben, außerdem ständig von der Willkür der Päpste und der Seinen abhängen und sich treiben lassen, so daß wir den Namen haben und sie das Land und die Städte. Denn sie haben immer unsere Einfalt mißbraucht für ihren Übermut und ihre Tyrannei und nennen uns tolle Deutsche, die sich äffen und zum Narren halten lassen, wie sie wollen.

Nun wohlan, Gott dem Herrn ists eine Kleinigkeit, Reiche und Fürstentümer hin und her zu werfen. Er ist mit ihnen so freigebig, daß er zuweilen einem bösen Buben ein Königreich gibt und es einem braven Manne nimmt, zuweilen tut ers durch Verrat böser, untreuer Menschen, zuweilen durch Erben, wie wir das vom Königreich Persien lesen, den Griechen und fast allen Reichen und Daniel sagt: »Er wohnt im Himmel, der über alle Dinge herrscht, und er allein ists, der die Königreiche versetzt, hin und her wirft und macht.« Wie darum niemand das für etwas Großes ansehen kann, daß ihm ein Reich zuteil wird, besonders wenn er ein Christ ist, so können wir Deutschen uns auch nichts darauf einbilden, daß uns ein neues römisches Reich zugewendet ist. Denn das ist in seinen Augen eine bescheidene Gabe, die er des öfteren den Alleruntüchtigsten gibt, wie Daniel sagt: »Alle, die auf Erden wohnen, sind vor seinen Augen, wie das, was nichts ist, und er hat Gewalt in allen Reichen der Menschen, sie zu geben, welchem er will.«

Wiewohl nun der Papst das römische Reich oder den Namen des römischen Reichs mit Gewalt und Unrecht dem rechten Kaiser geraubt und uns Deutschen zugewendet hat, so ists doch gewiß, daß Gott hierbei die Bosheit des Papsts gebraucht hat, um der deutschen Nation ein solches Reich zu geben und nach dem Fall des ersten römischen Reichs ein anderes, das jetzt steht, aufzurichten. Und obwohl wir der Bosheit der Päpste hierbei keine Veranlassung gegeben und ihre falsche Absicht und Meinung nicht verstanden haben, haben wir dieses Reich infolge der päpstlichen Tücke und Arglist doch mit unzähligem Blutvergießen, mit der Unterdrückung unserer Freiheit, unter Drangabe und dem Raub aller unserer Güter, besonders der Kirchen und Pfründen, mit Erdulden unsäglicher Betrügereien und Schmach leider allzu teuer bezahlt. Wir haben den Namen des Reichs, aber der Papst hat von uns Gut, Ehre, Leib, Leben, Seele und alles, was wir haben. So soll man die Deutschen täuschen und mit Tauschen täuschen! Das haben die Päpste erstrebt: sie wären gerne Kaiser gewesen, und da sie das nicht fügen konnten, haben sie sich doch über die Kaiser gesetzt.

Weil uns denn das Reich durch Gottes Fügung und böser Menschen

Willen ohne unsere Schuld übergeben worden ist, will ich nicht raten, es fahren zu lassen, sondern es in der Furcht Gottes, so lang es ihm gefällt, redlich zu regieren. Denn, wie gesagt, es liegt ihm nichts daran, wo ein Reich herkommt; er wills dennoch regiert haben. Habens die Päpste unredlich andern genommen, so haben wirs doch nicht unredlich gewonnen. Es ist uns durch böswillige Menschen nach Gottes Willen übergeben. Auf diesen Willen sehen wir mehr als auf die falsche Absicht, die die Päpste dabei gehabt haben, selbst Kaiser und mehr als Kaiser zu sein und uns nur mit dem Namen zu äffen und zu verspotten. Der König von Babylonien hat sich sein Reich auch mit Raub und Gewalt genommen; dennoch wollte es Gott durch die heiligen Fürsten Daniel, Hananja, Asarja und Misael regiert sehen. Um so mehr will er durch christliche deutsche Fürsten unser Reich regiert sehen, mag es der Papst gestohlen oder geraubt oder von Grund auf neu geschaffen haben. Es ist alles Gottes Ordnung, die eher durchgeführt ist, als wir darum gewußt haben.

Deshalb können sich der Papst und die Seinen nicht rühmen, daß sie dem deutschen Volk durch die Verleihung dieses römischen Reichs eine große Wohltat erwiesen hätten. Denn erstens haben sie damit nicht uns etwas Gutes gegönnt, sondern haben unsere Einfalt dazu mißbraucht, um ihren Übermut gegen den römischen Kaiser in Konstantinopel zu stärken, dem der Papst dies Reich wider Gott und Recht genommen hat, wozu er keine Macht hatte. Zweitens hat der Papst damit nicht den Versuch gemacht, uns, sondern sich selbst das Kaisertum anzueignen, sich all unsere Gewalt, Freiheit, Gut, Leib und Seele zu unterwerfen und durch uns (wenn es Gott nicht verhindert hätte) alle Welt, wie er das in seinen Dekretalen selbst klar ausgesprochen und auf verschiedenen Wegen bei vielen deutschen Kaisern falsch und böswillig versucht hat. So sind wir Deutschen hübsch deutsch gelehrt worden: da wir meinten, Herren zu werden, sind wir Knechte der allerlistigsten Tyrannen geworden und haben wohl den Namen, den Titel und das Wappen des Kaisertums; aber den Schatz, die Macht, das Recht und die Freiheit davon hat der Papst. Der Papst frißt den Kern, und wir spielen mit den leeren Schalen.

So helf uns Gott, der uns dieses Reich, wie gesagt, durch listige Tyrannen zugeworfen und zu regieren befohlen hat, daß wir uns nach dem Namen, Titel und Wappen auch richten und unsere Freiheit erretten, die Römer einmal sehen lassen, was wir durch sie von Gott empfangen haben. Prahlen sie damit, daß sie uns ein Kaisertum zugewandt hätten, wohlan, so sei es auch so und werde wahr! So gebe der Papst Rom her und alles, was er vom Kaisertum hat, lasse unser Land frei von seinem unerträglichen Schätzen und Schinden, gebe uns unsere Freiheit, Macht, Gut,

Ehre, Leib und Seele zurück und lasse das Kaisertum so sein, wie sichs für ein Kaisertum gehört, damit seinen Worten genug geschehe!

Will er das aber nicht, was macht er dann für Spiegelfechtereien mit seinen falschen, erdichteten Worten und Schreckgespenstern? Wars nicht genug, die edle Nation durch so viel hundert Jahre so gröblich an der Nase herumzuführen, ohn' alles Aufhören? Daraus, daß der Papst den Kaiser krönt oder »macht«, folgt nicht, daß er über ihm stehen soll. Denn der Prophet Sankt Samuel salbte und krönte den König Saul und David nach göttlichem Befehl und war ihm doch untertan. Und der Prophet Nathan salbte den König Salomo, war darum aber nicht über ihn gesetzt. Weiter ließ Sankt Elisa seinen Knecht den König Jehu von Israel salben; trotzdem blieben sie in seinem Gehorsam. Es ist noch nirgends in der ganzen Welt so gewesen, daß der, der den König weiht oder krönt, über ihm steht, einzig und allein den Papst ausgenommen.

Nun läßt er sich selbst durch drei Kardinäle zum Papst krönen, die unter ihm stehen, und steht nichtsdestoweniger über ihnen. Warum sollte er sich also gegen sein eigenes Beispiel, den Brauch aller Welt und die Lehre der ganzen Schrift einzig deshalb über die weltliche Gewalt und das Kaisertum erheben, weil er den Kaiser krönt oder weiht? Es ist genug, daß er in göttlichen Dingen über ihm steht, d. h. im Predigen, Lehren und Sakramente Verwalten (worin auch jeder Bischof und Pfarrer über jedermann steht), sowie Sankt Ambrosius in seinem Amt über dem Kaiser Theodosius stand, Nathan über David und Samuel über Saul. Darum laßt den deutschen Kaiser wirklich und ungehindert Kaiser sein und laßt seine Macht und sein Schwert nicht durch so eine blinde Behauptung der päpstlichen Schmeichler niederdrücken, als sollten gerade sie ausnahmsweise in allen Dingen über das (weltliche) Schwert regieren.

Siebenundzwanzigstens. Das mag über die geistlichen Mißstände genug gesagt sein. Man wird und kann noch mehr finden, wenn man diese recht beachtet; wir wollen noch auf einige weltliche hinweisen. Erstens wäre es dringend nötig, ein allgemeines Gesetz und einen Beschluß der deutschen Nation gegen den übermäßigen Luxus und Aufwand in der Kleidung herbeizuführen, durch die viele Adlige und reiche Leute verarmen. Gott hat doch uns wie andern Ländern genug Wolle, Fell, Flachs und alles gegeben, was jedem Stand zu einer passenden und anständigen Bekleidung dienen kann, so daß wir die grauenhaften Summen nicht nötig hätten, die für Seide, Sammet, Goldschmuck und was dergleichen ausländische Ware mehr ist, so sinnlos vertan werden. Ich meine, selbst wenn der Papst mit seiner unerträglichen Schinderei uns Deutsche nicht berauben würde, wir hätten doch an diesen heimlichen Räubern, den

Seiden- und Sammetkrämern, schon mehr als genug. Wir sehen auch, wie's infolgedessen einer dem andern gleichtun möchte und dadurch Hoffart und Neid bei uns, wie wirs verdienen, vermehrt wird, und das alles und viel anderer Jammer würden wohl unterbleiben, wenn uns der Übermut erlaubte, mit den Gütern, die Gott uns gegeben hat, dankbar zufrieden zu sein.

Ebenso wäre es auch nötig (den Aufwand von) Spezereien zu verringern – auch so ein Schiff, auf dem das Geld aus den deutschen Ländern hinausgebracht wird. Es wächst uns doch, Gott sei Dank, Essen und Trinken mehr und so vorzüglich und gut wie in irgendeinem Land. Ich werde hier vielleicht närrische und unmögliche Dinge vorbringen, als wollte ich den Großhandel und das Kaufmannsgewerbe vernichten. Aber ich tu das Meine: wirds nicht allgemein gebessert, so besser sich selbst, wer es tun will. Ich sehe nicht viel gute Sitten, die jemals durch das Kaufmannsgewerbe in ein Land gekommen wären, und deshalb ließ Gott vormals sein Volk Israel nicht am Meer wohnen und nicht viel Handel treiben.

Aber das größte Unglück der deutschen Nation ist gewiß das Zinsgeschäft. Wenn es das nicht gäbe, müßte mancher seine Seide, Sammet, Goldschmuck, Spezerei und die verschiedenen Luxuswaren wohl ungekauft lassen. Es ist noch nicht viel über hundert Jahre üblich und hat schon alle Fürsten, Stifter, Städte, Adlige und Erben in Armut, Elend und Ruin gebracht. Soll es noch hundert Jahre Bestand haben, so kann Deutschland bestimmt keinen Pfennig mehr übrig behalten, wir müßten uns gewiß untereinander fressen. Der Teufel hat es erdacht, und der Papst hat aller Welt mit seiner Bestätigung ein Leid zugefügt! Darum bitt und ruf ich hier: ein jeder fasse sein und seiner Kinder und Erben Untergang ins Auge, der schon nicht mehr vor der Tür, sondern in seinem Haus rumort, und Kaiser, Fürsten, Herrn und Städte mögen sich dafür einsetzen, daß das Geschäft nur so bald wie möglich verurteilt und künftig verhindert wird, gleichviel, ob der Papst und all sein Recht oder Unrecht dagegen ist, und ob Lehen oder Stifter darauf gegründet sind. Es ist besser, man gründet in einer Stadt ein Lehen mit redlichen Erbgütern und Einnahmen als hundert auf das Zinsgeschäft. Wahrhaftig, das Zinsgeschäft muß ein Symbol und Anzeichen dessen sein, daß die Welt mit schweren Sünden dem Teufel verkauft ist, so daß uns das zeitliche und geistliche Gut gleichzeitig fehlen muß. Und wir merken noch immer nichts!

Hier müßte man wahrhaftig auch den Fuggern und ähnlichen Gesellschaften einen Zaum ins Maul legen. Wie ists möglich, daß zu Lebzeiten eines Menschen so ein großer königlicher Besitz Gott wohlgefälliger und gerechter Weise zusammengebracht sein sollte? Ich kenn die Rechnung nicht; aber das verstehe ich nicht, wie man mit hundert Gulden im Jahr zwanzig erwerben soll, mit einem Gulden einen andern – und das alles nicht etwa aus der Erde oder von dem Vieh, wo der Besitz nicht unter menschlichem Verstand, sondern unter Gottes Segen steht. Ich überlasse das den Leuten, die die Welt kennen; ich als Theologe habe daran nur den bösen, anstößigen Eindruck zu tadeln, von dem Sankt Paulus sagt: »Hütet euch vor dem bösen Eindruck und Schein.«

Das weiß ich wohl, daß es Gott weit wohlgefälliger wäre, wenn man den Ackerbau vermehrte und das Kaufmannsgewerbe einschränkte, und daß man viel besser daran tut, nach der Schrift die Erde zu bearbeiten und aus ihr die Nahrung zu gewinnen, wie zu uns und zu allen Adam gesagt ist: »Verflucht sei die Erde, wenn du darin arbeitest; sie soll dir Disteln und Dornen tragen, und im Schweiß deines Angesichts sollst du dein Brot essen.« Es gibt noch viel Land, das nicht umgepflügt und beackert ist.

Daran schließt sich der Mißbrauch im Fressen und Saufen, ein Laster, um dessentwillen wir Deutschen besonders keinen guten Ruf im Ausland haben. Und diesem Übel ist künftig mit Predigen nicht mehr zu helfen, so sehr ist es eingerissen, so sehr hat es überhandgenommen. Der Schaden am (äußeren) Gut wäre noch das Geringste, wenn nicht die anderen Laster, Mord, Ehebruch, Stehlen, Gottesverachtung, und alle schlimmen Eigenschaften daraus folgen würden. Hier kann das weltliche Schwert etwas eingreifen. Sonst wirds gehen, wie Christus sagt, daß der jüngste Tag wie ein heimlicher Strick kommen wird, wenn sie trinken und essen, freien und buhlen, bauen und pflanzen, kaufen und verkaufen werden, wie es denn jetzt der Fall ist in solchem Maße, daß ich wahrhaftig hoffe, der jüngste Tag steht vor der Tür, obwohl man am allerwenigsten daran denkt.

Zuletzt. Ist das nicht eine jämmerliche Sache, daß wir Christen unter uns frei zugängliche, öffentliche Frauenhäuser unterhalten, wo wir doch alle zur Keuschheit getauft sind! Ich weiß wohl, was man vielfach dazu sagt, und daß das bei mehr als einem Volk üblich geworden und schwer abzustellen ist, und daß es überdies besser so sei, als wenn Jungfrauen, verheiratete und noch mehr anständige Personen in Schanden gebracht würden. Sollte hier aber eine weltliche und christliche Regierung nicht erwägen, wie man auf weniger heidnische Weise diesem Übel begegnen könnte? Hat das Volk von Israel ohne diesen Unfug bestehen können, wie sollte da das Christenvolk nicht ebensoviel leisten können? Ja, wie halten sich viele Städte, Märkte, Flecken und Dörfer ohne solche Häuser?

Warum sollte es da großen Städten nicht auch möglich sein?

Ich wollte aber mit diesen und den andern oben gemachten Vorschlägen darauf hinweisen, wieviel Gutes die weltliche Obrigkeit tun könnte, und was aller Obrigkeit Amt sein sollte, woraus ein jeder lernen mag, wie schrecklich es ist zu regieren und obenan zu sitzen. Was hülfe es, daß ein Oberherr für seine eigene Person so heilig wie Sankt Peter wäre; wenn er seinen Untertanen auf diesem Gebiet nicht mit allem Eifer zu helfen sucht, so wird ihn seine Obrigkeit trotzdem verurteilen. Denn die Obrigkeit ist verpflichtet, das Beste ihrer Untertanen zu suchen. Wenn die Obrigkeit aber darauf aus wäre, das junge Volk durch die Ehe zusammenzubringen, so würde die Hoffnung auf die Ehe jedermann wirklich dazu helfen, die Anfechtungen zu ertragen und abzuwehren. Aber jetzt geht es so, daß jedermann zur Pfafferei und Möncherei gebracht wird, unter denen, fürchte ich, nicht der Hundertste einen anderen Grund dazu hat, als daß er sich ein Auskommen sucht und daran zweifelt, ob er im ehelichen Leben seinen Unterhalt haben werde. Darum sind sie vorher wüst genug und wollen sich, wie man sagt, »ausbuben«, wo man sich doch vielmehr hineinbubt, wie die Erfahrung zeigt. Ich finde das Sprichwort wahr, daß Verzweiflung den größten Teil der Mönche und Geistlichen macht. Darum geht und steht es auch so, wie wir sehen.

Ich will aber um der vielen Sünden willen, die gröblich einreißen, den guten Rat geben, daß sowohl Knaben wie Mädchen es unterlassen sollen, sich vor dem dreißigsten Jahr zur Keuschheit oder zum geistlichen Leben zu verpflichten. Es ist ja auch eine besondere Gnadengabe, wie Sankt Paul sagt. Wen darum Gott nicht besonders dazu drängt, der laß das Geistlichwerden und Gelübdetun bleiben. Ja, ich sage noch mehr: traust du Gott so wenig, daß du meinst, dich im Ehestand nicht unterhalten zu können und allein um dieses Mißtrauns willen geistlich werden willst, so bitt ich dich selbst um deiner eigenen Seele willen: werd ja nicht geistlich, sondern besser ein Bauer, oder was du magst. Denn braucht man ein einfaches Gottvertrauen, um seinen zeitlichen Unterhalt zu finden, so braucht man freilich ein zehnfältiges Vertrauen, um im geistlichen Stand zu bleiben. Traust du Gott nicht zu, daß er dich zeitlich ernähren kann, wie willst du ihm trauen, daß er dich geistlich erhält? Ach, der Unglaube und das Mißtrauen verdirbt alles, bringt uns in alles Elend, wie wir in allen Ständen sehen. Es wäre wohl viel über die traurigen Zutände zu sagen. Die Jugend hat niemand, der für sie sorgt; es geht ein jedes hin, wie es geht, und die Obrigkeit nützt ihnen gerade so viel, als wäre sie überhaupt nicht da. Und doch sollte das die vornehmste Sorge des Papsts, der Bischöfe, Herrschaften und Konzilien sein! Sie wollen weit und breit regieren und sind doch zu nichts nütze. O was für ein seltenes Wild wird um dieser Dinge willen ein Herr und Oberer im Himmel sein, und wenn er schon Gott selbst hundert Kirchen baute und alle Toten erweckte!

Das sei für diesmal genug. Denn was die weltliche Gewalt und der Adel zu tun haben, habe ich meines Erachtens im Büchlein von den guten Werken zur Genüge gesagt. Denn auch sie leben und regieren so, daß es wohl besser sein könnte. Doch ist dort nichts mit den weltlichen und geistlichen Mißbräuchen zu vergleichen, die ich hier aufgezeigt habe. Ich denke wohl auch, daß ich hoch gesungen habe, vieles vorgelegt habe, was man für unmöglich ansieht, viele Dinge zu scharf angegriffen habe – was sollte ich aber tun? Ich bin es verpflichtet auszusprechen; könnte ich, so wollte ich auch danach handeln. Es ist mir lieber, die Welt zürnt mir als Gott; man wird mir ja auch nicht mehr als das Leben nehmen können. Ich habe bisher meinen Gegnern wiederholt Frieden angeboten. Aber wie ich sehe, hat mich Gott durch sie gezwungen, den Mund immer weiter aufzutun und ihnen, weil sie nichts zu tun haben, genug zu reden, zu bellen, zu schreien und zu schreiben gegeben. Wohlan, ich weiß noch ein Liedchen von Rom und von ihnen! Juckt sie das Ohr, will ichs ihnen auch singen und die Noten aufs höchste stimmen, du verstehst wohl, liebes Rom, was ich meine!

Ich war wiederholt bereit, meine Schriftstellerei einer Prüfung und einem Verhör zu unterwerfen. Es hat alles nichts geholfen, wiewohl auch ich weiß, daß meine Sache, wenn sie gerecht ist, auf der Erde verdammt und allein von Christus im Himmel gerecht gesprochen werden muß. Denn das ist die ganze Schrift: daß die Sache der Christen und der Christenheit allein von Gott gerichtet werden muß. Sie ist auch noch nie von Menschen auf der Erde gerecht gesprochen worden, sondern die Gegnerschaft ist immer zu groß und zu stark gewesen. Es ist auch meine allergrößte Sorge und Furcht, daß meine Sache der Verdammung entgehen könnte, woran ich gewiß erkennen würde, daß sie Gott nicht gefällt. Darum laß sie nur frisch herankommen, Papst, Bischöfe, Geistliche, Mönche oder Gelehrte, sie sind das rechte Volk, die die Wahrheit verfolgen sollen, wie sie stets getan haben. Gott gebe uns allen einen christlichen Verstand und besonders dem christlichen Adel deutscher Nation einen rechten geistlichen Mut, der armen Kirche das Beste zu tun.

AMEN

# O sehet euch vor –

# Luther zu den Bauernkriegen

*Luthers Haltung in den Bauernkriegen nahmen ihm weniger die Zeitgenossen als die Kommentatoren der Nachwelt übel. Der mutige Streiter gegen päpstliche Oberhoheit, der Zensor jeglicher »Oberkeit«, wendete sich mit harten Worten und sophistischem Gebrauch von Bibelzitaten wider die Schwachen des »Dritten Standes«. Gegen den Adel, so lautet ein Argument der Kritiker Luthers, sprach der diskussionswillige, wortgewandte Reformator; den schlichten Bauern und ihren verzweifelten Gewalttätigkeiten las ein kühler Vertreter und Anhänger von Recht und Ordnung die Leviten.*

*Die zwölf Resolutionen der Bauern sind im Anhang abgedruckt. Die Illustration dieses Kapitels ist als »Kontrastprogramm« gedacht. Fast alle Bilder zeigen die Bauern bei ihrer Arbeit, für deren Wiederaufnahme Luther sie gewinnen wollte: beim Säen, Graben, Pflanzen (Seite 394 und 396 zum Beispiel sind Holzschnitte aus einem zeitgenössischen Kalender), Ernten oder im Dialog mit ihrem ärgsten Feind im Krieg: dem Tod.*

*Luther war aber nur Kontrahent der »rottenden« Baern, den bäuerlich-landsknechtischen Anliegen fühlte er sich verwandt, manche Predigt schloß er mit deren Formel: »Gott helf mir. Amen«, und eine der »Gallionsfiguren« der Meuterer, der legendäre Frundsberger, wußte und sagte es bereits 1521 in Worms dem streitbaren Augustiner in der Kutte nach: »Mönchlein, Mönchlein, Du gehst einen schweren Gang«, als Bruder Martinus vor das Konzil trat.*

# Ermahnung zum Frieden auf die zwölf Artikel der Bauernschaft in Schwaben

*(1525)*

Es hat die Bauernschaft, die sich jetzt im Schwabenland zusammengeschlossen hat, zwölf Artikel von ihren unerträglichen Beschwerungen (Lasten) gegen die Obrigkeit aufgestellt und mit einigen Sprüchen aus der Bibel unternommen, diese Forderungen zu begründen und durch den Druck ausgehen lassen. Darin hat mir das am besten gefallen, daß sie im zwölften Artikel sich erbieten: besseren Unterricht (Belehrung), wo es daran mangelt und vonnöten wäre, gern und willig anzunehmen und sich weisen (zu einer andern Ansicht bekehren) lassen zu wollen, sofern das durch helle, offenbare, unleugbare Sprüche der Schrift geschähe. Wie es denn billig und recht ist, daß niemands Gewissen weiter oder anders, als mit göttlicher Schrift unterrichtet und gewiesen werde.

Wofern das nun ihre ernste und einfältige Meinung ist, wie man es nach meiner Ansicht nicht anders auslegen darf, weil sie sich mit diesen Artikeln frei und offen an den Tag begeben und das Licht nicht scheuen wollen, so ist noch gute Hoffnung da: Es solle gut werden. Und mir, der ich ja auch als einer unter denen gerechnet werde, die heute auf Erden mit der Göttlichen Schrift zu tun haben, besonders aber, weil sie mich in der zweiten Schrift mit Namen nennen und aufrufen, gibt es desto größeren Mut und Zuversicht, meinen Unterricht in freundlicher, christlicher Meinung nach der Pflicht brüderlicher Liebe auch offen an den Tag zu geben, damit nicht durch mein Schweigen auch mir vor Gott und der Welt zugeteilt und aufgelegt werde, wenn etwa Unheil und Unglück daraus entstünde. Ist aber solches von ihnen nur zur Farbe und Schein angeboten (zur Schönfärbung und zum Schein gemacht), wie wohl ohne Zweifel einige der Art unter ihnen sind, denn es ist nicht möglich, daß in einem so großen Haufen allesamt rechte Christen seien und gute Meinung haben, sondern ein großer Teil gebraucht der andern gute Meinung zu seinem Mutwillen und sucht das Seine darunter, solchen wird ohne Zweifel nicht viel gelingen oder doch zu ihrem großen Schaden und ewigen Verderben gelingen.

Weil denn diese Sache groß und gefährlich ist, indem sie beide, Gottes Reich und der Welt Reich betrifft, denn wenn dieser Aufruhr sollte vorangehen und überhandnehmen, so würden beide Reiche untergehen, so daß weder weltlich Regiment noch göttlich Wort bleiben, sondern eine ewige Zerstörung des ganzen deutschen Landes folgen würde, so ist vonnöten, daß wir frei davon reden und raten, ohne Ansehen der Person. Wiederum, daß wir auch willig hinhören und uns einmal ins Gewissen reden lassen, damit nicht unsere Herzen verstockt und unsere Ohren verstopft bleiben, wie es bisher geschehen ist, und Gottes Zorn seinen vollen Gang und Schwang gewinne. Denn es sind so viel schreckliche Zeichen sowohl am Himmel als auch auf der Erde geschehen, und sie zeigen ein großes vorhandenes Unglück und eine gewaltige Veränderung in

*Holzschnitt zu Petrarcas »Trostspiegel«, 1584*

deutschen Landen an, obwohl wir uns leider wenig daran kehren. Aber Gott fährt auch nichtsdestoweniger fort und wird unsere harten Köpfe einmal weich machen.

# An die Fürsten und die Herren

Zuerst dürfen wir niemand auf Erden für solchen Unrat und Aufruhr danken als euch Fürsten und Herren, besonders euch blinden Bischöfen und tollen Pfaffen und Mönchen, die ihr noch heutigen Tages verstockt nicht aufhört, zu toben und zu wüten gegen das heilige Evangelium, obgleich ihr wißt, daß es richtig ist und es auch nicht widerlegen könnt. Dazu ihr Herren im weltlichen Regiment, ihr tut auch nichts mehr, als daß ihr schindet und schatzt (besteuert), eure Pracht und Hochmut fortzuführen, bis es der arme, gemeine Mann nicht mehr länger ertragen will und kann. Das Schwert liegt euch auf dem Halse und doch meint ihr noch, ihr säßet so fest im Sattel, daß man euch nicht werde herausheben können. Solche Sicherheit und verstockte Vermessenheit wird euch den Hals brechen, das werdet ihr sehen! Ich hab's euch früher vielmals angekündigt: Ihr solltet euch hüten vor dem Spruch: »Effundit contemptum super principes. Er schüttet Verachtung über die Fürsten!« Ihr treibt's danach und wollte auf den Kopf geschlagen sein; dagegen hilft kein Warnen noch Vermahnen.

Wohlan: Weil ihr denn die Ursache seid solches Gottes Zornes, so wird's auch ohne Zweifel über euch ausgehen (hereinbrechen), wenn ihr euch nicht noch mit der Zeit bessert. Die Seichen am Himmel und Wunder auf Erden gelten euch, liebe Herren! Nichts Gutes künden sie euch! Nichts Gutes wird euch auch geschehen! Der Zorn Gottes hat schon zu einem großen Teil angefangen dadurch, daß Gott soviel falsche Lehrer und Propheten unter uns sendet, damit wir zuvor durch Irrglauben und Gotteslästerung die Hölle und ewige Verdammnis reichlich verdienen. Das andere Stück ist auch vorhanden, nämlich, daß sich die Bauern zusammenrotten, woraus, wenn Gott, durch unsere Buße bewegt, nicht wehrt, folgen muß: Verderben, Zerstörung und Verwüstung Deutschlands durch greulichen Mord und Blutvergießen.

Denn das sollt ihr wissen, liebe Herren, Gott schafft's also, daß man eure Wüterei auf die Länge nicht dulden kann noch will noch soll! Ihr müßt anders werden und Gottes Wort weichen! Tut ihr's nicht auf freundliche, willige Weise, so müßt ihr's tun auf gewaltsame und verderbliche Unweise. Tun's diese Bauern nicht, so müssen's andere tun. Und ob ihr sie alle schlügt, so sind sie doch noch ungeschlagen. Gott wird andere erwecken! Denn er will euch schlagen und wird euch schlagen! Es sind nicht Bauern, liebe Herren, die sich euch widersetzen: Gott ist's selber! Der widersetzt sich euch, heimzusuchen eure Wüterei! Es sind einige unter euch, die haben gesagt, sie wollen Land und Leute daransetzen, die Lutherische Lehre auszurotten! Wie dünkt euch, wenn ihr eure eigenen Propheten gewesen wäret, und Land und Leute wären schon darangesetzt? Scherzt nicht mit Gott, liebe Herren! Die Juden sagten auch: »Wir haben keinen König!« Und es ist ein solcher Ernst geworden, daß sie ewig ohne König sein müssen.

Damit ihr aber euch noch weiter versündigt und ja ohne alle Barmherzigkeit zu scheitern geht, so fangen einige an und geben dem Evangelium die Schuld und sprechen, das sei die Frucht meiner Lehre! Nun, nun, lästert nur dreist zu, liebe Herren, ihr wollt nicht wissen, was ich gelehrt habe und was das Evangelium sei?! Er ist aber vor der Tür, der es euch sehr schnell lehren wird, wenn ihr euch nicht bessert! Ihr und jedermann muß mir das Zeugnis geben, daß ich mit aller Stille gelehrt habe, heftig gegen Aufruhr gestritten und mit höchstem Fleiß die Untertanen zu Gehorsam und Ehrerbietung auch gegen eure tyrannische und tobende Obrigkeit angehalten und ermahnt habe, so daß dieser Aufruhr nicht aus mir kommen kann. Sondern: die Mordpropheten, welche mir ja so feind sind, wie euch, sind unter diesen Pöbel gekommen. Mit dem sind sie nun länger als drei Jahre umgegangen, und niemand hat so sehr gewehrt und widerstanden als ich allein. Wenn nun Gott euch zu strafen gedenkt und läßt den Teufel durch seine falschen Propheten den tollen Pöbel gegen euch erregen und will vielleicht, daß ich nicht mehr wehren solle und könne, was kann ich oder mein Evangelium dafür, welches bisher und noch immer nicht allein euer Verfolgen und Morden und Toben erlitten, sondern auch für euch gebetet und eure Obrigkeit geholfen hat zu schützen und aufrechtzuerhalten unter dem gemeinen Mann?!

Und wenn ich Lust hätte, mich an euch zu rächen, so möchte ich jetzt ins Fäustchen lachen und den Bauern zusehen oder mich auch auf ihre Seite schlagen und die Sachen helfen ärger machen. Aber davor soll mich mein Gott behüten, wie bisher! Darum, meine lieben Herren, ihr mögt Feinde oder Freunde sein, bitte ich untertänig: Verachtet meine Treue nicht, ob ich wohl nur ein armer Mensch bin! Verachtet diesen Aufruhr auch nicht, das bitte ich! Nicht daß ich meine oder fürchte, daß sie euch zu mächtig sein sollten. Will auch nicht, daß ihr euch deshalb vor ihnen fürchten sollet! Sondern: Gott fürchtet! Dessen Zorn seht an! Will euch der strafen, wie ihr verdient habt, wie ich besorge, so straft er euch und wenn der Bauern hundertmal weniger wären! Er kann wohl Steine zu Bauern machen und umgekehrt! Und durch einen Bauern hundert von den Euren erwürgen, daß euch alle euer Harnisch und Stärke zu wenig wird!

*Titelholzschnitt zu Marcellums Schrift*

Ist euch nun noch zu raten, meine Herren, so weicht ein wenig um Gottes willen dem Zorn! Einem trunkenen Mann soll ein Fuder Heu ausweichen! Wieviel mehr sollt ihr das Toben und die störrige Tyrannei unterlassen und mit Vernunft an den Bauern handeln als an den Trunkenen oder Irrenden! Fangt nicht Streit mit ihnen an, denn ihr wißt nicht, wo das Ende bleiben wird! Versucht's vorher gütlich, weil ihr nicht wißt, was Gott tun will, damit nicht ein Funke angehe und ganz Deutschland anzünde, so daß niemand löschen könnte. Unsere Sünden sind da vor Gott! Deshalb haben wir seinen Zorn zu fürchten, wenn auch nur ein Blatt rauscht! Geschweige denn, wenn ein solcher Haufe sich regt. Verliert ihr doch mit der Güte nichts, und ob ihr etwas daran verlört, kann es euch hernach im Frieden zehnfältig wieder werden, während ihr mit Streit vielleicht Leib und Gut verliert. Warum wollt ihr euch in die Gefahr begeben, während ihr doch auf andere gute Weise mehr Nutzen schaffen könnt?

Sie haben zwölf Artikel aufgestellt, unter welchen einige so billig und berechtigt sind, daß sie euch vor Gott und der Welt den Glimpf nehmen und den Psalm wahr machen, daß sie Verachtung schütten über die Fürsten. Doch sind sie allesamt auf ihren Nutzen und ihnen zu gut abgestellt und streichen nicht das heraus, was ihr Bestes ist. Ich hätte wohl andere Artikel gegen euch aufzustellen, die das allgemeine deutsche Land und Regiment betreffen, wie ich im Buch an den deutschen Adel getan habe, an denen wohl mehr gelegen wäre. Aber weil ihr die in den Wind geschlagen habt, müßt ihr nun solche eigennützigen Artikel hören und leiden. Und es geschieht euch eben recht, als die sich nicht belehren lassen wollen.

Den ersten Artikel, in dem sie verlangen, das Evangelium zu hören und das Recht, einen Pfarrherrn zu erwählen, könnt ihr nicht mit dem geringsten Schein von Recht abschlagen; obwohl der Eigennutz mit unterläuft, indem sie vorschlagen, solchen Pfarrherrn mit dem Zehnten zu unterhalten, der ihnen nicht gehört. Trotzdem ist doch das die Summa: Man solle ihnen das Evangelium predigen lassen, dagegen kann und soll keine Obrigkeit sich stellen. Ja, die Obrigkeit soll nicht verwehren, was jedermann lehren und glauben will, es sei das Evangelium oder Lügen! Es ist genug, daß sie Aufruhr und Unfrieden zu lehren verwehrt.

Die andern Artikel, welche leibliche Belastungen anführen wie mit dem Leibfall, Aufsätzen und dergleichen, sind ja auch billig und recht. Denn die Obrigkeit ist nicht darum eingesetzt, daß sie ihren Nutzen und Mutwillen an den Untertanen suche, sondern den Nutzen und das Beste verschaffe für die Untertanen. Nun ist's ja auf die Länge nicht erträglich, so zu schatzen und zu schinden. Was hülfe es, wenn eines Bauern Acker so viel Gulden als Halme und Körner trüge, wenn die Obrigkeit nur desto mehr nähme und ihren Aufwand damit immer größer machte, und das Gut so hinschleuderte mit Kleidern, Fressen, Saufen, Bauen und dergleichen, als wäre es Spreu? Man müßte vielmehr den Aufwand einziehen und das Ausgeben stopfen, damit ein armer Mann auch was behalten könnte! Weitere Mitteilung habt ihr aus ihren Aufrufen wohl vernommen, in denen sie ihre Beschwerden genügend vorbringen.

## An die Bauernschaft

Ihr habt bisher, liebe Freunde, nichts anderes vernommen, als daß ich bekenne, es sei leider allzu wahr und gewiß, daß die Fürsten und Herren, die das Evangelium zu predigen verbieten und die Leute so unerträglich beschweren, wert sind und wohl verdient haben, daß sie Gott vom Stuhl stürze, als die gegen Gott und Menschen sich höchlich versündigen. Sie haben auch keine Entschuldigung. Nichtsdestoweniger müßt ihr euch auch wohl vorsehen, daß ihr eure Sachen mit gutem Gewissen und Recht vornehmt. Denn wenn ihr ein gutes Gewissen habt, so ist bei euch der tröstliche Vorteil, daß euch Gott wird beistehen und hindurchhelfen. Und ob ihr gleich eine Zeitlang unterläget oder darüber den Tod littet, so würdet ihr doch zuletzt gewinnen und die Seele ewig mit allen Heiligen erhalten. Habt ihr's aber nicht, kein Recht noch gut Gewissen, so müßt ihr unterliegen. Und ob ihr schon zeitlich gewinnen und alle Fürsten erschlagen würdet, müßtet ihr doch zuletzt ewig an Leib und Seele verlorengehen. Darum gilt es für euch hier nicht zu scherzen! Es gilt Leib und Seele für ewig auf eurer Seite! Und es ist am meisten das wahrzunehmen und mit allem Ernst darauf zu sehen, nicht allein, wie mächtig ihr seid und wie großes Unrecht jene haben, sondern wie gutes Recht und Gewissen ihr habt.

*Belagerung eines befestigten Platzes. Holzschnitt des 16. Jahrhunderts*

Deshalb ist meine freundliche, brüderliche Bitte, liebe Herren und Brüder: seht ja zu mit Fleiß, was ihr macht, und glaubt nicht allerlei Geistern und Predigern, nachdem jetzt der leidige Satan viele wilde Rottengeister und Mordgeister unter dem Namen des Evangeliums erweckt hat und damit die Welt erfüllt. Hört doch und laßt euch sagen, wie ihr euch auch vielfach dazu erbietet. Ich will meine treue Warnung, wie ich schuldig bin, an euch nicht sparen, und wenn mich einige vielleicht – durch die Mordgeister vergiftet – darum hassen und einen Heuchler nennen werden, da frage ich nicht nach. Mir ist genug, wenn ich einige Gutherzige, Rechtschaffene vor der Gefahr göttlichen Zorns errette. Die andern will ich wohl so wenig fürchten, so hoch sie mich verachten. Sie sollen mir auch nicht schaden. Ich kenne einen, der ist größer und mächtiger als sie sind; der lehrt mich so: »Ich fürchte mich nicht, und wenn vielmal tausend Volks sich wider mich setzen.« Mein Trotz soll ihren Trotz ausstechen, das weiß ich fürwahr!

Erstens, liebe Brüder, führt ihr den Namen Gottes und nennt euch eine christliche Rotte oder Vereinigung und gebt vor: ihr wolltet nach dem göttlichen Recht verfahren und handeln. Gut: so wißt ihr ja auch, daß Gottes Name, Wort und Titel nicht vergeblich noch unnütz angeführt werden soll, wie er im zweiten Gebot sagt: »Du sollst den Namen Gottes deines Herren nicht unnützlich führen!« Und setzt hinzu und sagt: »Denn Gott wird den nicht unschuldig (ungestraft) sein lassen, der seinen Namen unnützlich führt!« Hier steht der Text hell und klar, der euch sowohl, wie alle Menschen betrifft, und – ohne Ansehen eurer großen Menge, eures Rechts und des Schreckens – ebensowohl euch mit seinem Zorn droht, wie uns und allen andern. Er ist auch euch, wie ihr wißt, mächtig und stark genug, daß er euch strafe, wie er hier droht, wenn ihr seinen Namen umsonst und unnützlich führt, so daß ihr schlechthin kein Glück, sondern alles Unglück zu erwarten habt, wenn ihr seinen Namen fälschlich führt. Danach wisset euch zu richten und seid freundlich gewarnt. Es ist ihm eine geringe Sache, so viel Bauern zu erwürgen oder zu hindern, der etwa die ganze Welt mit der Sintflut ersäuft und Sodom mit Feuer versenkt. Er ist ein allmächtiger, schrecklicher Gott!!

Zweitens. Daß ihr aber die seid, die Gottes Namen unnützlich führen und schänden, ist leicht zu beweisen. Und daß euch darum zuletzt alles Unglück begegnen werde, ist auch nicht zweifelhaft, Gott sei denn nicht wahrhaftig! Denn hier steht Gottes Wort und spricht durch den Mund Christi: »Wer das Schwert nimmt, der soll durchs Schwert umkommen!« Das heißt ja nichts anderes, als daß niemand soll mit eigenem Frevel sich der Gewalt unterwinden; sondern wie S. Paulus sagt: »Eine jede Seele solle der Obrigkeit untertan sein mit Furcht und Ehren.«

Wie könnt ihr doch an diesen Gottes-Sprüchen und -Rechten (Gesetzen) vorüber, ihr, die ihr euch rühmt: dem göttlichen Recht nachzufahren und nehmt doch das Schwert selbst und lehnt euch gegen die Obrigkeit auf, die von Gottes Recht verordnet ist? Meint ihr nicht, das Urteil des S. Paulus werde euch treffen: »Wer Gottes Ordnung widersteht, über den wird Verdammnis kommen!«? Das heißt ja, Gottes Namen unnützlich führen, Gottes Recht vorschützen und doch unter demselben Namen gegen Gottes Recht streben! O seht euch vor, liebe Herren, es wird zuletzt nicht dahinaus gehen!

Drittens. »Ja«, sprecht ihr, »die Obrigkeit ist zu böse und unleidlich; denn sie wollen uns das Evangelium nicht lassen und drücken uns allzu hart durch Belastung zeitlicher Güter und verderben uns so an Leib und Seele.« Darauf antworte ich: Daß die Obrigkeit böse und unrecht ist, entschuldigt keine Rotterei und Aufruhr; denn die Bosheit zu strafen, das gebührt nicht einem jeden, sondern der weltlichen Obrigkeit, die das Schwert führt; wie Paulus und Petrus sagen, daß sie zur Strafe der Bösen von Gott verordnet ist. Dasselbe ergibt auch das natürliche und aller Welt Recht, daß niemand sein eigener Richter sein noch sich selbst rächen solle noch könne; denn wahr ist das Sprichwort: »Wer widerschlägt, der ist im Unrecht.« Ebenso: »Wer widerschlägt, macht Hader.« Damit stimmt das göttliche Recht überein und spricht: »Die Rache ist mein! Ich will vergelten! spricht der Herr.« Nun könnt ihr ja nicht leugnen: daß es sich mit eurem Aufruhr dermaßen verhält, daß ihr euch selbst zum Richter macht und euch selbst rächen und kein Unrecht leiden wollt. Das ist nicht allein gegen das christliche Recht und Evangelium, sondern auch gegen das natürliche Recht und alle Billigkeit.

Sollt ihr nun mit eurem Vorhaben bestehen und habt doch beides, göttliches und christliches Recht im Neuen und im Alten Testament, dazu auch das natürliche Recht gegen euch, so müßt ihr einen neuen, besonderen Befehl von Gott aufbringen, mit Zeichen und Wundern bestätigt, der euch solches zu tun Macht gebe und heiße. Sonst wird Gott sein Wort und Ordnung nicht so durch euren eignen Frevel brechen lassen, sondern weil ihr euch des göttlichen Rechts rühmt und doch dagegen handelt, wird er euch als die seinen Namen zur Schande führen ganz entsetzlich fallen und bestrafen lassen und dazu ewiglich verdammen, wie oben gesagt ist. Denn hier geht es auch nach dem Spruch Christi, daß ihr den Splitter im Auge der Obrigkeit seht und seht den Balken in eurem Auge nicht; ebenso nach dem Spruch des S. Paulus: »Laßt uns Böses tun, damit Gutes daraus komme; welcher Verdammnis billig und recht ist.« Denn die Obrigkeit tut Unrecht, das ist wahr, indem sie, die Herren, dem Evangelium wehren und euch in eurem zeitlichen Gut belasten. Aber viel mehr tut ihr Unrecht, indem ihr dem Gottes-Wort nicht allein wehrt, sondern es auch mit Füßen tretet und ihm in seine Gewalt und Recht greift und auch über Gott hinausfahrt. Dazu nehmt ihr auch der Obrigkeit ihre Gewalt und ihr Recht; ja, alles, was sie hat; denn: was behält sie, wenn sie die Gewalt verloren hat?

Ich setze euch selbst hier zu Richtern und stelle es in euer Urteil, welcher Räuber der ärgste sei, ob es der sei, der einem andern ein großes Stück von seinem Gut nimmt und ihm doch etwas übrigläßt oder der, welcher einem alles nimmt, was dieser hat und seinen Leib dazu? Die Obrigkeit nimmt euch unbilligerweise euer Gut, das ist die eine Seite; andererseits nehmt ihr derselben ihre Gewalt, worin all ihr Gut, Leib und Leben besteht; darum seid ihr viel größere Räuber, als sie und habt's ärger vor, als sie mit euch getan haben. »Ja«, sprecht ihr, »wir wollen ihnen Leib und Guts genug lassen.« Das glaube, wer da will, ich nicht! Wer soviel Unrecht wagen darf, daß er einem mit Frevel die Gewalt nimmt, das größte und Hauptstück, der wird's auch nicht dabei bewenden lassen; er wird ihm alles andere und auch das geringste, was daran hängt, auch nehmen. Frißt der Wolf ein ganzes Schaf, so frißt er sicherlich auch wohl ein Ohr davon! Und wenn ihr schon so fromm wäret, daß ihr ihnen Leib und Guts genug ließet, dennoch ist das schon allzuviel geraubt und Unrecht, daß ihr das Beste, nämlich die Gewalt nehmt und euch selbst zu Herren über sie macht. Gott wird euch doch für die größten Räuber urteilen (ansehen).

Könnt ihr euch nicht denken oder klarmachen, liebe Freunde, daß, wenn euer Vorhaben recht sein sollte, daß dann ein jeder gegen den andern zum Richter werden und keine Gewalt noch Obrigkeit, keine Ordnung noch Recht in der Welt bleiben, sondern nichts als Mord und Blutvergießen sein würde? Denn sobald einer sähe, daß ihm jemand Unrecht täte, würde er zufahren und diesen selbst richten und bestrafen. Ist das nun von einer einzelnen Person unbillig und nicht zu leiden, so ist's auch von keiner Rotte oder Haufen zu leiden. Muß man's aber von einer Rotte oder einem Haufen leiden, so kann man's mit keinem Fug noch Recht der einzelnen Person verwehren. Denn es ist auf beiden Seiten die gleiche Ursache: nämlich das Unrecht. Und was wollt ihr tun, wenn in eurer Rotte solcher Frevel anfinge, daß sich ein jeder gegen den andern auflehnt und sich selbst an seinem Beleidiger rächt? Wollt ihr das auch leiden? Würdet ihr nicht sagen, er sollte andere richten und rächen lassen, die von euch eingesetzt wären? Wie wollt ihr denn vor Gott und der Welt bestehen, wenn ihr euch selbst richtet und rächt gegen eure Beleidiger, ja gegen eure von Gott verordnete Obrigkeit?

Nun ist dies alles gesagt von dem allgemeinen göttlichen und natürlichen Recht, welches auch Heiden, Türken und Juden halten müssen, soll anders Frieden und Ordnung in der Welt bestehen bleiben. Und wenn ihr das alles schon hieltet, so tätet ihr dennoch nichts Besseres oder mehr als die Heiden und Türken. Denn daß man sich nicht selbst sein Recht spricht oder rächt, sondern das der Gewalt und der Obrigkeit überläßt, macht keinen zum Christen; man muß es zuletzt doch tun, man tue es gern oder ungern. Weil ihr aber gegen solch Recht angeht, so seht ihr ja ganz klar, daß ihr ärger als die Heiden und Türken seid, geschweige denn, daß ihr Christen sein solltet. Was meint ihr aber, was Christus dazu sagen wird, daß ihr seinen Namen führt und euch eine christliche Versammlung nennt, und doch so fern davon seid, ja, so greulich gegen sein Recht tut und lebt, daß ihr auch noch nicht einmal Heiden oder Türken zu heißen würdig seid, sondern viel ärger, als die, welche gegen göttlich und natürlich Recht, das bei allen Heiden ganz allgemein gehalten wird, toben und angehen?

Da seht ihr, meine lieben Freunde, was für Prediger ihr habt, wie sie es mit eurer Seele meinen! Ich besorge: es seien einige Mordpropheten unter

*Predigt. Holzschnitt aus »Magistri Laurentii Corvini Novoforensi compendia carminum structura.« Köln 1508*

euch gekommen, die durch euch gern die Herren in der Welt werden möchten, wonach sie nun schon lange getrachtet haben, und die nichts danach fragen, ob sie euch in Gefahr Leibes, Gutes, Ehre und Seele führen, sowohl zeitlich wie ewig. Wollt ihr nun das göttliche Recht einhalten; wie ihr euch rühmt, gut, so tut's, da steht's: Gott spricht: »Die Rache ist mein – ich will vergelten!« Ebenso: »Seid untertan nicht allein den guten Herren, sondern auch den bösen!«

Tut ihr's – gut! Tut ihr's nicht, so könnt ihr wohl ein Unglück anrichten, aber es wird am Ende über euch herfallen, daran zweifle nur ja niemand. Denn Gott ist gerecht und wird's nicht leiden. Darum seht euch vor mit eurer Freiheit, daß ihr nicht dem Regen entlauft und ins Wasser fallt, und wenn ihr vermeint: leiblich frei zu werden, daß ihr nicht darüber Leib, Gut und Seel' ewiglich verliert. Gottes Zorn ist da! Fürchtet euch! Das rate ich! Falsche Propheten hat der Teufel unter euch gesandt, davor hütet euch!

Weiter wollen wir nun auch noch von dem Christlichen und Evangelischen Recht etwas sagen, welches die Heiden nicht bindet, wie das vorige. Denn wenn ihr euch rühmt und gern hört, daß man euch Christen nennt, und ihr dafür gehalten sein wollt, so werdet ihr ja auch leiden, daß man euch euer Recht vorhalte. Hört nun, liebe Christen, euer christlich Recht an! So spricht euer oberster Herr Christus, dessen Namen ihr führt.

»Ihr sollt dem Übel nicht widerstehen, sondern wer dich zwingt eine Meile Weges, mit dem gehe zwei Meilen. Und wer dir den Mantel nimmt, dem laß auch den Rock. Und wer dich auf einen Backen schlägt, dem halt' den andern auch dar.«

Hört ihr's, ihr Christliche Versammlung?

Wie reimt sich euer Vorhaben mit diesem Recht?

Ihr wollt nicht leiden, daß man euch Übel und Unrecht tue; sondern frei sein und nichts als Gutes und Recht leiden.

Und Christus spricht: man solle keinem Übel noch Unrecht widerstehen, sondern immer nachgeben, leiden und nehmen lassen.

Wollt ihr solches Recht nicht ertragen, so tut lieber auch den christlichen Namen von euch ab und rühmt euch eines andern, der eurem Tun gemäß ist, oder Christus wird selbst seinen Namen von euch reißen, so daß es euch zu schwer sein wird.

So spricht auch Sankt Paulus: »Rächt euch nicht selbst, meine Liebsten; sondern gebt Raum dem Zorn Gottes!« Ebenso lobt er die Korinther, daß sie gern leiden, so sie jemand schlägt oder beraubt; ebenso straft er sie, daß sie ums Gut rechteten und nicht das Unrecht litten. Ja, unser Herzog Jesus Christus spricht, wir sollen Gutes wünschen denen, die uns beleidigen und für unsere Verfolger bitten und unsere Feinde lieben und unseren Übeltätern wohltun. Dies sind unsere Christlichen Rechte, liebe Freunde.

Nun seht ihr, wie weit euch die falschen Propheten davon abgeführt haben und nennen euch dazu noch Christen, während sie aus euch doch etwas Ärgeres als Heiden gemacht haben. Denn an diesen Sprüchen begreift ein Kind wohl, daß christliches Recht sei, sich nicht gegen Unrecht sträuben, nicht zum Schwert greifen, nicht sich wehren, nicht sich rächen, sondern, dahin geben Leib und Gut, daß es raube, wer da raubt. Wir haben doch genug an unserm Herrn, der uns nicht verlassen wird, wie er verheißen hat. Leiden – leiden! Kreuz – Kreuz! Das ist der Christen Recht! Das und kein anderes!

Nun ihr aber so um das zeitliche Gut kämpft und den Rock nicht zum Mantel fahren lassen, sondern den Mantel wiederholen wollt, wann wollt ihr denn sterben und den Leib lassen oder eure Feinde lieben oder wohltun? O über die losen Christen! Liebe Freunde! Die Christen sind nicht so gemein, daß auf einem Haufen sich soviel versammeln könnten. Es ist ein seltener Vogel um einen Christen! Wollte Gott: wir wären der größere Teil gute, fromme Heiden, die das natürliche Recht hielten, ich schweige vom christlichen!

Ich will euch auch einige Beispiele vom christlichen Recht erzählen, damit ihr seht, wohin euch die tollen Propheten geführt haben. Seht an Sankt Peter im Garten, der seinen Herrn Christus mit dem Schwert verteidigen wollte und dem Malchus ein Ohr abschlug. Sagt an, wer da kann: Hatte Petrus hier nicht großes Recht? War es nicht ein unleidliches Unrecht, daß sie Christus nicht allein das Gut, sondern auch das Leben nehmen wollten? Ja, sie nahmen ihm nicht allein Leib und Gut, sondern unterdrückten damit ganz und gar das Evangelium, durch das sie selig werden sollten, und beraubten sie so des Himmelreiches. Solch Unrecht habt ihr noch nicht einmal alles erlitten, liebe Freunde!

Seht aber, was Christus hier tut und lehrt: Wie groß auch solch Unrecht war, dennoch wehrt er Sankt Petro, heißt ihn das Schwert einstecken und will nicht leiden, daß er das Unrecht räche oder ihm wehre. Dazu fällt er ein tödliches Urteil über ihn als über einen Mörder und spricht: »Wer das Schwert nimmt, soll durchs Schwert umkommen!« Da müssen wir begreifen, daß es nicht genug ist, ob jemand uns Unrecht tue und wir eine gute Sache und ein gutes Recht haben, sondern daß wir auch das Recht und die Macht des Schwertes haben müssen, von Gott uns befohlen, solches Unrecht zu bestrafen. Darüber hinaus soll ein Christ auch das leiden, wenn man ihm das Evangelium verwehren will, wenn das anders überhaupt möglich ist, wie wir hören werden.

Ein anderes Beispiel: Christus selbst, was tut er, als man ihm das Leben am Kreuz nimmt und damit sein Predigtamt niederlegt, dazu er von Gott

*Der Ackermann. Holzschnitt des 16. Jahrhunderts*

selber gesandt war, den Seelen zu gut? Das tut er, wie Sankt Petrus sagt: Er stellt es dem anheim, der da recht richtet, und er leidet solch unleidlich Unrecht. Über das bat er für seine Verfolger und sprach: »Vater! Vergib ihnen! Denn sie wissen nicht, was sie tun!« Wenn ihr nun rechte Christen seid, müßt ihr wahrlich auch so tun und diesem Beispiel folgen. Tut ihr's nicht, so laßt nur bald den christlichen Namen und das Prahlen mit dem christlichen Recht fahren. Denn dann seid ihr sicherlich nicht Christen, sondern gegen Christus und sein Recht und Lehre und Beispiel.

Wenn ihr's aber tätet, so solltet ihr bald Gottes Wunder sehen: daß er euch helfen würde, wie er Christus getan hat. Den hat er nach Vollendung seines Leidens so gerächt, daß sein Evangelium und Reich zum Trotz allen seinen Feinden mit Kraft durchdrang und überhandnahm. So würde er euch helfen, daß sein Evangelium mit Macht würde bei euch aufgehen, wenn ihr vorher bis ans Ende auslittet und ihm die Sache anheimgäbt und auf seine Rache harrtet. Nun ihr aber selbst drein fallt und es nicht leiden wollt, sondern mit der Faust erobern und erhalten, so verhindert ihr seine Rache und werdet's so machen, daß ihr weder Evangelium noch Faust behalten werdet.

Ich muß mich auch selbst als ein gegenwärtiges Beispiel in dieser Zeit mitzählen. Es haben sich Papst und Kaiser gegen mich gestellt und getobt. Nun, womit habe ich's dahin gebracht, daß, je mehr Papst und Kaiser getobt haben, desto mehr mein Evangelium vorwärts gegangen ist? Ich habe nie ein Schwert gezogen oder Rache begehrt. Ich habe keine Rotterei noch Aufruhr angefangen, sondern der weltlichen Obrigkeit, auch der, die das Evangelium und mich verfolgt hat, ihre Gewalt und Ehre helfen verteidigen, so viel ich vermochte. Aber dabei bin ich geblieben, daß ich's Gott ganz anheim gestellt und mich allzeit auf seine Hand trotzig verlassen habe. Darum hat er mich auch beiden zum Trotz, Papst und allen Tyrannen, nicht allein am Leben erhalten, was viele billigerweise für ein großes Wunder ansehen, und was ich selber auch als ein solches bekennen muß, sondern mein Evangelium immer mehr und immer weiter zunehmen lassen. Nun fallt ihr mir drein, wollt dem Evangelium helfen und seht nicht, daß ihr's damit aufs allerhöchste hindert und unterdrückt.

Das sage ich alles, meine lieben Freunde, euch treulich zu warnen, daß ihr in dieser Sache den christlichen Namen und das Pochen auf das christliche Recht beiseite laßt. Denn habt recht, so sehr wie ihr wollt! Es gebührt keinem Christen: zu rechten noch zu fechten, sondern das Unrecht zu leiden und das Übel zu erdulden, da wird nichts andres draus! wie ihr selbst in der Vorrede bekennt, daß alle, die an Christus glauben, lieblich, friedlich, geduldig und einig werden. Aber mit der Tat beweist ihr nichts als Ungeduld, Unfriede, Streit und Frevel, gegen euer eigenes Wort. Ihr wolltet denn die geduldig nennen, die kein Unrecht noch Übel, sondern nichts als Recht und Gutes leiden wollen! Das wäre aber eine schöne Geduld!, die ein Schurke auch leiden kann, geschweige denn ein christgläubiger Mensch! Darum sage ich noch einmal: Ich lasse eure Sache sein, so gut und recht, wie sie sein kann. Weil ihr sie aber selbst verteidigen wollt, und nicht Gewalt und Unrecht leiden, so mögt ihr tun und lassen, was euch Gott nicht wehrt. Aber, den christlichen Namen! Den christlichen Namen sage ich! Den laßt stehen! Und macht den nicht zum Schanddeckel eures ungeduldigen, unfriedlichen, unchristlichen Vorhabens! Den will ich euch nicht lassen und nicht gönnen, sondern mit beiden, mit Schriften und mit Worten, euch abreißen nach meinem Vermögen, solange sich eine Ader in meinem Leibe regt! Denn es wird euch nicht gelingen! Oder es wird euch zum Verderben an Leib und Seele gelingen!

Nicht daß ich damit die Obrigkeit in ihrem unerträglichen Unrecht, welches ihr durch sie erleidet, rechtfertigen oder verteidigen wollte! Sie sind im Unrecht und tun greulich Unrecht, das gebe ich zu! Sondern das will ich: Wenn ihr euch zu beiden Teilen nicht raten lassen wollt, und, was Gott gnädig verhüte! handgemein werdet und aufeinander treffet, dann soll man sie auf keiner Seite Christen nennen; sondern, wie sonst nach der Welt Lauf ein Volk mit dem andern streitet und, wie man sagt: Gott einen Schurken mit dem andern straft, als solche Art und mit solchem Namen will ich euch bezeichnet haben, damit, wenn's zum Streit käme, was Gott gnädig abwende! die Obrigkeit wisse, daß sie nicht gegen Christen streite, sondern gegen Heiden! Und damit ihr andrerseits auch wisset: daß ihr nicht als die Christen, sondern als die Heiden gegen die Obrigkeit streitet! Denn Christen, die streiten nicht für sich selbst mit dem Schwert und mit Gewehren, sondern mit dem Kreuz und Leiden. Genau so, wie ihr Herzog Christus nicht das Schwert führt, sondern am Kreuz hängt. Darum besteht auch ihr Sieg nicht im Obliegen und Herrschen oder Gewalt, sondern im Unterliegen und Unkraft, wie Sankt Paulus sagt: »Unserer Ritterschaft Waffen sind nicht leiblich, sondern gewaltig in Gott«; und abermal: »Kraft wird durch Unkraft vollkommen.«

So soll und muß nun euer Titel und Namen dieser sein, daß ihr die Leute seid, die dafür streiten, daß sie nicht Unrecht und Übel leiden wollen und sollen, wie das die Natur gibt. Den Namen sollt ihr führen und Christus Namen in Frieden lassen; denn das ist auch euer Werk und so tut ihr auch! Wollt ihr den nicht führen, sondern den christlichen Namen behalten, gut, so kann ich die Sache nicht anders verstehen, als daß sie mir gelte, und euch für Feunde rechnen und halten, die mein Evangelium niederhalten und hindern wollen stärker, als Papst und Kaiser es bisher getan haben, weil ihr unter dem Namen des Evangeliums gegen das Evangelium verfahrt und tut.

So will ich euch wiederum auch nicht verbergen, was ich dazu tun will: Ich will Gott die Sache anheimstellen, meinen Hals daran wagen mit Gottes Gnaden und mich trotzlich auf ihn verlassen, wie ich bisher gegen Papst und Kaiser getan habe. Und will für euch bitten, daß er euch erleuchte und eurem Vorhaben widerstehe und es nicht gelingen lasse. Denn das sehe ich wohl, daß der Teufel, da er mich bisher nicht hat durch den Papst umbringen lassen können, jetzt durch die blutdürstigen Mordpropheten und Rottengeister, die unter euch sind, sucht zu vertilgen und aufzufressen. Nun, er fresse mich! Es soll ihm der Bauch eng genug davon werden! Das weiß ich! Und ob ihr gewinnt, so sollt ihr's doch auch nicht viel genießen! Ich bitte aber ganz demütig und freundlich: Wollt euch besser besinnen und so verhalten, daß mir solcher Trotz und Gebet zu Gott gegen euch nicht nötig sei.

Denn ob ich wohl ein armer, sündiger Mensch bin, so weiß ich doch und bin gewiß, daß ich in diesem Fall eine gerechte Sache habe, wenn ich um den christlichen Namen fechte und bitte, daß er nicht geschändet werde. So bin ich auch gewiß, daß mein Gebet vor Gott angenommen ist und erhört wird. Denn er hat uns selbst im Vaterunser so zu beten gelehrt, wenn wir sagen: »Dein Name werde geheiligt! und verboten, denselben zu schänden im zweiten Gebot. Darum bitte ich: ihr wollet solch mein Gebet und aller, die mit mir beten, nicht verachten. Denn es wird euch zu mächtig sein. Und es wird Gott gegen euch erwecken, wie Sankt Jakob spricht: »Des Gerechten Gebet vermag viel, wenn es anhält.« Wie es Elias Gebet tat. Und wir haben auch die tröstliche Verheißung Gottes: daß er uns erhören will: »Was ihr bittet in meinem Namen, das will ich tun.« Und: »Wenn wir etwas bitten, nach seinem Willen, so erhört er uns.«

Solchen Trost und Zuversicht, zu bitten, könnt ihr nicht haben, weil euch euer Gewissen und die Schrift überführt, daß euer Vorhaben »Heidnisch« und nicht »Christlich« ist und unter dem Namen des Evangeliums gegen das Evangelium und zu Schmach des christlichen Namens handelt. Ich weiß auch, daß keiner von euch auch nur ein einziges Mal in dieser Sache zu Gott gebetet oder ihn angerufen hat. Ihr könnt es auch noch nicht, denn ihr dürft in diesem Fall eure Augen nicht zu ihm aufheben; sondern ihr trotz nur mit eurer Faust, die ihr aus Ungeduld und unleidlichem Willen zusammengeballt habt, was euch nicht gut ausgehen wird.

*Der Tod und der Landsknecht. Holzschnitt von Albrecht Dürer, 1510*

Wäret ihr aber Christen, so würdet ihr Faust und Schwert, Trotzen und Drohen unterlassen und euch zum Vaterunser halten und mit Beten eure Sache bei Gott fördern und sprechen: »Dein Wille geschehe!«, ebenso: »Erlöse uns von dem Übel! Amen!« wie ihr seht, daß im Psalter die rechten Heiligen ihre Not vor Gott tragen und klagen und von ihm Hilfe suchen, nicht sich selbst verteidigen noch dem Übel widerstehen. Solch Gebet hätte euch mehr geholfen in allen euren Nöten, als wenn euer die Welt voll wäre. Hättet auch dazu ein gutes Gewissen und eine tröstliche Zuversicht, daß ihr erhört würdet, wie seine Verheißungen lauten: »Er ist aller Menschen Helfer, besonders der Gläubigen.« Und: »Rufe mich an in der Not, so will ich dir helfen.« Und: »Er hat mich angerufen in der Not, darum will ich ihm aushelfen.« Seht, das ist die rechte christliche Weise, von Unglück und Übel los zu werden, nämlich: dulden und Gott anrufen. Weil ihr aber keins von beiden tut, weder ruft noch duldet, sondern mit eigener Macht euch selbst helft und euch selbst zu eurem Gott und Heiland macht, so muß und kann Gott nicht euer Gott und Heiland sein. Und vielleicht könnt ihr auch als die Heiden und Gotteslästerer etwas ausrichten, wenn es Gott so verhängt, davor wir ihn bitten, uns zu bewahren, dann aber nur so, daß es euch nur zu eurem ewigen und zeitlichen Verderben gelingen wird.

Als Christen aber oder Evangelische werdet ihr nichts gewinnen, daran wollt ich tausend Hälse verwetten.

Hieraus ist nun leicht auf alle eure Artikel geantwortet. Denn wenn sie auch alle natürlich recht und billig wären, so habt ihr doch das christliche Recht vergessen: daß ihr sie nicht mit Geduld und Gebet zu Gott, wie es Christenleuten gebührt, erobert und ausführt, sondern es mit eigener Ungeduld und Frevel unternommen habt, sie der Obrigkeit abzudringen und mit Gewalt zu erzwingen, was auch gegen das gewöhnliche Landesrecht und die natürliche Billigkeit verstößt. Und derjenige, der eure Artikel aufgestellt hat, ist kein frommer, redlicher Mann. Denn er hat viele Kapitel aus der Schrift an den Rand geschrieben, durch welche die Artikel begründet sein sollen und behält doch den Brei im Maul (rückt nicht mit der Sprache heraus) und läßt die Sprüche draußen bleiben, damit er seiner Bosheit und eurem Vorhaben einen Schein mache, euch zu verführen und zu verhetzen und in Gefahr zu bringen. Denn diese angeführten Kapitel, wenn man sie durchliest, sagen nicht viel über euer Vorhaben, sondern vielmehr das Gegenteil davon, nämlich: daß man christlich leben und verfahren solle. Es wird vielleicht ein rottischer Prophet sein, der seinen Mutwillen durch euch an dem Evangelium auslassen will. Dem wolle Gott wehren und euch vor ihm behüten!

Erstens: In der Vorrede kommt ihr zunächst damit, daß ihr euch rühmt, nicht aufrührerisch sein zu wollen, sondern entschuldigt euch, daß ihr nach dem Evangelium zu lehren und zu leben begehrt usw. Da straft euch euer eigener Mund und Werk, denn ihr bekennt, daß ihr euch rottet und empört, und wollt das mit dem Evangelium beschönigen. Oben habt ihr gehört: das Evangelium lehrt die Christen: das Unrecht leiden und dulden und zu Gott beten in allerlei Not. Ihr aber wollt nicht leiden, sondern wie die Heiden die Obrigkeit nach eurem Willen und Ungeduld zwingen.

Ihr führt auch die Kinder Israel als Beispiel an, daß Gott ihr Rufen erhört und sie erlöst habe. Warum haltet ihr euch nicht an dies Beispiel, dessen ihr euch so rühmt? Ruft auch so zu Gott und wartet, bis er euch einen Moses sendet, der mit Zeichen und Wundern beweise, daß er von Gott gesandt sei! Die Kinder Israel rotteten sich nicht gegen Pharao, sie halfen sich auch nicht selbst, wie ihr euch vornehmt. Darum ist dies Beispiel schnurstracks gegen euch und verdammt euch, die ihr euch seiner rühmt und doch das genaue Gegenteil tut.

Auch ist das nicht wahr, daß ihr euch rühmt, nach dem Evangelium zu lehren und zu leben. Ist doch kein Artikel darunter, der ein einziges Stück vom Evangelium lehrt, sondern alles ist dahin gerichtet, daß ihr euer Leib und Gut frei macht, und, faßt man alles zusammen, so handeln sie alle von weltlichen, zeitlichen Sachen, nämlich, daß ihr Gewalt und Gut haben wollt, nichts Unrechts zu leiden. Während doch das Evangelium sich weltlicher Sachen gar nicht annimmt und das äußere Leben allein in Leiden, Unrecht, Kreuz, Geduld und Verachtung zeitlicher Güter und Lebens setzt. Wie reimt sich denn nun das Evangelium mit euch, als bloß darin, daß ihr den Schein davon für euer unevangelisches und unchristliches Vorgehen sucht und nicht seht, wie ihr damit das heilige Evangelium Christi schmäht und zum Schanddeckel macht? Darum müßt ihr euch hierzu anders stellen: Entweder diese Sache ganz und gar fallen lassen und euch dazu verstehen, das Unrecht zu leiden, nämlich wenn ihr Christen sein und heißen wollt, oder, wollt ihr die Sache ausführen, dann müßt ihr einen andern Namen verwenden und könnt nicht »Christen« genannt und als solche angesehen werden. Da gibt es kein Mittelding, und es wird nichts andres draus!

Recht habt ihr wahrlich in dem, daß ihr nach dem Evangelium »verlangt«, wenn es euch damit überhaupt Ernst ist. Ja, ich will diesen Artikel noch besser zuschärfen, als ihr es tut, und so sagen: Es ist doch unleidlich, daß man jemand den Himmel zuschließe und ihn mit Gewalt in die Hölle jage! Das soll ja niemand leiden und eher hundert Hälse darüber lassen! Wer mir aber das Evangelium verwehrt, der schließt mir den Himmel zu und jagt mich mit Gewalt in die Hölle, weil es keinen andern Weg und Mittel zur Seelen Seligkeit gibt, als das Evangelium. Dann soll ich ja aber so etwas bei Verlust meiner Seele nicht zugeben.

Seht, ist das Recht nicht stark genug bewiesen? Und doch folgt nicht daraus, daß ich mich mit der Faust gegen die Obrigkeit, die solch Unrecht an mir tut, stellen sollte! Du wendest ein: »Wie soll ich es denn zu gleicher Zeit leiden und nicht leiden?« Hierauf ist die Antwort sehr einfach so: Es ist unmöglich, daß jemand das Evangelium könnte verwehrt werden. Es gibt auch keine Gewalt im Himmel und auf Erden, die das vermöchte. Denn es ist eine offenkundige Lehre, die unter dem Himmel frei daher geht, an keinen Ort gebunden, wie der Stern, der Christi Geburt den Weisen aus dem Morgenlande vor ihnen in der Luft hergehend anzeigte.

*Der Landsknecht und sein Weib. Holzschnitt des 16. Jahrhunderts (Hans Guldenmund?)*

Das ist wohl wahr: Die Städte, Ortschaften, den Raum, wo das Evangelium oder seine Prediger sind, können die Landesherren wohl verwehren. Aber du kannst diese Stadt oder jenen Ort verlassen und dem Evangelium nach einem andern Ort nachlaufen. Und es ist nicht nötig, daß du um des Evangeliums willen diese Stadt oder jenen Ort einnehmest oder besetzt hältst, sondern laß dem Herrn seine Stadt und folge du dem Evangelium, so leidest du, daß man dir Unrecht tue und dich verjagt, und leidest doch zugleich nicht, daß man dir das Evangelium nehme oder verwehre. Sieh, so kommen die zwei überein: Leiden und nicht leiden. Sonst, wenn du die Stadt auch behalten willst mit dem Evangelium, so raubst du dem Herrn der Stadt das Seine und gibst vor, du tätest es um das Evangelium. Mein Lieber! Das Evangelium lehrt dich nicht rauben und nehmen, wenn auch der Herr des Gutes gegen Gottes Gebot und, unrechterweise und dir zum Schaden, dieses Gut mißbraucht. Das Evangelium braucht keinen leiblichen Raum oder Stadt, wo es bleibe. Es will und muß im Herzen bleiben.

Das hat Christus gelehrt: »Wenn sie euch aus einer Stadt verjagen, so flieht in eine andere.« Er sagt nicht: Wenn sie euch in einer Stadt verjagen, so bleibt drin und nehmt die Stadt ein dem Evangelium zum Lob und rottet euch zusammen gegen die Herren der Stadt, wie man jetzt tun will und lehrt, sondern: Fliehet, fliehet immer so fort in eine andre, bis des Menschen Sohn kommt, usw. »Denn ich sage euch: Ihr werdet mit den Städten nicht zu Ende kommen, bis des Menschen Sohn kommen wird.«

Ebenso spricht er auch, daß die Gottlosen seine Evangelisten verjagen werden von einer Stadt zur anderen. So spricht auch Paulus: »Wir sind an keinem sicheren Ort.« Wenn es nun so geschieht, daß ein Christ immer von einem Ort zum andern weichen muß ums Evangelium willen und alles verlassen, wo er ist und was er hat, oder immer unsicher sitzt und alle Stunde solches erwartet, so geht es ihm recht, wie es einem Christen gehen soll. Denn darum, daß er nicht leiden will, das Evangelium ihm zu nehmen oder zu verwehren, darum leidet er, daß man ihm nimmt und verwehrt Stadt, Ort, Gut und alles, was er ist und hat. Wie reimt sich nun hiermit euer Vorhaben, die ihr Städte und Orte einnehmt und behaltet, die nicht euer sind, und nicht leiden wollt, daß man euch diese nehme und verwehre, sondern ihr nehmt und verwehrt sie ihren natürlichen Herren? Was sind mir das für Christen, die ums Evangelium willen Räuber, Diebe und Schälke werden und hinterher sagen: sie sind evangelisch?

### *Zum ersten Artikel*

»Eine ganze Gemeinde soll Macht haben, einen Pfarrherrn zu erwählen und abzusetzen.« Dieser Artikel ist recht, wenn er nur auch christlich gehandhabt würde, und daß außerdem die am Rande angeführten Bibelstellen nichts mit ihm zu tun haben. Wenn nun die Güter der Pfarre von der Obrigkeit kommen und nicht von der Gemeinde, so kann die Gemeinde diese selben Güter nicht dem zuwenden, den sie erwählt, denn das wäre geraubt und weggenommen. Sondern, wenn sie einen bestimmten Pfarrherrn haben will, so soll sie ihn zuerst demütig von der Obrigkeit erbitten. Will die Obrigkeit nicht, so wähle sie einen eigenen und ernähre ihn von ihren eigenen Gütern und lasse der Obrigkeit ihre Güter oder erlange sie auf rechtmäßige Weise von ihr. Will aber die Obrigkeit den von ihr gewählten und ernährten Pfarrherrn nicht dulden, so lasse man ihn fliehen in eine andere Stadt und fliehe mit ihm, wer da will, wie Christus lehrt. Das heißt christlich und evangelisch einen eigenen Pfarrherrn erwählen und haben. Wer anders tut, der handelt unchristlich als ein Räuber und Frevler.

### *Zum zweiten Artikel*

»Der Zehnte soll dem Pfarrherrn und armen Leuten ausgeteilt werden, das Übrige behalten zur Landesnot usw.«

Dieser Artikel ist nichts als Raub und offenbare Strauchdieberei. Denn da wollen sie den Zehnten, der gar nicht ihnen, sondern der Obrigkeit gehört, an sich reißen und damit machen, was sie wollen. Nicht so, liebe Freunde! Das heißt die Obrigkeit ganz und gar absetzen! Während ihr doch in der Vorrede bedingt, niemand das Seine zu nehmen. Wollt ihr geben und Gutes tun, so tut's von eurem eigenen Gut, wie der weise Mann spricht: »Von ›deinen‹ Gütern gib den Armen.« Denn Gott sagt: »Ich hasse das Opfer, das vom Raub kommt.« Redet ihr doch in diesem Artikel, als wäret ihr schon die Herren im Land und hättet alle Güter der Obrigkeit an euch genommen und wollet niemand untertan sein noch etwas geben. Daran begreift man, was ihr im Sinn habt. Liebe Herren! Laßt ab! Ihr werdet's nicht zu Ende bringen! Es helfen euch nicht die Stellen aus der Schrift, die euer Lügen-Prediger und falscher Prophet an den Rand geschmiert hat, sondern, sie sind gegen euch!

»Es soll kein Leibeigener sein, weil uns Christus alle befreit hat.« Was ist das? Das heißt die »christliche« Freiheit ganz »fleischlich« machen! Hat nicht Abraham und andere Patriarchen und Propheten auch Leibeigene gehabt? – Lest bei Sankt Paulus, was er von den Knechten, welche zu der Zeit alle Leibeigene waren, lehrt. Darum ist dieser Artikel schnurstracks gegen das Evangelium und räuberisch! Damit nimmt ein jeder seinen Leib, der eigen geworden ist, seinem Herrn weg. (Denn ein Leibeigener kann sehr wohl Christ sein und »christliche« Freiheit haben.) Ebenso wie ein Gefangener oder ein Kranker ein Christ ist und doch nicht frei ist. Es will dieser Artikel alle Menschen gleich machen und aus dem geistlichen Reich Christi ein weltliches, äußerliches Reich machen, was unmöglich ist. Denn weltlich Reich kann nicht bestehen, wenn nicht unter den Personen Ungleichheit ist, so daß einige frei, einige gefangen, einige Herren, einige Untertanen sind usw. Wie Sankt Paulus sagt, daß in Christus Herr und Knecht ein Ding sei. Darüber hat mein Herr und Freund Urban Regius gut und ausführlich geschrieben, da kannst du weiter lesen.

M S

*Der Eseltreiber. Kupferstich von Martin Schongauer*

Die andern Artikel über Freiheit des Wildbrets, Vögel, Fische, Holz, Wälder, von Diensten, Zinsen, Aufschlägen, Zöllen, Todfall usw. empfehle ich den Rechts-Sachverständigen. Denn mir als einem Evangelisten kommt es nicht zu, in diesen Sachen zu urteilen und zu richten. Ich soll die Gewissen unterrichten und lehren: was göttliche und christliche Sachen betrifft. Man hat Bücher genug hierüber in kaiserlichen Rechten. Und ich habe oben schon so gesagt, daß solche Dinge einen Christen nichts angehen; er fragt auch nicht danach. Er läßt rauben, nehmen, drükken, schinden, schaben, fressen und toben, wer da will, denn er ist ein Märtyrer auf Erden. Deshalb sollte auch die Bauernschaft billigerweise den christlichen Namen in Frieden lassen und unter dem Namen derer handeln, die gerne menschliches und natürliches Recht haben wollten, nicht aber als die, die das christliche Recht suchten, welches letztere ihnen in allen Stücken befiehlt stillzustehen, zu leiden und allein Gott zu klagen.

Seht, liebe Herren und Freunde, das ist mein Unterricht, den ihr in einer anderen Schrift von mir begehrt habt. Und ich bitte: Wollt an euer Anerbieten denken, nach dem ihr euch gern wolltet durch die Schrift unterweisen lassen. Wenn nun dies mein Schreiben zu euch kommt, so schreit nicht sofort: »Der Luther schmeichelt den Fürsten, er redet gegen das Evangelium!« Lest vorher und seht meine Gründe aus der Schrift an. Denn es geht euch an! Ich bin entschuldigt vor Gott und der Welt! Ich kenne die falschen Propheten unter euch gut! Gehorcht ihnen nicht, sie verführen euch sicherlich! Sie denken an euer Gewissen nicht! Sie wollten gerne »Galater« aus euch machen: »O ihr unverständigen Galater! Wer hat euch bezaubert? Daß ihr der Wahrheit nicht gehorcht!, damit sie durch euch zu Gut und Ehren kämen und hinterher samt euch ewig in die Hölle verdammt sein müßten.

## Vermahnung an beide, Obrigkeit und Bauernschaft.

Weil nun, liebe Herren, auf beiden Seiten nichts Christliches ist, auch keine christliche Sache zwischen euch schwebt, sondern beide, Herren und Bauernschaft, um heidnisches oder weltliches Recht oder Unrecht und um zeitliche Güter zu tun haben; weil ihr ferner auf beiden Seiten gegen Gott handelt und unter seinem Zorn steht, wie ihr gehört habt, so laßt euch um Gottes willen zureden und raten und greift die Sache so an, wie solche Sachen anzugreifen sind, das heißt, mit Recht und nicht mit Gewalt und mit Streit. Damit ihr nicht ein unendliches Blutvergießen anrichtet in deutschen Landen. Denn weil ihr beide Teile im Unrecht seid und dazu euch noch selbst rächen und schützen wollt, werdet ihr euch alle beide verderben, und Gott wird einen Buben mit dem andern stäupen.

Ihr Herren, habt gegen euch die Schrift und die Geschichte: wie die Tyrannen gestraft worden sind, wie denn auch die heidnischen Schriftsteller schreiben, daß die Tyrannen selten am »trocknen« Tod sterben, sondern gewöhnlich erwürgt worden sind und im Blut umkommen. Weil nun feststeht: daß ihr als Tyrannen und Wüteriche regiert, das Evangelium verbietet und den armen Mann so schindet und drückt, so habt ihr keinen andern Trost und Hoffnung, als daß ihr umkommen werdet, wie euresgleichen immer umgekommen sind. Seht alle Königreiche an, wie sie ein Ende genommen haben durchs Schwert, wie die Assyrer, Perser, Juden, Römer und so fortan, die allesamt zuletzt vernichtet worden sind, so wie sie vorher andere vernichtet haben. Damit beweist Gott: daß er Richter ist auf Erden und kein Unrecht ungestraft läßt. Deshalb ist euch nichts gewisser, als daß euch ein gleiches Urteil auf dem Halse liegt, es geschehe jetzt oder später, wenn ihr euch nicht bessert.

Ihr Bauern habt auch gegen euch die Schrift und die Erfahrung, daß niemals eine Rotterei ein gutes Ende genommen hat, und Gott hat allewege an diesem Wort streng festgehalten: »Wer das Schwert nimmt, der soll durchs Schwert umkommen!« Weil ihr nun Unrecht tut, daß ihr euch selbst richtet und rächt, dazu den christlichen Namen auf unwürdige Weise führt, so seid ihr gewiß auch unter Gottes Zorn. Und wenn ihr gleich gewinnt und alle Herrschaft vernichtet, würdet ihr zuletzt doch euch selber untereinander zerfleischen müssen, wie die wütenden Bestien. Denn weil kein Geist, sondern Fleisch und Blut unter euch regiert, wird Gott bald einen bösen Geist unter euch senden, wie er tat mit denen zu Sichem und Abimelech. Seht an, wie alle Rotterei zuletzt ein Ende genommen hat, wie die Rotte Korah, ebenso Absalom, Seba, Samri und dergleichen. Kurzum allen beiden, Tyrannen und Rotten, ist Gott feind; darum hetzt er sie aneinander, daß sie alle beide Teile mit Schanden umkommen, und so sein Zorn und Urteil über die Gottlosen vollbracht werde.

Mir ist das am allerleidesten und hoch zu erbarmen, und wollt's gerne mit meinem Leben und Sterben abkaufen: daß auf beiden Seiten zwei unüberwindliche Schäden folgen. Denn weil kein Teil mit gutem Gewissen streitet, sondern beide Teile fechten, um das Unrecht aufrecht zu erhalten, so muß erstens daraus folgen, daß die, welche dabei erschlagen werden, mit Leib und Seele ewig verloren sind, als die in ihren Sünden sterben, ohne Reue und Gnade, im Zorn Gottes, dagegen ist keine Hilfe noch Rat. Denn die Herren würden darum streiten, daß sie ihre Tyrannei und Verfolgung des Evangeliums und ungerechte Bedrückung der Armen bestätigten und aufrecht erhielten oder doch denjenigen unter ihnen, die so handeln, dazu verhelfen, daß sie bestätigten und weiter handhabten. Das ist sicher ein greuelvolles Unrecht und gegen Gott. Wer darin gefunden wird, muß ewig verloren sein. Andererseits, die Bauern würden streiten, um ihre Rotterei und Mißbrauch des christlichen Namens zu verfechten, welches auch beides höchlich gegen Gott ist, und wer darin und darum stirbt, muß auch ewig verloren sein, dagegen hilft auch nichts.

Der zweite Schaden ist der: daß Deutschland verwüstet werden wird, und wenn einmal solch Blutvergießen anfängt, wird es schwerlich aufhören, ehe nicht alles vernichtet ist. Denn Streit ist bald angefangen, es steht aber nicht in unserer Macht: aufzuhören wenn wir wollen. Was haben euch denn nun so viel unschuldige Kinder, Weiber und alte Leute getan, die ihr Narren mit euch in solche Gefahr hineinzieht, um das Land voll Blut, Raub, Witwen und Waisen zu machen?? O, der Teufel hat's trefflich böse im Sinn, und Gott ist höchst erzürnt und droht uns, denselben loszulassen und sein Mütchen in unserm Blut und Seelen zu kühlen. Seht euch vor, liebe Herren, und seid weise! Es gilt euch allen beiden! Was hilft es euch: wenn ihr euch selbst ewig und mutwillig verdammt und dazu hinter euch ein wüstes und zerstörtes, blutiges Land euren Nachkommen hinterlaßt; wenn ihr doch die Sachen beizeiten besser wenden könnt durch Buße gegen Gott und freundlichen Vertrag oder mit willigem Leiden vor den Menschen? Mit Trotz und Streit werdet ihr nichts schaffen!!

Darum wäre mein treuer Rat: daß man aus dem Adel einige Grafen und Herren, aus den Städten einige Ratsherren erwählte und die Sachen in freundlicher Weise behandeln und stillen ließe: daß ihr Herren euren steifnackigen Hochmut herunterließet, den ihr doch zuletzt herunterlassen müßt, ob ihr nun wollt oder nicht wollt und ein wenig zurückwichet von eurer Tyrannei und Bedrückung, so daß der arme Mann auch Luft und Raum gewönne zu leben; daß wiederum die Bauern sich auch zureden ließen und einige der Forderungen, die zu viel und zu weit greifen, aufgäben und fahren ließen, damit so die Sache, wenn sie nun nicht nach christlicher Weise behandelt werden soll, wenigstens doch nach menschlichen Rechten und Verträgen gestillt werden möchte.

*Sämann. Holzschnitt zu Sebastian Brandts »Virgilius«,*

Werdet ihr solchem Rat nicht folgen, was Gott verhüten möge! so muß ich euch aneinander geraten lassen. Ich aber bin unschuldig an euren Seelen, Blut und Glut! Ihr werdet's selber zu tragen haben! Ich hab's euch gesagt, daß ihr auf beiden Seiten Unrecht habt und um Unrecht fechtet. Ihr Herren fechtet nicht gegen Christen, denn Christen tun euch nichts, sondern dulden alles; ihr fechtet vielmehr gegen offenbare Räuber und Schänder des christlichen Namens. Die, welche unter ihnen sterben: sind schon auf ewig verdammt. Andrerseits ihr Bauern fechtet auch nicht gegen Christen, sondern gegen Tyrannen und Verfolger Gottes und der

Menschen und gegen Mörder der Heiligen Christi. Die, welche unter ihnen sterben: sind auch auf ewig verdammt. Da habt ihr alle beide Teile euer gewisses Urteil von Gott, das weiß ich fürwahr! Tut nun, was ihr wollt, da ihr ja doch nicht folgen wollt, euren Leib und Seele zu erhalten.

Ich aber will mit den Meinen Gott bitten: daß er euch beide Teile entweder versöhne und vereinige oder gnädig verhindere, daß es nicht nach eurem Sinn hinausgehe, obwohl mir die schrecklichen Zeichen und Wunder, die in dieser Zeit geschehen sind, einen schweren Mut machen und ich besorge: Gottes Zorn sei schon zu stark in Gang gekommen, wie er sagt: »Und wenn auch Noah, Hiob und Daniel vor mir stünden, so habe ich keinen Willen zu diesem Volke; treibe sie weg von mir und laß sie dahinfahren!« Wollte Gott, ihr fürchtet euch vor seinem Zorn und bessert euch, damit doch die Plage eine Verzögerung und längeren Aufschub bekäme. Wohlan, ich habe, wie mir mein Gewissen Zeugnis gibt: euch allen christlich und brüderlich treu genug geraten. Gott gebe, daß es helfe! Amen!

»Convertetur dolor ejus in caput ejus
Et in verticem ipsius iniquitas ejus descendat.«
»Sein Unglück wird auf seinen Kopf kommen
Und sein Frevel auf seinen Scheitel fallen.«

*Aufständische Bauern umzingeln einen Ritter. Anonymer Holzschnitt, 1539*

# Wider die räuberischen und mörderischen Rotten der Bauern.

*(1525)*

Im vorigen Büchlein durfte ich die Bauern nicht verurteilen, weil sie sich zu Recht und besserer Belehrung erboten hatten; wie denn Christus auch gebietet, man solle nicht richten. Aber ehe ich mich noch umsehe, gehen sie los, und greifen mit der Faust drein und vergessen ihr Anerbieten, rauben und toben und tun wie die rasenden Hunde. Daran sieht man allerdings, was sie in ihrem falschen Sinn gehabt haben, und daß es nichts als erlogene Dinge gewesen sind, was sie unter dem Namen des Evangeliums in den 12 Artikeln vorgewendet haben. Kurzum nichts als Teufelswerk treiben sie und besonders ist es der Erzteufel, der in Mühlhausen (Thüringen) regiert (Thomas Münzer) und nichts als Raub, Mord, Blutvergießen anrichtet, wie denn Christus von ihm sagt, daß er sei ein Mörder von Anbeginn. Nun sich denn so viel Bauern und elende Leute verführen lassen und anders tun, als sie geredet haben, so muß ich auch anders von ihnen schreiben und erstlich ihre Sünde vor ihre Augen stellen, wie Gott dem Jesaias und Hesekiel befahl, ob sich vielleicht einige (als böse) erkennen wollten, und dann der weltlichen Obrigkeit Gewissen unterrichten, wie sie sich hierin verhalten sollen.

Dreierlei greuliche Sünden gegen Gott und Menschen laden diese Bauern auf sich, dadurch sie mannigfaltig den Tod an Leib und Seele verdient haben. Erstens, daß sie ihrer Obrigkeit Treue und Huld geschworen haben, untertänig und gehorsam zu sein, wie es Gott gebietet, indem er spricht: »Gebt dem Kaiser, was des Kaisers ist«, und: »Jedermann sei der Obrigkeit untertan«. Weil sie aber diesen Gehorsam mutwillig und mit Frevel brechen und sich dazu gegen ihre Herren setzen, so haben sie damit Leib und Seele verwirkt, als die treulosen, meineidigen, lügenhaften, ungehorsamen Buben und Bösewichte zu tun pflegen, weshalb auch Sankt Paulus folgendes Urteil über sie fällt: »Welche der Gewalt widerstreben, die werden ein Gericht über sich bekommen«, und dieser Spruch wird auch am Ende die Bauern treffen, es geschehe über kurz oder lang, denn Gott will Treue und Pflicht gehalten haben.

Zweitens: Dadurch, daß sie Aufruhr anrichten und mit Frevel Klöster und Schlösser, die ihnen nicht gehören, berauben und plündern, sind sie öffentliche Straßenräuber und Mörder und verschulden dadurch allein schon zweifach den Tod an Leib und Seele. Außerdem ist ein aufrüh-

*Thomas Münzer. Stich von C.von Sichem,*

rerischer Mensch, den man des Aufruhrs überführen kann, schon in Gottes und kaiserlicher Acht, so daß, wer am ersten ihn erwürgen kann und mag, daran recht und gut tut. Denn über einen offenbaren Aufrührer ist ein jeder Mensch beides, oberster Richter und Scharfrichter, ebenso als wenn ein Feuer ausbricht, derjenige der beste ist, der am ersten löschen kann. Denn Aufruhr ist nicht ein einfacher Mord, sondern: wie ein großes Feuer, welches ein Land anzündet und verwüstet, so bringt der Aufruhr mit sich: ein Land voll Mord, Blutvergießen, macht Witwen und Waisen und zerstört alles, wie das allergrößte Unglück. Deswegen soll hier zuschmeißen, würgen, stechen, heimlich oder öffentlich, wer da kann, und daran denken, daß nichts Giftigeres, Schädlicheres, Teuflischeres sein kann als ein aufrührerischer Mensch, so wie man einen tollen Hund totschlagen muß, schlägst du ihn nicht, so schlägt er dich und ein ganzes Land mit dir.

Drittens: Damit, daß sie solche schrecklichen, greulichen Sünden mit dem Evangelium decken, sich »christliche Brüder« nennen, von den Leuten Eid und Huldigung nehmen und sie zwingen, zu solchen Greueln mit ihnen zusammenzuhalten, damit werden sie die allergrößten Gotteslästerer und Schänder seines heiligen Namens und ehren und dienen so dem Teufel unter dem Anschein des Evangeliums, und dadurch verdienen sie wohl zehnmal den Tod an Leib und Seele, so daß ich eine häßlichere Sünde nie gehört habe. Und ich erachte auch, daß der Teufel den Jüngsten Tag herannahen fühle, weil er solche unerhörten Dinge vornimmt, als sollte er sagen: »Es ist das letzte, darum soll es das Ärgste sein!« und die Grundsuppe (den Bodensatz) aufrühren und dem Faß den Boden ganz und gar ausstoßen will.

Gott wolle ihm wehren!!

Da kannst du sehen, welch ein mächtiger Fürst der Teufel ist, wie er die Welt in seinen Händen hat und durcheinander mengen kann! Der so schnell so viel tausend Bauern fangen, verführen, verblenden, verstocken und empören und mit ihnen machen kann, was sein allerwütendster Grimm vornimmt.

Es hilft auch den Bauern nichts, daß sie vorgeben, (es) seien alle Dinge frei und für alle gemein geschaffen, und daß wir alle gleich getauft sind. Denn im Neuen Testament zieht und gilt Moses nicht, sondern da steht unser Meister Christus und wirft uns mit Leib und Gut unter den Kaiser und das weltliche Recht, indem er spricht: »Gebt dem Kaiser, was des Kaisers ist.« Ebenso spricht auch Paulus zu allen getauften Christen: »Jedermann sei der Gewalt untertan.« Und Petrus: »Seid untertan aller menschlichen Ordnung.« Dieser Lehre Christi sind wir schuldig, nachzuleben, wie der Vater vom Himmel gebietet und sagt: »Das ist mein lieber Sohn, den sollt ihr hören!« Denn die Taufe macht nicht Leib und

Gut frei, sondern die Seelen. Auch macht das Evangelium nicht die Güter allgemein, außer allein unter denen, welche solches willig von sich selbst aus tun wollen, wie die Apostel und Jünger taten, welche nicht forderten, daß die ihnen nicht gehörenden Güter des Pilatus und Herodes allgemein sein sollten, wie unsere unsinnigen Bauern toben, sondern nur ihre eigenen Güter. Aber unsere Bauern wollen die fremden Güter der andern für alle gemein haben, und ihre eigenen für sich behalten. Das sind mir schöne Christen!! Ich meine: es kann kein einziger Teufel mehr in der Hölle sein, sondern sie sind allzumal in die Bauern gefahren. Es ist überaus und über alle Maßen, dies Wüten!! –

Weil denn nun die Bauern beide, Gott und Menschen, auf sich laden und so mannigfach schon des Todes an Leib und Seele schuldig sind und sich keinem Rechtsspruch stellen noch auf ihn warten, sondern immerfort toben, muß ich hier die weltliche Obrigkeit unterrichten, wie sie hierin mit gutem Gewissen verfahren sollen. Erstens: Derjenigen Obrigkeit, welche ohne vorhergehendes Anerbieten von Recht und Billigkeit solche Bauern schlagen und strafen kann und will, will ich nicht wehren, auch wenn sie das Evangelium nicht duldet, denn sie hat dazu (zu strafen) gutes Recht; deswegen, weil die Bauern nun nicht mehr um das Evangelium fechten, sondern sich offenbart haben als Treulose, Meineidige, Ungehorsame, Aufrührerische, Mörder, Räuber, Gotteslästerer, welche auch eine heidnische Obrigkeit zu strafen das Recht und Macht hat, ja, das zu tun schuldig ist, solche Buben zu strafen. Denn dazu trägt sie das Schwert und ist Gottes Dienerin über den, der Übels tut.

Aber diejenige Obrigkeit, die christlich ist und das Evangelium duldet, und gegen welche die Bauern daher auch nicht den geringsten Anschein des Rechts haben, soll hier mit Furcht verfahren. Und sie soll zuerst die Sachen Gott anheim geben und bekennen, daß wir das alles wohl verdient haben. Dazu soll sie sich darüber Sorge machen, daß Gott vielleicht den Teufel so errege zu einer allgemeinen Bestrafung Deutschlands. Danach soll sie demütig um Hilfe gegen den Teufel bitten. Denn wir fechten hier nicht allein gegen Fleisch und Blut, sondern gegen die geistlichen Bösewichte in der Luft, welche mit Gebet angegriffen werden müssen. Wenn nun das Herz so zu Gott gerichtet ist, daß man seinen göttlichen Willen walten läßt, ob er uns wolle oder nicht wolle zu Fürsten und Herren haben, so soll man sich gegen die tollen Bauern zu allem Überfluß, ob sie es auch nicht wert sind, zu Recht und Vergleich erbieten. Danach, wenn das nicht helfen will, schnell zum Schwert greifen. Denn ein Fürst und Herr muß hier bedenken, daß er Gottes Amtmann und Diener seines Zornes ist, dem das Schwert über solche Schurken zu führen befohlen ist. Und daß er sich ebensosehr vor Gott versündigt, wenn er nicht straft und wehrt und sein Amt nicht vollführt, als wenn einer mordet, dem das Schwert nicht befohlen ist. Denn wenn er strafen kann, und er straft nicht, es sei durch Hinrichtung oder Blutvergießen, so ist er schuldig an allem Mord und allen Übeltaten, die solche Schurken begehen, als einer, der da mutwillig, durch Unterlassen seines göttlichen Befehls zuläßt, daß solche Schurken ihre Bosheit ausüben, während er es sehr wohl wehren kann und dazu verpflichtet ist. Darum ist hier nicht zu schlafen! Es gilt auch hier nicht Geduld und Barmherzigkeit! Es ist die Zeit des Schwerts und des Zornes und nicht die Zeit der Gnade!

So soll nun die Obrigkeit hier getrost vorwärts gehen und mit gutem Gewissen dreinschlagen, solange sie eine Ader regen kann. Denn sie hat den Vorteil, daß die Bauern ein böses Gewissen und eine ungerechte Sache haben und welcher Bauer dabei erschlagen wird, mit Leib und Seele verloren und ewig des Teufels ist. Aber die Obrigkeit hat ein gutes Gewissen und eine gerechte Sache und kann mit aller Sicherheit des Herzens zu Gott so sagen: »Siehe, mein Gott! Du hast mich zum Fürsten oder Herrn gesetzt, daran kann ich nicht zweifeln, und hast mir das Schwert über die Übeltäter zu führen befohlen. Es ist Dein Wort und kann nicht lügen. Und so muß ich dieses Amt bei Verlust Deiner Gnade ausführen. Und es ist ebenso offenbar, daß diese Bauern vielfach vor Dir und vor der Welt den Tod verdient haben und mir die Strafe auszuführen befohlen ist. Willst Du nun mich durch sie töten und mir die Obrigkeit wieder wegnehmen und sie untergehen lassen, wohlan: So geschehe Dein Wille!! So sterbe ich doch und gehe unter in Deinem göttlichen Befehl und auf Dein Wort und werde im Gehorsam gegen Deinen Befehl und gegen mein Amt erfunden. Darum will ich strafen und schlagen, solange ich eine Ader regen kann. Du wirst's wohl ausrichten und machen!«

So kann's denn geschehen, daß, wer auf seiten der Obrigkeit erschlagen wird, ein rechter Märtyrer vor Gott sei, wenn er mit solchem Gewissen streitet, wie gesagt ist. Denn er geht in göttlichem Wort und Gehorsam. Umgekehrt: wer auf seiten der Bauern umkommt, ein ewiger Höllenbrand ist. Denn er führt das Schwert gegen Gottes Wort und Gottes Gehorsam und ist ein Glied des Teufels. Und wenn es gleich geschähe, daß die Bauern obsiegten, was Gott verhüte!, denn Gott sind alle Dinge möglich, und wir wissen nicht, ob er nicht vielleicht zum Vorlauf des Jüngsten Tages, welcher vielleicht nicht fern sein dürfte, durch den Teufel alle Ordnung und Obrigkeit zerstören und die Welt in einen wüsten Trümmerhaufen zusammenwerfen wolle, so sterben die doch in Sicherheit und gehen mit gutem Gewissen zugrunde, die in ihrem Schwertamt erfunden werden, und lassen dem Teufel das weltliche Reich und nehmen dafür das ewige Reich. Solche wunderlichen Zeiten sind jetzt, daß ein Fürst mit Blutvergießen den Himmel besser verdienen kann, als andere mit Beten.

Schließlich ist noch eine Sache, die billigerweise die Obrigkeit beschäftigen soll. Denn die Bauern lassen sich nicht daran genügen, daß sie des Teufels sind, sondern zwingen und dringen viele fromme Leute, die es ungern tun, zu ihrem teuflischen Bunde und machen diese somit teilhaftig an aller ihrer Bosheit und Verdammnis. Denn wer mit ihnen einwilligt, der fährt auch mit ihnen zum Teufel und ist mitschuldig an aller Übeltat, die sie begehen, und dabei müssen sie es doch tun (obwohl ungern), weil sie so schwachen Glaubens sind, daß sie nicht widerstehen. Denn hundert Tode sollte ein frommer Christ erleiden, ehe er um Haaresbreite in die Sache der Bauern einwilligt! O, wieviel Märtyrer könnten jetzt werden durch die blutdürstigen Bauern und Mordpropheten!! Nun, solcher unter den Bauern Gefangener sollten sich die Obrigkeiten erbarmen. Und wenn sie (die Obrigkeiten) sonst keine Ursache hätten, das Schwert getrost gegen die Bauern zu führen und selbst Leib und Gut daran zu setzen, so wäre doch diese Ursache überreichlich groß genug, daß man solche Seelen, die durch die Bauern zu solchem teuflischen Bündnis gezwungen werden und ohne ihren Willen mit ihnen so greulich sündigen und verdammt werden müssen, errettete und heraushülfe. Denn solche Seelen sind so recht im Fegefeuer, ja, in den Banden der Hölle und des Teufels.

Darum, liebe Herren! Befreit doch! Rettet hier! Helft doch! Erbarmt euch der armen Leute! Steche, schlage, würge hier, wer da kann! Bleibst du darüber tot, wohl dir! Einen seligeren Tod kannst du nimmermehr erfahren! Denn du stirbst im Gehorsam gegen das göttliche Wort und Befehl und im Dienst der Liebe, um deinen Nächsten zu erretten aus den Banden der Hölle und des Teufels. So bitte ich nun: Fliehe von den Bauern, wer da kann, wie von dem Teufel selbst! Die aber nicht fliehen, bitte ich: Gott wolle sie erleuchten und bekehren! Welche aber nicht zu bekehren sind, da gebe Gott, daß sie kein Glück noch Gelingen haben sollen!! Hierzu spreche ein jeder fromme Christ: Amen!!

Denn dieses Gebet ist recht und gut und gefällt Gott wohl! Das weiß ich! Dünkt das jemand zu hart, der bedenke, daß Aufruhr unerträglich ist, und alle Stunde die Zerstörung der Welt zu gewärtigen sei!

*Säman. Spätmittelalterlicher Holzschnitt*

# Ein Sendbrief von dem harten Büchlein wider die Bauern

*(1525)*

Dem hochgeehrten und weisen Kaspar Müller, Kanzler zu Mansfeld, meinem guten Freunde: Gnade und Friede in Christus!

Hochgeehrter und Weiser! Auf euer Schreiben habe ich mit einer Druckschrift antworten müssen, weil des Klagens und Fragens über meine Flugschrift, die gegen die aufrührerischen Bauern ausgegangen ist, so viel wird, nämlich daß sie unchristlich und zu hart sei. Eigentlich hatte ich mir vorgenommen, meine Ohren zu verstopfen und die blinden, undankbaren Herzen, die nur eine Ursache suchen, sich an mir zu ärgern, in diesem Ärgernis stecken zu lassen, daß sie darin verfaulen müßten. Zumal sie sich durch meine andern Schriften noch nicht soweit gebessert haben, daß sie wenigstens ein solch handgreifliches, einfaches, irdische Dinge betreffendes Urteil richtig verstehen könnten oder wollten. Denn ich dachte an das Wort Christi: »Wenn ihr nicht glaubt, wenn ich von irdischen Dingen rede, wie solltet ihr glauben, wenn ich von himmlischen Dingen redete?« Und als die Jünger sagten: »Weißt Du auch, daß die Pharisäer sich an diesem Wort ärgerten?« sprach er: »Laßt sie sich ärgern; sie sind blind und der Blinden Leiter.«

Sie rufen und frohlocken: »Da, da sieht man des Luthers Geist! Daß er Blutvergießen ohne alle Barmherzigkeit lehrt! Der Teufel muß aus ihm reden!« Wohlan! Wenn ich's nicht gewöhnt wäre, daß ich gerichtet und verdammt werde, so möchte mich dies bewegen. Aber ich kenne keinen größeren Stolz in mir, als den, daß »mein« Tun und »meine« Lehre zuerst herhalten und sich kreuzigen lassen muß. Es gilt niemand etwas, wenn er nicht den Luther verurteilen könnte. Der Luther ist das Mal und die Zielscheibe des Widersprechens. An dem muß sich jedermann versuchen, ob er nicht Ritter werden und das Kleinod gewinnen könnte. Jedermann hat in solchem Fall einen höheren Geist als ich. Ich aber muß »ganz fleischlich« sein. Und wollte Gott, daß sie nur wirklich einen höheren Geist hätten; ich wollte wahrhaftig gerne fleischlich sein und, wie Sankt Paulus zu seinen Korinthern auch sagt: »Ihr seid reich, ihr seid satt, ihr herrscht ohne uns wohl«, so besorge ich aber, sie haben allzu wahrhaftig einen hohen Geist; denn ich sehe noch nichts Besonderes, was sie zustande bringen, als was sie am Ende zu Sünden und zu Schanden macht.

Sie sehen aber nicht, wie sie durch solch Urteil sich festfahren und durch solchen Widerspruch ihrer Herzen Gedanken aufdecken: ». . . und zu einem Zeichen, dem widersprochen wird.« Sie merken gut, sagen sie, was ich für einen Geist habe; genau so merke ich, wie schön sie das Evangelium begriffen und gelernt haben. Ja! Nicht ein Fünklein verstehen sie davon, plaudern aber sehr darüber! Denn wie sollten sie verstehen, was himmlische Gerechtigkeit sei in Christus nach dem Evangelium, die sie noch nicht einmal wissen, was irdische Gerechtigkeit sei in der weltlichen Obrigkeit nach dem Gesetz? Solche Leute sind wert, daß sie kein Wort hören und kein Werk sehen würden, woran sie sich bessern könnten, sondern nichts als Ärgernis sollten sie haben, wie den Juden an Christus geschah, weil ihr Herz so voller böser Tücken steckt, daß sie nichts lieber als Ärgernis zu haben wünschen, damit ihnen geschehe nach dem Psalm: »Mit den Verkehrten bist du verkehrt!«

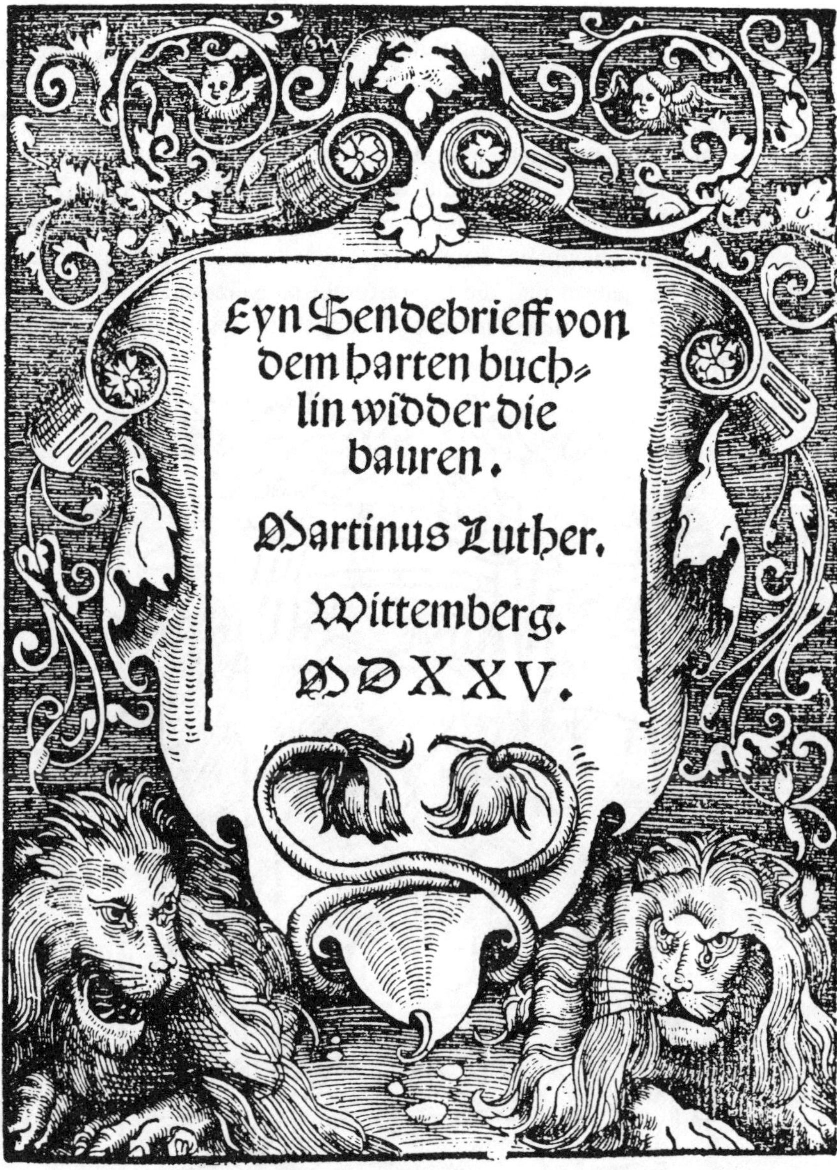


*Titelbordüre nach Lukas Cranach d. Ä.*

»Und Gott sprach: Ich will mein Angesicht vor ihnen verbergen; ich will sehen, was ihr Ende sein wird; denn es ist eine verkehrte Art, es sind ungetreue Kinder.«

»Sie haben mich gereizt mit dem, was nicht Gott ist, mit ihrer Abgötterei haben sie mich erzürnt. Und ich will sie wieder mit dem reizen, was kein Volk ist. Mit einem närrischen Volk will ich sie erzürnen.«

Das waren meine Ursachen, weswegen ich stillschweigen und sie getrost auflaufen und sich ärgern lassen wollte, damit sie nach ihrem Verdienst, in nichts als Ärgernis verstockt und verblendet, verderben müßten, sie, die mit solcher Undankbarkeit bisher selbst aus dem so großen und hellen Licht des Evangeliums, welches allenthalben so reichlich erschollen ist, so gar nichts gelernt und die Gottesfurcht so ganz und gar hintenan gesetzt haben, daß sie nichts mehr als evangelisch ansehen, als: andere

Menschen verurteilen und verachten. Sie selbst bilden sich aber ein, einen großen Geist und hohen Verstand zu haben, und füllen sich durch die Lehre von der Demut mit nichts als Hoffart, wie eine Spinne aus der Rose nichts als Gift saugt. Weil ihr aber Unterricht begehrt, nicht für euch selbst, sondern, um solchen unnützen Leuten das Maul zu stopfen, will ich euch trotzdem darin einen übrigen (überflüssigen), verlorenen Dienst tun. Ich bin allerdings der Ansicht, daß ihr eine vergebliche, unmögliche Arbeit vornehmt; denn wer kann einem Narren das Maul stopfen, während ihm das Herz voll Narrheit steckt und der Mund übergehen muß, von dem, wovon das Herz voll ist?

Und zuerst soll man diejenigen warnen, die meine Schrift tadeln, daß sie das Maul zuhalten und sich vorsehen; denn sicherlich sind sie auch aufrührerisch im Herzen, damit sie es nicht versehen und sich auch einmal um ihren Kopf reden, wie Salomo sagt: »Mein Kind! Fürchte Gott und den König! Und menge dich nicht unter die Aufrührer. Denn ihr Verderben wird plötzlich kommen, und wer weiß, wann beider Unglück kommt?« Da sehen wir, daß beide, die Aufrührer und die, welche sich unter sie mischen, verdammt sind, und daß Gott keinen Scherz daraus gemacht haben will, sondern man soll den König und die Obrigkeit fürchten. Die aber mengen sich unter die Aufrührer, welche sich ihrer annehmen, über sie wehklagen, sie rechtfertigen und sich ihrer erbarmen, während Gott nicht will, daß man sich solcher Leute erbarme, sondern sie gestraft und vernichtet haben will. Denn wer sich so der Aufrührer annimmt, gibt genugsam zu verstehen: daß, wenn er Raum und Zeit dazu hätte, er auch Unglück anrichten würde, wie er es im Herzen beschlossen hat. Darum soll die Obrigkeit solchen auf die Hauben greifen, damit sie das Maul zuhalten und merken, daß es Ernst sei.

Dünkt sie solche Antwort zu hart und behaupten sie, es heiße mit Gewalt geredet und das Maul gestopft, so sage ich: Das ist gerade recht; denn ein Aufrührer ist nicht wert, daß man ihm mit Vernunft antworte, weil er es nicht annimmt. Mit der Faust muß man solchen Mäulern antworten, daß das Blut ihnen zur Nase herausgeht. Die Bauern wollten auch nicht hören; ließen sich gar nichts sagen; da mußte man ihnen die Ohren mit Büchsenkugeln aufknöpfen, so daß die Knöpfe in der Luft sprangen: Zu solchen Schülern gehört eine solche Rute! Wer Gottes Wort nicht mit Güte hören will, der muß den Henker mit der Schärfe des Schwertes hören. Sagt man, ich sei hierin ganz ungütig und unbarmherzig, so antworte ich: Barmherzig hin – barmherzig her! Wir reden jetzt von Gottes Wort! Der will den König geehrt und die Aufrührer vernichtet haben, und ist doch wohl so barmherzig, wie wir sind.

Ich will hier nichts hören und wissen von Barmherzigkeit, sondern acht darauf gegeben haben, was Gottes Wort will! Darum soll mein Schreiben richtig sein und bleiben, und wenn alle Welt sich daran ärgerte! Was frage ich danach, ob dir's mißfällt, wenn's Gott gefällt? Wenn er Zorn und nicht Barmherzigkeit haben will, was gehst du dann mit Barmherzigkeit um? Versündigte sich nicht Saul an dem Amalek mit Barmherzigkeit, indem er Gottes Zorn nicht ausrichtet, wie es ihm befohlen war? Versündigte sich nicht Ahab dadurch, daß er barmherzig war gegen den König von Syrien und ihn leben ließ gegen Gottes Wort? Willst du Barmherzigkeit haben, so menge dich nicht unter die Aufrührer, sondern fürchte die Obrigkeit und tue Gutes. »Tust du Böses, so fürchte dich«, sagt Paulus, »sie trägt das Schwert nicht umsonst«.

Diese Antwort wäre genug für alle, die sich an meiner Schrift stoßen und unnütze Reden machen. Ist es nicht billig, daß man das Maul zuhalte, wenn man hört, daß Gott »so« sagt und es »so« haben will?! Oder ist Gott schuldig, daß er solchen unnützen Mäulern seine Gründe und Rechenschaft gebe, warum er es so haben will?! Ich sollte meinen, es wäre genug für alle Kreaturen, zu schweigen, wenn er nur mit einem Auge winkte, geschweige denn, wenn er redet! Da steht sein Wort: »Mein Kind! Fürchte Gott und den König! Wo du das nicht tust, so wird dein Unglück plötzlich kommen.« – Ebenso: »Wer Gottes Ordnung widerstrebt, über den wird ein Gericht kommen.« Warum ist hier Sankt Paulus auch nicht barmherzig? Sollen wir Gottes Wort predigen, so müssen wir ja auch das ebensowohl predigen, was den Zorn verkündigt als das, was die Barmherzigkeit verkündigt. Man muß auch von der Hölle ebensowohl predigen, als vom Himmel und auf beiden Seiten über die Frommen und über die Bösen Gottes Wort, Gericht und Werk helfen fördern, damit die Bösen gestraft und die Frommen geschützt werden.

Doch damit der fromme Gott vor solchen Richtern bestehen könne und sein Urteil für recht und rein erfunden werde, wollen wir sein Wort gegen solche frevle Mäuler vertreten und die Gründe seines göttlichen Willens aufzeigen, damit wir auch dem Teufel zwei Kerzen aufstecken. Sie werfen mir vor, daß Christus lehrt:

»Seid barmherzig, wie auch euer Vater im Himmel barmherzig ist«. Ebenso: »Ich will Barmherzigkeit und nicht das Opfer«. Ebenso: »Des Menschen Sohn ist nicht dazu gekommen, die Seelen zu verderben, sondern selig zu machen« und dgl.

Hiermit meinen sie, es getroffen zu haben: »So sollte der Luther gelehrt haben! damit man sich der Bauern erbarmt hätte; statt dessen lehrt er, man sollte sie ohne weiteres töten! Was sagst du dazu?! Wir wollen sehen, ob der Luther über das Stöcklein springen werde! Ich meine, er sei gefangen!« Sehr gut! Ich danke meinen »lieben« Meistern; denn wenn diese »hohen« Geister mich das nicht gelehrt hätten, woher sollte ich's gewußt oder erfahren haben? Woher sollte ich wissen, was Gottes Barmherzigkeit fordert, der ich doch bisher mehr als irgendeiner in tausend Jahren von der Barmherzigkeit gelehrt und geschrieben habe?

Es steckt der Teufel in der Haut; der möchte gern Böses tun, wenn er nur könnte; darum erregt er auch die guten und frommen Herzen mit solchen Stücken und ficht sie an, daß sie ja nicht sehen sollen, wie schwarz er sei, und will sich hinter dem Rühmen der Barmherzigkeit schönmachen. Es soll ihm aber nicht helfen! Meine Lieben! Die ihr jetzt so gewaltig die Barmherzigkeit preist, wo die Bauern geschlagen werden, warum rühmtet ihr sie nicht auch, als die Bauern tobten, schlugen, raubten, brannten und plünderten, daß es schrecklich zu sehen und zu hören war?? Warum waren sie nicht auch barmherzig gegen die Fürsten und Herren, die sie ganz vertilgen wollten? Da war niemand, der von Barmherzigkeit sprach! Es mußte alles recht sein; da wurde von Barmherzigkeit geschwiegen und nichts gesagt. Recht! Recht! Recht! Das galt! Das ging empor! Nun sie aber geschlagen werden und der Stein auf ihren Kopf fällt, den sie gen Himmel geworfen haben, soll niemand etwas vom Recht sagen, sondern allein von Barmherzigkeit!

Und sind dennoch so einfältig und meinen, man solle den Schalk nicht merken. Nein! Man sieht dich gut, du schwarzer, häßlicher Teufel! Du preist nicht die Barmherzigkeit, weil es damit dein Ernst sei und weil du die Barmherzigkeit lieb habest! Denn sonst hättest du sie auch gegen die Bauern gepriesen! Du fürchtetest für deine Haut und wolltest unter dem Schein und Namen der Barmherzigkeit der Rute und Strafe Gottes gern entlaufen! Nicht so, mein lieber Gesell! Du mußt herhalten und ohne alle Barmherzigkeit sterben! Sankt Paulus spricht: »Tust du Böses, so fürchte dich! Denn die Gewalt trägt das Schwert nicht umsonst, sondern zum Zorn dem, der Böses tut.« Du willst Böses tun und den Zorn trotzdem nicht erleiden, sondern dich decken, indem du die Barmherzigkeit rühmst. Ja, komm morgen wieder! Wir wollen dir ein Küchlein dazu bakken! Wer könnte das nicht? Ich wollte auch einem ins Haus laufen, Weib und Töchter schänden, Kisten und Kasten aufbrechen, Geld und Gut nehmen und ihm das Schwert auf die Brust setzen und sagen: »Willst du das nicht leiden, so will ich dich erstechen, denn du bist ein Gottloser!« Wenn aber das Gesinde herzuliefe und erwürgte mich, oder der Richter ließ mich köpfen, so wollte ich rufen: »Laßt das! Christus lehrt: ihr sollt barmherzig sein und mich nicht erwürgen!« Was sollte man dem sagen??

Ebenso tun meine Bauern und Bauernverteidiger jetzt auch: Nachdem sie an den Herren allen Mutwillen ausgeübt haben wie die Räuber, Mörder, Diebe und Schalke, soll man ihnen bloß ein Liedlein von der Barmherzigkeit singen und sagen: »Seid ihr doch barmherzig, wie Christus lehrt, und laßt uns toben, wie uns der Teufel lehrt! Tut ihr Gutes an uns, und laßt uns an euch das Ärgste tun! Laßt euch wohlgefallen und recht sein, was wir getan haben, und unrecht sein, was ihr tut! Mein Lieber! Wer möchte das nicht? Wenn das Barmherzigkeit heißt, dann wollten wir ein schönes Wesen anrichten, nämlich, daß es kein Schwert, keine Obrigkeit, Gericht, Strafe, Henker und Kerker mehr gebe, sondern wir lassen einen jeden Schurken tun, was er will, und wenn er gestraft werden soll, dann wollen wir singen: »Nicht doch! Seid barmherzig, wie Christus lehrt!« O, das sollte eine schöne Ordnung werden! Da kannst du sehen, was die im Sinn haben, die meine Schrift so verurteilen, als daß sie alle Barmherzigkeit versagt. Sie sind ganz gewiß gut »bäuerisch« aufrührerisch und rechte Bluthunde, oder sie werden von solchen Leuten verführt; denn sie wollten gerne alle Untugend ungestraft haben und sind unter dem Namen der Barmherzigkeit die allerunbarmherzigsten und grausamsten Verderber der ganzen Welt, soweit es auf sie ankäme.

»Ja«, sagen sie, »wir geben den Bauern nicht recht, wehren auch der Strafe nicht, sondern das scheint uns unrecht, daß du lehrst: keine Barmherigkeit zu haben mit den armen Bauern, denn du sprichst, man solle sie ohne alle Barmherzigkeit töten.« Ich antworte: Meinst du das recht, so bin ich gülden. Es sind alles Deckel deines blutdürstigen Mutwillens, daß dir nämlich der Bauern Wesen heimlich wohlgefällt. Wo habe ich jemals gelehrt, daß man gar keine Barmherzigkeit üben solle? Steht nicht in derselben Schrift auch, daß ich die Obrigkeit bitte, sie sollen diejenigen, welche sich ergeben, zu Gnaden aufnehmen? Warum machst du die Augen nicht auf und liest das nicht auch? Dann hättest du nicht nötig gehabt, meine Schrift zu verdammen und dich daran zu stoßen. Weil du aber so giftig bist, daß du die eine Sache allein herausgreifst, wo ich schreibe, man solle diejenigen, welche sich nicht ergeben und nicht hören wollen, ohne weiteres ohne alle Barmherzigkeit hinwürgen, und läßt das andere unbeachtet stehen, wo ich schreibe: man solle diejenigen, die sich ergeben, zu Gnaden annehmen, so sieht man deutlich, daß du eine Spinne bist, die Gift aus der Rose saugt! Und daß es nicht wahr ist, daß du den Bauern Unrecht gibtst oder die Barmherzigkeit wirklich liebst, sondern du möchtest gern eine freie ungestrafte Bosheit haben, und wolltest, daß das weltliche Schwert zunichte würde! Du wirst es aber nicht zu Ende führen!

Das sei den unchristlichen, unbarmherzigen Bluthunden gesagt, welche die Sprüche von der Barmherzigkeit in solcher Weise rühmen, bis nichts als Untugend und Unbarmherzigkeit in der Welt regieren solle nach ihrer Willkür. Den andern, die durch diese verführt oder sonst so schwach sind, daß sie meine Schrift nicht mit den Sprüchen Christi in Übereinstimmung bringen können, sei dies gesagt: Es sind zweierlei Reiche, das eine ist Gottes Reich, das andere ist der Welt Reich, wie ich so oft schon geschrieben habe, daß es mich wundert, wie man das noch nicht wisse oder sich merke; denn wer diese zwei Reiche recht voneinander zu unterscheiden weiß, der wird sich sicherlich an meiner Schrift nicht ärgern. Er wird auch die Sprüche von der Barmherzigkeit richtig verstehen.

Gottes Reich ist ein Reich der Gnaden und der Barmherzigkeit und nicht ein Reich des Zorns oder der Strafe; denn in diesem Reich ist nichts als Vergeben, Schonen, Lieben, Dienen, Wohltun, Fried und Freude haben usw.

Aber das weltliche Reich ist ein Reich des Zorns und Ernstes; denn in ihm ist nichts als Strafen, Wehren, Richten und Verurteilen, die Bösen zu zwingen und die Frommen zu schützen. Darum hat es auch und führt es auch das Schwert und ein Fürst oder Herr heißt »Gottes Zorn« oder »Gottes Rute« in der Schrift.

Die Sprüche nun, die von der Barmherzigkeit reden, gehören in Gottes Reich und unter die Christen, nicht in das weltliche Reich; denn ein Christ soll nicht allein barmherzig sein, sondern auch allerlei leiden: Raub, Brand, Mord, Teufel und Hölle, geschweige denn, daß er sollte jemand schlagen, töten oder vergelten.

Aber das weltliche Reich, welches nichts anderes ist als Diener des göttlichen Zornes über die Bösen und ein rechter Vorläufer der Hölle und des ewigen Todes, soll nicht barmherzig, sondern streng, ernst und zornig sein in seinem Amt und Werk. Denn sein Handwerkszeug ist nicht ein Rosenkranz oder ein Blümlein von der Liebe, sondern ein bloßes Schwert. Ein Schwert aber ist ein Zeichen des Zorns, Ernstes und der Strafe und ist auch nirgend wo anders hin gerichtet als auf die Bösen; auf die sieht es, daß es sie strafe und im Zaum und Frieden halte zum Schutz und zur Errettung der Frommen. Darum setzt Gott im Gesetz des Moses ausdrücklich fest und sagt: »Du sollst den Mörder auch von meinem Altar nehmen und dich seiner nicht erbarmen!« Und die Epistel zum Hebräer bekennt, daß, wer etwas gegen das Gesetz täte, ohne alle Barmherzigkeit sterben müßte. Damit ist angezeigt, daß die weltliche Gewalt in ihrem eigenen Amt nicht barmherzig sein kann und soll, obwohl sie das Amt aus Gnaden feiern lassen kann.

Wer nun diese zwei Reiche ineinander mengen wollte, wie es unsere falschen Rottengeister tun, der würde den Zorn in Gottes Reich versetzen und die Barmherzigkeit in das Reich der Welt. Das wäre ebenso, wie den Teufel in den Himmel und Gott in die Hölle versetzen. Alles beides wollten diese Bauern auch tun: Zuerst wollten sie mit dem Schwert umgehen und als christliche Brüder für das Evangelium streiten und andere töten, während sie barmherzig und geduldig sein sollten.
Jetzt, wo nun das weltliche Schwert über sie herfällt, wollen sie Barmherzigkeit drin haben. Das heißt: Sie wollen kein weltlich Reich dulden und doch selbst Gottes Reich auch niemand gönnen. Was könnte Verkehrteres gedacht werden? Nicht so! Meine lieben Freunde! Hat man

Zorn im weltlichen Reich verdient, so ergebe man sich darein und erleide die Strafe oder bitte sie demütig ab! Die aber in Gottes Reich sind, sollen sich über jedermann erbarmen und für sie alle bitten; aber doch das weltliche Reich in seinem Recht und Werk nicht hindern, sondern es helfen fördern!

*Monatsbild aus dem Kalender für die Jahre 1439 – 1469 von Johannes von Gamundia*

Obwohl aber solcher Ernst und Zorn des weltlichen Reiches ein unbarmherzig Ding zu sein scheint, wenn man's recht ansieht, so ist es doch nicht das geringste Stück göttlicher Barmherzigkeit; denn nehme jeder einzelne sich selber vor und sage mir auf folgendes sein Urteil: Wenn ich Weib und Kind, Haus und Gesinde habe und Güter hätte und ein Dieb oder Mörder überfiele mich, erwürgte mich in meinem Hause, schändete mir Weib und Kind, nähme dazu, was ich hätte, und sollte dazu ungestraft bleiben, damit er's öfter täte, wie er wollte, sage mir: Welcher wäre hier der Barmherzigkeit am würdigsten und hätte sie am nötigsten? Ich oder der Dieb und Mörder? Ohne Zweifel wäre es mir am nötigsten, daß man sich meiner erbarmte! Wie will man aber solche Barmherzigkeit

an mir und meinem armen elenden Weib und Kind beweisen, als damit, daß man solchen Schurken wehrt und mich beschützt und mir mein Recht tue, oder wenn er sich nicht wehren läßt und fortfährt: daß man ihm sein Recht tue, ihn so strafe, daß er's lassen müßte? Was für eine schöne Barmherzigkeit wäre mir das, wenn man dem Dieb und Mörder barmherzig wäre und ließe mich von ihm ermordet, geschändet und beraubt bleiben?!

Auf diese Barmherzigkeit, die im weltlichen Schwert regiert und handelt, sehen solche Bauernverteidiger nicht; sie sperren nur die Augen und das Maul auf über den Zorn und Ernst, und sagen, wir schmeicheln den Wüterichen, Fürsten und Herren, indem wir sie lehren, die Bösen zu strafen, während sie zehnmal ärgere Schmeichler der mörderischen Schurken und bösen Bauern sind und auch selbst mit den andern blutdürstige Mörder mit aufrührerischem Herzen sind, weil sie sich gar nicht derjenigen erbarmen, die durch die Bauern überwältigt, beraubt, geschändet und zu allerlei Unrecht gezwungen werden. Denn wenn der Bauern Vorhaben weiter vorwärts gegangen wäre, so hätte kein redlicher

*Wetterbauern von Hans Sebald Beham, 1542*

Mann vor ihnen sicher bleiben können; sondern, wer einen Pfennig mehr gehabt, als die andern, der hätte herhalten müssen, wie sie denn schon angefangen hatten, und es wäre dabei noch nicht geblieben. Es hätte weiter Weib und Kind zu allen Schandtaten herhalten müssen, und sie hätten sich selbst untereinander erwürgt, so daß nimmer kein Friede noch Sicherheit geblieben wären. Was ist jemals Zuchtloseres erhört worden, als der tolle Pöbel und Bauer, wenn er satt und voll ist und Gewalt kriegt, wie Salomo sagt, daß die Erde solche Leute nicht ertragen kann.

Und solcher Leute sollte man sich zu allererst erbarmen und sie toben lassen, wie sie wollten, mit jedermanns Leib, Leben, Weib, Kind, Ehre und Gut, ohne alle Strafe, und die Unschuldigen ohne alle Barmherzigkeit, Hilfe und Trost vor unsern Augen so schändlich umkommen lassen? Ich höre als verbürgt sagen, daß man den Bambergischen Bauern angeboten hat, man wolle ihnen mehr bewilligen, als sie forderten; sie sollten nur stille sitzen. Und doch wollten sie nicht! Und Markgraf Kasimir von Brandenburg-Ansbach hätte seinen Bauern gelobt, er wollte ihnen das, was andere mit Streit und Aufruhr durchgesetzt hätten, im selben Maße aus freien Stücken bewilligen. Das half auch nichts. Ebenso weiß man ja auch, daß die fränkischen Bauern nichts als Rauben, Brennen, Brechen und Verderben vorhatten aus lauter Mutwillen. Die thüringischen Bauern habe ich selbst erfahren, daß, je mehr man sie vermahnt und belehrt hat, desto störriger, stolzer, toller wurden sie, und sie haben sich allenthalben so übermütig und trotzig angestellt, als wollten sie ohne alle Gnade und Barmherzigkeit erwürgt werden, und sie haben dem Zorn Gottes aufs allerhöhnischste Trotz geboten. Deswegen geht es ihnen nun auch, wie der Psalm sagt: »Sie wollten die Gnade nicht, so wird sie nun auch fern genug von ihnen bleiben.«

Darum hat die Schrift feine, reine Augen und sieht das weltliche Schwert richtig an, nämlich so, daß es aus großer Barmherzigkeit unbarmherzig sein und vor lauter Güte Zorn und Ernst üben muß, wie Paulus und Petrus sagen, daß es Gottes Diener sei, zur Rache, Zorn und Strafe über die Bösen und zum Schutz, Lob und Ehre der Frommen. Die Frommen sieht es an und erbarmt sich über sie und damit diesen nichts zu Leid geschehe, wehrt es, beißt, sticht, schneidet, haut, mordet, wie ihm Gott befohlen hat, als dessen Diener es sich hierin erkennt. Daß nun die Bösen ohne Gnade so gestraft werden, geschieht nicht deswegen, weil nur der Bösen Strafe gesucht und die Lust in ihrem Blut gebüßt werde, sondern dazu, daß die Frommen geschützt, Friede und Sicherheit erhalten werden, welches ohne Zweifel köstliche Werke großer Barmherzigkeit, Liebe und Güte sind, sintemal es kein elender Ding auf Erden gibt als Unfriede, Unsicherheit, Unterdrückung, Gewalt, Unrecht, usw. Denn wer könnte oder wollte leben bleiben, wenn es so zugehen sollte? Deshalb ist des Schwertes Zorn und Ernst ja so nötig für das Volk, wie Essen und Trinken, ja, wie das Leben selbst.

»Ja,« sagen sie, »wir reden nicht von den halsstarrigen Bauern, die sich nicht ergeben wollen, sondern von denen, die überwunden sind oder sich ergeben haben. Mit solchen sollte man doch ja Barmherzigkeit üben und nicht so grauenhaft mit ihnen umgehen!« Ich antworte: Dann kannst du ja auch nicht fromm sein, wenn du meine Schrift so schiltst, als redete ich darin von solchen überwundenen, sich ergebenden Bauern, und während ich doch darin so klar von denen rede, die man zuerst freundlich dazu aufgefordert hat, die aber nicht gewollt haben. Es gehen ja alle meine Worte gegen die halsstarrigen, verstockten, verblendeten Bauern, die weder sehen noch hören wollen, wie man es mit Händen greifen kann. Und du sagst, ich lehre, die elenden, gefangenen Bauern ohne alle Barmherzigkeit erwürgen!? Wenn du so nach deinem Mutwillen Bücher lesen und auffassen willst, welches Buch würde vor dir bestehen können? Darum: So, wie ich damals geschrieben habe, so schreibe ich noch heute: Der halsstarrigen, verstockten, verblendeten Bauern, die sich nicht zureden lassen wollen, erbarme sich nur niemand, sondern haue, steche, würge, schlage drein, als unter die tollen Hunde, wer da kann, und wie er kann, und das alles deswegen, damit man sich derjenigen erbarme, die durch solche Bauern verdorben, verjagt und verführt werden, damit man Friede und Sicherheit erhalte. Es ist doch sicher besser, daß man ohne alle Barmherzigkeit ein Glied abhaue, als daß der ganze Leib durch Feuer oder durch eine ähnliche Seuche verderbe. Wie gefällt dir das? Bin ich auch jetzt noch ein evangelischer Prediger, der Gnade und Barmherzigkeit lehrt? Bin ich es in deinen Augen nicht, so macht das nichts aus, denn du bist ein Bluthund und aufrührerischer Mörder und Verderber des Landes mit deinen tollen Bauern, denn du heuchelst in ihren Aufruhr.

Weiter sagen sie: »Die Bauern haben doch noch niemand erwürgt, ›so‹ wie man sie erwürgt.« Mein Lieber! Was soll man dazu sagen? Was ist das für eine schöne Antwort: Sie haben niemand erwürgt!! Das heißt doch: Man hätte das tun müssen, was sie verlangten!! Sie drohten aber gleichwohl, jeden zu töten, der nicht mit ihnen wollte, und nahmen das Schwert in die Faust, das ihnen nicht gebührte, und griffen die Güter, Häuser und Habe an. Ebenso würde auch ein Dieb und Mörder kein Mörder sein, wenn er mir unter Androhung des Todes abdringen würde, was er wollte! Hätten sie aber getan, was man freundlich von ihnen begehrte, so hätte man sie auch nicht getötet; weil sie aber nicht wollten, so war es recht, daß man ihnen tat, was sie getan hätten und zu tun drohten denen, die nicht so wie sie wollten. Überdies sind sie offenbar treulose, meineidige, ungehorsame, aufrührerische Diebe, Räuber, Mörder und Gotteslästerer, so daß unter ihnen keiner ist, der nicht den Tod ohne alle Barmherzigkeit zu erleiden, wohl zehnfach verdient hat. Man will aber mit dem Schalksauge ganz allein auf die Strafe sehen, wie wehe sie tut, und nicht auch auf die Schuld und »verdiente« Bestrafung und den unaussprechlichen Schaden und Verderben, das da hätte folgen müssen. Tut dir die Strafe weh, so laß die Bosheit, wie Paulus solchen auch antwortet: »Willst du das Schwert nicht fürchten, so tue Gutes. Tust du aber Böses, so fürchte dich« usw.

Drittens sagen sie: Die Herren mißbrauchen ihr Schwert und würgen doch zu grauenhaft usw. Ich antworte: Was geht das meine Schrift an?

Was legst du fremde Schuld auf mich? Mißbrauchen sie die Gewalt, so haben sie es von mir nicht gelernt! Sie werden ihren Teil wohl finden. Denn der oberste Richter, der die übermütigen Bauern durch sie straft, hat sie nicht vergessen; sie werden ihm auch nicht entlaufen! Meine Schrift redet nicht davon, was die Herren verdienen, sondern was die Bauern verdienen, und wie man sie strafen soll. Damit habe ich niemand geschmeichelt. Erfordert es die Zeit und Sache, daß ich's tun soll, so werde ich die Fürsten und Herren auch sehr wohl angreifen, denn so weit es mein Lehramt angeht, gilt mir ein Fürst ebensoviel wie ein Bauer. Außerdem habe ich mich bereits so um sie verdient gemacht, daß sie mir nicht allzu hold sind, woran mir auch nicht viel liegt. Ich habe einen, der ist größer als sie alle, wie Sankt Johannes sagt.

Hätte man aber meinen Rat gleich am Anfang, als der Aufruhr begann, befolgt und schnell einen Bauern oder hundert daran gewagt und ihnen auf die Köpfe geschlagen, daß sich die andern daran gestoßen hätten, und hätte man sie nicht so überhand nehmen lassen, so hätte man damit viel tausend erhalten, die nun haben sterben müssen, und wären sonst wohl daheim geblieben. Das wäre eine sehr nötige Barmherzeigkeit gewesen, mit geringem Zorn, während man jetzt hat müssen so großen Ernst brauchen, um so vielen zu steuern.

Aber es ist damit Gottes Wille geschehen, uns auf beiden Seiten zu witzigen: erstlich die Bauern, daß sie lernen sollten, wie es ihnen zu wohl gewesen ist, und wie sie ihre guten Tage im Frieden nicht ertragen wollten, und daß sie Gott in Zukunft danken lernen, wenn sie die eine Kuh hingeben müssen, und dafür der andren mit Frieden genießen können; denn es ist allezeit besser, die Hälfte des Guts mit Frieden und Sicherheit zu besitzen, als das ganze Gut alle Augenblick in Gefahr mitten unter Dieben und Mördern zu haben und damit doch nicht zu haben. Die Bauern wußten nicht, was für ein köstlich Ding es sei um Frieden und Sicherheit, daß einer seinen Bissen und Trunk fröhlich und sicher genießen kann, und dankten Gott nicht dafür. Das mußte er sie jetzt auf diese Weise lehren, damit ihnen der Kitzel verginge. Den Herren war solches auch nützlich, daß sie erführen, was hinter dem Pöbel steckte und wie ihm zu vertrauen wäre; damit sie in Zukunft lernten, recht zu regieren, Land und Straßen zu bestellen.

War doch kein Regiment noch Ordnung mehr! Es stand alles offen und müßig; ebenso war auch keine Furcht noch Scheu mehr im Volk! Ein jeglicher tat schier, was er wollte. Niemand wollte etwas hergeben und doch prassen, saufen, sich schön kleiden und müßig gehn, als wären sie allzumal Herren! Der Esel will Schläge haben, und der Pöbel will mit Gewalt regiert sein! Das wußte Gott wohl! Darum gab er der Obrigkeit nicht einen Fuchsschwanz, sondern ein Schwert in die Hand.

Das ist auch nicht eins der geringsten Stücke, das sie aufmutzen, es seien viel fromme Leute unter den Bauern gewesen, die unschuldig dazu gekommen sind und es haben tun müssen; welchen vor Gott unrecht geschieht, daß man sie so hinrichtet. Ich antworte: Man redet von solchen Sachen, als hätte man nie ein Wort Gottes gehört; darum muß ich hier auch antworten, als denen, die noch kleine Kinder oder Heiden wären; so gar nichts ist ausgerichtet unter den Leuten mit so vielen Büchern und Predigen! Erstens sage ich, daß denen nicht Unrecht geschieht, die von den Bauern dazu gezwungen sind: Es ist auch kein Christenmann unter ihnen geblieben, und sie kommen nicht unschuldig dazu, wie sie vorgeben. Es läßt sich wohl so ansehen, als geschehe ihnen Unrecht; es ist aber nicht so. Sage du mir doch, mein lieber Freund, was ist das für eine Entschuldigung, wenn dir jemand deinen Vater und Mutter erwürgte, dein Weib und Kind schändete, dein Haus verbrennte und dir dein Geld und Gut wegnähme, und spräche hinterher: Er hätte es tun müssen, er wäre dazu gezwungen?!

Wer hat je gehört, daß jemand gezwungen werden könnte, Gutes oder Böses zu tun? Wer kann eines Menschen Willen zwingen? Oh, es besteht nicht! Es lautet auch nicht, wenn man sagt: »Ich muß Unrecht tun und werde dazu gezwungen.« Christus und das Wort Gottes verleugnen, ist große Sünde und Unrecht. Es werden auch viel dazu gezwungen. Meinst du aber, daß sie damit entschuldigt sind? Ebenso Aufruhr machen, der Obrigkeit ungehorsam, treulos und meineidig werden, rauben und brennen ist großes Unrecht, und einige Bauern sind dazu gezwungen worden. Was hilft ihnen das? Warum lassen sie sich zwingen? »Ja«, sagen sie, »man droht mir, meinen Leib und mein Gut zu nehmen.« Ei mein Lieber, damit du Leib und Gut behalten könntest, willst du Gottes Gebot übertreten, mich erwürgen, mein Weib und Kind schänden, wie käme Gott und ich dazu? Wolltest du es auch von mir so leiden? Wenn du so gezwungen wärest, daß dich die Bauern mit Händen und Füßen gebunden und mit Gewalt in ihre Mitte geführt hätten, und du mit dem Munde dich gewehrt und sie darum gestraft und so dein Herz bekannt und bezeugt hättest, daß du es nicht gerne tätest und nicht drein willigst, so beständest du mit Ehren und wärest »wirklich mit dem Leibe gezwungen, aber doch mit dem Willen ungezwungen«. Nun du aber stillschweigst, sie nicht strafst, trotzdem mit dem Haufen mitfolgst und deinen Unwillen nicht bekennst, so hilft dir alles nichts, du hast zu lange gewartet, wenn du jetzt erst deinen Unwillen bekennen willst, denn Gottes Gebot solltest du mehr fürchten und achten als die Menschen; und wenn du gleich in Gefahr kommen und den Tod dabei wagen müßtest. Er würde dich nicht verlassen, sondern treulich beigestanden, errettet und geholfen haben. Deshalb: wie die verdammt werden, die Gott verleugnen, ob sie gleich dazu gezwungen werden, so sind auch die Bauern nicht entschuldigt, daß sie sich haben zwingen lassen.

*Wetterbauer aus Thomas Murners »Schelmenzunft« von Hans Burgkmair, 1513*

Wenn diese Entschuldigung gelten sollte, so müßte man keine Sünde noch Laster strafen; denn wo ist eine Sünde, zu der nicht der Teufel und das Fleisch und die Welt treibt und gleichsam zwingt? Meinst du nicht, daß zu Zeiten eine böse Lust mit solcher Brunst und Wüten zum Ehebruch treibt, daß man es einen größeren Zwang und Drang nennen möchte, als wenn man einen Bauern zum Aufruhr drängte? Denn wer ist seines Herzens mächtig? Wer kann dem Teufel und Fleisch widerstehen? Ist's doch nicht möglich, daß wir uns der geringsten Sünde erwehren möchten, zumal die Schrift sagt, daß wir des Teufels Gefangene sind als unsers Fürsten und Gottes, so daß wir tun müssen, was er will und was er uns eingibt, wie das zuweilen einige greuliche Geschichten beweisen. Sollte es darum ungestraft und recht sein? Nicht also! Es heißt, Gott zu Hilfe anrufen und widerstehen der Sünde und dem Unrechten. Stirbst du oder leidest du darüber, wohl dir, selig ist deine Seele, vor Gott und der Welt in den höchsten Ehren! Weichst du aber und folgst du, so mußt du doch sterben mit Schanden vor Gott und der Welt, weil du dich zum Unrecht hast zwingen lassen. Dann wäre es ja besser, du stürbest mit Ehren und Seligkeit, Gott zu Lobe, als daß du mit Schanden sterben müßtest, dir nur zur Strafe und Pein!

»Ja«, sagst du, »Herr Gott! Wer hätte das wissen können!« Genau so sage ich auch: Herr Gott! Was kann ich dafür? Nichtwissen wird auch nicht entschuldigen. Soll ein Christ nicht wissen, was er wissen muß? Warum lehrt man's ihn nicht? Warum hält man nicht gute Prediger? Man will mit Wissen unwissend sein! Das Evangelium ist in die deutschen Lande gekommen, viele verfolgen es, wenige begehren es, viel weniger nehmen es an, und die es annehmen, stellen sich lasch und faul dazu, lassen Schulen eingehen, Pfarren und Predigtstühle verfallen, niemand denkt daran, daß man es erhalte und Leute erziehe, und geben uns allenthalben das Ansehen, als wäre es uns leid, daß wir etwas lernten, und wollten lieber nichts wissen. Was ist es dann zu verwundern, daß uns Gott auch wieder heimsucht und uns seinerseits ein Stück sehen läßt, um die Verachtung seines Evangeliums zu strafen, woran wir alle schuldig sind, obgleich einige von uns an dem Aufruhr unschuldig sind, und die wir wohl Ärgeres verdient haben, damit er uns vermahne und uns in die Schule jage, damit wir endlich auch einmal gewitzt und wissend werden?

Wie muß man in Kriegsläuften tun, wo auch der Unschuldige mit dem Schuldigen fort muß, ja, wo es, wie uns dünkt, am allermeisten über die Unschuldigen hergeht, da ja auch Witwen und Waisen dadurch gemacht werden? Es sind Plagen, von Gott uns zugeschickt, und sonst auch etwa wohl verdient, welche wahrlich einer mit dem andern zusammen erleiden muß, wenn wir überhaupt beieinander wohnen wollen. Denn man sagt ja auch so: Ein Nachbar ist dem andern einen Brand schuldig. Wer in der Gemeinde sein will, der muß auch die Last, Gefahr und Schäden der Gemeinde tragen und leiden helfen, obgleich er's nicht bewirkt hat, sondern sein Nachbar. Genau so, wie er den Frieden, Nutzen, Schutz, Güter, Freiheit und Annehmlichkeit der Gemeinde genießt, obgleich er dieselben nicht erworben noch zuwege gebracht hat, und mit Hiob singen und sich trösten lernen: »Haben wir Gutes vom Herrn empfangen, warum sollen wir das Böse nicht auch tragen?« So viel gute Tage sind ja eine böse Stunde wert, und so viel gute Jahre sind auch einen bösen Tag oder Jahr wert. Wir haben lange Zeit Friede gehabt und gute Tage, bis wir zu geil und kitzlig geworden sind, nicht mehr wußten, was Friede und gute Tage waren, Gott auch nicht einmal mehr dafür dankten. Das müssen wir jetzt lernen!

Ja, wir sollen uns lieber solcher Klage und Murrens enthalten, das rate ich, und Gott danken, daß durch seine Gnade und Barmherzigkeit nicht größeres Unglück über uns gekommen ist, wie es der Teufel durch die Bauern im Sinn hatte anzurichten, so wie Jeremias tat. Als die Juden vertrieben, gefangen und ermordet waren, tröstete er sich und sprach: »Es ist Gottes Gnade und Güte, daß wir nicht ganz und gar umgebracht sind.« Und wir Deutschen, die wir viel ärger als die Juden und dennoch nicht so vertrieben und erwürgt sind, wir wollten zu allererst murren und ungeduldig sein und uns rechtfertigen und nicht einen Teil von uns erwürgen lassen, damit Gott noch mehr erzürnt werde und uns zu Boden fallen lasse, seine Hand von uns abziehe und uns ganz und gar dem Teufel übergebe? Wir tun so, wie die tollen Deutschen zu tun pflegen, die nichts von Gott wissen und von solchen Sachen reden, als sei kein Gott da, der solches tue und haben wolle, und denken, gar nichts zu erleiden, sondern nichts als Junker zu sein, die auf Kissen sitzen und nach allem Mutwillen tun möchten.

Denn das hättest du wohl sehen sollen: Wenn des Teufels Sache in den Bauern weiter vorwärts gegangen wäre, und Gott durch die Gebete frommer Christen mit dem Schwert ihnen nicht so gewehrt hätte, so wäre es in den ganzen deutschen Landen so geworden und so gegangen, wie es denen jetzt geht, die erstochen und umgebracht werden, und noch viel ärger. Da wäre keiner vor dem andern sicher geblieben, ein jeder hätte den andern erwürgt, Haus und Hof verbrannt, Weib und Kind geschändet. Denn es war nicht mit Gott angefangen und keine Ordnung da, und es stand bereits unter ihnen so, daß keiner mehr dem andern traute noch glaubte; sie setzten einen Hauptmann nach dem andern ab, und es mußte gehen, nicht wie redliche Leute, sondern wie die allerschlimmsten Schurken sagten und wollten. Denn der Teufel hatte es im Sinn: Er wollte Deutschland ganz und gar verwüsten, weil er dem Evangelium sonst nicht wehren konnte. Und wer weiß, was noch geschehen wird, wenn wir so murren und undankbar sein wollen? Gott kann die Bauern wohl noch einmal toll werden oder eine andere Sache angehen lassen, so daß es nachher ärger werde als jetzt. Mich dünkt, es sei eine gute, starke Vermahnung und Drohung gewesen. Versehen wir's und kehren uns nicht dran und fürchten Gott nicht, so werden wir sehen, was uns passiert, und daß dies vielleicht ein Scherz gewesen sei, und der Ernst hintennach folge.

Zuletzt könnte man sagen: »Du lehrst selbst Aufruhr, weil du sagst, man solle schleunigst zuhauen und in die Aufrührer stechen, wer nur kann. Ein jeder sei beides: oberster Richter und Scharfrichter, in diesem Fall.« Hier antworte ich: Meine Schrift ist nicht gegen einfache Übeltäter, sondern gegen die Aufrührer geschrieben. Du mußt aber einen Aufrührer weit, weit von einem Mörder oder Räuber oder sonst einem Übeltäter unterscheiden. Denn ein Mörder oder ein anderer Übeltäter läßt das Haupt und die Obrigkeit stehen und greift nur seine Glieder oder Güter an. Ja, er fürchtet sich vor der Obrigkeit. Weil nun das Haupt bestehen bleibt, soll niemand solchen Mörder angreifen, weil das Haupt ihn strafen kann, sondern warten auf das Urteil und den Befehl des Hauptes, welchem Gott das Schwert und Amt zu strafen befohlen hat.

Aber ein Aufrüher greift das Haupt selbst an und fällt ihm in das Schwert und Amt, so daß sein Frevel gar nicht zu vergleichen ist mit dem des Mörders. Hier kann man nicht warten, bis das Haupt Befehl gebe und Urteil spreche, denn es kann nicht und ist gefangen und geschlagen, sondern hier soll hinzu laufen, wer da kann, ungerufen und unbefohlen, und als ein getreues Glied sein Haupt helfen retten mit Stechen, Hauen, Würgen und an den Schutz des Hauptes setzen Leib und Gut.

Das muß ich mit einem groben Gleichnis bildlich klar machen: Wenn ich eines Herrn Knecht wäre und sähe, daß sein Feind auf ihn zuliefe mit bloßem Schwert, und ich könnte das wehren, stünde aber still, und ließe meinen Herrn so schändlich erwürgen, sage mir: was würden beide, Gott und Welt, von mir sagen? Würden sie nicht billig fragen, ich wäre ein verzweifelter Bösewicht und Verräter und müßte gewißlich Kopf und Teil mit dem Feinde haben? Führe ich aber zu und spränge zwischen Feind und Herrn und setzte meinen Leib für meinen Herrn ein und erstäche den Feind, wäre das nicht eine ehrbare, redliche Tat, die vor Gott und der Welt gelobt und gepriesen würde? Oder wenn ich dabei erstochen würde, wie könnte ich christlicher sterben? Da ich doch im rechten Gottesdienst stürbe, so viel es am Werk selbst liegt; und wenn rechter Glaube dabei wäre: so wäre ich ein rechter, heiliger Märtyrer Gottes!

Wenn ich mich aber entschuldigen wollte und sagen: »Ich stand deswegen still, bis mir mein Herr befehlen sollte, ihn zu verteidigen«, was würde die Entschuldigung tun, als daß sie mich zweifach mehr beschuldigte und mich würdig machte, daß mich jedermann verfluchte, als einen, der noch seine Späße machte zu solcher bösen Tat? Hat nicht solches Christus im Evangelium selbst gelobt und als recht bezeichnet, daß Knechte für ihre Herren streiten sollen, als er vor Pilatus stand und sprach: »Wenn mein Reich von dieser Welt wäre, so würden meine Knechte für mich streiten, daß ich nicht den Juden überantwortet würde?« Da kannst du sehen, daß es vor Gott und der Welt recht ist, daß Knechte für ihre Herren streiten, was wäre sonst das weltliche Regiment?

Nun siehe her: Ein solcher Mann ist der Aufrührer, daß er auf das Haupt und den Herren zuläuft mit bloßem Schwert. Da soll niemand warten, bis der Herr befehlen werde zu verteidigen, sondern soll zufahren und unbefohlen auf den Bösewicht einstechen, wer zuerst kann, und soll nicht besorgen, daß er einen Mord begehe, sondern er wehrt einem Erzmörder, der das ganze Land morden will. Ja, wenn er nicht sticht und tötet, sondern läßt den Herrn erstechen, so ist er auch ein Erzmörder. Denn er muß und soll alsdann denken: Weil sein Herr leidet und liegt, daß er in diesem Fall Herr, Richter und Scharfrichter sei. Denn Aufruhr ist kein Scherz, und keine Übeltat auf Erden ist ihr gleich. Andere Untugenden sind einzelne Sachen, Aufruhr ist eine Sintflut aller Untugend.

Ich bin ein geistlicher Mann genannt und führe das Amt des Wortes. Aber doch, wenn ich gleich eines türkischen Herrn Knecht wäre, und sähe meinen Herrn in der Gefahr, ich wollte meines geistlichen Amtes vergessen und frisch zustechen und hauen, solange ich eine Ader regen könnte!! Würde ich dabei erstochen, wollte ich in diesem Werk sofort auf gen Himmel fahren!!

Denn Aufruhr ist keines Gerichts, keiner Gnade wert; er geschehe unter Heiden, Juden, Türken, Christen oder wo er wolle, sondern er ist schon bereits verhört, gerichtet und verurteilt und zum Tod überantwortet in eines jeden Hand. Darum ist hier nichts weiter zu tun, als ohne weiteres zu erwürgen und dem Aufrührer sein Recht zu tun. Solch Übel tut und verdient kein Mörder, denn ein Mörder tut eine sträfliche böse Tat und läßt die Strafe bestehen. Ein Aufrührer will eine freie, straflose böse Tat haben und greift die Strafe selbst an! Außerdem macht der Aufruhr in dieser Zeit dem Evangelium ein böses Geschrei bei den Feinden des Evangeliums, die solchen Aufruhr dem Evangelium schuld geben und das Lästermaul weit genug aufreißen, um zu schelten, obwohl sie damit nicht entschuldigt sind und es auch sehr gut besser wissen. Christus wird sie auch zu seiner Zeit sicher treffen.

Siehe nun zu, ob ich billig und recht in meiner Schrift geschrieben habe. Man solle ohne alle Barmherzigkeit in die Aufrührer einstechen.

Damit habe ich aber nicht gelehrt, daß man den Gefangenen und Ergebenen nicht Barmherzigkeit erweisen solle, wie man mir schuld gibt und wie meine Schrift es auch ganz anders beweist. Ebenso will ich auch hier mit diesen Worten die wütigen Tyrannen nicht bestärkt noch ihr Toben gelobt haben. Denn ich höre, daß einige von meinen Junkerchen über die Maßen grausam verfahren mit den armen Leuten und ganz so keck und trotzig sind, als hätten sie gewonnen und säßen fest. Wohlan, diese suchen nicht die Bestrafung und Besserung des Aufruhrs, sondern büßen ihren grausamen Mutwillen und kühlen ihr Mütchen, den sie vielleicht

*Tanzende Bauern. Holzschnitt um 1600*

lange in sich getragen haben, und meinen, sie haben jetzt einmal Raum und Gelegenheit dazu gewonnen. Besonders aber stellen sie sich jetzt getrost gegen das Evangelium, wollen Stifter und Klöster wieder aufrichten und dem Papst die Krone erhalten und vermengen unsere Sache mit der der Aufrührer. Aber sie werden bald auch ernten, was sie jetzt säen. Denn der droben sitzt, sieht sie und wird kommen, ehe sie sich umsehen. Es soll ihnen fehlschlagen, was sie vorhaben, das weiß ich, wie es ihnen bisher fehlgeschlagen ist!

Ich habe auch in derselben Schrift geschrieben, daß es jetzt eine so wunderliche Zeit ist, daß man mit Morden und Blutvergießen den Himmel verdienen kann. Hilf Gott! Wie hat der Luther da sich selbst vergessen! Der bisher gelehrt hat, man müsse ohne Werke, allein durch den Glauben, Gnade erlangen und selig werden. Aber hier gibt er nicht allein den Werken die Seligkeit, sondern auch dem greulichen Werk des Blutvergießens. Da, da, ist der Rhein entbrannt!! Lieber Gott! Wie genau spürt man mir nach! Wie lauert man mir auf! Und es hilft doch nichts! Denn ich hoffe, man werde mir doch auch den Wortgebrauch und die Redeweise lassen müssen, die nicht allein der gemeine Mann hat, sondern die auch die Schrift enthält. Spricht nicht Christus: »Selig sind die Armen, denn ihrer ist das Himmelreich?« Und: »Selig seid ihr, wenn ihr Verfolgung leidet, denn euer Lohn ist groß im Himmel?« Und: wo er die Werke der Barmherzigkeit belohnt, und dergleichen viel mehr, und es bleibt doch wahr, daß die Werke vor Gott nichts tun, sondern allein der Glaube. Wie aber das zugehe, habe ich so viele Male und besonders in der »Abhandlung vom unrechten Mammon« geschrieben; wer sich daran nicht will genügen lassen, der fahre immer hin und ärgre sich sein Leben lang. Daß ich aber das Werk des Blutvergießens so teuer gemacht habe, das wird meine Schrift an demselben Ort reichlich beweisen, das ist deswegen geschehen, weil ich von der weltlichen Obrigkeit geredet habe, die christlich ist und ihr Amt christlich führt; besonders wenn man gegen die aufrührerischen Haufen zu streiten auszieht, sollten da die Obrigkeiten mit Blutvergießen und mit Ausführung ihres Amtes nicht etwas Rechtes tun, so müßte Samuel, David, Simson auch nicht recht getan haben, als sie die Übeltäter straften und Blut vergossen. Ist es nicht gut und recht, dermaßen Blut zu vergießen, gut, so lasse man das Schwert anstehen, und seien wir alle freie Brüder und tun wir, was uns gelüstet. Denn darum bitte ich euch und jedermann sehr dringend, daß sie doch meine Schrift genau ansehen möchten und nicht so darüber hinfahren, so werden sie sehen, daß ich, wie einem christlichen Prediger gebührt, allein die christliche, fromme Obrigkeit unterrichtet habe. Ich sage noch einmal und zum dritten Mal, daß ich allein für die Obrigkeiten geschrieben habe, die da christlich oder sonst redlich verfahren wollten, damit diese ihre Gewissen in diesem Fall unterrichten möchten; nämlich, daß sie ohne weiteres in den Haufen der Aufrührer schlagen sollten, unbekümmert darum, ob sie Schuldige oder Unschuldige treffen. Und wenn sie gleich Unschuldige treffen, daß sie sich kein Gewissen draus machen sollen, sondern bekennen, daß sie damit Gott den ihm schuldigen Dienst tun. Nachher aber, wenn sie gewonnen haben, daß sie dann Gnade erzeigen, nicht allein den Unschuldigen, wie sie es halten, sondern auch den Schuldigen.

Aber die wütenden, rasenden und unsinnigen Tyrannen, die auch nach der Schlacht nicht des Blutes satt werden können und in ihrem ganzen Leben nicht viel nach Christus fragen, die zu unterrichten habe ich mir nicht vorgenommen, denn solchen Bluthunden gilt es gleichviel, ob sie Schuldige oder Unschuldige erwürgen, ob es Gott oder dem Teufel gefalle. Die haben das Schwert allein dazu, ihre Lust und Mutwillen zu büßen. Die lasse ich von ihrem Meister, dem Teufel, führen, wie er sie führt. So habe ich gehört, daß zu Mühlhausen unter einigen großen Hanssen einer von ihnen das arme Weib des Thomas Münzer, das jetzt eine Witwe und schwangern Leibes ist, zu sich gefordert habe, vor ihr auf die Knie gefallen sei und gesagt habe: »Liebe Frau, laß mich dich . . .« O, eine ritterliche, adelige Tat, an einem elenden, verlassenen schwangeren Weiblein begangen! Das ist sicher ein kühner Held, drei Ritter gut wert! Was sollte ich solchen Rangen und Säuen schreiben? Die Schrift nennt solche Leute »Bestien«, das heißt wilde Tiere, als da sind Wölfe, Säue, Bären und Löwen! So will ich sie denn auch nicht zu Menschen machen! Man muß sie aber dennoch ertragen, wenn uns Gott durch sie plagen will! Ich habe beides besorgt: Würden die Bauern die Herren, so würde der Teufel Abt werden; würden aber solche Tyrannen die Herren, so würde seine Mutter Äbtissin werden. Deshalb hätte ich beide, die Bauern gern beruhigt und eine fromme Obrigkeit unterrichtet. Da aber die Bauern nicht wollten, haben sie ihren Lohn dahin; diese wollen aber auch nicht hören, wohlan, sie werden ihren Lohn auch haben; bloß daß es schade wäre, wenn sie von den Bauern ermordet werden sollten; denn das wäre ein »Fuchsschwanz«. Höllisches Feuer, Zittern und Zähneklappen in der Hölle wird ihr Lohn sein ewiglich, wenn sie nicht Buße tun.

Das alles habe ich, mein Herr und Freund, auf euer Schreiben antworten wollen und hoffe, ich habe mehr als genug getan. Hat aber jemand noch nicht genug daran, der sei immerhin weise und klug, fromm und heilig in Gottes Namen und laß mich einen Narren und Sünder bleiben; wiewohl ich wollte, man ließe mich in Frieden! Man wird mir doch nichts abgewinnen! Und es soll recht bleiben, was ich lehre und schreibe, sollte auch alle Welt darüber bersten!! Will man sich denn unbedingt seltsam stellen, so will ich mich auch seltsam stellen und zusehen, wer zuletzt recht behält. Hiermit Gott befohlen! und sagt dem Conrad, daß er zusehe, es richtig treffe und sich in das rechte Bett lege. Der Drucker soll's in Zukunft auch vermeiden und euch nicht mehr Kanzler nennen. Amen!

Ich habe freilich Ursache, zu E. K. F. G. zu schreiben, wenn ich nur wohl schreiben kunnte, nachdem der allmächtige Gott uns das Haupt, unsern Gnädigsten Herrn Kurfürsten, E. K. F. G. Bruder, in solch fährlicher, greulicher Zeit hat weggenommen und uns so lassen im Jammer stecken, sonderlich E. K. F. G., auf die alle dies Unglück sämtlich fällt, daß auch E. K. F. G. wohl mit dem Psalter mag sagen: Es haben mich Unfall umgeben, der keine Zahl ist, und sind mehr denn Haar auf meinem Haupte, daß ich auch nichts mehr sehen kann usw. Doch treu ist Gott und läßt nicht seinen Zorn über die Barmherzigkeit walten, bei denen, die ihm vertrauen, sondern gibt auch Mut und Kraft zu tragen, und endlich Wege und Weise, wie man's los werde, daß wir auch wiederum mögen mit dem Psalter sagen: Der Herr hat mich wohl gestäupt, aber er hat mich dem Tode nicht überantwortet. Und abermal: Die Gerechten, das ist: die Gläubige, müssen viel Unglücks leiden; aber der Herr erlöst sie aus den allen.

So tröstet auch Salomo und spricht: Welchen Gott lieb hat, den züchtigt er und hat seine Lust an ihm, gleichwie an einem Sohne; drum mein Sohn, wirf nicht von dir Gottes Strafe und werde nicht müde, wenn du von ihm gezüchtiget würdest. Und Christus selbst: In der Welt werdet ihr Gedränge haben, aber in mir den Frieden.

Das ist die Schule, darinnen uns Gott züchtigt und lehrt auf ihn trauen, auf daß der Glaube nicht immer auf der Zungen und in den Ohren schwebe, sondern auch im Grunde des Herzens rechtschaffen werde. In dieser Schule ist jetzt E. K. F. G. freilich auch und hat Gott das Haupt ohn Zweifel weggenommen, auf daß er selbst an des Statt desto näher zu E. K. F. G. komme, und lehre Sie dieses Menschen tröstliche und liebliche Zuversicht lassen und übergeben und alleine an seiner Güte und Kraft stark und getrost werden, der viel tröstlicher und lieblicher ist.

*An den Kurfürsten Johann von Sachsen*
*Wittenberg, den 15. Mai 1525*

# Lieder und Gedichte

*Luthers Lieder und Gedichte richtig zu würdigen, ganz besonders mit Blick auf das 19. Jahrhundert, das die deutsche Lyrik vollendete, ist nicht einfach. Mehr als die wortgewaltige Prosa, die sich überdies besser der heutigen Hochsprache angleichen läßt, ist das reimgebundene Gedicht problematisch. Die Lutherzeit hatte wenig große Poeten; selbst Hans Sachs klingt uns oft bereits unfreiwillig komisch und war doch unter den Meistersingern die »Nachtigall«. Der vorhergegangene Minnesang hatte noch die melodische mittelhochdeutsche Sprache als Privileg. Paul Gerhardt, immerhin Luthers unmittelbarer Zeitgenosse (1607 – 1676), dessen »Befiehl du deine Wege« mit Luthers Versen »gleichberechtigt« im protestantischen Gesangbuch steht, wirkt neben Luthers sprachlichen Eigenwilligkeiten schlicht. Martin Luther war kein großer Lyriker; vieles, was er schrieb, »hinkt« oder ist nur sehr gewaltsam zum Vers gezwungen. Im Volksmund geblieben sind eigentlich nur wenige Gedichte von unanfechtbarer Bekenntniskraft: Gelobet seist du, Jesus Christ. Nun kommt der Heiden Heiland, Aus tiefer Not schrei ich zu dir, Christ lag in Todesbanden und vor allem das Weihnachtslied für Kinder »Vom Himmel hoch, da komm ich her und das »Kampflied der Reformation« – Ein feste Burg ist unser Gott.*

*Mit ihnen korrespondieren die Weihnachtsbilder bedeutender zeitgenössischer Künstler wie Martin Schongauers Kupferstich (Seite 425) oder die Holzschnitte Hans Baldungs, gen. Grien (Seite 427) und Albrecht Dürers (Seite 429). – Johann Brenz' »Türcken Büchlein« erschien 1537 erstmals mit Luthers Lied »Verleih uns Friede gnädiglich« (siehe Seite 462).*

Ein neues Lied wir heben an,
das walt Gott, unser Herre,
zu singen, was Gott hat getan
zu seinem Lob und Ehre.
Zu Brüssel in dem Niederland
wohl durch zween junge Knaben
hat er sein Wundermacht bekannt,
die er mit seinen Gaben
so reichlich hat gezieret.

Der erst recht wohl Johannes heißt,
so reich an Gottes Hulden,
sein Bruder Heinrich, nach dem Geist
ein rechter Christ ohn Schulden,
von dieser Welt geschieden sind.
Sie hand die Kron erworben,
recht wie die frommen Gotteskind
für sein Wort sind gestorben.
Sein Märtrer sind sie worden.

Der alte Feind sie fangen ließ,
erschreckt sie lang mit Dräuen.
Das Wort Gotts er sie leugnen hieß,
mit List auch wollt sie täuben.
Von Löwen der Sophisten viel,
mit ihrer Kunst verloren,
versammelt er zu diesem Spiel.
Der Geist macht sie zu Toren.
Sie konnten nichts gewinnen.

Sie fangen süß, sie fangen saur,
versuchten manche Listen.
Die Knaben standen wie ein Maur,
veracht'en die Sophisten.
Den alten Feind das sehr verdroß,
daß er war überwunden
von solchen Jungen, er so groß.

Er ward voll Zorn von Stunden,
gedacht, sie zu verbrennen.

Sie raubten ihn' das Klosterkleid.
Die Weih sie ihn' auch nahmen.
Die Knaben waren des bereit.
Sie sprachen fröhlich Amen.
Sie dankten ihrem Vater Gott,
daß sie los sollten werden
des Teufels Larvenspiel und Spott,
darin durch falsche Bärden
die Welt er gar betreuget.

Das schickt Gott durch sein Gnad also,
daß sie recht Priester worden,
sich selbst ihm mußten opfern do
und gehn im Christen-Orden,
der Welt ganz abgestorben sein,
die Heuchelei ablegen,
zu Himmel kommen frei und rein,
die Möncherei ausfegen
und Menschenstand hier lassen.

Man schrieb ihn' für ein Brieflein klein.
Das hieß man sie selbst lesen.
Die Stück sie zeugten alle drein,
was ihr Glaub war gewesen.
Der höchste Irrtum dieser war:
Man muß allein Gott glauben,
der Mensch lügt und trügt immerdar,
dem soll man nichts vertrauen.
Des mußten sie verbrennen.

Zwei große Feur sie zündten an.
Die Knaben sie herbrachten.
Es nahm groß Wunder jedermann,
daß sie solch Pein veracht'en.
Mit Freuden sie sich gaben drein,
mit Gottes Lob und Singen.
Der Mut ward den Sophisten klein

vor diesen neuen Dingen,
da sich Gott ließ so merken.

Der Schimpf sie nun gereuen hat.
Sie wollten's gern schön machen.
Sie tun nicht rühmen sich der Tat.
Sie bergen fast die Sachen.
Die Schand im Herzen beißet sie,
und klagen's ihrn Genossen;
doch kann der Geist nicht schweigen hie.
Des Abels Blut vergossen,
es muß den Kain melden.

*Kain erschlägt Abel (Detail). Aus der »Lübecker Bibel«, 1494*

Die Aschen will nicht lassen ab,
sie stäubt in allen Landen.
Hier hilft kein Bach, Loch, Grub noch Grab,
sie macht den Feind zu Schanden.

Die er im Leben durch den Mord
zu schweigen hat gedrungen,
die muß er tot an allem Ort
mit aller Stimm und Zungen
gar fröhlich lassen singen.

Noch lassen sie ihr Lügen nicht,
den großen Mord zu schmücken.
Sie geben vor ein falsch Gedicht.
Ihr G'wissen tut sie drücken.
Die Heil'gen Gotts auch nach dem Tod
von ihn' gelästert werden.
Sie sagen, in der letzten Not
die Knaben noch auf Erden
sich sollen han umkehret.

Die laß man lügen immerhin,
sie haben's kleinen Frommen.
Wir sollen danken Gott darin,
sein Wort ist wiederkommen.
Der Sommer ist hart vor der Tür.
Der Winter ist vergangen.
Die zarten Blumen gehn herfür.
Der das hat angefangen,
der wird es wohl vollenden.

*1523*

Es wollt uns Gott genädig sein
und seinen Segen geben.
Sein Antlitz uns mit hellem Schein
erleucht zum ew'gen Leben,
daß wir erkennen seine Werk
und was ihm liebt auf Erden,
und Jesus Christus' Heil und Stärk
bekannt den Heiden werden
und sie zu Gott bekehren.

So danken Gott und loben dich
die Heiden überalle,
und alle Welt die freue sich
und sing mit großem Schalle,
daß du auf Erden Richter bist
und läßt die Sünd nicht walten.
Dein Wort die Hut und Weide ist,
die alles Volk erhalten,
in rechter Bahn zu wallen.

Es danke Gott und lobe dich
das Volk in guten Taten.
Das Land bringt Frucht und bessert sich.
Dein Wort ist wohl geraten.
Uns segen Vater und der Sohn,
uns segen Gott der Heilig Geist,
dem alle Welt die Ehre tun,
für ihm sich fürcht allermeist.
Nun sprecht von Herzen Amen.

*1523*

Nun komm, der Heiden Heiland,
der Jungfrauen Kind erkannt.
Daß sich wunder alle Welt,
Gott solch Geburt ihm bestellt.

Nicht von Manns Blut noch von Fleisch,
allein von dem Heil'gen Geist
ist Gotts Wort worden ein Mensch
und blühet ein Frucht Weibs Fleisch.

Der Jungfrau Leib schwanger ward,
doch blieb Keuschheit rein bewahrt.
Leucht' herfür manch Tugend schon.
Gott da war in seinem Thron.

Er ging aus der Kammer sein,
dem kön'glichen Saal so rein.
Gott von Art und Mensch, ein Held,
sein' Weg er zu laufen eilt.

Sein Lauf kam vom Vater her
und kehrt wieder zum Vater,
fuhr hinuntern zu der Höll
und wieder zu Gottes Stuhl.

Der du bist dem Vater gleich,
führ hinaus den Sieg im Fleisch,
daß dein ewig Gotts-Gewalt
in uns das krank Fleisch enthalt.

Dein Krippen glänzt hell und klar.
Die Nacht gibt ein neu Licht dar.
Dunkel muß nicht kommen drein.
Der Glaub bleibt immer im Schein.

Lob sei Gott dem Vater tôn.
Lob sei Gott seim einz'gen Sohn.
Lob sei Gott dem Heil'gen Geist
immer und in Ewigkeit.

*1523*

Christum wir sollen loben schon,
der reinen Magd Marien Sohn,
soweit die liebe Sonne leucht'
und an aller Welt Ende reicht.

Der selig Schöpfer aller Ding
zog an eins Knechtes Leib gering,
daß er das Fleisch durch Fleisch erwarb
und sein Geschöpf nicht alls verdarb.

Die göttlich Gnad vom Himmel groß
sich in die keusche Mutter goß.
Ein Maidlein trug ein heimlich Pfand,
das der Natur war unbekannt.

Das züchtig Haus des Herzen zart
gar bald ein Tempel Gottes ward.
Die kein Mann rühret noch erkannt,
von Gotts Wort man sie schwanger fand.

Die edle Mutter hat geborn,
den Gabriel verhieß zuvorn,
den Sankt Johanns mit Springen zeigt,
da er noch lag im Mutter-Leib.

Er lag im Heu mit Armut groß.
Die Krippen hart ihn nicht verdroß.
Es ward ein kleine Milch sein Speis,
der nie kein Vöglein hungern ließ.

Des Himmels Chor sich freuen drob,
und die Engel singen Gott Lob.
Den armen Hirten wird vermeldt
der Hirt und Schöpfer aller Welt.

Lob, Ehr und Dank sei dir gesagt,
Christ, geborn von der reinen Magd,
mit Vater und dem Heilgen Geist
von nun an bis in Ewigkeit.

Gelobet seist du, Jesu Christ,
daß du Mensch geworden bist
von einer Jungfrau, das ist wahr.
Des freuet sich der Engel Schar.
Kyrioleis!

Des ew'gen Vaters einig Kind
jetzt man in der Krippen find.
In unser armes Fleisch und Blut
verkleidet sich das ewig Gut.
Kyrioleis!

Den aller Welt Kreis nie beschloß,
der liegt in Mariä Schoß.
Er ist ein Kindlein worden klein,
der alle Ding erhält allein.
Kyrioleis!

Das ewig Licht geht da herein,
gibt der Welt ein' neuen Schein.
Es leucht' wohl mitten in der Nacht
und uns des Lichtes Kinder macht.
Kyrioleis!

Der Sohn des Vaters, Gott von Art,
ein Gast in der Werlet ward
und führt uns aus dem Jammertal.
Er macht uns Erben in seim Saal.
Kyrioleis!

Er ist auf Erden kommen arm,
daß er unser sich erbarm
und in dem Himmel machet reich
und seinen lieben Engeln gleich.
Kyrioleis!

Das hat er alles uns getan,
sein groß Lieb zu zeigen an.
Des freu sich alle Christenheit
und dank ihm des in Ewigkeit.
Kyrioleis!

*Weihnachten 1523*

Ach Gott vom Himmel, sieh darein
und laß dich des erbarmen,
wie wenig sind der Heilgen dein!
Verlassen sind wir Armen!
Dein Wort man läßt nicht haben wahr.
Der Glaub ist auch verloschen gar
bei allen Menschenkindern.

Sie lehren eitel falsche List,
was eigen Witz erfindet.
Ihr Herz nicht eines Sinnes ist,
in Gottes Wort gegründet.
Der wählet dies, der ander das.
Sie trennen uns ohn alle Maß
und gleißen schon von außen.

Gott wollt ausrotten alle Lahr,
die falschen Schein uns lehren.
Dazu ihr Zung stolz offenbar
spricht: Trotz! Wer will's uns wehren?
Wir haben Recht und Macht allein.
Was wir setzen, das gilt gemein.
Wer ist, der uns sollt meistern?

Darum spricht Gott: Ich muß auf sein!
Die Armen sind verstöret.
Ihr Seufzen dringt zu mir herein.
Ich hab die Klag erhöret.
Mein heilsam Wort soll auf den Plan,
getrost und frisch sie greifen an
und sein die Kraft der Armen.

Das Silber durchs Feuer siebenmal
bewährt wird lauter funden.
Am Gottes Wort man warten sall
des gleichen alle Stunden.
Es will durchs Kreuz bewähret sein.

Da wird sein Kraft erkannt und schein
und leucht' stark durch die Lande.

Das wollst du, Gott, bewahren rein
für diesem argen G'schlechte,
und laß uns dir befohlen sein,
daß sich's in uns nicht flechte!
Der gottlos Hauf sich umher findt,
wo diese lose Leute sind
in deinem Volk erhaben.

*1523/24*

*Die Schöpfung. Holzschnitt von Lukas Cranach d. Ä. vor 1528*

Es spricht der Unweisen Mund wohl:
Den rechten Gott wir meinen.
Doch ist ihr Herz Unglaubens voll.
Mit Tat sie ihn verneinen.
Ihr Wesen ist verderbet zwar.
Für Gott ist es ein Greuel gar.
Es tut ihr keiner kein gut.

Gott selbst vom Himmel sah herab
auf aller Menschen Kinden.
Zu schauen sie er sich begab,
ob er jemand würd finden,
der sein' Vaterland gerichtet hätt,
mit Ernst nach Gottes Worten tät
und fragt nach seinem Willen.

Da war niemand auf rechter Bahn.
Sie waren all ausschritten.
Ein jeder ging nach seinem Wahn
und hielt verlorne Sitten.
Es tät ihr keiner doch kein gut,
wiewohl gar viel betrog der Mut,
ihr Tun müßt Gott gefallen.

Wie lang wollen unwissend sein,
die solche Müh aufladen
und fressen dafür das Volk mein
und nährn sich mit seim Schaden?
Es steht ihr Trauen nicht auf Gott.
Sie rufen ihn nicht in der Not.
Sie wolln sich selbst versorgen.

Darum ist ihr Herz nimmer still
und steht allzeit in Forchten.
Gott bei den Frommen bleiben will,
dem sie mit Glauben horchen.
Ihr aber schmäht des Armen Rat

und höhnet alles, was er sagt,
daß Gott sein Trost ist worden.

Wer soll Israel, dem Armen,
zu Zion Heil erlangen?
Gott wird sich seins Volks erbarmen
und lösen, die gefangen.
Das wird er tun durch seinen Sohn.
Davon wird Jakobs Wonne han
und Israel sich freuen.

*1523/24*

Aus tiefer Not schrei ich zu dir.
Herr Gott, erhör mein Rufen.
Dein gnädig Ohren kehr zu mir
und meiner Bitt sie öffne.
Denn so du willt das sehen an,
was Sünd und Unrecht ist getan,
wer kann, Herr, vor dir bleiben?

Bei dir gilt nichts denn Gnad und Gunst,
die Sünden zu vergeben.
Es ist doch unser Tun umsonst
auch in dem besten Leben.
Vor dir niemand sich rühmen kann.
Des muß dich fürchten jedermann
und deiner Gnaden leben.

Darum auf Gott will hoffen ich,
auf mein Verdienst nicht bauen.
Auf ihn mein Herz soll lassen sich
und seiner Güte trauen,
die mir zusagt sein werdes Wort.
Das ist mein Trost und treuer Hort.
Des will ich allzeit harren.

Und ob es währt bis in die Nacht
und wieder an den Morgen,
doch soll mein Herz an Gottes Macht
verzweifeln nicht noch sorgen.
So tu Israel rechter Art,
der aus dem Geist erzeuget ward
und seines Gottes erharre.

Ob bei uns ist der Sünden viel,
bei Gott ist viel mehr Gnaden.
Sein Hand zu helfen hat kein Ziel,
wie groß auch sei der Schaden.
Er ist allein der gute Hirt,
der Israel erlösen wird
aus seinen Sünden allen. *1523/24*

Mit Fried und Freud ich fahr dahin
in Gotts Wille.
Getrost ist mir mein Herz und Sinn,
sanft und stille.
Wie Gott mir verheißen hat:
der Tod ist mein Schlaf worden.

Das macht Christus, wahr' Gottes Sohn,
der treu Heiland,
den du mich, Herr, hast sehen lôn
und macht bekannt,
daß er sei das Leben (mein)
und Heil in Not und Sterben.

Den hast du allen fürgestellt
mit groß Gnaden,
zu seinem Reich die ganzen Welt
heißen laden
durch dein teur, heilsams Wort,
an allem Ort erschollen.

Er ist das hell und selig Licht
für die Heiden,
zu 'rleuchten, die dich kennen nicht,
und zu weiden.
Er ist deins Volks Israel
der Preis, Ehr, Freud und Wonne.

Mitten wir im Leben sind
mit dem Tod umfangen.
Wen suchn wir, der Hilfe tu,
daß wir Gnad erlangen?
Das bist du, Herr, alleine.
Uns reuet unser Missetat,
die dich, Herr, erzürnet hat.
Heiliger Herre Gott!
Heiliger, starker Gott!
Heiliger, barmherziger Heiland!
Du ewiger Gott,
laß uns nicht versinken
in des bittern Todes Not!
Kyrieleison!

Mitten in dem Tod anficht
uns der Höllen Rachen.
Wer will uns aus solcher Not
frei und ledig machen?
Das tust du, Herr, alleine.
Es jammert dein Barmherzigkeit
unser Klag und großes Leid.
Heiliger Herre Gott!
Heiliger, starker Gott!
Heiliger, barmherziger Heiland!
Du ewiger Gott,
laß uns nicht verzagen
für der tiefen Höllen Glut!
Kyrieleison!

Mitten in der Höllen Angst
unser Sünd uns treiben.
Wo solln wir denn fliehen hin,
daß wir mögen bleiben?
Zu dir, Herr Christ, alleine.
Vergossen ist dein teures Blut,
das g'nug für die Sünde tut.

*Die Höllenfahrt der Katholiken (Detail). Holzschnitt von Lukas Cranach d. J.*

Heiliger Herre Gott!
Heiliger, starker Gott!
Heiliger, barmherziger Heiland!
Du ewiger Gott,
laß uns nicht entfallen
von des rechten Glaubens Trost!
Kyrieleison! *1524*

Gott der Vater wohn uns bei
und laß uns nicht verderben!
Mach uns aller Sünden frei
und helf uns selig sterben!
Für dem Teufel uns bewahr!
Halt uns bei festem Glauben
und auf dich laß uns bauen,
aus Herzensgrund vertrauen,
dir uns lassen ganz und gar,
mit allen rechten Christen
entfliehen Teufels Listen,
mit Waffen Gotts uns fristen!
Amen, Amen. Das sei wahr!
So singen wir Alleluja!

Jesus Christus wohn uns bei
und laß uns nicht verderben!
Mach uns aller Sünden frei
und hilf uns selig sterben!
Vor dem Teufel uns bewahr!
Halt uns bei festem Glauben
und auf dich laß uns bauen,
aus Herzensgrund vertrauen,
dir uns lassen ganz und gar,
mit allen rechten Christen
entfliehen Teufels Listen,
mit Waffen Gotts uns fristen!
Amen, Amen. Das sei wahr!
So singen wir Alleluja!

Heilig Geist der wohn uns bei
und laß uns nicht verderben!
mach uns aller Sünden frei
und hilf uns selig sterben!
Für dem Teufel uns bewahr!
Halt uns bei festem Glauben
und auf dich laß uns bauen,

*Die Höllenfahrt Christi. Kupferstich von Martin Schongauer*

aus Herzensgrund vertrauen,
dir uns lassen ganz und gar,
mit allen rechten Christen
entfliehen Teufels Listen,
mit Waffen Gotts uns fristen!
Amen, Amen. Das sei wahr!
So singen wir Alleluja! *1524*

Christ lag in Todesbanden,
für unser Sünd gegeben.
Der ist wieder erstanden
und hat uns bracht das Leben.
Des wir sollen fröhlich sein,
Gott loben und dankbar sein
und singen Alleluja.

Den Tod niemand zwingen konnt
bei allen Menschenkindern.
Das macht alles unser Sünd,
kein Unschuld war zu finden.
Davon kam der Tod so bald
und nahm über uns Gewalt,
hielt uns in seim Reich gefangen.

Jesus Christus, Gottes Sohn,
an unser Statt ist kommen
und hat die Sünd abgetôn,
damit dem Tod genommen
all sein Recht und all sein Gewalt.
Da bleibt nichts denn Tods Gestalt.
Den Stachel hat er verloren.

Es war ein wunderlich Krieg,
da Tod und Leben rungen.
Das Leben behielt den Sieg,
es hat den Tod verschlungen.
Die Schrift hat verkündet das,
wie ein Tod den andern fraß.
Ein Spott aus dem Tod ist worden.

Hier ist das recht Osterlamm,
davon Gott hat geboten.
Das ist an des Kreuzes Stamm
in heißer Lieb gebroten.
Das Blut zeichnet unser Tür.

Das hält der Glaub dem Tod für.
Der Würger kann uns nicht rühren.

So feiern wir dies hoch Fest
mit Herzensfreud und Wonne,
das uns der Herr scheinen läßt.
Er ist selber die Sonne,
der durch seiner Gnaden Glanz
erleucht' unser Herzen ganz.
Der Sünden Nacht ist vergangen.

Wir essen und leben wohl
in rechten Osterfladen.
Der alte Sauerteig nicht soll
sein bei dem Wort der Gnaden.
Christus will die Koste sein
und speisen die Seel allein.
Der Glaub will keins andern leben.

*1524*

Wär Gott nicht mit uns diese Zeit,
so soll Israel sagen,
wär Gott nicht mit uns diese Zeit,
wir hätten müßt verzagen,
die so ein armes Häuflein sind,
veracht von so viel Menschenkind,
die an uns setzen alle.

Auf uns ist so zornig ihr Sinn –
wo Gott hätt das zugeben,
verschlungen hätten sie uns hin
mit ganzem Leib und Leben.
Wir wär'n, als die ein Flut ersäuft
und über die groß Wasser läuft
und mit Gewalt verschwemmet.

Gott Lob und Dank, der nicht zugab,
daß ihr Schlund uns möcht fangen!
Wie ein Vogel des Stricks kommt ab,
ist unser Seel entgangen.
Strick ist entzwei, und wir sind frei.
Des Herren Namen steht uns bei,
des Gotts Himmels und Erden.

*1524*

Iesus Christ, unser Heiland,
der den Tod / überwand,
ist auferstanden.
Die Sünd hat er gefangen.
Kyrieleison!

Der ohn Sünden war geborn,
trug für uns / Gottes Zorn,
hat uns versühnet,
daß Gott uns sein Huld günnet.
Kyrieleison!

Tod, Sünd, Leben und auch Gnad,
alls in Händen er hat.
Er kann erretten
alle, die zu ihm treten.
Kyrieleison!

*1524*

Komm, Gott Schöpfer, Heiliger Geist!
Besuch das Herz der Menschen dein!
Mit Gnaden sie füll, wie du weißt,
daß dein Geschöpf vorhin sein!

Denn du bist der Tröster genannt,
des Allerhöchsten Gabe teur,
ein geistlich Salb, an uns gewandt,
ein lebend Brunn, Lieb und Feur.

Zünd uns ein Licht an im Verstand!
Gib uns ins Herz der Liebe Brunst!
Das schwach Fleisch, in uns dir bekannt,
erhalt fest dein Kraft und Gunst!

Du bist mit Gabensiebenfalt
der Finger an Gotts rechter Hand.
Des Vaters Wort gibst du gar bald
mit Zungen in alle Land.

Des Feindes List treib von uns fern,
den Fried schaff bei uns deine Gnad,
daß wir deim Leiten folgen gern
und meiden der Seelen Schad.

Lehr uns den Vater kennen wohl,
dazu Jesu Christ, seinen Sohn,

daß wir des Glaubens werden voll,
dich, beider Geist, zu verstohn.

Gott Vater sei Lob und dem Sohn,
der von den Toten auferstund.
Dem Tröster sei dasselb getôn
in Ewigkeit alle Stund.

*1524*

Komm, Heiliger Geist, Herre Gott!
Erfüll mit deiner Gnaden Gut
deiner Gläub'gen Herz, Mut und Sinn!
Dein brünstig Lieb entzünd in ihn'!
O Herr, durch deines Lichtes Glast
zu dem Glauben versammelt hast
das Volk aus aller Welt Zungen.
Das sei dir, Herr, zu Lob gesungen.
Alleluja, Alleluja.

Du heiliges Licht, edler Hort,
laß uns leuchten des Lebens Wort
und lern uns Gott recht erkennen,
von Herzen Vater ihn nennen.
O Herr, behüt vor fremder Lehr,
daß wir nicht Meister suchen mehr
denn Jesum mit rechtem Glauben
und ihm aus ganzer Macht vertrauen.
Alleluja, Alleluja.

Du heil'ge Brunst, süßer Trost,
nun hilf uns, fröhlich und getrost
in deim Dienst beständig bleiben,
die Trübsal uns nicht abtreiben.
O Herr, durch dein Kraft uns bereit
und stärk des Fleisches Blödigkeit,
daß wir hier ritterlich ringen,
durch Tod und Leben zu dir bringen.
Alleluja, Alleluja.

*1524*

Gott sei gelobet und gebenedeiet,
der uns selber hat gespeiset
mit seinem Fleische und mit seinem Blute,
das gib uns Herr / Gott zu gute!
Kyrieleison!
Herr, durch deinen heiligen Leichnam,
der von deiner Mutter Maria kam,
und das heilige Blut
hilf uns, Herr, / aus aller Not.
Kyrieleison!

Der heilig Leichnam ist für uns gegeben
zum Tod, daß wir dadurch leben.
Nicht größer Güte könnt er uns geschenken,
dabei wir sein / solln gedenken.
Kyrieleison!
Herr, dein Lieb so groß dich zwungen hat,
daß dein Blut an uns groß Wunder tat
und bezahlt / unser Schuld,
daß uns Gott ist worden hold.
Kyrieleison!

Gott geb uns allen seiner Gnade Segen,
daß wir gehn auf seinen Wegen
in rechter Lieb und brüderlicher Treue,
daß uns die Speis / nicht gereue.
Kyrieleison!
Herr, dein Heilig Geist uns nimmer laß,
der uns geb zu halten rechte Maß,
daß dein arm / Christenheit
leb in Fried und Einigkeit.

*Mai 1524*

Wohl dem, der in Gottes Furcht steht
und der auf seinem Wege geht!
Dein eigen Hand dich nähren soll.
So lebst du recht und geht dir wohl.

Dein Weib wird in deim Hause sein
wie ein Reben voll Trauben fein
und dein Kinder um deinen Tisch
wie Ölpflanzen gesund und frisch.

Sieh, so reich Segen hängt dem an,
wo in Gottes Furcht lebt ein Mann.
Von ihm läßt der alt Fluch und Zorn,
der Menschenkindern angeborn.

Aus Zion wird Gott segnen dich,
daß du wirst schauen stetiglich
das Glück der Stadt Jerusalem,
für Gott in Gnaden angenehm.

Fristen wird er das Leben dein
und mit Güte stets bei dir sein,
daß du sehen wirst Kindes Kind
und daß Israel Friede find.

*1524*

*Das Abendmahl. Holzschnitt aus dem »Nürnberger Schatzbehalter«, 1491*

Iesus Christus unser Heiland,
der von uns den Gottes Zorn wandt,
durch das bitter Leiden sein
half er uns aus der Höllen Pein.

Daß wir nimmer des vergessen,
gab er uns sein' Leib zu essen,
verborgen im Brot so klein,
und zu trinken sein Blut im Wein.

Wer sich will zu dem Tisch machen,
der hab wohl acht auf sein Sachen.
Wer unwürdig hier zu geht,
für das Leben den Tod empfäht.

Du sollst Gott den Vater preisen,
daß er dich so wohl wollt speisen
und für deine Missetat
in den Tod sein' Sohn gegeben hat.

Du sollst glauben und nicht wanken:
das ein Speise sei der Kranken,
den' ihr Herz von Sünden schwer
und vor Angst ist betrübet sehr.

Solch groß Gnad und Barmherzigkeit
sucht ein Herz in großer Erbeit.
Ist dir wohl, so bleib davon,
daß du nicht kriegest bösen Lohn.

Er spricht selber: Kommt, ihr Armen,
laßt mich über euch erbarmen!
Kein Arzt ist dem Starken not.
Sein Kunst wird an ihm gar ein Spott.

Hättst du dir was könnt erwerben,
was durft denn ich für dich sterben?

Dieser Tisch auch dir nicht gilt,
so du selber dir helfen willt.

Glaubst du das von Herzensgrunde
und bekennest mit dem Munde,
so bist du recht wohl geschickt,
und die Speise dein Seel erquickt.

Die Frucht soll auch nicht ausbleiben:
Deinen Nächsten sollst du lieben,
daß er dein genießen kann,
wie dein Gott hat an dir getan.

*1524*

*Das Abendmahl. Holzschnitt von Albrecht Dürer, 1510*

Dies sind die heil'gen Zehn Gebot,
die uns gab unser Herre Gott
durch Mosen, seinem Diener treu,
hoch auf dem Berg / Sinai.
Kyrioleis!

Ich bin allein dein Gott der Herr.
Kein Götter sollst du haben mehr.
Du sollst mir ganz vertrauen dich,
von Herzen Grund / lieben mich.
Kyrioleis!

Du sollst nicht führen zu Unehrn
den Namen Gottes, deines Herrn.
Du sollst nicht preisen recht noch gut,
ohn was Gott selbst / red' und tut.
Kyrioleis!

Du sollst heil'gen den siebenten Tag,
daß du und dein Haus ruhen mag.
Du sollst von deim Tun lassen ab,
daß Gott sein Werk / in dir hab.
Kyrioleis!

Du sollst ehrn und gehorsam sein
dem Vater und der Mutter dein
und wo dein Hand ihn' dienen kann,
so wirst du langs / Leben han.
Kyrioleis!

Du sollst nicht töten zorniglich,
nicht hassen noch selbst rächen dich,
Geduld haben und sanften Mut
und auch den Feind / tun das Gut.
Kyrioleis!

Dein Eh sollst du bewahren rein,
daß auch dein Herz kein ander mein',
und halten keusch das Leben dein
mit Zucht und Mäßigkeit fein.
Kyrioleis!

Du sollst nicht stehlen Geld noch Gut,
nicht wuchern jemands Schweiß und Blut.
Du sollst auf tun dein milde Hand
den Armen in / deinem Land.
Kyrioleis!

Du sollst kein falscher Zeuge sein,
nicht lügen auf den Nächsten dein.
Sein Unschuld sollst auch retten du
und seine Schand / decken zu.
Kyrioleis!

Du sollst deins Nächsten Weib und Haus
begehren nicht noch etwas draus.
Du sollst ihm wünschen alles Gut,
wie dir dein Herz / selber tut.
Kyrioleis!

Die Gebot all uns geben sind,
daß du dein Sünd, o Menschenkind,
erkennen sollst und lernen wohl,
wie man für Gott / leben soll.
Kyrioleis!

Das helf uns der Herr Jesu Christ,
der unser Mittler worden ist.
Es ist mit unserm Tun verlorn –
verdienen doch / eitel Zorn.
Kyrioleis!

*1524*

Wir glauben all an Einen Gott,
Schöpfer Himmels und der Erden,
der sich zum Vater geben hat,
daß wir seine Kinder werden.
Er will uns allzeit ernähren,
Leib und Seel auch wohl bewahren.
Allem Unfall will er wehren.
Kein Leid soll uns widerfahren.
Er sorget für uns, hüt' und wacht.
Es steht alles in seiner Macht!

Wir glauben auch an Jesum Christ,
seinen Sohn und unsern Herren,
der ewig bei dem Vater ist,
gleicher Gott von Macht und Ehren,
von Maria, der Jungfrauen,
ist ein wahrer Mensch geboren
durch den Heil'gen Geist im Glauben,
für uns, die wir warn verloren,
am Kreuz gestorben und vom Tod
wieder auferstanden durch Gott.

Wir glauben an den Heil'gen Geist,
Gott mit Vater und dem Sohne,
der aller Blöden Tröster heißt
und mit Gaben zieret schone,
die ganz Christenheit auf Erden
hält in einem Sinn gar eben.
Hier all Sünd vergeben werden.
Das Fleisch soll auch wieder leben.
Nach diesem Elend ist bereit'
uns ein Leben in Ewigkeit.

*1524*

Mensch, willst du leben seliglich
und bei Gott bleiben ewiglich,
sollst du halten die Zehn Gebot,
die uns gebeut / unser Gott.
Kyrioleis!

Dein Gott allein und Herr bin ich.
Kein ander Gott soll irren dich.
Trauen soll mir das Herze dein.
Mein eigen Reich / sollst du sein.
Kyrioleis!

Du sollst mein Namen ehren schon
und in der Not mich rufen an.
Du sollst heil'gen den Sabbattag,
daß ich in dir / wirken mag.
Kyrioleis!

Dem Vater und der Mutter dein
sollst du nach mir gehorsam sein,
niemand töten noch zornig sein
und deine Eh / halten rein.
Kyrioleis!

Du sollst eim andern stehlen nicht,
auf niemand Falsches zeugen nicht,
deines Nächsten Weib nicht begehrn
und all sein Guts / gern entbehrn.
Kyrioleis!

*1524*

Ain kurtze form
der zehen gebot.
D. M. L.

Ain kurtze form
des Glaubens

Ain kurtze form des
vater vnsers

*Bordüre zu Augsburger Ausgabe (Silvan Otmar), 1530*

Nun bitten wir / den Heiligen Geist
Um den rechten Glauben. / Allermeist,
daß er uns behüte / an unserm Ende,
bis wir heim fahren / aus diesem Elende.
Kyrioleis!

Du wertes Licht, / gib uns deinen Schein!
Lern uns Jesum Christ / kennen allein,
Daß wir an ihm bleiben, / dem treuen Heiland,
der uns bracht hat / zum rechten Vaterland.
Kyrioleis!

Du süße Lieb, / schenk uns deine Gunst!
Laß uns empfinden / der Liebe Brunst,
daß wir uns von Herzen / einander lieben
und im Frieden / auf einem Sinn bleiben.
Kyrioleis!

Du höchster Tröster / in aller Not,
hilf,daß wir nicht fürchten / Schand noch Tod,
daß in uns die Sinnen / nicht verzagen,
wenn der Feind wird / das Leben verklagen!
Kyrioleis!

*1524*

Jesaja, dem Propheten, das geschah,
daß er im Geist den Herren sitzen sah
auf einem hohen Thron in hellem Glanz.
Seines Kleides Saum den Chor füllet ganz.
Es stunden zween Seraph bei ihm daran.
Sechs Flügel sah er einen jeden han.
Mit zween verbargen sie ihr Antlitz klar.
Mit zween bedeckten sie die Füße gar.
Und mit den andern zween sie flogen frei.
Gen ander rufen sie mit großem Schrei:

Heilig ist Gott, der Herre Zebaoth!
Heilig ist Gott, der Herre Zebaoth!
Heilig ist Gott, der Herre Zebaoth!
Sein Ehr die ganze Welt erfüllet hat!

Von dem Schrei zittert Schwell und Balken gar.
Das Haus auch ganz voll Rauchs und Nebel war.

*1525*

Ein feste Burg ist unser Gott,
ein gute Wehr und Waffen.
Er hilft uns frei aus aller Not,
die uns jetzt hat betroffen.
Der alt böse Feind,
mit Ernst er's jetzt meint.
Groß Macht und viel List
sein grausam Rüstung ist.
Auf Erd ist nicht seins gleichen.

Mit unser Macht ist nichts getan.
Wir sind gar bald verloren.
Es streit für uns der rechte Mann,
den Gott hat selbst erkoren.
Fragst du, wer der ist?
Er heißt Jesu Christ,
der Herr Zebaoth,
und ist kein ander Gott.
Das Feld muß er behalten.

Und wenn die Welt voll Teufel wär
und wollt uns gar verschlingen,
so fürchten wir uns nicht so sehr,
es soll uns doch gelingen.
Der Fürst dieser Welt,
wie saur er sich stellt,
tut er uns doch nicht.
Das macht, er ist gericht'.
Ein Wörtlein kann ihn fällen.

Das Wort sie sollen lassen stahn
und kein' Dank dazu haben.
Er ist bei uns wohl auf dem Plan
mit seinem Geist und Gaben.
Nehmen sie den Leib,
Gut, Ehr, Kind und Weib,
laß fahren dahin.
Sie haben's kein Gewinn.
Das Reich muß uns doch bleiben.

*1527*

*Die Auferstehung Christi. Holzschnitt von Lukas Cranach d. Ä., 1509*

Herr Gott, dich loben wir.
Herr Gott, wir danken dir.
Dich, Vater in Ewigkeit,
Ehrt die Welt weit und breit.
All Engel und Himmelsheer
Und was dienet deiner Ehr,
Auch Cherubin und Seraphin
Singen immer mit hoher Stimm:
Heilig ist unser Gott!
Heilig ist unser Gott!
Heilig ist unser Gott,
der Herre Zebaoth!

Dein göttlich Macht und Herrlichkeit
Geht über Himmel und Erden weit.
Der heiligen Zwölfboten Zahl
Und die lieben Propheten all,
Die teuren Märtrer allzumal
Loben dich, Herr, mit großem Schall.
Die ganze werte Christenheit
Rühmt dich auf Erden allezeit.
Dich, Gott Vater, im höchsten Thron,
Deinen rechten und einigen Sohn.
Den Heil'gen Geist und Tröster wert
Mit rechtem Dienst sie lobt und ehrt.

Du König der Ehren, Jesu Christ,
Gott Vaters ewiger Sohn du bist.
Der Jungfrau Leib nicht hast verschmäht
Zu 'rlösen das menschliche Geschlecht.
Du hast dem Tod zerstört sein Macht
Und all Christen zum Himmel bracht.
Du sitzt zur Rechten Gottes gleich
Mit aller Ehr ins Vaters Reich.
Ein Richter du zukünftig bist
Alles, das tot und lebend ist.

Nun hilf uns, Herr, den Dienern dein,
Die mit deim teuren Blut 'rlöset sein.
Laß uns im Himmel haben teil
Mit den Heil'gen in ewigem Heil.
Hilf deinem Volk, Herr Jesu Christ,
Und segne, was dein Erbteil ist.
Wart und pfleg ihr zu aller Zeit
Und heb sie hoch in Ewigkeit.

Täglich, Herr Gott, wir loben dich
Und ehrn dein' Namen stetiglich.
Behüt uns heut, o treuer Gott,
Für aller Sünd und Missetat!
Sei uns gnädig, o Herre Gott!
Sei uns gnädig in aller Not!
Zeig uns deine Barmherzigkeit,
Wie unser Hoffen zu dir steht.
Auf dich hoffen wir, lieber Herr.
In Schanden laß uns nimmer mehr!
Amen.

*1528/29*

Verleih uns Frieden gnädiglich,
Herr Gott, zu unsern Zeiten.
Es ist doch ja kein ander nicht,
der für uns könnte streiten
denn du, unser Gott, alleine.

Gott, gib Fried in deinem Lande,
Glück und Heil zu allem Stande.

Herr Gott, himmlischer Vater, der du heiligen Mut, guten Rat und rechte Werke schaffst, gib deinen Dienern Friede, welchen die Welt nicht kann geben, auf daß unsere Herzen an deinen Geboten hängen und wir unsere Zeit durch deinen Schutz stille und sicher vor Feinden leben, durch Jesu Christ, deinen Sohn, unsern Herrn. Amen.

*1529*

Türcken Büch-
lein.

Wie sich Prediger vnd Leien
halten sollen/so der Türck
das Deudsche Land
vberfallen würde.

Christliche vnd nottürfftige
vnterrichtung
durch
Johann. Brentz.

Wittemberg.
M. D. XXXVII.

Vom Himmel hoch, da komm ich her.
Ich bring euch gute, neue Mär.
Der guten Mär bring ich so viel,
davon ich sing'n und sagen will.

Euch ist ein Kindlein heut geborn,
von einer Jungfrau auserkorn,
ein Kindelein so zart und fein,
das soll eur Freud und Wonne sein.

Es ist der Herr Christ, unser Gott.
Der will euch führn aus aller Not.
Er will eur Heiland selber sein,
von allen Sünden machen rein.

Er bringt euch alle Seligkeit,
die Gott der Vater hat bereit',
daß ihr mit uns im Himmelreich
sollt leben nun und ewiglich.

So merket nun das Zeichen recht:
die Krippen, Windelein so schlecht.
Da findet ihr das Kind gelegt,
das alle Welt erhält und trägt.

Des laßt uns alle fröhlich sein
und mit den Hirten gehn hinein,
zu sehn, was Gott uns hat beschert
mit seinem lieben Sohn verehrt.

Merk auf, mein Herz, und sieh dort hin.
Was liegt doch in dem Krippelein?
Wes ist das schöne Kindelein?
Es ist das liebe Jesulein.

Bist willkommen, du edler Gast!
Den Sünder nicht verschmähet hast

und kommst ins Elend her zu mir –
wie soll ich immer danken dir?

Ach Herr, du Schöpfer aller Ding,
wie bist du worden so gering,
daß du da liegst auf dürrem Gras,
davon ein Rind und Esel aß!

Und wär die Welt vielmal so weit,
von Edelstein und Gold bereit',
so wär sie doch dir viel zu klein,
zu sein ein enges Wiegelein.

Der Sammet und die Seiden dein,
das ist grob Heu und Windelein,
darauf du Kön'g so groß und reich
herprangst, als wär's dein Himmelreich.

Das hat also gefallen dir,
die Wahrheit anzuzeigen mir,
wie aller Welt Macht, Ehr und Gut
für dir nichts gilt, nichts hilft noch tut.

Ach mein herzliebes Jesulein
mach dir ein rein, sanft Bettelein,
zu ruhen in meins Herzen Schrein,
daß ich nimmer vergesse dein.

Davon ich allzeit fröhlich sei,
zu springen, singen immer frei
das rechte Susaninne schon,
mit Herzenslust den süßen Ton.

Lob, Ehr sei Gott im höchsten Thron,
der uns schenkt seinen ein'gen Sohn.
Des freuen sich der Engel Schar
und singen uns ein neues Jahr.

*Dezember 1534*

*Die Geburt Christi. Holzschnitt von Albrecht Dürer, um 1503*

Sie ist mir lieb, die werte Magd,
und kann ihr nicht vergessen.
Lob, Ehr und Zucht von ihr man sagt.
Sie hat mein Herz besessen.
Ich bin ihr hold,
und wenn ich sollt
groß Unglück han,
da liegt nicht an.
Sie will mich des ergetzen
mit ihrer Lieb und Treu an mir,
die sie zu mir will setzen
und tun all mein Begier.

Sie trägt von Gold so rein ein Kron,
da leuchten in zwölf Sterne.
Ihr Kleid ist wie die Sonne schon,
das glänzet hell und ferne.
Und auf dem Môn
ihr Füße stohn.
Sie ist die Braut,
dem Herrn vertraut.
Ihr ist weh und muß gebären
ein schönes Kind, den edlen Sohn
und aller Welt ein Herren,
dem sie ist untertôn.

Das tut dem alten Drachen Zorn
und will das Kind verschlingen.
Sein Toben ist doch ganz verlorn.
Es kann ihm nicht gelingen.
Das Kind ist doch
gen Himmel hoch
genommen hin
und läßet ihn
auf Erden fast sehr wüten.
Die Mutter muß gar sein allein,
doch will sie Gott behüten
und der recht Vater sein. *Vor 1535*

*Bildnis Martin Luthers. Holzschnitt von Hans Baldung, gen. Grien, 1520*

Vater unser im Himmelreich,
der du uns alle heißest gleich
Brüder sein und dich rufen an
und willst das Beten von uns han,
gib, daß nicht bet allein der Mund,
hilf, daß es geh von Herzensgrund!

Geheil'get werd der Name dein!
Dein Wort bei uns hilf halten rein,
daß wir auch leben heiliglich
nach deinem Namen würdiglich.
Behüt uns, Herr, vor falscher Lehr!
Das arm, verführet Volk bekehr!

Es komm dein Reich zu dieser Zeit
und dort hernach in Ewigkeit!
Der Heilig Geist uns wohne bei
mit seinen Gaben mancherlei!
Des Teufels Zorn und groß Gewalt
zerbrich, für ihm dein Kirch erhalt!

Dein Will gescheh, Herr Gott, zugleich
auf Erden wie im Himmelreich!
Gib Geduld uns ins Leidens Zeit,
gehorsam sein in Lieb und Leid!
Wehr und steur allem Fleisch und Blut,
das wider deinen Willen tut!

Gib uns heut unser täglich Brot
und was man darf zur Leibes Not!
B'hüt uns, Herr, für Unfried und Streit,
für Seuchen und für teurer Zeit,
daß wir in gutem Frieden stehn,
der Sorg und Geizens müßig gehn.

All unser Schuld vergib uns, Herr,
daß sie uns nicht betrüben mehr,

wie wir auch unsern Schuldigern
ihr Schuld und Fehl vergeben gern.
Zu dienen mach uns all bereit
in rechter Lieb und Einigkeit!

Führ uns, Herr, in Versuchung nicht,
wenn uns der böse Geist anficht!
Zur linken und zur rechten Hand
hilf uns tun starken Widerstand,
im Glauben fest und wohl gerüst'
und durch des Heil'gen Geistes Trost.

Von allem Übel uns erlös!
Es sind die Zeit und Tage bös.
Erlös uns von dem ew'gen Tod
und tröst uns in der letzten Not!
Bescher uns auch ein sel'ges End!
Nimm unser Seel in deine Händ!

Amen! Das ist: es werde wahr!
Stärk unsern Glauben immerdar,
auf daß wir ja nicht zweifeln dran,
was wir hiermit gebeten han.
Auf dein Wort, in dem Namen dein:
so sprechen wir das Amen fein.

*1539*

Christ, unser Herr, zum Jordan kam
nach seines Vaters Willen,
von Sankt Johanns die Taufe nahm,
sein Werk und Amt zu 'rfüllen.
Da wollt er stiften uns ein Bad,
zu waschen uns von Sünden,
ersäufen auch den bittern Tod
durch sein selbst Blut und Wunden.
Es galt ein neues Leben.

So hört und merket alle wohl,
was Gott heißt selbst die Taufe,
und was ein Christen glauben soll,
zu meiden Ketzerhaufen.
Gott spricht und will, daß Wasser sei,
doch nicht allein schlecht Wasser –
sein heiligs Wort ist auch dabei
mit reichem Geist ohn Maßen.
Der ist allhier der Taufer.

Solchs hat er uns beweiset klar
mit Bilden und mit Worten.
Des Vater Stimm man offenbar
daselbs am Jordan hörte.
Er sprach: Das ist mein lieber Sohn,
an dem hab ich Gefallen.
Den will ich euch befohlen han,
daß ihr ihn höret alle
und folget seinem Lehren.

Auch Gottes Sohn hier selber steht
in seiner zarten Menschheit.
Der Heilig Geist hernieder fährt,
in Taubenbild verkleidet,
daß wir nicht sollen zweifeln dran,
wenn wir getaufet werden:
all drei Person' getaufet han,

# XVIII.

## Ein geistlich Lied/ Von vnser heiligen Tauffe/ Darin fein kurtz gefasset/ Was sie sey? wer sie gestifftet habe? Was sie nütze ꝛc.

### D. Mart. Luther.

damit bei uns auf Erden
zu wohnen sich ergeben.

Sein' Jünger heißt der Herre Christ:
Geht hin, all Welt zu lehren,
daß sie verlorn in Sünden ist,
sich soll zur Buße kehren.
Wer glaubet und sich taufen läßt,
soll dadurch selig werden.
Ein neugeborner Mensch er heißt,
der nicht mehr könne sterben,
das Himmelreich soll erben.

*Die Taufe Christi in Gegenwart Johann Friedrichs des Beständigen und Martin Luthers. Holzschnitt von Lukas Cranach d. J.*

Wer nicht glaubt dieser großen Gnad,
der bleibt in seinen Sünden
und ist verdammt zum ew'gen Tod
tief in der Höllen Grunde.

Nicht hilft sein eigen Heiligkeit.
All sein Tun ist verloren.
Die Erbsünd macht's zur Nichtigkeit,
darin er ist geboren –
vermag ihm selbst nichts helfen.

Das Aug allein das Wasser sieht,
wie Menschen Wasser gießen.
Der Glaub im Geist die Kraft versteht
des Blutes Jesu Christi.
Und ist für ihn ein rote Flut,
von Christus' Blut gefärbet,
die allen Schaden heilen tut,
von Adam her geerbet,
auch von uns selbst begangen.

*1540/41*

Was fürchtst du, Feind Herodes, sehr,
daß uns geborn kommt Christ der Herr?
Er sucht kein sterblich Königreich,
der zu uns bringt sein Himmelreich.

Dem Stern die Weisen folgen nach.
Solch Licht zum rechten Licht sie bracht.
Sie zeugen mit den Gaben drei,
dies Kind Gott, Mensch und König sei.

Die Tauf im Jordan an sich nahm
das himmelische Gotteslamm.
Dadurch, der nie kein Sünde tat,
von Sünden uns gewaschen hat.

Ein Wunderwerk da neu geschah.
Sechs steinern Krüge man da sah
voll Wassers, das verlor sein Art:
Roter Wein durch sein Wort draus ward.

Lob, Ehr und Dank sei dir gesagt,
Christ, geborn von der reinen Magd,
mit Vater und dem Heil'gen Geist
von nun an bis in Ewigkeit.

*12. Dezember 1541*

Vom Himmel kam der Engel Schar,
erschein den Hirten offenbar.
Sie sagten ihn': Ein Kindlein zart,
das liegt dort in der Krippen hart,
zu Bethlehem in Davids Stadt,
wie Micha das verkündet hat.
Es ist der Herre Jesus Christ,
der euer aller Heiland ist.

Des sollt ihr billig fröhlich sein,
daß Gott mit euch ist worden ein.
Er ist geborn eur Fleisch und Blut.
Eur Bruder ist das ewig Gut.

Was kann euch tun die Sünd' und Tod?
Ihr habt mit euch den wahren Gott.
Laßt zürnen Teufel und die Höll!
Gotts Sohn ist worden eur Gesell.

*Maria als Königin der Engel. Holzschnitt von Albrecht Dürer, 1518*

Er will und kann euch lassen nicht,
setzt ihr auf ihn eur Zuversicht.
Es mögen euch viel fechten an,
dem sei Trotz, der's nicht lassen kann.

Zuletzt ihr müßt doch haben recht.
Ihr seid nun worden Gotts Geschlecht.
Des danket Gott in Ewigkeit
geduldig, fröhlich alle Zeit. Amen.

*Weihnachten 1542*

*Die heilige Dreifaltigkeit (Der Gnadenstuhl). Holzschnitt von Albrecht Dürer, 1511*

Erhalt uns, Herr, bei deinem Wort
und steur des Papsts und Türken Mord,
die Jesum Christum, deinen Sohn,
wollten stürzen von deinem Thron.

Beweis dein Macht, Herr Jesu Christ,
der du Herr aller Herren bist!
Beschirm dein arme Christenheit,
daß sie dich lob in Ewigkeit!

Gott Heil'ger Geist, du Tröster werd,
gib deim Volk einrlei Sinn auf Erd!
Steh bei uns in der letzten Not!
G'leit uns ins Leben aus dem Tod!

*1542*

Der du bist Drei in Einigkeit,
ein wahrer Gott von Ewigkeit,
die Sonn mit dem Tag von uns weicht,
laß leuchten uns dein göttlich Licht!

Des Morgens, Gott, dich loben wir,
des Abends auch beten vor dir.
Unser armes Lied rühmet dich
jetzund, immer und ewiglich.

Gott Vater, dem sei ewig Ehr,
Gott Sohn, der ist der einig Herr,
und dem Tröster Heiligen Geist
von nun an bis in Ewigkeit.
Amen.

*1543*

Jesus Christus, unser Heiland,
der von uns den Gottes Zorn wandt',
durch das bitter Leiden sein
half er uns aus der Höllen Pein.
Daß wir nimmer deß vergessen,
gab er uns sein Leib zu essen,
verborgen im Brot so klein,
und zu trinken sein Blut im Wein.
Wer sich will zu dem Tische machen,
der hab wohl acht auf sein Sachen;
wer unwürdig hinzugeht,
für das Leben den Tod empfäht.
Du sollst Gott den Vater preisen,
daß er dich so wohl wollt speisen
und für deine Missetat
in den Tod sein Sohn geben hat.
Du sollst glauben und nicht wanken,
daß eine Speise sei den Kranken,
den'n ihr Herz von Sünder schwer
und vor Angst ist betrübet sehr.
Solch groß Gnad und Barmherzigkeit
sucht ein Herz in großer Arbeit:
Ist dir wohl, so bleib davon,
daß du nicht kriegst bösen Lohn.
Er spricht selber: Kommt, ihr Armen,
laßt mich über euch erbarmen;
kein Arzt ist dem Starken not,
sein Kunst wird an ihm gar ein Spott.
Hättst du dir was konnt erwerben,
was dürft ich denn für dich sterben?
Dieser Tisch auch dir nicht gilt,
so du selber dir helfen willt.
Glaubst du das von Herzensgrunde
und bekennest mit dem Munde,
so bist du recht wohl geschickt
und die Speise dein Seel erquickt.
Die Frucht soll auch nicht ausbleiben:
Deinen Nächsten sollst du lieben,
daß er dein genießen kann,
wie dein Gott an dir getan.

# Kurzweil, die nützlich ist –

# Fabeln und Heiterkeit

*Am 23. April 1530 reiste Kurfürst Johann der Beständige von Sachsen zum Reichstag nach Augsburg, und er nahm seine geistlichen Räte und Theologen mit – ausgenommen Martin Luther. Der stand noch unter Reichsacht; doch der Fürst wollte ihn in möglichst erreichbarer Nähe haben, und so ließ er ihn an der thüringischen Landesgrenze auf der Veste Coburg zurück. Dies war Luther zwar gar nicht recht, aber er fügte sich der Notwendigkeit; um sich zu zerstreuen, machte er sich an die Übersetzung der Äsopschen Fabeln. Johannes Mathesius, der spätere Pfarrer in Joachimsthal, der Luther dabei gelegentlich Gesellschaft leistete, berichtet:*

*»Denn als unser Doktor nun viele Jahre, wie wir gehört, gegen die Mönch und Schwärmer heftig gestritten und sich mit Predigen und Dolmetschen in der heiligen Bibel abgearbeitet und sehr ein schwaches Häuptlein bekam . . ., drum weil er merkte, daß der heilige Geist in seiner Bibel auch vernünftige und weise Märlein schreiben läßt und die Alten gern solche verdeckte und vermäntelte Wahrheit und Weisheit mit Tierleins Häutlein und Sprüchen überzogen, . . . nimmt er in Coburg Gelegenheit nach dem Essen den alten Deutschen Äsopum vor und reinigt und schmückt ihn mit guten und derben deutschen Worten, Auslegungen oder sittlichen Lehren und macht 16 Fabeln, die stecken voller Weisheit, guter Lehre und höflicher Vermahnung.«*

*Die Illustrationen zu diesem Kapitel sind, wenn nichts anderes angegeben ist, Details aus Holzschnitten von Dürer, Burgkmair, Baldung und Schongauer sowie mittelalterliche Holzschnitte zu den Fabeln des Äsop.*

# Etliche Fabeln aus Äsop von D. M. L.

*(verdeutscht samt einer schönen Vorrede vom rechten Nutzen und Gebrauch des Buches, jedermann wes Standes er auch ist, ist lustig und dienlich zu lesen)*

Dieses Buch von den Fabeln oder Märchen ist ein hochberühmtes Buch gewesen bei den Allergelehrtesten auf Erden, besonders unter den Heiden. Wie wohl auch noch jetzund die Wahrheit zu sagen, vom äußerlichen Leben in der Welt zu reden, wüßte ich außer der heiligen Schrift nicht viele Bücher, die diesem überlegen sein sollten, so man Nutzen, Kunst und Weisheit und nicht hochbedächtiges Geschrei wollte ansehen, da man darin unter schlechten Worten und einfältigen Fabeln die allerfeinste Lehre, Warnung und Unterricht findet (wer sie zu brauchen weiß), wie man sich im Haushalten, in und gegen die Obrigkeit und Untertanen schicken soll, auf daß man klüglich und friedlich unter den bösen Leuten in der falschen, argen Welt leben möge.

Daß man's aber dem Äsop zuschreibt, ist meines Achtens ein Gedicht, und vielleicht hat nie ein Mensch auf Erde Äsop geheißen. Sondern ich

halte dafür, es sei etwa durch viele weise Leute getan, mit der Zeit Stück um Stück zusammengebracht und endlich etwa durch einen Gelehrten in solche Ordnung gestellt, wie jetzt in deutscher Sprache etliche mögen die Fabeln und Sprüche, die bei uns im Brauch sind, sammeln und danach jemand ordentlich in ein Buch fassen. Denn solche feinen Fabeln in diesem Buch vermöchte jetzt alle Welt nicht, geschweige denn ein Mensch, erfinden. Darum ist es glaubhafter, daß etliche dieser Fabeln ganz alt, etliche noch älter, etliche aber neu gewesen sind zu einer Zeit, da dieses Büchlein gesammelt ist, wie denn solche Fabeln pflegen von Jahr zu Jahr zu wachsen und sich zu mehren, danach einer von seinen Vorfahren hört und sammelt...

Doch mögen die, die den Äsop zum Meister erdichtet haben und sein Leben dermaßen gestellt, vielleicht Ursache genug gehabt haben, nämlich daß sie als die weisen Leute ein solches Buch um des gemeinen Nutzens willen gern hätten jedermann gemein gemacht (denn wir sehen, daß die jungen Kinder und jungen Leute mit Fabeln und Märchen leichtlich bewegt) und also mit Lust und Liebe zur Weisheit geführt würden, welche

*Lehrer und Schüler beim Unterricht. Holzschnitt aus »Donatus grammaticus«, um 1500*

Lust und Liebe desto größer wird, wenn ein Äsop oder dergleichen Larve oder Fastnachtsputz davor gestellt wird, der solche Kunst ausredet oder vorträge, daß sie desto mehr darauf merken und gleich mitlachen, annehmen und behalten. Nicht allein aber die Kinder, sondern auch die großen Fürsten und Herrn kann man nicht besser betrügen, zur Wahrheit und zu ihrem Nutzen, als daß man ihnen lasse die Narren die Wahrheit sagen, dieselben können sie leiden und hören, sonst wollen oder können sie keinem Weisen die Wahrheit leiden, ja alle Welt haßt die Wahrheit, wenn sie einen trifft.

Darum haben solch weise hohe Leute die Fabel erdichtet und lassen ein Tier mit dem andern reden als sollten sie sagen: Wohlan, es will niemand die Wahrheit hören noch leiden, und man kann doch der Wahrheit nicht entbehren. So wollen wir sie schmücken und unter einer lustigen Lügenfarbe und lieblichen Fabeln kleiden, und weil man sie nicht will hören durch Menschenmund, daß man sie doch höre durch Tier- und Bestienmund. So geschieht es denn, wenn man die Fabeln liest, daß ein Tier dem andern, ein Wolf dem andern die Wahrheit sagt, ja zuweilen, der gemalte Wolf oder Bär oder Löwe im Buch dem rechten zweifüßigen Wolf und Löwen einen guten Text heimlich liest, den ihm sonst kein Prediger, Freund noch Feind lesen dürfte. Also auch ein gemalter Fuchs

im Buch, wenn man die Fabeln liest, soll wohl einen Fuchs über Tisch also ansprechen, daß ihm der Schweiß möchte ausbrechen und sollte wohl den Äsop gerne erstechen oder verbrennen. Wie denn der Dichter des Äsop anzeigt, daß auch Äsop um der Wahrheit willen getötet sei und ihm nicht geholfen hat, daß er die Fabeln weise als ein Narr, dazu ein erdichteter Äsop solche Wahrheit die Tiere hat reden lassen. Denn die Wahrheit ist das unleidigste Ding auf Erden.

Aus dieser Ursache haben wir uns dieses Buch vorgenommen zu fegen und ihm ein wenig bessere Gestalt zu geben, als es bisher gehabt hat. Allermeistens um der Jugend willen, daß sie solche feine Lehre und Warnung unter der lieblichen Gestalt der Fabel, gleich wie eine Mummerei oder Spiel, desto lieber lerne und fester behalte...

Und daß ich ein Exempel gebe, die Fabeln wohl zu brauchen: Wenn ein Hausvater über Tisch will Kurzweil haben, die nützlich ist, kann er sein Weib, Kind, Gesinde fragen: Was bedeutet diese oder diese Fabel? und beide sie und sich darin üben. Also bedeutet die fünfte Fabel vom Hund mit dem Stück Fleisch im Maul, wenn's einem Knecht oder Magd zu wohl ist und will's bessern, so geht's ihm wie dem Hund, daß das Gute verlieren und jenes Bessere nicht kriegen. Item, wenn sich ein Knecht an den anderen hängt und sich verführen läßt, daß es ihm gehe wie dem Frosch an die Maus gebunden, in der dritten Fabel, die der Weihe alle beiden fraß. Und so fort in den andern Fabeln mit Lieb, Leid, mit Drohen und Locken, wie man vermag. Ohne daß wir müssen das unsere bei jenen tun.

## Vom Hahn und Perlen

Ein Hahn scharrte auf dem Mist und fand eine köstliche Perle. Als er dieselbe im Kot so liegen sah, sprach er: »Sieh du feines Dinglein, liegst du hier so jämmerlich. Wenn dich ein Kaufmann fände, er würde deiner froh, und du würdest zu großen Ehren kommen. Aber du bist mir und ich dir nichts nütze. Ich nähme gern ein Körnlein oder ein Würmlein und ließ ihm alle Perlen. Magst bleiben wie du liegst.«

Lehre:

Diese Fabel lehrt, daß dieses Büchlein (die Fabeln) bei Bauern und groben Leuten unwert ist, wie denn alle Kunst und Weisheit bei denselben verachtet ist, wie man spricht, Kunst geht nach Brot. Sie warnt aber, daß man die Lehre nicht verachten soll.

## Vom Wolf und Lämmlein

Ein Wolf und ein Lämmlein kamen ungefähr (zufällig) beide an einen Bach zu trinken. Der Wolf trank oben am Bach, das Lämmlein aber weit unten. Da der Wolf des Lämmleins gewahr ward, lief er zu ihm und sprach: »Warum trübst du mir das Wasser, daß ich nicht trinken kann?« Das Lämmlein antwortete: »Wie kann ich dir's Wasser trüben, trinkst du doch über mir und möchtest es mir wohl trüben?« Der Wolf sprach: »Ja, dein Vater tat mir vor sechs Monden auch ein solches. Du willst dich vettern (dem Vater nachtun).« Das Lämmlein antwortete: »Bin ich

doch dazumal nicht geboren gewesen, wie soll ich meines Vaters entgelten?« Der Wolf sprach: »So hast du mir aber meine Wiesen und Äcker abgenagt und verderbt.« Das Lämmlein antwortete: »Wie ist das möglich, ich habe doch noch keine Zähne.« – »Ei«, sprach der Wolf, »und wenn du gleich viel ausreden und schwätzen kannst, will ich dennoch heute nicht ungefressen (hungrig) bleiben«, und würgte also das unschuldige Lämmlein und fraß es.

Lehre:

Der Welt Lauf ist, wer fromm (rechtschaffen) sein will, der muß leiden, sollte man eine solche vom alten Zaun brechen, denn Gewalt geht vor Recht. Wenn man dem Hund zu will (an den Kragen), so hat er das Leder gefressen (hat er Schuld). Wenn der Wolf will, ist das Lamm im Unrecht.

# Vom Frosch und der Maus

Eine Maus wäre gern über ein Wasser gewesen und konnte nicht und bat einen Frosch um Rat und Hilfe. Der Frosch war ein Schalk und sprach zur Maus: »Binde deinen Fuß an meinen Fuß, so will ich schwimmen und

dich hinüberziehen.« Da sie aber aufs Wasser kamen, tauchte der Frosch hinunter und wollte die Maus ertränken. Indem aber die Maus sich wehrte und arbeitete (sich abmühte), flog eine Weihe daher und erhaschte die Maus, zog den Frosch auch mit heraus und fraß sie beide.

Lehre:

Sieh dich vor, mit wem du handelst. Die Welt ist falsch und untreuvoll. Denn welcher Freund den andern vermag (überwindet), der steckt ihn in den Sack. Doch schlägt Untreue allzeit ihren eigenen Herrn, wie dem Frosch hier geschehen ist.

## Vom Hund und Schaf

Der Hund sprach ein Schaf vor Gericht an (verklagte es) um Brot, das er ihm geliehen hatte. Da aber das Schaf leugnete, berief sich der Hund auf Zeugen, die mußte man zulassen. Der erste Zeuge war der Wolf, der sprach: »Ich weiß, daß der Hund dem Schaf Brot geliehen hat.« Die Weihe sprach: »Ich bin auch dabei gewesen.« Der Geier sprach zum Schaf: »Wie wagst du es, so unverschämt zu leugnen?« Also verlor das Schaf seine Sache und mußte mit Schaden zur unebenen (ungünstigen) Zeit seine Wolle angreifen, damit es das Brot bezahlte, das es nicht schuldig geworden war.

Lehre:

Hüte dich vor bösen Nachbarn oder schicke dich (fasse dich) in Geduld, willst du bei Leuten wohnen. Denn es gönnt niemand dem andern was Gutes, das ist der Welt Lauf.

## Vom Hund im Wasser

Es lief ein Hund durch einen Wasserstrom und hatte ein Stück Fleisch im Maul. Als er aber den Schemen (das Spiegelbild) vom Fleisch im Wasser sah, wähnte er, es wäre auch Fleisch und schnappte gierig danach. Da er aber das Maul auftat, entfiel ihm das Stück Fleisch, und das Wasser führte es weg. Also verlor er beide, das Fleisch und den Schemen.

Lehre:

Man soll sich begnügen lassen an dem, das Gott gibt. Wer das Wenige verschmäht, dem wird das Größere nicht. Wer zuviel haben will, der behält zuletzt nichts. Mancher verliert das Gewisse über dem Ungewissen.

## Von Rind, Ziege, Schaf und Löwe

Es gesellten sich ein Rind, eine Ziege und ein Schaf zum Löwen, und sie zogen miteinander auf die Jagd in einen Forst. Da sie nun einen Hirsch gefangen und in vier Teile gleich geteilt hatten, sprach der Löwe: »Ihr wißt, daß ein Teil mein ist als euer Geselle. Das andere gebührt mir als einem König unter den Tieren. Das dritte will ich darum haben, daß ich stärker bin und mehr danach gelaufen und gearbeitet habe als ihr alle drei. Wer aber das vierte haben will, der muß mir's mit Gewalt nehmen. Also mußten die drei für ihre Mühe das Nachsehen und den Schaden zum Lohn haben.

Lehre:

Fahre nicht hoch. Halte dich zu Deinesgleichen. Es ist mit Herren nicht gut Kirschen essen, sie bewerfen einen mit den Stielen. Das ist eine Gesellschaft mit dem Löwen, wo einer allein den Genuß (Nutzen), der andere allein den Schaden hat.

Diese Fabel ist auf eine andere Weise so erzählt:

Ein Löwe, ein Fuchs und ein Esel jagten miteinander und fingen einen Hirsch. Da hieß der Löwe den Esel das Wildbret teilen. Der Esel machte drei Teile. Des wurde der Löwe zornig und riß dem Esel die Haut über den Kopf, daß er blutrünstig dastand, und hieß den Fuchs das Wildbret teilen. Der Fuchs stieß die drei Teile zusammen und gab sie dem Löwen ganz. Des lachte der Löwe und sprach: »Wer hat dich so teilen gelehrt?« Der Fuchs zeigte auf den Esel und sprach: »Der Doktor da im roten Barett.« Diese Fabel lehrt zwei Sachen. Das erste: Herren wollen Vorteil haben, und man soll mit Herrn nicht Kirschen essen, die bewerfen einen mit den Stielen. Das andere: Das ist ein weiser Mann, der sich an eines andern Unglück bessern kann.

## Vom Diebe

Es freite einstmals ein Dieb, und seine Nachbarn waren fröhlich auf seiner Hochzeit, da sie hofften, er würde hinfort fromm werden. Da kam ein klügerer Mann dazu, und als er sie so in Freuden sah, sprach er: »Seht zu, seid nicht allzu fröhlich. Die Sonne wollte auch einmal feiern. Des erschrak alle Welt und ward so ungeduldig, daß es auch in den Himmel fluchte und schallt. Es fragte Jupiter aus dem Himmel, was das Fluchen bedeutet. Da sprach alle Welt: Wir haben jetzt eine einzige Sonne, und die tut uns mit ihrer Hitze so viel zuleide, daß wir schier alle verderben. Was soll werden, wenn die Sonne mit der Sonnen zeugen wird?« Diese Fabel zeigt der Welt: Man darf den Teufel nicht über die Tür malen. Ein graues Pferd erzeugt wieder ein graues. Ein Dieb zeugt den andern. Hilf fromme Leute mahnen, der bösen ist sonst (sowieso) zuviel. Mancher Schalk wird durch fromme Leute gefördert, der danach seinesgleichen an sich zieht, Ländern und Leuten sehr schädlich ist. Darum sieh dich vor, wem du raten oder helfen sollst. An fremden Kindern und Hunden, spricht man, ist das Brot verloren.

## Vom Kranich und Wolf

Da der Wolf einstmals ein Schaf gierig fraß, blieb ihm ein Bein im Hals überzwerch (der Quere) stecken, davon er große Not und Angst hatte, und er erbot sich, einen großen Lohn und Geschenk zu geben, wer ihm helfe. Da kam der Kranich und stieß seinen langen Kragen (Hals) dem Wolf in den Rachen und zog das Bein heraus. Da er aber den verheißenen Lohn forderte, sprach der Wolf: »Willst du noch Lohn haben? Danke du Gott, daß ich dir den Hals nicht abgebissen habe, du solltest mir schenken (als Geschenk anrechnen), daß du lebendig aus meinem Rachen gekommen bist.« Diese Fabel zeigt: Wer den Leuten in der Welt will wohltun, der muß sich erwägen (sich darauf gefaßt machen), Undank zu verdienen. Die Welt lohnt nicht anders als mit Undank, wie man spricht. Wer einem vom Galgen erlöst, dem hilft derselbe gern daran.

## Vom Hund und der Hündin

Eine schwangere Hündin bat mit demütigen Worten einen Hund, daß er ihr wollte sein Häuslein gönnen, bis sie geworfen hatte. Das tat der Hund gern. Da nun die jungen Hündlein heranwuchsen, begehrte der Hund sein Häuslein wieder, aber die Hündin wollte nicht. Zuletzt drohte ihr der Hund und hieß sie das Häuslien räumen. Da ward die Hündin zornig und sprach: »Bist du böse, so weise uns hinaus.« Diese Fabel zeigt, wenn die Laus in den Grind kommt, wird sie übermütig. Sieh, wie du des Bösen los wirst, wenns überhand kriegt. Der Teufel ist gut zu Gast zu bitten. Aber man kann seiner nicht leicht loswerden.

## Vom Esel und Löwen

Der Esel ward auch einmal stolz, und als er einem Löwen begegnete, grüßte er ihn höhnisch und sprach: »Ich grüße dich, Bruder.« Den Löwen verdroß der höhnische Gruß, dachte aber bei sich selbst: »Was soll ich mich an dem Schelmen rächen? Ich schelte oder zerreiße ihn, so lege ich keine Ehre ein. Ich will den Narren fahren lassen.«

Lehre:

Wer mit dem Dreck rammelt (zusammengerät), er gewinne oder verliere, so geht er beschissen davon.

## Stadtmaus und Feldmaus

Eine Stadtmaus ging spazieren und kam zu einer Feldmaus. Die tat ihr gütlich mit Eicheln, Gerste und Nüssen und womit sie konnte. Aber die Stadtmaus sprach: »Du bist eine arme Maus. Was willst du hier in Armut leben? Komm mit mir, und ich will dir und mir genug schaffen von allerlei köstlicher Speise.«

Die Feldmaus zog mit ihr hin in ein stattlich schönes Haus, darin die Stadtmaus wohnte. Und sie gingen in die Kammer, die war vollauf von Brot, Fleisch, Speck, Würsten, Käse und alles. Da sprach die Stadtmaus: »Nun iß und sei guter Dinge. Solcher Speisen habe ich täglich überflüssig.« Indes kommt der Kellner und rumpelte mit den Schlüsseln an der Tür. Die Mäuse erschraken und liefen davon. Die Stadtmaus fand bald ihr Loch, aber die Feldmaus wußte nirgends hin, lief die Wände auf und ab und hatte sich ihres Lebens erwegen (war auf den Tod gefaßt).

Da der Kellner wieder hinaus war, sprach die Stadtmaus: »Es hat nun keine Not, laß uns guter Dinge sein.« Die Feldmaus antwortete: »Du hast gut sagen, du wußtest dein Loch fein zu treffen, derweil bin ich schier vor Angst gestorben. Ich will dir sagen, was die Meinung ist: Bleibe du eine reiche Stadtmaus und friß Würste und Speck. Ich will ein armes Feldmäuslein bleiben und meine Eicheln essen. Du bist keinen Augenblick sicher vor dem Kellner, vor den Katzen, vor so vielen Mausefallen, und dir ist das ganze Haus feind. Von solchem allem bin ich frei und sicher in meinem armen Feldlöchlein.«

Lehre:

In großen Wassern fängt man große Fische, aber in kleinen Wassern fängt man gute Fischlein. Wer reich ist, hat viele Neider, Sorge, Gefahr.

## Vom Raben und Fuchs

Ein Rabe hatte einen Käse gestohlen und setzte sich auf einen hohen Baum und wollte ihn verzehren. Als er aber seiner Art nach nicht schweigen konnte, während er ißt, hörte ihn ein Fuchs über dem Käse kecken und lief herzu und sprach: »O Rabe, nun habe ich mein Lebtag nicht schöneren Vogel gesehen von Federn und Gestalt, als du bist. Und wenn du auch eine so schöne Stimme hättest zu singen, sollte man dich zum König krönen über alle Vögel.« Den Raben kitzelte solch Loben und Schmeicheln, er fing an, wollte seinen schönen Gesang hören lassen, und als er den Schnabel auftat, entfiel ihm der Käse. Den nahm der Fuchs behende, fraß ihn und lachte des törichten Raben.

Lehre:

Hüte dich, wenn der Fuchs den Raben lobt, hüte dich vor Schmeichlern.

## Vom Esel und dem Wildschwein

Als der Esel einem Wildschwein begegnete, sprach er zu ihm: »Ich grüße dich, Bruder.« Das Schwein ward unwirsch und gab ihm keine Antwort und verachtete seine Worte und schüttelte den Kopf und dachte bei sich: »Du wirst dich mit dem nicht gemein machen. Wenn du dich mit ihm anlegtest, so müßtest du entweder mit ihm zanken oder ihn zerrissen hinter dir lassen, und ist es besser, den Toren zu überhören.«

Lehre:

Manche Menschen schmähen die anderen und es entsteht ihnen selber Ungemach. Diese Fabel lehrt, daß man sich mit den Toren vertragen soll.

## Eine neue Fabel des Äsop vom Löwen und Esel

Der alte Löwe ward krank und forderte alle Tiere zu sich, seinen letzten Reichstag zu halten und seinen Erben, den jungen Löwen, an seiner Statt zum König zu setzen. Die Tiere kamen gehorsam, nahmen des alten Löwen letzten Willen an; als aber der alte Löwe starb und herrlich bestattet ward, wie sich's einem König gebührt, taten sich etliche untreue falsche Räte des alten Königs hervor, welchen doch der alte König viel Gutes getan und zu großen Ehren geholfen hatte. Die suchten nun ein freies Leben zu haben und nach ihrem Gefallen im Reich zu regieren und wollten keinen Löwen mehr zum König haben und sprachen auch: »Niemand soll mehr über uns regieren.« Sie zeigten an, welch ein grausames Regiment die Löwen bisher geführt hatten, wie sie die unschuldigen Tiere zerreißen und fressen, daß niemand sicher vor ihnen sein konnte, wie es

denn zu geschehen pflegt, daß man alles Gute verschweigt und allein das Ärgste redet von den Oberherrn. Es ward aus solcher Rede ein großes Gemurmel unter allen Ständen des Reiches. Etliche wollten den jungen Löwen behalten, aber die meisten wollten einen anderen. Zuletzt forderte man sie zusammen, daß man nach der meisten Willen wähnen sollte. Da hatten die falschen untreuen Räte den Fuchs zum Redner gemacht, der das Wort tun sollte vor den Ständen des Reiches und feine Instruktion und Unterricht gegeben, wie er den Esel vorschlagen sollte. Es war zunächst zwar dem Fuchs selber lächerlich, daß ein Esel sollte König sein, aber als er hörte ihr Bedenken, wie frei sie könnten unter dem Esel leben und möchten ihn regieren wie sie wollten, ließ ihm der Schalk solches gefallen und half treulich dazu, faßte die Sache, wie er sie wollte hübsch vortragen.

Und er trat auf vor des Reiches Ständen, räusperte sich und hieß Stillschweigen, fing an zu reden von des Reiches Not und schweren Sachen, trieb aber die ganze Rede dahin, daß der König Schuld gewesen wäre und machte das Löwengeschlecht so zunichte, daß alle ganz abfielen. Da aber ein großer Zweifel ward, welches Tier zu wählen sein sollte, hieß er abermals Schweigen und Hören und gab des Esels Geschlecht an und brachte wohl eine Stunde zu, über den Esel zu loben, wie der Esel nicht stolz und tyrannisch wäre, viel Arbeit täte, wäre geduldig und demütig, ließ ein anderes Tier auch etwas sein, wäre auch nicht grausam, fresse die Tiere nicht, ließ sich's an geringer Ehre und Zinsen begnügen. Als nun der Fuchs merkte, daß solches den Pöbel kitzelte und wohl gefiel, da tat er den rechten Zusatz und sprach: »Überdies, liebe Herren, haben wir zu bedenken, daß er vielleicht auch von Gott dazu verordnet und geschaffen sei, das könne man wohl daran merken, daß er ein Kreuz ewig auf dem Rücken trägt.«

Da aber der Fuchs des Kreuzes gedacht, entsetzten sich alle Stände des Reiches und stimmten mit großem Schall zu: »Nun haben wir den rechten König gefunden, welcher kann beide, weltliches und geistliches Regiment verwalten.« Da pries ein jeder etwas am Esel. Einer sprach, er hätte feine lange Ohren, die wären gut zum Beichte hören. Der andere sagte, er hätte auch eine gute Stimme, die wohl taugte, in der Kirche zu predigen und zu singen. Da war nichts am ganzen Esel, das nicht königlicher und päpstlicher Ehren wert wäre. Aber vor allen anderen Tugenden leuchtete das Kreuz auf dem Rücken, also ward der Esel zum König unter den Tieren erwählt.

Der arme junge Löwe ging elend und betrübt als eine verstoßene Waise aus seinem erblichen Reich, bis daß sich etliche alte treue fromme Räte, denen dieser Handel leid war, seiner erbarmten und besprachen sich, wie es eine lästerliche Untugend sei, daß man den jungen König so schändlich sollte lassen verstoßen sein. Sein Vater hätte solches nicht um sie verdient. Es müßte auch nicht gehen im Reich, wie der Fuchs und seine Gesellen wollten, die ihren Mutwillen und nicht des Reiches Ehre suchten. sie ermannten sich und baten die Reichsstände zusammen, sie hätten etwas Wichtiges vorzutragen. Da trat der Älteste auf, das war ein alter

Hund, ein treuer Rat des alten Löwen, und erzählte in schöner Rede, wie diese Wahl des Esels zu schnell und übereilt sei und dem Löwen großes Unrecht geschehe. Es müsse nicht alles Gold sein, was da glänzt. Der Esel, ob er schon das Kreuz auf dem Rücken trage, könnte wohl ein Schein und nichts dahinter sein, wie alle Welt durch Gleißen und guten Schein betrogen wird. Der Löwe hatte seine Tugend viel mit der Tat bewiesen, der Esel aber hatte keine Tat bewiesen, deshalb sollten sie wohl zusehen, daß sie nicht einen König erwählten, der nicht mehr als ein geschnitztes Bild sei, welches auch wohl ein Kreuz tragen könnte; und wo ein Krieg sich erhöbe, wüßten sie nicht, was das eitel Kreuz helfen könnte, wo nicht mehr dahinter wäre.

Diese ernste tapfere Rede des Hundes bewegte alle. Dem Fuchs und den untreuen Räten ward bange. Sie trugen vor, was im Reich beschlossen wäre, sollte bleiben. Aber es bewegte gleichwohl die Menge, daß der Esel nichts mit der Tat bewiesen hätte, und es möchte das Kreuz sie wohl betrogen haben, und sie konnten doch mit der Wahl nicht zurück. Endlich als der Hund auf die Tat und auf den falschen Schein des Kreuzes so heftig drang, ward auf seinen Vorschlag bewilligt, daß der Esel sollte mit dem Löwen um das Reich kämpfen, welcher gewönne, der sollte König sein. Sie konnten nichts anderes machen, weil die Wahl im Reich geschehen war. Da bekam der junge Löwe wieder ein Herz und alle frommen Untertanen große Hoffnung. Aber der Fuchs hing den Schwanz mit seinen Gesellen, sie versahen sich nicht viel eines ritterlichen Kampfes zu ihrem neuen König. Der Kampftag wurde bestimmt, und es kamen alle Tiere auf den Platz. Der Fuchs hielt fest bei dem Esel, der Hund bei dem Löwen. Den Kampf ließ der Esel den Löwen wählen. Der Löwe sprach: »Wohlan, es gilt. Wer über diesen Bach springt, ohne daß er sich den Fuß naß macht, der soll gewonnen haben. Es war aber ein großer

Bach. Der Löwe holte aus, sprang darüber hin, wie ein Vogel darüber hinflöge. Der Esel und der Fuchs dachten: »Wohlan, wir sind zuvor auch nicht König gewesen. Wer wagt, gewinnt, wer wagt, verliert.« Er mußte

springen und sprang, pflatsch, mitten in den Bach, wie ein Block hineinfiele. Da sprang der Löwe am Ufer herum und sprach: »Ich meine ja, der Fuß sei naß.« Aber nun sieh an, was Glück und List vermag. Dem Esel hatte sich ein kleines Fischlein im Ohr unter dem Wasser verwirrt und verfangen. Als nun der Esel aus dem Bach kroch und die Tiere sich des Sprunges freuten, sieht der Fuchs, daß der Esel sich den Fisch aus dem Ohr schüttelt und hebt an und spricht: »Nun schweigt und hört. Wo sind sie nun, die das Kreuz verachten, daß es keine Tat beweisen könne? Mein Herr König Esel spricht, er hätte auch wohl können über den Bach springen, aber das wäre ihm eine schlechte Kunst gewesen, seines Kreuzes Tugend zu beweisen, wie es der Löwe und andere Tiere wohl ohne Kreuz tun. Sondern er sah im Sprung ein Fischlein im Bach, da sprang er nach, und daß seines Kreuzes Wunder desto größer wäre, wollte er's nicht mit dem Maul oder den Pfoten, sondern mit den Ohren fangen. Solches laßt den Löwen auch tun, und er sei danach König. Aber ich halte, er wollte mit Maul und allen vier Klauen nicht einen

Fisch fangen, wenn er gleich danach ginge, geschweige denn wenn er spränge.« Der Fuchs machte mit solchem Geschwätz abermals ein Getümmel, und das Kreuz wollte schlecht gewinnen. Den Hund verdroß das Übel, aber vielmehr, daß der falsche Fuchs mit seinen Fuchsschwänzen die Menge so narrte. Er fing an zu bellen. Damit aber nicht ein Aufruhr würde durch das Gebeiße des Fuchses und des Hundes, ward für gut angesehen, daß der Löwe und der Esel allein an einen Ort gingen und dort kämpften. Sie zogen hin zu einem Holz unter freiem Geleit des Reiches. »Es gilt«, sprach der Löwe. »Welcher das behendeste Tier fängt.« Und er lief zum Gehölz hinein und jagte, bis er einen Hasen fing. Der faule Esel dachte: »Es will mich das Reich zu viel Mühe kosten, sollte wohl keinen Frieden haben auf diese Weise.« Er legte sich auf den Platz nieder in der Sonne und hechelte mit der Zunge vor großer Hitze. Da kam ein Rabe und meinte, er sei ein Aas, setzte sich auf seine Lippen und wollte essen. Da schnappte der Esel zu und fing den Raben. Da nun der Löwe mit seinem Hasen fröhlich gelaufen kam, fand er den Raben in des Esels Maul und erschrak. Kurz: Es war verloren, und es begann ihm nun selbst zu grausen vor dem Kreuz des Esels, doch verließ er das Reich nicht gern und sprach: »Lieber Esel, es gilt noch eines um guter Gesellen willen. Aller guten Dinge sollen drei sein.« Der Esel stimmte zu, wohl aus Furcht, weil er allein mit ihm war, und nahm es an. Der Löwe sprach: »Jenseits des Berges liegt eine Mühle. Wer am ersten dahin

kommt, soll gewonnen haben. Willst du unten herum oder über den Berg laufen?« Der Esel sprach: »Lauf du über den Berg.« Der Löwe in seinem letzten Kampf lief was er laufen konnte. Der Esel blieb stillstehen und dachte: »Ich werde doch zum Spott und mache mir müde Beine, wenn ich laufe. Ich merke ja wohl, der Löwe gönnt mir doch die Ehre nicht, so will ich auch nicht umsonst arbeiten.« Als der Löwe über den Berg kommt, sieht er einen Esel (anderen) vor der Mühle stehen. »So«, spricht er, »hat dich der Teufel bereits hergeführt. Wohlan, noch einmal zurück an unseren Ort.« Da er aber wieder herüberkommt, sieht er den Esel dastehen. »Zum dritten Mal auch, wieder zur Mühle.« Da sieht er zum dritten Mal den Esel dastehen und mußte ihm gewonnen geben und bekennen, daß mit dem Kreuz nicht zu scherzen ist. Also blieb der Esel König, und es regiert sein Geschlecht bis auf diesen Tag gewaltig in der Welt unter den Tieren.

Gnade und Friede in Christo, meine Herrn und Freunde! Ich hab Euer aller Schreiben empfangen und, wie es allenthalben zusteht, vernommen. Auf daß Ihr nun wiederum vernehmt, wie es hier zusteht, füge ich Euch zu wissen, daß wir, nämlich ich, M. Veit und Cyriakus, nicht auf den Reichstag gen Augsburg ziehen; wir sind aber sonst wohl auf einen andern Reichstag gekommen.

Es ist ein Rubet (Gehölz) gleich vor unserm Fenster hinunter wie ein kleiner Wald, da haben die Dohlen und Krähen einen Reichstag hingelegt, da ist ein solch Zu- und Abreiten, ein solch Geschrei Tag und Nacht ohne Aufhören, als wären sie alle trunken, voll und toll; da keckt jung und alt durcheinander, daß mich wundert, wie Stimm und Odem so lang währen möge. Und möcht gerne wissen, ob solches Adels und reisigen Zeugs (Kriegsvolks) auch etliche noch bei Euch wären; mich dünkt, sie seien aus aller Welt hierher versammelt.

Ich hab ihren Kaiser noch nicht gesehen, aber sonst schweben und schwänzen der Adel und großen Hansen (Herren) immer vor unsern Augen; nicht fast köstlich gekleidet, sondern einfältig in einerlei Farbe, alle gleich schwarz und alle gleich grauäugig; singen alle gleich einen Gesang, doch mit lieblichem Unterschied der Jungen und der Alten, Großen und Kleinen. Sie achten auch nicht der großen Paläste und Säle, denn ihr Saal ist gewölbt mit dem schönen, weiten Himmel, ihr Boden ist eitel Feld, getäfelt mit hübschen grünen Zweigen; so sind die Wände so weit als der Welt Ende. Sie fragen auch nichts nach Rossen und Harnischen, sie haben gefiederte Räder, damit sie auch den Büchsen entfliehen und einem Zorn entsitzen (ausweichen) können. Es sind große mächtige Herren; was sie aber beschließen, weiß ich noch nicht.

Soviel ich aber von einem Dolmetscher vernommen habe, haben sie vor, einen gewaltigen Zug und Streit wider Weizen, Gerste, Hafer, Malz und allerlei Korn und Getreide, und wird mancher Ritter hier werden und große Taten tun.

Also sitzen wir hier im Reichstag, hören und sehen zu mit großer Lust und Liebe, wie die Fürsten und Herren samt andern Ständen des Reichs so fröhlich singen und wohlleben. Aber sonderliche Freude haben wir, wenn wir sehen, wie ritterlich sie schwänzen, den Schnabel wischen und die Wehr stürzen (Turnier halten), daß sie siegen und Ehre einlegen wider Korn und Malz. Wir wünschen ihnen Glück und Heil, daß sie allzumal an einen Zaunstecken gespießt wären.

Ich halt aber, es sei nichts anders denn die Sophisten (katholische Gelehrte) und Papisten mit ihrem Predigen und Schreiben, die muß ich alle auf einen Haufen also vor mir haben, daß ich höre ihre liebliche Stimme

*Vogelbild. Holzschnitt aus Speculum Humanae Salvationis, 1476*

und Predigten und sehe, wie sehr nützlich Volk es ist, alles zu verzehren, was auf Erden ist, und dafür kecken für die lange Weil.

Heute haben wir die erste Nachtigall gehört; denn sie hat dem April nicht wollen trauen. Es ist bisher eitel köstlich Wetter gewesen, hat noch nie geregnet, ohne gestern ein wenig. Bei euch wird's vielleicht anders sein. Hiermit Gott befohlen, und haltet wohl haus! Aus dem Reichstag der Malztürken. 28. Aprilis. Anno 1530.

Martinus Luther D.

*An Peter und Hieronymus Weller, Heinrich Schneidewin und andere Tischgesellen, Veste Coburg, 28. April 1530*

## Klageschrift der Vögel an Luther über seinen Diener Wolfgang Siebergern

Unserm günstigen Herrn Doktor Martin Luther, Prediger zu Wittenberg.

Wir Drosseln, Amseln, Finken, Hänfling, Stieglitz samt andern frommen, ehrbarn Vögeln, so diesen Herbst über Wittenberg reisen sollen, fügen Euer Liebe zu wissen, wie wir glaubhaft berichtet werden, daß einer, genannt Wolfgang Sieberger, Euer Diener, sich unterstanden habe

einer großen freventlicher Durst (Frechheit) und etliche alte verdorbene Netze aus großem Zorn und Haß über uns teuer gekauft, damit einen Finkenherd anzurichten und nicht allein unsern lieben Freunden, den Finken, sondern auch uns allen die Freiheit, zu fliegen in der Luft und auf Erden Körnlein zu lesen, von Gott uns gegeben, zu wehren vornimmt, dazu uns nach unserm Leib und Leben stellt, so wir doch gegen ihn gar nichts verschuldet noch solche ernstliche und geschwinde (bösartige) Durst um ihn verdienet. Weil denn das alles, wie Ihr selbst könnt bedenken, uns armen freien Vögeln, so zuvor weder Scheune noch Häuser noch etwas drinnen haben, eine fährliche und große Beschwerung, ist an Euch unser demütige und freundliche Bitte, Ihr wollt Euern Diener von solcher Durst weisen oder, wo das nicht sein kann, doch ihn dahin halten, daß er uns des Abends zuvor wohl streue Körner auf den Herd und morgens vor acht Uhr nicht aufstehe und auf den Herd gehe, so wollen wir sehen, wie wir vor ihm bleiben. Wird er das nicht tun, sondern uns also freventlich nach unserm Leben stehen, so wollen wir unsern Herrn bitten, daß er ihm steuere und er des Tags auf dem Herde Mücken, Fliegen und Schnecken an unser Statt fange und zu Nacht von Mäusen, Flöhen, Läusen, Wanzen überzogen werde, damit er unser vergesse und den freien Flug uns nicht wehre. Warum gebraucht er solchen Zorn und Ernst nicht wider die Sperlinge, Schwalben, Elstern, Dohlen, Raben, Mäuse und Ratten, welche Euch doch viel Leids tun, stehlen und rauben und Euch aus den Häusern Korn, Hafer, Malz, Gersten etc. enttragen; was wir nicht tun, sondern allein das kleine Bröcklein und einzelne verfallene Körnlein suchen. Wir stellen solche unsere Sachen auf rechtmäßige Vernunft, ob uns von ihm nicht mit Unrecht so hart wird nachgestellt. Wir hoffen aber zu Gott, weil unser Brüder und Freunde so viel in diesem Herbst vor ihm geblieben und ihm entflohen sind, wir wollen auch seinen losen faulen (morschen) Netzen, so wir gestern gesehen, entfliehen. Gegeben in unserm himmlischen Sitz unter den Bäumen, unter unserm gewöhnlichen Siegel der Federn.

*Für Wolfgang Sieberger,*
*Herbst 1534 (?)*

# Warnung vor dem Teufel

So scharf wird nicht werden ein Mann,
der den Teufel g'nug kennen kann;
er hängt ihm doch ein Schlappen an
und wird ihn nicht zufrieden lân;
es sei denn Christus bei der Hand,
der hat das Spiel ihm gar gewandt.
Sonst ist's mit ihm fürwahr verlorn,
wie wir Menschen sind geborn.

Er machet sich zu dick und breit
und weiß zuvor das alls bereit,
was Meister Peter jetzt gedenkt,
und hart sich wider ihn bekränkt,
daß er ein Buch will schreiben groß
und den Teufel nicht lassen los.
Er denkt: »Ich fürcht mich nicht so sehr
diesmal für solcher neuen Mär.
Ich hab's wohl eh so saur gesehn.
Für ihm will ich auch noch bestehn.
Ich bleibe doch ein Fürst der Welt,
ob's gleich euch Christen nicht gefällt.

Der große Haufe bei mir steht,
nach eurem Willen wenig geht.
Und wer da will, der zeig mir an,
ob etwa sei gewest ein Mann,
wie heilig, klug und groß der sei,
der vor mir möchte leben frei
und ohn Schaden entlaufen mir,
es wär' denn einer oder vier,
der keiner Meister Peter heißt.
Was gilt's, mein Reich behält das meist?«

So trotzig gar der Teufel ist,
voll aller Schalkheit, Tück und List,
daß Meister Peter auch wohl darf
zusehen in der Sachen scharf,

*Der Papst im Rachen der Hölle. Holzschnitt zu Luthers Schrift »Wider das Papsttum zu Rom, vom Teufel gestiftet«, Wittenberg (Hans Lufft), 1545*

daß er ihm nicht zeig einen Tück
und bring ihn auch in groß Unglück.
Er hat's viel mehr Leuten getan,
denn jemand immer zählen kann.
darum so ist hie Betens Zeit.
Der Teufel ist voll Grimm und Neid.

*1534?*

Ein Christ soll ein fröhlicher Mensch sein; da wir gleich viel Plagen müssen leiden und wohl zermartert werden von außen und von innen, beide von der Welt und dem Teufel, so laß immer hingehen, sei getrost und rufe Gott an und hab Geduld, der ist ein Nothelfer, wird dich nicht trost- noch hilflos, noch stecken und verderben lassen in der Anfechtung. Denn sie sind uns gut und not, auf daß Gottes Kraft in unser Schwachheit stärker werde. Siehe, wie die lieben heiligen Erzväter, Propheten, Apostel so kleinmütig gewesen sind: was sollen wir arme, elende und schwache Würmlein nicht sein in solchem gottlosen Wesen, das jetzt überhand genommen hat, und Gottseligkeit, Glaube und Liebe erkaltet und schier gar verloschen ist? Doch erhält Gott seine Kirche wunderbarlicher Weise!

Da Doctor Martinus sahe das Vieh im Felde gehen an der Weide, sprach er: »Da gehen unsere Prediger, die Milchträger, Butterträger, Käseträger, Wollenträger, die uns täglich predigen den Glauben gegen Gott, das wir ihm, als unserm Vater, vertrauen sollen, er sorge für uns und wolle uns ernähren.«

*1538/39*

# Frau Musica

Für allen Freuden auf Erden
kann niemand kein feiner werden,
denn die ich geb mit meim Singen
und mit manchem süßen Klingen.

Hie kann nicht sein ein böser Mut,
wo da singen Gesellen gut.
Hie bleibt kein Zorn, Zank, Haß noch Neid,
weichen muß alles Herzeleid.
Geiz, Sorg und was sonst hart anleit
fährt hin mit aller Traurigkeit.

Auch ist ein jeder des wohl frei,
daß solche Freud kein Sünde sei,
sondern auch Gott viel baß gefällt
denn alle Freud der ganzen Welt.
Dem Teufel sie sein Werk zerstört
und verhindert viel böser Mörd.

Das zeugt David des Königs Tat,
der dem Gaul oft gewehret hat
mit gutem, süßem Harfenspiel,
daß er nicht in großen Mord fiel.

Zum göttlichen Wort und Wahrheit
macht sie das Herz still und bereit.
Solchs hat Elisäus bekannt,
da er den Geist durchs Harfen fand. – –

Die beste Zeit im Jahr ist Mai'n,
da singen alle Vögelein.
Himmel und Erde ist der' voll.
Viel gut Gesang da lautet wol.
Voran die liebe Nachtigall
macht alles fröhlich überall
mit ihrem lieblichen Gesang.
Des muß sie haben immer Dank,

vielmehr der liebe Herre Gott,
der sie also geschaffen hat,
zu sein ein rechte Sängerin,
der Musiken ein Meisterin.
Dem singt und springt sie Tag und Nacht.
Seins Lobes sie nichts müde macht.
Den ehrt und lobt auch mein Gesang
und sagt ihm ein' ewigen Dank.

*Der Organist. Holzschnitt von Jost Amman*

*1538*

# Das Hofleben

Wer sich nimmt an
und's Rädlein kann
hübsch auf der Bahn
lân umher gahn
und schmeicheln schon,
findt jedermann
ein Feil und Wahn,
ist jetzt im Korb / der beste Hahn.

Denn wer gedächt
zu leben schlecht,
ganz fromm und g'recht,
die Wahrheit brächt,
der wird durchächt
und gar geschwächt,
gehöhnt und g'schmächt
und bleibt allzeit / der andern Knecht.

Beim Schmeichelstab
g'winnt mancher Knab
groß Gut und Hab,
Geld, Gunst und Gab,
Preis, Ehr und Lob,
stößt andre 'rab,
daß er hoch trab.
So geht die Welt / jetzt auf und ab.

Wer solch's nicht kann
zu Hofe tân,
tu sich davon.
Ihm wird zu Lohn
nur Spott und Hohn;
denn Heuchelmann
und Spötterzahn
ist jetzt zu Hof / am besten dran.

*1540?*

# Ein plattdeutscher Luther-Vers

Wer seggt, dat Wucher kein Sünde sî,
de hefft kein Gott, dat gläube nur frî.

*1546*

# Ermahnungen

1.

Viel falscher Meister jetzt Lieder dichten.
Siehe dich für und lern sie recht richten!
Wo Gott hinbauet sein Kirch und sein Wort,
da will der Teufel sein mit Trug und Mord.

2.

Schweig, leid', meid', vertrag,
dein Not niemand klag,
an Gott nicht verzag –
dein Glück kommt all' Tag.

3.

Trinken ohne Durst,
studiern ohne Lust,
beten ohn Innigkeit
sind verlorne Arbeit.

4.

Ein jeder lern' sein Lektion,
so wird es wohl im Hause stohn.

*1540*

# Fabel für den Sohn Johannes

Ein Krebs wollte über Land reisen. Unterwegs kommt er zur Schlange, die wird seine Gefährtin. Nun windet und schlingt sich die Schlange und geht quer und macht sich krumm. Der Krebs, der auf vielen Beinen übel zu Fuß war, folgt seinem schlechten und ungeratenen Wandergesellen und geht sich außer Atem, helligt und mergelt sich bei dieser schweren Reise ab. Wie es Abend wird, kehren sie beide unter einem Strauch ein; die Schlange legt sich im Ring und fängt an zu schlafen und zu schnarchen. Der Krebs ist müde, und kein Schlaf will in seine Augen, und das Schnarchen und Zischen tut ihm weh, und er will die Schlange stoßen, daß sie still liegt. Wie sie auffährt und sich wehren will, ergreift er sie mit seiner Schere beim Kopf und drückt hart zu, bis ihr der Atem ausgeht; da streckt sie sich die lange Länge aus und liegt so tot fein gerade. »Ei«, sagt der Krebs, »wenn du heute so gerade gegangen wärst, hätte ich auch besser folgen können.«

Ach, wie schwer kommt es einen an und blutleichensauer wirds dem, der mit krummen, schlimmen, schlüpfrigen, ungeraden, zweizüngigen, falschen und giftigen Leuten über Land reisen oder in Regimenten mit ihnen Rat schlagen und umgehen oder mit giftigen oder falschen Predigern und Kollegen und untreuen Weibern und Gesinde haushalten. Lieber Sohn, es ist nicht allein ein schöner Schatz um einen guten Nachbarn, sondern wenn einem Gott auch über Land und in seinem Amt gute und gerade Leute zugibt. Mit schlimmen und falschen kommt man schwerlich fort und wird einem blutsauer. Denn ein ungerater und tückischer Freund ist viel ärger denn ein öffentlicher zorniger Feind.

# Ich hab ein klar Wort –

# Lebens-weisheiten

*Was für das erste Kapitel, Luthers Zeugnisse zu seinem Leben und zur eigenen Person, gilt, ist erst recht für dieses kleine Brevier der Lebensweisheiten gültig: ganze Bücher ließen sich füllen mit kurzen, prägnanten und aussagekräftigen Sätzen, die vor allem aus den Sermonen und Predigten des Reformators in loser, nicht-chronologischer Reihenfolge ausgewählt wurden.*

*Der Sermon von St. Peter und Paul (siehe Seite 516) erschien 1522 bei Silvan Otmar in Augsburg, der Titelholzschnitt mit Adam und Eva und dem Porträtmedaillon Kaiser Karl V. ist vermutlich von Jörg Breu d.Ä. – »Das diese Wort Christi . . .« (siehe Seite 523), geschrieben wider die Schwarmgeister, wurde 1527 bei Michael Lotter in Wittenberg gedruckt mit dem Titelholzschnitt von Lukas Cranach d.Ä. – Die Gottesdienstordnung (siehe Seite 525), verlegt 1523 bei Christian Döring und Lukas Cranach in Wittenberg, schmückt ein Holzschnitt der Cranachschule. – Der Sermon (siehe Seite 529) Secundum Matheum erschien 1532 bei Melchior Ramminger in Augsburg mit Holzschnitt-Bordüre und Wappen, geschnitten von einem unbekannten Meister.*

*– Den Sermon auf das Johannesevangelium (siehe Seite 533) publizierte 1523 Silvan Otmar in Augsburg mit Titelholzschnitt von Urs Graf. –*

*– Den Sermon am Sonntag nach Himmelfahrt (siehe Seite 539) verlegte 1523 Caspar Lybisch in Breslau mit anonymem Titelholzschnitt. –*

*– Der Sermon vom Kreuz und Leiden kam 1531 bei Hans Lufft in Wittenberg heraus mit der Titelbordüre von Georg Lemberger (siehe Seite 543) und das Betbuch (siehe Seite 545) ebenda drei Jahre nach Luthers Tod. Der Schöpfer der Titelbordüre ist unbekannt.*

Man hat gefragt, ob ein guter Fürst, der aber dumm ist, besser sei, oder ein kluger, der aber böse ist. Mich dünkt, der Kluge sei besser, weil der Gute überhaupt nicht regiert, sondern sich regieren läßt auch von den Schlimmsten. Der Kluge aber, auch wenn er den Guten schadet, regiert doch zugleich die Bösen, und das ist der Welt am meisten not.

Der Liebe Säcklein sei das silberne Säcklein; in das erste Beutlein gehen die Sprüche vom Wohltun, als: »Dienet unter einander in der Liebe.« »Was ihr einem aus meinen Geringsten tut, das habt ihr mir selbst getan.« Das wären zwei silberne Groschen in das Beutlein. In das andere Beutlein gehe dieser Spruch: »Selig seid ihr, so ihr verfolgt werdet um meiner willen.« »Wen der Herr liebt, den züchtigt er, er stäupt aber einen jeglichen Sohn, den er aufnimmt.« Das sind zwei Schreckenberger in das Beutlein.

Durchs Schwert und sein Gesetz werden die Menschen bewahrt und getrieben in ein still, ruhig, ehrbar Wesen. Dennoch werden sie dadurch nicht fromm, das Herz wird nicht besser. Es ist nur die Hand gezwungen und gebunden.

Also kann ich nicht wehren, daß nicht eine Schlange in meinem Garten laufe, aber komme ich über sie und hänge sie an einen Zaun; darum kann ich wohl ihrer wehren, daß sie darin kein Nest mache. Also kann ich auch den Lastern nicht wehren, daß sie nicht sein sollten, sondern daß sie in mir nicht regieren und herrschen und in Sitten sich verwandeln und gar überhand nehmen.

# Ain Sermon von sant Peter vnd Paul den hayligen zwölff/ botten.

Gepredigt zů Wittemberg/durch D. Martinum Luther.ꝛc.

M.D.XXII.

Gewalt geht über Recht; aber das soll uns nicht wundern. Es muß und soll so gehen und ist die rechte Farbe der Welt. Denn wo es recht zugeht, da ist nicht mehr Welt oder Welts Regiment, sondern Gottes selber. Und wo nicht Gewalt sollte über Recht gehen, so könnte der Teufel der Welt Fürst nicht mehr sein, und würde eitel Gottes Regiment sein. Aber Gott läßt es nicht ungestraft; sondern, wie die Welt nicht abläßt, zu sündigen, so hört auch Gott nicht auf, zu strafen, und stößt immer einen nach dem andern ab und setzt andere auf.

Des weltlichen Regiments Werk und Ehre ist, daß es aus wilden Tieren Menschen macht und Menschen erhält, daß sie nicht wilde Tiere werden.

Es ist mir lieber, die Welt zürne mit mir, denn Gott; man wird mir ja nicht mehr denn das Leben nehmen können.

Der Mensch ist wie ein Reittier, Gott und der Teufel streiten um ihn; führt ihn Gott, so geht es stracks gen Himmel, reitet ihn der Satan, stracks in die Hölle.

Und ist nie keine Kunst, noch Buch auf Erden gekommen, das jedermann so bald ausgelernt hat, als die heilige Schrift. Und es sind doch ja nicht Leseworte, wie sie meinen, sondern eitel Lebeworte drinnen, die nicht zum spekulieren und hoch zu dichten, sondern zum Leben und Tun dargesetzt sind.

Der Glaube ist niemals stärker und herrlicher als dann, wenn die Trübsal und Anfechtung am größten ist.

Ehrgeiz und Geldgeiz sind beides Geiz, einer so unrecht wie der andere.

Schöne Gestalt ist eine gute Schöpfung Gottes und mitnichten zu verachten.

Ich halte es für einen geringeren Schaden, all seinen Besitz zu verlieren als einen getreuen Freund.

Es ist eine andere Sache, Besitz haben und dem Besitz dienen.

Die Gedanken der Menschen, mögen sie auch noch so heilig sein, sind irdisch.

Unsere gute Absicht, mögen wir sie auch als Vorwand gebrauchen, wie wir wollen, ist doch falsch.

Der Aberglaube verleugnet und verachtet nicht allein Gott, sondern auch den Nächsten.

Die Pforte der Absolution soll dem armen Sünder niemals verschlossen sein; er falle so tief er immer wolle.

Es ist Bürgewerden ein Werk, das einem Menschen zu hoch ist und nicht zugebührt und greift mit Vermessenheit in Gottes Werk. Denn erstlich, so verbietet die Schrift, man soll keinem Menschen trauen noch sich auf ihn verlassen, sondern allein auf Gott. Denn menschliche Natur ist falsch, eitel, lügenhaft und ungewiß, wie die Schrift sagt und auch die Erfahrung täglich lehrt. Wer aber Bürge wird, der traut einem Menschen und setzt sich mit Leib und Gut in die Gefahr, auf einen falschen, ungewissen Grund, darum geschieht ihm recht, daß er falle und fehle und in der Gefahr verderbe.

Das Gesetz deckt die Krankheit auf, das Evangelium gibt die Arznei.

Unser Leben ist gleich wie eine Schiffahrt. Denn gleich wie die Schiffsleute vor ihnen haben den Port, nach und zu welchem sie ihre Fahrt richten, daß sie den erlangen und dahin kommen mögen, da sie sicher und aus aller Gefahr sind, also ist uns die Verheißung des ewigen Lebens auch geschehen und getan, daß wir in derselben gleich wie in einem Port fein sanft und sicher ruhen sollen. Weil aber das Schiff, in dem wir geführt werden, schwach ist und große, gewaltige, fährliche, ungestüme Winde, Wetter und Wellen zu und auf uns einfallen und gern bedecken wollen, so bedürfen wir wahrlich wohl eines verständigen, geschickten Schiffsmannes und Patrons, der das Schiff mit seinem Rat und Verstand also regiere und führe, daß es nicht irgend, entweder an ein Steinklippe anstoße oder gar versaufe und untergehe.

Soll nun nicht ein Herz springen und von Freuden zufließen, wenn es zur Arbeit geht und tut, was ihm befohlen wird. Darr um sollen Knechte und Mägde zusehen, daß sie ihren Herrn und Frauen nicht allein gehorsam seien, sondern auch in Ehren halten als ihre eigenen Väter und Mütter und tun alles, was sie wissen nicht aus Zwang und Widerwillen, sondern mit Lust und Freuden eben um voriger Ursach' willen, daß es Gottes Gebot ist und ihm vor allen andern Werken wohlgefällt.

Der Mammon hat zwei Tugenden; die erste ist, daß er uns sicher macht, wenns wohl geht, und ohne Gottes Furcht leben. Die andere, daß er uns zur Zeit der Trübsal, wenns übel geht, lehrt Gott versuchen, von Gott fliehen und einen fremden Gott suchen.

Gott ist ein glühender Backofen voller Liebe, der von der Erde bis an den Himmel reicht.

Recht, das ist Gottes Wohlgefallen, soll gehen über Gut, Leib, Ehre und Freund, Gnade und Genuß. Und ist hier keine Person anzusehen, sondern allein Gott. Wer wider das Recht streitet, der streitet wider Gott, der alles Recht gibt, ordnet und handhabt.

Wir haben alle tyrannischen Tierart an uns mit Essen. Der Wolf frißt Schafe, wir auch; der Fuchs Hühner, Gänse, wir auch; Habichte und Geier essen Vögel, wir auch; Hechte fressen Fische, wir auch. Mit den Ochsen, Pferden, Kühen essen wir auch Gras; mit den Schweinen essen wir Mist und Dreck. Aber inwendig wird alles zu Dreck.

Kinder Gottes sind gütig, freundlich, geduldig, friedsame Menschen, keusch und rein, mitleidig, barmherzig, eines freundlichen Herzens zu ihrem Nächsten, und daß sie also sind, das haben sie nicht aus sich, sondern aus ihrem Vater Christo, der ihnen ihr Herze also gereinigt, geziert und geschmückt hat.

Die da den Geist rühmen und suchen sonderliche Offenbarung und Träume, die sind ungläubig und Verächter Gottes; denn sie lassen sich an Gottes Wort nicht begnügen, wollen damit nicht zufrieden sein. In geistlichen Sachen suche noch begehre ich keine Offenbarung noch Träume. Ich hab ein klar Wort, dabei allein bleib ich.

Daß sie ihr nur gefallen läßt, was ihres Dinges und ihr gemäß ist, und was sie verstehen und begreifen kann. Denn was ist Jesus Sirach, wiewohl es ein gut Buch ist, gegen die Worte der Apostel und Christi? Ist nur ein Gesetz juristisch und Hausbuch, gibt viel feiner Lehre, wie man ein fein ehrbar Leben führen und sich halten soll. Das verwundert sich die Welt, hält's für sehr groß, köstlich Ding, (wie es denn nach seiner Art und an seinem Ort auch ist,) und übergeht so schläfrig die großen, majestätischen Worte Christi vom Sieg und Überwindung des Todes, der Sünde und Hölle und vom ewigen Leben, daß sie dadurch nichts bewegt wird, und ihr nichts zu Herzen geht. Wenn man aber von einem ehrbaren Wandel oder eine geistliche Deutung, Allegorie und Historia oder von Dietrich von Bern predigt, da reckt sie beide Ohren auf, hört gern zu, verstarrt gleich drüber und verwundert sich. Pfui über dich an unsere schändliche Unart und Unverstand!

Da sieht ein frommer christlicher Bauer an seinem Wagen und Pflug, ein Schuster an seinem Leder und Ahle, ein Schmied an seinem Eisen, der Zimmermann an seinem Holz geschrieben diesen Vers: »Wohl dir, du hast es gut.« Die Welt aber kehrt es um und spricht: Elend bist du und geht dir übel, weil du da immer leiden und tragen mußt.

Denn mancherlei Bücher lesen, macht mehr Verwirrung, denn daß man etwas Gewisses und Standhaftiges draus lernt. Gleich als die, so allenthalben wohnen, wo sie hinkommen, und bleiben an keinem gewissen Ort, die wohnen nirgends und sind an keinem Ort gewiß daheim. Und gleichwie wir in der Gesellschaft nicht täglich aller guter Freunde Gemeinschaft brauchen, sondern etlicher wenigen und auserlesenen; also soll man sich auch an die besten Bücher gewöhnen und ihm dieselbigen gemeine machen und auf einem Näglein können.

Weisheit, Verstand und gelehrt sein, und die Schreibfeder, die sollen die Welt regieren. Wenn Gott zürnte und alle Gelehrten aus der Welt wegnähme, so würden die Leute gar zu Bestien und wilden Tieren; da wäre kein Verstand noch Witz, kein Recht, sondern eitel Rauben, Stehlen, Morden, Ehebrechen und Schaden tun. Wer den andern vermag, der steckt ihn in den Sack. Der Pöbel wollt, daß keine weise, verständige, gelehrte Leute und Prediger wären, daß sie möchten leben, wie sie wollten. Wenn das geschähe, so verginge die Welt; denn ohne Verstand, Weisheit und Gesetze können weder Türken noch Tataren leben und haushalten. Sind es Menschen, so müssen sie Rechte, Gesetze und Ordnung haben; wo nicht, so werden's Bären, Wölfe, Löwen und Bestien, ohne Ökonomie und Polizei, da kein häuslich und weltlich Regiment und Zucht ist.

Das diese
wort Christi (Das
ist mein leib etce)
noch fest stehen wi-
der die Schwerm
geister.

Mart. Luther.

M. D. XXVII.

Vollkommen sein, heißt Gott fürchten und lieben und dem Nächsten alles Gute tun.

Gott kann alle Handwerk aufs allerbeste und fertigste, denn mit seiner Schneiderei macht er einem Hirsch einen Rock, damit er sich bedeckt, und trägt ihn in neunhundert Jahren, daß er nicht zureißt von ihm selbst. Als ein Schuster gibt er ihm Schuhe an die Beine; die Klauen, die währen viel länger denn er selbst. Also ist er ein Koch zum Feuer, welches ist die Sonne, die alles kocht und gar macht.

Die größten, höhesten und besten Gaben Gottes verbirgt, versteckt und verhüllt Gott damit, daß er ein kleines Flecklein dran hängt, als wären sie schlecht und gering, daß man ihr nicht achtet. Als die Theologie verdeckt er vor jungen Leuten, daß sie darin nicht studieren, damit, daß die Prediger nicht feiste Pfründen und groß Einkommen haben, sondern arme Bettler und verachtet bleiben.

Wenn ein Mensch fröhlich ist, so erfreut ihn ein kleines Bäumlein, ja, ein schönes Blümlein oder Sträuchlein; wenn er aber traurig ist, so darf einer schier keinen Baum recht ansehen. Himmel und Erde werden erneuert, und wir Gläubigen werden allzumal ein Haufe sein. Wenn wir hier alle eins wären, so wäre großer Friede unter uns; aber Gott macht's anders, daß sich's hier und dort sperret, auf daß wir uns sehnen und seufzen nach dem zukünftigen Vaterland und also dieses mühseligen Lebens überdrüssig werden.

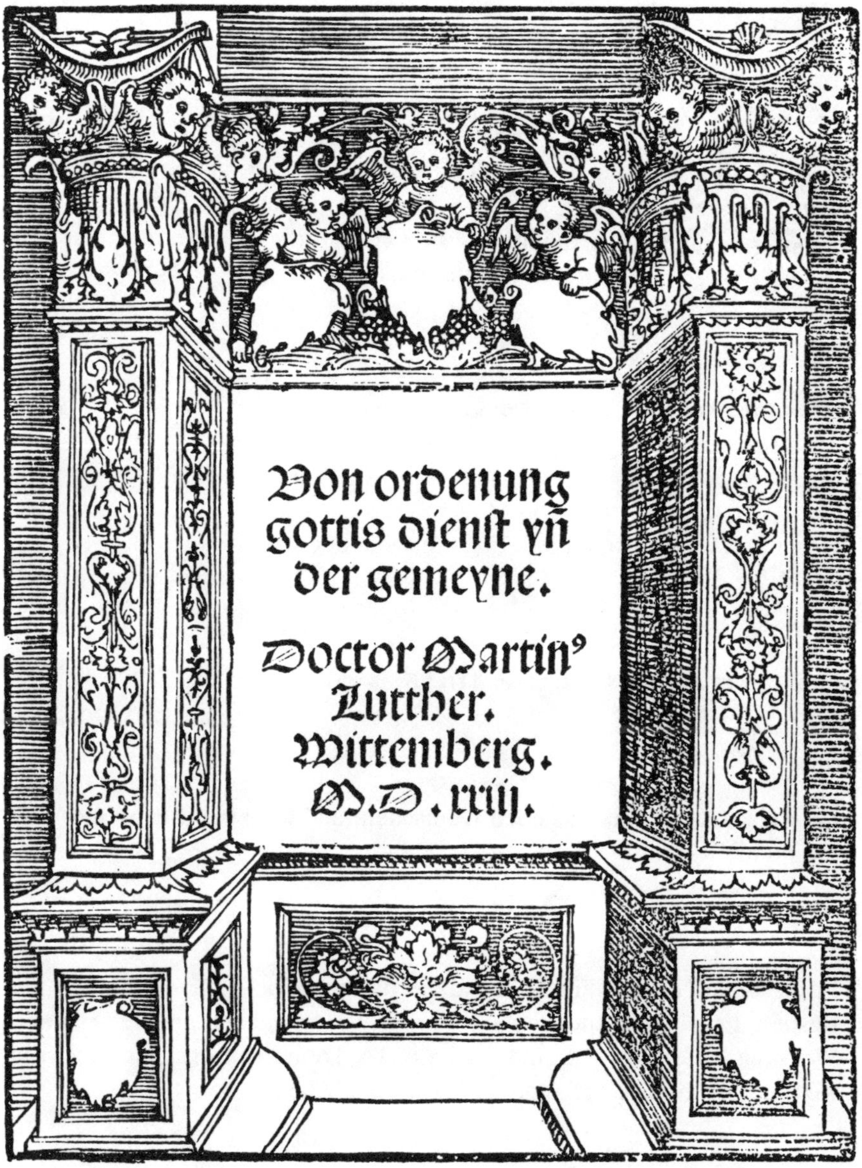

Von ordenung
gottis dienst vñ
der gemeyne.

Doctor Martinꝰ
Lutther.
Wittemberg.
M.D.xxiij.

Ein recht gut Urteil das muß und kann nicht aus Büchern gesprochen werden, sondern aus freiem Sinn dahin, als wäre kein Buch. Aber solch frei Urteil gibt die Liebe und natürlich Recht, das aller Vernunft voll ist.

Armut tut weh, drum gebe, wer geben kann.

Unser Spieß ist Gottes Spieß; hier Gott und der Kaiser!

Laßt Deutschen Kaiser recht und frei Kaiser sein!

Laßt uns aufwachen, ihr lieben Deutschen, und Gott mehr denn die Welt fürchten!

Es ist keine Nation verachteter, denn die deutsche. Italiener heißen uns Bestien, Frankreich und England spotten unser und alle anderen Länder. Wer weiß, was Gott will und wird aus den Deutschen machen! Wiewohl wir eine gute Staupe von Gott wohl verdient haben.

Ich will bei dem lieben Herrn Christus bleiben, es begegne mir darüber, was da kann; ich bin auf ihn getauft, ich kann und weiß nichts, denn was er mich gelehrt hat.

Sterben müßt ihr, wenn ihr unter diesem Könige Christus leben wollt; das Kreuz und den Haß der ganzen Welt müßt ihr tragen, Schande, Armut, Hunger, Durst, kurz die Übel aller Fluten der Welt könnt ihr nicht fliehen. Hier ist nämlich ein König, der selber der Welt zum Narren worden und gestorben ist.

Christum lieb haben ist besser denn alles Wissen.

Evangelium ist eitel Freude.

Ist der Glaube recht, so tut er wiederum gegen seinen Nächsten, wie er glaubt, daß Gott gegen ihn getan habe und tue, und läßt es auch eitel Gnade sein.

Nun soll eine quellende Liebe sein von inwendig aus dem Herzen geflossen wie ein frisches Bächlein oder Wässerlein, das immerfort fließt.

Christus trägt uns auf seinem Rücken vor den Vater.

Glauben heißt auf Gottes Barmherzigkeit gewiß bauen.

Es ist allzeit besser, ein Buben leben lassen, denn einen frommen Mann töten, nachdem die Welt doch Buben hat und haben muß, der Frommen aber wenig hat.

Ehe ich wollte bei meinem Leben gestatten, daß Erasmus oder ein anderer, er heiße und sei wer er wolle, meinem Herrn Christo zu nahe sollte sein mit seiner gottlosen und falschen Lehre, wie köstliche Farbe er ihr auch aufstreicht, eher wollte ich nicht leben.

Die nicht wollen dafür angesehen sein, als achten sie Gottes nicht, die werden nach hohen Dingen flattern, das mündliche Wort Gottes verachten und mit ihren eigenen Gedanken und Spekulationen umgehen, sich des Geistes rühmen und vorgeben, das mündliche und äußerliche Wort sei nichts.

Was ist's denn nun, daß sie die Leute wollen zwingen, zu glauben im Herzen, und sehen, daß es unmöglich ist? Treiben damit die schwachen Gewissen mit Gewalt, zu lügen, zu verleugnen und anderes zu sagen, denn sie es im Herzen halten, und beladen sich selbst also mit greulichen fremden Sünden. Denn all die Lügen und falsche Bekenntnisse, die solche schwache Gewissen tun, gehen über den, der sie erzwingt.

Es ist ein freies Werk um den Glauben, dazu man niemand zwingen kann. Ja, es ist ein göttliches Werk im Geist, geschweige denn, daß es äußere Gewalt sollte zwingen und schaffen.

Ain Sermon

Secundum Matheum. sagt
Von den Phariseyern/ vnd wie er sy mit
seym Brůder versyenen soll Kürtzlich
Geprediget. Jn got versamlet

De insignibus. D. Saxonie.

1 5 22

D. M. L. Zů Wittenberg.

Man soll ein groß Unterschied machen zwischen den Sünden, die wider Gottes Gebot und wider die Gebote und Gesetze der Menschen geschehen sind. Denn ohne die Gebote Gottes kann kein Mensch selig werden, aber ohne die Gebote der Menschen kann man wohl selig werden.

Und ob unser aller Leiden auf Erden auf einem Haufen läge, so wäre es doch nichts gegen das, so Gottes Sohn für uns und um unsrer Seligkeit willen unschuldig gelitten hat. Denn es ist kein Tod gegen den Tod unsers Herrn und Heilandes Christi zu rechnen, durch welches Tod wir alle vom ewigen Tod errettet sind.

Wer sieht denn nicht, daß der Glaube viel höher denn die Liebe sei und ihr billig vorgezogen werden soll.

Durch den Glauben fährt der Mensch über sich in Gott, aus Gott fährt er wieder unter sich durch die Liebe und bleibt doch immer in Gott und göttlicher Liebe. Der Glaube bringt die Liebe mit sich.

Der Glaube sieht aufs Wort, nicht auf die Prediger.

Unser Herr Gott muß große Ohren und ein scharfes, leises Gehör haben.

Wer Gott nicht kann den Bauch vertrauen, der kann ihm nimmermehr die Seele vertrauen.

Heuchelei gibt Gelds genug, Wahrheit geht betteln.

O wie seltsam Wildbret wird um dieser Sachen willen ein Herr und Oberer im Himmel sein, ob er schon Gott selbst hundert Kirchen baut und alle Toten aufweckt.

Die Güter haben und nicht geben denen, so es bedürfen, gehört auch in das Register, darin die Diebe stehen.

Es ist mit Gottes Wort nicht zu scherzen. Kannst du es nicht verstehen, so ziehe den Hut vor ihm ab.

Wer im zwanzigsten Jahr nicht schön, im dreißigsten nicht stark, im vierzigsten nicht klug, im fünfzigsten nicht reich ist, der darf danach nicht hoffen.

Der Heuchler Demut ist die allerstolzeste, größte Hoffart.

Gottes Wort und Gnade ist ein fahrender Platzregen, der nicht wiederkommt, wo er einmal gewesen ist.

Liebe Tochter, halte dich also gegen deinen Mann, daß er fröhlich wird, wenn er auf dem Heimweg des Hauses Spitzen sieht.

Man soll die Christen lehren, daß sie ihrem Herrn und Meister Jesus Christus durch Kreuz, Tod und Hölle nachzufolgen trachten und also ihr Vertrauen mehr darauf setzen, durch viel Trübsal ins Himmelreich einzugehen, als durch die Sorglosigkeit: es hat keine Gefahr.

Züchtig, gerecht und gottselig leben in dieser Welt heißt: mitten im Schenkhaus nüchtern, mitten im Hurenhaus züchtig, mitten im Tanzhaus göttlich, mitten in der Mördergrube rechtfertig zu leben.

Der ersparte Pfennig ist redlicher als der erworbene.

Der Mensch bleibt närrisch bis ins vierzigste Jahr, wenn er dann anfängt, seine Narrheit zu erkennen, so ist das Leben schon dahin.

Die Welt ist des Teufels Haus; darum wo man hinkommt, findet man den Wert daheim.

Drei Dinge machen einen Theologen: die Meditation oder Nachsinnung, das Gebet und die Anfechtung.

Man muß also strafen, daß der Apfel bei der Rute sei.

Ain Sermon auf
das Euangeli Johannis vj.
Mein flaisch ist die recht speiß/
vnd mein blůt ist das recht
tranck ꝛc. gepredigt auff
vnsers Herrn Fron-
leichnams tag.
Durch D.
Martin̄
Luth-
er.

Findet der Mensch sein Herz in der Zuversicht, daß es Gott gefalle, so ist das Werk gut, wenn es auch so gering wäre, als einen Strohhalm aufheben; ist die Zuversicht und der Glaube nicht da oder zweifelt er, so ist das Werk nicht gut, ob es schon alle Toten auferweckt und sich der Mensch verbrennen ließe.

Es ist keine Tugend, edel geboren werden, sondern sich edel machen.

Glück betört mehr Leute als Unglück.

Die Lüge ist wie ein Schneeball; je länger man sie fortwälzt, je größer sie wird.

Wer mit dem Geist der Traurigkeit geplagt wird, der soll aufs höchste sich hüten und vorsehen, daß er nicht allein sei.

Wenn wir alt werden, so beginnen wir zu disputieren, wollen klug sein und sind doch die größten Narren.

Wenn ich wüßte, daß morgen die Welt untergeht, würde ich heute noch ein Apfelbäumchen pflanzen.

Das Evangelium kann nicht ohne Humor gepredigt werden.

Wer in den Ehestand geht, der geht in ein Kloster, das voller Anfechtungen ist.

Früh aufstehen und jung freien soll niemand gereuen.

Frei, einfältig soll man geben, aus lauter Liebe, willig.

Je weniger Wort, je besser Gebet; je mehr Wort, je ärger Gebet.

Dieberei ist die gemeinste Nahrung von der Welt.

Ein Christ soll wenig Wort und viel Tat machen.

Nichts wird langsamer vergessen als eine Beleidigung und nichts eher als eine Wohltat.

Man muß die zwei unterscheiden, das Amt und die Person.

Der Bauern Arbeit ist am fröhlichsten und voller Hoffnung.

Man sollte getrost sein im Herrn und ihm vertrauen, und ein Jeglicher in seinem Beruf wandeln und bleiben, und da der Nächste seiner Hilfe und Förderung bedürfte, daß er ihn nicht verlassen sollte. Wir sollten uns vor dem Tode nicht so sehr fürchten, weil wir das Wort des Lebens und den Herrn desselbigen hätten ergriffen, der uns zu Gut den Tod überwunden hat.

Denn wo reiche Leute sind, ist es allezeit teuer.

Man darf den Teufel nicht über die Tür malen, noch zu Gevatter bitten.

Unser deutscher Teufel wird ein guter Weinschlauch sein und muß Sauf heißen.

Die Welt schändet immer, was man loben soll, und lobt, was man schänden soll.

Hat man es mit den Geistern, die oben in den Lüften sind, zu tun, da gehört etwas mehr dazu als Jura und Juristen.

Es ist schwer, alte Hunde bändig und alte Schälke fromm zu machen.

Christus ist unser rechter Arzt. Ich bin, spricht der Herr Christus, eure Rechtfertigung. Ich habe zerstört die Sünden, die ihr auf euch habt . . . Er ist der Herr, er ist auch bei uns im Schiff (wie damals bei den Jüngern auf dem See Genezareth). Ob er sich nun also stellt, als sähe er uns nicht, so sollen doch wir uns stellen, daß wir ihn sehen und ihn dafür halten, daß er das Meer könne still machen, wenn es noch so sehr tobt und wütet.

Deutschland ist wie ein schöner, weidlicher Hengst, der Futter und alles genug hat, was er bedarf. Es fehlt ihm aber an einem Reiter.

Es ist kein lieber Ding denn Frauenliebe, wem sie kann zuteil werden.

Gott bleibt nicht aus, ob er gleich verzieht.

Die Welt ist wie ein trunkener Bauer; hebt man ihn auf einer Seite in den Sattel, so fällt er auf der andern wieder herab.

Der Glaube ist der Heilgen Schrift Schlüssel.

Es sollte nicht so heißen: »Ich mag meine Ware so teuer geben, als ich kann oder will«; sondern also: »Ich mag meine Ware so teuer geben, als ich soll, oder, als recht und billig ist.« Denn dein Verkaufen soll nicht ein Werk sein, das frei in deiner Macht und Willen, ohne alle Gesetz und Maß stehe, als wärest du ein Gott, der niemand verbunden wäre; sondern weil doch dein Verkaufen ein Werk ist, das du gegen deinen Nächsten übst, soll es mit solchem Gesetz und Gewissen verfasset sein, daß du es übst ohne Schaden und Nachteil deines Nächsten; und viel mehr acht haben, daß du ihm nicht Schaden tust, denn wie du gewinnest. Ja, wo sind solche Kaufleute? Wie sollt ihr Kaufleute so wenig werden, und der Kaufhandel so abnehmen, wo sie dies böse Recht würden bessern, und auf christliche, billige Weise bringen!

Keine größere, edlere Gewalt ist auf Erden, denn der Eltern über ihre Kinder.

Das Gesetz ist nichts anderes als ein Spiegel.

Wer bitten will, der muß etwas bringen, vortragen oder nennen, wo er haben will; wo nicht, so kann man's kein Gebet nennen.

Eyn Sermon am sontage noch der hymelfart Christi. Geprediget durch

D M Luther Zu Wittemberg.

Sollst du selig werden, so mußt du des Worts Gottes also gewiß sein, daß, wenngleich alle Menschen anders sagten, ja alle Engel nein dazu sprächen, du dennoch könntest allein darauf stehen und sagen: »Noch weiß ich, daß dies Wort recht ist.«

Wenn du das tägliche Brot nennst und erbittest, so nennst du alles, was dazu gehört, um das täglich Brot zu haben und zu genießen, und andererseits auch alles, was das verhindert. Darum mußt du deine Gedanken freigeben und wandern lassen, nicht nur bis zum Backofen und Mehlkasten, sondern bis ins weite Feld und ganze Land, das das tägliche Brot und all die Nahrung trägt und uns bringt. Denn wenn Gott das Brot nicht wachsen ließe, segnete und auf dem Land erhielte, würden wir kein einziges Laib aus dem Backofen nehmen oder auf den Tisch zu legen haben.

Das Vater Unser bindet die Leute zusammen und aneinander, daß einer für den andern und mit dem andern betet, und wird stark und mächtig, daß es auch den Tod vertreibt.

Unser Herr Gott macht seinen Willen gegen den Christen sehr bunt und kraus, daß sich schier niemand dareinschicken kann. Gottes Reich wohnt in den Menschen, die getauft sind und glauben von Herzen an Christum, beweisen's auch mit dem Leben; und die rechten Christen sind Gottes Reich, nicht aber die Maul- und gefärbten Christen. Und ob gleich die Christen hier geplagt und getötet werden, so lebt doch ihr Herr im Himmel, und derhalben müssen sie auch leben.

Das ist ein tröstlicher Unterschied der Güter, daß der Gottlosen Güter nicht allein vergänglich sind und ein Ende haben, sondern auch böse Güter sind und verdammlich, drum daß sie nur auf Haufen gesammelt und nicht den Dürfigen mitgeteilt werden, welches wider die Natur der Güter ist. Aber der Gerechten Gut hat kein Ende. Es ist auch ein recht nützlich Gut, das andern wird mitgeteilt und nicht auf ein Haufen gesammelt.

Ein Christ muß böse Tage haben und viel leiden; so will unser Adam, Fleisch und Blut, gute Tage haben und nichts leiden; wie reimt sich nun das zusammen? Unser Fleisch ist dem Tod und der Hölle übergeben darum, daß es dem Teufel gefolgt hat und von Gottes Gebot abgetreten ist. Soll nun unser Fleisch vom Tod und der Hölle erlöst und dem Teufel wiederum abgestrickt und abgewonnen werden, so muß es sich wieder zu Gottes Gebot halten und zu ihm treten, welches nichts anders ist, denn an Christum Jesum glauben, daß der Gottes Sohn und unser Erlöser sei, und wir an seinem Wort halten. Das Wort Christi aber ist nichts anders, denn das Kreuz tragen, die Liebe und Hoffnung im Kreuz haben und glauben, daß er nicht wird in Ewigkeit lassen geplagt sein und uns erretten und versetzen aus diesem Leben in jenes ewige Leben; in der Liebe aber Geduld haben, und daß einer dem andern seine Schwachheit zugute halte, der auch im Leiden ist und es mit Christo hält.

Der Teufel hat Lust daran und ist sein Werk und größte Freude, Gottes Werk zu verdrucken, zu martern und zu plagen die, so Gottes Wort lieb haben und fest darüber halten; die andern läßt er wohl zufrieden. Dieweil nun die Christen Gottes Reich sind, so müssen sie auch geplagt, gemartert und verdruckt werden.

Alle unsere Arbeit soll also sein wie die so mitten in der Weinlese oder in der Ernte arbeiten, daß ihnen der Schweiß übers Angesicht läuft, und dennoch ein fröhlich Liedlein dazu singen; das ist, wir sollen also gesinnt sein, daß wir auch, wenn es Gottes Wille wäre, das Gut können fahren lassen, das ist, wir sollen denken: ich will arbeiten, wie Gott befohlen hat für mich und meine Kinder; gibt Gott Segen, so werden wir es brauchen; bleibt etwas übrig, so hat es mein Sohn; wo nicht, so wird Gott ihn ernähren, wie er mich ernährt hat.

Deshalb müssen wir Christen darauf gerüstet und täglich gefaßt sein, daß wir unaufhörlich angefochten werden werden, damit niemand so sicher und unachtsam seinen Weg geht, als wäre der Teufel weit von uns.

Man dient Gott auch durch Müßigsein, ja vielleicht durch nichts so sehr als damit.

Ich bin fest überzeugt, ohne Kenntnis der Wissenschaft kann lautere Theologie nicht bestehen. Sie ist bisher mit dem Rückgang und Fall der Wissenschaften auch aufs kläglichste gesunken und gefallen.

Wo aber ein richtiges Gebet entstehen soll, da muß es Ernst werden, so daß man seine Not fühlt, und zwar so eine Not, daß sie uns drückt und dazu treibt, zu rufen und zu schreien.

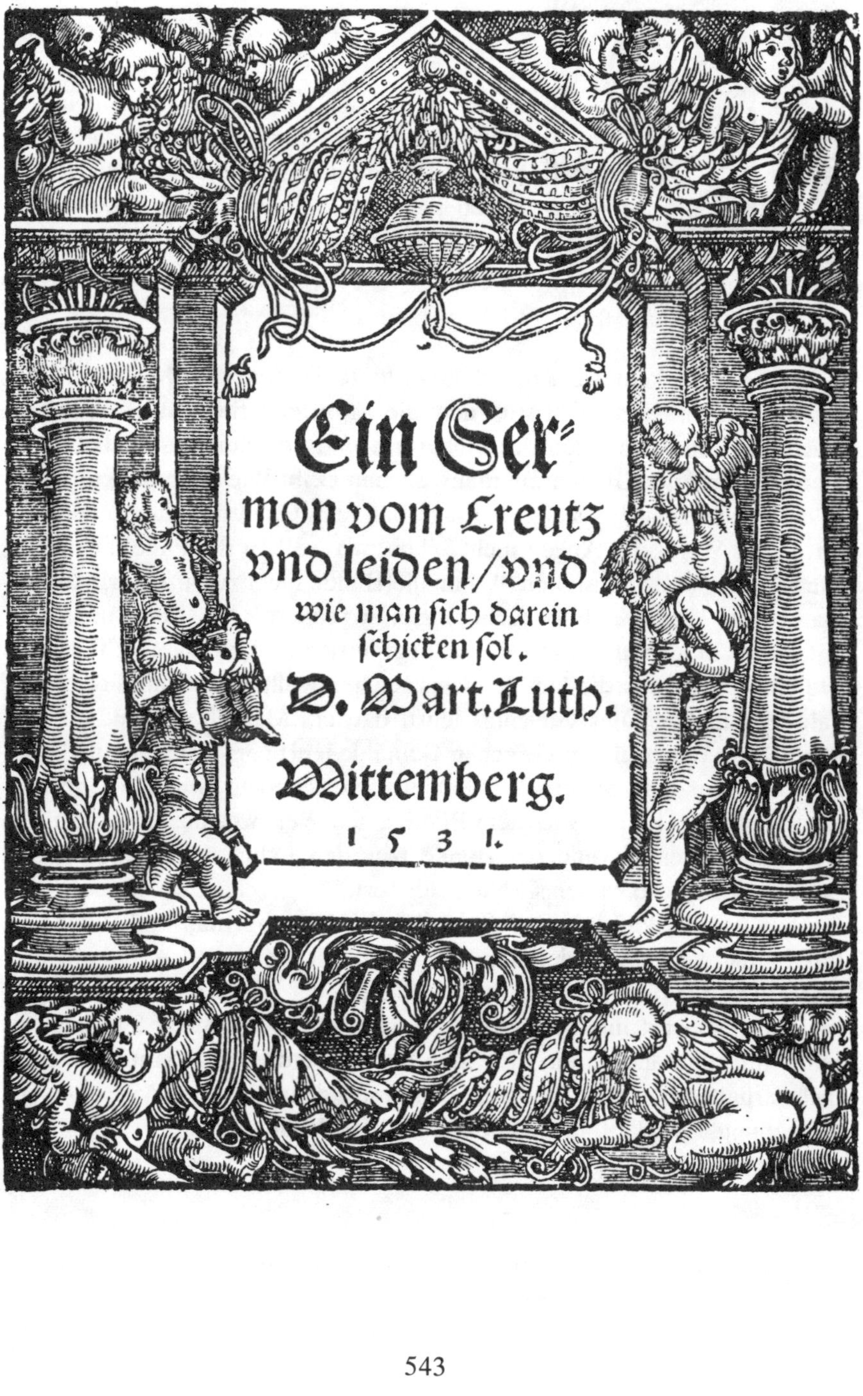

Ein Ser-
mon vom Creutz
vnd leiden/vnd
wie man sich darein
schicken sol.

D. Mart. Luth.

Wittemberg.

1531.

Das Recht ist um des Gewissens willen und nicht das Gewissen um des Rechtes willen. Wo man nicht beiden zugleich helfen kann, da helfe man dem Gewissen und enthelfe den Rechten.

Adam bedurfte keines Buches, denn er hatte das Buch der Natur und alle Erzväter, Propheten, Christus und die Apostel zitieren viel aus dem Buch, als von Schmerzen der Gebärerin und von der Gesellschaft und Gemeinschaft der Glieder am menschlichen Leib. Wie denn Sankt Paulus solch Gleichnis auch anzeigt und sagt, daß kein Glied des andern entbehren kann. Wenn die Augen nicht sähen, wo wollten die Füße hingehen; wie würden sie sich zustoßen? Wenn die Hände nicht zugriffen, wie wollte man essen? Wenn die Füße nicht gingen, wo sollten's die Hände nehmen? Allein der Magen, der faule Wanst, liegt mitten im Leib, läßt sich mästen wie eine Sau; wenn die Hände nichts reichen wollten, so würde der Leib bald Not leiden. Dies Gleichnis lehrt, daß ein Mensch den andern soll lieb haben. Wie auch der Griechen Gemälde lehrt vom Lahmen und Blinden, da einer dem andern Wohltat erzeigte mit dem, was ein jeglicher vermochte; der Lahme wies dem Blinden den Weg, welchen er sonst nicht wußte noch kennte, und der Blinde trug den Lahmen, der sonst nicht gehen konnte; also kamen sie alle beide fort.

Aber das ist wohl feiner, daß damit auch fein abgemalt und abkontrafeit ist die Vergebung der Sünde. Es tritt oft ein Fuß den andern, der Zahn beißt oft die Zunge, es stößt sich mancher selber mit einem Finger ins Auge und tut ihm weh. Aber da ist reiche Vergebung, und hat ein Glied mit dem andern ein Mitleiden und Geduld, sonst könnte der Leib nicht erhalten werden. Also soll auch unter den Menschen Versöhnung, Vergebung, Einigkeit, Liebe und freundlicher Wille sein.

Daß geistliche Lieder singen gut und Gott angenehm sei, acht ich, sei keinem Christen verborgen.

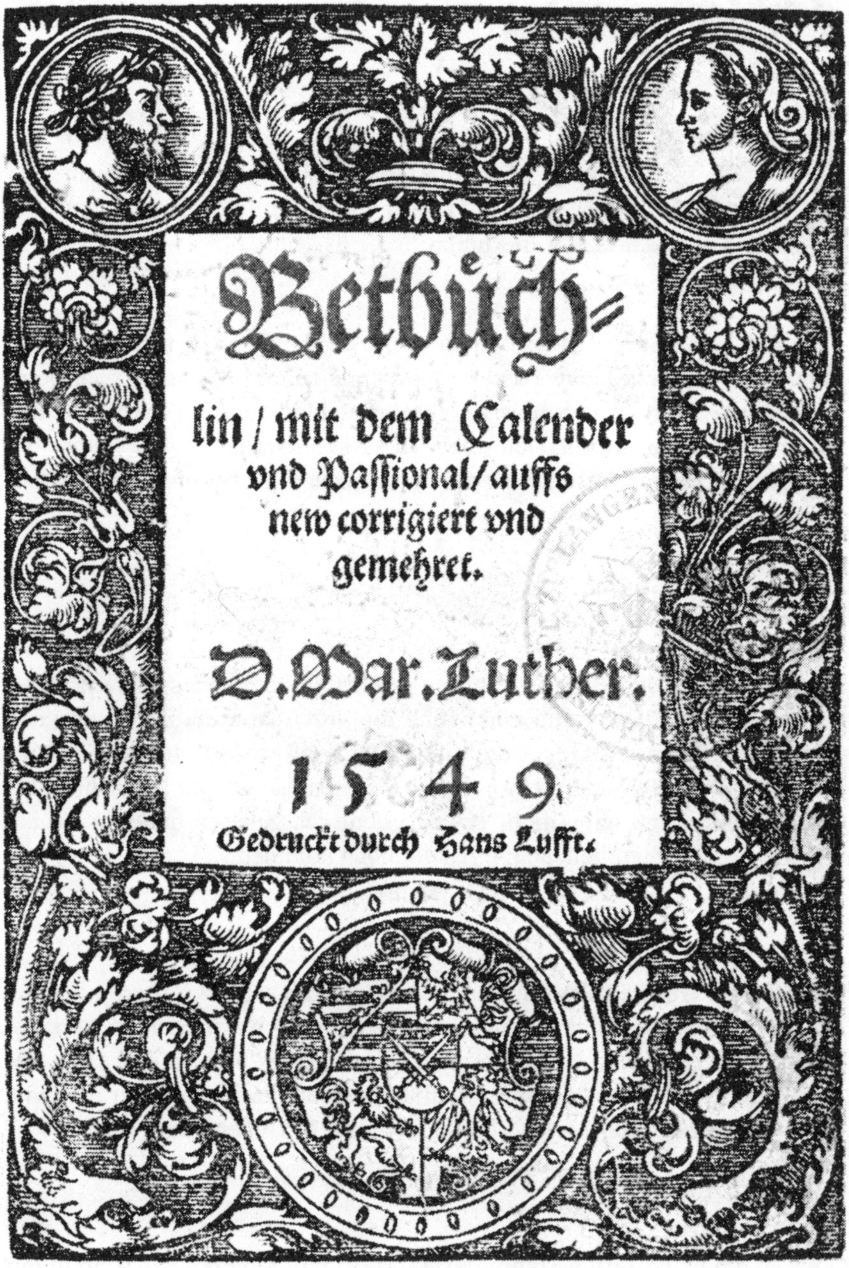

Betbüch=
lin / mit dem Calender
vnd Passional / auffs
new corrigiert vnd
gemehret.

D. Mar. Luther.

1549.

Gedruckt durch Hans Lufft.

So ist von Nöten, daß man nicht allein mit Gewalt regiere, wie es schon jetzt geht, sondern auch mit Vernunft. Denn eitel Gewalt ohne Vernunft kann nicht bestehen.

Der Erbsünde Strafe ist eigentlich, Gott nicht erkennen und nichts von ihm wissen, welches eine Lästerung ist; danach den Nächsten nicht kennen, seiner nicht achten, das ist, ihm alles Leid tun, ihn erwürgen und umbringen. Zum dritten, sich selber nicht kennen, das ist, für sich selber sorgen und seiner warten, und das Seine suchen auch wohl mit eines andern Schaden.

Niemand glaubt, wie kräftig und stark das Gebet sei und wie viel es vermag, denn der, den es die Erfahrung gelehrt und der's versucht hat. Aber es ist ein groß Ding, wenn einer fühlt die große Not, die ihn dringt, daß er als denn kann das Gebet ergreifen. Das weiß ich, so oft ich mit Ernst gebetet habe, daß mir's recht Ernst gewesen ist, so bin ich ja reichlich erhöret worden und habe mehr erlangt, denn ich gebeten habe! Wohl hat Gott bisweilen verzogen, aber es ist dennoch kommen.

Alle unsere Gebete sollen sich auf den Gehorsam gegen Gott gründen und stellen, ohne Rücksicht auf unsere Person, mögen wir Sünder oder gerecht, würdig oder unwürdig sein. Und wir sollen wissen, daß Gott uns nicht etwa im Scherz geschlagen haben, sondern zürnen und strafen will, wenn wir nicht bitten, so gut wie er jeden andern Ungehorsam straft.

Das ist ein gemarterter Mann, dessen Weib und Magd nichts weiß in der Küche.

Als wir geschaffen waren und alles Gute von Gott dem Vater empfangen hatten, kam der Teufel und brachte uns in Ungehorsam, Sünde, Tod und alles Unglück, so daß wir in Gottes Zorn und Ungnade lagen, zur ewigen Verdammnis verurteilt, wie wir es verschuldet und verdient hatten. Da gab es weder Rat, Hilfe noch Trost, bis daß sich dieser einzige und ewige Gottessohn unsers Jammers und Elends aus grundloser Güte erbarmte und vom Himmel kam, uns zu helfen. So sind nun jene Tyrannen und Kerkermeister alle vertrieben, und an ihre Statt ist Jesus Christus getreten, ein Herr des Lebens, der Gerechtigkeit, alles Guts und aller Seligkeit, und hat uns arme, verlorene Menschen aus dem Rachen der Hölle gerissen, gewonnen, frei gemacht und wiedergebracht in die Huld und Gnade des Vaters und uns als sein Eigentum unter seinen Schirm und Schutz genommen, daß er uns regiere durch seine Gerechtigkeit, Weisheit, Gewalt, Leben und Seligkeit.

Wenn sich's begibt, daß zwei Ziegen einander begegnen auf einem schmalen Steg, der über ein Wasser geht, wie halten sie sich? Sie können nicht wieder hinter sich gehen, so mögen sie auch nicht neben einander hingehen, der Steg ist zu eng. Sollten sie denn einander stoßen, so möchten sie beide ins Wasser fallen und ertrinken. Wie tun sie denn? Die Natur hat ihnen gegeben, daß sich eine niederlegt und läßt die andere über sich hingehen; also bleiben sie beide unbeschädigt. Also sollte ein Mensch gegen dem andern auch tun und auf ihm lassen mit Füßen gehen, ehe denn er mit einem andern sich zanken, hadern und kriegen sollte!

Der Wein ist stark, der König stärker, die Weiber noch stärker, aber die Wahrheit am allerstärksten.

Weißes kann man besser erkennen, wenn man Schwarzes dagegen hält.

Sollen wir Kinder ziehen, so müssen wir auch Kinder mit ihnen werden.

Das mag heißen ein guter Apotheker, der solche Arznei geben kann, daß der Tod nicht allein überwunden sein, sondern auch nicht und nimmermehr gesehen werden soll. Und ist ein wunderlich Ding, daß ein Mensch muß sterben und doch den Tod nicht sehen soll, so er Gottes Wort im Herzen hat und daran glaubt. Solch starke Arznei ist Gottes Wort, gläubig festgehalten, daß es aus dem Tode ein ewiges Leben macht.

Nicht viel lesen, sondern gut Ding viel und oft lesen macht fromm und klug dazu.

Die Liebe sieht Undankbarkeit nicht an.

Die Vernunft, wie schön und herrlich sie auch ist, so gehört sie doch in das Weltreich allein, da hat sie ihre Herrschaft und ihr Gebiet. Aber im Reich Christi, da hat allein Gottes Wort die Oberhand.

Wenn ein Mann sein Weib liebt, so ist sie ihm die Schönste und Liebste.

Ein alter Mann und ein junges Mägdlein reimt sich nicht wohl zusammen.

Ein Vater schilt, straft und stäubt sein Kind und ist ihm doch nicht feind; der ist ihm aber feind, der seiner Bosheit schweigt und nicht schilt noch straft.

Die Arznei macht kranke, die Mathematik traurige und die Theologie sündhafte Leute.

Einfältig zu predigen ist eine große Kunst.

Mit wenig Worten fein kurz anzeigen können, das ist Kunst und große Tugend. Torheit aber ist's, mit viel Reden nichts reden.

Falsche Prediger sind ärger denn Jungfrauenschänder.

Red' was wahr ist, iß was gar ist, trink' was klar ist.

Der heilige Geist ist kein Skeptiker.

Der lebt am allerbesten, der sich selbst nichts lebt, und der lebt am allerärgsten, der sich selbst lebt.

Der Wein und die Weiber bringen manchen in Jammer und Herzeleid, machen viel zu Narren und wahnsinnige Leute.

Ein Steinmetz muß ein Gesetz haben, daß er nicht ein Ellen lang für ein halb nehme. Ein Schuster hat Gesetz, daß er einem Kind keinen Mannsschuh macht. Ja Mörder haben Gesetz, daß die Ausbeute gleich verteilt werde. Was gehen solche Gesetze den Geist und Gewissen an? Also weltlich Obrigkeit hat Gesetz, daß einer dem andern an Gut, Ehre und Leib nicht schade.

Dieses ganze Leben, darin wir leben, ist nur ein eitel Traum.

Strafe haßt man, aber die Sünde liebt man.

Die Weiber sind von Natur beredt und können die Redekunst wohl.

Kein Stand gilt, vor Gott fromm zu machen.

Das Paradies ist überall.

Die natürliche Sprache ist Frau Kaiserin.

Reichtum ist das geringste Ding auf Erden und die allerkleinste Gabe, die Gott einem Menschen geben kann. Darum gibt unser Herrgott gemeiniglich Reichtum den groben Eseln, denen er sonst nichts gönnt.

Wo man das Wort öffentlich verfolgt, da will es sein.

Gute Werke sind des Glaubens Siegel und Probe, denn gleich wie die Briefe ein Siegel haben müssen, damit sie bekräftigt werden, also muß der Glaube auch gute Werke haben.

Es gehört dazu ein trefflicher Mann, der ein Löwenherz habe, unerschrokken die Wahrheit zu schreiben.

Die Musika ist eine schöne, herrliche Gabe Gottes und nahe der Theologie.

Die allein heißen unwürdig, die ihr Gebrechen nicht fühlen, noch wollen Sünder sein.

Untreue ist auch Dieberei.

Es fließt mir das Herz über vor Dankbarkeit gegen die Musik, die mich so oft erquickt und aus größter Not errettet hat.

Ärzte sind unseres Herrgotts Menschenflicker.

Untreue und Geiz gedeiht nicht.

Gute Werke gehören dem Nächsten, der Glaube Gott.

Einen Zornigen erkennt man am besten auf dem Spiel, auf der Buhlschaft und auf der Jagd.

Zweifel ist Sünde und ewiger Tod.

Man muß jeweils reichlicher trinken, spielen, scherzen und also eine Sünde tun wider des Teufels Haß und Hohn, auf daß wir ihm nirgends Raum geben, daß er uns ob solch geringer Dinge das Gewissen beschweren mag. Wo nicht, so werden wir überwunden, wenn wir uns allzu ängstlich darum sorgen, daß wir nur nicht sündigen. Derhalben, wenn der Teufel sagt: Trink nicht, so gib ihm zur Antwort: Gerade darum will ich stark trinken, weil du mich hinderst, und deshalb trinke ich noch mehr. So müssen wir immer das Gegenteil dessen tun, was uns der Teufel verbietet.

Wenn uns der Teufel unsre Sünden vorhält und uns schuldig macht des Todes und der Hölle, dann müssen wir sprechen: Ich bekenne zwar, daß ich schuldig bin des Todes und der Hölle, was aber dann? Willst du auch in Ewigkeit verdammen? Das sei ferne, denn ich weiß einen, der für mich gelitten hat und hat genuggetan. Der heißt Jesus Christus Gottes Sohn. Wo der bleibt, da werde ich auch bleiben.

# Solch ein Geist –

# Andere über Luther

*Der Schwerpunkt dieser Zitatensammlung liegt naturgemäß auf Aussagen von Augenzeugen – Mitstreitern, Freunden, Schülern und Kontrahenden Luthers, die ihn persönlich gekannt haben. Hier ist die Auswahl der Namen so weit wie möglich vollständig und sind auch Autoren berücksichtigt, die vielleicht vergessen wären, hätten sie nicht über Martin Luther geschrieben.*

*Das 18. Jahrhundert nahm den »Fall Luther« seiner Eigenart entsprechen nüchtern. Das 19. verklärte die Person des Reformators und machte sie zur Legende. Im 20. Jahrhundert schließlich etablierte sich die wissenschaftliche Betrachtung, die Lutherforschung – ein Aspekt, der den Rahmen unseres Buches gänzlich sprengen würde. Unberücksichtigt blieben auch konfessionell gebundene Kommentare evangelischer und katholischer Theologen und jene Stimmen des späten 19. und frühen 20. Jahrhunderts, die das kantige Bild des streitbaren Gottesmannes Luther geschönt, geglättet und auch verkitscht haben.*

*Als Kronzeuge der neueren Zeit soll hier Thomas Mann stehen. Wer eine moderne Würdigung Luthers, fern von allen Gegensätzen und Lesarten der Kirche, kennenlernen möchte, wähle die ausführliche Passage in Egon Friedells »Kulturgeschichte der Neuzeit«.*

Martinus ist mittlerer Leibeslänge, von hagerem, durch Sorgen und Studieren erschöpftem Körper, so daß man fast die Knochen durch die Haut zählen könnte, von männlichem, frischem Alter und hoher, klarer Stimme. Er ist aber voller Gelehrsamkeit und vortrefflicher Kenntnis der Schrift, so daß er gleichsam alles an den Fingern herzählen kann. Griechisch und Hebräisch weiß er so viel, daß er über die Interpretation urteilen kann. Es fehlt ihm auch nicht an Stoff, und er hat einen großen Vorrat an Worten und Sachen. Im Leben und in seinem Betragen ist er sehr höflich und freundlich und hat nichts stoisch Strenges und Sauertöpfisches an sich, er kann sich in alle Zeiten schicken. In Gesellschaft ist er lustig, scherzhaft, lebhaft und immer freudig, immer munteren und fröhlichen Gesichts, ob ihm auch die Widersache noch so sehr drohen, und man sieht es ihm an, daß Gottes Kraft bei seinem schweren Werk mit ihm ist. Nur den einen Fehler tadeln alle an ihm, daß er im Schelten etwas zu heftig und beißend sei, mehr als es für einen, der in der Theologie neue Pfade finden will, sicher, und für einen Gottesgelehrten schicklich ist; ein Fehler, den allerdings wohl alle, die in späten Jahren gelernt haben, an sich haben.

*Petrus Mosellanus, 1519*

Über Luther will ich weiter nichts sagen, als was sich unter den gegenwärtigen Umständen einzig ungestraft sagen läßt, nämlich, daß es mir gewaltig leid tut, daß solch ein Geist, von dem es den Anschein hatte, als sollte er ein ausgezeichnetes Werkzeug zur Verkündigung der evangelischen Wahrheit werden, durch das wütende Geschrei gewisser Leute so verbittert und verbissen gemacht worden ist.

*Erasmus von Rotterdam an Willibald Pirckheimer, 1520*

WArūb man herr Erasmus von Roterodam in Teütsche sprach transferiert.
¶ Warumb doctor Luther vnd herr Vlrich von Hutten teütsch schriben.
¶ Wie nutz vnd not es sy das sollich ding dē gemeinen man fur kom̄.

*Ulrich von Hutten. Holzschnitt von Erhard Schön*

Wenn Dir in demjenigen, was Du dort mit hohem Mut betreibst, sich ein Hindernis in den Weg stellt, so ist mir das von Herzen leid. Wir haben hier nicht ganz ohne Erfolg gearbeitet. Christus sei mit uns! Christus helfe! Denn seine Vorschriften verfechten wir; seine durch den Dunst der päpstlichen Satzungen verdunkelte Lehre bringen wir wieder ans Licht: Du glücklicher, ich nach Kräften. Möchten entweder alle dies einsehen, oder jene von freien Stücken in sich gehen und auf den rechten Weg zurückkehren. Es heißt, Du seist in den Bann getan. Wie groß, o Luther, wie groß bist Du, wenn das wahr ist. Denn von Dir werden alle Frommen sagen: Sie suchten die Seele des Gerechten, und das unschuldige Blut verdammten sie; aber Gott wird ihnen ihre Missetat vergelten, und in ihrer Bosheit wird der Herr unser Gott sie verderben. Das sei unsere Hoffnung, das unser Glaube. Eck kehrt von Rom zurück, vom Papst mit Pfründen und, wie man sagt, mit Geld beschenkt. Was ist's mehr? Gelobt wird der Sünder in seinen Wünschen, uns aber leite Gott in seiner Wahrheit. Darum hassen wir die Versammlung der Frevler, und mit den Gottlosen sitzen wir nicht. Doch sieh Dich vor und halte Augen und Sinn auf sie gerichtet. Du siehst, wenn Du jetzt fielest, was es der gemeinen Sache für ein Schaden wäre. Denn für Dich, weiß ich, bist Du so gesinnt, daß Du lieber in Deinem Vorhaben sterben, als elend leben willst. Eck hat mich angegeben, daß ich es mit Dir halte; darin hat er sich nicht getäuscht. Denn immer habe ich in allem, was ich verstand, Dir beigestimmt, obschon bis jetzt kein Verkehr zwischen uns stattfand. Was er weiter gesagt hat, wir haben schon früher nach Verabredung gehandelt, das hat er dem Papst zu Gefallen gelogen. Ein schamloser Bösewicht! Man muß sehen, daß ihm vergolten werde, was er verdient. Du sei fest und stark und wanke nicht! Doch was mahne ich, wo nichts zu mahnen ist? An mir hast Du einen Anhänger für jeden möglichen Fall. Darum wage es, mir inskünftige alle Deine Pläne anzuvertrauen. Verfechten wir die gemeine Freiheit! Befreien wir das unterdrückte Vaterland! Gott haben wir auf unsrer Seite. Ist Gott für uns, wer mag wider uns sein? Die Kölner und Löwener haben Dich verdammt. Das sind jene teuflischen Rotten, welche gegen die Wahrheit streiten. Doch wir werden durchbrechen, durchbrechen unter Christi Beistand, frisch und mannhaft!

*Ulrich von Hutten an Luther,*
*4. Juni 1520*

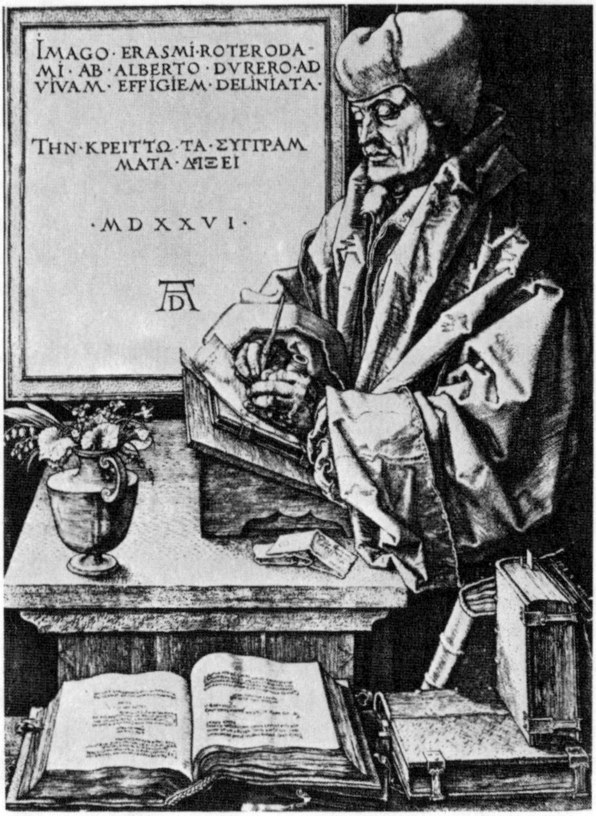


*Erasmus von Rotterdam. Kupferstich von Albrecht Dürer, 1526*

Luther hat in zwei Stücken gefehlt, nämlich daß er dem Papste an die Krone und den Mönchen an die Bäuche gegriffen hat.

*Erasmus an Friedrich den Weisen in Köln, 1520*

Was aber den Martinum belangt: frommer Gott, was haben wir unterlassen, was haben wir nicht getan, welche väterliche Liebe haben wir nicht angewandt, ihn von seinen Irrtümern zurückzurufen? Aber er hat allezeit ungehorsamlich verharrt, die Zitation oder Ladung und alles und jedes hintangesetzt, und was noch ärger ist, Übel zu Übel legend, sich in die Stimme frevler Appellation begeben an ein künftiges Konzilium; denn der hat die Hilfe des Konzils vergeblich angerufen, der öffentlich bekennt, daß er ihm nicht Glauben schenke.

Alsodaß wir wider ihn, als vom Glauben öffentlich verdächtig, ja wahrlich als einen Ketzer zu seiner Verdammung und zu allen Pönen und Bann ernstlich verfahren möchten. Nichtsdestominder haben wir, des allmächtigen Gottes Gütigkeit nachfolgend, »der nicht will den Tod des Sünders, sondern daß er bekehret werde und lebe«, alle Injurien und alles Unrecht, das er bisher uns und dem päpstlichen Stuhl erzeigt, vergessend, alle Gütigkeit zu gebrauchen beschlossen, und soviel in uns ist, darob zu sehen, auf daß er nach vorgelegtem Weg der Barmherzigkeit wieder zu sich komme und von den angeführten Irrtümern abweiche, auf daß wir ihn als den verlorenen Sohn, der wieder zum Schoße der Kirche kommt, gütlich wiederum annehmen.

*Papst Leo X. in der Bannbulle gegen Luther,*
*15. Juni 1520*

## Ein neues Lied von dem Untergang des christlichen Glaubens

Nun hört, ich will euch singen
in Bruder Veiten Ton
Von ungehörten Dingen,
die leider jetzt fürgon:
Wie daß mit falschen Listen
die Christenheit zergat:
Wenn das die Fürsten wüßten,
sie lugten zu der Tat.

Der Hirt, der ist verjagen,
die Schäflein sind zerstreut,

Der Papst, der ist geschlagen,
kein Kron er mehr auftreit,
»Und ist mit keinen Worten
von Christo je erstift«;
An hunderttausend Orten
ist gossen aus das Gift.

Wer jetzt zumal kann lügen,
veracht all Oberkeit,
Das Evangeli biegen,
auf Mord und Herzenleid,
Dem lauft man zu mit Schalle,
handhabt ihn mit Gewalt,
Bis unser Glaub verfalle
und gar in Aschen fallt.

*Titelblatt zu Murners »Von dem großen Lutherischen Narren«, 1522*

Der Apfel ist geworfen
der Zwietracht, das ist wahr,
In Städten und in Dorfen,
und geben nicht ein Haar,
Ja nicht ein Meit auf Erden
um alle Oberkeit,
Mit Listen und Gefährden
erdenkt man Herzeleid.

Hätt uns der Türk gewonnen
im ganzen deutschen Land,
Von Anefang der Sonnen
bis zu dem Niederstand,
Er hätt uns nicht zerbrochen
ja unser Heiligkeit,
Als wir die hant zerstochen
selbst in der Christenheit.

Die Mißbräuch, die sie klagen,
die lobt kein Ehrenmann,
Gott will's nicht mehr vertragen,
das facht mich dunken an,
Allein will mich betören,
daß ich von Herzen wein,
Den Glauben uns zerstören,
dasselb klag ich allein.

Ich muß die Wahrheit sagen:
wir haben Schuld daran,
Der Ablaß lehrt sie klagen,
verführet manchen Mann,
Der bei demselben meinet,
es sei allsamt dergleich,
All Sakrament verkleinet,
ach Gott von Himmelreich!

Ist je ein Mann auf Erden,
der doch der Sach nehm acht,
Daß Mißbräuch besser werden,
des Glaubens würd bedacht,

Daß er in Würden bliebe
und stünd in Seligkeit,
All Missebräuch vertriebe,
beschirmt die Christenheit?

Es war seit Christus Tagen,
sag ich bei meinem Eid,
Nie größer Not und Klagen
von Christen je geseit,
Des Glaubens Zierd und Schöne,
die fällt mit Macht dahin,
Im Kot liegt unser Krone,
es gat als Widersinn.

Ach Gott im Himmelsthrone,
such alt Barmherzigkeit!
Send uns dein Frieden frone
und christlich Einigkeit,
Den du zuletzt hast g'lassen
dein Kindern in der Welt:
Hilf väterlicher Maßen,
eh daß der Glaub verfällt!

*Thomas Murner*

## Die Wittembergisch Nachtigall, die man jetzt höret überall

Wach auf! Es nahent gen dem Tag.
Ich hör singen im grünen Hag
ein wunnigliche Nachtigall.
Ihr Stimm durchklinget Berg und Tal.
Die Nacht neigt sich gen Okzident,
der Tag geht auf von Orient.
die rotbrünstige Morgenröt
her durch die trüben Wolken geht,
daraus die lichte Sunn tut blicken.

Des Mones Schein tut sie verdrücken.
Der ist jetz worden bleich und finster,
der vor mit seinem falschen Glinster
die ganzen Herd Schaf hat geblendt,

**Die Wittenbergisch Nachtigall**
**Die man yetz höret überall.**

*Titelholzschnitt zum Gedicht Hans Sachs', 1523*

daß sie sich haben abgewendt
von ihrem Hirten und der Weid
und haben sie verlassen beid,
sind gangen nach des Mones Schein
in die Wildnus den Holzweg ein,
haben gehört des Leuen Stimm
und seind auch nachgefolget ihm,
der sie geführet hat mit Liste
ganz weit abwegs tief in die Wüste.
Da haben s' ihr süß Weid verloren,
hant gessen Unkraut, Distel, Doren.
Auch legt' ihn' der Leu Strick verborgen,
darein die Schaf fielen mit Sorgen.
Da sie der Leu dann fand verstricket,
zuriß er sie, darnach verschlicket'.
Zu solcher Hut haben geholfen
ein ganzer Hauf reißender Wolfen.
Haben die elend Herd besessen
mit Scheren, Melken, Schinden, Fressen.
Auch lagen viel Schlangen im Gras,
sogen die Schaf ohn Unterlaß
durch all Gelied bis auf das Mark.
Des wurden die Schaf dürr und arg
durchaus und aus die lange Nacht
und sind auch allererst erwacht,
so die Nachtigall so hell singet
und des Tages Gelänz herdringet,
der den Leuen zu kennen geit
die Wölf und auch ihr falsche Weid.
Des ist der grimmig Leu erwacht.
Er lauret und ist ungeschlacht
über der Nachtigall Gesang,
daß sie meldt der Sunnen Aufgang,
davon sein Künigreich End nimmt.
Des ist der grimmig Leu ergrimmt,
stellt der Nachtigall nach dem Leben
mit List vor ihr, hinten und neben.
Aber ihr kann er nit ergriefen.
Im Hag kann sie sich wohl verschliefen
und singet fröhlich für und für.

Nun hat der Leu viel wilder Tier,
die wider die Nachtigall blecken,
Waldesel, Schwein, Böck, Katz und Schnecken.
Aber ihr Heulen ist alls fehl,
die Nachtigall singt ihn' zu hell
und tut sie all erniederlegen.
Auch tut das Schlangengzücht sich regen.
Es wispelt sehr und widerficht
und fürchtet sehr des Tages Licht.
Ihn' will entgehn die elend Herd,
davon sie sich haben genährt
die lange Nacht und wohl gemäst,
loben, der Leu sei noch der best,
sein Weid, die sei süß unde gut,
wünschen der Nachtigall die Glut.
Desgeleichen die Frösch auch quaken
hin und wider in ihren Laken
über der Nachtigall Getön,
wann ihr Wasser will ihn' entgehn.
Die Wildgäns schreien auch Gagag
wider den hellen lichten Tag
und schreien ingemeine all:
»Was singet Neus die Nachtigall?
Verkündet uns des Tages Wonne,
sam macht' allein fruchtbar die Sonne,
und verachtet des Mondes Glest!
Sie schwieg wohl still in ihrem Nest,
macht' kein Aufruhr unter den Schafen.
Man sollte sie mit Feuer strafen.«
Doch ist dies Mordgeschrei alls umsunst.
Es leuchtet her des Tages Brunst
und singt die Nachtigall so klar,
und sehr viel Schaf an dieser Schar
kehren wieder aus dieser Wilde
zu ihrer Weid und Hirten milde.
Etlich melden den Tag mit Schall
in Maß recht wie die Nachtigall,
gen den' die Wölf ihr Zähn tun blecken,
jagen sie ein die Dorenhecken
und martern sie bis auf das Blut

und drohen ihn' bei Feuers Glut,
sie sollen von dem Tage schweigen.
So tunt sie in die Sunnen zeigen,
der' Schein niemand verbergen kann.
Nun daß ihr klärer mögt verstahn,
wer die lieblich Nachtigall sei,
die uns den hellen Tag ausschrei:
ist Doktor Martinus Luther,
zu Wittenberg Augustiner,
der uns aufwecket von der Nacht,
darein der Mondschein uns hat bracht.

*Hans Sachs*

Karl von Gottes Gnaden erwählter, römischer Kaiser, zu allen Zeiten Mehrer des Reichs usw.

Ehrsamer, Lieber, Andächtiger.

Nachdem wir und des heiligen Reiches Stände, jetzt hier versammelt, uns vorgenommen und entschlossen haben, der Lehren und Bücher halber, so in der letzten Zeit von dir ausgegangen sind, Erkundigung von dir zu empfangen, haben wir dir, hierhin zu kommen und von hier wiederum in dein sicheres Gewahrsam, unser und des Reiches frei, strenge Sicherheit und Geleit gegeben, das wir dir hierbei zusenden; mit dem Begehren, du wollest dich alsobald aufmachen, also daß du in den einundzwanzig Tagen, zu solchem unserem Geleit bestimmt, gewißlich hier bei uns seist und nicht ausbleibst, dich auch keines Gewalts und Unrechts besorgst. Dann wir dich bei dem obgemeldeten unseren Geleit festiglich handhaben wollen, uns auch auf solch deine Ankunft verlassen; und du tust darin unser ernstlich Meinung. Gegeben.

*Kaiserliche Vorladung vor den Reichstag,*
*Worms, 6. März 1521*

Mit drei Genossen in einem Wagen sitzend, zog er in die Stadt ein, umgeben von etwa acht Berittenen, und nahm seine Herberge in der Nähe seines sächsischen Fürsten in einem Haus der Johanniterritter; beim Verlassen des Wagens schloß ihn ein Priester in seine Arme, rührte dreimal sein Gewand an und berühmte sich im Weggehen, als hätte er eine Reliquie des größten Heiligen in Händen gehabt: ich vermute, es wird bald von ihm heißen, er tue Wunder. Dieser Luther, als er vom Wagen stieg, blickte mit seinen dämonischen Augen im Kreise umher und sagte: »Gott wird mit mir sein.« Dann trat er in eine Stube, wo ihn viele Herren aufsuchten, mit deren zehn oder zwölf er auch speiste, und nach der Mahlzeit lief alle Welt hin, ihn zu sehen.

*Hieronymus Alexander,*
*1521*

Mönchlein, Mönchlein, du gehst einen schweren Gang.

*Georg von Frundsberg, 1521*

Leo Bischof . . . Es geziemt dem römischen Papst, dem Haushalter der geistlichen und zeitlichen Strafen, wider die Rottengeister, die den ungenähten Rock unseres Heilandes (Bild der Kirche) und die Einigkeit des Glaubens zu zerreißen bemüht sind, Ernst zu gebrauchen und durch Schärfung der Strafen dahinzuwirken, daß solche Verächter nicht weiter durch listige Ränke das arme Volk betrügen und mit sich in einerlei Irrtum und Verderben stürzen . . .

Da nun, wie wir zu großer Betrübnis und Bestürzung unseres Herzens vernommen, Martinus als ein Mensch, der in verkehrtem Sinn dahingegeben ist, seine Irrtümer nicht in der ihm gesetzten Frist widerrufen hat, sondern als ein Fels des Ärgernisses immer noch ärger als vorhin wider uns und diesen heiligen Stuhl und den katholischen Glauben zu schreiben und zu predigen und so andere zu verleiten sich nicht entblödet hat, so ist er öffentlich zu einem Ketzer geworden, und ist billigerweise als Ketzer anzusehen, und alle Christgläubigen sollen ihn fliehen und meiden, wie der Apostel sagt.

Demgemäß ist unser Begehren, daß Martinus und alle, die ihm folgen, desgleichen die, die ihn beschirmen, hegen oder irgendwie zu unterstützen sich erkühnen und ihm Rat, Hilfe und Vorschub zu leisten kein Bedenken getragen haben oder noch tragen (und wenn sie gleich noch so hoch und ansehnlich wären), für gebannte und verfluchte Leute, die des ewigen Fluches schuldig sind, gehalten werden, daß demgemäß sie und ihre Abkömmlinge als solche anzusehen sind, die aller Ehren, Würden und Güter verlustig sind und ihrer hinfort unfähig sind, deren Vermögen verwirkt ist, und die das Verbrechen der Majestätsbeleidigung und damit des Bannes und der Acht sich schuldig gemacht haben.

Wir wollen auch, daß die Länder, Städte, Burgen, Flecken, überhaupt alle Orte, wo jene zur Zeit weilen oder wohin sie sich noch wenden werden, unter dem geistlichen Interdikt stehen, dergestalt, daß ihnen, solange solcher ihr Aufenthalt dauert, unter keinen Umständen Messen oder andere gottesdienstliche Verrichtungen gehalten werden dürfen.

Und damit nicht das räudige Vieh die übrige Herde anstecken und so auch der andere Teil ins Verderben gerate, so befehlen wir, daß allüberall, binnen drei Tagen nach Bekanntgebung dieses Schreibens, an den Sonn- und Festtagen, wenn das Volk zahlreicher zum Gottesdienst kommt, ebenselbiger Martinus und alle seine Anhänger als genannte und verfluchte Ketzer durch die bei dergleichen Handlungen üblichen Ceremonien öffentlich angezeigt und bekanntgegeben werden . . .

Wir befehlen auch all unsern Erzbischöfen, Bischöfen und Prälaten, daß sie sich jetzt, wie es Not tut, zur Mauer machen für das christliche Volk und nicht schweigen wie stumme Hunde, die nicht bellen können, sondern unaufhörlich schreien, die Stimme erheben und das Wort Gottes und die Wahrheit des katholischen Glaubens wider obige verdammte und ketzerische Artikel predigen und predigen lassen, und hierin so eifrig und beflissen sich erzeigen, daß sie die Siegeskrone der Ehren, die denen, so in guten Sachen kämpfen, zur Belohnung gebührt, nicht allein zu erlangen würdig werden, sondern auch bei uns und dem päpstlichen Stuhl wegen ihres rühmlichen Fleißes reiches Lob ernten.

*Die endgültige Verhängung des Kirchenbanns über Luther,*
*gemäß der Bulle Leos X. vom 3. Januar 1521*

Zu Lob des Allmächtigen und Beschirmung des christlichen Glaubens, auch des römischen Bischofs und Stuhls gebührlicher Ehr, haben wir in Kraft des Amts unserer kaiserlichen Würdigkeit, Hoheit und Autorität. . . den gedachten Martin Luther als ein von Gottes Kirchen abgesondertes Glied und einen verstockten Zertrenner und offenbaren Ketzer von jedermann zu achten und zu halten, erkannt und erklärt und gebieten bei Vermeidung der Strafe für Majestätsbeleidigung, und unserer und des Reiches Acht und Aberacht, daß ihr sämtlich und einzeln, nach Ablauf des ihm gewährten Geleites – 14. Mai 1521 – jenen Martin Luther nicht haust, höft, speist, tränkt, noch enthaltet, noch ihm mit Worten und Werken, heimlich oder öffentlich, irgendwie Hilfe, Anhang, Beistand oder Vorschub leistet, sondern wo ihr ihn findet und seiner mächtig werden könnt, ihn gefangennehmt und ihn wohlverwahrt uns zusendet, oder das zu tun befehlt und veranlaßt, oder zum wenigsten, so er eingebracht ist, es uns unverzüglich anzeigt und ihn inzwischen gefänglich behaltet, bis auch von uns Bescheid gegeben, was ihr ferner, nach Ordnung des Rechts, gegen ihn handeln sollt. Gegen seine Anhänger, Gönner, Nachfolger sollt ihr in Kraft unserer und des Reiches Acht und Aberacht also handeln: sie niederwerfen und fangen und ihre Güter zu euren Händen nehmen und zu eurem eigenen Nutzen wenden und behalten.

Ferner gebieten wir bei obigen Strafen, daß euer keiner des genannten Martin Luthers Schriften, die bisher durch ihn gemacht sind oder hinfort gemacht werden, kaufe, verkaufe, lese, behalte, abschreibe, drucke oder abschreiben oder drucken lasse, noch ihren Meinungen zufalle. Daher sollt ihr ernstlich ordnen, strafen, gebieten und bestellen, alle und jegliche obbestimmte des Luthers vergiftete Schriften und Bücher mit Feuer zu verbrennen und so gänzlich abzutun, zu vernichten und zu vertilgen. Wir gebieten weiter, bei vorgedachten Strafen, daß keiner solche vergiftete Bücher, die dem, was die heilige christliche Kirche bisher gehalten, widerwärtig sind, dazu auch Feinds- und Schmachschriften wider unseren heiligen Vater Papst, Prälaten, Fürsten, Hochschulen, mehr dichte, schreibe, drucke, male, verkaufe, kaufe noch behalte, noch drucken und abschreiben und malen lasse. Deshalb gebieten wir ernstlich, daß ihr alle solche Bücher, Schriften, Malereien, sie seien, wessen sie wollen, wo ihr sie findet, wegnehmet, zerreißt und mit Feuer verbrennt; auch den Dichtern, Schreibern, Malern, auch Käufern und Verkäufern solcher schändlichen Bücher, wo sie in solch schändlichem Tun beharren, Leib, Güter und Rechte wegnehmt, behaltet und nach eurem Gutdünken daran handelt, ohne daß ihr dessen euch zu verantworten schuldig seid. Endlich gebieten wir, daß hinfort kein Buchdrucker oder wer es sonst sei, in deutschen Landen Bücher oder Schriften, in denen etwas enthalten ist, was den christlichen Glauben irgendwie berührt, drucke oder nachdrucke ohne Zulassung der Fakultät der heiligen Schrift einer der nächstgelegenen Universitäten.

So aber jemand, in was Würden, Standes oder Wesens er wäre, wider diese unsere christliche und kaiserliche Meinung, Gesetz und Gebot in einem oder mehreren der genannten Artikel, so die Sache des Luthers oder seiner Drucker betreffen, freventlich handelte, wider den wollen wir, daß nach Form und Gestalt des Bannes und kaiserlicher Acht und Aberacht gehandelt, vorgegangen und abgeschlossen werde.

*Das Wormser Edikt vom 8. Mai 1521*

*Albrecht Dürer. Selbstbildnis. Federzeichnung, 1493*

Ach Gott vom Himmel, erbarm dich unser! O Herr Jesus Christus bitte für dein Volk, erlöse uns zur rechten Zeit, erhalte uns in dem rechten wahren christlichen Glauben, versammle deine weit zertrennten Schafe durch deine Stimme, in der Schrift dein göttlich Wort genannt; hilf uns, daß wir dieselbe deine Stimme kennen und keinem andern Lockrufe und Menschenwahn nachfolgen, auf daß wir, Herr Jesus Christus, nicht von dir weichen! – Und so wir diesen Mann verlieren, der da klarer geschrieben hat, denn wie einer seit 140 Jahren gelebt, dem du einen solchen evangelischen Geist gegeben hast, bitten wir dich, o himmlischer Vater, daß du deinen heiligen Geist wiederum gebest einem andern, der da deine heilige christliche Kirche allenthalben wieder versammle, auf daß wir alle rein und christlich wieder leben mögen, und daß unserer guten Werke wegen alle Ungläubigen, als Türken, Heiden und Kalkutten zu uns selbst begehren und den christlichen Glauben annehmen. Aber, Herr! du willst, ehe du richtest, wie dein Sohn Jesus Christus von den Priestern sterben mußte und vom Tod erstehen und danach gen Himmel fahren, daß es also auch gleichförmig ergehe deinem Nachfolger Martino Luther, den der Papst mit seinem Geld verräterisch wider Gott um sein Leben bringt. Den aber wirst du erquicken! Und wie du danach, mein Herr, verhängtest, daß Jerusalem darum zerstört ward, also wirst du auch diese eigene angenommene Gewalt des römischen Stuhles zerstören. Ach Herr, gib uns danach das neue gezierte Jerusalem, das vom Himmel herabsteigt, davon die Apokalypse schreibt; das heilige, klare Evangelium, das da nicht mit menschlicher Lehre verdunkelt sei. Darum sehe ein jeglicher, der Doktor Martin Luthers Bücher liest, wie seine Lehre so klar durchsichtig ist, so er das heilige Evangelium lehrt. Darum sind sie in großen Ehren zu halten und nicht zu verbrennen; es wäre denn, daß man seine Widersacher, die allezeit die Wahrheit anfechten, auch ins Feuer würfe mit allen ihren Opinionen, die da aus Menschen Götter machen wollen; aber doch so, daß man erst wieder neue lutherische Bücher gedruckt hätte. O Gott, ist Luther tot, wer wird uns hinfort das heilige Evangelium so klar vortragen!

*Albrecht Dürer im Tagebuch seiner Niederländischen Reise, 1521*
*(auf das falsche Gerücht hin, Luther sei nach der Rückkehr*
*vom Wormser Reichstag ermordet worden)*

Wie wir den Schwarzen Bären sahen: siehe, wie uns vorher alle Wirte Herberge abgeschlagen, also kam hier der Wirt unter die Tür, nahm uns auf, und entbot sich selber, uns gutwillig zu beherbergen, und führte uns in die Stube. Da fanden wir einen Mann am Tisch allein sitzend und ein Büchlein vor ihm liegend; der grüßte uns freundlich und hieß uns herfür zu ihm an den Tisch setzen. Da bot er uns zu trinken, daß wir es ihm nicht abschlagen konnten. Demnach wir seine Freundlichkeit und Holdseligkeit vernommen, setzten wir uns zu ihm, wie er geheißen, an seinen Tisch, bestellten auch eine Maß Wein aufzutragen, damit wir von Ehren wegen wiederum zu trinken boten. Wir vermeinten aber nicht anders, denn es wäre ein Reiter, so er nach Landesgewohnheit dasaß in einem roten Schlepplein (Schlapphut) in bloßen Hosen und Wams, ein Schwert an der Seite, mit der rechten Hand auf des Schwertes Knopf, mit der andern das Heft umfangend. Bald fing er an zu fragen, woher wir gebürtig wären. Doch gab er sich selbst die Antwort: »Ihr seid Schweizer; von wannen seid ihr aus dem Schweizerland?« Antworteten wir: »Von Sankt Gallen.« Sprach er: »Wollt ihr dann (wie ich vernehme) gen Wittenberg, so findet ihr gute Landsleute, nämlich Doktor Hieronymus Schurf und seinen Bruder Doktor Augustinus.« Sagten wir: »Wir haben Briefe an sie!« Da fragten wir ihn wieder: »Mein Herr, wißt Ihr nicht uns zu bescheiden, ob Martinus Luther jetztzumal zu Wittenberg oder an welchem Ort er doch sei?« Antwortet er: »Ich habe gewisse Kundschaft, daß der Luther jetzt nicht zu Wittenberg ist; er soll aber bald dahin kommen. Philipp Melanchthon aber ist da; er lehrt die griechische Sprache, wie auch andere die hebräische lehren; welche beide er uns in Treuen raten wollte zu studieren, da sie, die Heilige Schrift zu verstehen, vorerst notwendig sind.« Sprachen wir: »Gott sei gelobt; wir aber wollen (so Gott unser Leben fristen wird), nicht ruhen, bis wir den Mann sehen und hören werden. Denn seinetwegen haben wir unsere Fahrt unternommen, da wir vernehmen, wie er das Priestertum samt der Messe als einen unbegründeten Gottesdienst wolle umstoßen. Dieweil wir denn von Jugend auf von unsern Eltern dazu erzogen und verordnet, daß wir Priester werden sollen, möchten wir gern hören, was er uns für einen Unterricht geben werde, und mit was Fug er solches Vornehmen wolle zuwegen bringen.« Nach solchen Worten fragte er: »Wo habt ihr vormals studiert?« Antworteten wir: »Zu Basel.« Sagt er: »Wie steht es zu Basel? Ist Erasmus Roterodamus noch daselbst? Was tut er?« »Mein Herr, es ist uns nicht anders kund, sprachen wir, denn daß es wohl stünde; Erasmus ist auch da; was er aber handle, ist jedermann unwissend und verborgen, denn er hält sich gar still und heimlich darin.« Diese Worte nahmen uns gar fremd an dem Reiter, daß er von beiden Schurfen, Philipp und Erasmus, desgleichen von Notdurft beider, griechischen und hebräischen Zungen, wüßte zu reden; zudem redete er zwischenein etliche lateinische Worte, daß uns wollte bedünken, er wäre eine andere Person denn ein gemeiner Reiter. »Lieber«, fragte er uns, »was hält man im Schweizerland von dem Luther?« »Mein Herr, es sind, wie allenthalben, mancherlei Meinungen. Etliche können ihn nicht genugsam erheben und Gott danken, daß er seine Wahrheit durch ihn geoffenbaret und die Irrtümer zu erkennen gegeben hat; etliche aber verdammen ihn als einen unleidigen

*Die Wartburg. Holzschnitt von Mattäus Merian*

Ketzer, und vor allem die Geistlichen.« Sprach er: »Ich versehe mich wohl, es sind die Pfaffen.« Unter solchem Gespräch ward es uns gar heimlich, so, daß mein Gesell das Büchlein, das vor ihm lag, aufhob und aufmachte: da war es ein hebräischer Psalter. Da legte er es bald wieder nieder, und der Reiter behielt es. Hieraus fiel uns noch mehr Zweifel zu, wer er doch wäre, und mein Geselle sprach: »Ich wollte einen Finger von der Hand geben, daß ich diese Sprache verstünde.« Antwortete er: »Ihr mögt es wohl ergreifen, wenn anders ihr Fleiß anwendet, denn auch ich begehre sie weiter zu lernen und übe mich täglich darin.«

Als der Tag gar gesunken war und es sehr dunkel wurde, kam der Wirt an den Tisch. Wie er unser hohes Verlangen und unsere Begierde nach dem Martin Luther verstanden hatte, sprach er: »Liebe Gesellen, es wäre euch gelungen, wenn ihr vor zwei Tagen hier gewesen wäret; denn hier ist er an dem Tisch gesessen und (zeigt mit dem Finger) an diesem Ort.«

Das verdroß uns sehr, und wir zürnten, daß wir uns versäumt hätten, und ließen unsern Zorn an dem wüsten und unfertigen Weg ausgehen, der uns verhindert hätte. Doch sprachen wir: »Nun freut uns doch, daß wir in dem Haus, an dem Tisch, da er war, gesessen sind.« Dessen mochte der Wirt wohl lachen und ging damit zu der Tür hinaus. Nach einer kleinen Weile ruft mich der Wirt, vor die Stubentür hinaus zu ihm zu kommen. Da erschrak ich und bedachte mich, was ich verunschickt hätte oder

*Luther als Junker Jörg. Holzschnitt von Hans Sebald Beham, 1522*

wessen ich unschuldig verdacht würde. Da sprach der Wirt zu mir: »Dieweil ich Euch in Treuen erkenne, daß Ihr den Luther zu hören und zu sehen begehrt: der ist's, der bei Euch sitzt.« Die Worte nahm ich spottweis an und sprach: »Ja, Herr Wirt, Ihr wolltet mich gern fatzen und meine Begierde mit des Luthers Wahn ersättigen.« Ich ging wieder in die Stube und setzte mich wieder an den Tisch; hätte es auch meinem Gesellen gern gesagt, was mir der Wirt eröffnet hatte. Schließlich wandte ich mich gegen ihn und raunte ihm heimlich zu: »Der Wirt hat mir gesagt, der sei der Luther.« Er wollte es auch wie ich nicht sobald glauben und sprach: »Er hat vielleicht gesagt, er sei der Hutten, und du hast ihn nicht recht verstanden.« Dieweil mich nun die ritterliche Kleidung und Gebärde mehr an den Hutten, denn an den Luther, als einen Mönch, gemahnten, ließ ich mich bereden, er hätte gesprochen: »er ist der Hutten«; da ja die Anfänge beider Namen schier zusammen klingen. Derhalben, was ich fernerhin redete, geschah, als wenn ich mit Herrn Ulrich von Hutten, Ritter, redete.

Während dem allen kamen zwei Kaufleute, die auch allda über Nacht wollten bleiben.

Unter dem Essen tat Martinus viel gottselige, freundliche Reden, daß die Kaufleute und wir an ihm erstaunten, mehr seiner Worte denn aller Speisen wahrnehmend; unter welchen er sich mit einem Seufzen beklagte, wie nämlich jetztmals die Fürsten und Herren auf dem Reichstag zu Nürnberg von wegen Gottes Wortes, dieser schwebenden Händel und der Beschwerung deutscher Nation halben versammelt wären, aber nichts mehr auszurichten geneigt, denn gute Zeit mit köstlichem Turnieren, Schlittenfahrten, Zuchtlosigkeit, Hoffart und Buhlerei zu verzehren, so doch bevor Gottesfurcht und ernstliche Bitte zu Gott dazu diente. »Aber das sind unsere christlichen Fürsten.« Weiter sagte er, er sei der Hoffnung, daß die evangelische Wahrheit mehr Frucht bei unsern Kindern und Nachkommen bringen werde, die nicht von dem päpstischen Irrtum vergiftet, sondern jetzund auf lautere Wahrheit und Gottes Wort gepflanzt werden, denn an den Eltern, in welchen der Irrtum eingewurzelt, daß er nicht leicht möge ausgerottet werden.

Danach redeten die Kaufleute auch ihre gute Meinung, und sprach der ältere: »Ich bin ein einfacher, schlichter Laie, und verstehe mich auf die Händel nicht besonders. Das spreche ich aber: wie mir die Sache erscheint, so muß Luther entweder ein Engel vom Himmel oder ein Teufel aus der Hölle sein. Ich habe auch Lust, noch zehn Gulden ihm zuliebe aufzuwenden, daß ich ihm beichten könnte; denn ich glaube, er möchte und könnte mein Gewissen wohl unterrichten«. Indem kam der Wirt neben uns und sprach heimlich: »Habt keine Sorge für die Zehrung; Martinus hat das Nachtmahl für euch ausgerichtet.« Das freute uns sehr; nicht des Geldes und Genusses wegen, sondern daß uns dieser Mann gastfrei gehalten hatte. Nach dem Nachtmahl standen die Kaufleute auf und gingen in den Stall, die Rosse zu versehen. Indem blieb Martinus allein bei uns in der Stube. Da dankten wir ihm für seine Verehrung und Geschenke und ließen uns dabei merken, daß wir ihn für Ulrich von Hutten hielten. Er aber sprach: »Ich bin der nicht.« In dem Augenblick kommt der Wirt. Sprach Martinus: »Ich bin diese Nacht zu einem Edelmann geworden, denn diese Schweizer halten mich für Ulrich von Hutten.« Sprach der Wirt: »Ihr seid es nicht, aber Ihr seid Martinus Luther.« Da lächelte er mit solchem Scherz: »Die halten mich für den Hutten, Ihr für den Luther. Ich sollte wohl bald noch Markolf werden.« Und nach solchem Gespräch nahm er ein hohes Bierglas und sprach nach des Landes Brauch: »Schweizer, trinken wir noch einen freundlichen Trunk zum Segen.« Wie ich das Glas von ihm empfangen wollte, veränderte er das Glas und bot dafür einen Stinzen (Deckelkanne) mit Wein, sprechend: »Das Bier ist euch unheimisch und ungewohnt; trinkt den Wein.« Indem stand er auf, nahm den Waffenrock auf seine Achseln und nahm Urlaub, bot uns seine Hand und sprach: »So ihr nach Wittenberg kommt, grüßt mir den Hieronymus Schurfen.« Sprachen wir: »Wir wollen es willig tun, aber wie sollen wir Euch nennen, daß er den Gruß von Euch verstehe?« Sprach er: »Sagt nicht mehr, denn: der kommen soll, läßt Euch grüßen; so versteht er die Worte bald.« Also schied er von uns und ging zur Ruhe.

*Johannes Keßler,*
*1522*

Über Köln gelangte ich nach Leipzig; nicht ohne Gefahren wegen der vielen Wegelagerer, die hier allenthalben ihr Wesen trieben, aber doch unversehrt. Als ich nun vernahm, daß der durchlauchtigste Herzog, Herr Georg von Sachsen, nach Nürnberg gereist sei, wollte ich doch nicht – vielleicht daß ich allzu neugierig war – an Luther vorbeigehen, da Wittenberg so nahe war.

Ich fand dort einige junge Männer, im Hebräischen, Griechischen und Lateinischen hochgelehrt, vornehmlich Philippum Melanchthon, der für den ersten von allen in der gründlichen Kenntnis der Schriften und der Lehre gehalten wird, ein junger Mann von 26 Jahren, der sich mir gewiß während der drei Tage, die ich dort zubrachte, als ein Mann von der größten Bildung und von gewinnendstem Wesen zeigte. Durch seine Vermittlung habe ich Luthern den Grund meiner Reise folgendermaßen auseinandergesetzt: Wer in Rom den Papst und in Wittenberg den Luther nicht gesehen hat, der hat, so glaube man, überhaupt nichts gesehen, deswegen hätte ich den Wunsch, ihn zu sehen und zu sprechen, und damit bei der Zusammenkunft kein Argwohn obwalte, so versichere ich, daß ich an ihn weiter kein Anliegen habe als ihm einen Gruß und ein Lebewohl zu entbieten. Es hat nämlich nicht leicht jeder beliebige Besucher Zutritt zu ihm; mich nahm er jedoch ohne Schwierigkeiten an, und kam ich denn mit Melanchthon zu ihm gegen Ende des Abendessens, zu dem er einige Brüder seines Ordens zugezogen hatte, die in Kutten von weißer Farbe, jedoch nach vorgeschriebenem Schnitt, gekleidet waren, und daher als Brüder kenntlich waren, in der Haartracht sich aber von den Bauern nicht unterschieden. Luther stand auf, reichte mir etwas verlegen die Hand und hieß mich niedersitzen. Wir setzten uns und haben uns fast vier Stunden lang bis in die Nacht hinein über die verschiedensten Dinge auf mancherlei Weise unterhalten. Ich fand in ihm einen Mann von Verstand, Wissen und Beredsamkeit; übrigens brachte er abgesehen von Schimpfreden, Anmaßlichkeiten und bissigen Bemerkungen gegen den Papst, den Kaiser und einige andere Fürsten nichts von Bedeutung vor. Luther sieht im Gesicht ebenso aus, wie er aus seinen Büchern schaut; seine Augen sind durchdringend und beinahe unheimlich funkelnd, wie man es bisweilen bei Besessenen sieht; der König von Dänemark hat ganz ähnliche, und ich kann daher nicht anders glauben, als daß beide unter einer Konstellation der Gestirne geboren sind. Seine Redeweise ist heftig, voll von Anspielungen und Spöttereien. Er kleidet sich so, daß man ihn von einem Hofmanne nicht unterscheiden kann; wenn er jedoch das Haus, in dem er wohnt – es war früher das Kloster – verläßt, so trüge er, sagt man, die Kutte seines Ordens.

*Johannes Dantiscus,*
*Bischof von Ermland,*
*1523*

Sind aber nicht seine allerschalkhaftigsten Früchte offenbar? Denn dieser Kirchendieb hat nicht Scheu, wider Gott die heiligen Bildnisse, ja, auch das heilige Kreuz Christi mit seinen boshaften Händen zu zerbrechen und mit seinen befleckten Füßen zu treten, womit dieser Frevler nicht aufhört, durch gottlosen Grimm die Laien stetig zu verhetzen, ihre Hände in der Priester Blut zu waschen, und verstört die Kirche Christi mit mörderischen Waffen. Das treibt er immerzu, daß die Menschen in ihren Sünden erwürgt werden; des allein bearbeitet er sich, daß die göttliche Barmherzigkeit durch ihre Sakramente, die sie hat wollen sein kräftige Arzneien der Sünde, die Verwundeten in ihren Kirchen nicht heilt und gesund macht.

Und weil er ein Apostata und Abtrünniger seiner Profeß (Mönchsgelübde) ist, damit er sehr viel ihm gleich mache, schämt er sich nicht, die Gefäße, so Gott geheiligt sind, zu verunreinen, die christgeheiligten Jungfrauen und die klösterlich Leben zu halten verheißen haben, aus ihren Klöstern zu nehmen und ziehen, und der Welt, ja, dem Teufel, wiedergeben, den sie einmal verschworen haben. Er gibt die Priester Christi auch den allerschnödesten Huren. Die heiligen Väter, deren Leben und Lehre die ganze Welt erleuchtet hat, hält er nicht allein nicht in billigen Würden und Ehren, sondern je boshaftiger er ist, je mehr er sie verachtet, verspottet, verschmähet, verspricht, verfolgt. Allen gemeinen heiligen Konzilien widerspricht er öffentlich mit unverschämtem Mund; unterwindet sich, im Schein der Freiheit ein freches Leben, das mit keinen Gesetzen verstrickt und wahrlich wild ist, einzuführen.

Derhalben auch der Verräter und Verbrecher aller Gesetze in eine so große Unsinnigkeit des Gemüts gefallen ist, daß er sich nicht gescheut hat, die Dekrete und Gesetze der allerheiligsten Väter und die geistlichen Kanones und Recht mit einem offenen Feuer zu verbrennen, und kurzum alle christliche Wahrheit, alle Ordnung und Polizei und die allerschönste Gestalt der Kirche, so von Christo, von den Aposteln, von den apostolischen Männern und heiligsten Vätern von Anbeginn ausgesetzt sind, untersteht sich dieser allein, nach so viel hundert Jahren, zu zerreißen, zu verkehren und zu verstellen.

*Papst Hadrian VI.,*
*an den Kurfürsten von Sachsen,*
*1523*

*Papst Hadrian. Zeitgenössischer Kupferstich von Daniel Hopfer*

Ich kenne die Heftigkeit Deiner Redeweise und jenen Waldstrom, der mit ungeheuerm Getöse vom Berg herabstürzt und Felsstücke und Baumstämme mit sich fortreißt. – Wir haben die Frucht Deines Geistes sichtbar vor uns: die Sache ist bis zur blutigen Niedermetzelung vorgeschritten, und wir fürchten noch Schlimmeres, wenn es nicht Gott in Gnaden abwendet. Ich glaub's schon, daß Du jene Aufrührer nicht anerkennst, aber sie erkennen Dich an! Du hast zwar in einer scharfen Schrift wider die Bauern den Verdacht von Dir abgewehrt, Du kannst aber doch nicht es dahin bringen, den Menschen den Glauben zu benehmen, durch Deine Schriften, namentlich die in deutscher Sprache geschriebenen, gegen die Gesalbten und Geschorenen, gegen die Mönche, gegen die Bischöfe, für die evangelische Freiheit, wider die menschliche Tyrannei sei zu diesen Tumulten der Anlaß gegeben worden. Das magst Du wissen, Luther, daß es kein Dogma von Dir gibt (ich rede von den verdammten), in welchem ich durchgängig mit Dir zusammenstimmte, ausgenommen, was du gegen die verderbten Sitten der Kirche schreibst, das ist wahrer, als ich wünschte. Hättest Du uns überzeugt, daß Du jener Mann seist, der von Gott der Welt gegeben sei, um mit dem Schwert des Evangeliums die Kirche zu erneuern, und der vom Geiste Gottes geleitet werde, dem allein in der Heiligen Schrift nichts dunkel sei: freiwillig wären wir herzugekrochen und hätten sogar Deine Füße geküßt. Aber davon, obschon Du Dir's anmaßt, hast Du mich noch nicht überzeugt. Sehr vieles zwar hielt mich davon ab, aber das Vorzüglichste darunter ist jene Deine Bitterkeit im Schreiben gewesen und die zügellose Schmähsucht, sowie der mehr als skurile Mutwille in beißenden Scherzen und Spöttereien, deren Du Dich gegen alle bedienst, die gegen Deine Dogmen den Mund aufzutun wagen. Es hat niemand einen Streit mit dem Wort Gottes, worüber Du sooft donnerst, sondern mit Deinen Auslegungen! Das ist Dein Fehler, daß Du uns fort und fort Deine Auslegung als Gottes Wort aufdrängst!

*Erasmus von Rotterdam*
*an Luther,*
*1526*

Justus Jonas erzählt: Nicht lange danach sagt er zu seiner Hausfrau: »Meine allerliebste Käthe, ich bitte dich, will mich unser lieber Gott auf diesmal zu sich nehmen, daß du dich in seinen gnädigen Willen ergibst, du bist mein ehelich Weib, dafür sollst du es gewiß halten und gar keinen Zweifel daran haben, laß die blinde, gottlose Welt dawider sagen, was sie will, richte du dich nach Gottes Wort und halte fest dran, so hast du einen gewissen, beständigen Trost wider den Teufel und alle seine Lästermäuler.«

Indem, da ihm warme Tücher und Kissen aufgelegt wurden, den erkalteten Leib wieder zu erwärmen, fragte er nach seinem Söhnlein: »Wo ist denn mein allerliebstes Hänschen?« Da das Kind gebracht ward, lacht's den Vater an, da sprach er: »O du gutes, armes Kindlein, nun ich befehle meine allerliebste Käthe und dich armes Waislein meinem lieben frommen treuen Gott: ihr habt nichts, Gott aber, der ein Vater der Waisen und ein Richter der Witwen ist, wird euch wohl ernähren und versorgen.« Darauf redete er weiter mit seiner Hausfrau von den silbernen Bechern;

die ausgenommen, weißt du, daß wir sonst nichts haben. Über dieser und andern Reden ihres Herrn war die Doktorin hoch erschrocken und betrübt, ließ sich doch nicht merken, daß ihr so groß Leid geschah, daß sie ihren lieben Herrn dergestalt so jämmerlich da vor ihren Augen sollt sehen liegen, sondern stellte sich so getrost und sprach: »Mein liebster Herr Doktor, ists Gottes Wille, so will ich euch bei unserm lieben Herrn Gott lieber, denn bei mir wissen, es ist nicht allein um mich und mein Kind zu tun, sondern um viel dromme christliche Leute, die euer noch bedürfen. Wolltet euch, mein allerliebster Herr, meinethalben nicht bekümmern, ich befehle euch seinem göttlichen Willen, ich hoffe und traue zu Gott, Er werde euch gnädiglich erhalten.«

Indem also der Doktor mit warmen Tüchern gerieben und ihm warme Kissen auf die Brust und um die Füße gelegt wurden, sprach er: »Ich fühle, gottlob, Besserung, die Ohnmacht läßt nach, und die Kräfte finden sich allmählich wieder; wenn ich nur schwitzen könnte, so hoffe ich, es sollte auf diesmal ferner keine Not mit mir haben.« Da sagte Dr. Augustinus: »Wir wollen weichen, ihn allein lassen, ob er schwitzen und ruhen könnte.« Also gaben wir ihm gute Nacht und gingen in Gottes Namen von ihm, hießen die, so bei ihm blieben, stille sein.

»Da wir ihn des folgenden Tages wieder besuchten«, schließt Bugenhagen, »erfand sich's, daß der Arzt recht geurteilt hatte, allein daß der Kranke den Sonntag noch übrig zu Bett lag und sagte: Er wäre des greulichen Brausens und Sausens im Haupte noch nicht gar los. Auf den Abend aber desselbigen Tages stand er auf, hielt das Abendmahl mit uns, aller Dinge, Christo sei Lob und Dank, wieder zurecht gebracht.« – Zu Dr. Jonas aber sprach er: »Jona, ich muß den gestrigen Tag merken, ich bin daran zur Schule gewesen und in einem heißen Schwitzbad gesessen. Der Herr führt in die Hölle und wieder heraus. Der Herr tötet und macht lebendig. Denn er ist der Herr des Todes und Lebens. Ihm sei Lob, Ehr und Preis in Ewigkeit. Amen.«

*1527*

Gnade und Friede von Gott. Freundliche, günstige liebe Frau Doktorin. Wißt, daß der Herr (Doktor) und wir mit ihm noch frisch und gesund von Gottes Gnaden sind. Gott gebe Euch auch alles Gute mit Euren Kindern. Ihr habt ein sehr gut Werk getan, daß Ihr dem Herrn Doktor das Bild (von Lenchen) geschickt habt, denn er über die Maßen viel Gedanken mit dem Bild vergißt. Er hat's dem Tisch gegenüber an die Wand geklebt, da wir essen in des Fürsten Gemach. Da er's am ersten ansah, konnte er sie lange nicht kennen. Ei, sprach er, die Lene ist ja so schwarz! Aber jetzund gefällt sie ihm wohl und dünkt ihm je länger, je mehr, es sei Lenchen. Sie sieht dem Hänschen über die Maßen gleich mit dem Mund, Augen, Nase, in Summa mit dem ganzen Angesicht und wird ihm noch gleich werden. Das habe ich Euch für diesmal zuschreiben wollen.

Liebe Frau Doktorin! Ich bitte, Ihr wollt Euch um den Herrn Doktor nicht härmen, er ist, Gott Lob! frisch und gesund, hat des Vaters in den ersten zwei Tagen vergessen, wiewohl es ihm sehr sauer ward. Alsbald er Hans Reineckens Brief ansieht, sagt er zu mir: Wohlan mein Vater ist auch tot. Danach flugs drauf nimmt er seinen Psalter, geht in die Kammer und weint sich genug, daß ihm der Kopf des andern Tags ungeschickt war. Seither hat er sich nichts lassen mehr merken. . . Damit seid Gott mit Hänschen und Lenchen und dem ganzen Hausgesinde befohlen.

*Veit Dietrich,*
*19. Juni 1530*

Der Ehrbaren tugendsamen Frau Katharina Lutherin, Doktorin, meiner besondern günstigen Freundin!

Gottes Gnade und alles Gute! Ehrbare, tugendsame Frau Doktorin! Ich füge Euch zu wissen, daß wir nun, Gott gebe Gnade, bis gen Augsburg kommen sind und haben den Herrn Doktor zu Coburg gelassen, wie er ohne Zweifel Euch geschrieben hat. Ich hoffe aber in kurzem bei ihm zu sein. Bitte Euch, Ihr wollt mir schreiben, wie es Euch geht und wie sich der Hauptmann des Korns halber erzeigt hat. Womit ich Euch dienen kann, solches will ich mit allem Fleiß, wie ich mich schuldig erkenne, tun und ausrichten. Beide Kanzler grüßen Euch und wünschen alles Gute. Gott bewahre Euch. Datum: Augsburg, Mittwoch nach Walpurgis.

Herzog Georg von Sachsen soll morgen oder übermorgen hereinkommen. Der Kaiser ist noch fern, kommt aber.

Philippus.

Liebe Gevatter! Auch wünschte ich Euch, Hänschen Luther und Magdalenchen und Muhme Lenen viel selige Zeit. Küßt mir in meinem Namen meinen liebsten Jungen.

*Justus Jonas,*
*5. Juni 1530*

*Der Einzug Kaiser Karls des V. in Augsburg, Holzschnitt von Jörg Breu*

Er ist wenig über fünfzig Jahre alt, aber stark und kräftig, so daß er seine Vierzig zu sein scheint. Er hat ein ziemlich dickes Gesicht, doch zwingt er sich, demselben einen möglichst leidenden Ausdruck zu geben. Seine Sprache ist nicht eben sehr fließend; Latein spricht er so schlecht, daß mir's ganz klar zu sein scheint: Manche Bücher, die unter seinem Namen gedruckt sind und einen gewissen Duft guter Latinität und Sprachgewandtheit besitzen, sind nicht von ihm. Er gestand auch selber, daß er nicht mehr Latein zu schreiben pflegte, aber deutsch zu reden verstehe er. So sagte er von sich selber.

Er hat weit aufgerissene Augen; je mehr ich sie anschaute, desto mehr fiel mir auf, wie sie ganz den Augen eines Besessenen glichen, den ich einst gesehen, so feurig und unstet, die Raserei und Wut in seinem Innern verratend. Wirklich, je mehr ich daran denke, was ich gesehn und beobachtet habe an diesem Ungeheuer. . ., desto mehr drängt sich mir die Überzeugung auf, daß er von einem Teufel besessen ist. Und daß ich gleich mein Urteil über ihn sage, über Aussehn, Kleidung, Benehmen und Rede, gleichviel ob er besessen ist oder nicht: er ist die Anmaßung, Bosheit und Unverschämtheit selber. Ew. Herrlichkeit urteile selber über seine Tracht: dieser verrückte Mensch trug, weil es Sonntag war, sein Festkleid, nämlich ein Wams aus dunklem Kamelot, die Ärmel mit einem prunkenden Aufschlage von Atlas, darüber einen Rock von Sarsche mit Fuchspelz gefüttert, aber ziemlich kurz, mehrere Ringe an den Fingern und um den Hals eine schwere goldene Kette, endlich ein Barett, wie es die Priester tragen.

*Legat Vergerius,*
*1535*

Doch ich komme auf Luthern zurück. So wie er von Anfang an ohne besondere Leidenschaft diese Sache begonnen hat, ebenso hat er auch, ob er schon heftiger und zorniger Gemütsart war, dennoch stets seines Amtes eingedenk, nur durch Lehre gestritten und hat verboten, die Waffen zu ergreifen und weise unterschieden zwischen den durchaus verschiedenen Pflichten eines Bischofs, der die Kirche Gottes lehrt, und der weltlichen Obrigkeit, die die Menge bei gewissen Veranlassungen durch das Schwert im Zaum halten soll.

Darum, als der Teufel, der durch allerlei Ärgernis die Kirche zu trennen und Gott Schmach anzutun sich bemüht und vermöge seiner listigen Scha-

*Luther ein Jahr vor seinem Tod. Zeichnung von Wilhelm Reifenstein, 1545*

denfreude Vergnügen findet an den Irrtümern und der Verderbnis der armen Menschen, einige Male aufrührerische Köpfe entflammt hatte zum Aufruhr, wie Münzern und seines Gelichters; da verdammte er aufs strengste jene Rasereien und ehrte nicht allein, sondern befestigte auch die Würde und alle Bande der weltlichen Ordnung. Wenn ich aber bei mir bedenke, wie viele und große Männer in der christlichen Kirche gerade darin sich vergangen haben, so halte ich gar sehr dafür, daß sein Gemüt nicht bloß durch menschliche Sorgfalt, sondern vielmehr durch göttliche Eingebung gelenkt worden sei, daß er so standhaft innerhalb der Grenzen seines Amtes verblieben.

Er verabscheute daher nicht nur die aufrührerischen Lehrer dieser Zeit, den Münzer und die Wiedertäufer, sondern auch diejenigen römischen Bischöfe, die auf das vermessenste und unverschämteste in ihren aufgestellten Satzungen behauptet haben, dem Petrus sei nicht bloß das Amt, das Evangelium zu verkünden, sondern auch weltliche Herrschaft übertragen worden.

Kurz, er war allen ein Vermahner, daß sie Gott geben sollten, was Gottes ist, und dem Kaiser, was des Kaisers ist, d. h. daß sie durch wahre Buße, durch Erkenntnis und Verbreitung der wahren Lehre, durch rechte Anrufung im Gebet und den Gehorsam eines guten Gewissens Gott ehrten, ein jeder aber in allen bürgerlichen Pflichten seiner Obrigkeit, mit Scheu und Ehrerbietung, um Gottes willen, gehorchen sollte. Und so war auch Luther selbst; was Gottes ist, das gab er Gott, er lehrte recht, er betete recht zu Gott. Er hatte aber auch noch andere Tugenden, die notwendig sind an einem Menschen, der Gott gefallen soll. Endlich hat er in seinem äußerlichen Wandel auf das standhafteste alle aufrührerischen Anschläge vermieden; und diese Tugenden halte ich für ein solches Kleinod, daß ein anderes, größeres in diesem Leben nicht gewünscht werden könne.

Wiewohl nun die Tugend des Mannes selbst gar hoch zu loben ist, der von den Gaben Gottes so wohlanständig Gebrauch macht, so müssen wir dennoch vor allen Dingen Gott danken, daß er uns durch ihn das Licht des Evangeliums wiedergegeben hat; auch muß das Andenken an seine Lehre erhalten und fortgepflanzt werden.

*Philipp Melanchthon,*
*Leben und Taten des D. Martin Luthers,*
*1546*

Ja, einen solchen Mann wollte unser Herrgott haben, der das römische Monstrum angreifen und überwältigen sollte. Alle seine Bücher hat er mit eigener Hand geschrieben. Dazu hatte ihm Gott ein so gutes Gedächtnis gegeben, daß man seinesgleichen wenig fand. Und so ein gutes Gesicht hatte er, daß er in seinem Alter keine Brille brauchte. Luther war ein feiner, wohlberedter, freundlicher, holdseliger, wahrhaftiger, beherzter, gastfreier, züchtiger, fröhlicher Mann, dem alles wohl anstand, was er tat. Er konnte in allen Dingen Mäßigkeit halten und redete kein vergebliches Wort. Den Halsstarrigen war er schrecklich, den Blöden tröstlich...

Er war ein Mann, der Gottes Zorn aufhalten konnte. Keiner konnte fleißiger und ernsthafter beten und Gott anrufen, keiner konnte besser trösten, keiner besser predigen. Er predigte auch nie über eine Stunde, bisweilen sogar nicht eine ganze Stunde, und wußte zur rechten Zeit aufzuhören, denn aus langen Predigten lernt man nicht viel.

Er war ein Mann ohne Falsch, Lügnern und Zweizüngigen war er gram, Aufrichtigkeit hatte er lieb, den Geiz haßte er, der Hoffart war er feind. Trunkenheit und Unzucht waren ihm unbekannt. Man spürte an ihm keinen Zorn, außer wenn er zu Feld lag gegen die Papisten und Schwärmer; da sah man des Heiligen Geistes, und nicht eines Menschen Zorn. Ein fein, klar und tapfer Gesicht und Falkenaugen hatte er und war von Gliedmaßen eine schöne Person.

Er war ein guter Musikus, hatte auch eine feine helle und reine Stimme zum Singen und Reden. Ein großer Schreier war er nicht. Die edle Kunst der Maler und Organisten und dergleichen hatte er lieb. In Summa: da unser Herrgott den römischen Antichrist angreifen und stürzen und das klare herrliche Licht seines Evangeliums der Welt offenbaren wollte, da erwählte er sich einen Mann nach seinem Herzen, und gab ihm zu solchem großen Werk, dergleichen nach der Apostel Zeit auf Erden nie geschehen, alle diese schönen Gaben.

*Erasmus Alberus,*
*nach 1546*

Darauf kommt er gen Eisleben in großer Schwachheit, darum er auch auf dem Wege sagt: »Das tut mir der Teufel allweg, wenn ich was Großes anfahen und ausrichten soll, daß er mich zuvor also versucht und hart angreift.«

In der Herberge läßt er sich mit warmen Tüchern reiben, darauf wird ihm besser, setzt sich den Abend mit zu Tisch; folgendes geht er zu den Händeln, redet das Beste darzu neben herzlichem Gebet, Gott wolle seinen Segen dazu sprechen, daß alle Sachen richtig entschieden und vertragen werden.

Er vergißt aber daneben nicht seines Amtes, wartet seines Gebets abends und morgens treulich ab, nachts, ehe er schlafen geht, steht er fast eine halbe Stunde unter seinem Fenster, sieht gen Himmel, und wirft und wälzt all sein Sorgen und Anliegen auf den Herrn, daß der treue und wahrhaftige Gott sein armes Seelchen wie ein Bündlein einwickeln und treulich bewahren, und je eher je besser aus dieser bösen Welt hinweg nehmen wolle, denn er sei des Lebens satt, überdrüssig und müde.

Ob er nun eben schwach und matt war, dennoch unterließ er sein Amt nicht, predigte diese 21 Tage zu Eisleben, viermal die Sonntagsevangelia, und wie er zuvor in seiner Genesis getan, vermahnt er treulich zum Sakrament, draus wir in unserm Herzen versiegelt und vergewissert werden, daß uns all unsere Sünde in und durchs Blut Jesu Christi geschenkt, und wir Kinder, Erben und Gliedmaßen Christi wären; wie er auch diese Tag über sich zwei absolvieren ließ, einmal öffentlich vom Kirchendiener, danach auch heimlich, und darauf den wahren Leib und Blut des Herrn Jesu Christi im Abendmahl öffentlich empfing.

Am 14. Februar hat er, nur zwei oder drei Tage, vor seinem Ende seine letzte Predigt getan aus dem Evangelio Matthäi am 11., und von der Weltweisheit und der seligen Klugheit, so Gott den Albernen offenbart, fein gelehrt, da er eine christliche Vermahnung zum Beschluß tut, daß man die halsstarrigen Juden nicht hausen und hegen oder mit ihnen nicht viel disputieren solle, hat auch seiner Schwachheit auf der Kanzel gedacht.

Auf den Mittwoch den 17. Februar hat man seine Mattigkeit deutlich gespürt, darum haben die Grafen ihn gebeten, er wolle sich der Handlung entschlagen und seiner Ruhe abwarten, doch hat er sich zum Abendmahl an den Tisch gesetzt und allda viel schöner Reden getan, wie Gott alle 20 Jahr eine neue Welt schaffe und mit den Kindern sein Himmelreich fülle; »wir Alten müssen lang leben«, sagt er, »daß wir dem Teufel in den Hintern sehen und viel Bosheit, Untreue und Elend der Welt erfahren, auf daß wir Zeugen seien, daß der Teufel ein böser Geist ist; menschlich Geschlecht ist wie ein Schafstall, darin Schlachtlämmer stehen.«

Darauf steht er von seinem Stuhl auf und spricht, es wäre ihm wieder weh und bang um die Brust, doch tritt er nach seiner Gewohnheit unters Fenster und betet; darauf wird er sehr schwach; die um ihn waren, rufen die Gräfin und Ärzte; die reiben ihn mit warmen Tüchern; wie Graf Albrecht kommt und fragt: »Wie geht es, o lieber Doktor?« »Es hat keine Not, gnädiger Herr, es beginnt sich zu bessern.« Darauf gibt man ihm geschabten Einhorn ein auf zweimal. Um neun legt er sich wieder aufs Ruhebettlein. »Wenn ich eine halbe Stunde könnte schlummern, hoffte ich, es sollte alles besser werden.« Allda schläft er bis um zehn und steht wieder auf und geht in seine Kammer, und wie er über die Schwelle schreitet, spricht er: »Walt's Gott; ich gehe zu Bett, in deine Hände befehle ich meinen Geist; du hast mich erlöst, du treuer Gott.« Darauf legt er sich in sein gewärmtes Bett und gibt D. Jonas, M. Coelius und andern die Hand und wünscht ihnen eine gute Nacht mit diesen Worten: »Betet für unsern Herrn Gott und sein Evangelium, daß es ihnen wohl gehe, denn das Konzilium zu Trient und der leidige Papst zürnen hart mit ihm.« Darauf blieben die Nacht in der Kammer seine zwei Söhne, Martin und Paul, D. Jonas und sein Diener Ambrosius und andere Diener.

Allda hat er sanft geruht bis um eins; wie ihn D. Jonas fragt, ob er wieder Schwachheit empfinde? »Ach, Herr Gott«, spricht er, »wie ist mir so weh; ach, lieber D. Jonas, ich achte, ich werde hier zu Eisleben, da ich geboren und getauft bin, bleiben.« Darauf antwortete D. Jonas: »Ach, reverende pater (ehrwürdiger Vater), Gott, unser himmlischer Vater, wird helfen durch Christum, den ihr gepredigt habt.« Da ist er ohne Hilf und Handleitung in das Stüblein gegangen, und hat unterwegs seine vorigen Worte wiederholt: In manus tuas, Domine, commendo spiritum meum. (In deine Hände o Herr, befehle ich meinen Geist). Und wie er einmal oder zweimal im Stüblein hin und wieder geht, legt er sich aufs Ruhebettlein und klagt, es drücke ihn um die Brust hart, doch schone es noch des Herzens.

Allda hat man ihn gerieben und seinen Wirt und die Ärzte aufgeweckt, auch Graf Albrecht und sein Gemahl geholt, welche viel Labsal und Stärkung mitbrachten. Aber D. Luther spricht: »Lieber Gott, ich fahre dahin, ich werde zu Eisleben bleiben.« D. Jonas tröstet ihn, und daß er Jesum Christum unsern Hohepriester und Mittler anriefe, es werde besser werden, denn er habe einen guten Schweiß gelassen. D. Luther antwortet: »Ja, es ist kalter Totenschweiß; ich werde meinen Geist aufgeben, denn die Krankheit mehrt sich.« Darauf fing er an und spricht:

»O mein himmlischer Vater, ein Gott und Vater unsers Herrn Jesu Christi, du Gott alles Trostes, ich danke dir, daß du mir deinen lieben Sohn Jesum Christum offenbart hast, an den ich glaube, den ich gepredigt und bekannt habe, den ich geliebt und gelobt habe, welchen der leidige Papst und alle Gottlosen schänden, verfolgen und lästern; ich bitte dich, mein Herr Jesu, laß dir mein Seelchen befohlen sein. O himmlischer Vater, ob ich schon diesen Leib lassen und aus diesem Leben hinweggerissen werde, weiß ich doch gewiß, daß ich bei dir ewig bleiben und aus deinen Händen mich niemand reißen kann.«

Weiter sprach er auch lateinisch: »Also hat Gott die Welt geliebt, daß er seinen einigen Sohn gab, auf daß alle, die an ihn glauben, nicht verloren werden, sondern das ewige Leben haben.« Und die Worte aus dem 68. Psalm: »Wir haben einen Gott, der da hilft, und den Herrn, der vom Tod erretten kann.« Als man aber allerlei Arzneien an ihm versucht, sagte er abermals: »Ich fahre dahin«, und spricht dreimal sehr eilend aufeinander: »Vater, in deine Hände befehle ich meinen Geist, du hast mich erlöst, du treuer Gott.« Da beginnt er still zu sein; man rüttelt, rieb, kühlt und rief ihm, aber er tat die Augen zu; D. Jonas, M. Coelius riefen ihm stark ein: Reverende Pater, wollt ihr auf Christum und die Lehre, wie ihr gepredigt, beständig sterben? sprach er, daß man es deutlich hören konnte und vernehmen: »Ja!« Darauf schläft er im Namen Jesu Christi ohne Quälung des Leibes ein, still und in großer Geduld, am 18. Februar früh um drei, welches der Tag der Concordiä war, und erkaltet.

Dies geschah im Beisein vieler Grafen, Herren, Doktoren und seiner Kinder und anderer guter Leute. Der ewige Sohn Gottes wolle diesem seinem treuen Diener und Zeugen eine fröhliche Auferstehung und neue Freude im ewigen Leben bescheren, und uns alle bei seinem heiligen Evangelium bis an unser Ende beständig erhalten, und auch einen solchen ruhigen Abschied und Sterbestunde in wahrer Anrufung und Bekenntnis des Herrn Jesu Christi verleihen; Amen, Herr Jesus Christus, Amen.

Am 18. Februar hat man die Leiche in der Herberge, D. Trachstätts Haus, stehen lassen. Am 19. nach Mittag hat man ihn mit großer Ehrerbietigkeit in einer schönen Prozession in die Hauptpfarrkirche zu St. Andreas getragen, dahin sie viel Grafen und Herren neben der ganzen Stadt ehrlich geleitet und sehnlich beklagt haben; desmals hat D. Jonas eine christliche Leichenpredigt getan.

Folgenden Tag und Nacht ist die Leiche in der Kirche blieben und von zehn Bürgern bewacht. Am 20. nach Mittag, als zwei Maler den gestorbenen Doktor abkonterfeit, hat M. Michel Coelius abermals eine schöne

Leichenpredigt getan; darauf ist die Leiche, so einem zinnernen Sarg vermacht, mit großer Andacht und Weinen aus der Stadt geleitet und den Abend gen Halle gebracht, da sie ist mit christlichen und löblichen Prozessionen angenommen und die Nacht in unserer lieben Frauenkirche abermals bewacht.

Am 21. Tag hat man die Leiche um den Mittag gen Bitterfeld gebracht; auf der sächsischen Grenze hat sie der Kurfürst zu Sachsen durch seine Verordneten lassen annehmen und den Abend gen Kemberg geleiten lassen.

*Johannes Mathesius. Zeitgenössischer Holzschnitt*

Am 22. Februar ist die Leiche zu Wittenberg bei Elstertor angekommen; die hat die ganze Universität und ehrbarer Rat und gemeine Bürgerschaft durch die ganze Länge der Stadt mit schönen Zeremonien und Gesängen bis in die Schloßkirche geleitet; vor der Leiche sind geritten des Kurfürsten Verordnete samt den Grafen von Mansfeld, ungefähr an die 45 Pferde, darauf die Leiche gefolgt, und D. Luthers seligen eheliche Hausfrau auf einem Wägelein, danach sind seine drei Söhne und sein Bruder Jakob Luther, Ciliax Kaufmann, seiner Schwester Sohn, beide Bürger zu Mansfeld, und anderer Freundschaft gefolgt, darauf der Magnifikus Dominus Rektor mit etlichen jungen Fürsten, Grafen und Freiherren, so Studierens halber zu Wittenberg sich enthalten, item D. Gregor

Brück, Herr Philippus, D. Justus Jonas, D. Pommer, Pfarrer, D. Kreuziger, D. Hieronymus und alle andere Doktoren, Magister, der Rat zu Wittenberg und ganze Sammlung von Studenten und Bürgern. Als die Leiche in die Schloßkirche gestellt, hat man dabei christliche Grablieder gesungen. Darauf hat D. Pommer eine christliche und tröstliche Leichenpredigt und Herr Philippus aus sonderlichem und herzlichem Mitleiden eine schöne lateinische Leichenoration getan.

Darauf ist D. Martins Leib ins Gras gelegt und wie ein selig Weizenkörnlein unter die Erden gesät, welches zur Erscheinung Christi mit Ehren und Freude zur ewigen Herrlichkeit wieder erweckt und auferstehen wird.

*Johannes Mathesius,*
*D. Martin Luthers Leben in Predigten,*
*1546 ff.*

Ach dahingegangen ist der Wagenlenker und Wagen Israels, der die Kirche in diesem letzten Zeitalter der Welt geleitet hat. Denn nicht menschlicher Scharfsinn hat die Lehre von der Sündenvergebung und dem Glauben an den Sohn Gottes entdeckt, sondern Gott hat sie durch diesen Mann geoffenbart, der auch von Gott vor unsern Augen erweckt worden war. So laßt uns denn lieb behalten dieses Mannes Gedächtnis und die Lehre in der Art, wie er sie uns überliefert hat.

*Philipp Melanchthon unterbrach beim Eintreffen der*
*Todesnachricht in Wittenberg seine Vorlesung*
*mit diesen Worten, 1546*

*Luthers Totenbild. Zeichnung von Lukas Furtenagel, 1546. Luther hatte auf dem linken Auge Altersstar und war erblindet. Das Totenbild ist Furtenagel zugeschrieben; laut einem Bericht von Justus Jonas ». . . das tote Angesicht abkonterfeit hat, dieweil er noch im Stüblein auf dem Bett gelegen, Meister Lukas Furtenagel.«*

So hatte denn auch D. Martinus Luther viel andere reiche Gaben und war ein trefflicher gewaltiger Redner, item ein überaus gewaltiger Dolmetscher der ganzen Bibel. Es haben auch die Kanzleien zum Teil von ihm gelernt recht deutsch schreiben und reden, denn er hat die deutsche Sprache wieder recht herfür gebracht, daß man nun wieder kann recht deutsch reden und schreiben, wie das viel hoher Leute müssen zeugen und bekennen. Was aber D. Martinus für ein beredter Mann und hoher Schreiber gewesen sei, hat man oft in geringen Sachen erfahren. So bezeugen das genusam seine Bücher und Schriften, der sehr viel sind. Das Werk lobt den Meister! Von denselbigen natürlichen Gaben will ich nichts sagen, sondern weise alle gottfürchtigen Herzen und Christen in seine Bücher, Postillen und Kommentarien usw. Da werden sie finden, daß sie einen trefflichen Redner, Prediger und rechten Bischof an dem Manne gehabt. Wollte Gott, Deutschland hätte der Leute und Bischof nur sehr viel! Man dürfte ihr wahrlich wohl!

*Justus Jonas. Zeitgenössischer Holzschnitt*

Es ist auch in dem D. Martino Luthero ein reiche Gnade und großes Licht des heiligen Geistes gewesen, rechte wahre Erkenntnis Gottes und Christi, welche er nicht geringert, sondern gemehrt hat durch tägliche fleißige Arbeit in der heiligen göttlichen Schrift, mit Studieren und Lesen derselbigen vierzig ganze Jahr durch, also daß ihm die Heilige Schrift durchaus wohl bekannt war; er hat gar viel, viel Mal die Bibel ausgelesen, daß sie ihm ist geläufig gewesen. Das hat er getrieben von seinem vierundzwanzigsten Jahr an bis in sein dreiundsechzigstes Jahr, bis er gestorben, der hohe, teure Mann!

*Justus Jonas' Leichenpredigt,*
*19. Februar 1546*

Liebe Freunde! Ich soll jetzt und will gern bei dem Begräbnis unsers herzlieben Vaters, D. Martini seligen, eine Predigt tun; was aber, oder wie soll ich reden, so ich vor Weinen nicht wohl kann ein Wort machen? Und wer soll euch trösten, so ich, euer Pfarrherr und Prediger, nicht reden kann? Wohin kann ich mich von euch wenden? Ich werde ohne Zweifel mit meiner Rede mehr Heulens und Traurens machen. Denn wie sollten wir nicht alle herzlich trauren, so Gott uns die Betrübnis zugeschickt und den hohen teuren Mann, den Ehrwürdigen D. Martinum Luther, von uns weggenommen, durch welchen er uns allen und allen Kirchen Christi in deutschen Landen, auch vielen in fremden Nationen, unaussprechliche Gaben und Gnade erzeigt hat?

Diesen hohen Lehrer und Propheten und von Gott gesandten Reformatorn der Kirchen hat uns Gott weggenommen! Ah, wie können wir das Trauren und Weinen lassen? Wie können wir doch dem lieben Paulo hier gehorchen, da er sagte: »Ihr sollt nicht traurig sein über denen, die da schlafen«? Aber er setzt gleichwohl dazu: »wie die andern, die keine Hoffnung haben.« Wir aber, die wir glauben, wissen, daß die da entschlafen sind in Christo, wieder zu einem bessern Leben erweckt werden, da wir wiederum werden mit ihnen zusammenkommen und ewig beieinander sein.

Aber die Welt ist's nicht wert gewesen, daß sie diesen teuren Mann Gottes länger haben sollte, weiter ihn zu lästern und zu verfolgen, wiewohl doch dieselbe undankbare Welt auch viel Gutes durch diesen hohen

*Johannes Bugenhagel. Holzschnitt von Lukas Cranach d.J., »Des würdigen Herrn D. Joannis Bugenhagen Pomerani, Pastors der Kirche zu Wittenberg, wahrhaftige Abkontrafecting, daselbst gemacht«.*

Mann empfangen hat, besondern darin, daß sie erlöst ist von so mancherlei Beschwerung und Tyrannei des leidigen Papsttums; also, daß viel von Widersachern (bei welchen noch etwas Weisheit oder Verstand ist) lieber wollten, der teure Mann hätte noch lange leben sollen.

*Johann Bugenhagens Leichenpredigt,*
*22. Februar 1546*

Welch eine schöne und herrliche Rede wäre hiervon zu tun, wenn ich mir vorgenommen hätte, dieses Mannes Lob zu rühmen und nach der Länge zu erzählen die ganze Historien seines Lebens, so er bis in dreiundsechzig Jahr gebracht mit stetem großem ernsten Fleiß und Übung in Gottesfurcht, Glauben, Anrufen Gottes und ander christlichen Tugenden, item in allen guten und nützlichen Studien und Künsten! Es ist nie kein unzüchtig Wesen oder ander Untugend an ihm gespürt oder vermerkt, es ist kein Wort, da sich zu Aufruhr oder Empörung ziehen möcht, jemals von ihm gehört, sondern hat allezeit treulich zur Sühne und Frieden geraten und geholfen; er hat nicht ander fremde Händel in die Religion-Sachen gemengt oder Ränke gesucht, seine oder der Seinen Gewalt zu stärken. Solche Weisheit und Tugend ist so groß und seltsam, daß sie nicht allein durch menschlich Vermögen und Fleiß kann zuwege bracht werden, sondern es gehört göttliche Gnade und Gabe dazu, die da sonderlich solche hohe Leute, so von Natur heftigen hohen und brennenden Mut haben, wie D. Luther gewesen, im Zaum halte.

Es würde zu lang, von andern seinen Tugenden zu sagen; doch will ich etliche anzeigen. Ich bin selbst oft dazu kommen, daß er mit heißen Tränen für die ganze Kirche sein Gebet gesprochen; denn es nahm ihm täglich sonder eigen Zeit und Weile, etliche Psalmen zu sprechen, darunter er mit Seufzen und Weinen sein Gebet zu Gott mengt, und ward oft in täglichen Reden unwillig über die, so da aus Faulheit oder von wegen ihrer Geschäft vorgeben, es sei genug, allein mit einem kurzen Seufzen Gott anzurufen. »Denn es sind«, sprach er, »eben darum Form und Weise uns vorgeschrieben, daß, so wir solche lesen oder sprechen, unsere Herzen dadurch erweckt und entzündet werden, und daß auch unser Mund bekenne, welchen Gott wir anrufen.«

Daher haben wir auch gesehen, als oft große und schwere Ratschläge von sorglichen geschwinden und fährlichen Sachen vorgefallen, daß er ein sehr großen Mut und Mannheit erzeigt und sich nicht bald ein klein Rauschen erschrecken lassen, noch vor Dräuen oder Gefahr und Schrecken verzagt worden, denn er verließ sich auf diesen gewissen Grund als auf einen unbeweglichen Felsen, nämlich auf Gottes Beistand und Hilfe, und ließ ihm solchen Glauben und Vertrauen nicht aus dem Herzen reißen.

So ist er auch so eines hohen und scharfen Verstands gewesen, daß er für andere allein in verwirrten, dunkeln und schweren Händeln und Sachen bald ersehen konnte, was man raten und tun sollte. Er war auch nicht, wie ihn vielleicht etliche achteten, also unachtsam, daß er nicht gemerkt hätte, wie es allenthalben in der Regierung stünde, oder nicht Achtung gegeben auf die Leute, wie sie gesinnt wären; sondern er wußte,

*Philipp Melanchthon. Kupferstich von Albrecht Dürer, 1526*

wie die Regiment allenthalben stehen, und merkt mit sonderem Fleiß aller der Leute, mit welchen er zu tun hatte, Sinn und Willen. Und ob er wohl sonst ganz hohen Verstands und vortrefflich gelehrt war, so las er doch sehr begierig und fleißig allerlei Bücher und Schriften, beide alter und neuer Lehrer und Skribenten, dazu auch alle Historien, welcher Exempel er mit sonderer Geschicklichkeit auf allerlei gegenwärtige Händel und Sachen zu ziehen und zu applizieren wußte.

Wie wohlberedt er auch gewesen, zeigen seine eigene Bücher und Schriften, darinnen zu sehen, daß er wohl und billig zu vergleichen allen denen, so als die trefflichsten Redner berühmt sind.

Daß nun ein solcher teurer Mann eines ganz hohen Verstands, dazu trefflich gelehrt und durch lange Übung versucht und erfahren und mit vielen hohen christlichen sondern Tugenden begabt und von Gott sonderlich, der Kirchen wieder aufzuhelfen, erweckt und erwählt, zu dem, daß er auch uns alle als sein Vater herzlich geliebt, aus diesem Leben und unserer Mitte und Gesellschaft, als aus der Spitzen in der Ordnung, hinweggefordert und abgeschieden ist: des tragen wir billig Kummer und Schmerzen. Denn wir sind nun ganz wie arme, elende, verlassene Waisen, so einen teuren trefflichen Mann zum Vater gehabt und des beraubt sind. Aber doch, dieweil wir Gott Gehorsam schuldig und seinem Willen uns ergeben müssen, sollen wir doch ein stetig ewig Gedächtnis dieses unsers lieben Vaters behalten und aus unserm Herzen nicht lassen. Ja, wir sollen seinethalb Gott danken und uns mit ihm freuen der ganz fröhlichen, seligen, ewigen Gemeinschaft, so er jetzt hat mit Gott und dem Sohn Gottes, unserm Herrn Jesus Christus, und mit den heiligen Vätern, Propheten und Aposteln, des er bei seinem Leben im Glauben und Vertrauen zu Gottes Sohn allzeit zum Höchsten begehrt und mit großem Verlangen darauf wartet. Da er nun nicht allein hört, daß seine schwere Arbeit und treuer Fleiß, so er bei der reinen Lehre des Evangeliums zu pflanzen und auszubreiten gehabt, von Gott und der ganzen himmlischen seligen Kirchen im ewigen Leben gelobt und gepreist wird, sondern er auch selbst, als der nun aus diesem sterblichen Körper als aus einem Kerker ledig worden und in ein andere, gar viel höhere herrlichere, göttliche Schule kommen, jetzund nur vor Augen anschaut und erkennt das hohe, unergründliche, ewige Wesen göttlicher Majestät und die zwei Naturen, göttliche und menschliche, in einer Person des Sohns Gottes vereinigt, und den ganzen hohen, wunderbarn, göttlichen Rat, dadurch er seine Kirche im menschlichen Geschlecht erschaffen und erlöst, und weil er diese über alle Maß hohe unbegreifliche Sachen allhier durch Glauben im Wort und kurzen Sprüchen der göttlichen Schrift eingewickelt und zugedeckt betrachtet, hat er jetzt unaussprechliche Freude, daß er solches offenbarlich vor Augen sieht und von ganzem brennenden Herzen ohne Unterlaß Gott dankt für diese allerhöchste Wohltat.

*Philipp Melanchthons Rede für die Wittenberger Universität, 22. Februar 1546*

*Ostteil der Stadt Wittenberg mit Universität, Melanchthon- und Lutherhaus. Holzschnitt, 1611*

Gnade und Friede in Gott, dem Vater unsres lieben Herrn Jesus Christus, freundliche liebe Schwester.

Daß ihr ein herzlich Mitleiden mit mir und meinen armen Kindern tragt, glaube ich leicht. Denn wer wollte nicht billig betrübt und bekümmert sein um einen solchen Mann als mein lieber Herr gewesen ist, der nicht allein einer Stadt oder einem einzigen Land, sondern der ganzen Welt viel gedient hat. Deshalb ich wahrlich so sehr betrübt bin, daß ich mein großes Herzeleid keinem Menschen sagen kann. Und weiß nicht, wie mir zu Sinn und zu Mute ist. Ich kann weder essen noch trinken. Auch dazu nicht schlafen. Und wenn ich hätte ein Fürstentum und Kaisertum gehabt, sollte mir so Leid nimmer geschehen sein, so ich's verloren hätte, als nun unser lieber Herrgott mir, und nicht allein mir, sondern der ganzen Welt, diesen lieben und teuren Mann genommen hat. Wenn ich daran denke, so kann ich vor Leid und Weinen (das Gott wohl weiß) weder reden noch schreiben lassen. Wie Ihr leicht selber, liebe Schwester, zu ermessen habt.

Wittenberg,
Freitag nach Oculi
1546

Katharina des Herrn
Doktor Martinus Luther
gelassene Wittfrau.

*Frau Käthe Luther an ihre Schwägerin*
*Christine von Bora*

# Ein Epitaphium oder Klagrede ob der Leiche D. Martini Luthers

Als man zählt fünfzehnhundert Jahr
und sechsundvierzig, gleich als war
der siebenzehent im Hornung,
Schwermütigkeit mein Herz durchdrung,
und wißt doch selbst nicht, was mir was:
Gleich traurig auf mir selber saß,
legt mich in den Gedanken tief
und gleich im Unmut groß entschlief.
Mich deucht, ich wär in einem Tempel,
erbaut nach sächsischem Exempel,
der war mit Kerzen hell beleucht,
mit edlem Räucherwerk wohl durchräucht.
Mitten da stund bedecket gar
mit schwarzem Tuch ein Totenbahr.
Ob dieser Bahr da hing ein Schild,
darin ein Rosen war gebildt,
mitten dadurch so ging ein Kreuz.
Ich dacht mir: »Ach Gott, was bedeut's?«,
erseufzet darob trauriggleich,
gedacht: »Wie, wenn die Totenleich
Doktor Martinus Luther wär?«

Indem trat aus dem Chor daher
ein Weib in schneeweißem Gewand,
Theologia hoch genannt;
die stund hin zu der Totenbahr.
Sie wand ihr Händ und rauft' ihr Haar,
gar kläglich mit Weinen durchbrach.
Mit Seufzen sie anfing und sprach:
»Ach, daß es muß erbarmen Gott!
Liegst du denn jetz hier und bist tot?
O du treuer und kühner Held,
von Gott, dem Herren, selbst erwählt
für mich so ritterlich zu kämpfen,
mit Gottes Wort mein' Feind' zu dämpfen,
mit Disputieren, Schreibn und Predigen,
darmit du mich denn tätst erledigen
aus großer Trübsal und Gezwängnis
meiner babylonischen Gfängnis,
darin ich lag so lange Zeit,
kam schier in die Vergessenheit
von mein Feinden in Herzenleid,
von den' mir mein schneeweißes Kleid
vermeilicht wurd schwarz und besudelt,
zerrissen und scheußlich zerhudelt,
die mich auch hin und wider zogen,
zerkrüppelten, krümmten und bogen!
Ich wurd geradbrecht, zwickt und zwackt,
verwundt, gemartert und geplagt
durch ihr gottlose Menschenlehr,
daß man mich kaum kunnt kennen mehr.
Ich galt endlich gar nichts bei ihn',
bis ich durch dich erledigt bin,
du teurer Held, aus Gottes Gnaden,
da du mich waschen tätst und baden
und mir wieder reinigst mein Wat
von ihren Lügen und Unflat.
Mich tätst du auch heilen und salben,
daß ich gesund steh, allenthalben
ganz hell und rein, wie im Anfang.
Darin hast dich bemühet lang,
mit schwerer Arbeit hart geplagt,

*Hans Sachs. Zeitgenössischer Holzschnitt*

dein Leben oft darob gewagt,
weil Papst, Bischof, König und Fürsten
gar sehr nach deinem Blut was dürsten,
dir hintertückisch nachgestellt.
Noch bist du als ein Gottesheld
blieben wahrhaft, treu und beständig,
durch kein Gefahr worden abwendig
von wegen Gottes und auch mein.
Wer wird nun mein Verfechter sein,
weil du genommen hast ein End,
wie wird ich werden so elend?
Verlassen in der Feinde Mitt!«
Ich sprach zu ihr: »O fürcht dich nit,
du Heilige! Sei wohlgemut!
Gott hat dich selbst in seiner Hut,
der dir hat überflüssig geben

viel trefflich Männer, so noch leben.
Die werden dich handhaben fein
samt der ganz christlichen Gemein,
der du bist worden klar bekannt
schier durchaus in ganz deutschem Land.
Die all werden dich nicht verlassen,
dich rein behalten allermaßen
ohn Menschenlehr, wie du jetz bist.
Dawider hilft kein Gwalt noch List.
Dich sollen die Pforten der Hellen
nicht überwältigen noch fällen.
Darum so laß dein Trauren sein,
daß Doktor Martinus allein
als ein Überwinder und Sieger,
ein recht apostolischer Krieger,
der seinen Kampf hier hat verbracht
und brochen deiner Feinde Macht
und jetzt aus aller Angst und Not
durch den mild barmherzigen Gott
gefordert zu ewiger Ruh!
Da helf uns Christus allen zu,
daß ewig Freud uns auferwachs
nach dem Elend! Das wünscht Hans Sachs.«

*Hans Sachs*

# Auf Doktor Martin Luther

Rom zwang die ganze Welt, der Papst hat Rom bezwungen,
ihr ist das Werk durch Macht, ihm durch Betrug gelungen.
Seht: Luther aber ist viel größer als sie beide,
der sie und ihn erschlug durch seiner Feder Schneide.
Geh, Griechenland, und rühm von deinem Herkul viel.
Sein eisern Keul' ist nichts vor Luthers Federkiel.

*Daniel Georg Morhof*

# Dreierlei Glauben

Lutherisch, Päpstisch und Calvinisch, diese Glauben alle drei
sind vorhanden; doch ist Zweifel, wo das Christentum dann sei.

Der Papst, der will durch Tun, Calvin will durch Verstehn,
in Himmel aber will durch Glauben Luther gehn.

*Friedrich von Logau*

# Auf das andere Protestantische Jubelfest

Seht! Babel wankt und sinkt und fällt,
daß Grund und Katakomben beben;
nun kann der Kreis der hartgeplagten Welt
sein sorgenfreies Haupt erheben.
Der sieben Berge Glanz und Pracht
versinkt in Schutt und Graus und Nacht,
die Hure schmeißt den Zauberkelch in Stücken:
Ha! stolzes Weib, nun wirst du dich
nicht mehr so frech und lästerlich
durch den erhurten Putz der reichsten Buhler schmücken.

Wie dort vom Klange der Posaunen
ganz Israel und Josua
bei Jericho, zwar froh, doch mit Erstaunen
Schloß, Turm und Bollwerk sinken sah;
man läßt ein Feldgeschrei erschallen,
und seht, so Tor als Mauren fallen;
wiewohl kein Mensch die Hand daran gelegt:
So fällt auch Babels Pracht und Schöne,
bloß durch ein kräftiges Getöne
des ewigstarken Worts, das Erd und Himmel trägt.

Aus dir, gepriesnes Sachsenland!
Entspringt das Licht der reinen Lehre.
Du hast das Docht des Glaubens angebrannt,
das sonst fast gar erloschen wäre.
Aus deinen Mauren, Wittenberg!
Entsteht das unerhörte Werk;
die Tiber selbst erstaunt vor deiner Elbe.
Die Engelsburg erbebt vor dir;
der Riegel bricht, es springt die Tür;
es wanket Grund und Dach und Pfeiler und Gewölbe.

Wer kennt nicht Luthers Geist und Feuer,
Melanchthons sanfte Lindigkeit?
Die beiderseits, bei diesem Ungeheuer,
ihr Haupt gewagt und nichts gescheut.
Wenn jener brannte, dieser dämpfte,
der eine löwenmütig kämpfte,
der andre stets auf Friedenspunkte sann:
Wer hat's so weislich angefangen,
erdacht, beschlossen und verhangen,
daß ein so widrig Paar dennoch zuletzt gewann?

Die Wahrheit herrscht und triumphieret,
sie hat der Lügen Schwarm gedämpft;
der Sonnenstrahl, der ihre Scheitel zieret,
das Reich der Finsternis bekämpft.
Man sieht bei ihren Reichsgenossen,
die schönsten Tugendzweige sprossen,
die stetig blühn, stets voller Früchte stehn:

Der Torheit Samen ist verdorben,
die Brut der Laster ausgestorben,
und ihr erwünschter Thron soll niemals untergehn.

Dort fängt bereits der Orient
die Wissenschaften an zu lieben,
die doch bisher nur bloß der Okzident,
Europens bester Teil, getrieben.
Der Moskowit und die Türkei
vergißt der alten Barbarei
und sucht und liebt den Flor der freien Künste.
So ging's auch hier, eh Luther kam.
Verstand und Witz macht Völker zahm,
und jede Kunst gereicht dem Glauben zum Gewinste.

Verschonet doch, ihr rauhen Zeiten!
Verschonet doch dies schlechte Blatt;
der späten Welt, wo möglich, anzudeuten,
was man von ihr gehoffet hat.
Ihr neuen Völker! werft die Blicke
auf unser Altertum zurücke;
ahmt unsrer Lust und Jubelfreude nach;
ja übertrefft uns, wenn ihr könnet.
Vielleicht wird euch das Glück gegönnet,
die Frucht gereift zu sehn, so jetzt die Knospen brach.

*Johann Christoph Gottsched*

Lutherus steht bei mir in einer solchen Verehrung, daß es mir, alles wohl überlegt, recht lieb ist, einige kleine Mängel an ihm entdeckt zu haben, weil ich in der Tat der Gefahr sonst nahe war, ihn zu vergöttern. Die Spuren der Menschheit, die ich an ihm finde, sind mir so kostbar als die blendendste seiner Vollkommenheiten. Sie sind sogar für mich lehrreicher als alle diese zusammengenommen. ...

*Gotthold Ephraim Lessing, 1753*

# Die erneuete Menschheit

Stille herrsch', Andacht, und der Seel' Erhebung,
ringsumher! Fern sei, was befleckt von Sünd' ist,
was dem Staub' anhaftet, zu klein der Menschheit
höherem Aufschwung!

Dem die Weltkreis' all in den Sonnenhimmeln
Staub sind; dem Weltjahre wie Augenblicke;
dem, gesamt aufstrebend, der Geister Tiefsinn
nur ein Gedank' ist;
dessen Macht kein Maß der Erschaffnen ausmißt;
dessen fernhin dämmerndes Licht Begeistrung
kaum erreicht, hochfliegend: den Geist der Geister!
Betet ihn an! Gott!

Nicht der Lipp' Anbetung ist wert der Gottheit,
nicht Gepräng' abbüßendes Tempeldienstes,
nicht Gelübd' und Faste; nur Tat geklärter
Menschlichkeit ehrt ihn!

Dich allein Abglanz von der Gottheit Urlicht,
Menschlichkeit! dich sah der entzückte Denker,
bebt' in Wollust, rang, wie zur Braut der Jüngling,
ach! und umschloß dich!

Flog mit dir aufwärts, und vernahm in Demut
näher Gott! – Allvater, erbarm dich unser!
Fleht' er auf: Allvater, unendlich groß, un-
endlicher Güte!

Flehn auch wir: Allvater, erbarm dich ihrer,
(ach sie tun's unkundig!) die: Gott der Heerschar!
Uns nur Gott! aufrufen, der Rache Zorn dir
löschend in Sühnblut!

Gott, sie nahn lobsingend, vom Blut der Brüder
wild, die fromm dir dienten den Dienst der Heimat,
anders nur dich, Großer, den Engeln selbst Viel-
namiger! nennend!

Höchstes gut allstets, und des Guten Geber!
Ihm, der Raubwild jagt in der Eichelwaldung;
ihm, der Feind' abwehrt mit Geschoß und Harnisch,
froh des Gemeinwohls:

Oder ihm, dess' Seel', in das All sich schwingend,
mit der Grundursachen Gewicht und Maße,
Harmonie wahrnimmt, aus Verblühn Erschaffung,
Leben aus Tode!

Ob wie tot auch starre der Geist der Menschheit,
durch der Willkür Zwang und gebotnen Wahnsinn;
doch erringt siegreich auch der Geist der Menschheit
neue Belebung.

Zwar er schlief Jahrhunderte, dumpf in Fesseln,
Todesschlaf, seit himmelempor die Freiheit
vor den Zwingherrn floh und des Götzenpriesters
laurendem Bannstrahl.

Luther kam: auf schauert' im Schlaf der Geist ihm,
blickt' umher, schloß wieder das Aug' in Ohnmacht,
und vernahm leis' ahndend den Laut aus Trümmern
attischer Weisheit.

Bald, wie Glut fortgeglimmt in der Asch', am Windhauch
Fünkchen hellt, rot wird und in Feuerflammen
Licht und Wärm' ausgießt: so erhub der Menschheit
schlummernder Geist sich,

Lebensfroh! Hin sank die verjährte Fessel,
sank der Bannaltar, und die Burg des Zwingherrn;
rege Kraft, Schönheit, und des Volks Gemeinsinn,
blühten mit Heil auf!

*Johann Heinrich Voss*

# Reformation

»Wären der Teufel so viel auch, als hier Stein' auf den Dächern,
dennoch wagen wir es.« Also sprach Luther und ging
Vor den Kaiser. Gelangs? Ich zweifle. Der Teufel an Höfen
waren mehrere, fein wie der Apulische Sand.
Lehren bessertest du, nicht Sitten, Sitten zu bessern
war der selber zu schwach, der auch die Teufel besiegt.

*Johann Gottfried Herder*

# Luther

Mächtiger Eichbaum!
Deutschen Stammes! Gottes Kraft!
Droben im Wipfel braust der Sturm,
du stehst mit hundertbogigen Armen
dem Sturm entgegen und grünst! –
Der Sturm braust fort! Es liegen da
der dürren, armen Äste
zehn darnieder gesaust. Du Eichbaum stehst.
Bist Luther!

*Herder*

# Luthers Monolog, eh' er in die Reichsversammlung geht

(Man hört die Glocken läuten.)

Die Glocke tönt, die Fürsten sind versammelt:
Nun, Streiter Gottes, gilt's, nun stehe fest!
Denn deine Lehre, die du ausgesandt
aus reiner Brust, daß sie die Welt erleuchte
und die Gemüter inniger verwebe,

sie hat der Völker Bündnis wild gespaltet:
Die Fesseln brach sie einer halben Welt.
Und was der Geist, der große, mir vertraute
zu Wohltat ihnen und zum ew'gen Heil,
das schürt der Zwietracht grausend Feuer an,
und feindlich will die Menge sich verderben,
und jeder hofft, den Himmel zu erwerben.
Man fordert mich vor das Gericht der Fürsten,
Verteid'gen soll ich meiner Lehre Sinn;
erwartend blickt die ganze Welt auf mich,
ob ich das schwere Werk noch kühn vollende,
und ob die Wahrheit meiner Rede siegt?
Doch nur getrost, die Engel lächeln mir,
die Seele schwingt sich aus des Lebens Schranken,
hoch hebt der Cherub dort das Siegspanier,
wenn alles fällt, mein Glaube soll nicht wanken;
mich hält der Geist, er reißt mich mächtig fort,
unwiderruflich steht das neue Wort!

(Man hört aufs neue Glockengeläute.)

Zum zweiten Male tönt der Glocken Ruf;
der Augenblick ist da, der es entscheidet,
ob Menschensatzung triumphieren soll,
ob Gotteslehre groß und herrlich siegt.
Vor stolze Fürsten, soll ich kühnlich treten;
getreuer Gott, hör' einmal noch mein Fleh'n,
laß mich noch einmal mutig zu dir beten,
dann will ich fröhlich selbst zum Tode geh'n!

(Er wirft sich auf die Knie und faltet die Hände.)

Allmächtiger, ich liege hier im Staube,
Allmächtiger, erhöre deinen Knecht!
Von nichts erschüttert steht des Herzens Glaube;
droh' auch Gewalt, ich fühl' ihn wahr und echt!
Doch wer vermag's, das Schicksal zu ergründen,
als du, Allweiser, der das All erschuf?
O, großer Vater! hilf mir überwinden,
und steh' mir bei, und höre meinen Ruf!

Zu deinem Kämpen hast du mich erkoren,
dein Wort zu lehren in der ganzen Welt.
Herr Zebaoth, straf mich in deinem Zoren,
wenn mir der Mut in diesem Streit entfällt!
Und kann ich nicht der Wahrheit Sieg erwerben,
und widersteh'n die Höllenmächte mir:
Laß mich, Allvater, freudig für dich sterben,
denn Leben, Welt und Tod gehöret dir!
Dein ist das Reich und alle Herrlichkeit,
und Lob und Preis in Ewigkeit!

(Er steht auf. – Pause.)

Ich bin gestärkt, und was mir Gott bestimmt,
Sieg oder Tod, auf beides gleich gefaßt.
Doch hör' ich eine Stimm' in meinem Herzen:
»Glück auf, du Streiter Gottes, denn du siegst!«
Dem Schicksal geh' ich froh und kühn entgegen,
und was geschieht, erschrecken kann's mich nicht;
mich schützet Gott auf allen meinen Wegen,
und ihm vertrauend tret' ich vors Gericht.
Ich bin gesandt, daß ich die Welt verkläre,
das Dunkel helle mit des Glaubens Licht;
Unwiderruflich ist die neue Lehre,
denn Wahrheit wandelt ihre Bildung nicht.
Streit' ich für mich? – ich streit' in Gottes Namen,
und meine Feinde werden einst zu Spott.
Zum Kampfe hin, zum Kampfe, Amen, Amen!
Denn eine feste Burg ist unser Gott.
Ich gehe mutig fort auf meiner Bahne,
die Wahrheit siegt, der Engel schwingt die Fahne!

(Ab.)

*Theodor Körner*

Hört, ihr Herrn, und laßt euch sagen,
der Geist ist nicht mehr in Fesseln geschlagen.
Gedenket an Luther, den Ehrenmann,
der solche Freiheit euch wiedergewann.
Bewahret das Licht, der Wahrheit Licht,
bewahret das Feuer, entweihet es nicht.

*Johann Wolfgang Goethe*

Ja gewiß, wenn wir trachten, daß Gesinnung, Wort, Gegenstand und Tat immer mehr als eins erhalten werden, so dürfen wir uns für echte Nachfolger Luthers ansehen, eines Mannes, der in diesem Sinne so Großes wirkte und auch irrend noch immer ehrwürdig bleibt. Wer an solchen Überzeugungen festhält, wird sich seines eigenen Wirkens erfreuen und auch da, wo er es gehindert fühlt, ruhigen Geistes bleiben. Es betrübt ihn, aber es trübt ihn nicht, wenn er in Künsten, Wissenschaften und sonst vielfach im Leben das Pfäffische heranschleichen sieht, wie es, den menschlichen Schwächen sich fügend, einen Tag nach dem andern sich anzueignen, bildsame Jünglinge zu umspinnen, den Eigensinn der Männer zu stärken und sich so eine bequeme Herrschaft einzuleiten weiß.

*Johann Wolfgang Goethe,*
*an Danz, 1826*

Von dem Doktor Luther verlangte einst jemand zu wissen, was wohl Gott vor der Erschaffung der Welt die lange, lange Ewigkeit hindurch getan habe. Dem antwortete der fromme und witzige Mann: In einem Birkenwald sei der liebe Gott gesessen und habe zur Bestrafung für solche Leute, die unnütze Fragen tun, Ruten geschnitten.

*Johann Peter Hebel,*
*Schatzkästlein des Rheinischen Hausfreunds*

# Die Ulme zu Hirsau

Zu Hirsau in den Trümmern,
da wiegt ein Ulmenbaum
frischgrünend seine Krone
hoch überm Giebelsaum.

Er wurzelt tief im Grunde
vom alten Klosterbau;
er wölbt sich statt des Daches
hinaus in Himmelsblau.

Weil des Gemäuers Enge
ihm Luft und Sonne nahm,
so trieb's ihn hoch und höher,
bis er zum Lichte kam.

Es ragen die vier Wände,
als ob sie nur bestimmt,
den kühnen Wuchs zu schirmen,
der zu den Wolken klimmt.

Wenn dort im grünen Tale
ich einsam mich erging,
die Ulme war's, die hehre,
woran mein Sinnen hing.

Wenn in dem dumpfen, stummen
Getrümmer ich gelauscht,
da hat ihr reger Wipfel
im Windesflug gerauscht.

Ich sah ihn oft erglühen
im ersten Morgenstrahl;
ich sah ihn noch erleuchtet,
wann schattig rings das Tal.

Zu Wittenberg im Kloster
wuchs auch ein solcher Strauß

und brach mit Riesenästen
zum Klausendach hinaus.

O Strahl des Lichts, du dringest
hinab in jede Gruft.
O Geist der Welt, du ringest
hinauf in Licht und Luft.

*Ludwig Uhland*

## Wartburg

Dich, ernste Wartburg, möcht' ich grüßen
als Frühlings Burg zu aller Frist,
da deutschen Lenz treu zu umschließen
Freistätt' und Liebeshort du bist!

In dichter Wälder dunklem Rahmen
wahrst du ein lichtes Frühlingsbild,
daß allen, die zu dir je kamen,
Lenzahnung süß im Herzen quillt.

War's nicht in deinen luft'gen Hallen,
wo einst in alter Zeit erwacht,
wie leugewordne Nachtigallen,
das Rauschen einer Liederschlacht?

Ein schönes Kämpfen, wo der Sieger
mit Wohllaut süß den Gegner lähmt
Und den besiegten schwächern Krieger
mit Wonne göttlich überströmt!

Du Fels, dran los die Donnerwolke,
das Lenzgewitter, Luther, brach,
da der Prophet zu seinem Volke
verhüllt aus Wolkenschleiern sprach!

Das Wetter hat gereint, durchschüttert
den Himmel, daß er heller blaut,
manch morsches Haus in Grund gesplittert,
daß fester, schöner man's erbaut!

*Anastasius Grün*

## Luther

Je schwerer sich ein Erdensohn befreit,
je mächt'ger rührt er unsre Menschlichkeit.

Der selber ich der Zelle früh entsprang,
mir graut, wie lang der Luther drinnen rang!

Er trug in seiner Brust den Kampf verhüllt,
der jetzt der Erde halben Kreis erfüllt.

Er brach in Todesnot den Klosterbann –
das Größte tut nur, wer nicht anders kann!

Er fühlt der Zeiten ungeheuern Bruch
und fest umklammert er sein Bibelbuch.

In seiner Seele kämpft, was wird und war,
ein keuchend hart verschlungen Ringerpaar.

Sein Geist ist zweier Zeiten Schlachtgebiet –
mich wunderts nicht, daß er Dämonen sieht!

*Conrad Ferdinand Meyer*

## Lutherlied

Ein Knabe wandert über Land
in einem schlichten Volksgewand,
Gewölke quillt am Himmel auf,
er blickt empor, er eilt den Lauf,
stracks fährt ein Blitz mit jähem Licht
und raucht an seiner Ferse dicht –
so ward getauft an jenem Tag
des Bergmanns Sohn vom Wetterschlag.

Schmal ist der Klosterzelle Raum,
drin lebt ein Jüngling dumpfen Traum,
er fleißigt sich der Möncherei,
daß er durch Werke selig sei.
Ein Vöglein blickt zu ihm ins Grab,
»Luthere«, singts, »wirf ab, wirf ab!
Ich flattre durch die lichte Welt,
derweil mich Gottes Gnade hält.«

In Augsburg wars, daß der Legat
ein Mönchlein auf die Stube bat,
er war ein grundgelehrtes Haus,
doch kannt er nicht die Geister aus.
Des Mönchleins Augen brannten tief,
daß er: »Er ist der Dämon!« rief –
du bebst vor diesem scharfen Strahl?
So blickt die Wahrheit, Kardinal!

Jetzt tritt am Wittenberger Tor
ein Mönch aus allem Volk hervor:
Die Flamme steigt auf seinen Wink,
die Bulle schmeißt hinein er flink,
wie Paulus schlenkert' in den Brand
den Wurm, der ihm den Arm umwand,
und über Deutschland einen Schein
wie Nordlicht wirft das Feuerlein.

In Worms sprach Martin Luther frank
zum Kaiser und zur Fürstenbank:

»Such, Menschenherz, wo du dich labst!
Das lehrt dich nicht Konzil noch Papst!
Die Quelle strömt an tiefrem Ort:
Der lautre Born, das reine Wort
stillt unsrer Seelen Heilsbegier –
hier steh ich und Gott helfe mir!«

Herr Kaiser Karl, du warst zu fein,
den Luther fandest du gemein –
gemein wie Lieb und Zorn und Pflicht.
Wie unsrer Kinder Angesicht,
wie Hof und Heim, wie Salz und Brot,
wie die Geburt und wie der Tod –
er atmet tief in unsrer Brust,
Und du begrubst dich in Sankt Just.

»Ein feste Burg« – im Lande steht,
drin wacht der Luther früh und spät,
bis redlich er und Spruch um Spruch
verdeutscht das liebe Bibelbuch.
Herr Doktor, sprecht! Wo nahmt Ihr her
das deutsche Wort so voll und schwer?
»Das schöpft ich von des Volkes Mund,
das schlürft ich aus dem Herzensgrund.«

Herr Luther, gut ist Eure Lehr,
ein frischer Quell, ein starker Speer:
Der Glaube, der den Zweifel bricht,
der ewgen Dinge Zuversicht,
des Heuchelwerkes Nichtigkeit!
Ein blankes Schwert im offnen Streit –
ihr bleibt getreu trotz Not und Bann
und jeder Zoll ein deutscher Mann.

In Freudepulsen hüpft das Herz,
in Jubelschlägen dröhnt das Erz,
kein Tal zu fern, kein Dorf zu klein,
es fällt mit seinen Glocken ein –
»Ein feste Burg« – singt jung und alt,
der Kaiser mit der Volksgewalt:

»Ein feste Burg ist unser Gott,
dran wird der Feind zu Schand und Spott!«

*Conrad Ferdinand Meyer*

Die Feinheit des Erasmus und die Milde des Melanchthon hätten uns nimmer so weit gebracht wie manchmal die göttliche Brutalität des Bruder Martin.

*Heinrich Heine,*
*1835*

Luther war ein Verhängnis für die Menschheit, denn er kam, als die Renaissance eben sogar das Papsttum erobert hatte und das Leben daran war, mit dem Christentum stillschweigend aufzuräumen. Und Luther stellte die Kirche wieder her. Ach, diese Deutschen.

*Friedrich Nietzsche,*
*1844*

Nichts gegen die Größe Martin Luthers! Er hat nicht nur durch seine gewaltige Bibelübersetzung die deutsche Sprache erst recht geschaffen, die Goethe und Nietzsche dann zur Vollendung führten, er hat auch durch die Sprengung der scholastischen Fesseln und die Erneuerung des Gewissens der Freiheit der Forschung, der Kritik, der philosophischen Spekulation gewaltigen Vorschub geleistet. Indem er die Unmittelbarkeit des Verhältnisses des Menschen zu seinem Gott herstellte, hat er die europäische Demokratie befördert, denn »Jedermann sein eigener Priester«, das ist Demokratie. Die deutsche idealistische Philosophie, die Verfeinerung der Psychologie durch die pietistische Gewissensprüfung, endlich die Selbstüberwindung der christlichen Moral aus Moral, aus äußerster Wahrheitsstrenge – denn das war die Tat (oder Untat) Nietzsches –, dies alles kommt von Luther.

*Thomas Mann, Deutschland und die Deutschen. 1945*

# Anhang

# Worterklärungen

1 Berghäuer – Bergmann
2 Baccalaureus – niedrigster akademischer Titel
3 Magister – akademischer Titel
4 Praeceptor – Lehrmeister
5 ingenium – Genie, schöpferische Geistesanlage
6 Prior – Vorsteher eines Mönchsklosters bei bestimmten Orden
7 Partekenhengst – Spottname für die um Brot bettelnden Bacchanten und Kurrendschüler
8 Wechselbalg – häßliches, mißgestaltetes Kind, das nach früherem Volksglauben von bösen Geistern oder Zwergen einer Wöchnerin untergeschoben wird.
9 Badmagdsohn – Uneheliches Kind (Kind einer Dirne)
10 Konvent – Versammlung der stimmberechtigten Mitglieder eines Klosters
11 Bombart – eigentlich lautes Geräusch
12 Tentatio – Anfall, Anflug (auch einer Krankheit), aber auch Vorsicht, Probe
13 Liberei – Bücherei
14 Kopisterei – Kopier- und Schreibanstalt
15 Parasel – Hauptmann
16 Strapechorde – körperliche Strafe
17 Konsistorium – Plenarversammlung der Kardinäle unter Vorsitz des Papstes
18 Subprior – stellvertretender Prior
19 disputieren – nach allen Seiten erwägen, Meinungsverschiedenheiten austragen
20 Exempel – Beispiel
21 Sakramentierer – So wurden im Reformationszeitalter von Luther diejenigen genannt, die die wesentliche Gegenwart des Leibes Christi im Abendmahl leugneten.
22 Vigilien – Nachtwachen beim altrömischen Heer
23 Wal – eigentlich der im Kampf gefallene Held
24 Dignität – Amtswürde eines bestimmten hohen Geistlichen
25 Serenität – Anrede von Fürsten und hohen Würdenträgern
26 Visitatores – Besucher
27 tremor ventriculi – Krankheit der Bauchorgane
28 Sprengel – Bezirk, der einem Geistlichen untersteht
29 Exequien – Begräbnisfeier, Totenmesse
30 Dekretale – ein Dekret enthaltenes Schriftstück
31 Clerisei – der gesamte Klerus, allerdings hier mit verächtlichem Ton
32 apostatisch – abtrünnig
33 Metze – veraltet: Dirne
34 Interdikt – Verbot von kirchlichen Amtshandlungen als Strafe für eine bestimmte Person
35 Annaten – Im Mittelalter übliche Abgabe an den Papst für die Verleihung eines kirchlichen Amtes
36 Präbenden – mit Einkünften verbundenes Kirchenamt
37 Exemption – Ausnahme, Befreiung vom Gesetz
38 Aggravation – Verschlimmerung
39 Baccalaurear – Person mit dem akademischen Grad des Baccalaureus

# Anmerkungen

Seite 7: Hans Luther (gest. 1530), Luthers Vater; Margarete Luther (gest. 1531), Luthers Mutter; Katharina Luther, geb. von Bora (1499 – 1552), Luthers Frau.
Seite 8: Hänschen Luther (1526 – 1575), Luthers Sohn; Johannes Braun, Jugendfreund Luthers.
Seite 9: Johann von Staupitz (um 1468 – 1524), Luthers Mentor und Vorgesetzter im Augustinerkloster; Aristoteles (384 – 322 v. Chr.), griechischer Philosoph; »Heute, sagte er . . .« ist ein Zitat aus zweiter Hand von Luthers Tischgenossen Anton Lauterbach; Johannes Tetzel (Tezel), eigentlich Diez oder Diezel (um 1455 – 1519), Theologe, Dominikanermönch und Verkäufer von Ablaßbriefen u. a. auch für Mord, Ehebruch oder Meineid.
Seite 11: Johann Cochläus (1479 – 1552), Humanist und Theologe; er verbreitete ein böses Gerücht, Luthers Mutter habe sexuellen Verkehr mit dem Teufel gehabt und ihr Sohn sei deshalb dessen Abkömmling.
Seite 13: Magister Bartholomäus, Kollege Luthers in Wittenberg; Johannes Lang (geb. um 1488 – 1548), Prior im Augustinerkloster von Erfurt, enger Freund Luthers
Seite 16: Herzog von Bourbon – Karl III. von Bourbon fiel im »Sacco di Roma«, dem Sturm auf Rom 1527 durch die Truppen Karl V., welcher das Ende der Renaissance markierte.
Seite 18: Hieronymus Schurff (gest. 1554), Professor der Rechte in Wittenberg und Luthers juristischer Beistand auf dem Reichstag zu Worms.
Seite 19: Leo X., Papst, Kunstmäzen, regierte von 1513 – 1521, richtete am 15. Juli 1520 die Bannbulle gegen Luther.
Seite 20: Kaiser Karl V. (1500 – 1556);
Seite 22: Johann Eck (1486 – 1543), Theologe in Ingolstadt, seit 1517 erbitterter Gegner Luthers; Obelisken – »Obelisci«, lateinisch Spießchen. Gegenthesen Ecks zu Luthers Thesen, die allerdings nicht gedruckt, aber Luther und seinen Freunden dennoch bekannt wurden; Sylvius Egranus, Prediger in Zwickau.
Seite 23: Wenzeslaus Link (1483 – 1547), Luthers Freund und Mitschüler im Augustinerkloster, evangelischer Pfarrer in Nürnberg; Huß oder Hus, Johannes, auch Jan (1369 – 1415), Reformator Böhmens, er wurde auf dem Konzil von Konstanz zum Tod auf dem Scheiterhaufen verurteilt und verbrannt.
Seite 24: Bulle – päpstliche Urkunde, lateinisch auf Pergament verfaßt und mit dem Siegel des Papstes versehen; Leo X. sandte die Bannbulle gegen Luther, die ihn mit dem Kirchenbann belegte, durch Johann Eck; Kurfürst Friedrich der Weise von Sachsen (1463 – 1525), Luthers Schirmherr und Anhänger; Erasmus von Rotterdam, eigentlich Desiderius (1466 – 1536), Humanist und Theologe; Georg Spalatin (1484 – 1545), sächsischer Theologe, seit 1525 kurfürstlicher Hofintendent und Geheimschreiber in Altenburg.
Seite 26: Nikolaus Grebel, Jurist in Straßburg.
Seite 30: Hans von der Planiz, kurfürstlicher Geschäftsträger beim Nürnberger Reichsregiment.
Seite 34: Johann Agricola (1494 – 1566), Pfarrer in Eisleben; seit 1536 Professor in Wittenberg; Auf des Königs zu Engelland Lästerschrift . . . Luther hatte König Heinrich VIII. (1491 – 1547) früher sehr hart angegriffen. 1525 schrieb er dem Herrscher dann einen eher versöhnlichen Brief, in dem er »verzichtet und Gnade bittet, darum, daß er den genannten König närrisch und heftig verletzt« habe. Ende 1526 erhielt Luther eine kränkende Antwort Heinrichs und erwiderte nun seinerseits.
Seite 56: Veit Dietrich (1506 – 1549), Luthers Famulus und Gesellschafter 1530 auf der Veste Coburg; Cyriakus Kaufmann, Luthers Neffe und Student in Wittenberg, der ihm auf der Veste Coburg Gesellschaft leistete; Philipp Melanchthon (1497 – 1560), Humanist, Reformator und Theologe; Luthers wichtigster Mitarbeiter an der Universität Wittenberg.
Seite 58: Hieronymus Weller (gest. 1572), Schreiber Luthers und Gefährte auf der Veste Coburg; erster Lehrer Hänschen Luthers; Gymnasiumsinspektor in Freiburg und Professor der Theologie; Gregor Brück (gest. 1567), kursächsischer Kanzler, Freund Luthers und Anhänger der Reformation.
Seite 60: »Konzil von Augsburg« – anläßlich des Reichstags zu Augsburg, 1530, dem Luther wegen der Reichsacht fernbleiben mußte und auf der Veste Coburg verbrachte, erinnert er sich an sein eigenes Verhör in dieser Stadt 1518. Der päpstliche Legat Kardinal Thomas de Vino da Gaeta (»Cajetan«) (1469 – 1534) verlangte Rechtfertigung für Luthers Thesen; Georg Pfeffinger, Kämmerer des Kurfürsten Friedrich und auf dem Augsburger Konzil von 1518 sein Gesandter beim Kaiser; Ernst, Kurfürst von Sachsen (1441 – 1486), Vater Kurfürst Friedrich des Weisen.
Seite 62: Justus Jonas (1493 – 1555), sächsischer Theologe und Freund Luthers; 1521 – 1541 Professor und Probst in Wittenberg, später in Halle; Das »Zeugnis« von 1537 gab Luther handschriftlich einem Boten der evangelischen Gemeinde von Hall im Inntal mit. Dort hatte sich das Gerücht vom Tod des Reformators verbreitet.
Seite 63: Anton Unruhe, Richter in Torgau;

Jakob Probst, Theologe in Bremen.
Seite 64: Hans Reinecke (Reinick), Hüttenmeister in Mansfeld, Jugendfreund Luthers; Johannes Bugenhagen (1485 – 1558), Stadtpfarrer in Wittenberg und wegen seiner Herkunft aus Pommern auch »Doctor Pommeranus« genannt.
Seite 66: Heinz, Herzog von Braunschweig-Wolfenbüttel, Gegner Luthers; Hans, Herzog Johann Friedrich von Sachsen.
Seite 70: Vergil (70 – 19 v. Chr.), römischer Dichter; Cicero (106 – 43 v. Chr.), römischer Staatsmann; Publius Popinius Statius, lateinischer Dichter zur Zeit Kaiser Domitians.
Seite 83: Johannes Tauler (um 1300 – 1361), deutscher Mystiker, Dominikaner.
Seite 88: Severin (gest. 482), wirkte 30 Jahre in Noricum; Paschalis I., Papst von 817 – 824.
Seite 106: Albrecht Markgraf von Brandenburg (1490 – 1545), seit 1514 auch Erzbischof und Kurfürst von Mainz.
Seite 110: Eleutherius – der Name Luthers in griechischer Schreibweise: der Läuterer.
Seite 111: Thomas von Aquin (1225 – 1274), mittelalterlicher Theologe und Philosoph, der die Philosophie der alten Griechen (Aristoteles) mit der christlichen Lehre verband.
Seite 120: Albrecht Dürer (1471 – 1528), deutscher Maler und Graphiker; Christoph Scheurl (1481 – 1542), Humanist, Jurist, Rektor und Dekan der juristischen Fakultät in Wittenberg, später Rechtsgelehrter in Nürnberg; Lizentiat Sebastianus – nicht zu ermitteln; Hieronymus Scultetus, ordentlicher Bischof von Brandenburg.
Seite 121: Jodocus Trutfetter, Lehrer Luthers in Erfurt, 1507 vorübergehend Professor in Wittenberg.
Seite 183: ». . . Bücher auf den Scheiterhaufen« – Kurfürst Friedrich der Weise hatte Kaiser Karl vorgeworfen, daß er durch die Anweisung, Luthers Bücher zu verbrennen, das Resultat von dessen Aussage vor dem Reichstag vorweggenommen und so dessen Sicherheit gefährdet habe.
Seite 184: Ulrich von Hutten (1488 – 1523), Humanist, Ritter, Dichter, Anhänger der Lehre Luthers. Hieronymus Emser (1477 – 1527), katholischer Theologe und Sekretär Herzog Georgs von Sachsen. Er versah die Titelblätter seiner Schriften stets mit seinem Familienwappen, einem Steinbock (siehe Seite 192); schrieb an seiner Hauptschrift »Wider das unchristliche Buch M. Luthers an den deutschen Adel«. Luther entgegnete mit: »An den Bock zu Leipzig«; darauf dieser: »An den Stier zu Wittenberg«; darauf Luther: »Auf des Bocks zu Leipzig Antwort«; Georg der Bärtige, Herzog von Sachsen (1471 – 1539), Gegner Luthers: Taubenheim – nicht zu ermitteln; Schart – nicht zu ermitteln.
Seite 187: Haupold von Einsiedel, Kursächsischer Rat, gehörte zu einem Adelsgeschlecht, das mit Luther befreundet war und im Herzogtum Sachsen Besitzungen hatte. Luther meint hier Emsers Schrift »Wider das unchristliche Buch M. Luthers . . .«, s. Anm. zu S. 184; Hieronymus Aleander (1480 – 1542), päpstlicher Unterhändler.
Seite 189: ». . . dem Menschen zu antworten . . .«: Luther schrieb noch einmal gegen Emser, die Schrift hieß: »Auf das überchristlich, übergeistlich und überkünstlich Buch Bock Emsers zu Leipzig Antwort«
Seite 190: Abb.: Luther als Junker Jörg. Anonymer Kupferstich.
Seite 193: »Meine Antwort an Emser« . . . siehe Anm. zu S. 184 und 187; Johann von der Eck (gest. 1524), in kurfürstlichen Diensten fragte Luther: »Kaiserliche Majestät hat dich aus zwei Gründen hier vorgefordert: Erstens, ob du die bisher unter deinem Namen veröffentlichten Bücher hier öffentlich als die deinen erkennst? Zum anderen, ob du sie wirklich als die deinen angesehen wissen oder etwas aus ihnen widerrufen willst.«
Seite 195: »Gegenüberstellung Christi und des Papstes . . .« Luther meint das »Passional Christi und Antichristi«, in der er die Bescheidenheit des Lebens Jesu und die Aufwendungen des Vatikan polemisch gegenüberstellt. Lukas Cranach und Hans Baldung, gen. Grien, haben sie illustriert, s. Seiten 85, 87, 93, 194, 215.
Seite 196: Johann Friedrich von Sachsen (1503 – 1554) war ab 1520 Kurfürst von Sachsen mit dem Beinamen »der Großmütige« und seit seiner Jugend Anhänger der Lehre Luthers.
Seite 198: Nikolaus Hausmann (1479 – 1538), einer der ältesten Freunde Luthers, Pfarrer in Zwickau.
Seite 199: Ambrosius Catharinus – Luthers lateinisch verfaßte Antwort auf die Behauptung der italienischen Gelehrten, der Papst sei unfehlbar: »Ad librum eximii Magistri nostri Magistri Catharini . . .«; Luther behauptet in seiner Gegenschrift sogar, der Papst sei der Antichrist.
Seite 207: ». . . Bücher widerrufen« – Hieronymus Schurffs (s. Anm. zu S. 18) Einwurf: »Man nenne die Titel der Bücher!« Genannt wurden u. a. die Auslegungen zum Psalter (1517, 1518) und das Vaterunser (1519), die Schrift von den guten Werken (1520) und andere kleine Streitschriften; Johann Cuspianus (1473 – 1529), Humanist und kaiserlicher Diplomat in Wien.
Seite 209: Rede und Frage des kaiserlichen Offizials: Kaiserliche Majestät hat dir, Martin Luther, diese Stunde bestimmt, da du zwar die Bücher, die wir gestern aufgezählt haben, öffentlich als die deinen erkannt hast, im übrigen

aber auf die Frage, ob du irgend etwas in ihnen als nichtig angesehen wissen wollest oder alles, was du veröffentlicht, anerkennen wollest, Bedenkzeit ausgebeten hast, die jetzt aber abgelaufen ist. Freilich hattest du von Rechts wegen solch eine längere Bedenkzeit nicht erlangen dürfen, da du schon so lange gewußt hast, weshalb du vorgeladen würdest. Und in Glaubenssachen sollte doch billigerweise jedweder auf Erfordern jederzeit gewissen Grund und Ursach anzugeben in der Lage sein, um wieviel mehr ein so gelehrter und erprobter Professor der Theologie wie du. Wohlan, gib Antwort auf des Kaisers Forderung, dessen Güte in der Gewährung der Bedenkzeit du gespürt hast: Willst du diese deine Bücher sämtlich vertreten? Oder willst du irgend etwas zurücknehmen?

Seite 216: Unbehelligt trat Luther am 26. April seine Heimreise an. Aber er war mit Acht und Bann belegt und demnach vogelfrei, auch den Mördern seiner Feinde ausgeliefert. Kurfürst Friedrich der Weise, sein Beschützer und Gönner, konnte sich nicht für Luthers Sicherheit verbürgen, riet ihm, in Bart und Tracht eines »Junkers Jörg« (s. auch Seite 190, Abb.) sich auf der thüringischen Wartburg zu verbergen (ebenso S. 572 ff.); Schlußakte des Konzils von Worms war das »Wormser Edikt«, s. S. 570; Lukas Cranach (1472 – 1553), Maler, Graphiker, Ratsherr in Wittenberg und Apotheker, Freund Luthers, in dessen Werkstatt die meisten Zeugnisse aus dem Leben Luthers (Porträts Luthers und seiner Freunde, Flugblätter, Buchillustrationen u. a.) entstanden sind; »Verbot« – ein kaiserliches Edikt, das Luthers Schriften verdammte; »Jo, jo, jo« Siegesgesang der Feinde Jesu, als er starb.

Seite 235: Zeschan und Staupitz – thüringische Adelsgeschlechter.

Seite 236: Hieronymus Baumgärtner (1498 – 1565), Humanist und Reformator, Senator in Nürnberg.

Seite 241: Leonhard Koppe, Bürger in Torgau und Prior in der Aue.

Seite 242: »Marburger Artikel« – es ging um die unterschiedliche Auffassung von der Bedeutung des Abendmahls, die Luther und der schweizerische Reformator Ulrich Zwingli (1484 – 1531) vertraten. Landgraf Philipp von Hessen (1504 – 1567) hatte deshalb zu einem Religionsgespräch nach Marburg eingeladen, das am 1. Oktober 1529 begann.

Seite 245: Muhme Lenchen, Magdalena von Bora, Frau Käthes Tante und Kinderfrau im Hause Luthers. Zu Beginn des Jahres 1537 noch am Leben, Magdalene Luther (1523 – 1542), Luthers Tochter.

Seite 247: Argula von Stauffen, eine gelehrte Verehrerin Luthers und dessen Lehre; Meister Christianus – Christian Döring, Goldschmied und Brillenmacher in Wittenberg.

Seite 248: Lippus und Jost, die Söhne Melanchthons und Jonas', beide 1525 geboren.

Seite 250: Johann Pommer – Bugenhagen; Hans Polner, Luthers Schwestersohn; Peter Weller (gest. 1536), Student der Rechte und Luthers Schreib- und Tischgenosse auf der Veste Coburg; Hans Luther und sein Schulmeister – Sohn Hänschen und Hieronymus Weller.

Seite 251: Schirlenz Rau und Hans Weiß, Drukker in Wittenberg; Caspar Cruciger (1504 – 1548), seit 1528 Theologieprofessor in Wittenberg; zweite Auflage der Auslegungen Luthers vom Psalm 337; Exemplar von den Schlüsseln – Luthers Schrift von der Schlüsselgewalt, die er zusammen mit seinem Schreiben nach Wittenberg schickte; Sermon vom Sakrament – Vermahnung zum Sakrament des Leibes und Blutes Christi, erschien im November 1530 in Wittenberg.

Seite 252: Johann Riedesel, der kurfürstliche Kämmerer; Wolf Hornung, der Überbringer des Briefes.

Seite 257: Der Kurfürst war erkrankt, und Luther besuchte ihn; Dr. Brück, der kursächsische Kanzler; Kaspar Lindemann, kurfürstlicher Leibarzt; Christoph von Dobitsch, Raubritter, der am 30. November 1531 enthauptet worden war.

Seite 258: Hieronymus (um 347 – 420), lateinischer Kirchenlehrer und christlicher Heiliger.

Seite 260: M. Philipps – Melanchthon. Luther war zusammen mit ihm nach Dessau gereist, um Fürst Joachim von Anhalt (1484 – 1535) zu besuchen.

Seite 263: Luther war nach Schmalkalden gereist, wo die evangelischen Stände über das vom Papst geplante Konzil zu Mantua beraten wollten.

Seite 264: Luther erhielt eine Medizin, aus Knoblauch und Pferdemist gemischt.

Seite 266: Melanchthon war auf der Reise zu einem geplanten Religionsgespräch in Hagenau zu Weimar schwer krank geworden; George Major – der Kurfürst; Ambrosius Berndt, Universitätsprofessor aus Jüterborg; Baccalarien – Sohn Johannes (Hans) Luther, der in Wittenberg studierte; M. Paul – Universitätsdozent Paul Eber aus Wittenberg, der Melanchthon besucht hatte; Wolfgang Schiefer (Severus), 1523 – 1525 Student in Wittenberg, dann königlicher Hauslehrer; Wolfgang Sieberger, Luthers Diener – Lycaoni nostro.

Seite 268: Ferdinand I. (1503 – 1564), römischer König und Herrscher Österreichs, der jüngere Bruder Kaiser Karls V.; 1556 – 1564 Kaiser; Nikolaus von Amsdorf, Superintendent in Magdeburg; Fenster im neuen Dach . . . Luther renovierte derzeit sein Wohnhaus.

Seite 269: Caspar – Caspar Cruciger, s. Anm.

zu S. 251: Mecum – Friedrich Myconius, Superintendent von Gotha; Justus Menius, Superintendent von Eisenach; Hans von Jenen – Kunstfigur an der Turmuhr von Jena, Wahrzeichen für Müßiggang.
Seite 271: »Geschrei von Türken . . .« Sultan Soliman stand am 26. August mit seinem Heer vor Ofen; Mainz – Kardinalerzbischof Albrecht von Mainz; Heinz – Herzog Heinrich von Braunschweig-Wolfenbüttel.
Seite 272: Luther hatte das Gut Zulsdorf 1542 erworben; »Bruno – Wolfs Namen gekauft habe . . .« – Luther hatte das Haus in der Nähe des Klosters 1541 auf den Namen seines Dieners Wolfgang Sieberger erworben; fünf lebendige Kinder – Hans, Magdalene, Martinus, Paulus und Margarete, die erstgeborene Tochter Elisabeth war 1528 als einjähriges Kind gestorben, s. S. 242.
Seite 274: ». . . meiner lieben Käthe Zeuge sein«: Melanchthon (»bezeuge, daß dies die Meinung und der Wille und die Handschrift des Herrn Dr. Martin Luther, unseres teuersten Lehrers und Vaters ist.«; Caspar Cruciger ebenso; Johann Bugenhagen ebenso), alle drei Beglaubigungen sind lateinisch abgefaßt.
Seite 276: Ferdinandus – Ferdinand von Maugis, Student in Wittenberg und Kostgänger in Luthers Haus; Ernst von Schönfeld, Bruder der Nonne Eva von Schönfeld, Luthers erster Liebe (s. S. 260); Hans Scherle, der reichste Mann der Stadt Leipzig.
Seite 277: »Lecks Bachscheiße« – Schimpfwort für ein liederliches Mädchen. In Luthers Dienerschaft hatte eine »Rosina« sich offenbar verführen lassen; Luther hatte zu dieser Zeit ohnehin Widerwillen gegen die lose Moral in Wittenberg und wollte darum die Stadt verlassen; Bugenhagen sollte (». . . von meinen wegen gesegnen . . .«) der Gemeinde bekanntgeben, daß Luther alles satt hatte.
Seite 281: ». . . auch hier Juden . . .« – Luther war, vor allem in den Jahren vor seinem Tod, kein Freund der Juden und hing der alten Lehre an, sie seien die »Mörder Christi«; dieser noch gänzlich nicht-aufgeklärten Haltung, die sich in diesem Brief andeutet, entspricht die antisemitische Schrift.
Seite 282: Rheinfall – Rheinwein.
Seite 287: Im Abschnitt: Wollen die Mauern angreifen: Augustin (354 – 430), lateinischer Kirchenlehrer, seit 395 Bischof von Hippo Regius (Nordafrika); Ambrosius (gest. 397), Bischof von Mailand; Cyprian (gest. 258), Bischof von Karthago.
Seite 355 ff.: Die zwölf Artikel.
Die gründlichen und rechten Hauptartikel aller Bauernschaft und Hintersassen der geistlichen und weltlichen Oberkeiten, von welchen sie sich beschwert vermeinen.

Dem christlichen Leser Friede und Gnade Gottes durch Christum! Es sind viel Widerchristen, die jetzt wegen der versammelten Bauernschaft das Evangelium zu schmähen Veranlassung nehmen und sagen: »Das sind die Früchte des neuen Evangeliums? Niemand gehorsam sein?! An allen Orten sich emporheben und aufbäumen?! Mit großer Gewalt zuhaufen laufen und sich zusammenrotten, um geistliche wie weltliche Oberkeiten zu reformieren, auszureuten, ja vielleicht ganz zu erschlagen?!«
Allen diesen gottlosen, freventlichen Verurteilern antworten diese nachgeschriebenen (nachfolgenden) Artikel: Erstens, um durch sie diese Schmach (üble Nachrede) des Wortes Gottes aufzuheben, zweitens, um die Ungehorsamkeit, ja die Empörung aller Bauern mit christlichen Gründen zu entschuldigen.
Erstens ist das Evangelium nicht eine Ursache der Empörungen oder Aufruhren, weil es eine Rede von Christus, dem verheißenen Messias ist, dessen Wort und Leben nichts als Liebe – Friede – Geduld und Einigkeit lehrt. So daß alle, die an diesen Christus glauben, lieblich, friedlich, geduldig und einig werden. Weil denn der Grund (Absicht) aller Artikel der Bauern – wie denn klar gesehen wird – dahin gerichtet ist, das Evangelium zu hören und demgemäß zu leben: Wie können dann die Widerchristen das Evangelium eine Ursache der Empörung und des Ungehorsams nennen? Daß aber etliche Widerchristen und Feinde des Evangeliums wider solche Anmutung (Forderungen) und Begehren sich auflehnen und aufbäumen, dafür ist nicht das Evangelium die Ursache, sondern der Teufel, der schädlichste Feind des Evangeliums, der solches durch den Unglauben in den Seinen erweckt, so daß hierdurch das Wort Gottes, das Liebe, Frieden und Einigkeit lehrt, unterdrückt und weggenommen wird.
Zweitens folgt dann klar und lauter: daß die Bauern – die in ihren Artikeln solches Evangelium zu Lehre und Leben begehren – nicht ungehorsam und aufrührerisch genannt werden können. Wenn aber Gott die Bauern, die nach seinem Wort zu leben ängstlich (dringlichst) begehren, erhören will: Wer will den Willen Gottes tadeln? Wer will in sein Gericht eingreifen? Ja, wer will seiner Majestät widerstreben? Hat er die Kinder Israel erhört, als sie zu ihm schrien und aus der Hand Pharaos befreit, kann er dann nicht noch heute die Seinen erretten? Ja! Er wird sie erretten, und in kürzester Zeit! Deshalb, christlicher Leser, lies die folgenden Artikel mit Sorgfalt und nachher urteile. Es folgen die Artikel.

Der erste Artikel.
Freie Pfarrerwahl.

Erstens ist unsere demütige Bitte und Begehr,

auch unser aller Wille und Meinung: daß wir nun fürderhin Gewalt und Macht haben wollen, daß eine ganze Gemeinde soll einen Pfarrer selbst erwählen und kiesen; auch Gewalt haben, denselben wieder abzusetzen, wenn er sich ungebührlich hielte. Dieser erwählte Pfarrer soll uns das heilige Evangelium lauter und klar predigen, ohne allen menschlichen Zusatz, Lehre und Gebot, als uns stets nur den wahren Glauben verkündigen, und uns eine Ursache geben, Gott und seine Gnade zu bitten, daß er uns diesen wahren Glauben einbilden (eindrücken) und in uns bestätigen wolle. Denn wenn seine Gnade nicht in uns eingebildet wird (eingeprägt), so bleiben wir stets Fleisch und Blut, das dann nichts nütze ist; wie ganz klar in der Schrift steht: daß wir allein durch den wahren Glauben zu Gott kommen können und allein durch seine Barmherzigkeit selig werden müssen. Darum ist uns ein solcher Vorgeher und Pfarrer vonnöten und in dieser Gestalt in der Schrift begründet.

Der zweite Artikel.
Wie der Kornzehnte richtig erhoben und verwendet werden soll. Vom kleinen Zehnten.

Zweitens, nachdem der rechte Zehnte (Abgabe des 10. Teils vom Getreide) im Alten Testament festgesetzt und im Neuen erfüllt ist (abgelöst, fortgefallen), – so wollen wir nichtsdestoweniger den rechten Kornzehnten gern geben, doch so, wie sich's gebührt. Demnach soll man ihn Gott geben und den Seinen mitteilen. Gebührt es einem Pfarrer, der klar das Wort Gottes verkündigt, so sind wir des Willens, daß in Zukunft unsere Kirchenpröpste, welche dann eine Gemeinde einsetzt, diesen Zehnten einsammeln und einnehmen sollen, und davon einem Pfarrer, der von einer ganzen Gemeinde gewählt ist, seinen geziemenden, genugsamen Aufenthalt (Unterhalt) geben, ihm und den Seinen, nach Erkenntnis (Meinung) der ganzen Gemeinde. Und was überbleibt, soll man armen Bedürftigen, die in demselben Dorf vorhanden sind, mitteilen, nach Gestalt (Lage) der Sache und Erkenntnis der Gemeinde. Was übrigbleibt, soll man behalten (aufbewahren), und für den Fall, daß man Reisige stellen muß, wenn das Land in Not ist (Krieg, Fehde), soll man's vom Überschuß ausrichten (bestreiten), damit man keine Landsteuer auf den armen Mann (kleinen Mann) zu legen braucht. Auch wenn es vorkäme, daß eins oder mehrere Dörfer da wären, die den Zehnten selbst verkauft hätten etlicher Not wegen (das Recht, den Zehnten einzuziehen, an einen Herrn abgetreten) und wenn sie dafür Zeugen in Gestalt von dem ganzen Dorfe haben, der soll es nicht entgelten, sondern wir wollen uns in geziemender Weise nach Gestalt und Lage der Sache mit ihm vergleichen und von ihm solches wieder mit angemessenem Ziel und Zeit ablösen. Aber wer von keinem Dorf solchen Zehnten erkauft hat, und seine Vorfahren sich selbst solchen angeeignet haben, so wollen und sollen und sind wir ihm nichts weiter schuldig zu geben, als was oben steht, um unsern erwählten Pfarrer damit zu unterhalten, Rückstände abzulösen und den Dürftigen mitzuteilen, wie die Heilige Schrift es vorschreibt, er (der Zehnte) sei geistlich oder weltlich (an einen geistl. oder weltl. Herrn zu zahlen). Den kleinen Zehnten (von Gemüse, Baumfrüchten, z. B. von Äpfeln und Wurzelgewächsen, wie Rüben) wollen wir gar nicht geben, denn Gott der Herr hat das Vieh frei für den Menschen erschaffen, daher schätzen wir das für einen unziemlichen (ungehörigen) Zehnten, den die Menschen erdichtet haben. Drum wollen wir ihn nicht weiter geben.

Der dritte Artikel.
Die Leibeigenschaft soll aufhören.

Drittens ist es bisher Brauch gewesen, daß man uns für ihre Eigenleute (Leibeigene) gehalten hat, welches zum Erbarmen ist angesichts dessen, daß uns Christus alle mit seinem kostbaren Blutvergießen erlöst und erkauft hat, den Hirten sowohl wie den Höchsten, und keinen ausgenommen. Darum ergibt sich aus der Schrift, daß wir frei sind und frei sein wollen.
Nicht daß wir ganz frei sein wollten und überhaupt keine Oberkeit haben wollten; denn das lehrt uns Gott nicht. Wir sollen in seinen Geboten leben, nicht in freiem fleischlichen Mutwillen, sondern sollen Gott lieben, ihn als unsern Herrn in unserm Nächsten erkennen, und alles das tun, was wir auch gern hätten (daß man's uns täte), wie uns Gott im Abendmahl zuletzt geboten hat. Darum sollen wir nach seinem Gebot leben, und dieses Gebot zeigt und weist uns nicht an, daß wir der Oberkeit nicht gehorsam sein sollten; und nicht allein der Oberkeit, sondern wir sollen uns gegen jedermann demütigen, so daß wir auch gern gegen unsere erwählte und gesetzte Oberkeit, die uns von Gott gesetzt ist, in allen geziemenden und christlichen Sachen gern gehorsam seien. Wir sind auch ohne Zweifel, Ihr werdet uns aus der Leibeigenschaft als wahre und rechte Christen gern entlassen, oder uns aus dem Evangelium belehren, daß wir's zu recht seien.

Der vierte Artikel.
Mitbenutzung an Wild, Geflügel und Fischen.

Viertens ist es bisher Brauch gewesen, daß kein armer Mann (kleiner Mann) Gewalt gehabt hat, Wildbret, Geflügel oder Fische im fließenden Wasser zu fangen, was uns ganz ungehörig und unbrüderlich dünkt, und besonders eigennützig und dem Wort Gottes nicht gemäß zu sein scheint. An etlichen Orten hält uns die Ober-

keit das Wild auch zu Trotz und mächtigem Schaden, indem wir leiden müssen, daß uns die unvernünftigen Tiere das Unsere, welches Gott den Menschen zu Nutze hat wachsen lassen, mutwillig abfressen, und wir dazu stillschweigen müssen, was gegen Gott und den Nächsten ist. Als Gott, der Herr, den Menschen erschuf, hat er ihm Gewalt gegeben über alle Tiere, über den Vogel in der Luft und über den Fisch im Wasser. Darum ist unser Begehren: wenn einer ein Gewässer hat und mit genugsamer Schrift nachweisen kann, daß man das Wasser unwissentlich (in gutem Glauben) erkauft hätte, so wollen wir es ihm nicht mit Gewalt nehmen, sondern man muß ein christliches Einsehen darein haben wegen der brüderlichen Liebe; aber wer nicht genügend Beweise dafür beibringen kann, der soll der Gemeinde gebührenden Anteil gewähren.
(Der »arme« Mann bedeutet »gemeine« Mann, der keine Vorrechte besitzt, wie Bürger, Adlige, Geistliche.)

Der fünfte Artikel.
Rückgabe der Wälder an die Gemeinden.
Freies Holz.

Fünftens sind wir auch belastet wegen der Beholzung (Wälder), denn unsere Herrschaften haben sich die Gehölze alle allein angeeignet, und wenn der arme Mann (kleine Mann) etwas bedarf, so muß er's für doppeltes Geld kaufen. Nun ist unsere Meinung: was es an Gehölzen gibt, mögen sie nun Geistliche oder Weltliche innehaben, wenn sie sie nicht erkauft haben, so sollen sie der ganzen Gemeinde wieder anheimfallen, und für die Gemeinde gebührenderweise frei (allgemein benutzbar) sein. Sie sollen einem jeden seine Notdurft für sein Haus zum Brennen umsonst nehmen lassen, auch wenn es nötig sein würde für Zimmerholz, auch umsonst nehmen lassen, doch mit Wissen derer, die von der Gemeinde dazu erwählt werden. Wenn aber keine Wälder vorhanden sind, als solche, die redlich erkauft worden sind, so soll man sich mit ihnen brüderlich und christlich vergleichen. Wenn sie sich aber dieses Gut (Wald) früher aus sich selbst angeeignet und später verkauft haben, so soll man sich vergleichen nach Gestalt der Sache und Erkenntnis brüderlicher Liebe und der Heiligen Schrift.

Der sechste Artikel.
Verminderung der Dienste.

Sechstens ist unsere harte Beschwerung wegen der Dienste, die von Tag zu Tag gemehrt werden und täglich zunehmen. Wir begehren: daß man ein gebührendes Einsehen damit habe und uns nicht dermaßen hart belaste, sondern uns gnädig hierin ansehe, wie unsere Eltern gedient haben, allein nach Laut des Wortes Gottes.

Der siebente Artikel.
Keine weitere Vermehrung der Lasten.
Geleistete Dienste sollen bezahlt werden.

Siebentens, daß wir uns von einer Herrschaft nicht noch weiter beschweren lassen wollen, sondern: so wie eine Herrschaft einem sein Gut beleiht (verpachtet), so soll er's besitzen, laut der Vereinigung (Vertrag) der Herren und Bauern. Der Herr soll ihn nicht weiter zwingen noch dringen und nicht noch mehr Dienst und anderes von ihm umsonst begehren, damit der Bauer solches Gut unbeschwert (unbelastet) ruhig brauchen und genießen könne. Wenn aber der Dienst bei dem Herrn nötig wäre, so soll ihm der Bauer vor andern zu Willen und gehorsam sein, aber zu einer Stunde und Zeit, daß es dem Bauer nicht zum Nachteil dient, und er soll für den Dienst einen gebührenden Pfennig von dem Herrn erhalten.

Der achte Artikel.
Festsetzung einer angemessenen Pacht.

Achtens sind wir dadurch beschwert: daß von vielen, die Güter innehaben, diese Güter die Gült (Pacht) nicht tragen können, und die Bauern auf solchen Gütern das Ihrige noch einbüßen und verderben. Wir verlangen: daß die Herrschaft diese Güter durch ehrbare Leute besichtigen lasse und nach Billigkeit eine Pacht erhebe, damit der Bauer seine Arbeit nicht umsonst tue, denn jeder Tagwerker ist seines Lohnes wert.

Der neunte Artikel.
Das Recht soll nach geschriebenen
Satzungen gesprochen werden.

Neuntens sind wir beschwert wegen des großen Frevels, daß man stets neue Satzungen (Rechtsbestimmungen) macht, und daß man uns nicht straft nach Lage der Sache, sondern zu Zeiten aus großem Neid und manchmal aus großer Gunst. Es ist unsere Meinung, daß man nach alter geschriebener (schriftlich festgelegten Rechtsbestimmungen) Strafe strafen soll, nach der die Sache verhandelt wird und nicht nach Gunst.

Der zehnte Artikel.
Rückgabe von Wiesen und Äckern.

Zehntens sind wir dadurch beschwert, daß etliche sich Wiesen und Äcker zugeeignet haben, die der Gemeinde gehören. Diese werden wir wieder zu Händen der Gemeinde nehmen. Es sei denn, daß man sie redlich erkauft habe. Wenn man's aber unbillig erkauft hat, soll man sich gütlich und brüderlich miteinander vergleichen nach Lage der Sache.

Der elfte Artikel.
Abschaffung des Todfalles.

Elftens wollen wir den Brauch, genannt der

Todfall (Abgabe für die Übertragung der Besitzrechte auf die Angehörigen beim Tode eines Bauern), ganz und gar abgetan haben und nimmer leiden noch gestatten, daß man Witwen und Waisen das Ihrige so schändlich gegen Gott und Ehre nehmen und rauben soll, wie es an vielen Orten in mancherlei Gestalt geschehen ist von denen, die sie schützen und schirmen sollten. Sie haben uns geschunden und geschabt, und wenn sie ein wenig Füg gehabt hätten (Gelegenheit), so hätten sie es uns ganz genommen. Das will Gott nicht mehr leiden, sondern es soll ganz abgeschafft sein, und kein Mensch soll hinfort schuldig sein, etwas zu geben, weder wenig noch viel.

**Beschluß.**

Forderungen, die nachweislich mit Gottes Wort nicht übereinstimmen, sollen wegfallen.

Zwölftens ist unser Entschluß und endliche Meinung: Wenn einer oder mehrere Artikel hier aufgestellt sind, die dem Wort Gottes nicht gemäß seien, so bestehen wir nicht auf diesen Artikeln. Wofern man sie uns mit dem Worte Gottes als ungehörig nachweist, so wollen wir davon abstehen, wenn man's uns mit Gründen aus der Schrift erklärt. Und wenn man uns etliche Artikel jetzt zugestehen würde, und es sich nachher herausstellte, daß sie unrecht wären, so sollen sie von Stund an tot und ab (erledigt) sein und nichts mehr gelten. Desgleichen, wenn sich in der Schrift in Wahrheit noch mehr Artikel befinden sollten, die gegen Gottes Willen sind und auf die Belastung des Nächsten hinzielen, so wollen wir uns auch vorbehalten und beschlossen haben (Änderungen vorzunehmen) und uns in aller christlichen Lehre üben und sie gebrauchen. Darum wollen wir Gott den Herrn bitten, der uns dies geben kann und sonst niemand. Der Friede Christi sei mit uns allen!

Seite 386: Thomas Münzer (1499 – 1525), Schwärmer und Wiedertäufer, 1525 Anführer der thüringischen Bauern in Mühlhausen. Nach der Schlacht bei Frankenhausen wurde er am 30. Mai 1525 geköpft.
Seite 391: Kaspar Müller, Kanzler von Mansfeld.
Seite 415: Johann Rühel, Mansfeldischer Rat.
Seite 478: Das Lied trägt die Überschrift »Das Lied St. Johannis Huß gebessert«, dies bezieht sich auf des böhmischen Reformators Hymnus »Jesus Christus, nostra salus«. Aber nur die Strophe 1 ist identisch, die anderen hat Luther frei und von der Vorlage unabhängig gedichtet.
Seite 502: Peter und Hieronymus Weller, s. Anm. zu S. 250; Heinrich Schneidewin, Student in Wittenberg und Kostgänger in Luthers Haus; Wolfgang Sieberger, Luthers Diener, der in seiner Freizeit einen Vogelherd hielt.
Seite 555: Petrus Mosellanus (1493 – 1524), Leipziger Gelehrter und Gräzist; Willibald Pirckheimer (1470 – 1530), deutscher Humanist, Freund Albrecht Dürers; Thomas Murner (1475 – 1537), elsässischer Theologe und Dichter, Gegner der Reformation; Hans Sachs (1494 – 1576), Nürnberger Schusterpoet und Meistersänger.
Seite 567: Aleander – s. Anm. zu S. 187; Georg von Frundsberg (1473 – 1528), Landsknechtführer unter den Kaisern Maximilian I. und Karl V.
Seite 571: Dürer – s. Anm. S. 120; Markolf – in mittelalterlichen Dichtungen der Hofnarr König Salomos.
Seite 576: Johannes Keßler (1502 – 1574), Schüler des Humanisten Erasmus von Rotterdam.
Seite 577: er kleidet sich – Luther hatte die Mönchstracht zunächst nur zu Hause getragen, erst nach 1524 legte er sie öffentlich ab; Johannes Danticus (1485 – 1548), Bischof von Ermland, Dichter und polnischer Staatsmann.
Seite 578: König von Dänemark – Christian II. (regierte 1513 – 1525), wurde abgesetzt und starb in der Gefangenschaft; Hadrian VI. (1522 – 1523 im Amt), der »letzte deutsche Papst«, Erzieher und Berater Karls V.
Seite 585: Legat Vergerius, päpstlicher Nuntius, der mit Luther in Wittenberg über die Möglichkeit eines allgemeinen Konzils verhandelte.
Seite 587: Gottes Zorn aufhalte – unmittelbar nach Luthers Tod brach der Schmalkaldische Krieg zwischen den katholischen und protestantischen Fürsten aus. Erasmus Alberus (1500 – 1553) aus Hessen, Schulmeister und Theologe, Superintendent in Neubrandenburg, Anhänger Luthers.
Seite 588: die Grafen – Albrecht Philipp und Hans Georg von Mansfeld.
Seite 589: Albrecht von Mansfeld, einer der Haupttheerführer gegen die Bauern im Bauernkrieg; Michael Coelius, Hofprediger der Mansfelder Grafen.
Seite 592: Johannes Mathesius (1504 – 1565), Lehrer und Pfarrer in Joachimsthal; 1562 – 1564 hielt er Predigten über Luthers Leben.
Seite 605: Daniel Georg Morhof (1639 – 1687); Friedrich von Logau (1604 – 1655), deutscher Dichter.

Seite 607: Johann Christoph Gottsched (1700 – 1766), deutscher Dichter und Schriftsteller der Aufklärung; Gotthold Ephraim Lessing (1729 – 1781), deutscher Dichter und Philosoph.
Seite 609): Johann Heinrich Voss (1751 – 1826), deutscher Dichter und Übersetzer.
Seite 610: Johann Gottfried Herder (1744 – 1803), deutscher Dichter und Gelehrter.
Seite 612: Theodor Körner (1791 – 1813), deutscher Dichter.

Seite 613: Johann Wolfgang von Goethe (1749 – 1832), deutscher Dichter; Johann Peter Hebel (1760 – 1826), alemannischer Dichter.
Seite 615: Ludwig Uhland (1787 – 1862), deutscher Dichter.
Seite 616: Anastasius Grün (1806 – 1876), österreichischer Dichter.
Seite 619: Conrad Ferdinand Meyer (1825 – 1898), schweizerischer Dichter; Heinrich Heine (1797 – 1856), deutscher Dichter; Friedrich Nietzsche (1844 – 1900), deutscher Philosoph; Thomas Mann (1875 – 1955), deutscher Dichter.

# Personenregister

Seitenzahlen mit * verweisen auf eine Abbildung der betreffenden Person. Ist die genannte Person Empfänger eines Briefes, so stehen die Seitenzahlen kursiv.

## Zu Luthers Leben

Das Leben Martin Luthers in einer solchen schmalen Anthologie umfassend auszuloten, ist unmöglich und eigentlich auch unerlaubt. Zu den wichtigsten Stationen seines Lebens – Wittenberg, Worms, Bauernkriege – wird bei den einzelnen Kapiteln das Notwendige gesagt.

Martin Luther wurde am 10. November 1483 in Eisleben geboren. 1488 trat er in die Lateinschule in Mansfeld ein, wohin seine Eltern übergesiedelt waren. Seit 1498 lebte die Familie in Eisenach, im Mai 1501 bezog Martin die Universität Erfurt, vier Jahre später promovierte er zum Magister Artium und wählte dann das Studium der Jurisprudenz. Am 2. Juli 1505 wurde er auf einer Wanderung nahe Stotternheim bei Erfurt vom Blitz gestreift und gelobte zum Dank für seine Rettung ins Kloster zu gehen: »Hilf, heilige Anna, ich will ein Mönch werden!« Am 17. Juli trat er in das Schwarze Kloster der Augustinereremiten in Erfurt ein und legte im Herbst 1506 sein endgültiges Gelübde ab. Damals quälten ihn schon starke Zweifel an seiner Berufung. Am 3. April 1507 wurde er zum Priester geweiht und begann mit dem Studium der Theologie. 1508 erhielt er die Berufung nach Wittenberg und lehrte dort Moralphilosophie, später Theologie. 1511 erhielt er den theologischen Lehrstuhl in Wittenberg, 1512 promovierte er zum Doktor Theol. Seine Zweifel an der Lehre und seine inneren Glaubenskämpfe wurden heftiger. Der rege Ablaßhandel der katholischen Kirche trieb ihn schließlich zur Abfassung der 95 Thesen. Es folgten das Verhör von Augsburg (1518), die Leipziger Disputation mit Johannes Eck (1519), die Vernehmung in Worms (1521), die Flucht auf die Wartburg und die Bibelübersetzung (1521), der Klosteraustritt (1524), die Eheschließung mit Katharina von Bora (1525), das zweite »Exil« auf der Veste Coburg (1530). Um diese Zeit war Martin Luther neben seiner Bedeutung als Theologe bereits auch ein eminent politischer Mann, der mit Fürsten, Geistlichen und Gelehrten seiner Zeit Rat pflegte und einen ausgedehnten Briefwechsel unterhielt, den man aufsuchte und auf dessen Wort auch die Feinde hörten. Daneben entstand ein gewaltiges schriftstellerisches Werk: Luther verfaßte neben den großen Hauptschriften Predigten, Traktate, aber auch Gedichte und Fabeln.

Gegen Ende seines Lebens wurde der Reformator unduldsamer gegen Andersdenkende, verhärtet gegen Andersgläubige, vor den Türken, aber auch gegen die Juden hegte er tiefen Abscheu, wobei sein Antisemitismus auf dem verbreiteten Vorurteil, die Juden seien als Mörder Christi verflucht, beruhte.

Luther war nie ganz gesund (die kargen Klosterjahre hatten ihm geschadet) und zudem ein Hypochonder, der seine Leiden aufmerksam beobachtete. In diplomatischer Mission reiste er am 23. Januar 1546 nach Eisleben (er sollte Streitigkeiten zwischen den Grafen von Mansfeld schlichten) und starb dort am 22. Februar 1546 an Herzversagen infolge einer Angina pectoris. Über seinen schlechten Gesundheitszustand geben seine letzten Briefe an Frau Käthe Auskunft; am Sonntag vor seinem Tod brach er eine Predigt ab mit den Worten: »Ich bin zu schwach, wir wollen es hierbei bleiben lassen.«

## Editionsnotiz

Luthers Schriften umfassen insgesamt 24 Bände (Weimarer Ausgabe von 1883 ff.). Eine Auswahl muß in jedem Falle subjektiv und unvollständig bleiben, vor allem die großen Programmschriften können nur in wenigen Beispielen vollständig abgedruckt werden. Hier soll nicht so sehr der Kirchenlehrer und große Reformator der deutschen Sprache vorgestellt werden, als der Mensch Martin Luther, auch mit seinen Fehlern und Schwächen.

Die Texte innerhalb der einzelnen Kapitel sind chronologisch angeordnet und nur gelegentlich aus technischen Gründen zeitlich umgestellt. Alle Illustrationen sind Zeugnisse der Lutherzeit.

Für Ihre Mitarbeit und großzügige Hilfe bei der Text- und Bildbeschaffung danke ich Jutta Briese, Andreas Hopf, Martha Kotschi und der Bayerischen Staatsbibliothek, München.

# Inhaltsverzeichnis*

## *Ich bin eines Bauern Sohn – Luther über sich selbst*

## *Wider den Ablaß – Wittenberg und die Thesen*



## *Schriften zur Reformation*



## *Hier stehe ich – Der Reichstag von Worms*

## *Nichts Lieblicheres auf der Welt – Ehe, Kinder und Familie*

## *An den christlichen Adel deutscher Nation*

## *O sehet euch vor – Luther zu den Bauernkriegen*



## *Lieder und Gedichte*

## *Kurzweil, die nützlich ist – Fabeln und Heiterkeit*



## *Ich hab ein klar Wort – Lebensweisheiten*



## *Solch ein Geist – Andere über Luther*

* *Die Tischreden innerhalb der einzelnen Kapitel sind chronologisch geordnet.*